ÉMILE
ou
DE L'ÉDUCATION

JEAN-JACQUES ROUSSEAU

ÉMILE
OU
DE L'ÉDUCATION

Chronologie et introduction
par
Michel Launay

GF Flammarion

© 1966, GARNIER-FLAMMARION, Paris.
ISBN 2-08-070117-7

CHRONOLOGIE

1712 : « Je suis né à Genève... d'Isaac Rousseau, Citoyen, et de Suzanne Bernard, Citoyenne... je coûtai la vie à ma mère. »

1717 : Isaac Rousseau, horloger, doit vendre sa maison de la haute ville pour s'installer dans un quartier pauvre : Jean-Jacques n'est plus un « garçon du haut » : « je n'étais plus qu'un enfant de Saint-Gervais ».

1718-1719 : Premières lectures : « Les romans finirent avec l'été de 1719... Plutarque surtout devint ma lecture favorite. »

1722 : « Mon père eut un démêlé avec un M. Gautier, capitaine en France et apparenté dans le Conseil... il aima mieux sortir de Genève, et s'expatrier... que de céder... Nous fûmes (mon cousin et moi) mis ensemble à Bossey, en pension chez le ministre Lambercier, pour y apprendre avec le latin tout le menu fatras dont on l'accompagne sous le nom d'éducation. »

1724 : « De retour à Genève... je fus mis en apprentissage... chez un graveur... homme rustre et violent. »

1728-1729 : « Je jurai de ne retourner jamais chez mon maître » : Rousseau fuit Genève, est hébergé par le curé de Confignon, puis par Mme de Warens à Annecy. A l'Hospice des Catéchumènes de Turin, il abjure le protestantisme et se convertit au catholicisme. Il devient valet de Mme de Vercellis : « J'allais voir quelquefois entre autres un abbé savoyard appelé M. Gaime. » Laquais chez le comte de Gouvon, il retourne ensuite chez Mme de Warens. Quelques semaines au séminaire d'Annecy, avec « un jeune abbé faucigneran, appelé M. Gâtier... Réunissant

M. Gâtier avec M. Gaime, je fis de ces deux dignes prêtres l'original du Vicaire savoyard. »

1730-1731 : Chanteur à la maîtrise de la cathédrale d'Annecy, maître de musique à Lausanne et Neuchâtel, compagnon d'un moine grec à travers la Suisse, domestique d'un officier en retraite à Paris, il retrouve à Chambéry Mme de Warens, qui lui procure une place d'employé au cadastre. Il ébauche *Narcisse*, comédie.

1732-1737 : Il quitte le cadastre pour redevenir maître de musique. Amant et homme de confiance de Mme de Warens, il fait de fréquents voyages : à Besançon, Lyon, Grenoble, Genève, enfin Montpellier.

1740 : Précepteur des enfants de M. de Mably, à Lyon, il écrit un *Projet pour l'éducation de M. de Sainte-Marie*.

1741-1742 : Il retourne aux Charmettes, puis se rend à Paris, et présente à l'Académie un *Projet concernant de nouveaux signes pour la musique*.

1743-1744 : Il publie sa *Dissertation sur la musique moderne*, noue amitié avec Diderot, devient secrétaire chez les Dupin, puis secrétaire d'ambassade à Venise.

1745 : De retour à Paris, il se met en ménage avec Thérèse Levasseur, achève l'opéra des *Muses galantes*, et retouche les *Fêtes de Ramire*, opéra de Voltaire et Rameau.

1746-1747 : Il aide les Dupin à préparer une réfutation de *l'Esprit des Lois* et un ouvrage sur les femmes : « nous allâmes passer l'automne... au château de Chenonceaux... Tandis que j'engraissais à Chenonceaux, ma pauvre Thérèse engraissait à Paris d'une autre manière... l'enfant... fut déposé par la sage-femme au bureau des Enfants-Trouvés... L'année suivante, même inconvénient et même expédient. »

1748 : Il fait la connaissance de Mme d'Epinay et dîne toutes les semaines avec l'équipe de l'*Encyclopédie*, pour laquelle il rédige les articles sur la musique.

1749-1750 : Allant voir Diderot prisonnier au Château de Vincennes, il a l'idée du *Discours sur les Sciences et les Arts*, qui reçoit le prix de l'Académie de Dijon.

1751-1752 : « Thérèse devint grosse pour la troisième fois... Mon troisième enfant fut donc mis aux Enfants-

Trouvés, ainsi que les premiers, et il en fut de même des deux suivants. » Polémiques autour de son *Discours*. Il devient caissier des Dupin, mais, « déterminé à passer dans l'indépendance et la pauvreté le peu de temps qui me restait à vivre... de caissier d'un financier je me fis copiste de musique. » Représentation du *Devin du village*, opéra.

1753-1754 : *Lettre sur la Musique française*, et rédaction du *Discours sur l'Inégalité*. Rousseau va à Genève, se reconvertit au protestantisme et redevient Citoyen de Genève.

1755 : Publication du *Discours sur l'Inégalité*, et, dans l'*Encyclopédie*, de l'article *Economie politique*, où Rousseau préconise « l'éducation publique sous des règles prescrites par le gouvernement ».

1756 : Rousseau s'installe chez Mme d'Epinay, à l'Ermitage. Il rédige des *Extraits* et *Jugements* des ouvrages de l'abbé de Saint-Pierre, et sa *Lettre sur la Providence* adressée à Voltaire. Il esquisse la *Nouvelle Héloïse*.

1757 : Il s'éprend de Mme d'Houdetot, et rédige *la Nouvelle Héloïse*, dans laquelle une lettre de Saint-Preux sur l'éducation des enfants de Julie est une ébauche de l'*Emile*.

1758 : Il achève la *Lettre à d'Alembert sur les spectacles* et *la Nouvelle Héloïse*. Il discute par lettres avec le docteur Tronchin sur les problèmes de l'éducation publique et privée, et commence à rédiger l'*Emile*.

1759 : Il s'installe chez le maréchal de Luxembourg, au Petit Château de Montmorency, où il achève la première version de l'*Emile*.

1760 : Il travaille au *Contrat social*, rédige deux autres versions de l'*Emile*, et confie son manuscrit définitif à Mme de Luxembourg. Publication de *la Nouvelle Héloïse*.

1761 : *Préface de la Nouvelle Héloïse, ou Entretien sur les romans*. Achèvement du *Contrat social*. Rousseau fait faire de vaines recherches pour retrouver l'aîné de ses enfants. Il donne l'*Emile* à l'impression.

1762 : Publication du *Contrat social* et de l'*Emile*. *Le Contrat social*, imprimé en Hollande, est interdit en France. L'*Emile*, imprimé à Paris, est dénoncé à la Sorbonne ; le Parlement condamne le livre à être brûlé, et l'auteur à être arrêté. Rousseau s'enfuit en Suisse. Le *Contrat social* et l'*Emile* sont condamnés à Genève. Rousseau est expulsé du territoire de Berne et se réfugie sur les terres du roi de Prusse, à Neuchâtel. Il achève sa *Lettre à Christophe de Beaumont, archevêque de Paris*, qui est une défense de l'*Emile*.

1763 : Publication de la *Lettre à Beaumont*. Représentations des citoyens et bourgeois de Genève pour la défense de Rousseau. *Lettres écrites de la campagne*, du Procureur général Tronchin, contre Rousseau. *Projet de Constitution pour la Corse*.

1764 : En réponse à Tronchin, Rousseau publie les *Lettres écrites de la Montagne*, nouvelle défense de l'*Emile* et du *Contrat social*. Voltaire, dans son *Sentiment des Citoyens*, révèle que Rousseau a abandonné ses enfants. Rousseau commence ses *Confessions*.

1765 : Les *Lettres de la Montagne* sont condamnées à La Haye, puis à Paris. On jette des pierres contre la maison de Rousseau à Môtiers. Il est expulsé de l'île Saint-Pierre, territoire bernois. Il reçoit un passeport provisoire pour la France, et séjourne à Paris chez le prince de Conti.

1766 : Il se rend en Angleterre en compagnie de Hume, avec lequel il finit par se brouiller. Il travaille aux *Confessions*.

1767 : Il rentre en France et s'installe chez l'économiste Mirabeau, puis, sous le nom de Renou, au château de Trye, chez le prince de Conti. Publication du *Dictionnaire de Musique*.

1768 : Rousseau se croit victime d'un « complot universel ». Il quitte Trye, séjourne à Lyon et Grenoble, et se marie civilement avec Thérèse à Bourgoin, dans le Dauphiné (30 août). Il a commencé depuis un certain temps une suite de l'*Emile*, sous forme de roman par lettres : *Emile et Sophie ou les Solitaires*.

1769 : Il s'installe à Monquin, près de Bourgoin, et poursuit ses *Confessions*.

1770-1771 : Il rentre à Paris et achève ses *Confessions*, dont il lit des extraits dans quelques salons. *Considérations sur le Gouvernement de Pologne*, dont le chapitre IV s'intitule « Education ». Les lectures publiques des *Confessions* sont interdites par la police.

1772-1775 : Il gagne sa vie en copiant de la musique, et rédige *Rousseau juge de Jean-Jacques, Dialogues*. Le 3ᵉ *Dialogue* contient un important commentaire des « écrits de Jean-Jacques », et en particulier de l'*Emile* : « Ces écrits marchaient dans un certain ordre qu'il fallait trouver pour suivre la chaîne de leur contenu... cet ordre était rétrograde à celui de leur publication, et... l'auteur, remontant de principes en principes n'avait atteint les premiers que dans ses derniers écrits. Il fallait donc pour marcher par synthèse commencer par ceux-ci, et c'est ce que je fis en m'attachant d'abord à l'*Emile* par lequel il a fini, les deux autres écrits qu'il a publiés depuis ne faisant plus partie de son système, et n'étant destinés qu'à la défense personnelle de sa patrie et de son honneur... l'*Emile*... n'est qu'un traité de la bonté originelle de l'homme, destiné à montrer comment le vice et l'erreur, étrangers à sa constitution, s'y introduisent du dehors et l'altèrent insensiblement. »

1776 : Rousseau achève les *Dialogues*. Mort du prince de Conti : Rousseau commence les *Rêveries du Promeneur solitaire*.

1777 : Il continue les *Rêveries*, et cesse ses copies de musique.

1778 : Rédaction de la 9ᵉ *Promenade* des *Rêveries*, où il revient sur l'abandon de ses enfants et les problèmes d'éducation. Il confie à Pierre Prévost la fin d'*Emile et Sophie ou les Solitaires*. Il s'installe à Ermenonville chez le marquis de Girardin, où il meurt avant d'avoir achevé la 10ᵉ *Promenade* des *Rêveries*.

INTRODUCTION

Question préalable.

Comment prendre au sérieux un livre sur l'éducation, de la part d'un homme qui abandonna « gaillardement » (c'est lui-même qui l'avoue dans les *Confessions*) les cinq enfants qu'il fit à Thérèse Levasseur ? Cette question préalable, ressassée par les jeunes lecteurs d'hier et d'aujourd'hui, doit être posée, non pas pour être prise elle-même au sérieux, mais afin que nous en soyons, une fois pour toutes, débarrassés. Rousseau est de ceux qui pensent qu'il n'y a pas de pire lâcheté que l'abandon des enfants qu'on a pris le plaisir de faire :

« Un père, quand il engendre et nourrit des enfants,
« ne fait en cela que le tiers de sa tâche. Il doit des hommes
« à son espèce, il doit à la société des hommes sociables;
« il doit des citoyens à l'État. Tout homme qui peut payer
« cette triple dette et ne le fait pas est coupable, et plus
« coupable peut-être quand il la paye à demi. Celui qui
« ne peut remplir les devoirs de père n'a point le droit
« de le devenir. Il n'y a ni pauvreté, ni travaux, ni respect
« humain, qui le dispensent de nourrir ses enfants et de
« les élever lui-même. Lecteurs, vous pouvez m'en croire.
« Je prédis à quiconque a des entrailles et néglige de si
« saints devoirs, qu'il versera longtemps sur sa faute des
« larmes amères, et n'en sera jamais consolé. » (*Emile*,
Livre I.)

Jusqu'à la fin de sa vie, le remords fit chercher à Rousseau des semblants d'excuses. Dès le 20 avril 1751, il écrivait à Mme de Francueil : « je gagne au jour la journée mon pain avec assez de peine; comment nourrirais-je encore une famille ?... Et si j'étais contraint de recourir au métier d'auteur, comment les soucis domes-

tiques et les tracas des enfants me laisseraient-ils, dans
mon grenier, la tranquillité d'esprit nécessaire pour faire
un travail lucratif ? » Ces excuses ne le satisfaisaient pas,
et c'est précisément l'obsession de sa faute qui le déter-
mina à écrire l'*Emile* de 1757 à 1762, et à commencer ses
Confessions en 1765. La mort interrompt ses *Rêveries*, où
il se défendait encore d'avoir été un « père dénaturé »
(*Neuvième Promenade*).

Pour prétendre que le livre n'a rien à nous apprendre
parce que son auteur ne l'a pas mis en pratique, il faudrait donc renverser la chronologie, interdire à Rousseau
— et à soi-même — toute chance de repentir sincère, et
rester sourd à l'appel qui, du fond de la nuit, témoigne
de la possibilité de se racheter, et de tirer du mal un
bien : « Je n'écris pas pour excuser mes fautes, mais
pour empêcher mes lecteurs de les imiter. » En vérité,
l'*Emile* est, encore aujourd'hui, un excellent moyen de
progresser dans l'amour des enfants, « et comme il faut
aimer, très intelligemment ».

*La genèse de l'*Emile.

Un regain d'autorité a été redonné, cependant, à
l'idée que l'*Emile* ne serait pas, « à l'origine, une œuvre
d'expiation ». Dans un savant ouvrage, Peter D. Jimack
s'efforce de montrer que « l'ouvrage était conçu d'abord
comme un traité assez impersonnel », que « c'est seulement au cours de la rédaction que Rousseau s'est identifié
peu à peu avec le gouverneur et qu'il s'est créé un élève
imaginaire » : « c'est vers la fin de la rédaction... que
Rousseau a dû commencer à éprouver du remords ». (*La
Genèse et la Rédaction de l'Emile de Jean-Jacques Rousseau. Etude sur l'histoire de l'ouvrage jusqu'à sa parution.
Studies on Voltaire and the eighteenth century*, vol. XIII.
Genève, 1960.)

Cette thèse, qui a le mérite de s'appuyer sur un dossier
assez complet et sur la confrontation des diverses versions de l'*Emile*, a certes raison d'adopter une formule
prudente dès qu'elle cherche à dater la naissance d'un
remords, surtout lorsqu'il s'agit de Jean-Jacques. Il
faudrait ignorer le sentiment de culpabilité diffuse qui
pesa, dès avant son adolescence, sur toute sa vie, pour
s'imaginer que la souffrance et le remords étaient absents
de l'acte même d'abandonner ses enfants :

« Le parti que j'avais pris à l'égard de mes enfants,
« quelque bien raisonné qu'il m'eût paru, ne m'avait pas

« toujours laissé le cœur tranquille. En méditant mon
« *Traité de l'Éducation*, je sentis que j'avais négligé des
« devoirs dont rien ne pouvait me dispenser. Le remords
« enfin devint si vif, qu'il m'arracha presque l'aveu public
« de ma faute au commencement de l'*Émile*, et le trait
« même est si clair, qu'après un tel passage il est surprenant
« qu'on ait eu le courage de me la reprocher. » (*Confessions*,
« livre XII.)

Il est plus sage de ne pas trop s'aventurer à la recherche
des motivations inconscientes, et de s'en tenir aux faits
certains qui jalonnent le développement de la vocation
pédagogique de Rousseau, et qui préparent son « *Traité
d'Éducation* », ou plutôt (voyez sa propre préface) ses
« rêveries d'un visionnaire sur l'éducation ». Rappelons
donc les grandes étapes de cette genèse, en priant les
curieux lecteurs de se reporter à notre tableau chrono-
logique, ou, mieux encore, aux *Confessions* mêmes de
Rousseau, complétées par sa *Correspondance* et par le
dossier de Peter D. Jimack. Il apparaît clairement de
cet ensemble que les remords de Rousseau se sont avivés
avec la maturation de sa réflexion pédagogique, mais que
celle-ci possède une autonomie et une valeur propres :
avant de connaître Thérèse Levasseur, Jean-Jacques
avait été précepteur, et il avait déjà mis sur le papier
certaines de ses idées sur l'éducation.

Dès novembre ou décembre 1740, le jeune Rousseau,
précepteur des enfants de M. de Mably, écrivait un très
intéressant *Mémoire pour l'éducation de M. de Sainte-
Marie*, où il confessait son « penchant invincible à la
mélancolie », tout en se disculpant du reproche d'être
un précepteur « sauvage et pédant ». Quelque cinq ans
plus tard, devenu secrétaire des Dupin, riches banquiers
parisiens, il remanie ce projet et le laisse entre les mains
de Mme Dupin, qui avait un enfant effroyablement
gâté. Rousseau est alors très tributaire des idées de
Locke et ne méprise pas encore, comme il le fera au
début du livre V de l'*Émile*, « l'honneur d'élever un gentilhomme ». Mais vers 1751-1752, pour conformer sa vie
à ses discours, il quitte le service des « financiers » et
entreprend sa « réforme » : il veut vivre « libre et pauvre »,
pour être digne d'écrire de « grandes et utiles vérités ».
Retiré à l'Ermitage, puis à Montmorency, il a « sur le
chantier » *la Nouvelle Héloïse*, la *Lettre à d'Alembert*, *Des
Institutions politiques* (qui deviennent *le Contrat social*),
des *Extraits de l'abbé de Saint-Pierre*, et un « ouvrage,

dont le titre était *la Morale sensitive*, ou *le Matérialisme du sage* » : « Outre tout cela, je méditais depuis quelque temps un système d'éducation, dont Mme de Chenonceaux, que celle de son mari faisait trembler pour son fils, m'avait prié de m'occuper ». L'enfant gâté du fils Dupin, dont Mme de Chenonceaux était l'épouse, fut emprisonné pour dettes peu après son mariage : Rousseau, qui vers 1745 avait renoncé au bout de huit ou dix jours à l'éducation du fils Dupin, eut à cœur de réussir celle du petit-fils en même temps qu'il mettait sur le papier ses idées les plus chères en tous domaines.

A la fin de 1759, la première version de l'*Emile* est achevée. Rousseau hésite longtemps avant de la donner à un imprimeur parisien : il pressent que le contenu de l'*Emile* ne plaira ni au gouvernement français, ni à l'Eglise catholique, qui avait alors le moyen de faire livrer au bûcher les livres « pernicieux », sinon leurs auteurs. Mais deux protecteurs de Rousseau, Mme de Luxembourg, autre grande dame, épouse d'un maréchal bien en cour, et M. de Malesherbes, directeur de la Librairie — nous dirions aujourd'hui ministre de l'Information —, lui assurent que son livre pourra paraître en France, moyennant quelques précautions : ces Grands espéraient beaucoup des ouvrages de Rousseau, qui avait rompu avec le parti des Philosophes, pour faire triompher une politique de sages réformes dans le Royaume et dans l'Eglise de France. Mais les événements ne se déroulèrent pas selon leurs calculs. Tout d'abord, Rousseau refusa de se plier à la censure de Malesherbes, et ne lui fit que des concessions de détail. Surtout, à l'époque, le parti janséniste, dont le bastion était au Parlement, voulait porter un grand coup contre le parti jésuite, et, pour n'avoir pas l'air d'être « partial », le Parlement frappait « à droite » et « à gauche » : l'*Emile* et *le Contrat social*, et surtout leur auteur, « décrété de prise de corps », furent les victimes de ces manœuvres. Ne faisons pas comme la noblesse parlementaire, qui condamna l'*Emile* sans l'avoir vraiment lu, et essayons d'abord de déchiffrer, dans sa structure même, le sens de cet ouvrage touffu.

La structure de l'« Emile ».

Rousseau, en homme qui connaît ses classiques, s'excuse, dans sa Préface, de publier cette « espèce d'ouvrage trop gros sans doute ». A l'en croire, « ce recueil de réflexions sans ordre et presque sans suite » lui aurait « fait sentir, en y travaillant, qu'il ne suffit pas d'avoir écrit quelques brochures pour savoir composer un livre ». Ne soyons pas dupes de cette fausse modestie ; aussitôt après, il va laisser entendre que, seul dans son siècle, il sait *construire* un édifice original et solide : « je n'aime point à remplir un livre de choses que tout le monde sait... La littérature et le savoir de notre siècle tendent beaucoup plus à détruire qu'à édifier. On censure d'un ton de maître ; pour proposer, il faut en prendre un autre, auquel la hauteur philosophique se complaît moins. » Il est vrai qu'il a donné à son ouvrage une apparence de désordre et de spontanéité : les architectes modernes n'ont-ils pas trouvé, comme suprême élégance, l'art de laisser les pierres apparentes ? Dans l'*Emile*, le grain des « observations » ou des « réflexions » n'a pas été moulu et confondu en une même farine, il a conservé une saveur naturelle. Conseils, maximes, confidences personnelles, détails sortis tout frais d'une expérience récente (la vie quotidienne de Rousseau n'hésite pas à faire irruption dans son livre, et, au beau milieu d'un raisonnement, il enchaîne : « Vis-à-vis de ma fenêtre est un tertre sur lequel se rassemblent, pour jouer, les enfants du lieu... j'en tire souvent de bons mémoires pour cet écrit »), songes ou rêveries, dialogues, catéchismes, grands discours, esquisses de confessions (voyez le début de *la Profession de foi du Vicaire savoyard*), notes de lectures, ébauches de roman (le « roman » de Sophie et d'Emile, au livre V, se développera plus tard de façon autonome, pour devenir *Emile et Sophie ou les Solitaires*, roman véritable sur lequel nous devrons revenir), anecdotes, portraits, tableaux champêtres, que sais-je encore : tout concourait pour donner au récit de l'enfance d'Emile le caractère même du garçon qu'il évoque : « un joli enfant, l'œil vif et gai, l'air content et serein, la physionomie ouverte et riante », accomplissant, « en se jouant, les choses les plus sérieuses, ou profondément occupé des plus frivoles amusements » — un peu trop joufflu, peut-être, mais c'était le signe qu'il était en bonne santé et qu'il avait du souffle.

Sous la prolifération des idées et des digressions, la trame est solide, le plan est simple et clair. Pourquoi faut-il que personne encore n'ait pris la peine de le dégager ? Un tableau rigoureux de la composition de l'*Emile*, loin de saccager la forêt sensuelle du livre, permet d'y tracer de larges avenues, d'où chacun peut

ensuite s'égarer pour pénétrer dans des buissons touffus.
Voici le résultat, sommaire, d'une première exploration.

Livre I : « l'âge de nature » : le nourrisson (infans).

- Introduction : importance et but de l'éducation.
- « La véritable nourrice est la mère. »
- « Le véritable précepteur est le père. »
- « Un élève imaginaire » : Emile, orphelin.
- La nourrice d'Émile.
- « Avant de parler, avant que d'entendre, il s'instruit déjà. »

Livre II : « l'âge de nature » : de 2 à 12 ans (puer).

1. Educ. de la sensibilité – les cris et les pleurs;
   - « le bien-être de la liberté »;
   - « la dépendance des choses ».

2. Educ. morale – « maximes générales »;
   - « exemples » : propriété, vérité, charité.

3. Educ. intellectuelle – partir de l'intérêt sensible;
   - critique des mots;
   - critique de l'histoire;
   - critique des fables de La Fontaine;
   - pas de livres avant 12 ans.

4. Educ. du corps – exercices physiques;
   - préceptes d'hygiène, natation.

5. Educ. sensorielle – le toucher;
   - la vue;
   - l'ouïe;
   - le goût;
   - l'odorat.

Livre III : « l'âge de force » : de 12 à 15 ans.

1. Educ. intellectuelle – de la nécessité à l'utilité;
   - des expériences, non des discours;
   - construction des machines;
   - importance du principe d'utilité;
   - un seul livre : Robinson Crusoé.

2. Educ. manuelle et sociale – contre les préjugés;
                                    – la hiérarchie des métiers;
                                    – éducation sociale;
                                    – nécessité d'un métier manuel;
                                    – choix du métier : Emile menuisier.

3. Conclusion : « Emile a peu de connaissances, mais celles qu'il a sont véritablement siennes. »

Livre IV : « l'âge de raison et des passions » (de 15 à 20 ans).

1. Educ. de l'être moral – éducation sexuelle;
                             – de la pitié à la sociabilité;
                             – étude de l'histoire et des passions;
                             – la bienfaisance;
                             – problème de l'éducation religieuse.

2. Educ. religieuse : *Profession de foi du Vicaire savoyard.*

a) premier discours : la religion naturelle.
     – l'épreuve du doute;
     – les évidences du cœur;
     – la voix de la conscience.

b) second discours : les religions révélées.
     – critique des religions révélées;
     – devant l'Evangile : « être toujours modeste et circonspect »;
     – conclusion pratique : ni philosophe, ni intolérant.

3. Reprise de l'éducation morale.
     – nouveaux moyens d'éducation : la religion, la raison, l'amitié;
     – que faire devant l'appel des sens et du cœur;
     – entrée d'Emile dans le monde;
     – éducation esthétique;
     – conclusion : « si j'étais riche... ».

Livre V : « l'âge de sagesse et du mariage » (de 20 à 25 ans).

1. « Sophie ou la femme » – ressemblances et différences des 2 sexes;

Il faudrait entrer dans plus de détails : jusque dans le groupement des paragraphes, l'art de composer un livre rappelle souvent, chez Jean-Jacques, celui du musicien. Mais il ne s'agit pas d'un divertissement gratuit, et une triple leçon est à tirer de la composition de l'*Emile*.

Si nous prenons comme hypothèse que l'ouvrage forme un tout significatif, nous ne risquons plus de considérer *la Profession de foi du Vicaire savoyard*, insérée au milieu du livre IV, comme un morceau superflu, sans rapport réel avec l'éducation d'Emile, ou au contraire comme le livre essentiel dont le reste de l'*Emile* ne serait que la couverture ou le camouflage. Loin d'être fait de morceaux rapportés, le livre IV est peut-être le mieux composé des cinq : sa structure n'est pas fondée, comme les précédents, sur la classique dis-tinction des « facultés » (sensibilité, conscience morale, intelligence, corps, organes des sens), mais sur la muta-tion brusque de la puberté, à laquelle correspond la mutation brusque des ressorts de l'éducation : alors que les livres précédents prônent le principe d'utilité, et lui seul, en une sorte de « matérialisme du sage », les livres IV et V se fondent sur l'éclosion de la conscience morale et religieuse pour guider Emile et Sophie : « Nous travaillons de concert avec la nature, et tandis qu'elle forme l'homme physique, nous tâchons de former l'homme moral... Quand nous en sommes là, quelles nouvelles prises nous nous sommes donné sur notre élève! que de nouveaux moyens nous avons de parler à son cœur! » Quiconque ne sait pas que toute éducation doit être rythmée, et non pas suivre un schéma logique conçu dans une tête d'adulte pour des êtres mécaniques, ne peut sentir la beauté de cette apparente rupture de construction du livre IV, dans lequel l'exposé de l'éducation de l'être moral (qui est indissolublement une éducation sexuelle, sociale, politique, philosophique, esthétique) est scindé en deux.

Si l'on prend garde que l'ouvrage n'est pas un traité dogmatique, mais un livre symbolique et « exemplaire », un recueil de suggestions et d'exemples visant essentiellement à « faire naître de bonnes idées à d'autres » (même si celles de l'auteur sont mauvaises, fausses ou chimériques), on ne tombe pas dans le contresens de vouloir mettre en pratique, strictement et mécaniquement, tout ce que préconise Rousseau; dans cette « rhapsodie », on n'hésitera pas à distinguer, et à juger franchement rétrogrades certaines de ses convictions, ou merveilleusement actuelles certaines autres; on fera mieux attention à la fin de sa Préface : « La facilité plus ou moins grande de l'exécution dépend de mille circonstances qu'il est impossible de déterminer autrement que dans une application particulière de la méthode à tel ou tel pays, à telle ou telle condition. » Rien n'est plus ridicule et plus sinistre que le caprice de la reine de Suède, qui, du vivant de Rousseau, importa à la Cour de Stockholm un petit nègre pour le faire élever selon les préceptes de Rousseau : le malheureux devint un jouet des intrigues des courtisans, corrompu parmi les corrompus.

Inversement, dès qu'on a perçu la volonté de Rousseau de suivre « la marche de la nature », on ne s'attarde pas à lui reprocher de prétendues contradictions : l'unité de son dessein et la clarté de son plan éclatent aux yeux; les « ruses » mêmes, que préconise cet « ami de la vérité » pour mieux guider les enfants, ne sont plus objet de scandale; la logique de sa méthode ne le cède pas à sa souplesse. L'ordre de la nature n'est pas celui des dissertations en trois parties : il n'en est pas moins bon, car il possède un rythme : de même que le développement de l'enfant et de l'adolescent est marqué par une série de mutations brusques, de même l'*Emile* est scandé par des ruptures et des pauses à l'issue desquelles le flux du discours rejaillit plus vif, entraînant dans son cours de nouvelles masses de réflexions ou d'observations. La seule chose qui importe vraiment, c'est d'avoir saisi l'esprit, le mouvement qui anime cet ensemble : on peut oublier tous les détails du livre, on les retrouvera de soi-même, dès qu'on a compris ces mots : respecter la nature et la liberté de l'enfant. Mais avant de débarrasser cette formule des contresens que la littérature et la pratique de deux siècles ont accumulés sur elle, il nous prend la fantaisie — car il faut de la fantaisie pour suivre Rousseau dans ses « rêveries de visionnaire » — de relire autrement le livre : de le lire comme à sa surface, en purs esthètes, sensibles seulement au dessin, à la couleur, au ton ou au rythme des phrases et de leur succession.

« *Je prie les lecteurs de vouloir bien mettre à part mon beau style.* »
Dans les *Lettres écrites de la Montagne,* qui sont une défense de l'*Emile* et du *Contrat social,* Rousseau répondait ironiquement à ses ennemis, qui distinguaient dans ses ouvrages un style « enchanteur », diaboliquement persuasif, et des idées fausses et dangereuses, des paradoxes outrés et contradictoires :

> « Quoi qu'il en soit, je prie les lecteurs de vouloir bien
> « mettre à part mon beau style, et d'examiner seulement
> « si je raisonne bien ou mal; car enfin, de cela seul qu'un
> « auteur s'exprime en bons termes, je ne vois pas com-
> « ment il peut s'ensuivre que cet auteur ne sait pas ce
> « qu'il dit. »

Il faudrait être bien naïf pour prendre Rousseau au pied de la lettre, et pour ne pas savoir que son style naturel n'est que le résultat d'un art perfectionné, qui retourne contre la littérature les armes de la littérature, afin de sauver ce qui peut encore être sauvé de la nature. En examinant les brouillons de l'*Emile,* on se convainc facilement que Rousseau est un écrivain aussi calculateur, aussi rusé que l'était le précepteur d'Emile. Sans même parler de ruses ou de calcul, le simple plaisir d'écrire transparaît de bien des façons dans ce gros ouvrage; pour rédiger six cents pages quand on est dans le parc de Montmorency, il faut aimer les affres délicieuses du travail du style :

« C'est dans cette profonde et délicieuse solitude qu'au
« milieu des bois et des eaux, aux concerts des oiseaux de
« toute espèce, au parfum de la fleur d'orange, je compo-
« sai dans une continuelle extase le cinquième livre
« de l'*Emile* dont je dus en grande partie le coloris assez frais
« à la vive impression du local où je l'écrivais. » (*Confessions*,
livre X.)

Dès les premières pages du livre, cependant, d'autres
aspects de la prose de Rousseau sont plus évidents. On
a pu tirer de l'*Emile* un recueil de formules et de maximes
qu'on appelait, dans le vocabulaire de l'époque, « *l'esprit
de Rousseau* ». L'art de la formule à l'emporte-pièce,
celui de la concision qui se transforme en laconisme,
l'art suprême de suggérer, par des paroles, l'énergie
du silence et de l'action, est bien connu de Jean-Jacques,
et il en a fait la théorie, précisément dans l'*Emile*, en
critiquant les éducateurs qui croient agir sur les enfants
avec des files de mots :

« Toujours sermonneurs, toujours moralistes, toujours
« pédants, pour une idée que vous leur donnez la croyant
« bonne, vous leur en donnez à la fois vingt autres qui
« ne valent rien : pleins de ce qui se passe dans votre
« tête, vous ne voyez pas l'effet que vous produisez dans
« la leur. Parmi ce long flux de paroles dont vous les
« excédez incessamment, pensez-vous qu'il n'y en ait
« pas une qu'ils saisissent à faux ?... Maîtres zélés, soyez
« simples, discrets, retenus... point de beaux discours,
« rien du tout, pas un seul mot. Laissez venir l'enfant :
« étonné du spectacle, il ne manquera pas de vous ques-
« tionner. » (Livre II.)

Cette économie volontaire des mots, dans un ouvrage
apparemment si abondant, a pour résultat de produire
des formules choquantes, des antithèses qu'on juge
forcées, mais qu'on retient : Rousseau sait frapper, et
frapper juste; dans chacun de ses paradoxes, il est une
vérité cachée :

« Hommes, soyez humains... »
« La domination même est servile. »
« Laissez mûrir l'enfance dans les enfants. »
« Maîtres, laissez les simagrées, soyez vertueux et
bons. »
« Les riches se consolent du mal qu'ils font aux pauvres,
en les supposant assez stupides pour n'en rien sentir. »
« A quinze ans il ne savait pas s'il avait une âme... s'il

l'apprend plus tôt qu'il le faut, il court le risque de ne le
savoir jamais. »

« Nous pouvons être hommes sans être savants. »

« Elle est pauvre; Emile est riche, elle le sait. Combien
il a besoin de se faire estimer d'elle! Quel mérite ne lui
faut-il point pour effacer cette inégalité! »

« C'est toujours dans les capitales que le sang humain
se vend à meilleur marché. »

On parle trop de la sentimentalité de Rousseau : il
avait le cœur trop sensible pour devenir jamais un sen-
timental. Comme disait Stendhal, il savait mettre du
vinaigre dans sa crème. C'est par les variations du ton
de sa voix (et le rythme de ses phrases s'efforce de suivre
ses changements de ton) qu'il évite la fadeur des bons
sentiments : tour à tour sérieux, gai, prophétique, ironique, éloquent, laconique, lyrique, il cherche à éveiller
les idées, et à échauffer le cœur, non pas à instruire ou à
« édifier » au sens pieux de ce mot.

Education et politique.

Rousseau s'était efforcé de ne pas faire de son livre
un « traité d'éducation » ou un manuel de pédagogie.
Après l'avoir brûlé parce qu'il contenait « des choses
très hardies contre la Religion et le Gouvernement »,
on s'est hâté, sous forme d'extraits bien expurgés, de le
placer dans la catégorie rassurante des livres à mettre
entre toutes les mains. L'*Emile* est entré dans le pro-
gramme des écoles normales, après une double opération de castration : nous avons parlé de celle qui consistait à couper *la Profession de foi du Vicaire savoyard*
du reste de l'*Emile*, sous prétexte que *la Profession* parlait de religion et l'*Emile* d'éducation; l'opération symé-
trique consiste à couper l'*Emile* du *Contrat social*, alors
que les deux livres ont été volontairement écrits et publiés
en même temps, et que l'*Emile* contient, au livre V, un
résumé du *Contrat social*. La première version de l'*Emile*
commençait, en outre, par un développement sur « l'éducation publique ». L'*Emile* est sans doute le livre qui a
le plus fait pour promouvoir une école et un Etat laïcs,
libérés de la tutelle des Eglises, mais cette école et cet
Etat ont été bien ingrats : ils ont transformé l'exigence
de Rousseau, qui était une exigence de *respect* de la
liberté des enfants et des hommes, en un mot dévasta-
teur, celui de *neutralité*. S'il est un adjectif que Jean-
Jacques aurait vomi, c'est bien celui de « neutre » :

neutre, c'est-à-dire « ni l'un ni l'autre », ni chair ni poisson, bref, sans intérêt.

Or l'éducation d'Emile n'a qu'un but : former un
homme libre, capable de se défendre contre toutes les
contraintes; et pour former un homme libre, il n'est
qu'un seul moyen : le traiter en être libre, respecter la
liberté de l'enfant. C'est ici que se greffe le contresens
le plus grave qu'on ait fait sur l'*Emile* : Rousseau avait
pourtant pris soin de bien distinguer le respect des
besoins naturels de l'enfant (et la liberté est le premier
de ces besoins) de la satisfaction de ses désirs ou de
ses caprices. Les parents faibles, qui cèdent à toutes
les demandes de l'enfant, loin de respecter sa liberté,
la corrompent : loin d'en faire un être libre, ils l'asservissent à ses fantaisies et plus tard à ses passions. Le
plus grave n'est pas qu'eux-mêmes deviennent esclaves
de leur enfant : le pire est qu'ils font de lui un esclave.
« L'impulsion du seul appétit est esclavage, et l'obéissance à la loi qu'on s'est prescrite est liberté. » *(Contrat
social.)* L'*Emile* développe ce « principe du droit politique » sur le plan de l'éducation :

> « Savez-vous quel est le plus sûr moyen de rendre votre
> « enfant misérable ? c'est de l'accoutumer à tout obtenir :
> « car, ses désirs croissant incessamment par la facilité
> « de les satisfaire, tôt ou tard l'impuissance vous forcera
> « malgré vous d'en venir au refus; et ce refus inaccoutumé
> « lui donnera plus de tourment que la privation même de
> « ce qu'il désire... Heureux, lui ! c'est un despote; c'est
> « à la fois le plus vil des esclaves et la plus misérable des
> « créatures... Votre enfant ne doit rien obtenir parce
> « qu'il le demande, mais parce qu'il en a besoin, ni rien
> « faire par obéissance, mais seulement par nécessité.
> « Ainsi les mots d'obéir et de commander seront proscrits
> « de son dictionnaire, encore plus ceux de devoir
> « et d'obligation; mais ceux de force, de nécessité, d'im-
> « puissance et de contrainte y doivent tenir une grande
> « place. » (Livre II.)

La « dépendance des choses », c'est-à-dire l'assujettissement aux seuls besoins naturels, ne nuit point à la
liberté, puisque la vraie liberté est précisément de n'être
soumis qu'aux lois de la nature. Loin d'être molle,
l'éducation d'Emile sera rude :

> « Qu'il coure, qu'il s'ébatte, qu'il tombe cent fois le
> « jour, tant mieux : il apprendra plus tôt à se relever.

« Le bien-être de la liberté rachète beaucoup de bles-
« sures... La liberté que je donne à mon élève le dédom-
« mage amplement des légères incommodités auxquelles
« je le laisse exposé. Je vois de petits polissons jouer sur
« la neige, violets, transis, et pouvant à peine remuer
« les doigts. Il ne tient qu'à eux de s'aller chauffer, ils
« n'en font rien; si on les y forçait, ils sentiraient cent
« fois plus les rigueurs de la contrainte qu'ils ne sentent
« celles du froid. La nature a fait les enfants pour être
« aimés et secourus; mais les a-t-elle faits pour être obéis
« et craints ? » (Livre II.)

Ces remarques, dira-t-on, sont de bon sens, mais
elles n'ont aucun rapport avec la politique. Rousseau
n'est pas de cet avis : « Ceux qui voudront traiter séparément la politique et la morale n'entendront jamais rien
à aucune des deux » (livre IV). Rousseau sait qu'il est
illusoire de vouloir élever librement un homme libre
dans une société où domine l'inégalité, et qu'il est illusoire d'espérer transformer la société si l'on ne dispose
pas d'hommes libres, prêts à se sacrifier pour cette
liberté, pour l'égalité de tous devant la loi; il faut donc
faire les deux choses à la fois : « Il faut étudier la société
par les hommes, et les hommes par la société » (livre IV).
C'est précisément pour cela que Rousseau a écrit en
même temps l'*Emile* et *le Contrat social*. Ce n'est pas
par hasard ou par caprice que Rousseau demande aux
éducateurs, à propos des enfants : « Faites-en vos
égaux, afin qu'ils le deviennent ». Emile aura tellement
goûté à la liberté et à l'égalité qu'il ne pourra plus souffrir la tyrannie ou l'injustice : « Nourri dans la plus
absolue liberté, le plus grand des maux qu'il conçoit
est la servitude. Il plaint ces misérables rois, ces faux
sages, ces riches sots. » Emile apprendra le métier de
menuisier, non pas parce qu'il y est obligé (Rousseau
le présente au début de l'ouvrage comme un orphelin
noble et riche), mais pour mieux apprendre le métier
et les devoirs de l'homme : « Emile ne sera pas longtemps
ouvrier sans ressentir par lui-même l'inégalité des conditions. » Rien n'est plus révélateur que la suite que Rousseau a donnée à l'*Emile*, sous forme de roman par lettres :
dans *Emile et Sophie ou les Solitaires*, notre héros,
devenu prisonnier des corsaires barbaresques, organise
une grève d'esclaves, et son maître finit par accorder
satisfaction aux revendications d'Emile et de ses camarades.

L'honneur d'être brûlé.

Les sarcasmes que Rousseau lançait contre les rois, les grands et les riches, parce qu'il les savait d'avance hostiles à la liberté des hommes et donc des enfants, eurent leur juste salaire. Le 9 juin 1762, un arrêt du Parlement de Paris condamnait l'*Emile* à être lacéré et brûlé, et ordonnait : « Le nommé J.-J. Rousseau... sera pris et appréhendé au corps, et amené ès prisons de la Conciergerie du Palais. » Rousseau espère alors pouvoir se réfugier dans sa ville natale, mais, le 19 juin, le Petit Conseil de Genève condamne à son tour *le Contrat social* et l'*Emile* « à être lacérés et brûlés par l'Exécuteur de la haute justice, devant la porte de l'Hôtel de ville, comme téméraires, scandaleux, impies, tendant à détruire la religion chrétienne et tous les gouvernements »; quant à leur auteur, « au cas qu'il vienne dans la ville ou dans les terres de la Seigneurie, il devra être saisi et appréhendé, pour être ensuite prononcé sur sa personne ». Rousseau commençait sa vie de proscrit.

Comme à l'ordinaire, les condamnations ne firent qu'assurer au livre toute la publicité qu'il méritait : ce fut un des grands succès du siècle. Mais l'amour réel des enfants et de la liberté qu'on y respire en font un livre de tous les temps. Chaque génération d'éducateurs y découvre avec étonnement ce qu'elle cherche confusément : après l'Ecole émancipée et les méthodes d'éducation active, après Makarenko et son admirable *Poème pédagogique*, voici que les pionniers du « non-directivisme », Rogers aux Etats-Unis, Georges Lapassade en France, se réclament de l'éducation négative de Rousseau : la thèse de Georges Lapassade, encore inédite, est centrée sur l'*Emile* et s'intitule *l'Education négative. Essai sur les origines et les fondements du non-directivisme* (doctorat d'Etat, Paris, 1963). Dans les applications même outrancières qui en sont faites (ne voit-on pas tel professeur qui s'installe à son bureau, et qui refuse de dire un mot, de peur d'influencer ses élèves), une vérité se fait jour : il n'est jamais trop tôt pour donner à l'homme, à l'adolescent, à l'enfant, le sens de ses responsabilités, et donc pour lui confier la responsabilité de sa propre éducation.

Rousseau n'abandonnait Emile que vers la vingt-cinquième année : mais c'est à propos des adolescents de quinze ans qu'il disait : « Faites-en vos égaux afin qu'ils

le deviennent » ; et c'est au livre I, devant le nourrisson,
qu'il écrivait : « Préparez de loin le règne de sa liberté. »
Être éditeur ou lecteur de l'*Emile*, c'est, encore aujour-
d'hui, préparer de loin le règne de sa propre liberté.

                                        Michel LAUNAY.

BIBLIOGRAPHIE SOMMAIRE

La Profession de foi du Vicaire savoyard. Edition de Pierre-Maurice Masson, Paris, 1914.

Emile ou De l'Education (Extraits). Introduction à l'*Emile*, par Henri Wallon. Etudes et notes par Jean-Louis Lecercle. Paris, Editions sociales, 1958.

La Genèse et la Rédaction de l'Emile de Jean-Jacques Rousseau. Etude sur l'histoire de l'ouvrage jusqu'à sa parution, par Peter D. Jimack. *Studies on Voltaire and the eighteenth century*, vol. XIII. Genève, Institut et Musée Voltaire (Droz), 1960.

Nature et nature humaine dans l'« Emile » de Jean-Jacques Rousseau, par Rolf Tobiassen. Oslo, Presses Universitaires d'Oslo, 1961.

L'Education négative. Essai sur les origines et les fondements du non-directivisme, par Georges Lapassade. Thèse de doctorat d'Etat. Université de Paris (exemplaires dactylographiés), 1963.

Annales Jean-Jacques Rousseau, tome 35 : *Entretiens sur Jean-Jacques Rousseau* (Genève, 1962). Genève, Jullien, 1963. (Voir en particulier les communications de MM. Gouhier et Spink.)

Jean-Jacques Rousseau et son œuvre. Problèmes et recherches (Colloque de Paris, 16-20 octobre 1962). Paris, Klincksieck, 1964. (Voir en particulier les communications de MM. Belaval, Debesse et Rang.)

ÉMILE
OU
DE L'ÉDUCATION

PRÉFACE

Ce recueil de réflexions et d'observations, sans ordre et presque sans suite, fut commencé pour complaire à une bonne mère qui sait penser. Je n'avais d'abord projeté qu'un mémoire de quelques pages; mon sujet m'entraînant malgré moi, ce mémoire devint insensiblement une espèce d'ouvrage trop gros, sans doute, pour ce qu'il contient, mais trop petit pour la matière qu'il traite. J'ai balancé longtemps à le publier; et souvent il m'a fait sentir, en y travaillant, qu'il ne suffit pas d'avoir écrit quelques brochures pour savoir composer un livre. Après de vains efforts pour mieux faire, je crois devoir le donner tel qu'il est, jugeant qu'il importe de tourner l'attention publique de ce côté-là; et que, quand mes idées seraient mauvaises, si j'en fais naître de bonnes à d'autres, je n'aurai pas tout à fait perdu mon temps. Un homme qui, de sa retraite, jette ses feuilles dans le public, sans prôneurs, sans parti qui les défende, sans savoir même ce qu'on en pense ou ce qu'on en dit, ne doit pas craindre que, s'il se trompe, on admette ses erreurs sans examen.

Je parlerai peu de l'importance d'une bonne éducation; je ne m'arrêterai pas non plus à prouver que celle qui est en usage est mauvaise; mille autres l'ont fait avant moi, et je n'aime point à remplir un livre de choses que tout le monde sait. Je remarquerai seulement que, depuis des temps infinis, il n'y a qu'un cri contre la pratique établie, sans que personne s'avise d'en proposer une meilleure. La littérature et le savoir de notre siècle tendent beaucoup plus à détruire qu'à édifier. On censure d'un ton de maître; pour proposer, il en faut prendre un autre, auquel la hauteur philosophique se complaît moins. Malgré tant d'écrits, qui n'ont, dit-on, pour but que l'utilité publique, la première de toutes les utilités, qui est l'art de former des hommes, est encore oubliée. Mon sujet était tout neuf après le livre de Locke, et je crains fort qu'il ne le soit encore après le mien.

On ne connaît point l'enfance : sur les fausses idées qu'on en a, plus on va, plus on s'égare. Les plus sages s'attachent à ce qu'il importe aux hommes de savoir, sans considérer ce que les enfants sont en état d'apprendre. Ils cherchent toujours l'homme dans l'enfant, sans penser à ce qu'il est avant que d'être homme. Voilà l'étude à laquelle je me suis le plus appliqué, afin que, quand toute ma méthode serait chimérique et fausse, on pût toujours profiter de mes observations. Je puis avoir très mal vu ce qu'il faut faire; mais je crois avoir bien vu le sujet sur lequel on doit opérer. Commencez donc par mieux étudier vos élèves; car très assurément vous ne les connaissez point; or, si vous lisez ce livre dans cette vue, je ne le crois pas sans utilité pour vous.

A l'égard de ce qu'on appellera la partie systématique, qui n'est autre chose ici que la marche de la nature, c'est là ce qui déroutera le plus le lecteur; c'est aussi par là qu'on m'attaquera sans doute, et peut-être n'aura-t-on pas tort. On croira moins lire un traité d'éducation que les rêveries d'un visionnaire sur l'éducation. Qu'y faire ? Ce n'est pas sur les idées d'autrui que j'écris; c'est sur les miennes. Je ne vois point comme les autres hommes; il y a longtemps qu'on me l'a reproché. Mais dépend-il de moi de me donner d'autres yeux, et de m'affecter d'autres idées ? non. Il dépend de moi de ne point abonder dans mon sens, de ne point croire être seul plus sage que tout le monde; il dépend de moi, non de changer de sentiment, mais de me défier du mien : voilà tout ce que je puis faire, et ce que je fais. Que si je prends quelquefois le ton affirmatif, ce n'est point pour en imposer au lecteur; c'est pour lui parler comme je pense. Pourquoi proposerais-je par forme de doute ce dont, quant à moi, je ne doute point ? Je dis exactement ce qui se passe dans mon esprit.

En exposant avec liberté mon sentiment, j'entends si peu qu'il fasse autorité, que j'y joins toujours mes raisons, afin qu'on les pèse et qu'on me juge : mais, quoique je ne veuille point m'obstiner à défendre mes idées, je ne me crois pas moins obligé de les proposer; car les maximes sur lesquelles je suis d'un avis contraire à celui des autres ne sont point indifférentes. Ce sont de celles dont la vérité ou la fausseté importe à connaître, et qui font le bonheur ou le malheur du genre humain.

Proposez ce qui est faisable, ne cesse-t-on de me répéter. C'est comme si l'on me disait : Proposez de faire ce qu'on fait; ou du moins proposez quelque bien qui s'allie avec le mal existant. Un tel projet, sur certaines matières, est beaucoup plus chimérique que les miens; car, dans cet alliage, le bien se gâte, et le mal ne se guérit pas. J'aimerais mieux suivre en tout la pratique établie, que d'en prendre une bonne à demi; il y aurait moins de contradiction dans l'homme; il ne peut tendre à la fois à deux buts opposés. Pères et mères, ce qui est faisable est ce que vous voulez faire. Dois-je répondre de votre volonté ?

En toute espèce de projet, il y a deux choses à considérer : premièrement, la bonté absolue du projet; en second lieu, la facilité de l'exécution.

Au premier égard, il suffit, pour que le projet soit admissible et praticable en lui-même, que ce qu'il a de bon soit dans la nature de la chose; ici, par exemple, que l'éducation proposée soit convenable à l'homme, et bien adaptée au cœur humain.

La seconde considération dépend de rapports donnés dans certaines situations; rapports accidentels à la chose, lesquels, par conséquent, ne sont point nécessaires, et peuvent varier à l'infini. Ainsi telle éducation peut être praticable en Suisse, et ne l'être pas en France; telle autre peut l'être chez les bourgeois, et telle autre parmi les grands. La facilité plus ou moins grande de l'exécution dépend de mille circonstances qu'il est impossible de déterminer autrement que dans une application particulière de la méthode à tel ou tel pays, à telle ou telle condition. Or, toutes ces applications particulières, n'étant pas essentielles à mon sujet, n'entrent point dans mon plan. D'autres pourront s'en occuper s'ils veulent, chacun pour le pays où l'Etat qu'il aura en vue. Il me suffit que, partout où naîtront des hommes, on puisse en faire ce que je propose; et qu'ayant fait d'eux ce que je propose, on ait fait ce qu'il y a de meilleur et pour eux-mêmes et pour autrui. Si je ne remplis pas cet engagement, j'ai tort sans doute; mais si je le remplis, on aurait tort aussi d'exiger de moi davantage; car je ne promets que cela.

LIVRE PREMIER

Tout est bien sortant des mains de l'Auteur des choses, tout dégénère entre les mains de l'homme. Il force une terre à nourrir les productions d'une autre, un arbre à porter les fruits d'un autre; il mêle et confond les climats, les éléments, les saisons; il mutile son chien, son cheval, son esclave; il bouleverse tout, il défigure tout, il aime la difformité, les monstres; il ne veut rien tel que l'a fait la nature, pas même l'homme; il le faut dresser pour lui, comme un cheval de manège; il le faut contourner à sa mode, comme un arbre de son jardin.

Sans cela, tout irait plus mal encore, et notre espèce ne veut pas être façonnée à demi. Dans l'état où sont désormais les choses, un homme abandonné dès sa naissance à lui-même parmi les autres serait le plus défiguré de tous. Les préjugés, l'autorité, la nécessité, l'exemple, toutes les institutions sociales, dans lesquelles nous nous trouvons submergés, étoufferaient en lui la nature, et ne mettraient rien à la place. Elle y serait comme un arbrisseau que le hasard fait naître au milieu d'un chemin, et que les passants font bientôt périr, en le heurtant de toutes parts et le pliant dans tous les sens.

C'est à toi que je m'adresse, tendre et prévoyante mère *, qui sus t'écarter de la grande route, et garantir

***

* La première éducation est celle qui importe le plus, et cette première éducation appartient incontestablement aux femmes : si l'Auteur de la nature eût voulu qu'elle appartînt aux hommes, il leur eût donné du lait pour nourrir les enfants. Parlez donc toujours aux femmes par préférence dans vos traités d'éducation; car, outre qu'elles sont à portée d'y veiller de plus près que les hommes, et qu'elles y influent toujours davantage, le succès les intéresse aussi beaucoup

l'arbrisseau naissant du choc des opinions humaines! Cultive, arrose la jeune plante avant qu'elle meure : ses fruits feront un jour tes délices. Forme de bonne heure une enceinte autour de l'âme de ton enfant; un autre en peut marquer le circuit, mais toi seule y dois poser la barrière *.

On façonne les plantes par la culture, et les hommes par l'éducation. Si l'homme naissait grand et fort, sa taille et sa force lui seraient inutiles jusqu'à ce qu'il eût appris à s'en servir; elles lui seraient préjudiciables, en empêchant les autres de songer à l'assister **; et, abandonné à lui-même, il mourrait de misère avant d'avoir connu ses besoins. On se plaint de l'état de l'enfance; on ne voit pas que la race humaine eût péri, si l'homme n'eût commencé par être enfant.

Nous naissons faibles, nous avons besoin de force; nous naissons dépourvus de tout, nous avons besoin

plus, puisque la plupart des veuves se trouvent presque à la merci de leurs enfants, et qu'alors ils leur font vivement sentir en bien ou en mal l'effet de la manière dont elles les ont élevés. Les lois, toujours si occupées des biens et si peu des personnes, parce qu'elles ont pour objet la paix et non la vertu, ne donnent pas assez d'autorité aux mères. Cependant leur état est plus sûr que celui des pères, leurs devoirs sont plus pénibles; leurs soins importent plus au bon ordre de la famille; généralement elles ont plus d'attachement pour les enfants. Il y a des occasions où un fils qui manque de respect à son père peut en quelque sorte être excusé; mais si, dans quelque occasion que ce fût, un enfant était assez dénaturé pour en manquer à sa mère, à celle qui l'a porté dans son sein, qui l'a nourri de son lait, qui, durant des années, s'est oubliée elle-même pour ne s'occuper que de lui, on devrait se hâter d'étouffer ce misérable comme un monstre indigne de voir le jour. Les mères, dit-on, gâtent leurs enfants. En cela sans doute elles ont tort, mais moins de tort que vous peut-être qui les dépravez. La mère veut que son enfant soit heureux, qu'il le soit dès à présent. En cela elle a raison : quand elle se trompe sur les moyens, il faut l'éclairer. L'ambition, l'avarice, la tyrannie, la fausse prévoyance des pères, leur négligence, leur dure insensibilité, sont cent fois plus funestes aux enfants que l'aveugle tendresse des mères. Au reste, il faut expliquer le sens que je donne à ce nom de mère, et c'est ce qui sera fait ci-après.

* On m'assure que M. Formey a cru que je voulais ici parler de ma mère, et qu'il l'a dit dans quelque ouvrage. C'est se moquer cruellement de M. Formey ou de moi.

** Semblable à eux à l'extérieur, et privé de la parole ainsi que des idées qu'elle exprime, il serait hors d'état de leur faire entendre le besoin qu'il aurait de leurs secours, et rien en lui ne leur manifesterait ce besoin.

d'assistance; nous naissons stupides, nous avons besoin de jugement. Tout ce que nous n'avons pas à notre naissance et dont nous avons besoin étant grands, nous est donné par l'éducation.

Cette éducation nous vient de la nature, ou des hommes ou des choses. Le développement interne de nos facultés et de nos organes est l'éducation de la nature; l'usage qu'on nous apprend à faire de ce développement est l'éducation des hommes; et l'acquis de notre propre expérience sur les objets qui nous affectent est l'éducation des choses.

Chacun de nous est donc formé par trois sortes de maîtres. Le disciple dans lequel leurs diverses leçons se contrarient est mal élevé, et ne sera jamais d'accord avec lui-même; celui dans lequel elles tombent toutes sur les mêmes points, et tendent aux mêmes fins, va seul à son but et vit conséquemment. Celui-là seul est bien élevé.

Or, de ces trois éducations différentes, celle de la nature ne dépend point de nous; celle des choses n'en dépend qu'à certains égards. Celle des hommes est la seule dont nous soyons vraiment les maîtres; encore ne le sommes-nous que par supposition; car qui est-ce qui peut espérer de diriger entièrement les discours et les actions de tous ceux qui environnent un enfant ?

Sitôt donc que l'éducation est un art, il est presque impossible qu'elle réussisse, puisque le concours nécessaire à son succès ne dépend de personne. Tout ce qu'on peut faire à force de soins est d'approcher plus ou moins du but, mais il faut du bonheur pour l'atteindre.

Quel est ce but ? c'est celui même de la nature; cela vient d'être prouvé. Puisque le concours des trois éducations est nécessaire à leur perfection, c'est sur celle à laquelle nous ne pouvons rien qu'il faut diriger les deux autres. Mais peut-être ce mot de nature a-t-il un sens trop vague; il faut tâcher ici de le fixer.

La nature, nous dit-on, n'est que l'habitude *. Que signifie cela ? N'y a-t-il pas des habitudes qu'on ne contracte que par force, et qui n'étouffent jamais la nature ? Telle est, par exemple, l'habitude des plantes

---

* M. Formey nous assure qu'on ne dit pas précisément cela. Cela me paraît pourtant très précisément dit dans ce vers auquel je me proposais de répondre :

La nature, crois-moi, n'est rien que l'habitude.

dont on gêne la direction verticale. La plante mise en liberté garde l'inclinaison qu'on l'a forcée à prendre; mais la sève n'a point changé pour cela sa direction primitive; et, si la plante continue à végéter, son prolongement redevient vertical. Il en est de même des inclinations des hommes. Tant qu'on reste dans le même état, on peut garder celles qui résultent de l'habitude, et qui nous sont le moins naturelles; mais, sitôt que la situation change, l'habitude cesse et le naturel revient. L'éducation n'est certainement qu'une habitude. Or, n'y a-t-il pas des gens qui oublient et perdent leur éducation, d'autres qui la gardent? D'où vient cette différence? S'il faut borner le nom de nature aux habitudes conformes à la nature, on peut s'épargner ce galimatias.

Nous naissons sensibles, et, dès notre naissance, nous sommes affectés de diverses manières par les objets qui nous environnent. Sitôt que nous avons pour ainsi dire la conscience de nos sensations, nous sommes disposés à rechercher ou à fuir les objets qui les produisent, d'abord, selon qu'elles nous sont agréables ou déplaisantes, puis, selon la convenance ou disconvenance que nous trouvons entre nous et ces objets, et enfin, selon les jugements que nous en portons sur l'idée de bonheur ou de perfection que la raison nous donne. Ces dispositions s'étendent et s'affermissent à mesure que nous devenons plus sensibles et plus éclairés; mais, contraintes par nos habitudes, elles s'altèrent plus ou moins par nos opinions. Avant cette altération, elles sont ce que j'appelle en nous la nature.

C'est donc à ces dispositions primitives qu'il faudrait tout rapporter; et cela se pourrait, si nos trois éducations n'étaient que différentes : mais que faire quand elles sont opposées; quand, au lieu d'élever un homme pour lui-même, on veut l'élever pour les autres? Alors le concert est impossible. Forcé de combattre la nature ou les institutions sociales, il faut opter entre faire un homme ou un citoyen : car on ne peut faire à la fois l'un et l'autre.

Toute société partielle, quand elle est étroite et bien unie, s'aliène de la grande. Tout patriote est dur aux étrangers : ils ne sont qu'hommes, ils ne sont rien à ses

---

M. Formey, qui ne veut pas enorgueillir ses semblables, nous donne modestement la mesure de sa cervelle pour celle de l'entendement humain.

yeux *. Cet inconvénient est inévitable, mais il est faible. L'essentiel est d'être bon aux gens avec qui l'on vit. Au dehors le Spartiate était ambitieux, avare, inique; mais le désintéressement, l'équité, la concorde régnaient dans ses murs. Défiez-vous de ces cosmopolites qui vont chercher loin dans leurs livres des devoirs qu'ils dédaignent de remplir autour d'eux. Tel philosophe aime les Tartares, pour être dispensé d'aimer ses voisins.

L'homme naturel est tout pour lui; il est l'unité numérique, l'entier absolu, qui n'a de rapport qu'à lui-même ou à son semblable. L'homme civil n'est qu'une unité fractionnaire qui tient au dénominateur, et dont la valeur est dans son rapport avec l'entier, qui est le corps social. Les bonnes institutions sociales sont celles qui savent le mieux dénaturer l'homme, lui ôter son existence absolue pour lui en donner une relative, et transporter le *moi* dans l'unité commune; en sorte que chaque particulier ne se croie plus un, mais partie de l'unité, et ne soit plus sensible que dans le tout. Un citoyen de Rome n'était ni Caïus, ni Lucius; c'était un Romain; même il aimait la patrie exclusivement à lui. Régulus se prétendait Carthaginois, comme étant devenu le bien de ses maîtres. En sa qualité d'étranger, il refusait de siéger au sénat de Rome; il fallut qu'un Carthaginois le lui ordonnât. Il s'indignait qu'on voulût lui sauver la vie. Il vainquit, et s'en retourna triomphant mourir dans les supplices. Cela n'a pas grand rapport, ce me semble, aux hommes que nous connaissons.

Le Lacédémonien Pédarète se présente pour être admis au conseil des trois cents; il est rejeté: il s'en retourne tout joyeux de ce qu'il s'est trouvé dans Sparte trois cents hommes valant mieux que lui. Je suppose cette démonstration sincère; et il y a lieu de croire qu'elle l'était: voilà le citoyen.

Une femme de Sparte avait cinq fils à l'armée, et attendait des nouvelles de la bataille. Un ilote arrive; elle lui en demande en tremblant: « Vos cinq fils ont été tués. — Vil esclave, t'ai-je demandé cela? — Nous avons gagné la victoire! » La mère court au temple, et rend grâces aux dieux. Voilà la citoyenne.

---

* Aussi les guerres des républiques sont-elles plus cruelles que celles des monarchies. Mais, si la guerre des rois est modérée, c'est leur paix qui est terrible: il vaut mieux être leur ennemi que leur sujet.

Celui qui, dans l'ordre civil, veut conserver la primauté des sentiments de la nature ne sait ce qu'il veut. Toujours en contradiction avec lui-même, toujours flottant entre ses penchants et ses devoirs, il ne sera jamais ni homme ni citoyen; il ne sera bon ni pour lui ni pour les autres. Ce sera un de ces hommes de nos jours, un Français, un Anglais, un bourgeois; ce ne sera rien.

Pour être quelque chose, pour être soi-même et toujours un, il faut agir comme on parle; il faut être toujours décidé sur le parti que l'on doit prendre, le prendre hautement, et le suivre toujours. J'attends qu'on me montre ce prodige pour savoir s'il est homme ou citoyen, ou comment il s'y prend pour être à la fois l'un et l'autre.

De ces objets nécessairement opposés viennent deux formes d'institutions contraires : l'une publique et commune, l'autre particulière et domestique.

Voulez-vous prendre une idée de l'éducation publique, lisez la *République* de Platon. Ce n'est point un ouvrage de politique, comme le pensent ceux qui ne jugent des livres que par leurs titres : c'est le plus beau traité d'éducation qu'on ait jamais fait.

Quand on veut renvoyer au pays des chimères, on nomme l'institution de Platon : si Lycurgue n'eût mis la sienne que par écrit, je la trouverais bien plus chimérique. Platon n'a fait qu'épurer le cœur de l'homme; Lycurgue l'a dénaturé.

L'institution publique n'existe plus, et ne peut plus exister, parce qu'où il n'y a plus de patrie, il ne peut plus y avoir de citoyens. Ces deux mots *patrie* et *citoyen* doivent être effacés des langues modernes. J'en sais bien la raison, mais je ne veux pas la dire; elle ne fait rien à mon sujet.

Je n'envisage pas comme une institution publique ces risibles établissements qu'on appelle collèges *. Je ne compte pas non plus l'éducation du monde, parce que cette éducation tendant à deux fins contraires, les manque toutes deux : elle n'est propre qu'à faire des

---

* Il y a dans plusieurs écoles, et surtout dans l'Université de Paris, des professeurs que j'aime, que j'estime beaucoup, et que je crois très capables de bien instruire la jeunesse, s'ils n'étaient forcés de suivre l'usage établi. J'exhorte l'un d'entre eux à publier le projet de réforme qu'il a conçu. L'on sera peut-être enfin tenté de guérir le mal en voyant qu'il n'est pas sans remède.

hommes doubles paraissant toujours rapporter tout aux autres, et ne rapportant jamais rien qu'à eux seuls. Or ces démonstrations, étant communes à tout le monde, n'abusent personne. Ce sont autant de soins perdus.

De ces contradictions naît celle que nous éprouvons sans cesse en nous-mêmes. Entraînés par la nature et par les hommes dans des routes contraires, forcés de nous partager entre ces diverses impulsions, nous en suivons une composée qui ne nous mène ni à l'un ni à l'autre but. Ainsi combattus et flottants durant tout le cours de notre vie, nous la terminons sans avoir pu nous accorder avec nous, et sans avoir été bons ni pour nous ni pour les autres.

Reste enfin l'éducation domestique ou celle de la nature, mais que deviendra pour les autres un homme uniquement élevé pour lui ? Si peut-être le double objet qu'on se propose pouvait se réunir en un seul, en ôtant les contradictions de l'homme on ôterait un grand obstacle à son bonheur. Il faudrait, pour en juger, le voir tout formé; il faudrait avoir observé ses penchants, vu ses progrès, suivi sa marche; il faudrait, en un mot, connaître l'homme naturel. Je crois qu'on aura fait quelques pas dans ces recherches après avoir lu cet écrit.

Pour former cet homme rare, qu'avons-nous à faire ? beaucoup, sans doute : c'est d'empêcher que rien ne soit fait. Quand il ne s'agit que d'aller contre le vent, on louvoie; mais si la mer est forte et qu'on veuille rester en place, il faut jeter l'ancre. Prends garde, jeune pilote, que ton câble ne file ou que ton ancre ne laboure, et que le vaisseau ne dérive avant que tu t'en sois aperçu.

Dans l'ordre social, où toutes les places sont marquées, chacun doit être élevé pour la sienne. Si un particulier formé pour sa place en sort, il n'est plus propre à rien. L'éducation n'est utile qu'autant que la fortune s'accorde avec la vocation des parents; en tout autre cas elle est nuisible à l'élève, ne fût-ce que par les préjugés qu'elle lui a donnés. En Egypte, où le fils était obligé d'embrasser l'état de son père, l'éducation du moins avait un but assuré; mais, parmi nous, où les rangs seuls demeurent, et où les hommes en changent sans cesse, nul ne sait si, en élevant son fils pour le sien, il ne travaille pas contre lui.

Dans l'ordre naturel, les hommes étant tous égaux, leur vocation commune est l'état d'homme; et quiconque est bien élevé pour celui-là ne peut mal remplir ceux qui s'y rapportent. Qu'on destine mon élève à l'épée, à l'église, au barreau, peu m'importe. Avant la vocation des parents, la nature l'appelle à la vie humaine. Vivre est le métier que je lui veux apprendre. En sortant de mes mains, il ne sera, j'en conviens, ni magistrat, ni soldat, ni prêtre; il sera premièrement homme : tout ce qu'un homme doit être, il saura l'être au besoin tout aussi bien que qui que ce soit; et la fortune aura beau le faire changer de place, il sera toujours à la sienne. *Occupavi te, Fortuna, atque cepi ; omnesque aditus tuos interclusi, ut ad me aspirare non posses.*

Notre véritable étude est celle de la condition humaine. Celui d'entre nous qui sait le mieux supporter les biens et les maux de cette vie est à mon gré le mieux élevé; d'où il suit que la véritable éducation consiste moins en préceptes qu'en exercices. Nous commençons à nous instruire en commençant à vivre; notre éducation commence avec nous; notre premier précepteur est notre nourrice. Aussi ce mot *éducation* avait-il chez les anciens un autre sens que nous ne lui donnons plus : il signifiait nourriture. *Educit obstetrix*, dit Varron; *educat nutrix, instituit pædagogus, docet magister.* Ainsi l'éducation, l'institution, l'instruction, sont trois choses aussi différentes dans leur objet que la gouvernante, le précepteur et le maître. Mais ces distinctions sont mal entendues; et, pour être bien conduit, l'enfant ne doit suivre qu'un seul guide.

Il faut donc généraliser nos vues, et considérer dans notre élève l'homme abstrait, l'homme exposé à tous les accidents de la vie humaine. Si les hommes naissaient attachés au sol d'un pays, si la même saison durait toute l'année, si chacun tenait à sa fortune de manière à n'en pouvoir jamais changer, la pratique établie serait bonne à certains égards; l'enfant élevé pour son état, n'en sortant jamais, ne pourrait être exposé aux inconvénients d'un autre. Mais, vu la mobilité des choses humaines, vu l'esprit inquiet et remuant de ce siècle qui bouleverse tout à chaque génération, peut-on concevoir une méthode plus insensée que d'élever un enfant comme n'ayant jamais à sortir de sa chambre, comme devant être sans cesse entouré de ses gens ? Si le malheureux fait un seul pas sur la terre, s'il descend d'un seul degré, il est perdu. Ce n'est pas lui apprendre à supporter la peine; c'est l'exercer à la sentir.

On ne songe qu'à conserver son enfant; ce n'est pas

assez; on doit lui apprendre à se conserver étant homme, à supporter les coups du sort, à braver l'opulence et la misère, à vivre, s'il le faut, dans les glaces d'Islande ou sur le brûlant rocher de Malte. Vous avez beau prendre des précautions pour qu'il ne meure pas, il faudra pourtant qu'il meure; et, quand sa mort ne serait pas l'ouvrage de vos soins, encore seraient-ils mal entendus. Il s'agit moins de l'empêcher de mourir que de le faire vivre. Vivre, ce n'est pas respirer, c'est agir; c'est faire usage de nos organes, de nos sens, de nos facultés, de toutes les parties de nous-mêmes, qui nous donnent le sentiment de notre existence. L'homme qui a le plus vécu n'est pas celui qui a compté le plus d'années, mais celui qui a le plus senti la vie. Tel s'est fait enterrer à cent ans, qui mourut dès sa naissance. Il eût gagné d'aller au tombeau dans sa jeunesse, s'il eût vécu du moins jusqu'à ce temps-là.

Toute notre sagesse consiste en préjugés serviles; tous nos usages ne sont qu'assujettissement, gêne et contrainte. L'homme civil naît, vit et meurt dans l'esclavage : à sa naissance on le coud dans un maillot; à sa mort on le cloue dans une bière; tant qu'il garde la figure humaine, il est enchaîné par nos institutions.

On dit que plusieurs sages-femmes prétendent, en pétrissant la tête des enfants nouveau-nés, lui donner une forme plus convenable, et on le souffre! Nos têtes seraient mal de la façon de l'Auteur de notre être : il nous les faut façonner au dehors par les sages-femmes, et au dedans par les philosophes. Les Caraïbes sont de la moitié plus heureux que nous.

« A peine l'enfant est-il sorti du sein de la mère, et à peine jouit-il de la liberté de mouvoir et d'étendre ses membres, qu'on lui donne de nouveaux liens. On l'emmaillote, on le couche la tête fixée et les jambes allongées, les bras pendants à côté du corps; il est entouré de linges et de bandages de toute espèce, qui ne lui permettent pas de changer de situation. Heureux si on ne l'a pas serré au point de l'empêcher de respirer, et si on a eu la précaution de le coucher sur le côté, afin que les eaux qu'il doit rendre par la bouche puissent tomber d'elles-mêmes! car il n'aurait pas la liberté de tourner la tête sur le côté pour en faciliter l'écoulement. »

L'enfant nouveau-né a besoin d'étendre et de mouvoir ses membres, pour les tirer de l'engourdissement où, rassemblés en un peloton, ils ont resté si longtemps. On les étend, il est vrai, mais on les empêche de se mouvoir; on assujettit la tête même par des têtières : il semble qu'on a peur qu'il n'ait l'air d'être en vie.

Ainsi l'impulsion des parties internes d'un corps qui tend à l'accroissement trouve un obstacle insurmontable aux mouvements qu'elle lui demande. L'enfant fait continuellement des efforts inutiles qui épuisent ses forces ou retardent leur progrès. Il était moins à l'étroit, moins gêné, moins comprimé dans l'amnios qu'il n'est dans ses langes; je ne vois pas ce qu'il a gagné de naître.

L'inaction, la contrainte où l'on retient les membres d'un enfant, ne peuvent que gêner la circulation du sang, des humeurs, empêcher l'enfant de se fortifier, de croître, et altérer sa constitution. Dans les lieux où l'on n'a point ces précautions extravagantes, les hommes sont tous grands, forts, bien proportionnés. Les pays où l'on emmaillote les enfants sont ceux qui fourmillent de bossus, de boiteux, de cagneux, de noués, de rachitiques, de gens contrefaits de toute espèce. De peur que les corps ne se déforment par des mouvements libres, on se hâte de les déformer en les mettant en presse. On les rendrait volontiers perclus pour les empêcher de s'estropier.

Une contrainte si cruelle pourrait-elle ne pas influer sur leur humeur ainsi que sur leur tempérament ? Leur premier sentiment est un sentiment de douleur et de peine : ils ne trouvent qu'obstacles à tous les mouvements dont ils ont besoin : plus malheureux qu'un criminel aux fers, ils font de vains efforts, ils s'irritent, ils crient. Leurs premières voix, dites-vous, sont des pleurs ? Je le crois bien : vous les contrariez dès leur naissance; les premiers dons qu'ils reçoivent de vous sont des chaînes; les premiers traitements qu'ils éprouvent sont des tourments. N'ayant rien de libre que la voix, comment ne s'en serviraient-ils pas pour se plaindre ? Ils crient du mal que vous leur faites : ainsi garrottés, vous crieriez plus fort qu'eux.

D'où vient cet usage déraisonnable ? d'un usage dénaturé. Depuis que les mères, méprisant leur premier devoir, n'ont plus voulu nourrir leurs enfants, il a fallu les confier à des femmes mercenaires, qui, se trouvant ainsi mères d'enfants étrangers pour qui la nature ne leur disait rien, n'ont cherché qu'à s'épargner de la peine. Il eût fallu veiller sans cesse sur un enfant en liberté; mais, quand il est bien lié, on le jette dans un coin sans s'embarrasser de ses cris. Pourvu qu'il n'y ait pas de preuves de la négligence de la nourrice, pourvu que le nourrisson ne se casse ni bras ni jambe, qu'importe, au surplus, qu'il périsse ou qu'il demeure infirme le reste de ses jours ? On conserve ses membres aux dépens de son corps, et, quoi qu'il arrive, la nourrice est disculpée.

Ces douces mères qui, débarrassées de leurs enfants, se livrent gaiement aux amusements de la ville, savent-elles cependant quel traitement l'enfant dans son maillot reçoit au village ? Au moindre tracas qui survient, on le suspend à un clou comme un paquet de hardes; et tandis que, sans se presser, la nourrice vaque à ses affaires, le malheureux reste ainsi crucifié. Tous ceux qu'on a trouvés dans cette situation avaient le visage violet; la poitrine fortement comprimée ne laissant pas circuler le sang, il remontait à la tête; et l'on croyait le patient fort tranquille, parce qu'il n'avait pas la force de crier. J'ignore combien d'heures un enfant peut rester en cet état sans perdre la vie, mais je doute que cela puisse aller fort loin. Voilà, je pense, une des plus grandes commodités du maillot.

On prétend que les enfants en liberté pourraient prendre de mauvaises situations, et se donner des mouvements capables de nuire à la bonne conformation de leurs membres. C'est là un de ces vains raisonnements de notre fausse sagesse, et que jamais aucune expérience n'a confirmés. De cette multitude d'enfants qui, chez des peuples plus sensés que nous, sont nourris dans toute la liberté de leurs membres, on n'en voit pas un seul qui se blesse ni s'estropie; ils ne sauraient donner à leurs mouvements la force qui peut les rendre dangereux; et quand ils prennent une situation violente, la douleur les avertit bientôt d'en changer.

Nous ne nous sommes pas encore avisés de mettre au maillot les petits des chiens ni des chats; voit-on qu'il résulte pour eux quelque inconvénient de cette négligence ? Les enfants sont plus lourds; d'accord : mais à proportion ils sont aussi plus faibles. A peine peuvent-ils se mouvoir; comment s'estropieraient-ils ? Si on les étendait sur le dos, ils mourraient dans cette situation, comme la tortue, sans pouvoir jamais se retourner.

Non contentes d'avoir cessé d'allaiter leurs enfants, les femmes cessent d'en vouloir faire; la conséquence est naturelle. Dès que l'état de mère est onéreux, on trouve bientôt le moyen de s'en délivrer tout à fait ; on veut faire un ouvrage inutile, afin de le recommencer toujours, et l'on tourne au préjudice de l'espèce l'attrait donné pour la multiplier. Cet usage, ajouté aux autres causes de dépopulation, nous annonce le sort prochain de l'Europe. Les sciences, les arts, la philosophie et les mœurs qu'elle engendre ne tarderont pas d'en faire un désert. Elle sera peuplée de bêtes féroces : elle n'aura pas beaucoup changé d'habitants.

J'ai vu quelquefois le petit manège des jeunes femmes qui feignent de vouloir nourrir leurs enfants. On sait se faire presser de renoncer à cette fantaisie : on fait adroitement intervenir les époux, les médecins *, surtout les mères. Un mari qui oserait consentir que sa femme nourrît son enfant serait un homme perdu ; l'on en ferait un assassin qui veut se défaire d'elle. Maris prudents, il faut immoler à la paix l'amour paternel. Heureux qu'on trouve à la campagne des femmes plus continentes que les vôtres ! Plus heureux si le temps que celles-ci gagnent n'est pas destiné pour d'autres que vous.

Le devoir des femmes n'est pas douteux : mais on dispute si, dans le mépris qu'elles en font, il est égal pour les enfants d'être nourris de leur lait ou d'un autre. Je tiens cette question, dont les médecins sont les juges, pour décidée au souhait des femmes ; et pour moi, je penserais bien aussi qu'il vaut mieux que l'enfant suce le lait d'une nourrice en santé, que d'une mère gâtée, s'il avait quelque nouveau mal à craindre du même sang dont il est formé.

Mais la question doit-elle s'envisager seulement par le côté physique ? Et l'enfant a-t-il moins besoin des soins d'une mère que de sa mamelle ? D'autres femmes, des bêtes même, pourront lui donner le lait qu'elle lui refuse : la sollicitude maternelle ne se supplée point. Celle qui nourrit l'enfant d'une autre au lieu du sien est une mauvaise mère : comment sera-t-elle une bonne nourrice ? Elle pourra le devenir, mais lentement ; il

---

* La ligue des femmes et des médecins m'a toujours paru l'une des plus plaisantes singularités de Paris. C'est par les femmes que les médecins acquièrent leur réputation, et c'est par les médecins que les femmes font leurs volontés. On se doute bien par là quelle est la sorte d'habileté qu'il faut à un médecin de Paris pour devenir célèbre.

faudra que l'habitude change la nature : et l'enfant mal soigné aura le temps de périr cent fois avant que sa nourrice ait pris pour lui une tendresse de mère.

De cet avantage même résulte un inconvénient qui seul devrait ôter à toute femme sensible le courage de faire nourrir son enfant par une autre, c'est celui' de partager le droit de mère, ou plutôt de l'aliéner ; de voir son enfant aimer une autre femme autant et plus qu'elle ; de sentir que la tendresse qu'il conserve pour sa propre mère est une grâce, et que celle qu'il a pour sa mère adoptive est un devoir : car, où j'ai trouvé les soins d'une mère, ne dois-je pas l'attachement d'un fils ?

La manière dont on remédie à cet inconvénient est d'inspirer aux enfants du mépris pour leurs nourrices en les traitant en véritables servantes. Quand leur service est achevé, on retire l'enfant, ou l'on congédie la nourrice ; à force de la mal recevoir, on la rebute de venir voir son nourrisson. Au bout de quelques années il ne la voit plus, il ne la connaît plus. La mère, qui croit se substituer à elle et réparer sa négligence par sa cruauté, se trompe. Au lieu de faire un tendre fils d'un nourrisson dénaturé, elle l'exerce à l'ingratitude ; elle lui apprend à mépriser un jour celle qui lui donna la vie, comme celle qui l'a nourri de son lait.

Combien j'insisterais sur ce point, s'il était moins décourageant de rebattre en vain des sujets utiles ! Ceci tient à plus de choses qu'on ne pense. Voulez-vous rendre chacun à ses premiers devoirs ? Commencez par les mères ; vous serez étonné des changements que vous produirez. Tout vient successivement de cette première dépravation : tout l'ordre moral s'altère ; le naturel s'éteint dans tous les cœurs ; l'intérieur des maisons prend un air moins vivant ; le spectacle touchant d'une famille naissante n'attache plus les maris, n'impose plus d'égards aux étrangers ; on respecte moins la mère dont on ne voit pas les enfants ; il n'y a point de résidence dans les familles ; l'habitude ne renforce plus les liens du sang ; il n'y a plus ni pères ni mères, ni enfants, ni frères, ni sœurs ; tous se connaissent à peine ; comment s'aimeraient-ils ? Chacun ne songe plus qu'à soi. Quánd la maison n'est qu'une triste solitude, il faut bien aller s'égayer ailleurs.

Mais que les mères daignent nourrir leurs enfants, les mœurs vont se réformer d'elles-mêmes, les sentiments de la nature se réveiller dans tous les cœurs ; l'Etat va se repeupler : ce premier point, ce point seul va tout réunir. L'attrait de la vie domestique est le meilleur contre-poison des mauvaises mœurs. Le tracas des enfants, qu'on croit importun, devient agréable ; il rend le père et la mère plus nécessaires, plus chers l'un à l'autre ; il resserre entre eux le lien conjugal. Quand la famille est vivante et animée, les soins domestiques font la plus chère occupation de la femme et le plus doux amusement du mari. Ainsi de ce seul abus corrigé résulterait bientôt une réforme générale, bientôt la nature aurait repris tous ses droits. Qu'une fois les femmes redeviennent mères, bientôt les hommes redeviendront pères et maris.

Discours superflus ! l'ennui même des plaisirs du monde ne ramène jamais à ceux-là. Les femmes ont cessé d'être mères ; elles ne le seront plus ; elles ne veulent plus l'être. Quand elles le voudraient, à peine le pourraient-elles ; aujourd'hui que l'usage contraire est établi, chacune aurait à combattre l'opposition de toutes celles qui l'approchent, liguées contre un exemple que les unes n'ont pas donné et que les autres ne veulent pas suivre.

Il se trouve pourtant quelquefois encore de jeunes personnes d'un bon naturel qui, sur ce point osant braver l'empire de la mode et les clameurs de leur sexe, remplissent avec une vertueuse intrépidité ce devoir si doux que la nature leur impose. Puisse leur nombre augmenter par l'attrait des biens destinés à celles qui s'y livrent ! Fondé sur des conséquences que donne le plus simple raisonnement, et sur des observations que je n'ai jamais vues démenties, j'ose promettre à ces dignes mères un attachement solide et constant de la part de leurs maris, une tendresse vraiment filiale de la part de leurs enfants, l'estime et le respect du public, d'heureuses couches sans accident et sans suite, une santé ferme et vigoureuse, enfin le plaisir de se voir un jour imiter par leurs filles, et citer en exemple à celles d'autrui.

Point de mère, point d'enfant. Entre eux les devoirs sont réciproques ; et s'ils sont mal remplis d'un côté, ils seront négligés de l'autre. L'enfant doit aimer sa mère avant de savoir qu'il le doit. Si la voix du sang n'est fortifiée par l'habitude et les soins, elle s'éteint dans les premières années, et le cœur meurt pour ainsi dire avant que de naître. Nous voilà dès les premiers pas hors de la nature.

On en sort encore par une route opposée, lorsqu'au lieu de négliger les soins de mère, une femme les porte à l'excès; lorsqu'elle fait de son enfant son idole, qu'elle augmente et nourrit sa faiblesse pour l'empêcher de la sentir, et qu'espérant le soustraire aux lois de la nature, elle écarte de lui des atteintes pénibles, sans songer combien, pour quelques incommodités dont elle le préserve un moment, elle accumule au loin d'accidents et de périls sur sa tête, et combien c'est une précaution barbare de prolonger la faiblesse de l'enfance sous les fatigues des hommes faits. Thétis, pour rendre son fils invulnérable, le plongea, dit la fable, dans l'eau du Styx. Cette allégorie est belle et claire. Les mères cruelles dont je parle font autrement; à force de plonger leurs enfants dans la mollesse, elles les préparent à la souffrance; elles ouvrent leurs pores aux maux de toute espèce, dont ils ne manqueront pas d'être la proie étant grands.

Observez la nature, et suivez la route qu'elle vous trace. Elle exerce continuellement les enfants; elle endurcit leur tempérament par des épreuves de toute espèce; elle leur apprend de bonne heure ce que c'est que peine et douleur. Les dents qui percent leur donnent la fièvre; des coliques aiguës leur donnent des convulsions; de longues toux les suffoquent; les vers les tourmentent; la pléthore corrompt leur sang; des levains divers y fermentent, et causent des éruptions périlleuses. Presque tout le premier âge est maladie et danger : la moitié des enfants qui naissent périt avant la huitième année. Les épreuves faites, l'enfant a gagné des forces; et sitôt qu'il peut user de la vie, le principe en devient plus assuré.

Voilà la règle de la nature. Pourquoi la contrariez-vous ? Ne voyez-vous pas qu'en pensant la corriger, vous détruisez son ouvrage, vous empêchez l'effet de ses soins ? Faire au dehors ce qu'elle fait au dedans, c'est, selon vous, redoubler le danger; et au contraire c'est y faire diversion, c'est l'exténuer. L'expérience apprend qu'il meurt encore plus d'enfants élevés délicatement que d'autres. Pourvu qu'on ne passe pas la mesure de leurs forces, on risque moins à les employer qu'à les ménager. Exercez-les donc aux atteintes qu'ils auront à supporter un jour. Endurcissez leurs corps aux intempéries des saisons, des climats, des éléments, à la faim, à la soif, à la fatigue; trempez-les dans l'eau du Styx. Avant que l'habitude du corps soit acquise, on lui donne celle qu'on veut, sans danger; mais, quand une fois il est dans sa consistance, toute altération lui devient périlleuse. Un enfant supportera des changements que ne supporterait pas un homme : les fibres du premier, molles et flexibles, prennent sans effort le pli qu'on leur donne; celles de l'homme, plus endurcies, ne changent plus qu'avec violence le pli qu'elles ont reçu. On peut donc rendre un enfant robuste sans exposer sa vie et sa santé; et quand il y aurait quelque risque, encore ne faudrait-il pas balancer. Puisque ce sont des risques inséparables de la vie humaine, peut-on mieux faire que de les rejeter sur le temps de sa durée où ils sont le moins désavantageux ?

Un enfant devient plus précieux en avançant en âge. Au prix de sa personne se joint celui des soins qu'il a coûtés; à la perte de sa vie se joint en lui le sentiment de la mort. C'est donc surtout à l'avenir qu'il faut songer en veillant à sa conservation; c'est contre les maux de la jeunesse qu'il faut l'armer avant qu'il y soit parvenu : car, si le prix de la vie augmente jusqu'à l'âge de la rendre utile, quelle folie n'est-ce point d'épargner quelques maux à l'enfance en les multipliant sur l'âge de raison! Sont-ce là les leçons du maître ?

Le sort de l'homme est de souffrir dans tous les temps. Le soin même de sa conservation est attaché à la peine. Heureux de ne connaître dans son enfance que les maux physiques, maux bien moins cruels, bien moins douloureux que les autres, et qui bien plus rarement qu'eux nous font renoncer à la vie! On ne se tue point pour les douleurs de la goutte; il n'y a guère que celles de l'âme qui produisent le désespoir. Nous plaignons le sort de l'enfance, et c'est le nôtre qu'il faudrait plaindre. Nos plus grands maux nous viennent de nous.

En naissant, un enfant crie; sa première enfance se passe à pleurer. Tantôt on l'agite, on le flatte pour l'apaiser; tantôt on le menace, on le bat pour le faire taire. Ou nous faisons ce qu'il lui plaît, ou nous en exigeons ce qu'il nous plaît; ou nous nous soumettons à ses fantaisies, ou nous le soumettons aux nôtres : point de milieu, il faut qu'il donne des ordres ou qu'il en reçoive. Ainsi ses premières idées sont celles d'empire et de servitude. Avant de savoir parler il commande, avant de pouvoir agir il obéit; et quelquefois on le châtie avant qu'il puisse connaître ses fautes, ou plutôt en commettre.

C'est ainsi qu'on verse de bonne heure dans son jeune cœur les passions qu'on impute ensuite à la nature, et qu'après avoir pris peine à le rendre méchant, on se plaint de le trouver tel.

Un enfant passe six ou sept ans de cette manière entre les mains des femmes, victime de leur caprice et du sien; et après lui avoir fait apprendre ceci et cela, c'est-à-dire après avoir chargé sa mémoire ou de mots qu'il ne peut entendre, ou de choses qui ne lui sont bonnes à rien; après avoir étouffé le naturel par les passsions qu'on a fait naître, on remet cet être factice entre les mains d'un précepteur, lequel achève de développer les germes artificiels qu'il trouve déjà tout formés, et lui apprend tout, hors à se connaître, hors à tirer parti de lui-même, hors à savoir vivre et se rendre heureux. Enfin, quand cet enfant, esclave et tyran, plein de science et dépourvu de sens, également débile de corps et d'âme, est jeté dans le monde en y montrant son ineptie, son orgueil et tous ses vices, il fait déplorer la misère et la perversité humaines. On se trompe; c'est là l'homme de nos fantaisies : celui de la nature est fait autrement.

Voulez-vous donc qu'il garde sa forme originelle, conservez-la dès l'instant qu'il vient au monde. Sitôt qu'il naît, emparez-vous de lui, et ne le quittez plus qu'il ne soit homme : vous ne réussirez jamais sans cela. Comme la véritable nourrice est la mère, le véritable précepteur est le père. Qu'ils s'accordent dans l'ordre de leurs fonctions ainsi que dans leur système; que des mains de l'une l'enfant passe dans celles de l'autre. Il sera mieux élevé par un père judicieux et borné que par le plus habile maître du monde; car le zèle suppléera mieux au talent que le talent au zèle.

Mais les affaires, les fonctions, les devoirs... Ah! les devoirs, sans doute le dernier est celui du père *! Ne nous étonnons pas qu'un homme dont la femme a dédaigné de nourrir le fruit de leur union, dédaigne de l'élever. Il n'y a point de tableau plus charmant que celui de la famille; mais un seul trait manqué défigure

---

* Quand on lit dans Plutarque que Caton le censeur, qui gouverna Rome avec tant de gloire, éleva lui-même son fils dès le berceau, et avec un tel soin, qu'il quittait tout pour être présent quand la nourrice, c'est-à-dire la mère, le remuait et le lavait; quand on lit dans Suétone qu'Auguste, maître du monde, qu'il avait conquis et qu'il

tous les autres. Si la mère a trop peu de santé pour être nourrice, le père aura trop d'affaires pour être précepteur. Les enfants, éloignés, dispersés dans des pensions, dans des couvents, dans des collèges, porteront ailleurs l'amour de la maison paternelle, ou, pour mieux dire, ils y rapporteront l'habitude de n'être attachés à rien. Les frères et les sœurs se connaîtront à peine. Quand tous seront rassemblés en cérémonie, ils pourront être fort polis entre eux; ils se traiteront en étrangers. Sitôt qu'il n'y a plus d'intimité entre les parents, sitôt que la société de la famille ne fait plus la douceur de la vie, il faut bien recourir aux mauvaises mœurs pour y suppléer. Où est l'homme assez stupide pour ne pas voir la chaîne de tout cela ?

Un père, quand il engendre et nourrit des enfants, ne fait en cela que le tiers de sa tâche. Il doit des hommes à son espèce, il doit à la société des hommes sociables; il doit des citoyens à l'Etat. Tout homme qui peut payer cette triple dette et ne le fait pas est coupable, et plus coupable peut-être quand il la paye à demi. Celui qui ne peut remplir les devoirs de père n'a point le droit de le devenir. Il n'y a ni pauvreté, ni travaux, ni respect humain, qui le dispensent de nourrir ses enfants et de les élever lui-même. Lecteurs, vous pouvez m'en croire. Je prédis à quiconque a des entrailles et néglige de si saints devoirs, qu'il versera longtemps sur sa faute des larmes amères, et n'en sera jamais consolé.

Mais que fait cet homme riche, ce père de famille si affairé, et forcé, selon lui, de laisser ses enfants à l'abandon ? il paye un autre homme pour remplir ces soins qui lui sont à charge. Ame vénale! crois-tu donner à ton fils un autre père avec de l'argent ? Ne t'y trompe point; ce n'est pas même un maître que tu lui donnes, c'est un valet. Il en formera bientôt un second.

On raisonne beaucoup sur les qualités d'un bon gouverneur. La première que j'en exigerais, et celle-là seule en suppose beaucoup d'autres, c'est de n'être point un homme à vendre. Il y a des métiers si nobles, qu'on

---

régissait lui-même, enseignait lui-même à ses petits-fils à écrire, à nager, les éléments des sciences, et qu'il les avait sans cesse autour de lui, on ne peut s'empêcher de rire des petites bonnes gens de ce temps-là, qui s'amusaient de pareilles niaiseries; trop bornés, sans doute, pour savoir vaquer aux grandes affaires des grands hommes de nos jours.

ne peut les faire pour de l'argent sans se montrer indigne de les faire; tel est celui de l'homme de guerre; tel est celui de l'instituteur. Qui donc élèvera mon enfant? Je te l'ai déjà dit, toi-même. Je ne le peux. Tu ne le peux?... Fais-toi donc un ami. Je ne vois pas d'autre ressource.

Un gouverneur! ô quelle âme sublime!... En vérité, pour faire un homme, il faut être ou père ou plus qu'homme soi-même. Voilà la fonction que vous confiez tranquillement à des mercenaires.

Plus on y pense, plus on aperçoit de nouvelles difficultés. Il faudrait que le gouverneur eût été élevé pour son élève, que ses domestiques eussent été élevés pour leur maître, que tous ceux qui l'approchent eussent reçu les impressions qu'ils doivent lui communiquer; il faudrait, d'éducation en éducation, remonter jusqu'on ne sait où. Comment se peut-il qu'un enfant soit bien élevé par qui n'a pas été bien élevé lui-même?

Ce rare mortel est-il introuvable? Je l'ignore. En ces temps d'avilissement, qui sait à quel point de vertu peut atteindre encore une âme humaine? Mais supposons ce prodige trouvé. C'est en considérant ce qu'il doit faire que nous verrons ce qu'il doit être. Ce que je crois voir d'avance est qu'un père qui sentirait tout le prix d'un bon gouverneur prendrait le parti de s'en passer; car il mettrait plus de peine à l'acquérir qu'à le devenir lui-même. Veut-il donc se faire un ami? qu'il élève son fils pour l'être; le voilà dispensé de le chercher ailleurs, et la nature a déjà fait la moitié de l'ouvrage.

Quelqu'un dont je ne connais que le rang m'a fait proposer d'élever son fils. Il m'a fait beaucoup d'honneur sans doute; mais, loin de se plaindre de mon refus, il doit se louer de ma discrétion. Si j'avais accepté son offre, et que j'eusse erré dans ma méthode, c'était une éducation manquée; si j'avais réussi, c'eût été bien pis, son fils aurait renié son titre, il n'eût plus voulu être prince.

Je suis trop pénétré de la grandeur des devoirs d'un précepteur, et je sens trop mon incapacité, pour accepter jamais un pareil emploi de quelque part qu'il me soit offert; et l'intérêt de l'amitié même ne serait pour moi qu'un nouveau motif de refus. Je crois qu'après avoir lu ce livre, peu de gens seront tentés de me faire cette offre; et je prie ceux qui pourraient l'être, de n'en plus prendre l'inutile peine. J'ai fait autrefois un suffisant essai de ce métier pour être assuré que je n'y suis pas propre, et mon état m'en dispenserait, quand mes talents m'en rendraient capable. J'ai cru devoir cette déclaration publique à ceux qui paraissent ne pas m'accorder assez d'estime pour me croire sincère et fondé dans mes résolutions.

Hors d'état de remplir la tâche la plus utile, j'oserai du moins essayer de la plus aisée : à l'exemple de tant d'autres, je ne mettrai point la main à l'œuvre, mais à la plume ; et au lieu de faire ce qu'il faut, je m'efforcerai de le dire.

Je sais que, dans les entreprises pareilles à celle-ci, l'auteur, toujours à son aise dans des systèmes qu'il est dispensé de mettre en pratique, donne sans peine beaucoup de beaux préceptes impossibles à suivre, et que, faute de détails et d'exemples, ce qu'il dit même de praticable reste sans usage quand il n'en a pas montré l'application.

J'ai donc pris le parti de me donner un élève imaginaire, de me supposer l'âge, la santé, les connaissances et tous les talents convenables pour travailler à son éducation, de la conduire depuis le moment de sa naissance jusqu'à celui où, devenu homme fait, il n'aura plus besoin d'autre guide que lui-même. Cette méthode me paraît utile pour empêcher un auteur qui se défie de lui de s'égarer dans des visions ; car, dès qu'il s'écarte de la pratique ordinaire, il n'a qu'à faire l'épreuve de la sienne sur son élève, il sentira bientôt, ou le lecteur sentira pour lui, s'il suit le progrès de l'enfance et la marche naturelle au cœur humain.

Voilà ce que j'ai tâché de faire dans toutes les difficultés qui se sont présentées. Pour ne pas grossir inutilement le livre, je me suis contenté de poser les principes dont chacun devait sentir la vérité. Mais quant aux règles qui pouvaient avoir besoin de preuves, je les ai toutes appliquées à mon Emile ou à d'autres exemples, et j'ai fait voir dans des détails très étendus comment ce que j'établissais pouvait être pratiqué ; tel est du moins le plan que je me suis proposé de suivre. C'est au lecteur à juger si j'ai réussi.

Il est arrivé de là que j'ai d'abord peu parlé d'Emile, parce que mes premières maximes d'éducation, bien que contraires à celles qui sont établies, sont d'une évidence à laquelle il est difficile à tout homme raisonnable de refuser son consentement. Mais à mesure que j'avance, mon élève, autrement conduit que les vôtres, n'est plus un enfant ordinaire; il lui faut un régime exprès pour lui. Alors il paraît plus fréquemment sur la scène, et vers les derniers temps je ne le perds plus un moment de vue, jusqu'à ce que, quoi qu'il en dise, il n'ait plus le moindre besoin de moi.

Je ne parle point ici des qualités d'un bon gouverneur; je les suppose, et je me suppose moi-même doué de toutes ces qualités. En lisant cet ouvrage, on verra de quelle libéralité j'use envers moi.

Je remarquerai seulement, contre l'opinion commune, que le gouverneur d'un enfant doit être jeune, et même aussi jeune que peut l'être un homme sage. Je voudrais qu'il fût lui-même enfant, s'il était possible, qu'il pût devenir le compagnon de son élève, et s'attirer sa confiance en partageant ses amusements. Il n'y a pas assez de choses communes entre l'enfance et l'âge mûr pour qu'il se forme jamais un attachement bien solide à cette distance. Les enfants flattent quelquefois les vieillards, mais ils ne les aiment jamais.

On voudrait que le gouverneur eût déjà fait une éducation. C'est trop; un même homme n'en peut faire qu'une : s'il en fallait deux pour réussir, de quel droit entreprendrait-on la première ?

Avec plus d'expérience on saurait mieux faire, mais on ne le pourrait plus. Quiconque a rempli cet état une fois assez bien pour en sentir toutes les peines, ne tente point de s'y rengager; et s'il l'a mal rempli la première fois, c'est un mauvais préjugé pour la seconde.

Il est fort différent, j'en conviens, de suivre un jeune homme durant quatre ans, ou de le conduire durant vingt-cinq. Vous donnez un gouverneur à votre fils déjà tout formé; moi, je veux qu'il en ait un avant que de naître. Votre homme à chaque lustre peut changer d'élève; le mien n'en aura jamais qu'un. Vous distinguez le précepteur du gouverneur : autre folie! Distinguez-vous le disciple de l'élève ? Il n'y a qu'une science à enseigner aux enfants : c'est celle des devoirs de l'homme. Cette science est une; et, quoi qu'ait dit Xénophon de l'éducation des Perses, elle ne se partage pas. Au reste, j'appelle plutôt gouverneur que précepteur le maître de cette science, parce qu'il s'agit moins pour lui d'instruire que de conduire. Il ne doit point donner de préceptes, il doit les faire trouver.

S'il faut choisir avec tant de soin le gouverneur, il lui

est bien permis de choisir aussi son élève, surtout quand il s'agit d'un modèle à proposer. Ce choix ne peut tomber ni sur le génie ni sur le caractère de l'enfant, qu'on ne connaît qu'à la fin de l'ouvrage, et que j'adopte avant qu'il soit né. Quand je pourrais choisir, je ne prendrais qu'un esprit commun, tel que je suppose mon élève. On n'a besoin d'élever que les hommes vulgaires; leur éducation doit seule servir d'exemple à celle de leurs semblables. Les autres s'élèvent malgré qu'on en ait.

Le pays n'est pas indifférent à la culture des hommes; ils ne sont tout ce qu'ils peuvent être que dans les climats tempérés. Dans les climats extrêmes le désavantage est visible. Un homme n'est pas planté comme un arbre dans un pays pour y demeurer toujours; et celui qui part d'un des extrêmes pour arriver à l'autre, est forcé de faire le double du chemin que fait pour arriver au même terme celui qui part du terme moyen.

Que l'habitant d'un pays tempéré parcoure successivement les deux extrêmes, son avantage est encore évident; car, bien qu'il soit autant modifié que celui qui va d'un extrême à l'autre, il s'éloigne pourtant de la moitié moins de sa constitution naturelle. Un Français vit en Guinée et en Laponie; mais un Nègre ne vivra pas de même à Tornea, ni un Samoïède au Benin. Il paraît encore que l'organisation du cerveau est moins parfaite aux deux extrêmes. Les Nègres ni les Lapons n'ont pas le sens des Européens. Si je veux donc que mon élève puisse être habitant de la terre, je le prendrai dans une zone tempérée; en France, par exemple, plutôt qu'ailleurs.

Dans le nord les hommes consomment beaucoup sur un sol ingrat; dans le midi ils consomment peu sur un sol fertile : de là naît une nouvelle différence qui rend les uns laborieux et les autres contemplatifs. La société nous offre en un même lieu l'image de ces différences entre les pauvres et les riches : les premiers habitent le sol ingrat, et les autres le pays fertile.

Le pauvre n'a pas besoin d'éducation; celle de son état est forcée, il n'en saurait avoir d'autre; au contraire, l'éducation que le riche reçoit de son état est celle qui lui convient le moins et pour lui-même et pour la société. D'ailleurs l'éducation naturelle doit rendre un homme propre à toutes les conditions humaines : or il est moins raisonnable d'élever un pauvre pour être riche qu'un riche pour être pauvre; car à proportion du nombre des deux états, il y a plus de ruinés que de parvenus. Choisissons donc un riche; nous serons sûrs au moins d'avoir fait un homme de plus, au lieu qu'un pauvre peut devenir homme de lui-même.

Par la même raison, je ne serai pas fâché qu'Emile ait de la naissance. Ce sera toujours une victime arrachée au préjugé.

Emile est orphelin. Il n'importe qu'il ait son père et sa mère. Chargé de leurs devoirs, je succède à tous leurs droits. Il doit honorer ses parents, mais il ne doit obéir qu'à moi. C'est ma première ou plutôt ma seule condition.

J'y dois ajouter celle-ci, qui n'en est qu'une suite, qu'on ne nous ôtera jamais l'un à l'autre que de notre consentement. Cette clause est essentielle, et je voudrais même que l'élève et le gouverneur se regardassent tellement comme inséparables, que le sort de leurs jours fût toujours entre eux un objet commun. Sitôt qu'ils envisagent dans l'éloignement leur séparation, sitôt qu'ils prévoient le moment qui doit les rendre étrangers l'un à l'autre, ils le sont déjà; chacun fait son petit système à part; et tous deux, occupés du temps où ils ne seront plus ensemble, n'y restent qu'à contre-cœur. Le disciple ne regarde le maître que comme l'enseigne et le fléau de l'enfance; le maître ne regarde le disciple que comme un lourd fardeau dont il brûle d'être déchargé; ils aspirent de concert au moment de se voir délivrés l'un de l'autre; et, comme il n'y a jamais entre eux de véritable attachement, l'un doit avoir peu de vigilance, l'autre peu de docilité.

Mais, quand ils se regardent comme devant passer leurs jours ensemble, il leur importe de se faire aimer l'un de l'autre, et par cela même ils se deviennent chers. L'élève ne rougit point de suivre dans son enfance l'ami qu'il doit avoir étant grand; le gouverneur prend intérêt à des soins dont il doit recueillir le fruit, et tout le mérite qu'il donne à son élève est un fonds qu'il place au profit de ses vieux jours.

Ce traité fait d'avance suppose un accouchement heureux, un enfant bien formé, vigoureux et sain. Un père n'a point de choix et ne doit point avoir de préférence dans la famille que Dieu lui donne : tous ses enfants sont également ses enfants; il leur doit à tous les mêmes soins et la même tendresse. Qu'ils soient estropiés ou non,

qu'ils soient languissants ou robustes, chacun d'eux est
un dépôt dont il doit compte à la main dont il le tient, et
le mariage est un contrat fait avec la nature aussi bien
qu'entre les conjoints.

Mais quiconque s'impose un devoir que la nature ne
lui a point imposé, doit s'assurer auparavant des moyens
de le remplir; autrement il se rend comptable même de
ce qu'il n'aura pu faire. Celui qui se charge d'un élève
infirme et valétudinaire change sa fonction de gouverneur en celle de garde-malade; il perd à soigner une vie
inutile le temps qu'il destinait à en augmenter le prix; il
s'expose à voir une mère éplorée lui reprocher un jour
la mort d'un fils qu'il lui aura longtemps conservé.

Je ne me chargerais pas d'un enfant maladif et caco-
chyme, dût-il vivre quatre-vingts ans. Je ne veux point
d'un élève toujours inutile à lui-même et aux autres, qui
s'occupe uniquement à se conserver, et dont le corps
nuise à l'éducation de l'âme. Que ferais-je en lui prodi-
guant vainement mes soins, sinon doubler la perte de la
société et lui ôter deux hommes pour un? Qu'un autre
à mon défaut se charge de cet infirme, j'y consens, et
j'approuve sa charité; mais mon talent à moi n'est pas
celui-là : je ne sais point apprendre à vivre à qui ne songe
qu'à s'empêcher de mourir.

Il faut que le corps ait de la vigueur pour obéir à
l'âme : un bon serviteur doit être robuste. Je sais que
l'intempérance excite les passions; elle exténue aussi le
corps à la longue; les macérations, les jeûnes, produisent
souvent le même effet par une cause opposée. Plus le
corps est faible, plus il commande; plus il est fort, plus
il obéit. Toutes les passions sensuelles logent dans des
corps efféminés; ils s'en irritent d'autant plus qu'ils
peuvent moins les satisfaire.

Un corps débile affaiblit l'âme. De là l'empire de la
médecine, art plus pernicieux aux hommes que tous
les maux qu'il prétend guérir. Je ne sais, pour moi,
de quelle maladie nous guérissent les médecins, mais je
sais qu'ils nous en donnent de bien funestes : la lâcheté,
la pusillanimité, la crédulité, la terreur de la mort :
s'ils guérissent le corps, ils tuent le courage. Que nous
importe qu'ils fassent marcher des cadavres? ce sont des
hommes qu'il nous faut, et l'on n'en voit point sortir
de leurs mains.

La médecine est à la mode parmi nous; elle doit
l'être. C'est l'amusement des gens oisifs et désœuvrés,

qui, ne sachant que faire de leur temps, le passent à se conserver. S'ils avaient eu le malheur de naître immortels, ils seraient les plus misérables des êtres : une vie qu'ils n'auraient jamais peur de perdre ne serait pour eux d'aucun prix. Il faut à ces gens-là des médecins qui les menacent pour les flatter, et qui leur donnent chaque jour le seul plaisir dont ils soient susceptibles, celui de n'être pas morts.

Je n'ai nul dessein de m'étendre ici sur la vanité de la médecine. Mon objet n'est que de la considérer par le côté moral. Je ne puis pourtant m'empêcher d'observer que les hommes font sur son usage les mêmes sophismes que sur la recherche de la vérité. Ils supposent toujours qu'en traitant un malade on le guérit, et qu'en cherchant une vérité on la trouve. Ils ne voient pas qu'il faut balancer l'avantage d'une guérison que le médecin opère, par la mort de cent malades qu'il a tués, et l'utilité d'une vérité découverte par le tort que font les erreurs qui passent en même temps. La science qui instruit et la médecine qui guérit sont fort bonnes sans doute; mais la science qui trompe et la médecine qui tue sont mauvaises. Apprenez-nous donc à les distinguer. Voilà le nœud de la question. Si nous savions ignorer la vérité, nous ne serions jamais les dupes du mensonge; si nous savions ne vouloir pas guérir malgré la nature, nous ne mourrions jamais par la main du médecin : ces deux abstinences seraient sages; on gagnerait évidemment à s'y soumettre. Je ne dispute donc pas que la médecine ne soit utile à quelques hommes, mais je dis qu'elle est funeste au genre humain.

On me dira, comme on fait sans cesse, que les fautes sont du médecin, mais que la médecine en elle-même est infaillible. A la bonne heure; mais qu'elle vienne donc sans médecin; car, tant qu'ils viendront ensemble, il y aura cent fois plus à craindre des erreurs de l'artiste qu'à espérer du secours de l'art.

Cet art mensonger, plus fait pour les maux de l'esprit que pour ceux du corps, n'est pas plus utile aux uns qu'aux autres : il nous guérit moins de nos maladies qu'il ne nous en imprime l'effroi; il recule moins la mort qu'il ne la fait sentir d'avance; il use la vie au lieu de la prolonger; et, quand il la prolongerait, ce serait encore au préjudice de l'espèce, puisqu'il nous ôte à la société par les soins qu'il nous impose, et à nos devoirs par les frayeurs qu'il nous donne. C'est la connaissance des dangers qui nous les fait craindre : celui qui se croirait invulnérable n'aurait peur de rien. A force d'armer Achille contre le péril, le poète lui ôte le mérite de la valeur ; tout autre à sa place eût été un Achille au même prix.

Voulez-vous trouver des hommes d'un vrai courage, cherchez-les dans les lieux où il n'y a point de médecins, où l'on ignore les conséquences des maladies, et où l'on ne songe guère à la mort. Naturellement l'homme sait souffrir constamment et meurt en paix. Ce sont les médecins avec leurs ordonnances, les philosophes avec leurs préceptes, les prêtres avec leurs exhortations, qui l'avilissent de cœur et lui font désapprendre à mourir.

Qu'on me donne un élève qui n'ait pas besoin de tous ces gens-là, ou je le refuse. Je ne veux point que d'autres gâtent mon ouvrage ; je veux l'élever seul, ou ne m'en pas mêler. Le sage Locke, qui avait passé une partie de sa vie à l'étude de la médecine, recommande fortement de ne jamais droguer les enfants, ni par précaution ni pour de légères incommodités. J'irai plus loin, et je déclare que, n'appelant jamais de médecins pour moi, je n'en appellerai jamais pour mon Emile, à moins que sa vie ne soit dans un danger évident ; car alors il ne peut pas lui faire pis que de le tuer.

Je sais bien que le médecin ne manquera pas de tirer avantage de ce délai. Si l'enfant meurt, on l'aura appelé trop tard ; s'il réchappe, ce sera lui qui l'aura sauvé. Soit : que le médecin triomphe ; mais surtout qu'il ne soit appelé qu'à l'extrémité.

Faute de savoir se guérir, que l'enfant sache être malade : cet art supplée à l'autre, et souvent réussit beaucoup mieux ; c'est l'art de la nature. Quand l'animal est malade, il souffre en silence et se tient coi : or on ne voit pas plus d'animaux languissants que d'hommes. Combien l'impatience, la crainte, l'inquiétude, et surtout les remèdes, ont tué de gens que leur maladie aurait épargnés et que le temps seul aurait guéris ! On me dira que les animaux, vivant d'une manière plus conforme à la nature, doivent être sujets à moins de maux que nous. Eh bien ! cette manière de vivre est précisément celle que je veux donner à mon élève ; il en doit donc tirer le même profit.

La seule partie utile de la médecine est l'hygiène ; encore l'hygiène est-elle moins une science qu'une vertu.

La tempérance et le travail sont les deux vrais médecins de l'homme : le travail aiguise son appétit, et la tempérance l'empêche d'en abuser.

Pour savoir quel régime est le plus utile à la vie et à la santé, il ne faut que savoir quel régime observent les peuples qui se portent le mieux, sont les plus robustes, et vivent le plus longtemps. Si par les observations générales on ne trouve pas que l'usage de la médecine donne aux hommes une santé plus ferme ou une plus longue vie, par cela même que cet art n'est pas utile, il est nuisible, puisqu'il emploie le temps, les hommes et les choses à pure perte. Non seulement le temps qu'on passe à conserver la vie étant perdu pour en user, il l'en faut déduire; mais, quand ce temps est employé à nous tourmenter, il est pis que nul, il est négatif; et, pour calculer équitablement, il en faut ôter autant de celui qui nous reste. Un homme qui vit dix ans sans médecin vit plus pour lui-même et pour autrui que celui qui vit trente ans leur victime. Ayant fait l'une et l'autre épreuve, je me crois plus en droit que personne d'en tirer la conclusion.

Voilà mes raisons pour ne vouloir qu'un élève robuste et sain, et mes principes pour le maintenir tel. Je ne m'arrêterai pas à prouver au long l'utilité des travaux manuels et des exercices du corps pour renforcer le tempérament et la santé; c'est ce que personne ne dispute : les exemples des plus longues vies se tirent presque tous d'hommes qui ont fait le plus d'exercice, qui ont supporté le plus de fatigue et de travail *. Je n'entrerai

---

* En voici un exemple tiré des papiers anglais, lequel je ne puis m'empêcher de rapporter, tant il offre de réflexions à faire relatives à mon sujet.

« Un particulier nommé Patrice Oneil, né en 1647, vient de se marier en 1760 pour la septième fois. Il servit dans les dragons la dix-septième année du règne de Charles II, et dans différents corps jusqu'en 1740, qu'il obtint son congé. Il a fait toutes les campagnes du roi Guillaume et du duc de Marlborough. Cet homme n'a jamais bu que de la bière ordinaire; il s'est toujours nourri de végétaux, et n'a mangé de la viande que dans quelques repas qu'il donnait à sa famille. Son usage a toujours été de se lever et de se coucher avec le soleil, à moins que ses devoirs ne l'en aient empêché. Il est à présent dans sa cent-treizième année, entendant bien, se portant bien, et marchant sans canne. Malgré son grand âge, il ne reste pas un seul moment oisif; et tous les dimanches il va à sa paroisse, accompagné de ses enfants, petits-enfants et arrière-petits-enfants. »

pas non plus dans de longs détails sur les soins que je prendrai pour ce seul objet; on verra qu'ils entrent si nécessairement dans ma pratique, qu'il suffit d'en prendre l'esprit pour n'avoir pas besoin d'autre explication.

Avec la vie commencent les besoins. Au nouveau-né il faut une nourrice. Si la mère consent à remplir son devoir, à la bonne heure : on lui donnera ses directions par écrit; car cet avantage a son contrepoids et tient le gouverneur un peu éloigné de son élève. Mais il est à croire que l'intérêt de l'enfant et l'estime pour celui à qui elle veut bien confier un dépôt si cher rendront la mère attentive aux avis du maître; et tout ce qu'elle voudra faire, on est sûr qu'elle le fera mieux qu'une autre. S'il nous faut une nourrice étrangère, commençons par la bien choisir.

Une des misères des gens riches est d'être trompés en tout. S'ils jugent mal des hommes, faut-il s'en étonner ? Ce sont les richesses qui les corrompent; et, par un juste retour, ils sentent les premiers le défaut du seul instrument qui leur soit connu. Tout est mal fait chez eux, excepté ce qu'ils y font eux-mêmes; et ils n'y font presque jamais rien. S'agit-il de chercher une nourrice, on la fait choisir par l'accoucheur. Qu'arrive-t-il de là ? Que la meilleure est toujours celle qui l'a le mieux payé. Je n'irai donc pas consulter un accoucheur pour celle d'Emile; j'aurai soin de la choisir moi-même. Je ne raisonnerai peut-être pas là-dessus si disertement qu'un chirurgien, mais à coup sûr je serai de meilleure foi, et mon zèle me trompera moins que son avarice.

Ce choix n'est point un si grand mystère; les règles en sont connues; mais je ne sais si l'on ne devrait pas faire un peu plus d'attention à l'âge du lait aussi bien qu'à sa qualité. Le nouveau lait est tout à fait séreux, il doit presque être apéritif pour purger le reste du *meconium* épaissi dans les intestins de l'enfant qui vient de naître. Peu à peu le lait prend de la consistance et fournit une nourriture plus solide à l'enfant devenu plus fort pour la digérer. Ce n'est sûrement pas pour rien que dans les femelles de toute espèce la nature charge la consistance du lait selon l'âge du nourrisson.

Il faudrait donc une nourrice nouvellement accouchée à un enfant nouvellement né. Ceci a son embarras, je le sais; mais sitôt qu'on sort de l'ordre naturel, tout a ses embarras pour bien faire. Le seul expédient commode est de faire mal; c'est aussi celui qu'on choisit.

Il faudrait une nourrice aussi saine de cœur que de corps : l'intempérie des passions peut, comme celle des humeurs, altérer son lait; de plus, s'en tenir uniquement au physique, c'est ne voir que la moitié de l'objet. Le lait peut être bon et la nourrice mauvaise; un bon caractère est aussi essentiel qu'un bon tempérament. Si l'on prend une femme vicieuse, je ne dis pas que son nourrisson contractera ses vices, mais je dis qu'il en pâtira. Ne lui doit-elle pas, avec son lait, des soins qui demandent du zèle, de la patience, de la douceur, de la propreté ? Si elle est gourmande, intempérante, elle aura bientôt gâté son lait; si elle est négligente ou emportée, que va devenir à sa merci un pauvre malheureux qui ne peut ni se défendre ni se plaindre ? Jamais en quoi que ce puisse être les méchants ne sont bons à rien de bon.

Le choix de la nourrice importe d'autant plus que son nourrisson ne doit point avoir d'autre gouvernante qu'elle, comme il ne doit point avoir d'autre précepteur que son gouverneur. Cet usage était celui des anciens, moins raisonneurs et plus sages que nous. Après avoir nourri des enfants de leur sexe, les nourrices ne les quittaient plus. Voilà pourquoi, dans leurs pièces de théâtre, la plupart des confidentes sont des nourrices. Il est impossible qu'un enfant qui passe successivement par tant de mains différentes soit jamais bien élevé. A chaque changement il fait de secrètes comparaisons qui tendent toujours à diminuer son estime pour ceux qui le gouvernent, et conséquemment leur autorité sur lui. S'il vient une fois à penser qu'il y a de grandes personnes qui n'ont pas plus de raison que des enfants, toute l'autorité de l'âge est perdue et l'éducation manquée. Un enfant ne doit connaître d'autres supérieurs que son père et sa mère, ou, à leur défaut, sa nourrice et son gouverneur; encore est-ce déjà trop d'un des deux; mais ce partage est inévitable; et tout ce qu'on peut faire pour y remédier est que les personnes des deux sexes qui le gouvernent soient si bien d'accord sur son compte, que les deux ne soient qu'un pour lui.

Il faut que la nourrice vive un peu plus commodément, qu'elle prenne des aliments un peu plus substantiels, mais non qu'elle change tout à fait de manière de vivre; car un changement prompt et total, même de mal en mieux, est toujours dangereux pour la santé; et puisque son régime ordinaire l'a laissée ou rendue saine et bien constituée, à quoi bon lui en faire changer ?

Les paysannes mangent moins de viande et plus de légumes que les femmes de la ville; et ce régime végétal paraît plus favorable que contraire à elles et à leurs enfants. Quand elles ont des nourrissons bourgeois, on leur donne des pots-au-feu, persuadé que le potage et le bouillon de viande leur font un meilleur chyle et fournissent plus de lait. Je ne suis point du tout de ce sentiment; et j'ai pour moi l'expérience qui nous apprend que les enfants ainsi nourris sont plus sujets à la colique et aux vers que les autres.

Cela n'est guère étonnant, puisque la substance animale en putréfaction fourmille de vers; ce qui n'arrive pas de même à la substance végétale. Le lait, bien qu'élaboré dans le corps de l'animal, est une substance végétale *; son analyse le démontre, il tourne facilement à l'acide; et, loin de donner aucun vestige d'alcali volatil, comme font les substances animales, il donne, comme les plantes, un sel neutre essentiel.

Le lait des femelles herbivores est plus doux et plus salutaire que celui des carnivores. Formé d'une substance homogène à la sienne, il en conserve mieux sa nature, et devient moins sujet à la putréfaction. Si l'on regarde à la quantité, chacun sait que les farineux font plus de sang que la viande; ils doivent donc aussi faire plus de lait. Je ne puis croire qu'un enfant qu'on ne sèvrerait point trop tôt, ou qu'on ne sèvrerait qu'avec des nourritures végétales, et dont la nourrice ne vivrait aussi que de végétaux, fût jamais sujet aux vers.

Il se peut que les nourritures végétales donnent un lait plus prompt à s'aigrir; mais je suis fort éloigné de regarder le lait aigri comme une nourriture malsaine : des peuples entiers qui n'en ont point d'autre s'en trouvent fort bien, et tout cet appareil d'absorbants me paraît une pure charlatannerie. Il y a des tempéraments auxquels le lait ne convient point, et alors nul absorbant ne le leur rend supportable; les autres le supportent sans absorbants. On craint le lait trié ou caillé : c'est une folie, puisqu'on sait que le lait se caille toujours dans l'estomac. C'est ainsi qu'il devient un aliment assez

---

* Les femmes mangent du pain, des légumes, du laitage : les femelles des chiens et des chats en mangent aussi; les louves même paissent. Voilà des sucs végétaux pour leur lait. Reste à examiner celui des espèces qui ne peuvent absolument se nourrir que de chair, s'il y en a de telles : de quoi je doute.

solide pour nourrir les enfants et les petits des animaux : s'il ne se caillait point, il ne ferait que passer, il ne les nourrirait pas *. On a beau couper le lait de mille manières, user de mille absorbants, quiconque mange du lait digère du fromage; cela est sans exception. L'estomac est si bien fait pour cailler le lait, que c'est avec l'estomac de veau que se fait la présure.

Je pense donc qu'au lieu de changer la nourriture ordinaire des nourrices, il suffit de la leur donner plus abondante et mieux choisie dans son espèce. Ce n'est pas par la nature des aliments que le maigre échauffe, c'est leur assaisonnement seul qui les rend malsains. Réformez les règles de votre cuisine, n'ayez ni roux ni friture; que le beurre, ni le sel, ni le laitage, ne passent point sur le feu; que vos légumes cuits à l'eau ne soient assaisonnés qu'arrivant tout chauds sur la table : le maigre, loin d'échauffer la nourrice, lui fournira du lait en abondance et de la meilleure qualité **. Se pourrait-il que le régime végétal étant reconnu le meilleur pour l'enfant, le régime animal fût le meilleur pour la nourrice ? Il y a de la contradiction à cela.

C'est surtout dans les premières années de la vie que l'air agit sur la constitution des enfants. Dans une peau délicate et molle il pénètre par tous les pores, il affecte puissamment ces corps naissants, il leur laisse des impressions qui ne s'effacent point. Je ne serais donc pas d'avis qu'on tirât une paysanne de son village pour l'enfermer en ville dans une chambre et faire nourrir l'enfant chez soi; j'aime mieux qu'il aille respirer le bon air de la campagne, qu'elle le mauvais air de la ville. Il prendra l'état de sa nouvelle mère, il habitera sa maison rustique, et son gouverneur l'y suivra. Le lecteur se souviendra bien que ce gouverneur n'est pas un homme à gages; c'est l'ami du père. Mais quand cet ami ne se trouve pas, quand ce transport n'est pas facile, quand rien de ce que vous conseillez n'est faisable, que faire à la place, me

---

* Bien que les sucs qui nous nourrissent soient en liqueur, ils doivent être exprimés d'aliments solides. Un homme au travail qui ne vivrait que de bouillon dépérirait très promptement. Il se soutiendrait beaucoup mieux avec du lait, parce qu'il se caille.

** Ceux qui voudront discuter plus au long les avantages et les inconvénients du régime pythagoricien pourront consulter les traités que les docteurs Cocchi et Bianchi, son adversaire, ont faits sur cet important sujet.

dira-t-on ?... Je vous l'ai déjà dit, ce que vous faites ; on
n'a pas besoin de conseil pour cela.

Les hommes ne sont point faits pour être entassés en
fourmilières, mais épars sur la terre qu'ils doivent cultiver. Plus ils se rassemblent, plus ils se corrompent.
Les infirmités du corps, ainsi que les vices de l'âme, sont
l'infaillible effet de ce concours trop nombreux. L'homme
est de tous les animaux celui qui peut le moins vivre en
troupeaux. Des hommes entassés comme des moutons
périraient tous en très peu de temps. L'haleine de
l'homme est mortelle à ses semblables : cela n'est pas
moins vrai au propre qu'au figuré.

Les villes sont le gouffre de l'espèce humaine. Au bout
de quelques générations les races périssent ou dégénèrent ;
il faut les renouveler, et c'est toujours la campagne qui
fournit à ce renouvellement. Envoyez donc vos enfants
se renouveler, pour ainsi dire, eux-mêmes, et reprendre,
au milieu des champs, la vigueur qu'on perd dans l'air
malsain des lieux trop peuplés. Les femmes grosses qui
sont à la campagne se hâtent de revenir accoucher à la
ville : elles devraient faire tout le contraire, celles surtout
qui veulent nourrir leurs enfants. Elles auraient moins à
regretter qu'elles ne pensent ; et, dans un séjour plus
naturel à l'espèce, les plaisirs attachés aux devoirs de la
nature leur ôteraient bientôt le goût de ceux qui ne s'y
rapportent pas.

D'abord, après l'accouchement, on lave l'enfant avec
quelque eau tiède où l'on mêle ordinairement du vin.
Cette addition du vin me paraît peu nécessaire. Comme
la nature ne produit rien de fermenté, il n'est pas à croire
que l'usage d'une liqueur artificielle importe à la vie de
ses créatures.

Par la même raison, cette précaution de faire tiédir
l'eau n'est pas non plus indispensable ; et en effet des
multitudes de peuples lavent les enfants nouveau-nés
dans les rivières ou à la mer sans autre façon. Mais les
nôtres, amollis avant que de naître par la mollesse des
pères et des mères, apportent en venant au monde un
tempérament déjà gâté, qu'il ne faut pas exposer d'abord
à toutes les épreuves qui doivent le rétablir. Ce n'est
que par degrés qu'on peut les ramener à leur vigueur
primitive. Commencez donc d'abord par suivre l'usage,
et ne vous en écartez que peu à peu. Lavez souvent les
enfants ; leur malpropreté en montre le besoin. Quand on
ne fait que les essuyer, on les déchire ; mais, à mesure

qu'ils se renforcent, diminuez par degré la tiédeur de
l'eau, jusqu'à ce qu'enfin vous les laviez été et hiver à
l'eau froide et même glacée. Comme, pour ne pas les
exposer, il importe que cette diminution soit lente, suc-
cessive et insensible, on peut se servir du thermomètre
pour la mesurer exactement.

Cet usage du bain une fois établi ne doit plus être
interrompu, et il importe de le garder toute sa vie. Je le
considère non seulement du côté de la propreté et de la
santé actuelle, mais aussi comme une précaution salutaire
pour rendre plus flexible la texture des fibres, et les
faire céder sans effort et sans risque aux divers degrés de
chaleur et de froid. Pour cela je voudrais qu'en grandissant on s'accoutumât peu à peu à se baigner quelquefois
dans des eaux chaudes à tous les degrés supportables, et
souvent dans des eaux froides à tous les degrés possibles.
Ainsi, après s'être habitué à supporter les diverses températures de l'eau, qui, étant un fluide plus dense, nous
touche par plus de points et nous affecte davantage, on
deviendrait presque insensible à celles de l'air.

Au moment où l'enfant respire en sortant de ses enve-
loppes, ne souffrez pas qu'on lui en donne d'autres qui
le tiennent plus à l'étroit. Point de têtières, point de
bandes, point de maillot; des langes flottants et larges,
qui laissent tous ses membres en liberté, et ne soient ni
assez pesants pour gêner ses mouvements, ni assez chauds
pour empêcher qu'il ne sente les impressions de l'air *.
Placez-le dans un grand berceau ** bien rembourré, où
il puisse se mouvoir à l'aise et sans danger. Quand il
commence à se fortifier, laissez-le ramper par la chambre;
laissez-lui développer, étendre ses petits membres; vous
les verrez se renforcer de jour en jour. Comparez-le
avec un enfant bien emmailloté du même âge; vous serez
étonné de la différence de leurs progrès ***.

---

* On étouffe les enfants dans les villes à force de les tenir enfermés et vêtus. Ceux qui les gouvernent en sont encore à savoir que
l'air froid, loin de leur faire du mal, les renforce, et que l'air chaud
les affaiblit, leur donne la fièvre et les tue.

** Je dis un *berceau*, pour employer un mot usité, faute d'autre;
car d'ailleurs je suis persuadé qu'il n'est jamais nécessaire de bercer
les enfants, et que cet usage leur est souvent pernicieux.

*** « Les anciens Péruviens laissaient les bras libres aux enfants
dans un maillot fort large; lorsqu'ils les en tiraient, ils les mettaient
en liberté dans un trou fait en terre et garni de linges, dans lequel ils
les descendaient jusqu'à la moitié du corps; de cette façon, ils avaient

On doit s'attendre à de grandes oppositions de la part des nourrices, à qui l'enfant bien garrotté donne moins de peine que celui qu'il faut veiller incessamment. D'ailleurs sa malpropreté devient plus sensible dans un habit ouvert; il faut le nettoyer plus souvent. Enfin la coutume est un argument qu'on ne réfutera jamais en certains pays, au gré du peuple de tous les États.

Ne raisonnez point avec les nourrices; ordonnez, voyez faire, et n'épargnez rien pour rendre aisés dans la pratique les soins que vous aurez prescrits. Pourquoi ne les partageriez-vous pas ? Dans les nourritures ordinaires, où l'on ne regarde qu'au physique, pourvu que l'enfant vive et qu'il ne dépérisse point, le reste n'importe guère; mais ici, où l'éducation commence avec la vie, en naissant l'enfant est déjà disciple, non du gouverneur, mais de la nature. Le gouverneur ne fait qu'étudier sous ce premier maître et empêcher que ses soins ne soient contrariés. Il veille le nourrisson, il l'observe, il le suit, il épie avec vigilance la première lueur de son faible entendement, comme, aux approches du premier quartier, les musulmans épient l'instant du lever de la lune.

Nous naissons capables d'apprendre, mais ne sachant rien, ne connaissant rien. L'âme, enchaînée dans des organes imparfaits et demi-formés, n'a pas même le sentiment de sa propre existence. Les mouvements, les cris de l'enfant qui vient de naître, sont des effets pure-

---

les bras libres, et ils pouvaient mouvoir leur tête et fléchir leur corps à leur gré, sans tomber et sans se blesser. Dès qu'ils pouvaient faire un pas, on leur présentait la mamelle d'un peu loin, comme un appât pour les obliger à marcher. Les petits nègres sont quelquefois dans une situation bien plus fatigante pour téter : ils embrassent l'une des hanches de la mère avec leurs genoux et leurs pieds, et ils la serrent si bien qu'ils peuvent s'y soutenir sans le secours des bras de la mère. Ils s'attachent à la mamelle avec leurs mains, et ils la sucent constamment sans se déranger et sans tomber, malgré les différents mouvements de la mère, qui, pendant ce temps, travaille à son ordinaire. Ces enfants commencent à marcher dès le second mois, ou plutôt à se traîner sur les genoux et sur les mains. Cet exercice leur donne pour la suite la facilité de courir, dans cette situation, presque aussi vite que s'ils étaient sur leurs pieds. *(Hist. nat.,* tome IV in-12, p. 192.)

A ces exemples, M. de Buffon aurait pu ajouter celui de l'Angleterre où l'extravagante et barbare pratique du maillot s'abolit de jour en jour. Voyez aussi La Loubère, *Voyage de Siam;* le sieur Le Beau, *Voyage du Canada,* etc. Je remplirais vingt pages de citations, si j'avais besoin de confirmer ceci par des faits.

ment mécaniques, dépourvus de connaissance et de volonté.

Supposons qu'un enfant eût à sa naissance la stature et la force d'un homme fait, qu'il sortît, pour ainsi dire, tout armé du sein de sa mère, comme Pallas sortit du cerveau de Jupiter; cet homme-enfant serait un parfait imbécile, un automate, une statue immobile et presque insensible : il ne verrait rien, il n'entendrait rien, il ne connaîtrait personne, il ne saurait pas tourner les yeux vers ce qu'il aurait besoin de voir; non seulement il n'apercevrait aucun objet hors de lui, il n'en rapporterait même aucun dans l'organe du sens qui le lui ferait apercevoir; les couleurs ne seraient point dans ses yeux, les sons ne seraient point dans ses oreilles, les corps qu'il toucherait ne seraient point sur le sien, il ne saurait pas même qu'il en a un; le contact de ses mains serait dans son cerveau; toutes ses sensations se réuniraient dans un seul point; il n'existerait que dans le commun *sensorium ;* il n'aurait qu'une seule idée, savoir celle du *moi,* à laquelle il rapporterait toutes ses sensations; et cette idée ou plutôt ce sentiment, serait la seule chose qu'il aurait de plus qu'un enfant ordinaire.

Cet homme, formé tout à coup, ne saurait pas non plus se redresser sur ses pieds; il lui faudrait beaucoup de temps pour apprendre à s'y soutenir en équilibre; peut-être n'en ferait-il pas même l'essai, et vous verriez ce grand corps, fort et robuste, rester en place comme une pierre, ou ramper et se traîner comme un jeune chien.

Il sentirait le malaise des besoins sans les connaître, et sans imaginer aucun moyen d'y pourvoir. Il n'y a nulle immédiate communication entre les muscles de l'estomac et ceux des bras et des jambes, qui, même entouré d'aliments, lui fît faire un pas pour en approcher ou étendre la main pour les saisir; et, comme son corps aurait pris son accroissement, que ses membres seraient tout développés, qu'il n'aurait par conséquent ni les inquiétudes ni les mouvements continuels des enfants, il pourrait mourir de faim avant de s'être mû pour chercher sa subsistance. Pour peu qu'on ait réfléchi sur l'ordre et le progrès de nos connaissances, on ne peut nier que tel ne fût à peu près l'état primitif d'ignorance et de stupidité naturel à l'homme avant qu'il eût rien appris de l'expérience ou de ses semblables.

On connaît donc, ou l'on peut connaître le premier

point d'où part chacun de nous pour arriver au degré commun de l'entendement; mais qui est-ce qui connaît l'autre extrémité ? Chacun avance plus ou moins selon son génie, son goût, ses besoins, ses talents, son zèle, et les occasions qu'il a de s'y livrer. Je ne sache pas qu'aucun philosophe ait encore été assez hardi pour dire : Voilà le terme où l'homme peut parvenir et qu'il ne saurait passer. Nous ignorons ce que notre nature nous permet d'être; nul de nous n'a mesuré la distance qui peut se trouver entre un homme et un autre homme. Quelle est l'âme basse que cette idée n'échauffa jamais, et qui ne se dit pas quelquefois dans son orgueil : Combien j'en ai déjà passé! combien j'en puis encore atteindre! pourquoi mon égal irait-il plus loin que moi ?

Je le répète, l'éducation de l'homme commence à sa naissance; avant de parler, avant que d'entendre, il s'instruit déjà. L'expérience prévient les leçons; au moment qu'il connaît sa nourrice, il a déjà beaucoup acquis. On serait surpris des connaissances de l'homme le plus grossier, si l'on suivait son progrès depuis le moment où il est né jusqu'à celui où il est parvenu. Si l'on partageait toute la science humaine en deux parties, l'une commune à tous les hommes, l'autre particulière aux savants, celle-ci serait très petite en comparaison de l'autre. Mais nous ne songeons guère aux acquisitions générales, parce qu'elles se font sans qu'on y pense et même avant l'âge de raison; que d'ailleurs le savoir ne se fait remarquer que par ses différences, et que, comme dans les équations d'algèbre, les quantités communes se comptent pour rien.

Les animaux mêmes acquièrent beaucoup. Ils ont des sens, il faut qu'ils apprennent à en faire usage; ils ont des besoins, il faut qu'ils apprennent à y pourvoir; il faut qu'ils apprennent à manger, à marcher, à voler. Les quadrupèdes qui se tiennent sur leurs pieds dès leur naissance ne savent pas marcher pour cela; on voit à leurs premiers pas que ce sont des essais mal assurés. Les serins échappés de leurs cages ne savent point voler, parce qu'ils n'ont jamais volé. Tout est intruction pour les êtres animés et sensibles. Si les plantes avaient un mouvement progressif, il faudrait qu'elles eussent des sens et qu'elles acquissent des connaissances; autrement les espèces périraient bientôt.

Les premières sensations des enfants sont purement affectives; ils n'aperçoivent que le plaisir et la douleur.

Ne pouvant ni marcher ni saisir, ils ont besoin de beaucoup de temps pour se former peu à peu les sensations représentatives qui leur montrent les objets hors d'eux-mêmes ; mais, en attendant que ces objets s'étendent, s'éloignent pour ainsi dire de leurs yeux, et prennent pour eux des dimensions et des figures, le retour des sensations affectives commence à les soumettre à l'empire de l'habitude ; on voit leurs yeux se tourner sans cesse vers la lumière, et, si elle leur vient de côté, prendre insensiblement cette direction ; en sorte qu'on doit avoir soin de leur opposer le visage au jour, de peur qu'ils ne deviennent louches ou ne s'accoutument à regarder de travers. Il faut aussi qu'ils s'habituent de bonne heure aux ténèbres ; autrement ils pleurent et crient sitôt qu'ils se trouvent à l'obscurité. La nourriture et le sommeil, trop exactement mesurés, leur deviennent nécessaires au bout des mêmes intervalles ; et bientôt le désir ne vient plus du besoin, mais de l'habitude, ou plutôt l'habitude ajoute un nouveau besoin à celui de la nature : voilà ce qu'il faut prévenir.

La seule habitude qu'on doit laisser prendre à l'enfant est de n'en contracter aucune ; qu'on ne le porte pas plus sur un bras que sur l'autre ; qu'on ne l'accoutume pas à présenter une main plutôt que l'autre, à s'en servir plus souvent, à vouloir manger, dormir, agir aux mêmes heures, à ne pouvoir rester seul ni nuit ni jour. Préparez de loin le règne de sa liberté et l'usage de ses forces, en laissant à son corps l'habitude naturelle, en le mettant en état d'être toujours maître de lui-même, et de faire en toute chose sa volonté, sitôt qu'il en aura une.

Dès que l'enfant commence à distinguer les objets, il importe de mettre du choix dans ceux qu'on lui montre. Naturellement tous les nouveaux objets intéressent l'homme. Il se sent si faible qu'il craint tout ce qu'il ne connaît pas : l'habitude de voir des objets nouveaux sans en être affecté détruit cette crainte. Les enfants élevés dans des maisons propres, où l'on ne souffre point d'araignées, ont peur des araignées et cette peur leur demeure souvent étant grands. Je n'ai jamais vu de paysans, ni homme, ni femme, ni enfant, avoir peur des araignées.

Pourquoi donc l'éducation d'un enfant ne commencerait-elle pas avant qu'il parle et qu'il entende, puisque le seul choix des objets qu'on lui présente est propre à le rendre timide ou courageux ? Je veux qu'on l'habitue

à voir des objets nouveaux, des animaux laids, dégoûtants, bizarres, mais peu à peu, de loin, jusqu'à ce qu'il
y soit accoutumé, et qu'à force de les voir manier à
d'autres, il les manie enfin lui-même. Si, durant son
enfance, il a vu sans effroi des crapauds, des serpents,
des écrevisses, il verra sans horreur, étant grand, quelque
animal que ce soit. Il n'y a plus d'objets affreux pour qui
en voit tous les jours.

Tous les enfants ont peur des masques. Je commence
par montrer à Emile un masque d'une figure agréable;
ensuite quelqu'un s'applique devant lui ce masque sur
le visage : je me mets à rire, tout le monde rit, et l'enfant
rit comme les autres. Peu à peu je l'accoutume à des
masques moins agréables, et enfin à des figures hideuses.
Si j'ai bien ménagé ma gradation, loin de s'effrayer au
dernier masque, il en rira comme du premier. Après cela
je ne crains plus qu'on l'effraye avec des masques.

Quand, dans les adieux d'Andromaque et d'Hector,
le petit Astyanax, effrayé du panache qui flotte sur le
casque de son père, le méconnaît, se jette en criant sur
le sein de sa nourrice, et arrache à sa mère un sourire
mêlé de larmes, que faut-il faire pour guérir cet effroi ?
Précisément ce que fait Hector, poser le casque à terre,
et puis caresser l'enfant. Dans un moment plus tranquille
on ne s'en tiendrait pas là; on s'approcherait du casque,
on jouerait avec les plumes, on les ferait manier à l'enfant; enfin la nourrice prendrait le casque et le poserait
en riant sur sa propre tête, si toutefois la main d'une
femme osait toucher aux armes d'Hector.

S'agit-il d'exercer Emile au bruit d'une arme à feu, je
brûle d'abord une amorce dans un pistolet. Cette flamme
brusque et passagère, cette espèce d'éclair le réjouit; je
répète la même chose avec plus de poudre; peu à peu
j'ajoute au pistolet une petite charge sans bourre, puis
une plus grande; enfin je l'accoutume aux coups de
fusil, aux boîtes, aux canons, aux détonations les plus
terribles.

J'ai remarqué que les enfants ont rarement peur du
tonnerre, à moins que les éclats ne soient affreux et ne
blessent réellement l'organe de l'ouïe; autrement cette
peur ne leur vient que quand ils ont appris que le tonnerre blesse ou tue quelquefois. Quand la raison commence à les effrayer, faites que l'habitude les rassure.
Avec une gradation lente et ménagée on rend l'homme
et l'enfant intrépides à tout.

Dans le commencement de la vie, où la mémoire et l'imagination sont encore inactives, l'enfant n'est attentif qu'à ce qui affecte actuellement ses sens; ses sensations étant les premiers matériaux de ses connaissances, les lui offrir dans un ordre convenable, c'est préparer sa mémoire à les fournir un jour dans le même ordre à son entendement; mais, comme il n'est attentif qu'à ses sensations, il suffit d'abord de lui montrer bien distinctement la liaison de ces mêmes sensations avec les objets qui les causent. Il veut tout toucher, tout manier : ne vous opposez point à cette inquiétude; elle lui suggère un apprentissage très nécessaire. C'est ainsi qu'il apprend à sentir la chaleur, le froid, la dureté, la mollesse, la pesanteur, la légèreté des corps, à juger de leur grandeur, de leur figure, et de toutes leurs qualités sensibles, en regardant, palpant *, écoutant, surtout en comparant la vue au toucher, en estimant à l'œil la sensation qu'ils feraient sous ses doigts.

Ce n'est que par le mouvement que nous apprenons qu'il y a des choses qui ne sont pas nous; et ce n'est que par notre propre mouvement que nous acquérons l'idée de l'étendue. C'est parce que l'enfant n'a point cette idée, qu'il tend indifféremment la main pour saisir l'objet qui le touche, ou l'objet qui est à cent pas de lui. Cet effort qu'il fait vous paraît un signe d'empire, un ordre qu'il donne à l'objet de s'approcher, ou à vous de le lui apporter; et point du tout, c'est seulement que les mêmes objets qu'il voyait d'abord dans son cerveau, puis sur ses yeux, il les voit maintenant au bout de ses bras, et n'imagine d'étendue que celle où il peut atteindre. Ayez donc soin de le promener souvent, de le transporter d'une place à l'autre, de lui faire sentir le changement de lieu, afin de lui apprendre à juger des distances. Quand il commencera de les connaître, alors il faut changer de méthode, et ne le porter que comme il vous plaît, et non comme il lui plaît; car sitôt qu'il n'est plus abusé par le sens, son effort change de cause : ce changement est remarquable, et demande explication.

Le malaise des besoins s'exprime par des signes quand

---

* L'odorat est de tous les sens celui qui se développe le plus tard dans les enfants : jusqu'à l'âge de deux ou trois ans il ne paraît pas qu'ils soient sensibles ni aux bonnes ni aux mauvaises odeurs; ils ont à cet égard l'indifférence ou plutôt l'insensibilité qu'on remarque dans plusieurs animaux.

le secours d'autrui est nécessaire pour y pourvoir : de là
les cris des enfants. Ils pleurent beaucoup; cela doit être.
Puisque toutes leurs sensations sont affectives, quand
elles sont agréables, ils en jouissent en silence; quand
elles sont pénibles, ils le disent dans leur langage, et
demandent du soulagement. Or, tant qu'ils sont éveillés,
ils ne peuvent presque rester dans un état d'indifférence;
ils dorment, ou sont affectés.

Toutes nos langues sont des ouvrages de l'art. On a
longtemps cherché s'il y avait une langue naturelle et
commune à tous les hommes; sans doute, il y en a une;
et c'est celle que les enfants parlent avant de savoir
parler. Cette langue n'est pas articulée, mais elle est
accentuée, sonore, intelligible. L'usage des nôtres nous
l'a fait négliger au point de l'oublier tout à fait. Etu-
dions les enfants, et bientôt nous la rapprendrons auprès
d'eux. Les nourrices sont nos maîtres dans cette langue;
elles entendent tout ce que disent leurs nourrissons;
elles leur répondent, elles ont avec eux des dialogues très
bien suivis; et quoiqu'elles prononcent des mots, ces
mots sont parfaitement inutiles; ce n'est point le sens
du mot qu'ils entendent, mais l'accent dont il est accompagné.

Au langage de la voix se joint celui du geste, non
moins énergique. Ce geste n'est pas dans les faibles
mains des enfants, il est sur leurs visages. Il est étonnant
combien ces physionomies mal formées ont déjà d'expression; leurs traits changent d'un instant à l'autre avec une
inconcevable rapidité : vous y voyez le sourire, le désir,
l'effroi naître et passer comme autant d'éclairs : à chaque
fois vous croyez voir un autre visage. Ils ont certainement les muscles de la face plus mobiles que nous. En
revanche, leurs yeux ternes ne disent presque rien. Tel
doit être le genre de leurs signes dans un âge où l'on n'a
que des besoins corporels; l'expression des sensations
est dans les grimaces, l'expression des sentiments est
dans les regards.

Comme le premier état de l'homme est la misère et la
faiblesse, ses premières voix sont la plainte et les pleurs.
L'enfant sent ses besoins, et ne les peut satisfaire, il
implore le secours d'autrui par des cris : s'il a faim ou
soif, il pleure; s'il a trop froid ou trop chaud, il pleure;
s'il a besoin de mouvement et qu'on le tienne en repos,
il pleure; s'il veut dormir et qu'on l'agite, il pleure.
Moins sa manière d'être est à sa disposition, plus il

demande fréquemment qu'on la change. Il n'a qu'un langage, parce qu'il n'a, pour ainsi dire, qu'une sorte de mal-être : dans l'imperfection de ses organes, il ne distingue point leurs impressions diverses ; tous les maux ne forment pour lui qu'une sensation de douleur.

De ces pleurs, qu'on croirait si peu dignes d'attention, naît le premier rapport de l'homme à tout ce qui l'environne : ici se forge le premier anneau de cette longue chaîne dont l'ordre social est formé.

Quand l'enfant pleure, il est mal à son aise, il a quelque besoin, qu'il ne saurait satisfaire : on examine, on cherche ce besoin, on le trouve, on y pourvoit. Quand on ne le trouve pas ou quand on n'y peut pourvoir, les pleurs continuent, on en est importuné : on flatte l'enfant pour le faire taire, on le berce, on lui chante pour l'endormir : s'il s'opiniâtre, on s'impatiente, on le menace : des nourrices brutales le frappent quelquefois. Voilà d'étranges leçons pour son entrée à la vie.

Je n'oublierai jamais d'avoir vu un de ces incommodes pleureurs ainsi frappé par sa nourrice. Il se tut sur-le-champ : je le crus intimidé. Je me disais : ce sera une âme servile dont on n'obtiendra rien que par la rigueur. Je me trompais : le malheureux suffoquait de colère, il avait perdu la respiration ; je le vis devenir violet. Un moment après vinrent les cris aigus ; tous les signes du ressentiment, de la fureur, du désespoir de cet âge, étaient dans ses accents. Je craignis qu'il n'expirât dans cette agitation. Quand j'aurais douté que le sentiment du juste et de l'injuste fût inné dans le cœur de l'homme, cet exemple seul m'aurait convaincu. Je suis sûr qu'un tison ardent tombé par hasard sur la main de cet enfant lui eût été moins sensible que ce coup assez léger, mais donné dans l'intention manifeste de l'offenser.

Cette disposition des enfants à l'emportement, au dépit, à la colère, demande des ménagements excessifs. Boerhaave pense que leurs maladies sont pour la plupart de la classe des convulsives, parce que la tête étant proportionnellement plus grosse et le système des nerfs plus étendu que dans les adultes, le genre nerveux est plus susceptible d'irritation. Eloignez d'eux avec le plus grand soin les domestiques qui les agacent, les irritent, les impatientent : ils leur sont cent fois plus dangereux, plus funestes que les injures de l'air et des saisons. Tant que les enfants ne trouveront de résistance que dans les choses et jamais dans les volontés, ils ne deviendront ni mutins ni colères, et se conserveront mieux en santé. C'est ici une des raisons pourquoi les enfants du peuple, plus libres, plus indépendants, sont généralement moins infirmes, moins délicats, plus robustes que ceux qu'on prétend mieux élever en les contrariant sans cesse; mais il faut songer toujours qu'il y a bien de la différence entre leur obéir et ne pas les contrarier.

Les premiers pleurs des enfants sont des prières : si l'on n'y prend garde, ils deviennent bientôt des ordres; ils commencent par se faire assister, ils finissent par se faire servir. Ainsi de leur propre faiblesse, d'où vient d'abord le sentiment de leur dépendance, naît ensuite l'idée de l'empire et de la domination; mais cette idée étant moins excitée par leurs besoins que par nos services, ici commencent à se faire apercevoir les effets moraux dont la cause immédiate n'est pas dans la nature; et l'on voit déjà pourquoi, dès ce premier âge, il importe de démêler l'intention secrète qui dicte le geste ou le cri.

Quand l'enfant tend la main avec effort sans rien dire, il croit atteindre à l'objet parce qu'il n'en estime pas la distance; il est dans l'erreur; mais quand il se plaint et crie en tendant la main, alors il ne s'abuse plus sur la distance, il commande à l'objet de s'approcher, ou à vous de le lui apporter. Dans le premier cas, portez-le à l'objet lentement et à petits pas; dans le second, ne faites pas seulement semblant de l'entendre : plus il criera, moins vous devez l'écouter. Il importe de l'accoutumer de bonne heure à ne commander ni aux hommes, car il n'est pas leur maître, ni aux choses, car elles ne l'entendent point. Ainsi quand un enfant désire quelque chose qu'il voit et qu'on veut lui donner, il vaut mieux porter l'enfant à l'objet, que d'apporter l'objet à l'enfant : il tire de cette pratique une conclusion qui est de son âge, et il n'y a point d'autre moyen de la lui suggérer.

L'abbé de Saint-Pierre appelait les hommes de grands enfants; on pourrait appeler réciproquement les enfants de petits hommes. Ces propositions ont leur vérité comme sentences; comme principes, elles ont besoin d'éclaircissement. Mais quand Hobbes appelait le méchant un enfant robuste, il disait une chose absolument contradictoire. Toute méchanceté vient de faiblesse; l'enfant n'est méchant que parce qu'il est faible; rendez-le

fort, il sera bon : celui qui pourrait tout ne ferait jamais
de mal. De tous les attributs de la Divinité toute-puis-
sante, la bonté est celui sans lequel on la peut le moins
concevoir. Tous les peuples qui ont reconnu deux principes ont toujours regardé le mauvais comme inférieur
au bon; sans quoi ils auraient fait une supposition
absurde. Voyez ci-après la Profession de foi du Vicaire
savoyard.

La raison seule nous apprend à connaître le bien et le
mal. La conscience qui nous fait aimer l'un et haïr
l'autre, quoique indépendante de la raison, ne peut donc
se développer sans elle. Avant l'âge de raison, nous
faisons le bien et le mal sans le connaître; et il n'y a
point de moralité dans nos actions, quoiqu'il y en ait
quelquefois dans le sentiment des actions d'autrui qui
ont rapport à nous. Un enfant veut déranger tout ce
qu'il voit : il casse, il brise tout ce qu'il peut atteindre;
il empoigne un oiseau comme il empoignerait une pierre,
et l'étouffe sans savoir ce qu'il fait.

Pourquoi cela ? D'abord la philosophie en va rendre
raison par des vices naturels : l'orgueil, l'esprit de domination, l'amour-propre, la méchanceté de l'homme; le
sentiment de sa faiblesse, pourra-t-elle ajouter, rend
l'enfant avide de faire des actes de force, et de se prouver
à lui-même son propre pouvoir. Mais voyez ce vieillard
infirme et cassé, ramené par le cercle de la vie humaine
à la faiblesse de l'enfance : non seulement il reste immobile et paisible, il veut encore que tout y reste autour
de lui; le moindre changement le trouble et l'inquiète,
il voudrait voir régner un calme universel. Comment la
même impuissance jointe aux mêmes passions produi-
rait-elle des effets si différents dans les deux âges, si la
cause primitive n'était changée ? Et où peut-on chercher
cette diversité de causes, si ce n'est dans l'état physique
des deux individus ? Le principe actif, commun à tous
deux, se développe dans l'un et s'éteint dans l'autre;
l'un se forme, et l'autre se détruit; l'un tend à la vie, et
l'autre à la mort. L'activité défaillante se concentre dans
le cœur du vieillard; dans celui de l'enfant, elle est
surabondante et s'étend au dehors; il se sent, pour ainsi
dire, assez de vie pour animer tout ce qui l'environne.
Qu'il fasse ou qu'il défasse, il n'importe; il suffit qu'il
change l'état des choses, et tout changement est une
action. Que s'il semble avoir plus de penchant à détruire,
ce n'est point par méchanceté, c'est que l'action qui forme

est toujours lente, et que celle qui détruit, étant plus rapide, convient mieux à sa vivacité.

En même temps que l'Auteur de la nature donne aux enfants ce principe actif, il prend soin qu'il soit peu nuisible, en leur laissant peu de force pour s'y livrer. Mais sitôt qu'ils peuvent considérer les gens qui les environnent comme des instruments qu'il dépend d'eux de faire agir, ils s'en servent pour suivre leur penchant et suppléer à leur propre faiblesse. Voilà comment ils deviennent incommodes, tyrans, impérieux, méchants, indomptables; progrès qui ne vient pas d'un esprit naturel de domination, mais qui le leur donne; car il ne faut pas une longue expérience pour sentir combien il est agréable d'agir par les mains d'autrui, et de n'avoir besoin que de remuer la langue pour faire mouvoir l'univers.

En grandissant, on acquiert des forces, on devient moins inquiet, moins remuant, on se renferme davantage en soi-même. L'âme et le corps se mettent, pour ainsi dire, en équilibre, et la nature ne nous demande plus que le mouvement nécessaire à notre conservation. Mais le désir de commander ne s'éteint pas avec le besoin qui l'a fait naître; l'empire éveille et flatte l'amour-propre, et l'habitude le fortifie : ainsi succède la fantaisie au besoin, ainsi prennent leurs premières racines les préjugés de l'opinion.

Le principe une fois connu, nous voyons clairement le point où l'on quitte la route de la nature; voyons ce qu'il faut faire pour s'y maintenir.

Loin d'avoir des forces superflues, les enfants n'en ont pas même de suffisantes pour tout ce que leur demande la nature; il faut donc leur laisser l'usage de toutes celles qu'elle leur donne et dont ils ne sauraient abuser. Première maxime.

Il faut les aider et suppléer à ce qui leur manque, soit en intelligence, soit en force, dans tout ce qui est du besoin physique. Deuxième maxime.

Il faut, dans le secours qu'on leur donne, se borner uniquement à l'utile réel, sans rien accorder à la fantaisie ou au désir sans raison; car la fantaisie ne les tourmentera point quand on ne l'aura pas fait naître, attendu qu'elle n'est pas de la nature. Troisième maxime.

Il faut étudier avec soin leur langage et leurs signes, afin que, dans un âge où ils ne savent point dissimuler, on distingue dans leurs désirs ce qui vient immédiatement de la nature et ce qui vient de l'opinion. Quatrième maxime.

L'esprit de ces règles est d'accorder aux enfants plus de liberté véritable et moins d'empire, de leur laisser plus faire par eux-mêmes et moins exiger d'autrui. Ainsi, s'accoutumant de bonne heure à borner leurs désirs à leurs forces, ils sentiront peu la privation de ce qui ne sera pas en leur pouvoir.

Voilà donc une raison nouvelle et très importante pour laisser les corps et les membres des enfants absolument libres, avec la seule précaution de les éloigner du danger des chutes, et d'écarter de leurs mains tout ce qui peut les blesser.

Infailliblement un enfant dont le corps et les bras sont libres pleurera moins qu'un enfant embandé dans un maillot. Celui qui ne connaît que les besoins physiques ne pleure que quand il souffre, et c'est un très grand avantage; car alors on sait à point nommé quand il a besoin de secours, et l'on ne doit pas tarder un moment à le lui donner, s'il est possible. Mais si vous ne pouvez le soulager, restez tranquille, sans le flatter pour l'apaiser; vos caresses ne guériront pas sa colique. Cependant il se souviendra de ce qu'il faut faire pour être flatté; et s'il sait une fois vous occuper de lui à sa volonté, le voilà devenu votre maître : tout est perdu.

Moins contrariés dans leurs mouvements, les enfants pleureront moins; moins importuné de leurs pleurs, on se tourmentera moins pour les faire taire; menacés ou flattés moins souvent, ils seront moins craintifs ou moins opiniâtres, et resteront mieux dans leur état naturel. C'est moins en laissant pleurer les enfants qu'en s'empressant pour les apaiser, qu'on leur fait gagner des descentes; et ma preuve est que les enfants les plus négligés y sont bien moins sujets que les autres. Je suis fort éloigné de vouloir pour cela qu'on les néglige; au contraire, il importe qu'on les prévienne, et qu'on ne se laisse pas avertir de leurs besoins par leurs cris. Mais je ne veux pas non plus que les soins qu'on leur rend soient mal entendus. Pourquoi se feraient-ils faute de pleurer dès qu'ils voient que leurs pleurs sont bons à tant de choses ? Instruits du prix qu'on met à leur silence, ils se gardent bien de le prodiguer. Ils le font à la fin tellement valoir qu'on ne peut plus le payer; et c'est alors qu'à force de pleurer sans succès ils s'efforcent, s'épuisent, et se tuent.

Les longs pleurs d'un enfant qui n'est ni lié ni malade, et qu'on ne laisse manquer de rien, ne sont que des pleurs d'habitude et d'obstination. Ils ne sont point l'ouvrage de la nature, mais de la nourrice, qui, pour n'en savoir endurer l'importunité, la multiplie, sans songer qu'en faisant taire l'enfant aujourd'hui on l'excite à pleurer demain davantage.

Le seul moyen de guérir ou de prévenir cette habitude est de n'y faire aucune attention. Personne n'aime à prendre une peine inutile, pas même les enfants. Ils sont obstinés dans leurs tentatives ; mais si vous avez plus de constance qu'eux d'opiniâtreté, ils se rebutent et n'y reviennent plus. C'est ainsi qu'on leur épargne des pleurs et qu'on les accoutume à n'en verser que quand la douleur les y force.

Au reste, quand ils pleurent par fantaisie ou par obstination, un moyen sûr pour les empêcher de continuer est de les distraire par quelque objet agréable et frappant qui leur fasse oublier qu'ils voulaient pleurer. La plupart des nourrices excellent dans cet art, et, bien ménagé, il est très utile ; mais il est de la dernière importance que l'enfant n'aperçoive pas l'intention de le distraire, et qu'il s'amuse sans croire qu'on songe à lui : or voilà sur quoi toutes les nourrices sont maladroites.

On sèvre trop tôt tous les enfants. Le temps où l'on doit les sevrer est indiqué par l'éruption des dents, et cette éruption est communément pénible et douloureuse. Par un instinct machinal, l'enfant porte alors fréquemment à sa bouche tout ce qu'il tient, pour le mâcher. On pense faciliter l'opération en lui donnant pour hochet quelque corps dur, comme l'ivoire ou la dent de loup. Je crois qu'on se trompe. Ces corps durs, appliqués sur les gencives, loin de les ramollir, les rendent calleuses, les endurcissent, préparent un déchirement plus pénible et plus douloureux. Prenons toujours l'instinct pour exemple. On ne voit point les jeunes chiens exercer leurs dents naissantes sur des cailloux, sur du fer, sur des os, mais sur du bois, du cuir, des chiffons, des matières molles qui cèdent, et où la dent s'imprime.

On ne sait plus être simple en rien, pas même autour des enfants. Des grelots d'argent, d'or, du corail, des cristaux à facettes, des hochets de tout prix et de toute espèce : que d'apprêts inutiles et pernicieux! Rien de tout cela. Point de grelots, points de hochets ; de petites branches d'arbre avec leurs fruits et leurs feuilles, une tête de pavot dans laquelle on entend sonner les graines, un bâton de réglisse qu'il peut sucer et mâcher, l'amuseront autant que ces magnifiques colifichets, et n'auront pas l'inconvénient de l'accoutumer au luxe dès sa naissance.

Il a été reconnu que la bouillie n'est pas une nourriture fort saine. Le lait cuit et la farine crue font beaucoup de saburre, et conviennent mal à notre estomac. Dans la bouillie, la farine est moins cuite que dans le pain, et de plus elle n'a pas fermenté; la panade, la crème de riz me paraissent préférables. Si l'on veut absolument faire de la bouillie, il convient de griller un peu la farine auparavant. On fait dans mon pays, de la farine ainsi torréfiée, une soupe fort agréable et fort saine. Le bouillon de viande et le potage sont encore un médiocre aliment, dont il ne faut user que le moins qu'il est possible. Il importe que les enfants s'accoutument d'abord à mâcher; c'est le vrai moyen de faciliter l'éruption des dents; et quand ils commencent d'avaler, les sucs salivaires mêlés avec les aliments en facilitent la digestion.

Je leur ferais donc mâcher des fruits secs, des croûtes. Je leur donnerais pour jouer de petits bâtons de pain dur ou de biscuit semblable au pain de Piémont, qu'on appelle dans le pays des *grisses*. A force de ramollir ce pain dans leur bouche, ils en avaleraient enfin quelque peu : leurs dents se trouveraient sorties, et ils se trouveraient sevrés presque avant qu'on s'en fût aperçu. Les paysans ont pour l'ordinaire l'estomac fort bon, et on ne les sèvre pas avec plus de façon que cela.

Les enfants entendent parler dès leur naissance; on leur parle non seulement avant qu'ils comprennent ce qu'on leur dit, mais avant qu'ils puissent rendre les voix qu'ils entendent. Leur organe encore engourdi ne se prête que peu à peu aux imitations des sons qu'on leur dicte, et il n'est pas même assuré que ces sons se portent d'abord à leur oreille aussi distinctement qu'à la nôtre. Je ne désapprouve pas que la nourrice amuse l'enfant par des chants et des accents très gais et très variés; mais je désapprouve qu'elle l'étourdisse incessamment d'une multitude de paroles inutiles auxquelles il ne comprend rien que le ton qu'elle y met. Je voudrais que les premières articulations qu'on lui fait entendre fussent rares, faciles, distinctes, souvent répétées et que les mots qu'elles expriment ne se rapportassent qu'à des

objets sensibles qu'on pût d'abord montrer à l'enfant.
La malheureuse facilité que nous avons à nous payer
de mots que nous n'entendons point commence plus
tôt qu'on ne pense. L'écolier écoute en classe le verbiage
de son régent, comme il écoutait au maillot le babil de
sa nourrice. Il me semble que ce serait l'instruire fort
utilement que de l'élever à n'y rien comprendre.

Les réflexions naissent en foule quand on veut s'occuper de la formation du langage et des premiers discours des enfants. Quoi qu'on fasse, ils apprendront
toujours à parler de la même manière, et toutes les spéculations philosophiques sont ici de la plus grande inutilité.

D'abord ils ont, pour ainsi dire, une grammaire de
leur âge, dont la syntaxe a des règles plus générales que
la nôtre; et si l'on y faisait bien attention, l'on serait
étonné de l'exactitude avec laquelle ils suivent certaines
analogies, très vicieuses si l'on veut, mais très régulières,
et qui ne sont choquantes que par leur dureté ou parce
que l'usage ne les admet pas. Je viens d'entendre un
pauvre enfant bien grondé par son père pour lui avoir
dit : *Mon père irai-je-t-y ?* Or on voit que cet enfant
suivait mieux l'analogie que nos grammairiens, car puisqu'on lui disait *Va-s-y,* pourquoi n'aurait-il pas dit
Irai-je-t-y ? Remarquez de plus avec quelle adresse il
évitait l'hiatus de *irai-je-y* ou *y irai-je ?* Est-ce la faute
du pauvre enfant si nous avons mal à propos ôté de la
phrase cet adverbe déterminant *y,* parce que nous n'en
savions que faire ? C'est une pédanterie insupportable
et un soin des plus superflus de s'attacher à corriger
dans les enfants toutes ces petites fautes contre l'usage,
desquelles ils ne manquent jamais de se corriger d'eux-
mêmes avec le temps. Parlez toujours correctement
devant eux, faites qu'ils ne se plaisent avec personne
autant qu'avec vous, et soyez sûrs qu'insensiblement
leur langage s'épurera sur le vôtre sans que vous les ayez
jamais repris.

Mais un abus de tout autre importance, et qu'il n'est
pas moins aisé de prévenir, est qu'on se presse trop de
les faire parler, comme si l'on avait peur qu'ils n'apprissent pas à parler d'eux-mêmes. Cet empressement
indiscret produit un effet directement contraire à celui
qu'on cherche. Ils en parlent plus tard, plus confusément : l'extrême attention qu'on donne à tout ce
qu'ils disent les dispense de bien articuler; et comme

ils daignent à peine ouvrir la bouche, plusieurs d'entre
eux en conservent toute leur vie un vice de prononciation
et un parler confus qui les rend presque inintelligibles.

J'ai beaucoup vécu parmi les paysans, et n'en ai ouï
jamais grasseyer aucun, ni homme, ni femme, ni fille, ni
garçon. D'où vient cela ? Les organes des paysans sont-
ils autrement construits que les nôtres ? Non, mais ils
sont autrement exercés. Vis-à-vis de ma fenêtre est un
tertre sur lequel se rassemblent, pour jouer, les enfants
du lieu. Quoiqu'ils soient assez éloignés de moi, je distingue parfaitement tout ce qu'ils disent, et j'en tire
souvent de bons mémoires pour cet écrit. Tous les jours
mon oreille me trompe sur leur âge ; j'entends des voix
d'enfants de dix ans ; je regarde, je vois la stature et les
traits d'enfants de trois à quatre. Je ne borne pas à
moi seul cette expérience ; les urbains qui me viennent
voir, et que je consulte là-dessus, tombent tous dans la
même erreur.

Ce qui la produit est que, jusqu'à cinq ou six ans, les
enfants des villes, élevés dans la chambre et sous l'aile
d'une gouvernante, n'ont besoin que de marmotter pour
se faire entendre : sitôt qu'ils remuent les lèvres on prend
peine à les écouter ; on leur dicte des mots qu'ils rendent
mal, et, à force d'y faire attention, les mêmes gens étant
sans cesse autour d'eux devinent ce qu'ils ont voulu dire,
plutôt que ce qu'ils ont dit.

A la campagne, c'est tout autre chose. Une paysanne
n'est pas sans cesse autour de son enfant ; il est forcé
d'apprendre à dire très nettement et très haut ce qu'il
a besoin de lui faire entendre. Aux champs, les enfants
épars, éloignés du père, de la mère et des autres enfants,
s'exercent à se faire entendre à distance, et à mesurer
la force de la voix sur l'intervalle qui les sépare de ceux
dont ils veulent être entendus. Voilà comment on apprend
véritablement à prononcer, et non pas en bégayant
quelques voyelles à l'oreille d'une gouvernante attentive.
Aussi, quand on interroge l'enfant d'un paysan, la honte
peut l'empêcher de répondre ; mais ce qu'il dit, il le dit
nettement ; au lieu qu'il faut que la bonne serve d'interprète à l'enfant de la ville ; sans quoi l'on n'entend rien
à ce qu'il grommelle entre ses dents *.

_____

* Ceci n'est pas sans exception ; et souvent les enfants qui se font
d'abord le moins entendre deviennent ensuite les plus étourdissants
quand ils ont commencé d'élever la voix. Mais s'il fallait entrer dans

En grandissant, les garçons devraient se corriger de ce défaut dans les collèges, et les filles dans les couvents; en effet, les uns et les autres parlent en général plus distinctement que ceux qui ont été toujours élevés dans la maison paternelle. Mais ce qui les empêche d'acquérir jamais une prononciation aussi nette que celle des paysans, c'est la nécessité d'apprendre par cœur beaucoup de choses, et de réciter tout haut ce qu'ils ont appris; car, en étudiant, ils s'habituent à barbouiller, à prononcer négligemment et mal; en récitant, c'est pis encore; ils recherchent leurs mots avec effort, ils traînent et allongent leurs syllabes; il n'est pas possible que, quand la mémoire vacille, la langue ne balbutie aussi. Ainsi se contractent ou se conservent les vices de la prononciation. On verra ci-après que mon Emile n'aura pas ceux-là, ou du moins qu'il ne les aura pas contractés par les mêmes causes.

Je conviens que le peuple et les villageois tombent dans une autre extrémité, qu'ils parlent presque toujours plus haut qu'il ne faut, qu'en prononçant trop exactement, ils ont les articulations fortes et rudes, qu'ils ont trop d'accent, qu'ils choisissent mal leurs termes, etc.

Mais, premièrement, cette extrémité me paraît beaucoup moins vicieuse que l'autre, attendu que la première loi du discours étant de se faire entendre, la plus grande faute qu'on puisse faire est de parler sans être entendu. Se piquer de n'avoir point d'accent, c'est se piquer d'ôter aux phrases leur grâce et leur énergie. L'accent est l'âme du discours, il lui donne le sentiment et la vérité. L'accent ment moins que la parole; c'est peut-être pour cela que les gens bien élevés le craignent tant. C'est de l'usage de tout dire sur le même ton qu'est venu celui de persifler les gens sans qu'ils le sentent. A l'accent proscrit succèdent des manières de prononcer ridicules, affectées, et sujettes à la mode, telles qu'on les remarque surtout dans les jeunes gens de la cour. Cette affectation de parole et de maintien est ce qui rend généralement l'abord du Français repoussant et désagréable aux autres nations. Au lieu de mettre de l'accent dans son

toutes ces minuties, je ne finirais pas; tout lecteur sensé doit voir que l'excès et le défaut, dérivés du même abus, sont également corrigés par ma méthode. Je regarde ces deux maximes comme inséparables : *toujours assez*, et *jamais trop*. De la première bien établie l'autre s'ensuit nécessairement.

parler, il y met de l'air. Ce n'est pas le moyen de prévenir en sa faveur.

Tous ces petits défauts de langage qu'on craint tant de laisser contracter aux enfants ne sont rien; on les prévient ou on les corrige avec la plus grande facilité; mais ceux qu'on leur fait contracter en rendant leur parler sourd, confus, timide, en critiquant incessamment leur ton, en épluchant tous leurs mots, ne se corrigent jamais. Un homme qui n'apprit à parler que dans les ruelles se fera mal entendre à la tête d'un bataillon, et n'en imposera guère au peuple dans une émeute. Enseignez premièrement aux enfants à parler aux hommes, ils sauront bien parler aux femmes quand il faudra.

Nourris à la campagne dans toute la rusticité champêtre, vos enfants y prendront une voix plus sonore; ils n'y contracteront point le confus bégayement des enfants de la ville; ils n'y contracteront pas non plus les expressions ni le ton du village, ou du moins ils les perdront aisément, lorsque le maître, vivant avec eux dès leur naissance, et y vivant de jour en jour plus exclusivement, préviendra ou effacera, par la correction de son langage, l'impression du langage des paysans. Emile parlera un français tout aussi pur que je peux le savoir, mais il le parlera plus distinctement, et l'articulera beaucoup mieux que moi.

L'enfant qui veut parler ne doit écouter que les mots qu'il peut entendre, ne dire que ceux qu'il peut articuler. Les efforts qu'il fait pour cela le portent à redoubler la même syllabe, comme pour s'exercer à la prononcer plus distinctement. Quand il commence à balbutier, ne vous tourmentez pas si fort à deviner ce qu'il dit. Prétendre être toujours écouté est encore une sorte d'empire, et l'enfant n'en doit exercer aucun. Qu'il vous suffise de pourvoir très attentivement au nécessaire; c'est à lui de tâcher de vous faire entendre ce qui ne l'est pas. Bien moins encore faut-il se hâter d'exiger qu'il parle; il saura bien parler de lui-même à mesure qu'il en sentira l'utilité.

On remarque, il est vrai, que ceux qui commencent à parler fort tard ne parlent jamais si distinctement que les autres; mais ce n'est pas parce qu'ils ont parlé tard que l'organe reste embarrassé, c'est au contraire parce qu'ils sont nés avec un organe embarrassé qu'ils commencent tard à parler; car, sans cela, pourquoi parleraient-ils plus tard que les autres ? Ont-ils moins l'oc-

casion de parler ? et les y excite-t-on moins ? Au contraire,
l'inquiétude que donne ce retard, aussitôt qu'on s'en
aperçoit, fait qu'on se tourmente beaucoup plus à les
faire balbutier que ceux qui ont articulé de meilleure
heure; et cet empressement mal entendu peut contribuer beaucoup à rendre confus leur parler, qu'avec moins
de précipitation ils auraient eu le temps de perfectionner
davantage.

Les enfants qu'on presse trop de parler n'ont le temps
ni d'apprendre à bien prononcer, ni de bien concevoir
ce qu'on leur fait dire : au lieu que, quand on les laisse
aller d'eux-mêmes, ils s'exercent d'abord aux syllabes
les plus faciles à prononcer; et y joignant peu à peu
quelque signification qu'on entend par leurs gestes, ils
vous donnent leurs mots avant de recevoir les vôtres :
cela fait qu'ils ne reçoivent ceux-ci qu'après les avoir
entendus. N'étant point pressés de s'en servir, ils commencent par bien observer quel sens vous leur donnez;
et quand ils s'en sont assurés, ils les adoptent.

Le plus grand mal de la précipitation avec laquelle
on fait parler les enfants avant l'âge, n'est pas que les
premiers discours qu'on leur tient et les premiers mots
qu'ils disent n'aient aucun sens pour eux, mais qu'ils
aient un autre sens que le nôtre, sans que nous sachions
nous en apercevoir; en sorte que, paraissant nous
répondre fort exactement, ils nous parlent sans nous
entendre et sans que nous les entendions. C'est pour
l'ordinaire à de pareilles équivoques qu'est due la surprise
où nous jettent quelquefois leurs propos, auxquels nous
prêtons des idées qu'ils n'y ont point jointes. Cette
inattention de notre part au véritable sens que les mots
ont pour les enfants, me paraît être la cause de leurs
premières erreurs; et ces erreurs, même après qu'ils en
sont guéris, influent sur leur tour d'esprit pour le reste
de leur vie. J'aurai plus d'une occasion dans la suite
d'éclaircir ceci par des exemples.

Resserrez donc le plus qu'il est possible le vocabulaire
de l'enfant. C'est un très grand inconvénient qu'il ait
plus de mots que d'idées, et qu'il sache dire plus de
choses qu'il n'en peut penser. Je crois qu'une des raisons
pourquoi les paysans ont généralement l'esprit plus
juste que les gens de la ville, est que leur dictionnaire
est moins étendu. Ils ont peu d'idées, mais ils les comparent très bien.

Les premiers développements de l'enfance se font

presque tous à la fois. L'enfant apprend à parler, à manger, à marcher à peu près dans le même temps. C'est ici proprement la première époque de sa vie. Auparavant il n'est rien de plus que ce qu'il était dans le sein de sa mère; il n'a nul sentiment, nulle idée; à peine a-t-il des sensations; il ne sent pas même sa propre existence :

Vivit, et est vitæ nescius ipse suæ.

LIVRE SECOND

C'est ici le second terme de la vie, et celui auquel proprement finit l'enfance; car les mots *infans* et *puer* ne sont pas synonymes. Le premier est compris dans l'autre, et signifie *qui ne peut parler :* d'où vient que dans Valère Maxime on trouve *puerum infantem.* Mais je continue à me servir de ce mot selon l'usage de notre langue, jusqu'à l'âge pour lequel elle a d'autres noms.

Quand les enfants commencent à parler, ils pleurent moins. Ce progrès est naturel : un langage est substitué à l'autre. Sitôt qu'ils peuvent dire qu'ils souffrent avec des paroles, pourquoi le diraient-ils avec des cris, si ce n'est quand la douleur est trop vive pour que la parole puisse l'exprimer ? S'ils continuent alors à pleurer, c'est la faute des gens qui sont autour d'eux. Dès qu'une fois Emile aura dit : *J'ai mal,* il faudra des douleurs bien vives pour le forcer de pleurer.

Si l'enfant est délicat, sensible, que naturellement il se mette à crier pour rien, en rendant ces cris inutiles et sans effet, j'en taris bientôt la source. Tant qu'il pleure, je ne vais point à lui; j'y cours sitôt qu'il s'est tu. Bientôt sa manière de m'appeler sera de se taire, ou tout au plus de jeter un seul cri. C'est par l'effet sensible des signes que les enfants jugent de leur sens, il n'y a point d'autre convention pour eux : quelque mal qu'un enfant se fasse, il est très rare qu'il pleure quand il est seul, à moins qu'il n'ait l'espoir d'être entendu.

S'il tombe, s'il se fait une bosse à la tête, s'il saigne du nez, s'il se coupe les doigts, au lieu de m'empresser autour de lui d'un air alarmé, je resterai tranquille, au moins pour un peu de temps. Le mal est fait, c'est une nécessité qu'il l'endure; tout mon empressement ne servirait qu'à l'effrayer davantage et augmenter sa sensi-

bilité. Au fond, c'est moins le coup que la crainte qui
tourmente, quand on s'est blessé. Je lui épargnerai du
moins cette dernière angoisse; car très sûrement il jugera
de son mal comme il verra que j'en juge : s'il me voit
accourir avec inquiétude, le consoler, le plaindre, il
s'estimera perdu; s'il me voit garder mon sang-froid, il
reprendra bientôt le sien, et croira le mal guéri quand il
ne le sentira plus. C'est à cet âge qu'on prend les premières leçons de courage, et que, souffrant sans effroi
de légères douleurs, on apprend par degrés à supporter
les grandes.

Loin d'être attentif à éviter qu'Emile ne se blesse, je
serais fort fâché qu'il ne se blessât jamais, et qu'il grandît
sans connaître la douleur. Souffrir est la première chose
qu'il doit apprendre, et celle qu'il aura le plus grand
besoin de savoir. Il semble que les enfants ne soient
petits et faibles que pour prendre ces importantes leçons
sans danger. Si l'enfant tombe de son haut, il ne se
cassera pas la jambe; s'il se frappe avec un bâton, il
ne se cassera pas le bras; s'il saisit un fer tranchant, il
ne serrera guère, et ne se coupera pas bien avant. Je ne
sache pas qu'on ait jamais vu d'enfant en liberté se
tuer, s'estropier, ni se faire un mal considérable, à moins
qu'on ne l'ait indiscrètement exposé sur des lieux élevés,
ou seul autour du feu, ou qu'on n'ait laissé des instruments dangereux à sa portée. Que dire de ces magasins
de machines qu'on rassemble autour d'un enfant pour
l'armer de toutes pièces contre la douleur, jusqu'à ce
que, devenu grand, il reste à sa merci, sans courage et
sans expérience, qu'il se croie mort à la première piqûre
et s'évanouisse en voyant la première goutte de son
sang ?

Notre manie enseignante et pédantesque est toujours
d'apprendre aux enfants ce qu'ils apprendraient beaucoup mieux d'eux-mêmes, et d'oublier ce que nous
aurions pu seuls leur enseigner. Y a-t-il rien de plus
sot que la peine qu'on prend pour leur apprendre à
marcher, comme si l'on en avait vu quelqu'un qui, par
la négligence de sa nourrice, ne sût pas marcher étant
grand ? Combien voit-on de gens au contraire marcher mal toute leur vie, parce qu'on leur a mal appris à
marcher!

Emile n'aura ni bourrelets, ni paniers roulants, ni
chariots, ni lisières; ou du moins, dès qu'il commencera
de savoir mettre un pied devant l'autre, on ne le sou-

tiendra que sur les lieux pavés, et l'on ne fera qu'y passer en hâte *. Au lieu de le laisser croupir dans l'air usé d'une chambre, qu'on le mène journellement au milieu d'un pré. Là, qu'il coure, qu'il s'ébatte, qu'il tombe cent fois le jour, tant mieux : il en apprendra plus tôt à se relever. Le bien-être de la liberté rachète beaucoup de blessures. Mon élève aura souvent des contusions; en revanche, il sera toujours gai. Si les vôtres en ont moins, ils sont toujours contrariés, toujours enchaînés, toujours tristes. Je doute que le profit soit de leur côté.

Un autre progrès rend aux enfants la plainte moins nécessaire : c'est celui de leurs forces. Pouvant plus par eux-mêmes, ils ont un besoin moins fréquent de recourir à autrui. Avec leur force se développe la connaissance qui les met en état de la diriger. C'est à ce second degré que commence proprement la vie de l'individu; c'est alors qu'il prend la conscience de lui-même. La mémoire étend le sentiment de l'identité sur tous les moments de son existence; il devient véritablement un, le même, et par conséquent déjà capable de bonheur ou de misère. Il importe donc de commencer à le considérer ici comme un être moral.

Quoiqu'on assigne à peu près le plus long terme de la vie humaine et les probabilités qu'on a d'approcher de ce terme à chaque âge, rien n'est plus incertain que la durée de la vie de chaque homme en particulier; très peu parviennent à ce plus long terme. Les plus grands risques de la vie sont dans son commencement; moins on a vécu, moins on doit espérer de vivre. Des enfants qui naissent, la moitié, tout au plus, parvient à l'adolescence; et il est probable que votre élève n'atteindra pas l'âge d'homme.

Que faut-il donc penser de cette éducation barbare qui sacrifie le présent à un avenir incertain, qui charge un enfant de chaînes de toute espèce, et commence par le rendre misérable, pour lui préparer au loin je ne sais quel prétendu bonheur dont il est à croire qu'il ne jouira jamais ? Quand je supposerais cette éducation raisonnable dans son objet, comment voir sans indignation de pauvres infortunés soumis à un joug insupportable

---

* Il n'y a rien de plus ridicule et de plus mal assuré que la démarche des gens qu'on a trop menés par la lisière étant petits : c'est encore une de ces observations triviales à force d'être justes et qui sont justes en plus d'un sens.

et condamnés à des travaux continuels comme des galériens, sans être assuré que tant de soins leur seront jamais utiles! L'âge de la gaieté se passe au milieu des pleurs, des châtiments, des menaces, de l'esclavage. On tourmente le malheureux pour son bien; et l'on ne voit pas la mort qu'on appelle, et qui va le saisir au milieu de ce triste appareil. Qui sait combien d'enfants périssent victimes de l'extravagante sagesse d'un père ou d'un maître ? Heureux d'échapper à sa cruauté, le seul avantage qu'ils tirent des maux qu'il leur a fait souffrir est de mourir sans regretter la vie, dont ils n'ont connu que les tourments.

Hommes, soyez humains, c'est votre premier devoir; soyez-le pour tous les états, pour tous les âges, pour tout ce qui n'est pas étranger à l'homme. Quelle sagesse y a-t-il pour vous hors de l'humanité ? Aimez l'enfance; favorisez ses jeux, ses plaisirs, son aimable instinct. Qui de vous n'a pas regretté quelquefois cet âge où le rire est toujours sur les lèvres, et où l'âme est toujours en paix ? Pourquoi voulez-vous ôter à ces petits innocents la jouissance d'un temps si court qui leur échappe, et d'un bien si précieux dont ils ne sauraient abuser ? Pourquoi voulez-vous remplir d'amertume et de douleurs ces premiers ans si rapides, qui ne reviendront pas plus pour eux qu'ils ne peuvent revenir pour vous ? Pères, savez-vous le moment où la mort attend vos enfants ? Ne vous préparez pas des regrets en leur ôtant le peu d'instants que la nature leur donne : aussitôt qu'ils peuvent sentir le plaisir d'être, faites qu'ils en jouissent; faites qu'à quelque heure que Dieu les appelle, ils ne meurent point sans avoir goûté la vie.

Que de voix vont s'élever contre moi! J'entends de loin les clameurs de cette fausse sagesse qui nous jette incessamment hors de nous, qui compte toujours le présent pour rien, et, poursuivant sans relâche un avenir qui fuit à mesure qu'on avance, à force de nous transporter où nous ne sommes pas, nous transporte où nous ne serons jamais.

C'est, me répondez-vous, le temps de corriger les mauvaises inclinations de l'homme; c'est dans l'âge de l'enfance, où les peines sont le moins sensibles, qu'il faut les multiplier, pour les épargner dans l'âge de raison. Mais qui vous dit que tout cet arrangement est à votre disposition, et que toutes ces belles instructions dont vous accablez le faible esprit d'un enfant ne lui seront pas un jour plus pernicieuses qu'utiles ? Qui vous assure que vous épargnez quelque chose par les chagrins que vous lui prodiguez ? Pourquoi lui donnez-vous plus de maux que son état n'en comporte, sans être sûr que ces maux présents sont à la décharge de l'avenir ? Et comment me prouverez-vous que ces mauvais penchants dont vous prétendez le guérir ne lui viennent pas de vos soins mal entendus, bien plus que de la nature ? Malheureuse prévoyance, qui rend un être actuellement misérable, sur l'espoir bien ou mal fondé de le rendre heureux un jour ! Que si ces raisonneurs vulgaires confondent la licence avec la liberté, et l'enfant qu'on rend heureux avec l'enfant qu'on gâte, apprenons-leur à les distinguer.

Pour ne point courir après des chimères, n'oublions pas ce qui convient à notre condition. L'humanité a sa place dans l'ordre des choses; l'enfance a la sienne dans l'ordre de la vie humaine : il faut considérer l'homme dans l'homme, et l'enfant dans l'enfant. Assigner à chacun sa place et l'y fixer, ordonner les passions humaines selon la constitution de l'homme, est tout ce que nous pouvons faire pour son bien-être. Le reste dépend de causes étrangères qui ne sont point en notre pouvoir.

Nous ne savons ce que c'est que bonheur ou malheur absolu. Tout est mêlé dans cette vie; on n'y goûte aucun sentiment pur, on n'y reste pas deux moments dans le même état. Les affections de nos âmes, ainsi que les modifications de nos corps, sont dans un flux continuel. Le bien et le mal nous sont communs à tous, mais en différentes mesures. Le plus heureux est celui qui sent le moins de peines; le plus misérable est celui qui sent le moins de plaisirs. Toujours plus de souffrances que de jouissances : voilà la différence commune à tous. La félicité de l'homme ici-bas n'est donc qu'un état négatif; on doit la mesurer par la moindre quantité de maux qu'il souffre.

Tout sentiment de peine est inséparable du désir de s'en délivrer; toute idée de plaisir est inséparable du désir d'en jouir; tout désir suppose privation, et toutes les privations qu'on sent sont pénibles; c'est donc dans la disproportion de nos désirs et de nos facultés que consiste notre misère. Un être sensible dont les facultés égaleraient les désirs serait un être absolument heureux.

En quoi donc consiste la sagesse humaine ou la route du vrai bonheur ? Ce n'est pas précisément à diminuer nos désirs; car, s'ils étaient au-dessous de notre puissance, une partie de nos facultés resterait oisive, et nous ne jouirions pas de tout notre être. Ce n'est pas non plus à étendre nos facultés, car si nos désirs s'étendaient à la fois en plus grand rapport, nous n'en deviendrions que plus misérables : mais c'est à diminuer l'excès des désirs sur les facultés, et à mettre en égalité parfaite la puissance et la volonté. C'est alors seulement que, toutes les forces étant en action, l'âme cependant restera paisible, et que l'homme se trouvera bien ordonné.

C'est ainsi que la nature, qui fait tout pour le mieux, l'a d'abord institué. Elle ne lui donne immédiatement que les désirs nécessaires à sa conservation et les facultés suffisantes pour les satisfaire. Elle a mis toutes les autres comme en réserve au fond de son âme, pour s'y développer au besoin. Ce n'est que dans cet état primitif que l'équilibre du pouvoir et du désir se rencontre, et que l'homme n'est pas malheureux. Sitôt que ses facultés virtuelles se mettent en action, l'imagination, la plus active de toutes, s'éveille et les devance. C'est l'imagination qui étend pour nous la mesure des possibles, soit en bien, soit en mal, et qui, par conséquent, excite et nourrit les désirs par l'espoir de les satisfaire. Mais l'objet qui paraissait d'abord sous la main fuit plus vite qu'on ne peut le poursuivre; quand on croit l'atteindre, il se transforme et se montre au loin devant nous. Ne voyant plus le pays déjà parcouru, nous le comptons pour rien; celui qui reste à parcourir s'agrandit, s'étend sans cesse. Ainsi l'on s'épuise sans arriver au terme; et plus nous gagnons sur la jouissance, plus le bonheur s'éloigne de nous.

Au contraire, plus l'homme est resté près de sa condition naturelle, plus la différence de ses facultés à ses désirs est petite, et moins par conséquent il est éloigné d'être heureux. Il n'est jamais moins misérable que quand il paraît dépourvu de tout; car la misère ne consiste pas dans la privation des choses, mais dans le besoin qui s'en fait sentir.

Le monde réel a ses bornes, le monde imaginaire est infini; ne pouvant élargir l'un, rétrécissons l'autre; car c'est de leur seule différence que naissent toutes les peines qui nous rendent vraiment malheureux. Otez la force, la santé, le bon témoignage de soi, tous les biens de cette vie sont dans l'opinion; ôtez les douleurs du corps et les remords de la conscience, tous nos maux sont imaginaires. Ce principe est commun, dira-t-on; j'en conviens; mais l'application pratique n'en est pas commune; et c'est uniquement de la pratique qu'il s'agit ici.

Quand on dit que l'homme est faible, que veut-on dire ? Ce mot de faiblesse indique un rapport, un rapport de l'être auquel on l'applique. Celui dont la force passe les besoins, fût-il un insecte, un ver, est un être fort; celui dont les besoins passent la force, fût-il un éléphant, un lion; fût-il un conquérant, un héros; fût-il un dieu; c'est un être faible. L'ange rebelle qui méconnut sa nature était plus faible que l'heureux mortel qui vit en paix selon la sienne. L'homme est très fort quand il se contente d'être ce qu'il est; il est très faible quand il veut s'élever au-dessus de l'humanité. N'allez donc pas vous figurer qu'en étendant vos facultés vous étendez vos forces; vous les diminuez, au contraire, si votre orgueil s'étend plus qu'elles. Mesurons le rayon de notre sphère, et restons au centre comme l'insecte au milieu de sa toile; nous nous suffirons toujours à nous-mêmes, et nous n'aurons point à nous plaindre de notre faiblesse, car nous ne la sentirons jamais.

Tous les animaux ont exactement les facultés nécessaires pour se conserver. L'homme seul en a de superflues. N'est-il pas bien étrange que ce superflu soit l'instrument de sa misère ? Dans tout pays les bras d'un homme valent plus que sa subsistance. S'il était assez sage pour compter ce surplus pour rien, il aurait toujours le nécessaire, parce qu'il n'aurait jamais rien de trop. Les grands besoins, disait Favorin, naissent des grands biens; et souvent le meilleur moyen de se donner les choses dont on manque est de s'ôter celles qu'on a. C'est à force de nous travailler pour augmenter notre bonheur, que nous le changeons en misère. Tout homme qui ne voudrait que vivre, vivrait heureux; par conséquent il vivrait bon; car où serait pour lui l'avantage d'être méchant ?

Si nous étions immortels, nous serions des êtres très misérables. Il est dur de mourir, sans doute; mais il est doux d'espérer qu'on ne vivra pas toujours, et qu'une meilleure vie finira les peines de celle-ci. Si l'on nous

offrait l'immortalité sur la terre, qui est-ce * qui voudrait accepter ce triste présent ? Quelle ressource, quel
espoir, quelle consolation nous resterait-il contre les
rigueurs du sort et contre les injustices des hommes ?
L'ignorant, qui ne prévoit rien, sent peu le prix de la
vie, et craint peu de la perdre ; l'homme éclairé voit des
biens d'un plus grand prix, qu'il préfère à celui-là.
Il n'y a que le demi-savoir et la fausse sagesse qui,
prolongeant nos vues jusqu'à la mort, et pas au-delà,
en font pour nous le pire des maux. La nécessité de
mourir n'est à l'homme sage qu'une raison pour supporter
les peines de la vie. Si l'on n'était pas sûr de la perdre
une fois, elle coûterait trop à conserver.

Nos maux moraux sont tous dans l'opinion, hors un
seul, qui est le crime ; et celui-là dépend de nous : nos
maux physiques se détruisent ou nous détruisent. Le
temps ou la mort sont nos remèdes ; mais nous souffrons
d'autant plus que nous savons moins souffrir ; et nous
nous donnons plus de tourment pour guérir nos maladies,
que nous n'en aurions à les supporter. Vis selon la
nature, sois patient, et chasse les médecins ; tu n'éviteras
pas la mort, mais tu ne la sentiras qu'une fois, tandis
qu'ils la portent chaque jour dans ton imagination trou-
blée, et que leur art mensonger, au lieu de prolonger tes
jours, t'en ôte la jouissance. Je demanderai toujours quel
vrai bien cet art a fait aux hommes. Quelques-uns de
ceux qu'il guérit mourraient, il est vrai ; mais des millions
qu'il tue resteraient en vie. Homme sensé, ne mets point
à cette loterie, où trop de chances sont contre toi. Souffre,
meurs ou guéris ; mais surtout vis jusqu'à ta dernière
heure.

Tout n'est que folie et contradiction dans les institutions humaines. Nous nous inquiétons plus de notre vie
à mesure qu'elle perd de son prix. Les vieillards la
regrettent plus que les jeunes gens ; ils ne veulent pas
perdre les apprêts qu'ils ont faits pour en jouir ; à
soixante ans, il est bien cruel de mourir avant d'avoir
commencé de vivre. On croit que l'homme a un vif
amour pour sa conservation, et cela est vrai ; mais on ne
voit pas que cet amour, tel que nous le sentons, est en
grande partie l'ouvrage des hommes. Naturellement
l'homme ne s'inquiète pour se conserver qu'autant que

---

* On conçoit que je parle ici des hommes qui réfléchissent, et
non pas de tous les hommes.

les moyens en sont en son pouvoir; sitôt que ces moyens lui échappent, il se tranquillise et meurt sans se tourmenter inutilement. La première loi de la résignation nous vient de la nature. Les sauvages, ainsi que les bêtes, se débattent fort peu contre la mort, et l'endurent presque sans se plaindre. Cette loi détruite, il s'en forme une autre qui vient de la raison; mais peu savent l'en tirer, et cette résignation factice n'est jamais aussi pleine et entière que la première.

La prévoyance! la prévoyance qui nous porte sans cesse au-delà de nous, et souvent nous place où nous n'arriverons point, voilà la véritable source de toutes nos misères. Quelle manie a un être aussi passager que l'homme de regarder toujours au loin dans un avenir qui vient si rarement, et de négliger le présent dont il est sûr! manie d'autant plus funeste qu'elle augmente incessamment avec l'âge, et que les vieillards, toujours défiants, prévoyants, avares, aiment mieux se refuser aujourd'hui le nécessaire que de manquer du superflu dans cent ans. Ainsi nous tenons à tout, nous nous accrochons à tout; les temps, les lieux, les hommes, les choses, tout ce qui est, tout ce qui sera, importe à chacun de nous; notre individu n'est plus que la moindre partie de nous-mêmes. Chacun s'étend, pour ainsi dire, sur la terre entière, et devient sensible sur toute cette grande surface. Est-il étonnant que nos maux se multiplient dans tous les points par où l'on peut nous blesser? Que de princes se désolent pour la perte d'un pays qu'ils n'ont jamais vu! Que de marchands il suffit de toucher aux Indes, pour les faire crier à Paris!

Est-ce la nature qui porte ainsi les hommes si loin d'eux-mêmes? Est-ce elle qui veut que chacun apprenne son destin des autres, et quelquefois l'apprenne le dernier, en sorte que tel est mort heureux ou misérable, sans en avoir jamais rien su? Je vois un homme frais, gai, vigoureux, bien portant; sa présence inspire la joie; ses yeux annoncent le contentement, le bien-être; il porte avec lui l'image du bonheur. Vient une lettre de la poste; l'homme heureux la regarde, elle est à son adresse, il l'ouvre, il la lit. A l'instant son air change; il pâlit, il tombe en défaillance. Revenu à lui, il pleure, il s'agite, il gémit, il s'arrache les cheveux, il fait retentir l'air de ses cris, il semble attaqué d'affreuses convulsions. Insensé! quel mal t'a donc fait ce papier? quel membre t'a-t-il ôté? quel crime t'a-t-il fait commettre? enfin qu'a-t-il changé dans toi-même pour te mettre dans l'état où je te vois ?

Que la lettre se fût égarée, qu'une main charitable l'eût jetée au feu, le sort de ce mortel, heureux et malheureux à la fois, eût été, ce me semble, un étrange problème. Son malheur, direz-vous, était réel. Fort bien, mais il ne le sentait pas. Où était-il donc ? Son bonheur était imaginaire. J'entends ; la santé, la gaieté, le bien-être, le contentement d'esprit, ne sont plus que des visions. Nous n'existons plus où nous sommes, nous n'existons qu'où nous ne sommes pas. Est-ce la peine d'avoir une si grande peur de la mort, pourvu que ce en quoi nous vivons reste ?

O homme ! resserre ton existence au dedans de toi, et tu ne seras plus misérable. Reste à la place que la nature t'assigne dans la chaîne des êtres, rien ne t'en pourra faire sortir ; ne regimbe point contre la dure loi de la nécessité, et n'épuise pas, à vouloir lui résister, des forces que le ciel ne t'a point données pour étendre ou prolonger ton existence, mais seulement pour la conserver comme il lui plaît et autant qu'il lui plaît. Ta liberté, ton pouvoir, ne s'étendent qu'aussi loin que tes forces naturelles, et pas au-delà ; tout le reste n'est qu'esclavage, illusion, prestige. La domination même est servile, quand elle tient à l'opinion ; car tu dépends des préjugés de ceux que tu gouvernes par les préjugés. Pour les conduire comme il te plaît, il faut te conduire comme il leur plaît. Ils n'ont qu'à changer de manière de penser, il faudra bien par force que tu changes de manière d'agir. Ceux qui t'approchent n'ont qu'à savoir gouverner les opinions du peuple que tu crois gouverner, ou des favoris qui te gouvernent ou celles de ta famille, ou les tiennes propres : ces visirs, ces courtisans, ces prêtres, ces soldats, ces valets, ces caillettes, et jusqu'à des enfants, quand tu serais un Thémistocle en génie *, vont te mener, comme un enfant toi-même au milieu de tes légions. Tu as beau faire, jamais ton autorité réelle n'ira plus loin que tes facultés réelles. Sitôt qu'il

---

* Ce petit garçon que vous voyez là, disait Thémistocle à ses amis, est l'arbitre de la Grèce ; car il gouverne sa mère, sa mère me gouverne, je gouverne les Athéniens, et les Athéniens gouvernent les Grecs. Oh ! quels petits conducteurs on trouverait souvent aux plus grands empires, si du prince on descendait par degrés jusqu'à la première main qui donne le branle en secret.

faut voir par les yeux des autres, il faut vouloir par leurs volontés. Mes peuples sont mes sujets, dis-tu fièrement. Soit. Mais toi, qu'es-tu ? le sujet de tes ministres. Et tes ministres à leur tour, que sont-ils ? les sujets de leurs commis, de leurs maîtresses, les valets de leurs valets. Prenez tout, usurpez tout, et puis versez l'argent à pleines mains ; dressez des batteries de canon ; élevez des gibets, des roues ; donnez des lois, des édits ; multipliez les espions, les soldats, les bourreaux, les prisons, les chaînes : pauvres petits hommes, de quoi vous sert tout cela ? vous n'en serez ni mieux servis, ni moins volés, ni moins trompés, ni plus absolus. Vous direz toujours : nous voulons ; et vous ferez toujours ce que voudront les autres.

Le seul qui fait sa volonté est celui qui n'a pas besoin, pour la faire, de mettre les bras d'un autre au bout des siens : d'où il suit que le premier de tous les biens n'est pas l'autorité, mais la liberté. L'homme vraiment libre ne veut que ce qu'il peut, et fait ce qu'il lui plaît. Voilà ma maxime fondamentale. Il ne s'agit que de l'appliquer à l'enfance, et toutes les règles de l'éducation vont en découler.

La société a fait l'homme plus faible, non seulement en lui ôtant le droit qu'il avait sur ses propres forces, mais surtout en les lui rendant insuffisantes. Voilà pourquoi ses désirs se multiplient avec sa faiblesse, et voilà ce qui fait celle de l'enfance, comparée à l'âge d'homme. Si l'homme est un être fort, et si l'enfant est un être faible, ce n'est pas parce que le premier a plus de force absolue que le second, mais c'est parce que le premier peut naturellement se suffire à lui-même et que l'autre ne le peut. L'homme doit donc avoir plus de volontés, et l'enfant plus de fantaisies ; mot par lequel j'entends tous les désirs qui ne sont pas de vrais besoins, et qu'on ne peut contenter qu'avec le secours d'autrui.

J'ai dit la raison de cet état de faiblesse. La nature y pourvoit par l'attachement des pères et des mères : mais cet attachement peut avoir son excès, son défaut, ses abus. Des parents qui vivent dans l'état civil y transportent leur enfant avant l'âge. En lui donnant plus de besoins qu'il n'en a, ils ne soulagent pas sa faiblesse, ils l'augmentent. Ils l'augmentent encore en exigeant de lui ce que la nature n'exigeait pas, en soumettant à leurs volontés le peu de forces qu'il a pour servir les siennes, en changeant de part ou d'autre en esclavage la dépendance réciproque où le tient sa faiblesse et où les tient leur attachement.

L'homme sage sait rester à sa place; mais l'enfant, qui ne connaît pas la sienne, ne saurait s'y maintenir. Il a parmi nous mille issues pour en sortir; c'est à ceux qui le gouvernent à l'y retenir, et cette tâche n'est pas facile. Il ne doit être ni bête ni homme, mais enfant; il faut qu'il sente sa faiblesse et non qu'il en souffre; il faut qu'il dépende et non qu'il obéisse; il faut qu'il demande et non qu'il commande. Il n'est soumis aux autres qu'à cause de ses besoins, et parce qu'ils voient mieux que lui ce qui lui est utile, ce qui peut contribuer ou nuire à sa conservation. Nul n'a droit, pas même le père, de commander à l'enfant ce qui ne lui est bon à rien.

Avant que les préjugés et les institutions humaines aient altéré nos penchants naturels, le bonheur des enfants ainsi que des hommes consiste dans l'usage de leur liberté; mais cette liberté dans les premiers est bornée par leur faiblesse. Quiconque fait ce qu'il veut est heureux, s'il se suffit à lui-même; c'est le cas de l'homme vivant dans l'état de nature. Quiconque fait ce qu'il veut n'est pas heureux, si ses besoins passent ses forces : c'est le cas de l'enfant dans le même état. Les enfants ne jouissent même dans l'état de nature que d'une liberté imparfaite, semblable à celle dont jouissent les hommes dans l'état civil. Chacun de nous, ne pouvant plus se passer des autres, redevient à cet égard faible et misérable. Nous étions faits pour être hommes; les lois et la société nous ont replongés dans l'enfance. Les riches, les grands, les rois sont tous des enfants qui, voyant qu'on s'empresse à soulager leur misère, tirent de cela même une vanité puérile, et sont tout fiers des soins qu'on ne leur rendrait pas s'ils étaient hommes faits.

Ces considérations sont importantes, et servent à résoudre toutes les contradictions du système social. Il y a deux sortes de dépendances : celle des choses, qui est de la nature; celle des hommes, qui est de la société. La dépendance des choses, n'ayant aucune moralité, ne nuit point à la liberté, et n'engendre point de vices ; la dépendance des hommes étant désordonnée * les

---

* Dans mes *Principes du Droit politique*, il est démontré que nulle volonté particulière ne peut être ordonnée dans le système social.

engendre tous, et c'est par elle que le maître et l'esclave se dépravent mutuellement. S'il y a quelque moyen de remédier à ce mal dans la société, c'est de substituer la loi à l'homme, et d'armer les volontés générales d'une force réelle, supérieure à l'action de toute volonté particulière. Si les lois des nations pouvaient avoir, comme celles de la nature, une inflexibilité que jamais aucune force humaine ne pût vaincre, la dépendance des hommes redeviendrait alors celle des choses; on réunirait dans la république tous les avantages de l'état naturel à ceux de l'état civil; on joindrait à la liberté qui maintient l'homme exempt de vices, la moralité qui l'élève à la vertu.

Maintenez l'enfant dans la seule dépendance des choses, vous aurez suivi l'ordre de la nature dans le progrès de son éducation. N'offrez jamais à ses volontés indiscrètes que des obstacles physiques ou des punitions qui naissent des actions mêmes, et qu'il se rappelle dans l'occasion; sans lui défendre de mal faire, il suffit de l'en empêcher. L'expérience ou l'impuissance doivent seules lui tenir lieu de loi. N'accordez rien à ses désirs parce qu'il le demande, mais parce qu'il en a besoin. Qu'il ne sache ce que c'est qu'obéissance quand il agit, ni ce que c'est qu'empire quand on agit pour lui. Qu'il sente également sa liberté dans ses actions et dans les vôtres. Suppléez à la force qui lui manque, autant précisément qu'il en a besoin pour être libre et non pas impérieux; qu'en recevant vos services avec une sorte d'humiliation, il aspire au moment où il pourra s'en passer, et où il aura l'honneur de se servir lui-même.

La nature a, pour fortifier le corps et le faire croître, des moyens qu'on ne doit jamais contrarier. Il ne faut point contraindre un enfant de rester quand il veut aller, ni d'aller quand il veut rester en place. Quand la volonté des enfants n'est point gâtée par notre faute, ils ne veulent rien inutilement. Il faut qu'ils sautent, qu'ils courent, qu'ils crient, quand ils en ont envie. Tous leurs mouvements sont des besoins de leur constitution, qui cherche à se fortifier; mais on doit se défier de ce qu'ils désirent sans le pouvoir faire eux-mêmes, et que d'autres sont obligés de faire pour eux. Alors il faut distinguer avec soin le vrai besoin, le besoin naturel, du besoin de fantaisie qui commence à naître, ou de celui qui ne vient que de la surabondance de vie dont j'ai parlé.

J'ai déjà dit ce qu'il faut faire quand un enfant pleure

pour avoir ceci ou cela. J'ajouterai seulement que, dès qu'il peut demander en parlant ce qu'il désire, et que, pour l'obtenir plus vite ou pour vaincre un refus, il appuie de pleurs sa demande, elle lui doit être irrévocablement refusée. Si le besoin l'a fait parler, vous devez le savoir, et faire aussitôt ce qu'il demande; mais céder quelque chose à ses larmes, c'est l'exciter à en verser, c'est lui apprendre à douter de votre bonne volonté, et à croire que l'importunité peut plus sur vous que la bienveillance. S'il ne vous croit pas bon, bientôt il sera méchant; s'il vous croit faible, il sera bientôt opiniâtre; il importe d'accorder toujours au premier signe ce qu'on ne veut pas refuser. Ne soyez point prodigue en refus, mais ne les révoquez jamais.

Gardez-vous surtout de donner à l'enfant de vaines formules de politesse, qui lui servent au besoin de paroles magiques pour soumettre à ses volontés tout ce qui l'entoure, et obtenir à l'instant ce qu'il lui plaît. Dans l'éducation façonnière des riches on ne manque jamais de les rendre poliment impérieux, en leur prescrivant les termes dont ils doivent se servir pour que personne n'ose leur résister; leurs enfants n'ont ni ton ni tours suppliants; ils sont aussi arrogants, même plus, quand ils prient que quand ils commandent, comme étant bien plus sûrs d'être obéis. On voit d'abord que *s'il vous plaît* signifie dans leur bouche *il me plaît*, et que *je vous prie* signifie *je vous ordonne*. Admirable politesse, qui n'aboutit pour eux qu'à changer le sens des mots, et à ne pouvoir jamais parler autrement qu'avec empire! Quant à moi, qui crains moins qu'Emile ne soit grossier qu'arrogant, j'aime beaucoup mieux qu'il dise en priant, *faites cela*, qu'en commandant, *je vous prie*. Ce n'est pas le terme dont il se sert qui m'importe, mais bien l'acception qu'il y joint.

Il y a un excès de rigueur et un excès d'indulgence, tous deux également à éviter. Si vous laissez pâtir les enfants, vous exposez leur santé, leur vie; vous les rendez actuellement misérables; si vous leur épargnez avec trop de soin toute espèce de mal-être, vous leur préparez de grandes misères; vous les rendez délicats, sensibles; vous les sortez de leur état d'hommes dans lequel ils rentreront un jour malgré vous. Pour ne les pas exposer à quelques maux de la nature, vous êtes l'artisan de ceux qu'elle ne leur a pas donnés. Vous me direz que je tombe dans le cas de ces mauvais pères auxquels je reprochais de sacrifier le bonheur des enfants à la considération d'un temps éloigné qui peut ne jamais être.

Non pas : car la liberté que je donne à mon élève le dédommage amplement des légères incommodités auxquelles je le laisse exposé. Je vois de petits polissons jouer sur la neige, violets, transis, et pouvant à peine remuer les doigts. Il ne tient qu'à eux de s'aller chauffer, ils n'en font rien; si on les y forçait, ils sentiraient cent fois plus les rigueurs de la contrainte, qu'ils ne sentent celles du froid. De quoi donc vous plaignez-vous ? Rendrai-je votre enfant misérable en ne l'exposant qu'aux incommodités qu'il veut bien souffrir ? Je fais son bien dans le moment présent, en le laissant libre; je fais son bien dans l'avenir, en l'armant contre les maux qu'il doit supporter. S'il avait le choix d'être mon élève ou le vôtre, pensez-vous qu'il balançât un instant ?

Concevez-vous quelque vrai bonheur possible pour aucun être hors de sa constitution ? et n'est-ce pas sortir l'homme de sa constitution, que de vouloir l'exempter également de tous les maux de son espèce ? Oui, je le soutiens : pour sentir les grands biens, il faut qu'il connaisse les petits maux; telle est sa nature. Si le physique va trop bien, le moral se corrompt. L'homme qui ne connaîtrait pas la douleur, ne connaîtrait ni l'attendrissement de l'humanité, ni la douceur de la commisération; son cœur ne serait ému de rien, il ne serait pas sociable, il serait un monstre parmi ses semblables.

Savez-vous quel est le plus sûr moyen de rendre votre enfant misérable ? c'est de l'accoutumer à tout obtenir; car ses désirs croissant incessamment par la facilité de les satisfaire, tôt ou tard l'impuissance vous forcera malgré vous d'en venir au refus; et ce refus inaccoutumé lui donnera plus de tourment que la privation même de ce qu'il désire. D'abord il voudra la canne que vous tenez; bientôt il voudra votre montre; ensuite il voudra l'oiseau qui vole; il voudra l'étoile qu'il voit briller; il voudra tout ce qu'il verra : à moins d'être Dieu, comment le contenterez-vous ?

C'est une disposition naturelle à l'homme de regarder comme sien tout ce qui est en son pouvoir. En ce sens le principe de Hobbes est vrai jusqu'à certain point : multipliez avec nos désirs les moyens de les satisfaire, chacun se fera le maître de tout. L'enfant donc qui n'a qu'à vouloir pour obtenir se croit le propriétaire de l'univers; il regarde tous les hommes comme ses esclaves : et quand enfin l'on est forcé de lui refuser quelque chose, lui, croyant tout possible quand il commande, prend ce refus pour un acte de rébellion; toutes les raisons qu'on lui donne dans un âge incapable de raisonnement ne sont à son gré que des prétextes; il voit partout de la mauvaise volonté : le sentiment d'une injustice prétendue aigrissant son naturel, il prend tout le monde en haine, et sans jamais savoir gré de la complaisance, il s'indigne de toute opposition.

Comment concevrais-je qu'un enfant, ainsi dominé par la colère et dévoré des passions les plus irascibles, puisse jamais être heureux? Heureux, lui! c'est un despote; c'est à la fois le plus vil des esclaves et la plus misérable des créatures. J'ai vu des enfants élevés de cette manière, qui voulaient qu'on renversât la maison d'un coup d'épaule, qu'on leur donnât le coq qu'ils voyaient sur un clocher, qu'on arrêtât un régiment en marche pour entendre les tambours plus longtemps, et qui perçaient l'air de leurs cris, sans vouloir écouter personne, aussitôt qu'on tardait à leur obéir. Tout s'empressait vainement à leur complaire; leurs désirs s'irritant par la facilité d'obtenir, ils s'obstinaient aux choses impossibles, et ne trouvaient partout que contradictions, qu'obstacles, que peines, que douleurs. Toujours grondants, toujours mutins, toujours furieux, ils passaient les jours à crier, à se plaindre. Etaient-ce là des êtres bien fortunés? La faiblesse et la domination réunies n'engendrent que folie et misère. De deux enfants gâtés, l'un bat la table, et l'autre fait fouetter la mer; ils auront bien à fouetter et à battre avant de vivre contents.

Si ces idées d'empire et de tyrannie les rendent misérables dès leur enfance, que sera-ce quand ils grandiront, et que leurs relations avec les autres hommes commenceront à s'étendre et se multiplier? Accoutumés à voir tout fléchir devant eux, quelle surprise, en entrant dans le monde, de sentir que tout leur résiste, et de se trouver écrasés du poids de cet univers qu'ils pensaient mouvoir à leur gré!

Leurs airs insolents, leur puérile vanité, ne leur attirent que mortifications, dédains, railleries; ils boivent les affronts comme l'eau; de cruelles épreuves leur apprennent bientôt qu'ils ne connaissent ni leur état ni leurs forces; ne pouvant tout, ils croient ne rien pouvoir. Tant d'obstacles inaccoutumés les rebutent, tant de mépris les avilissent : ils deviennent lâches, craintifs, rampants, et retombent autant au-dessous d'eux-mêmes, qu'ils s'étaient élevés au-dessus.

Revenons à la règle primitive. La nature a fait les enfants pour être aimés et secourus; mais les a-t-elle faits pour être obéis et craints ? Leur a-t-elle donné un air imposant, un œil sévère, une voix rude et menaçante, pour se faire redouter ? Je comprends que le rugissement d'un lion épouvante les animaux, et qu'ils tremblent en voyant sa terrible hure; mais si jamais on vit un spectacle indécent, odieux, risible, c'est un corps de magistrats, le chef à la tête, en habit de cérémonie, prosternés devant un enfant au maillot, qu'ils haranguent en termes pompeux, et qui crie et bave pour toute réponse.

A considérer l'enfance en elle-même, y a-t-il au monde un être plus faible, plus misérable, plus à la merci de tout ce qui l'environne, qui ait si grand besoin de pitié, de soins, de protection, qu'un enfant ? Ne semble-t-il pas qu'il ne montre une figure si douce et un air si touchant qu'afin que tout ce qui l'approche s'intéresse à sa faiblesse et s'empresse à le secourir ? Qu'y a-t-il donc de plus choquant, de plus contraire à l'ordre, que de voir un enfant impérieux et mutin commander à tout ce qui l'entoure et prendre impudemment le ton de maître avec ceux qui n'ont qu'à l'abandonner pour le faire périr ?

D'autre part, qui ne voit que la faiblesse du premier âge enchaîne les enfants de tant de manières, qu'il est barbare d'ajouter à cet assujettissement celui de nos caprices, en leur ôtant une liberté si bornée, de laquelle ils peuvent si peu abuser, et dont il est peu utile à eux et à nous qu'on les prive ? S'il n'y a point d'objet si digne de risée qu'un enfant hautain, il n'y a point d'objet si digne de pitié qu'un enfant craintif. Puisque avec l'âge de raison commence la servitude civile, pourquoi la prévenir par la servitude privée ? Souffrons qu'un moment de la vie soit exempt de ce joug que la nature ne nous a pas imposé, et laissons à l'enfance l'exercice de la liberté naturelle, qui l'éloigne au moins pour un temps des vices que l'on contracte dans l'esclavage. Que ces instituteurs sévères, que ces pères asservis à leurs enfants viennent donc les uns et les autres avec leurs frivoles objections, et qu'avant de vanter leurs méthodes, ils apprennent une fois celle de la nature.

Je reviens à la pratique. J'ai déjà dit que votre enfant ne doit rien obtenir parce qu'il le demande, mais parce qu'il en a besoin *, ni rien faire par obéissance, mais seulement par nécessité. Ainsi les mots d'obéir et de commander seront proscrits de son dictionnaire, encore plus ceux de devoir et d'obligation; mais ceux de force, de nécessité, d'impuissance et de contrainte y doivent tenir une grande place. Avant l'âge de raison, l'on ne saurait avoir aucune idée des êtres moraux ni des relations sociales; il faut donc éviter, autant qu'il se peut, d'employer des mots qui les expriment, de peur que l'enfant n'attache d'abord à ces mots de fausses idées qu'on ne saura point ou qu'on ne pourra plus détruire. La première fausse idée qui entre dans sa tête est en lui le germe de l'erreur et du vice; c'est à ce premier pas qu'il faut surtout faire attention. Faites que tant qu'il n'est frappé que des choses sensibles, toutes ses idées s'arrêtent aux sensations; faites que de toutes parts il n'aperçoive autour de lui que le monde physique : sans quoi soyez sûr qu'il ne vous écoutera point du tout, ou qu'il se fera du monde moral, dont vous lui parlez, des notions fantastiques que vous n'effacerez de la vie.

Raisonner avec les enfants était la grande maxime de Locke; c'est la plus en vogue aujourd'hui; son succès ne me paraît pourtant pas fort propre à la mettre en crédit; et pour moi je ne vois rien de plus sot que ces enfants avec qui l'on a tant raisonné. De toutes les facultés de l'homme, la raison, qui n'est, pour ainsi dire, qu'un composé de toutes les autres, est celle qui se développe le plus difficilement et le plus tard; et c'est de celle-là qu'on veut se servir pour développer les premières! Le chef-d'œuvre d'une bonne éducation est de faire un homme raisonnable : et l'on prétend élever

---

* On doit sentir que, comme la peine est souvent une nécessité, le plaisir est quelquefois un besoin. Il n'y a donc qu'un seul désir des enfants auquel on ne doive jamais complaire : c'est celui de se faire obéir. D'où il suit que, dans tout ce qu'ils demandent, c'est surtout au motif qui les porte à demander qu'il faut faire attention. Accordez-leur, tant qu'il est possible, tout ce qui peut leur faire un plaisir réel; refusez-leur toujours ce qu'ils ne demandent que par fantaisie ou pour faire un acte d'autorité.

un enfant par la raison! C'est commencer par la fin, c'est vouloir faire l'instrument de l'ouvrage. Si les enfants entendaient raison, ils n'auraient pas besoin d'être élevés; mais en leur parlant dès leur bas âge une langue qu'ils n'entendent point, on les accoutume à se payer de mots, à contrôler tout ce qu'on leur dit, à se croire aussi sages que leurs maîtres, à devenir disputeurs et mutins; et tout ce qu'on pense obtenir d'eux par des motifs raisonnables, on ne l'obtient jamais que par ceux de convoitise, ou de crainte, ou de vanité, qu'on est toujours forcé d'y joindre.

Voici la formule à laquelle peuvent se réduire à peu près toutes les leçons de morale qu'on fait et qu'on peut faire aux enfants.

LE MAITRE

Il ne faut pas faire cela.

L'ENFANT

Et pourquoi ne faut-il pas faire cela ?

LE MAITRE

Parce que c'est mal fait.

L'ENFANT

Mal fait! Qu'est-ce qui est mal fait ?

LE MAITRE

Ce qu'on vous défend.

L'ENFANT

Quel mal y a-t-il à faire ce qu'on me défend.

LE MAITRE

On vous punit pour avoir désobéi.

L'ENFANT

Je ferai en sorte qu'on n'en sache rien.

LE MAITRE

On vous épiera.

L'ENFANT

Je me cacherai.

LE MAITRE

On vous questionnera.

L'ENFANT

Je mentirai.

LE MAITRE

Il ne faut pas mentir.

L'ENFANT

Pourquoi ne faut-il pas mentir ?

LE MAITRE

Parce que c'est mal fait, etc.

Voilà le cercle inévitable. Sortez-en, l'enfant ne vous entend plus. Ne sont-ce pas là des instructions fort utiles ? Je serais bien curieux de savoir ce qu'on pourrait mettre à la place de ce dialogue. Locke lui-même y eût à coup sûr été fort embarrassé. Connaître le bien et le mal, sentir la raison des devoirs de l'homme, n'est pas l'affaire d'un enfant.

La nature veut que les enfants soient enfants avant que d'être hommes. Si nous voulons pervertir cet ordre, nous produirons des fruits précoces, qui n'auront ni maturité ni saveur, et ne tarderont pas à se corrompre; nous aurons de jeunes docteurs et de vieux enfants. L'enfance a des manières de voir, de penser, de sentir, qui lui sont propres; rien n'est moins sensé que d'y vouloir substituer les nôtres; et j'aimerais autant exiger qu'un enfant eût cinq pieds de haut, que du jugement à dix ans. En effet, à quoi lui servirait la raison à cet âge ? Elle est le frein de la force, et l'enfant n'a pas besoin de ce frein.

En essayant de persuader à vos élèves le devoir de l'obéissance, vous joignez à cette prétendue persuasion la force et les menaces, ou, qui pis est, la flatterie et les promesses. Ainsi donc, amorcés par l'intérêt ou contraints par la force, ils font semblant d'être convaincus par la raison. Ils voient très bien que l'obéissance leur est avantageuse, et la rébellion nuisible, aussitôt que vous vous apercevez de l'une ou de l'autre. Mais comme vous n'exigez rien d'eux qui ne leur soit désagréable, et qu'il est toujours pénible de faire les volontés d'autrui, ils se cachent pour faire les leurs, persuadés qu'ils font bien si l'on ignore leur désobéissance, mais prêts à convenir qu'ils font mal, s'ils sont découverts, de crainte d'un plus grand mal. La raison du devoir n'étant pas de leur âge, il n'y a homme au monde qui vînt à bout de la leur rendre vraiment sensible; mais la crainte du châtiment, l'espoir du pardon, l'importunité, l'embarras de répondre leur arrachent tous les aveux qu'on exige; et l'on croit les avoir convaincus, quand on ne les a qu'ennuyés ou intimidés.

Qu'arrive-t-il de là ? Premièrement, qu'en leur imposant un devoir qu'ils ne sentent pas, vous les indisposez contre votre tyrannie et les détournez de vous aimer; que vous leur apprenez à devenir dissimulés, faux, menteurs, pour extorquer des récompenses ou se dérober aux châtiments; qu'enfin, les accoutumant à couvrir toujours d'un motif apparent un motif secret, vous leur donnez vous-même le moyen de vous abuser sans cesse, de vous ôter la connaissance de leur vrai caractère, et de payer vous et les autres de vaines paroles dans l'occasion. Les lois, direz-vous, quoique obligatoires pour la conscience, usent de même de contrainte avec les hommes faits. J'en conviens. Mais que sont ces hommes, sinon des enfants gâtés par l'éducation ? Voilà précisément ce qu'il faut prévenir. Employez la force avec les enfants et la raison avec les hommes; tel est l'ordre naturel; le sage n'a pas besoin de lois.

Traitez votre élève selon son âge. Mettez-le d'abord à sa place, et tenez-l'y si bien, qu'il ne tente plus d'en sortir. Alors, avant de savoir ce que c'est que sagesse, il en pratiquera la plus importante leçon. Ne lui commandez jamais rien, quoi que ce soit au monde, absolument rien. Ne lui laissez pas même imaginer que vous prétendiez avoir aucune autorité sur lui. Qu'il sache seulement qu'il est faible et que vous êtes fort; que, par son état et le vôtre, il est nécessairement à votre merci; qu'il le sache, qu'il l'apprenne, qu'il le sente; qu'il sente de bonne heure sur sa tête altière le dur joug que la nature impose à l'homme, le pesant joug de la nécessité, sous lequel il faut que tout être fini ploie; qu'il voie cette nécessité dans les choses, jamais dans le caprice * des hommes; que le frein qui le retient soit la force, et non l'autorité. Ce dont il doit s'abstenir, ne le lui défendez pas; empêchez-le de le faire, sans explications, sans raisonnements; ce que vous lui accordez, accordez-le à son premier mot, sans sollicitations, sans prières, surtout sans conditions. Accordez avec plaisir,

---

* On doit être sûr que l'enfant traitera de caprice toute volonté contraire à la sienne, et dont il ne sentira pas la raison. Or, un enfant ne sent la raison de rien dans tout ce qui choque ses fantaisies.

ne refusez qu'avec répugnance; mais que tous vos refus soient irrévocables; qu'aucune importunité ne vous ébranle; que le *non* prononcé soit un mur d'airain, contre lequel l'enfant n'aura pas épuisé cinq ou six fois ses forces, qu'il ne tentera plus de le renverser.

C'est ainsi que vous le rendrez patient, égal, résigné, paisible, même quand il n'aura pas ce qu'il a voulu; car il est dans la nature de l'homme d'endurer patiemment la nécessité des choses, mais non la mauvaise volonté d'autrui. Ce mot : *il n'y en a plus*, est une réponse contre laquelle jamais enfant ne s'est mutiné, à moins qu'il ne crût que c'était un mensonge. Au reste, il n'y a point ici de milieu; il faut n'en rien exiger du tout, ou le plier d'abord à la plus parfaite obéissance. La pire éducation est de le laisser flottant entre ses volontés et les vôtres, et de disputer sans cesse entre vous et lui à qui des deux sera le maître; j'aimerais cent fois mieux qu'il le fût toujours.

Il est bien étrange que, depuis qu'on se mêle d'élever des enfants, on n'ait imaginé d'autre instrument pour les conduire que l'émulation, la jalousie, l'envie, la vanité, l'avidité, la vile crainte, toutes les passions les plus dangereuses, les plus promptes à fermenter, et les plus propres à corrompre l'âme, même avant que le corps soit formé. A chaque instruction précoce qu'on veut faire entrer dans leur tête, on plante un vice au fond de leur cœur; d'insensés instituteurs pensent faire des merveilles en les rendant méchants pour leur apprendre ce que c'est que bonté; et puis ils nous disent gravement : Tel est l'homme, Oui, tel est l'homme que vous avez fait.

On a essayé tous les instruments, hors un, le seul précisément qui peut réussir : la liberté bien réglée. Il ne faut point se mêler d'élever un enfant quand on ne sait pas le conduire où l'on veut par les seules lois du possible et de l'impossible. La sphère de l'un et de l'autre lui étant également inconnue, on l'étend, on la resserre autour de lui comme on veut. On l'enchaîne, on le pousse, on le retient, avec le seul lien de la nécessité, sans qu'il en murmure : on le rend souple et docile par la seule force des choses, sans qu'aucun vice ait l'occasion de germer en lui; car jamais les passions ne s'animent, tant qu'elles sont de nul effet.

Ne donnez à votre élève aucune espèce de leçon verbale; il n'en doit recevoir que de l'expérience : ne lui infligez aucune espèce de châtiment, car il ne sait ce que c'est qu'être en faute : ne lui faites jamais demander pardon, car il ne saurait vous offenser. Dépourvu de toute moralité dans ses actions, il ne peut rien faire qui soit moralement mal, et qui mérite ni châtiment ni réprimande.

Je vois déjà le lecteur effrayé juger de cet enfant par les nôtres : il se trompe. La gêne perpétuelle où vous tenez vos élèves irrite leur vivacité ; plus ils sont contraints sous vos yeux, plus ils sont turbulents au moment qu'ils s'échappent ; il faut bien qu'ils se dédommagent quand ils peuvent de la dure contrainte où vous les tenez. Deux écoliers de la ville feront plus de dégât dans un pays que la jeunesse de tout un village. Enfermez un petit monsieur et un petit paysan dans une chambre ; le premier aura tout renversé, tout brisé, avant que le second soit sorti de sa place. Pourquoi cela, si ce n'est que l'un se hâte d'abuser d'un moment de licence, tandis que l'autre, toujours sûr de sa liberté, ne se presse jamais d'en user ? Et cependant les enfants des villageois, souvent flattés ou contrariés, sont encore bien loin de l'état où je veux qu'on les tienne.

Posons pour maxime incontestable que les premiers mouvements de la nature sont toujours droits : il n'y a point de perversité originelle dans le cœur humain ; il ne s'y trouve pas un seul vice dont on ne puisse dire comment et par où il y est entré. La seule passion naturelle à l'homme est l'amour de soi-même, ou l'amour-propre pris dans un sens étendu. Cet amour-propre en soi ou relativement à nous est bon et utile ; et, comme il n'a point de rapport nécessaire à autrui, il est à cet égard naturellement indifférent ; il ne devient bon ou mauvais que par l'application qu'on en fait et les relations qu'on lui donne. Jusqu'à ce que le guide de l'amour-propre, qui est la raison, puisse naître, il importe donc qu'un enfant ne fasse rien parce qu'il est vu ou entendu, rien en un mot par rapport aux autres, mais seulement ce que la nature lui demande ; et alors il ne fera rien que de bien.

Je n'entends pas qu'il ne fera jamais de dégât, qu'il ne se blessera point, qu'il ne brisera pas peut-être un meuble de prix s'il le trouve à sa portée. Il pourrait faire beaucoup de mal sans mal faire, parce que la mauvaise action dépend de l'intention de nuire, et qu'il n'aura jamais cette intention. S'il l'avait une seule fois, tout serait déjà perdu; il serait méchant presque sans ressource.

Telle chose est mal aux yeux de l'avarice, qui ne l'est pas aux yeux de la raison. En laissant les enfants en pleine liberté d'exercer leur étourderie, il convient d'écarter d'eux tout ce qui pourrait la rendre coûteuse, et de ne laisser à leur portée rien de fragile et de précieux. Que leur appartement soit garni de meubles grossiers et solides; point de miroirs, point de porcelaines, point d'objets de luxe. Quant à mon Emile que j'élève à la campagne, sa chambre n'aura rien qui la distingue de celle d'un paysan. A quoi bon la parer avec tant de soin, puisqu'il y doit rester si peu ? Mais je me trompe; il la parera lui-même, et nous verrons bientôt de quoi.

Que si, malgré vos précautions, l'enfant vient à faire quelque désordre, à casser quelque pièce utile, ne le punissez point de votre négligence, ne le grondez point; qu'il n'entende pas un seul mot de reproche; ne lui laissez pas même entrevoir qu'il vous ait donné du chagrin; agissez exactement comme si le meuble se fût cassé de lui-même; enfin croyez avoir beaucoup fait si vous pouvez ne rien dire.

Oserais-je exposer ici la plus grande, la plus importante, la plus utile règle de toute l'éducation ? ce n'est pas de gagner du temps, c'est d'en perdre. Lecteurs vulgaires, pardonnez-moi mes paradoxes : il en faut faire quand on réfléchit; et, quoi que vous puissiez dire, j'aime mieux être homme à paradoxes qu'homme à préjugés. Le plus dangereux intervalle de la vie humaine est celui de la naissance à l'âge de douze ans. C'est le temps où germent les erreurs et les vices, sans qu'on ait encore aucun instrument pour les détruire; et quand l'instrument vient, les racines sont si profondes, qu'il n'est plus temps de les arracher. Si les enfants sautaient tout d'un coup de la mamelle à l'âge de raison, l'éducation qu'on leur donne pourrait leur convenir; mais, selon le progrès naturel, il leur en faut une toute contraire. Il faudrait qu'ils ne fissent rien de leur âme jusqu'à ce qu'elle eût toutes ses facultés; car il est impossible qu'elle aperçoive le flambeau que vous lui présentez tandis qu'elle est aveugle, et qu'elle suive, dans l'immense plaine des idées, une route que la raison trace encore si légèrement pour les meilleurs yeux.

La première éducation doit donc être purement négative. Elle consiste, non point à enseigner la vertu ni la vérité, mais à garantir le cœur du vice et l'esprit de l'erreur. Si vous pouviez ne rien faire et ne rien laisser faire; si vous pouviez amener votre élève sain et robuste à l'âge de douze ans, sans qu'il sût distinguer sa main droite de sa main gauche, dès vos premières leçons les yeux de son entendement s'ouvriraient à la raison; sans préjugés, sans habitudes, il n'aurait rien en lui qui pût contrarier l'effet de vos soins. Bientôt il deviendrait entre vos mains le plus sage des hommes; et en commençant par ne rien faire, vous auriez fait un prodige d'éducation.

Prenez bien le contre-pied de l'usage, et vous ferez presque toujours bien. Comme on ne veut pas faire d'un enfant un enfant, mais un docteur, les pères et les maîtres n'ont jamais assez tôt tancé, corrigé, réprimandé, flatté, menacé, promis, instruit, parlé raison. Faites mieux : soyez raisonnable, et ne raisonnez point avec votre élève, surtout pour lui faire approuver ce qui lui déplaît; car amener ainsi toujours la raison dans les choses désagréables, ce n'est que la lui rendre ennuyeuse, et la décréditer de bonne heure dans un esprit qui n'est pas encore en état de l'entendre. Exercez son corps, ses organes, ses sens, ses forces, mais tenez son âme oisive aussi longtemps qu'il se pourra. Redoutez tous les sentiments antérieurs au jugement qui les apprécie. Retenez, arrêtez les impressions étrangères : et, pour empêcher le mal de naître, ne vous pressez point de faire le bien; car il n'est jamais tel que quand la raison l'éclaire. Regardez tous les délais comme des avantages : c'est gagner beaucoup que d'avancer vers le terme sans rien perdre; laissez mûrir l'enfance dans les enfants. Enfin, quelque leçon leur devient-elle nécessaire ? gardez-vous de la donner aujourd'hui, si vous pouvez différer jusqu'à demain sans danger.

Une autre considération qui confirme l'utilité de cette méthode, est celle du génie particulier de l'enfant, qu'il faut bien connaître pour savoir quel régime moral lui convient. Chaque esprit a sa forme propre, selon laquelle il a besoin d'être gouverné; et il importe au succès des soins qu'on prend qu'il soit gouverné par cette forme, et non par une autre. Homme prudent, épiez longtemps la nature, observez bien votre élève avant de lui dire le premier mot; laissez d'abord le germe de son caractère en pleine liberté de se montrer, ne le contraignez en quoi que ce puisse être, afin de le mieux voir tout entier. Pensez-vous que ce temps de liberté soit perdu pour lui ? tout au contraire, il sera le mieux employé ; car c'est ainsi que vous apprendrez à ne pas perdre un seul moment dans un temps précieux : au lieu que, si vous commencez d'agir avant de savoir ce qu'il faut faire, vous agirez au hasard ; sujet à vous tromper, il faudra revenir sur vos pas ; vous serez plus éloigné du but que si vous eussiez été moins pressé de l'atteindre. Ne faites donc pas comme l'avare qui perd beaucoup pour ne vouloir rien perdre. Sacrifiez dans le premier âge un temps que vous regagnerez avec usure dans un âge plus avancé. Le sage médecin ne donne pas étourdiment des ordonnances à la première vue, mais il étudie premièrement le tempérament du malade avant de lui rien prescrire ; il commence tard à le traiter, mais il le guérit, tandis que le médecin trop pressé le tue.

Mais où placerons-nous cet enfant pour l'élever ainsi comme un être insensible, comme un automate ? Le tiendrons-nous dans le globe de la lune, dans une île déserte ? L'écarterons-nous de tous les humains ? N'aura-t-il pas continuellement dans le monde le spectacle et l'exemple des passions d'autrui ? Ne verra-t-il jamais d'autres enfants de son âge ? Ne verra-t-il pas ses parents, ses voisins, sa nourrice, sa gouvernante, son laquais, son gouverneur même, qui après tout ne sera pas un ange ?

Cette objection est forte et solide. Mais vous ai-je dit que ce fût une entreprise aisée qu'une éducation naturelle ? O hommes ! est-ce ma faute si vous avez rendu difficile tout ce qui est bien ? Je sens ces difficultés, j'en conviens : peut-être sont-elles insurmontables ; mais toujours est-il sûr qu'en s'appliquant à les prévenir on les prévient jusqu'à certain point. Je montre le but qu'il faut qu'on se propose : je ne dis pas qu'on y puisse arriver ; mais je dis que celui qui en approchera davantage aura le mieux réussi.

Souvenez-vous qu'avant d'oser entreprendre de former un homme, il faut s'être fait homme soi-même ; il faut trouver en soi l'exemple qu'il se doit proposer. Tandis que l'enfant est encore sans connaissance, on a le temps de préparer tout ce qui l'approche à ne frapper ses premiers regards que des objets qu'il lui convient de voir. Rendez-vous respectable à tout le monde, commencez par vous faire aimer, afin que chacun cherche à vous complaire. Vous ne serez point maître de l'enfant, si vous ne l'êtes de tout ce qui l'entoure; et cette autorité ne sera jamais suffisante, si elle n'est fondée sur l'estime de la vertu. Il ne s'agit point d'épuiser sa bourse et de verser l'argent à pleines mains; je n'ai jamais vu que l'argent fît aimer personne. Il ne faut point être avare et dur, ni plaindre la misère qu'on peut soulager; mais vous aurez beau ouvrir vos coffres, si vous n'ouvrez aussi votre cœur, celui des autres vous restera toujours fermé. C'est votre temps, ce sont vos soins, vos affections, c'est vous-même qu'il faut donner; car, quoi que vous puissiez faire, on sent toujours que votre argent n'est point vous. Il y a des témoignages d'intérêt et de bienveillance qui font plus d'effet, et sont réellement plus utiles que tous les dons : combien de malheureux, de malades, ont plus besoin de consolations que d'aumônes! combien d'opprimés à qui la protection sert plus que l'argent! Raccommodez les gens qui se brouillent, prévenez les procès; portez les enfants au devoir, les pères à l'indulgence; favorisez d'heureux mariages; empêchez les vexations; employez, prodiguez le crédit des parents de votre élève en faveur du faible à qui on refuse justice, et que le puissant accable. Déclarez-vous hautement le protecteur des malheureux. Soyez juste, humain, bienfaisant. Ne faites pas seulement l'aumône, faites la charité; les œuvres de miséricorde soulagent plus de maux que l'argent; aimez les autres, et ils vous aimeront; servez-les et ils vous serviront; soyez leur frère, et ils seront vos enfants.

C'est encore ici une des raisons pourquoi je veux élever Emile à la campagne, loin de la canaille des valets, les derniers des hommes après leurs maîtres; loin des noires mœurs des villes, que le vernis dont on les couvre rend séduisantes et contagieuses pour les enfants; au lieu que les vices des paysans, sans apprêt et dans toute leur grossièreté, sont plus propres à rebuter qu'à séduire, quand on n'a nul intérêt à les imiter.

Au village, un gouverneur sera beaucoup plus maître des objets qu'il voudra présenter à l'enfant; sa réputation, ses discours, son exemple, auront une autorité qu'ils ne sauraient avoir à la ville; étant utile à tout le monde, chacun s'empressera de l'obliger, d'être estimé de lui, de se montrer au disciple tel que le maître voudrait qu'on fût en effet; et si l'on ne se corrige pas du

vice, on s'abstiendra du scandale; c'est tout ce dont
nous avons besoin pour notre objet.

Cessez de vous en prendre aux autres de vos propres
fautes : le mal que les enfants voient les corrompt moins
que celui que vous leur apprenez. Toujours sermonneurs, toujours moralistes, toujours pédants, pour une
idée que vous leur donnez la croyant bonne, vous leur
en donnez à la fois vingt autres qui ne valent rien :
pleins de ce qui se passe dans votre tête, vous ne voyez
pas l'effet que vous produisez dans la leur. Parmi ce
long flux de paroles dont vous les excédez incessamment,
pensez-vous qu'il n'y en ait pas une qu'ils saisissent à
faux ? Pensez-vous qu'ils ne commentent pas à leur
manière vos explications diffuses, et qu'ils n'y trouvent
pas de quoi se faire un système à leur portée, qu'ils
sauront vous opposer dans l'occasion ?

Ecoutez un petit bonhomme qu'on vient d'endoc-
triner; laissez-le jaser, questionner, extravaguer à son
aise, et vous allez être surpris du tour étrange qu'ont
pris vos raisonnements dans son esprit : il confond tout,
il renverse tout, il vous impatiente, il vous désole quelquefois par des objections imprévues; il vous réduit à
vous taire, ou à le faire taire; et que peut-il penser de ce
silence de la part d'un homme qui aime tant à parler ?
Si jamais il remporte cet avantage, et qu'il ne s'en aperçoive, adieu l'éducation; tout est fini dès ce moment, il
ne cherche plus à s'instruire, il cherche à vous réfuter.

Maîtres zélés, soyez simples, discrets, retenus : ne
vous hâtez jamais d'agir que pour empêcher d'agir les
autres; je le répéterai sans cesse, renvoyez, s'il se peut,
une bonne instruction, de peur d'en donner une mauvaise.
Sur cette terre, dont la nature eût fait le premier paradis
de l'homme, craignez d'exercer l'emploi du tentateur
en voulant donner à l'innocence la connaissance du bien
et du mal; ne pouvant empêcher que l'enfant ne s'in-
struise au dehors par des exemples, bornez toute votre
vigilance à imprimer ces exemples dans son esprit sous
l'image qui lui convient.

Les passions impétueuses produisent un grand effet
sur l'enfant qui en est témoin, parce qu'elles ont des
signes très sensibles qui le frappent et le forcent d'y faire
attention. La colère surtout est si bruyante dans ses
emportements, qu'il est impossible de ne pas s'en apercevoir étant à portée. Il ne faut pas demander si c'est
là pour un pédagogue l'occasion d'entamer un beau

discours. Eh! point de beaux discours, rien du tout, pas un seul mot. Laissez venir l'enfant : étonné du spectacle, il ne manquera pas de vous questionner. La réponse est simple; elle se tire des objets mêmes qui frappent ses sens. Il voit un visage enflammé, des yeux étincelants, un geste menaçant, il entend des cris; tous signes que le corps n'est pas dans son assiette. Dites-lui posément, sans mystère : Ce pauvre homme est malade, il est dans un accès de fièvre. Vous pouvez de là tirer occasion de lui donner, mais en peu de mots, une idée des maladies et de leurs effets; car cela aussi est de la nature, et c'est un des liens de la nécessité auxquels il se doit sentir assujetti.

Se peut-il que sur cette idée, qui n'est pas fausse, il ne contracte pas de bonne heure une certaine répugnance à se livrer aux excès des passions, qu'il regardera comme des maladies ? Et croyez-vous qu'une pareille notion, donnée à propos, ne produira pas un effet aussi salutaire que le plus ennuyeux sermon de morale ? Mais voyez dans l'avenir les conséquences de cette notion : vous voilà autorisé, si jamais vous y êtes contraint, à traiter un enfant mutin comme un enfant malade; à l'enfermer dans sa chambre, dans son lit s'il le faut, à le tenir au régime, à l'effrayer lui-même de ses vices naissants, à les lui rendre odieux et redoutables, sans que jamais il puisse regarder comme un châtiment la sévérité dont vous serez peut-être forcé d'user pour l'en guérir. Que s'il vous arrive à vous-même, dans quelque moment de vivacité, de sortir du sang-froid et de la modération dont vous devez faire votre étude, ne cherchez point à lui déguiser votre faute; mais dites-lui franchement, avec un tendre reproche : Mon ami, vous m'avez fait mal.

Au reste, il importe que toutes les naïvetés que peut produire dans un enfant la simplicité des idées dont il est nourri, ne soient jamais relevées en sa présence, ni citées de manière qu'il puisse l'apprendre. Un éclat de rire indiscret peut gâter le travail de six mois, et faire un tort irréparable pour toute la vie. Je ne puis assez redire que pour être le maître de l'enfant, il faut être son propre maître. Je me représente mon petit Emile, au fort d'une rixe entre deux voisines, s'avançant vers la plus furieuse, et lui disant d'un ton de commisération : *Ma bonne, vous êtes malade, j'en suis bien fâché.* A coup sûr, cette saillie ne restera pas sans effet sur les spectateurs, ni peut-être sur les actrices. Sans rire, sans le gronder, sans le louer, je l'emmène de gré ou de force avant qu'il puisse apercevoir cet effet, ou du moins avant qu'il y pense, et je me hâte de le distraire sur d'autres objets qui le lui fassent bien vite oublier.

Mon dessein n'est point d'entrer dans tous les détails, mais seulement d'exposer les maximes générales, et de donner des exemples dans les occasions difficiles. Je tiens pour impossible qu'au sein de la société l'on puisse amener un enfant à l'âge de douze ans, sans lui donner quelque idée des rapports d'homme à homme, et de la moralité des actions humaines. Il suffit qu'on s'applique à lui rendre ces notions nécessaires le plus tard qu'il se pourra, et que, quand elles deviendront inévitables, on les borne à l'utilité présente, seulement pour qu'il ne se croie pas le maître de tout, et qu'il ne fasse pas du mal à autrui sans scrupule et sans le savoir. Il y a des caractères doux et tranquilles qu'on peut mener loin sans danger dans leur première innocence; mais il y a aussi des naturels violents dont la férocité se développe de bonne heure, et qu'il faut se hâter de faire hommes, pour n'être pas obligé de les enchaîner.

Nos premiers devoirs sont envers nous; nos sentiments primitifs se concentrent en nous-mêmes; tous nos mouvements naturels se rapportent d'abord à notre conservation et à notre bien-être. Ainsi le premier sentiment de la justice ne nous vient pas de celle que nous devons, mais de celle qui nous est due; et c'est encore un des contre-sens des éducations communes, que, parlant d'abord aux enfants de leurs devoirs, jamais de leurs droits, on commence par leur dire le contraire de ce qu'il faut, ce qu'ils ne sauraient entendre, et ce qui ne peut les intéresser.

Si j'avais donc à conduire un de ceux que je viens de supposer, je me dirais : Un enfant ne s'attaque pas aux personnes *, mais aux choses; et bientôt il apprend par l'expérience à respecter quiconque le passe en âge et

---

* On ne doit jamais souffrir qu'un enfant se joue aux grandes personnes comme avec ses inférieurs, ni même comme avec ses égaux. S'il osait frapper sérieusement quelqu'un, fût-ce son laquais, fût-ce le bourreau, faites qu'on lui rende toujours ses coups avec usure, et de manière à lui ôter l'envie d'y revenir. J'ai vu d'imprudentes gouvernantes animer la mutinerie d'un enfant, l'exciter à battre, s'en laisser battre elles-mêmes, et rire de ses faibles coups, sans songer qu'ils étaient autant de meurtres dans l'intention du petit furieux, et que celui qui veut battre étant jeune, voudra tuer étant grand.

en force; mais les choses ne se défendent pas elles-mêmes. La première idée qu'il faut lui donner est donc moins celle de la liberté que de la propriété; et, pour qu'il puisse avoir cette idée, il faut qu'il ait quelque chose en propre. Lui citer ses hardes, ses meubles, ses jouets, c'est ne lui rien dire; puisque, bien qu'il dispose de ces choses, il ne sait ni pourquoi ni comment il les a. Lui dire qu'il les a parce qu'on les lui a données, c'est ne faire guère mieux; car, pour donner il faut avoir : voilà donc une propriété antérieure à la sienne; et c'est le principe de la propriété qu'on lui veut expliquer; sans compter que le don est une convention, et que l'enfant ne peut savoir encore ce que c'est que convention *. Lecteurs, remarquez, je vous prie, dans cet exemple et dans cent mille autres, comment, fourrant dans la tête des enfants des mots qui n'ont aucun sens à leur portée, on croit pourtant les avoir fort bien instruits.

Il s'agit donc de remonter à l'origine de la propriété; car c'est de là que la première idée en doit naître. L'enfant, vivant à la campagne, aura pris quelque notion des travaux champêtres; il ne faut pour cela que des yeux, du loisir, et il aura l'un et l'autre. Il est de tout âge, surtout du sien, de vouloir créer, imiter, produire, donner des signes de puissance et d'activité. Il n'aura pas vu deux fois labourer un jardin, semer, lever, croître des légumes, qu'il voudra jardiner à son tour.

Par les principes ci-devant établis, je ne m'oppose point à son envie; au contraire, je la favorise, je partage son goût, je travaille avec lui, non pour son plaisir, mais pour le mien; du moins il le croit ainsi; je deviens son garçon jardinier; en attendant qu'il ait des bras, je laboure pour lui la terre; il en prend possession en y plantant une fève; et sûrement cette possession est plus sacrée et plus respectable que celle que prenait Nuñes Balboa de l'Amérique méridionale au nom du roi d'Espagne, en plantant son étendard sur les côtes de la mer du Sud.

On vient tous les jours arroser les fèves, on les voit lever dans des transports de joie. J'augmente cette joie en lui disant : Cela vous appartient; et lui expliquant

---

* Voilà pourquoi la plupart des enfants veulent ravoir ce qu'ils ont donné, et pleurent quand on ne le leur veut pas rendre. Cela ne leur arrive plus quand ils ont bien conçu ce que c'est que don; seulement ils sont alors plus circonspects à donner.

alors ce terme d'appartenir, je lui fais sentir qu'il a mis
là son temps, son travail, sa peine, sa personne enfin;
qu'il y a dans cette terre quelque chose de lui-même
qu'il peut réclamer contre qui que ce soit, comme il
pourrait retirer son bras de la main d'un autre homme
qui voudrait le retenir malgré lui.

Un beau jour il arrive empressé, et l'arrosoir à la
main. O spectacle! ô douleur! toutes les fèves sont arra-
chées, tout le terrain est bouleversé, la place même ne se
reconnaît plus. Ah! qu'est devenu mon travail, mon
ouvrage, le doux fruit de mes soins et de mes sueurs?
Qui m'a ravi mon bien? qui m'a pris mes fèves? Ce
jeune cœur se soulève; le premier sentiment de l'injustice
y vient verser sa triste amertume; les larmes coulent en
ruisseaux; l'enfant désolé remplit l'air de gémissements
et de cris. On prend part à sa peine, à son indignation;
on cherche, on s'informe, on fait des perquisitions.
Enfin l'on découvre que le jardinier a fait le coup: on le
fait venir.

Mais nous voici bien loin de compte. Le jardinier,
apprenant de quoi on se plaint, commence à se plaindre
plus haut que nous. Quoi! messieurs, c'est vous qui
m'avez ainsi gâté mon ouvrage! J'avais semé là des
melons de Malte dont la graine m'avait été donnée
comme un trésor, et desquels j'espérais vous régaler
quand ils seraient mûrs; mais voilà que, pour y planter
vos misérables fèves, vous m'avez détruit mes melons
déjà tout levés, et que je ne remplacerai jamais. Vous
m'avez fait un tort irréparable, et vous vous êtes privés
vous-mêmes du plaisir de manger des melons exquis.

JEAN-JACQUES

Excusez-nous, mon pauvre Robert. Vous aviez mis là
votre travail, votre peine. Je vois bien que nous avons
eu tort de gâter votre ouvrage; mais nous vous ferons
venir d'autre graine de Malte, et nous ne travaillerons
plus la terre avant de savoir si quelqu'un n'y a point
mis la main avant nous.

ROBERT

Oh! bien, messieurs, vous pouvez donc vous reposer,
car il n'y a plus guère de terre en friche. Moi, je travaille
celle que mon père a bonifiée; chacun en fait autant de
son côté, et toutes les terres que vous voyez sont occupées depuis longtemps.

ÉMILE

Monsieur Robert, il y a donc souvent de la graine de melon perdue ?

ROBERT

Pardonnez-moi, mon jeune cadet; car il ne nous vient pas souvent de petits messieurs aussi étourdis que vous. Personne ne touche au jardin de son voisin; chacun respecte le travail des autres, afin que le sien soit en sûreté.

ÉMILE

Mais moi je n'ai point de jardin.

ROBERT

Que m'importe ? si vous gâtez le mien, je ne vous y laisserai plus promener; car, voyez-vous, je ne veux pas perdre ma peine.

JEAN-JACQUES

Ne pourrait-on pas proposer un arrangement au bon Robert ? Qu'il nous accorde, à mon petit ami et à moi, un coin de son jardin pour le cultiver, à condition qu'il aura la moitié du produit.

ROBERT

Je vous l'accorde sans condition. Mais souvenez-vous que j'irai labourer vos fèves, si vous touchez à mes melons.

Dans cet essai de la manière d'inculquer aux enfants les notions primitives, on voit comment l'idée de la propriété remonte naturellement au droit du premier occupant par le travail. Cela est clair, net, simple, et toujours à la portée de l'enfant. De là jusqu'au droit de propriété et aux échanges, il n'y a plus qu'un pas, après lequel il faut s'arrêter tout court.

On voit encore qu'une explication que je renferme ici dans deux pages d'écriture sera peut-être l'affaire d'un an pour la pratique; car, dans la carrière des idées morales, on ne peut avancer trop lentement, ni trop bien s'affermir à chaque pas. Jeunes maîtres, pensez, je vous prie, à cet exemple, et souvenez-vous qu'en toute chose vos leçons doivent être plus en actions qu'en discours; car les enfants oublient aisément ce qu'ils ont dit et ce qu'on leur a dit, mais non pas ce qu'ils ont fait et ce qu'on leur a fait.

De pareilles instructions se doivent donner, comme je

l'ai dit, plus tôt ou plus tard, selon que le naturel paisible ou turbulent de l'élève en accélère ou retarde le besoin; leur usage est d'une évidence qui saute aux yeux; mais, pour ne rien omettre d'important dans les choses difficiles, donnons encore un exemple.

Votre enfant dyscole gâte tout ce qu'il touche : ne vous fâchez point; mettez hors de sa portée ce qu'il peut gâter. Il brise les meubles dont il se sert; ne vous hâtez point de lui en donner d'autres : laissez-lui sentir le préjudice de la privation. Il casse les fenêtres de sa chambre; laissez le vent souffler sur lui nuit et jour sans vous soucier des rhumes; car il vaut mieux qu'il soit enrhumé que fou. Ne vous plaignez jamais des incommodités qu'il vous cause, mais faites qu'il les sente le premier. A la fin vous faites raccommoder les vitres, toujours sans rien dire. Il les casse encore ? changez alors de méthode; dites-lui sèchement, mais sans colère : Les fenêtres sont à moi; elles ont été mises là par mes soins; je veux les garantir. Puis vous l'enfermerez à l'obscurité dans un lieu sans fenêtre. A ce procédé si nouveau il commence par crier, tempêter; personne ne l'écoute. Bientôt il se lasse et change de ton; il se plaint, il gémit : un domestique se présente, le mutin le prie de le délivrer. Sans chercher de prétexte pour n'en rien faire, le domestique répond : *J'ai aussi des vitres à conserver*, et s'en va. Enfin, après que l'enfant aura demeuré là plusieurs heures, assez longtemps pour s'y ennuyer et s'en souvenir, quelqu'un lui suggérera de vous proposer un accord au moyen duquel vous lui rendriez la liberté, et il ne casserait plus de vitres. Il ne demandera pas mieux. Il vous fera prier de le venir voir : vous viendrez; il vous fera sa proposition, et vous l'accepterez à l'instant en lui disant : C'est très bien pensé; nous y gagnerons tous deux : que n'avez-vous eu plus tôt cette bonne idée! Et puis, sans lui demander ni protestation ni confirmation de sa promesse, vous l'embrasserez avec joie et l'emmènerez sur-le-champ dans sa chambre, regardant cet accord comme sacré et inviolable autant que si le serment y avait passé. Quelle idée pensez-vous qu'il prendra, sur ce procédé, de la foi des engagements et de leur utilité ? Je suis trompé s'il y a sur la terre un seul enfant, non déjà gâté, à l'épreuve de cette conduite, et qui s'avise après cela de casser une fenêtre à dessein. Suivez la chaîne de tout cela. Le petit méchant ne songeait guère, en faisant un trou pour planter sa fève, qu'il se creusait un cachot où sa science ne tarderait pas à le faire enfermer *.

Nous voilà dans le monde moral, voilà la porte ouverte au vice. Avec les conventions et les devoirs naissent la tromperie et le mensonge. Dès qu'on peut faire ce qu'on ne doit pas, on veut cacher ce qu'on n'a pas dû faire. Dès qu'un intérêt fait promettre, un intérêt plus grand peut faire violer la promesse; il ne s'agit plus de la violer impunément : la ressource est naturelle; on se cache et l'on ment. N'ayant pu prévenir le vice, nous voici déjà dans le cas de le punir. Voilà les misères de la vie humaine qui commencent avec ses erreurs.

J'en ai dit assez pour faire entendre qu'il ne faut jamais infliger aux enfants le châtiment comme châtiment, mais qu'il doit toujours leur arriver comme une suite naturelle de leur mauvaise action. Ainsi vous ne déclamerez point contre le mensonge, vous ne les punirez point précisément pour avoir menti; mais vous ferez que tous les mauvais effets du mensonge, comme de n'être point cru quand on dit la vérité, d'être accusé du mal qu'on n'a point fait, quoiqu'on s'en défende, se rassemblent sur leur tête quand ils ont menti. Mais expliquons ce que c'est que mentir pour les enfants.

Il y a deux sortes de mensonges : celui de fait qui regarde le passé, celui de droit qui regarde l'avenir. Le premier a lieu quand on nie d'avoir fait ce qu'on a fait, ou quand on affirme avoir fait ce qu'on n'a pas fait, et en général quand on parle sciemment contre la vérité des choses. L'autre a lieu quand on promet ce qu'on n'a

---

* Au reste, quand ce devoir de tenir ses engagements ne serait pas affermi dans l'esprit de l'enfant par le poids de son utilité, bientôt le sentiment intérieur, commençant à poindre, le lui imposerait comme une loi de la conscience, comme un principe inné qui n'attend pour se développer que les connaissances auxquelles il s'applique. Ce premier trait n'est point marqué par la main des hommes, mais gravé dans nos cœurs par l'auteur de toute justice. Otez la loi primitive des conventions et l'obligation qu'elle impose, tout est illusoire et vain dans la société humaine. Qui ne tient que par son profit à sa promesse n'est guère plus lié que s'il n'eût rien promis; ou tout au plus il en sera du pouvoir de la violer comme de la bisque des joueurs, qui ne tardent à s'en prévaloir que pour attendre le moment de s'en prévaloir avec plus d'avantage. Ce principe est de la dernière importance, et mérite d'être approfondi; car c'est ici que l'homme commence à se mettre en contradiction avec lui-même.

pas dessein de tenir, et en général quand on montre une intention contraire à celle qu'on a. Ces deux mensonges peuvent quelquefois se rassembler dans le même *; mais je les considère ici par ce qu'ils ont de différent.

Celui qui sent le besoin qu'il a du secours des autres, et qui ne cesse d'éprouver leur bienveillance, n'a nul intérêt de les tromper; au contraire, il a un intérêt sensible qu'ils voient les choses comme elles sont, de peur qu'ils ne se trompent à son préjudice. Il est donc clair que le mensonge de fait n'est pas naturel aux enfants; mais c'est la loi de l'obéissance qui produit la nécessité de mentir, parce que l'obéissance étant pénible, on s'en dispense en secret le plus qu'on peut, et que l'intérêt présent d'éviter le châtiment ou le reproche l'emporte sur l'intérêt éloigné d'exposer la vérité. Dans l'éducation naturelle et libre, pourquoi donc votre enfant vous mentirait-il ? Qu'a-t-il à vous cacher ? Vous ne le reprenez point, vous ne le punissez de rien, vous n'exigez rien de lui. Pourquoi ne vous dirait-il pas tout ce qu'il a fait aussi naïvement qu'à son petit camarade ? Il ne peut voir à cet aveu plus de danger d'un côté que de l'autre.

Le mensonge de droit est moins naturel encore, puisque les promesses de faire ou de s'abstenir sont des actes conventionnels, qui sortent de l'état de nature et dérogent à la liberté. Il y a plus : tous les engagements des enfants sont nuls par eux-mêmes, attendu que leur vue bornée ne pouvant s'étendre au-delà du présent, en s'engageant ils ne savent ce qu'ils font. A peine l'enfant peut-il mentir quand il s'engage; car, ne songeant qu'à se tirer d'affaire dans le moment présent, tout moyen qui n'a pas un effet présent lui devient égal; en promettant pour un temps futur, il ne promet rien, et son imagination encore endormie ne sait point étendre son être sur deux temps différents. S'il pouvait éviter le fouet ou obtenir un cornet de dragées en promettant de se jeter demain par la fenêtre, il le promettrait à l'instant. Voilà pourquoi les lois n'ont aucun égard aux engagements des enfants; et quand les pères et les maîtres plus sévères exigent qu'ils les remplissent, c'est seulement dans ce que l'enfant devrait faire, quand même il ne l'aurait pas promis.

* Comme, lorsque accusé d'une mauvaise action, le coupable s'en défend en se disant honnête homme. Il ment alors dans le fait et dans le droit.

L'enfant, ne sachant ce qu'il fait quand il s'engage, ne peut donc mentir en s'engageant. Il n'en est pas de même quand il manque à sa promesse, ce qui est encore une espèce de mensonge rétroactif : car il se souvient très bien d'avoir fait cette promesse ; mais ce qu'il ne voit pas, c'est l'importance de la tenir. Hors d'état de lire dans l'avenir, il ne peut prévoir les conséquences des choses ; et quand il viole ses engagements, il ne fait rien contre la raison de son âge.

Il suit de là que les mensonges des enfants sont tous l'ouvrage des maîtres, et que vouloir leur apprendre à dire la vérité n'est autre chose que leur apprendre à mentir. Dans l'empressement qu'on a de les régler, de les gouverner, de les instruire, on ne se trouve jamais assez d'instruments pour en venir à bout. On veut se donner de nouvelles prises dans leur esprit par des maximes sans fondement, par des préceptes sans raison, et l'on aime mieux qu'ils sachent leurs leçons et qu'ils mentent, que s'ils demeuraient ignorants et vrais.

Pour nous, qui ne donnons à nos élèves que des leçons de pratique, et qui aimons mieux qu'ils soient bons que savants, nous n'exigeons point d'eux la vérité, de peur qu'ils ne la déguisent, et nous ne leur faisons rien promettre qu'ils soient tentés de ne pas tenir. S'il s'est fait en mon absence quelque mal dont j'ignore l'auteur, je me garderai d'en accuser Emile, ou de lui dire : *Est-ce vous* * ? Car en cela que ferais-je autre chose, sinon lui apprendre à le nier ? Que si son naturel difficile me force à faire avec lui quelque convention, je prendrai si bien mes mesures que la proposition en vienne toujours de lui, jamais de moi ; que, quand il s'est engagé, il ait toujours un intérêt présent et sensible à remplir son engagement ; et que, si jamais il y manque, ce mensonge attire sur lui des maux qu'il voie sortir de l'ordre même des choses, et non pas de la vengeance de son gouverneur. Mais, loin d'avoir besoin de recourir à de si cruels expédients, je suis presque sûr qu'Emile apprendra fort tard ce que c'est que mentir, et qu'en l'apprenant il

---

* Rien n'est plus indiscret qu'une pareille question, surtout quand l'enfant est coupable : alors, s'il croit que vous savez ce qu'il a fait, il verra que vous lui tendez un piège, et cette opinion ne peut manquer de l'indisposer contre vous. S'il ne le croit pas, il se dira : Pourquoi découvrirais-je ma faute ? Et voilà la première tentation du mensonge devenue l'effet de votre imprudente question.

sera fort étonné, ne pouvant concevoir à quoi peut être bon le mensonge. Il est très clair que plus je rends son bien-être indépendant, soit des volontés, soit des jugements des autres, plus je coupe en lui tout intérêt de mentir.

Quand on n'est point pressé d'instruire, on n'est point pressé d'exiger, et l'on prend son temps pour ne rien exiger qu'à propos. Alors l'enfant se forme, en ce qu'il ne se gâte point. Mais, quand un étourdi de précepteur, ne sachant comment s'y prendre, lui fait à chaque instant promettre ceci ou cela, sans distinction, sans choix, sans mesure, l'enfant, ennuyé, surchargé de toutes ces promesses, les néglige, les oublie, les dédaigne enfin, et, les regardant comme autant de vaines formules, se fait un jeu de les faire et de les violer. Voulez-vous donc qu'il soit fidèle à tenir sa parole, soyez discret à l'exiger.

Le détail dans lequel je viens d'entrer sur le mensonge peut à bien des égards s'appliquer à tous les autres devoirs, qu'on ne prescrit aux enfants qu'en les leur rendant non seulement haïssables, mais impraticables. Pour paraître leur prêcher la vertu, on leur fait aimer tous les vices : on les leur donne, en leur défendant de les avoir. Veut-on les rendre pieux, on les mène s'ennuyer à l'église; en leur faisant incessamment marmotter des prières, on les force d'aspirer au bonheur de ne plus prier Dieu. Pour leur inspirer la charité, on leur fait donner l'aumône, comme si l'on dédaignait de la donner soi-même. Eh! ce n'est pas l'enfant qui doit donner, c'est le maître : quelque attachement qu'il ait pour son élève, il doit lui disputer cet honneur; il doit lui faire juger qu'à son âge on n'en est point encore digne. L'aumône est une action d'homme qui connaît la valeur de ce qu'il donne, et le besoin que son semblable en a. L'enfant, qui ne connaît rien de cela, ne peut avoir aucun mérite à donner; il donne sans charité, sans bienfaisance; il est presque honteux de donner, quand, fondé sur son exemple et le vôtre, il croit qu'il n'y a que les enfants qui donnent, et qu'on ne fait plus l'aumône étant grand.

Remarquez qu'on ne fait jamais donner par l'enfant que des choses dont il ignore la valeur, des pièces de métal qu'il a dans sa poche, et qui ne lui servent qu'à cela. Un enfant donnerait plutôt cent louis qu'un gâteau. Mais engagez ce prodigue distributeur à donner les choses qui lui sont chères, des jouets, des bonbons, son goûter, et nous saurons bientôt si vous l'avez rendu vraiment libéral.

On trouve encore un expédient à cela, c'est de rendre bien vite à l'enfant ce qu'il a donné, de sorte qu'il s'accoutume à donner tout ce qu'il sait bien qui lui va revenir. Je n'ai guère vu dans les enfants que ces deux espèces de générosité : donner ce qui ne leur est bon à rien, ou donner ce qu'ils sont sûrs qu'on va leur rendre. Faites en sorte, dit Locke, qu'ils soient convaincus par expérience que le plus libéral est toujours le mieux partagé. C'est là rendre un enfant libéral en apparence et avare en effet. Il ajoute que les enfants contracteront ainsi l'habitude de la libéralité. Oui, d'une libéralité usurière, qui donne un œuf pour avoir un bœuf. Mais, quand il s'agira de donner tout de bon, adieu l'habitude ; lorsqu'on cessera de leur rendre, ils cesseront bientôt de donner. Il faut regarder à l'habitude de l'âme plutôt qu'à celle des mains. Toutes les autres vertus qu'on apprend aux enfants ressemblent à celle-là. Et c'est à leur prêcher ces solides vertus qu'on use leurs jeunes ans dans la tristesse ! Ne voilà-t-il pas une savante éducation !

Maîtres, laissez les simagrées, soyez vertueux et bons, que vos exemples se gravent dans la mémoire de vos élèves, en attendant qu'ils puissent entrer dans leurs cœurs. Au lieu de me hâter d'exiger du mien des actes de charité, j'aime mieux en faire en sa présence, et lui ôter même le moyen de m'imiter en cela, comme un honneur qui n'est pas de son âge ; car il importe qu'il ne s'accoutume pas à regarder les devoirs des hommes seulement comme des devoirs d'enfants. Que si, me voyant assister les pauvres, il me questionne là-dessus, et qu'il soit temps de lui répondre *, je lui dirai : « Mon ami, c'est que, quand les pauvres ont bien voulu qu'il y eût des riches, les riches ont promis de nourrir tous ceux qui n'auraient de quoi vivre ni par leur bien ni par leur travail. » « Vous avez donc aussi promis cela ? » reprendra-t-il. « Sans doute ; je ne suis maître du bien qui passe par mes mains qu'avec la condition qui est attachée à sa propriété. »

---

* On doit concevoir que je ne résous pas ses questions quand il lui plaît, mais quand il me plaît ; autrement ce serait m'asservir à ses volontés, et me mettre dans la plus dangereuse dépendance où un gouverneur puisse être de son élève.

Après avoir entendu ce discours, et l'on a vu comment on peut mettre un enfant en état de l'entendre, un autre qu'Emile serait tenté de m'imiter et de se conduire en homme riche; en pareil cas, j'empêcherais au moins que ce ne fût avec ostentation; j'aimerais mieux qu'il me dérobât mon droit et se cachât pour donner. C'est une fraude de son âge, et la seule que je lui pardonnerais.

Je sais que toutes ces vertus par imitation sont des vertus de singe, et que nulle bonne action n'est moralement bonne que quand on la fait comme telle, et non parce que d'autres la font. Mais, dans un âge où le cœur ne sent rien encore, il faut bien faire imiter aux enfants les actes dont on veut leur donner l'habitude, en attendant qu'ils les puissent faire par discernement et par amour du bien. L'homme est imitateur, l'animal même l'est; le goût de l'imitation est de la nature bien ordonnée; mais il dégénère en vice dans la société. Le singe imite l'homme qu'il craint, et n'imite pas les animaux qu'il méprise; il juge bon ce que fait un être meilleur que lui. Parmi nous, au contraire, nos arlequins de toute espèce imitent le beau pour le dégrader, pour le rendre ridicule; ils cherchent dans le sentiment de leur bassesse à s'égaler ce qui vaut mieux qu'eux; ou, s'ils s'efforcent d'imiter ce qu'ils admirent, on voit dans le choix des objets le faux goût des imitateurs : ils veulent bien plus en imposer aux autres ou faire applaudir leur talent, que se rendre meilleurs ou plus sages. Le fondement de l'imitation parmi nous vient du désir de se transporter toujours hors de soi. Si je réussis dans mon entreprise, Emile n'aura sûrement pas ce désir. Il faut donc nous passer du bien apparent qu'il peut produire.

Approfondissez toutes les règles de votre éducation, vous les trouverez ainsi toutes à contresens, surtout en ce qui concerne les vertus et les mœurs. La seule leçon de morale qui convienne à l'enfance, et la plus importante à tout âge, est de ne jamais faire de mal à personne. Le précepte même de faire du bien, s'il n'est subordonné à celui-là, est dangereux, faux, contradictoire. Qui est-ce qui ne fait pas du bien ? tout le monde en fait, le méchant comme les autres; il fait un heureux aux dépens de cent misérables; et de là viennent toutes nos calamités. Les plus sublimes vertus sont négatives : elles sont aussi les plus difficiles, parce qu'elles sont sans ostentation, et au-dessus même de ce plaisir si doux au cœur de l'homme, d'en renvoyer un autre content de nous. O quel bien fait nécessairement à ses semblables celui d'entre eux, s'il en est un, qui ne leur fait jamais de mal! De quelle intrépidité d'âme, de quelle vigueur de caractère il a besoin pour cela! Ce n'est pas en raisonnant sur cette maxime, c'est en tâchant de la pratiquer, qu'on sent combien il est grand et pénible d'y réussir *.

Voilà quelques faibles idées des précautions avec lesquelles je voudrais qu'on donnât aux enfants les instructions qu'on ne peut quelquefois leur refuser sans les exposer à nuire à eux-mêmes ou aux autres, et surtout à contracter de mauvaises habitudes dont on aurait peine ensuite à les corriger : mais soyons sûrs que cette nécessité se présentera rarement pour les enfants élevés comme ils doivent l'être, parce qu'il est impossible qu'ils deviennent indociles, méchants, menteurs, avides, quand on n'aura pas semé dans leurs cœurs les vices qui les rendent tels. Ainsi ce que j'ai dit sur ce point sert plus aux exceptions qu'aux règles; mais ces exceptions sont plus fréquentes à mesure que les enfants ont plus d'occasions de sortir de leur état et de contracter les vices des hommes. Il faut nécessairement, à ceux qu'on élève au milieu du monde, des instructions plus précoces qu'à ceux qu'on élève dans la retraite. Cette éducation solitaire serait donc préférable, quand elle ne ferait que donner à l'enfance le temps de mûrir.

Il est un autre genre d'exceptions contraires pour ceux qu'un heureux naturel élève au-dessus de leur âge. Comme il y a des hommes qui ne sortent jamais de l'enfance, il y en a d'autres qui, pour ainsi dire, n'y passent point, et sont hommes presque en naissant. Le mal est que cette dernière exception est très rare, très difficile à connaître, et que chaque mère, imaginant qu'un enfant

---

* Le précepte de ne jamais nuire à autrui emporte celui de tenir à la société humaine le moins qu'il est possible; car, dans l'état social, le bien de l'un fait nécessairement le mal de l'autre. Ce rapport est dans l'essence de la chose, et rien ne saurait le changer. Qu'on cherche sur ce principe lequel est le meilleur, de l'homme social ou du solitaire. Un auteur illustre dit qu'il n'y a que le méchant qui soit seul; moi je dis qu'il n'y a que le bon qui soit seul. Si cette proposition est moins sentencieuse, elle est plus vraie et mieux raisonnée que la précédente. Si le méchant était seul, quel mal ferait-il? C'est dans la société qu'il dresse ses machines pour nuire aux autres. Si l'on veut rétorquer cet argument pour l'homme de bien, je réponds par l'article auquel appartient cette note.

peut être un prodige, ne doute point que le sien n'en soit un. Elles font plus, elles prennent pour des indices extraordinaires ceux mêmes qui marquent l'ordre accoutumé : la vivacité, les saillies, l'étourderie, la piquante naïveté; tous signes caractéristiques de l'âge, et qui montrent le mieux qu'un enfant n'est qu'un enfant. Est-il étonnant que celui qu'on fait beaucoup parler et à qui l'on permet de tout dire, qui n'est gêné par aucun égard, par aucune bienséance, fasse par hasard quelque heureuse rencontre ? Il le serait bien plus qu'il n'en fît jamais, comme il le serait qu'avec mille mensonges un astrologue ne prédît jamais aucune vérité. Ils mentiront tant, disait Henri IV, qu'à la fin ils diront vrai. Quiconque veut trouver quelques bons mots n'a qu'à dire beaucoup de sottises. Dieu garde de mal les gens à la mode, qui n'ont pas d'autre mérite pour être fêtés!

Les pensées les plus brillantes peuvent tomber dans le cerveau des enfants, ou plutôt les meilleurs mots dans leur bouche, comme les diamants du plus grand prix sous leurs mains, sans que pour cela ni les pensées ni les diamants leur appartiennent; il n'y a point de véritable propriété pour cet âge en aucun genre. Les choses que dit un enfant ne sont pas pour lui ce qu'elles sont pour nous; il n'y joint pas les mêmes idées. Ces idées, si tant est qu'il en ait, n'ont dans sa tête ni suite ni liaison; rien de fixe, rien d'assuré dans tout ce qu'il pense. Examinez votre prétendu prodige. En de certains moments vous lui trouverez un ressort d'une extrême activité, une clarté d'esprit à percer les nues. Le plus souvent ce même esprit vous paraît lâche, moite, et comme environné d'un épais brouillard. Tantôt il vous devance, et tantôt il reste immobile. Un instant vous diriez : c'est un génie, et l'instant d'après : c'est un sot. Vous vous tromperiez toujours; c'est un enfant. C'est un aiglon qui fend l'air un instant, et retombe l'instant d'après dans son aire.

Traitez-le donc selon son âge malgré les apparences, et craignez d'épuiser ses forces pour les avoir voulu trop exercer. Si ce jeune cerveau s'échauffe, si vous voyez qu'il commence à bouillonner, laissez-le d'abord fermenter en liberté, mais ne l'excitez jamais, de peur que tout ne s'exhale; et quand les premiers esprits se seront évaporés, retenez, comprimez les autres, jusqu'à ce qu'avec les années tout se tourne en chaleur vivifiante et en véritable force. Autrement vous perdrez votre temps et vos soins, vous détruirez votre propre ouvrage; et après vous être indiscrètement enivrés de toutes ces vapeurs inflammables, il ne vous restera qu'un marc sans vigueur.

Des enfants étourdis viennent les hommes vulgaires : je ne sache point d'observation plus générale et plus certaine que celle-là. Rien n'est plus difficile que de distinguer dans l'enfance la stupidité réelle, de cette apparente et trompeuse stupidité qui est l'annonce des âmes fortes. Il paraît d'abord étrange que les deux extrêmes aient des signes si semblables : et cela doit pourtant être; car, dans un âge où l'homme n'a encore nulles véritables idées, toute la différence qui se trouve entre celui qui a du génie et celui qui n'en a pas, est que le dernier n'admet que de fausses idées, et que le premier, n'en trouvant que de telles, n'en admet aucune : il ressemble donc au stupide en ce que l'un n'est capable de rien, et que rien ne convient à l'autre. Le seul signe qui peut les distinguer dépend du hasard, qui peut offrir au dernier quelque idée à sa portée, au lieu que le premier est toujours le même partout. Le jeune Caton, durant son enfance, semblait un imbécile dans la maison. Il était taciturne et opiniâtre, voilà tout le jugement qu'on portait de lui. Ce ne fut que dans l'antichambre de Sylla que son oncle apprit à le connaître. S'il ne fût point entré dans cette antichambre, peut-être eût-il passé pour une brute jusqu'à l'âge de raison. Si César n'eût point vécu, peut-être eût-on toujours traité de visionnaire ce même Caton qui pénétra son funeste génie, et prévit tous ses projets de si loin. O que ceux qui jugent si précipitamment les enfants sont sujets à se tromper! Ils sont souvent plus enfants qu'eux. J'ai vu, dans un âge assez avancé, un homme qui m'honorait de son amitié passer dans sa famille et chez ses amis pour un esprit borné : cette excellente tête se mûrissait en silence. Tout à coup il s'est montré philosophe, et je ne doute pas que la postérité ne lui marque une place honorable et distinguée parmi les meilleurs raisonneurs et les plus profonds métaphysiciens de son siècle.

Respectez l'enfance, et ne vous pressez point de la juger, soit en bien, soit en mal. Laissez les exceptions s'indiquer, se prouver, se confirmer longtemps avant d'adopter pour elles des méthodes particulières. Laissez longtemps agir la nature, avant de vous mêler d'agir à sa place, de peur de contrarier ses opérations. Vous connaissez, dites-vous, le prix du temps et n'en voulez point perdre. Vous ne voyez pas que c'est bien plus le perdre d'en mal user que de n'en rien faire, et qu'un enfant mal instruit est plus loin de la sagesse que celui qu'on n'a poin: instruit du tout. Vous êtes alarmé de le voir consumer ses premières années à ne rien faire. Comment! n'est-ce rien que d'être heureux ? n'est-ce rien que de sauter, jouer, courir toute la journée ? De sa vie il ne sera si occupé. Platon, dans sa *République*, qu'on croit si austère, n'élève les enfants qu'en fêtes, jeux, chansons, passe-temps; on dirait qu'il a tout fait quand il leur a bien appris à se réjouir; et Sénèque, parlant de l'ancienne jeunesse romaine : Elle était, dit-il, toujours debout, on ne lui enseignait rien qu'elle dût apprendre assise. En valait-elle moins, parvenue à l'âge viril ? Effrayez-vous donc peu de cette oisiveté préten-due. Que diriez-vous d'un homme qui, pour mettre toute la vie à profit, ne voudrait jamais dormir ? Vous diriez : Cet homme est insensé; il ne jouit pas du temps, il se l'ôte; pour fuir le sommeil, il court à la mort. Songez donc que c'est ici la même chose, et que l'enfance est le sommeil de la raison.

L'apparente facilité d'apprendre est cause de la perte des enfants. On ne voit pas que cette facilité même est la preuve qu'ils n'apprennent rien. Leur cerveau lisse et poli rend comme un miroir les objets qu'on lui présente; mais rien ne reste, rien ne pénètre. L'enfant retient les mots, les idées se réfléchissent; ceux qui l'écoutent les entendent, lui seul ne les entend point.

Quoique la mémoire et le raisonnement soient deux facultés essentiellement différentes, cependant l'une ne se développe véritablement qu'avec l'autre. Avant l'âge de raison l'enfant ne reçoit pas des idées, mais des images; et il y a cette différence entre les unes et les autres, que les images ne sont que des peintures absolues des objets sensibles, et que les idées sont des notions des objets, déterminées par des rapports. Une image peut être seule dans l'esprit qui se la représente; mais toute idée en suppose d'autres. Quand on imagine, on ne fait que voir; quand on conçoit, on compare. Nos sensations sont purement passives, au lieu que toutes nos perceptions ou idées naissent d'un principe actif qui juge. Cela sera démontré ci-après.

Je dis donc que les enfants, n'étant pas capables

de jugement, n'ont point de véritable mémoire. Ils retiennent des sons, des figures, des sensations, rarement des idées, plus rarement leurs liaisons. En m'objectant qu'ils apprennent quelques éléments de géométrie, on croit bien prouver contre moi ; et tout au contraire, c'est pour moi qu'on prouve : on montre que, loin de savoir raisonner d'eux-mêmes, ils ne savent pas même retenir les raisonnements d'autrui ; car suivez ces petits géomètres dans leur méthode, vous voyez aussitôt qu'ils n'ont retenu que l'exacte impression de la figure et les termes de la démonstration. A la moindre objection nouvelle, ils n'y sont plus ; renversez la figure, ils n'y sont plus. Tout leur savoir est dans la sensation, rien n'a passé jusqu'à l'entendement. Leur mémoire elle-même n'est guère plus parfaite que leurs autres facultés, puisqu'il faut presque toujours qu'ils rapprennent, étant grands, les choses dont ils ont appris les mots dans l'enfance.

Je suis cependant bien éloigné de penser que les enfants n'aient aucune espèce de raisonnement *. Au contraire, je vois qu'ils raisonnent très bien dans tout ce qu'ils connaissent et qui se rapporte à leur intérêt présent et sensible. Mais c'est sur leurs connaissances que l'on se trompe en leur prêtant celles qu'ils n'ont pas, et les faisant raisonner sur ce qu'ils ne sauraient comprendre. On se trompe encore en voulant les rendre attentifs à des considérations qui ne les touchent en aucune manière, comme celle de leur intérêt à venir, de leur bonheur étant hommes, de l'estime qu'on aura pour

---

* J'ai fait cent fois réflexion, en écrivant, qu'il est impossible, dans un long ouvrage, de donner toujours les mêmes sens aux mêmes mots. Il n'y a point de langue assez riche pour fournir autant de termes, de tours et de phrases que nos idées peuvent avoir de modifications. La méthode de définir tous les termes, et de substituer sans cesse la définition à la place du défini, est belle, mais impraticable ; car comment éviter le cercle ? Les définitions pourraient être bonnes si l'on n'employait pas des mots pour les faire. Malgré cela, je suis persuadé qu'on peut être clair, même dans la pauvreté de notre langue, non pas en donnant toujours les mêmes acceptions aux mêmes mots, mais en faisant en sorte, autant de fois qu'on emploie chaque mot, que l'acception qu'on lui donne soit suffisamment déterminée par les idées qui s'y rapportent, et que chaque période où ce mot se trouve lui serve, pour ainsi dire, de définition. Tantôt je dis que les enfants sont incapables de raisonnement, et tantôt je les fais raisonner avec assez de finesse. Je ne crois pas en cela me contredire dans mes idées, mais je ne puis disconvenir que je ne me contredise souvent dans mes expressions.

eux quand ils seront grands ; discours qui, tenus à des
êtres dépourvus de toute prévoyance, ne signifient absolument rien pour eux. Or, toutes les études forcées de
ces pauvres infortunés tendent à ces objets entièrement
étrangers à leurs esprits. Qu'on juge de l'attention qu'ils
y peuvent donner.

Les pédagogues qui nous étalent en grand appareil
les instructions qu'ils donnent à leurs disciples sont payés
pour tenir un autre langage : cependant on voit, par leur
propre conduite, qu'ils pensent exactement comme moi.
Car, que leur apprennent-ils, enfin ? Des mots, encore
des mots, et toujours des mots. Parmi les diverses sciences
qu'ils se vantent de leur enseigner, ils se gardent bien
de choisir celles qui leur seraient véritablement utiles,
parce que ce seraient des sciences de choses, et qu'ils
n'y réussiraient pas ; mais celles qu'on paraît savoir
quand on en sait les termes, le blason, la géographie,
la chronologie, les langues, etc. ; toutes études si loin
de l'homme, et surtout de l'enfant, que c'est une merveille
si rien de tout cela lui peut être utile une seule fois en
sa vie.

On sera surpris que je compte l'étude des langues
au nombre des inutilités de l'éducation : mais on se
souviendra que je ne parle ici que des études du premier âge ; et, quoi qu'on puisse dire, je ne crois pas
que, jusqu'à l'âge de douze ou quinze ans, nul enfant,
les prodiges à part, ait jamais vraiment appris deux
langues.

Je conviens que si l'étude des langues n'était que
celle des mots, c'est-à-dire des figures ou des sons qui
les expriment, cette étude pourrait convenir aux enfants :
mais les langues, en changeant les signes, modifient
aussi les idées qu'ils représentent. Les têtes se forment
sur les langages, les pensées prennent la teinte des
idiomes. La raison seule est commune, l'esprit en
chaque langue a sa forme particulière ; différence qui
pourrait bien être en partie la cause ou l'effet des caractères nationaux ; et, ce qui paraît confirmer cette conjec-
ture est que, chez toutes les nations du monde, la langue
suit les vicissitudes des mœurs, et se conserve ou s'altère
comme elles.

De ces formes diverses l'usage en donne une à l'enfant, et c'est la seule qu'il garde jusqu'à l'âge de raison.
Pour en avoir deux, il faudrait qu'il sût comparer des
idées ; et comment les comparerait-il, quand il est à

peine en état de les concevoir ? Chaque chose peut
avoir pour lui mille signes différents; mais chaque idée
ne peut avoir qu'une forme : il ne peut donc apprendre
à parler qu'une langue. Il en apprend cependant plusieurs, me dit-on : je le nie. J'ai vu de ces petits prodiges,
qui croyaient parler cinq ou six langues. Je les ai entendus
successivement parler allemand, en termes latins, en
termes français, en termes italiens; ils se servaient à la
vérité de cinq ou six dictionnaires, mais ils ne parlaient
toujours qu'allemand. En un mot, donnez aux enfants
tant de synonymes qu'il vous plaira : vous changerez
les mots, non la langue; ils n'en sauront jamais
qu'une.

C'est pour cacher en ceci leur inaptitude qu'on les
exerce par préférence sur les langues mortes, dont il
n'y a plus de juges qu'on ne puisse récuser. L'usage
familier de ces langues étant perdu depuis longtemps,
on se contente d'imiter ce qu'on en trouve écrit dans les
livres; et l'on appelle cela les parler. Si tel est le grec
et le latin des maîtres, qu'on juge de celui des enfants!
A peine ont-ils appris par cœur leur rudiment, auquel ils
n'entendent absolument rien, qu'on leur apprend d'abord
à rendre un discours français en mots latins; puis, quand
ils sont plus avancés, à coudre en prose des phrases de
Cicéron, et en vers des centons de Virgile. Alors ils
croient parler latin : qui est-ce qui viendra les contredire ?

En quelque étude que ce puisse être, sans l'idée des
choses représentées, les signes représentants ne sont
rien. On borne pourtant toujours l'enfant à ces signes,
sans jamais pouvoir lui faire comprendre aucune des
choses qu'ils représentent. En pensant lui apprendre la
description de la terre, on ne lui apprend qu'à connaître
des cartes; on lui apprend des noms de villes, de pays,
de rivières, qu'il ne conçoit pas exister ailleurs que sur
le papier où on les lui montre. Je me souviens d'avoir
vu quelque part une géographie qui commençait ainsi :
Qu'est-ce que le monde ? C'est un globe de carton. Telle
est précisément la géographie des enfants. Je pose en
fait qu'après deux ans de sphère et de cosmographie,
il n'y a pas un seul enfant de dix ans qui, sur les règles
qu'on lui a données, sût se conduire de Paris à Saint-
Denis. Je pose en fait qu'il n'y en a pas un qui, sur
un plan du jardin de son père, fût en état d'en suivre
les détours sans s'égarer. Voilà ces docteurs qui savent

à point nommé où sont Pékin, Ispahan, le Mexique, et tous les pays de la terre.

J'entends dire qu'il convient d'occuper les enfants à des études où il ne faille que des yeux : cela pourrait être s'il y avait quelque étude où il ne fallût que des yeux ; mais je n'en connais point de telle.

Par une erreur encore plus ridicule, on leur fait étudier l'histoire : on s'imagine que l'histoire est à leur portée, parce qu'elle n'est qu'un recueil de faits. Mais qu'entend-on par ce mot de faits ? Croit-on que les rapports qui déterminent les faits historiques soient si faciles à saisir, que les idées s'en forment sans peine dans l'esprit des enfants ? Croit-on que la véritable connaissance des événements soit séparable de celle de leurs causes, de celle de leurs effets, et que l'historique tienne si peu au moral qu'on puisse connaître l'un sans l'autre ? Si vous ne voyez dans les actions des hommes que les mouvements extérieurs et purement physiques, qu'apprenez-vous dans l'histoire ? Absolument rien ; et cette étude, dénuée de tout intérêt, ne vous donne pas plus de plaisir que d'instruction. Si vous voulez apprécier ces actions par leurs rapports moraux, essayez de faire entendre ces rapports à vos élèves, et vous verrez alors si l'histoire est de leur âge.

Lecteurs, souvenez-vous toujours que celui qui vous parle n'est ni un savant ni un philosophe, mais un homme simple, ami de la vérité, sans parti, sans système ; un solitaire qui, vivant peu avec les hommes, a moins d'occasions de s'imboire de leurs préjugés, et plus de temps pour réfléchir sur ce qui le frappe quand il commerce avec eux. Mes raisonnements sont moins fondés sur des principes que sur des faits ; et je crois ne pouvoir mieux vous mettre à portée d'en juger, que de vous rapporter souvent quelque exemple des observations qui me les suggèrent.

J'étais allé passer quelques jours à la campagne chez une bonne mère de famille qui prenait grand soin de ses enfants et de leur éducation. Un matin que j'étais présent aux leçons de l'aîné, son gouverneur, qui l'avait très bien instruit de l'histoire ancienne, reprenant celle d'Alexandre, tomba sur le trait connu du médecin Philippe, qu'on a mis en tableau, et qui sûrement en valait bien la peine. Le gouverneur, homme de mérite, fit sur l'intrépidité d'Alexandre plusieurs réflexions qui ne me plurent point, mais que j'évitai de combattre, pour

ne pas le décréditer dans l'esprit de son élève. A table,
on ne manqua pas, selon la méthode française, de faire
beaucoup babiller le petit bonhomme. La vivacité naturelle à son âge, et l'attente d'un applaudissement sûr,
lui firent débiter mille sottises, tout à travers lesquelles
partaient de temps en temps quelques mots heureux qui
faisaient oublier le reste. Enfin vint l'histoire du médecin
Philippe : il la raconta fort nettement et avec beaucoup
de grâce. Après l'ordinaire tribut d'éloges qu'exigeait
la mère et qu'attendait le fils, on raisonna sur ce qu'il
avait dit. Le plus grand nombre blâma la témérité
d'Alexandre; quelques-uns, à l'exemple du gouverneur,
admiraient sa fermeté, son courage : ce qui me fit
comprendre qu'aucun de ceux qui étaient présents ne
voyait en quoi consistait la véritable beauté de ce trait.
Pour moi, leur dis-je, il me paraît que s'il y a le moindre
courage, la moindre fermeté dans l'action d'Alexandre,
elle n'est qu'une extravagance. Alors tout le monde se
réunit, et convint que c'était une extravagance. J'allais
répondre et m'échauffer, quand une femme qui était à
côté de moi, et qui n'avait pas ouvert la bouche, se
pencha vers mon oreille, et me dit tout bas : Tais-toi,
Jean-Jacques, ils ne t'entendront pas. Je la regardai, je
fus frappé, et je me tus.

Après le dîner, soupçonnant sur plusieurs indices que
mon jeune docteur n'avait rien compris du tout à l'histoire qu'il avait si bien racontée, je le pris par la main,
je fis avec lui un tour de parc, et l'ayant questionné
tout à mon aise, je trouvai qu'il admirait plus que personne le courage si vanté d'Alexandre : mais savez-vous
où il voyait ce courage ? uniquement dans celui d'avaler
d'un seul trait un breuvage de mauvais goût, sans hésiter,
sans marquer la moindre répugnance. Le pauvre enfant,
à qui l'on avait fait prendre médecine il n'y avait pas
quinze jours, et qui ne l'avait prise qu'avec une peine
infinie, en avait encore le déboire à la bouche. La mort,
l'empoisonnement, ne passaient dans son esprit que
pour des sensations désagréables, et il ne concevait pas,
pour lui, d'autre poison que du séné. Cependant il faut
avouer que la fermeté du héros avait fait une grande
impression sur son jeune cœur, et qu'à la première
médecine qu'il faudrait avaler il avait bien résolu d'être
un Alexandre. Sans entrer dans des éclaircissements qui
passaient évidemment sa portée, je le confirmai dans
ces dispositions louables, et je m'en retournai riant en

moi-même de la haute sagesse des pères et des maîtres, qui pensent apprendre l'histoire aux enfants.

Il est aisé de mettre dans leurs bouches les mots de rois, d'empires, de guerres, de conquêtes, de révolutions, de lois; mais quand il sera question d'attacher à ces mots des idées nettes, il y aura loin de l'entretien du jardinier Robert à toutes ces explications.

Quelques lecteurs, mécontents du *Tais-toi, Jean-Jacques*, demanderont, je le prévois, ce que je trouve enfin de si beau dans l'action d'Alexandre. Infortunés! s'il faut vous le dire, comment le comprendrez-vous? C'est qu'Alexandre croyait à la vertu; c'est qu'il y croyait sur sa tête, sur sa propre vie; c'est que sa grande âme était faite pour y croire. O que cette médecine avalée était une belle profession de foi! Non, jamais mortel n'en fit une si sublime. S'il est quelque moderne Alexandre, qu'on me le montre à de pareils traits.

S'il n'y a point de science de mots, il n'y a point d'étude propre aux enfants. S'ils n'ont pas de vraies idées, ils n'ont point de véritable mémoire; car je n'appelle pas ainsi celle qui ne retient que des sensations. Que sert d'inscrire dans leur tête un catalogue de signes qui ne représentent rien pour eux? En apprenant les choses, n'apprendront-ils pas les signes? Pourquoi leur donner la peine inutile de les apprendre deux fois? Et cependant quels dangereux préjugés ne commence-t-on pas à leur inspirer, en leur faisant prendre pour de la science des mots qui n'ont aucun sens pour eux! C'est du premier mot dont l'enfant se paye, c'est de la première chose qu'il apprend sur la parole d'autrui, sans en voir l'utilité lui-même, que son jugement est perdu : il aura longtemps à briller aux yeux des sots avant qu'il répare une telle perte *.

---

* La plupart des savants le sont à la manière des enfants. La vaste érudition résulte moins d'une multitude d'idées que d'une multitude d'images. Les dates, les noms propres, les lieux, tous les objets isolés ou dénués d'idées, se retiennent uniquement par la mémoire des signes, et rarement se rappelle-t-on quelqu'une de ces choses sans voir en même temps le *recto* ou le *verso* de la page où on l'a lue, ou la figure sous laquelle on la vit la première fois. Telle était à peu près la science à la mode des siècles derniers. Celle de notre siècle est autre chose : on n'étudie plus, on n'observe plus; on rêve, et l'on nous donne gravement pour de la philosophie les rêves de quelques mauvaises nuits. On me dira que je rêve aussi; j'en conviens : mais ce que les autres n'ont garde de faire, je donne mes rêves pour des rêves, laissant chercher au lecteur s'ils ont quelque chose d'utile aux gens éveillés.

Non, si la nature donne au cerveau d'un enfant cette souplesse qui le rend propre à recevoir toutes sortes d'impressions, ce n'est pas pour qu'on y grave des noms de rois, des dates, des termes de blason, de sphère, de géographie, et tous ces mots sans aucun sens pour son âge et sans aucune utilité pour quelque âge que ce soit, dont on accable sa triste et stérile enfance; mais c'est pour que toutes les idées qu'il peut concevoir et qui lui sont utiles, toutes celles qui se rapportent à son bonheur et doivent l'éclairer un jour sur ses devoirs, s'y tracent de bonne heure en caractères ineffaçables, et lui servent à se conduire pendant sa vie d'une manière convenable à son être et à ses facultés.

Sans étudier dans les livres, l'espèce de mémoire que peut avoir un enfant ne reste pas pour cela oisive; tout ce qu'il voit, tout ce qu'il entend le frappe, et il s'en souvient; il tient registre en lui-même des actions, des discours des hommes; et tout ce qui l'environne est le livre dans lequel, sans y songer, il enrichit continuellement sa mémoire en attendant que son jugement puisse en profiter. C'est dans le choix de ces objets, c'est dans le soin de lui présenter sans cesse ceux qu'il peut connaître et de lui cacher ceux qu'il doit ignorer, que consiste le véritable art de cultiver en lui cette première faculté; et c'est par là qu'il faut tâcher de lui former un magasin de connaissances qui servent à son éducation durant sa jeunesse, et à sa conduite dans tous les temps. Cette méthode, il est vrai, ne forme point de petits prodiges et ne fait pas briller les gouvernantes et les précepteurs; mais elle forme des hommes judicieux, robustes, sains de corps et d'entendement, qui, sans s'être fait admirer étant jeunes, se font honorer étant grands.

Emile n'apprendra jamais rien par cœur, pas même des fables, pas même celles de La Fontaine, toutes naïves, toutes charmantes qu'elles sont; car les mots des fables ne sont pas plus les fables que les mots de l'histoire ne sont l'histoire. Comment peut-on s'aveugler assez pour appeler les fables la morale des enfants, sans songer que l'apologue, en les amusant, les abuse; que, séduits par le mensonge, ils laissent échapper la vérité, et que ce qu'on fait pour leur rendre l'instruction agréable les empêche d'en profiter? Les fables peuvent instruire les hommes; mais il faut dire la vérité nue aux enfants : sitôt qu'on la couvre d'un voile, ils ne se donnent plus la peine de le lever.

On fait apprendre les fables de La Fontaine à tous les enfants, et il n'y en a pas un seul qui les entende. Quand ils les entendraient, ce serait encore pis; car la morale en est tellement mêlée et si disproportionnée à leur âge, qu'elle les porterait plus au vice qu'à la vertu. Ce sont encore là, direz-vous, des paradoxes. Soit; mais voyons si ce sont des vérités.

Je dis qu'un enfant n'entend point les fables qu'on lui fait apprendre, parce que quelque effort qu'on fasse pour les rendre simples, l'instruction qu'on en veut tirer force d'y faire entrer des idées qu'il ne peut saisir, et que le tour même de la poésie, en les lui rendant plus faciles à retenir, les lui rend plus difficiles à concevoir, en sorte qu'on achète l'agrément aux dépens de la clarté. Sans citer cette multitude de fables qui n'ont rien d'intelligible ni d'utile pour les enfants, et qu'on leur fait indiscrètement apprendre avec les autres, parce qu'elles s'y trouvent mêlées, bornons-nous à celles que l'auteur semble avoir faites spécialement pour eux.

Je ne connais dans tout le recueil de La Fontaine que cinq ou six fables où brille éminemment la naïveté puérile; de ces cinq ou six je prends pour exemple la première de toutes *, parce que c'est celle dont la morale est le plus de tout âge, celle que les enfants saisissent le mieux, celle qu'ils apprennent avec le plus de plaisir, enfin celle que pour cela même l'auteur a mise par préférence à la tête de son livre. En lui supposant réellement l'objet d'être entendue des enfants, de leur plaire et de les instruire, cette fable est assurément son chef-d'œuvre : qu'on me permette donc de la suivre et de l'examiner en peu de mots.

LE CORBEAU ET LE RENARD

FABLE

Maître corbeau, sur un arbre perché,

Maître! que signifie ce mot en lui-même ? que signifie-t-il au-devant d'un nom propre ? quel sens a-t-il dans cette occasion ?

---

* C'est la seconde, et non la première, comme l'a très bien remarqué M. Formey.

Qu'est-ce qu'un corbeau ?

Qu'est-ce qu'*un arbre perché* ? L'on ne dit pas *sur un arbre perché*, l'on dit *perché sur un arbre*. Par conséquent, il faut parler des inversions de la poésie; il faut dire ce que c'est que prose et que vers.

> *Tenait dans son bec un fromage.*

Quel fromage ? était-ce un fromage de Suisse, de Brie, ou de Hollande ? Si l'enfant n'a point vu de corbeaux, que gagnez-vous à lui en parler ? s'il en a vu, comment concevra-t-il qu'ils tiennent un fromage à leur bec ? Faisons toujours des images d'après nature.

> *Maître renard, par l'odeur alléché,*

Encore un maître ! mais pour celui-ci c'est à bon titre : il est maître passé dans les tours de son métier. Il faut dire ce que c'est qu'un renard, et distinguer son vrai naturel du caractère de convention qu'il a dans les fables.

Alléché. Ce mot n'est pas usité. Il le faut expliquer; il faut dire qu'on ne s'en sert plus qu'en vers. L'enfant demandera pourquoi l'on parle autrement en vers qu'en prose. Que lui répondrez-vous ?

Alléché par l'odeur d'un fromage ! Ce fromage, tenu par un corbeau perché sur un arbre, devait avoir beaucoup d'odeur pour être senti par le renard dans un taillis ou dans son terrier ! Est-ce ainsi que vous exercez votre élève à cet esprit de critique judicieuse qui ne s'en laisse imposer qu'à bonnes enseignes, et sait discerner la vérité du mensonge dans les narrations d'autrui ?

> *Lui tint à peu près ce langage :*

Ce langage ! Les renards parlent donc ? ils parlent donc la même langue que les corbeaux ? Sage précepteur, prends garde à toi; pèse bien ta réponse avant de la faire; elle importe plus que tu n'as pensé.

> *Eh ! bonjour, monsieur le corbeau !*

Monsieur ! titre que l'enfant voit tourner en dérision, même avant qu'il sache que c'est un titre d'honneur. Ceux qui disent *monsieur du Corbeau* auront bien d'autres affaires avant que d'avoir expliqué ce *du*.

> *Que vous êtes joli ! que vous me semblez beau !*

Cheville, redondance inutile. L'enfant, voyant répéter

la même chose en d'autres termes, apprend à parler lâchement. Si vous dites que cette redondance est un art de l'auteur, qu'elle entre dans le dessein du renard qui veut paraître multiplier les éloges avec des paroles, cette excuse sera bonne pour moi, mais non pas pour mon élève.

Sans mentir, si votre ramage

Sans mentir ! on ment donc quelquefois ? Où en sera l'enfant si vous lui apprenez que le renard ne dit *sans mentir* que parce qu'il ment ?

Répondait à votre plumage,

Répondait ! que signifie ce mot ? Apprenez à l'enfant à comparer des qualités aussi différentes que la voix et le plumage ; vous verrez comme il vous entendra.

Vous seriez le phénix des hôtes de ces bois.

Le phénix ! Qu'est-ce qu'un phénix ? Nous voici tout à coup jetés dans la menteuse antiquité, presque dans la mythologie.

Les hôtes de ces bois ! Quel discours figuré! Le flatteur ennoblit son langage et lui donne plus de dignité pour le rendre plus séduisant. Un enfant entendra-t-il cette finesse ? sait-il seulement, peut-il savoir ce que c'est qu'un style noble et un style bas ?

A ces mots, le corbeau ne se sent pas de joie,

Il faut avoir éprouvé déjà des passions bien vives pour sentir cette expression proverbiale.

Et, pour montrer sa belle voix,

N'oubliez pas que, pour entendre ce vers et toute la fable, l'enfant doit savoir ce que c'est que la belle voix du corbeau.

Il ouvre un large bec, laisse tomber sa proie.

Ce vers est admirable, l'harmonie seule en fait image. Je vois un grand vilain bec ouvert ; j'entends tomber le fromage à travers les branches : mais ces sortes de beautés sont perdues pour les enfants.

Le renard s'en saisit, et dit : Mon bon monsieur,

Voilà donc la bonté transformée en bêtise. Assurément on ne perd pas de temps pour instruire les enfants.

> *Apprenez que tout flatteur*

Maxime générale; nous n'y sommes plus.

> *Vit aux dépens de celui qui l'écoute.*

Jamais enfant de dix ans n'entendit ce vers-là.

> *Cette leçon vaut bien un fromage, sans doute.*

Ceci s'entend, et la pensée est très bonne. Cependant il y aura encore bien peu d'enfants qui sachent comparer une leçon à un fromage, et qui ne préférassent le fromage à la leçon. Il faut donc leur faire entendre que ce propos n'est qu'une raillerie. Que de finesse pour des enfants!

> *Le corbeau, honteux et confus,*

Autre pléonasme; mais celui-ci est inexcusable.

> *Jura, mais un peu tard, qu'on ne l'y prendrait plus.*

Jura! Quel est le sot de maître qui ose expliquer à l'enfant ce que c'est qu'un serment?

Voilà bien des détails, bien moins cependant qu'il n'en faudrait pour analyser toutes les idées de cette fable, et les réduire aux idées simples et élémentaires dont chacune d'elles est composée. Mais qui est-ce qui croit avoir besoin de cette analyse pour se faire entendre à la jeunesse? Nul de nous n'est assez philosophe pour savoir se mettre à la place d'un enfant. Passons maintenant à la morale.

Je demande si c'est à des enfants de dix ans qu'il faut apprendre qu'il y a des hommes qui flattent et mentent pour leur profit? On pourrait tout au plus leur apprendre qu'il y a des railleurs qui persiflent les petits garçons, et se moquent en secret de leur sotte vanité; mais le fromage gâte tout; on leur apprend moins à ne pas le laisser tomber de leur bec qu'à le faire tomber du bec d'un autre. C'est ici mon second paradoxe, et ce n'est pas le moins important.

Suivez les enfants apprenant leurs fables, et vous verrez que, quand ils sont en état d'en faire l'application, ils en font presque toujours une contraire à l'intention de l'auteur, et qu'au lieu de s'observer sur le défaut dont on les veut guérir ou préserver, ils penchent à aimer le vice avec lequel on tire parti des défauts des autres. Dans la fable précédente, les enfants se moquent du corbeau, mais ils s'affectionnent tous au renard; dans la fable qui suit, vous croyez leur donner la cigale pour exemple; et point du tout, c'est la fourmi qu'ils choisiront. On n'aime point à s'humilier : ils prendront toujours le beau rôle; c'est le choix de l'amour-propre, c'est un choix très naturel. Or, quelle horrible leçon pour l'enfance! Le plus odieux de tous les monstres serait un enfant avare et dur, qui saurait ce qu'on lui demande et ce qu'il refuse. La fourmi fait plus encore, elle lui apprend à railler dans ses refus.

Dans toutes les fables où le lion est un des personnages, comme c'est d'ordinaire le plus brillant, l'enfant ne manque point de se faire lion; et quand il préside à quelque partage, bien instruit par son modèle, il a grand soin de s'emparer de tout. Mais, quand le moucheron terrasse le lion, c'est une autre affaire; alors l'enfant n'est plus lion, il est moucheron. Il apprend à tuer un jour à coups d'aiguillon ceux qu'il n'oserait attaquer de pied ferme.

Dans la fable du loup maigre et du chien gras, au lieu d'une leçon de modération qu'on prétend lui donner, il en prend une de licence. Je n'oublierai jamais d'avoir vu beaucoup pleurer une petite fille qu'on avait désolée avec cette fable, tout en lui prêchant toujours la docilité. On eut peine à savoir la cause de ses pleurs; on la sut enfin. La pauvre enfant s'ennuyait d'être à la chaîne, elle se sentait le cou pelé; elle pleurait de n'être pas loup.

Ainsi donc la morale de la première fable citée est pour l'enfant une leçon de la plus basse flatterie; celle de la seconde, une leçon d'inhumanité; celle de la troisième, une leçon d'injustice; celle de la quatrième, une leçon de satire; celle de la cinquième, une leçon d'indépendance. Cette dernière leçon, pour être superflue à mon élève, n'en est pas plus convenable aux vôtres. Quand vous leur donnez des préceptes qui se contredisent, quel fruit espérez-vous de vos soins ? Mais peut-être, à cela près, toute cette morale qui me sert d'objection contre les fables fournit-elle autant de raisons de les conserver. Il faut une morale en paroles et une en actions dans la société, et ces deux morales ne se ressemblent point. La première est dans le catéchisme, où on la laisse; l'autre est dans les fables de La Fontaine pour les enfants, et dans ses contes pour les mères. Le même auteur suffit à tout.

Composons, monsieur de La Fontaine. Je promets, quant à moi, de vous lire avec choix, de vous aimer, de m'instruire dans vos fables; car j'espère ne pas me tromper sur leur objet; mais, pour mon élève, permettez que je ne lui en laisse pas étudier une seule jusqu'à ce que vous m'ayez prouvé qu'il est bon pour lui d'apprendre des choses dont il ne comprendra pas le quart; que, dans celles qu'il pourra comprendre, il ne prendra jamais le change, et qu'au lieu de se corriger sur la dupe, il ne se formera pas sur le fripon.

En ôtant ainsi tous les devoirs des enfants, j'ôte les instruments de leur plus grande misère, savoir les livres. La lecture est le fléau de l'enfance, et presque la seule occupation qu'on lui sait donner. A peine à douze ans Emile saura-t-il ce que c'est qu'un livre. Mais il faut bien au moins, dira-t-on, qu'il sache lire. J'en conviens : il faut qu'il sache lire quand la lecture lui est utile; jusqu'alors elle n'est bonne qu'à l'ennuyer.

Si l'on ne doit rien exiger des enfants par obéissance, il s'ensuit qu'ils ne peuvent rien apprendre dont ils ne sentent l'avantage actuel et présent, soit d'agrément, soit d'utilité; autrement quel motif les porterait à l'apprendre ? L'art de parler aux absents et de les entendre, l'art de leur communiquer au loin sans médiateur nos sentiments, nos volontés, nos désirs, est un art dont l'utilité peut être rendue sensible à tous les âges. Par quel prodige cet art si utile et si agréable est-il devenu un tourment pour l'enfance ? Parce qu'on la contraint de s'y appliquer malgré elle, et qu'on le met à des usages auxquels elle ne comprend rien. Un enfant n'est pas fort curieux de perfectionner l'instrument avec lequel on le tourmente; mais faites que cet instrument serve à ses plaisirs, et bientôt il s'y appliquera malgré vous.

On se fait une grande affaire de chercher les meilleures méthodes d'apprendre à lire; on invente des bureaux, des cartes; on fait de la chambre d'un enfant un atelier d'imprimerie. Locke veut qu'il apprenne à lire avec des dés. Ne voilà-t-il pas une invention bien trouvée ? Quelle pitié! Un moyen plus sûr que tout cela, et celui qu'on oublie toujours, est le désir d'apprendre. Donnez à l'enfant ce désir, puis laissez là vos bureaux et vos dés, toute méthode lui sera bonne.

L'intérêt présent, voilà le grand mobile, le seul qui mène sûrement et loin. Emile reçoit quelquefois de son

père, de sa mère, de ses parents, de ses amis, des billets
d'invitation pour un dîner, pour une promenade, pour
une partie sur l'eau, pour voir quelque fête publique.
Ces billets sont courts, clairs, nets, bien écrits. Il faut
trouver quelqu'un qui les lui lise; ce quelqu'un ou ne
se trouve pas toujours à point nommé, ou rend à l'enfant le peu de complaisance que l'enfant eut pour lui
la veille. Ainsi l'occasion, le moment se passe. On lui
lit enfin le billet, mais il n'est plus temps. Ah! si l'on
eût su lire soi-même! On en reçoit d'autres : ils sont si
courts! le sujet en est si intéressant! on voudrait essayer
de les déchiffrer; on trouve tantôt de l'aide et tantôt
des refus. On s'évertue, on déchiffre enfin la moitié
d'un billet : il s'agit d'aller demain manger de la crème...
on ne sait où ni avec qui... Combien on fait d'efforts
pour lire le reste! Je ne crois pas qu'Emile ait besoin
du bureau. Parlerai-je à présent de l'écriture ? Non, j'ai
honte de m'amuser à ces niaiseries dans un traité de
l'éducation.

J'ajouterai ce seul mot qui fait une importante maxime :
c'est que, d'ordinaire, on obtient très sûrement et très
vite ce qu'on n'est pas pressé d'obtenir. Je suis presque
sûr qu'Emile saura parfaitement lire et écrire avant l'âge
de dix ans, précisément parce qu'il m'importe fort peu
qu'il le sache avant quinze; mais j'aimerais mieux qu'il
ne sût jamais lire que d'acheter cette science au prix de
tout ce qui peut la rendre utile : de quoi lui servira la
lecture quand on l'en aura rebuté pour jamais ? *Id
imprimis cavere oportebit, ne studia, qui amare nondum
potest, oderit, et amaritudinem semel perceptam etiam ultra
rudes annos reformidet.*

Plus j'insiste sur ma méthode inactive, plus je sens
les objections se renforcer. Si votre élève n'apprend rien
de vous, il apprendra des autres. Si vous ne prévenez
l'erreur par la vérité, il apprendra des mensonges; les
préjugés que vous craignez de lui donner, il les recevra
de tout ce qui l'environne, ils entreront par tous ses
sens; ou ils corrompront sa raison, même avant qu'elle
soit formée, ou son esprit, engourdi par une longue
inaction, s'absorbera dans la matière. L'inhabitude de
penser dans l'enfance en ôte la faculté durant le reste de
la vie.

Il me semble que je pourrais aisément répondre à
cela; mais pourquoi toujours des réponses ? Si ma
méthode répond d'elle-même aux objections, elle est

bonne; si elle n'y répond pas, elle ne vaut rien. Je poursuis.

Si, sur le plan que j'ai commencé de tracer, vous suivez des règles directement contraires à celles qui sont établies; si, au lieu de porter au loin l'esprit de votre élève; si, au lieu de l'égarer sans cesse en d'autres lieux, en d'autres climats, en d'autres siècles, aux extrémités de la terre, et jusque dans les cieux, vous vous appliquez à le tenir toujours en lui-même et attentif à ce qui le touche immédiatement, alors vous le trouverez capable de perception, de mémoire, et même de raisonnement; c'est l'ordre de la nature. A mesure que l'être sensitif devient actif, il acquiert un discernement proportionnel à ses forces; et ce n'est qu'avec la force surabondante à celle dont il a besoin pour se conserver, que se développe en lui la faculté spéculative propre à employer cet excès de force à d'autres usages. Voulez-vous donc cultiver l'intelligence de votre élève; cultivez les forces qu'elle doit gouverner. Exercez continuellement son corps; rendez-le robuste et sain, pour le rendre sage et raisonnable; qu'il travaille, qu'il agisse, qu'il coure, qu'il crie, qu'il soit toujours en mouvement; qu'il soit homme par la vigueur, et bientôt il le sera par la raison.

Vous l'abrutiriez, il est vrai, par cette méthode, si vous alliez toujours le dirigeant, toujours lui disant : Va, viens, reste, fais ceci, ne fais pas cela. Si votre tête conduit toujours ses bras, la sienne lui devient inutile. Mais souvenez-vous de nos conventions : si vous n'êtes qu'un pédant, ce n'est pas la peine de me lire.

C'est une erreur bien pitoyable d'imaginer que l'exercice du corps nuise aux opérations de l'esprit; comme si ces deux actions ne devaient pas marcher de concert, et que l'une ne dût pas toujours diriger l'autre!

Il y a deux sortes d'hommes dont les corps sont dans un exercice continuel, et qui sûrement songent aussi peu les uns que les autres à cultiver leur âme, savoir, les paysans et les sauvages. Les premiers sont rustres, grossiers, maladroits; les autres, connus par leur grand sens, le sont encore par la subtilité de leur esprit; généralement il n'y a rien de plus lourd qu'un paysan, ni rien de plus fin qu'un sauvage. D'où vient cette différence ? C'est que le premier, faisant toujours ce qu'on lui commande, ou ce qu'il a vu faire à son père, ou ce qu'il a fait lui-même dès sa jeunesse, ne va jamais que par routine; et, dans sa vie presque automate, occupé sans cesse des mêmes travaux, l'habitude et l'obéissance lui tiennent lieu de raison.

Pour le sauvage, c'est autre chose : n'étant attaché à aucun lieu, n'ayant point de tâche prescrite, n'obéissant à personne, sans autre loi que sa volonté, il est forcé de raisonner à chaque action de sa vie; il ne fait pas un mouvement, pas un pas, sans en avoir d'avance envisagé les suites. Ainsi, plus son corps s'exerce, plus son esprit s'éclaire; sa force et sa raison croissent à la fois et s'étendent l'une par l'autre.

Savant précepteur, voyons lequel de nos élèves ressemble au sauvage, et lequel ressemble au paysan. Soumis en tout à une autorité toujours enseignante, le vôtre ne fait rien que sur parole; il n'ose manger quand il a faim, ni rire quand il est gai, ni pleurer quand il est triste, ni présenter une main pour l'autre, ni remuer le pied que comme on le lui prescrit; bientôt il n'osera respirer que sur vos règles. A quoi voulez-vous qu'il pense, quand vous pensez à tout pour lui ? Assuré de votre prévoyance, qu'a-t-il besoin d'en avoir ? Voyant que vous vous chargez de sa conservation, de son bien-être, il se sent délivré de ce soin; son jugement se repose sur le vôtre; tout ce que vous ne lui défendez pas, il le fait sans réflexion, sachant bien qu'il le fait sans risque. Qu'a-t-il besoin d'apprendre à prévoir la pluie ? il sait que vous regardez au ciel pour lui. Qu'a-t-il besoin de régler sa promenade ? il ne craint pas que vous lui laissiez passer l'heure du dîner. Tant que vous ne lui défendez pas de manger, il mange; quand vous le lui défendez, il ne mange plus; il n'écoute plus les avis de son estomac, mais les vôtres. Vous avez beau ramollir son corps dans l'inaction, vous n'en rendez pas son entendement plus flexible. Tout au contraire, vous achevez de décréditer la raison dans son esprit, en lui faisant user le peu qu'il en a sur les choses qui paraissent le plus inutiles. Ne voyant jamais à quoi elle est bonne, il juge enfin qu'elle n'est bonne à rien. Le pis qui pourra lui arriver de mal raisonner sera d'être repris, et il l'est si souvent qu'il n'y songe guère; un danger si commun ne l'effraye plus.

Vous lui trouvez pourtant de l'esprit; et il en a pour babiller avec les femmes, sur le ton dont j'ai déjà parlé; mais qu'il soit dans le cas d'avoir à payer de sa personne, à prendre un parti dans quelque occasion difficile, vous le verrez cent fois plus stupide et plus bête que le fils du plus gros manant.

Pour mon élève, ou plutôt celui de la nature, exercé de bonne heure à se suffire à lui-même autant qu'il est possible, il ne s'accoutume point à recourir sans cesse aux autres, encore moins à leur étaler son grand savoir. En revanche, il juge, il prévoit, il raisonne en tout ce qui se rapporte immédiatement à lui. Il ne jase pas, il agit ; il ne sait pas un mot de ce qui se fait dans le monde ; mais il sait fort bien faire ce qui lui convient. Comme il est sans cesse en mouvement, il est forcé d'observer beaucoup de choses, de connaître beaucoup d'effets ; il acquiert de bonne heure une grande expérience : il prend ses leçons de la nature et non pas des hommes ; il s'instruit d'autant mieux qu'il ne voit nulle part l'intention de l'instruire. Ainsi son corps et son esprit s'exercent à la fois. Agissant toujours d'après sa pensée, et non d'après celle d'un autre, il unit continuellement deux opérations ; plus il se rend fort et robuste, plus il devient sensé et judicieux. C'est le moyen d'avoir un jour ce qu'on croit incompatible, et ce que presque tous les grands hommes ont réuni, la force du corps et celle de l'âme, la raison d'un sage et la vigueur d'un athlète.

Jeune instituteur, je vous prêche un art difficile, c'est de gouverner sans préceptes, et de tout faire en ne faisant rien. Cet art, j'en conviens, n'est pas de votre âge ; il n'est pas propre à faire briller d'abord vos talents, ni à vous faire valoir auprès des pères : mais c'est le seul propre à réussir. Vous ne parviendrez jamais à faire des sages si vous ne faites d'abord des polissons ; c'était l'éducation des Spartiates : au lieu de les coller sur des livres, on commençait par leur apprendre à voler leur dîner. Les Spartiates étaient-ils pour cela grossiers étant grands ? Qui ne connaît la force et le sel de leurs reparties ? Toujours faits pour vaincre, ils écrasaient leurs ennemis en toute espèce de guerre, et les babillards Athéniens craignaient autant leurs mots que leurs coups.

Dans les éducations les plus soignées, le maître commande et croit gouverner : c'est en effet l'enfant qui gouverne. Il se sert de ce que vous exigez de lui pour obtenir de vous ce qu'il lui plaît ; et il sait toujours vous faire payer une heure d'assiduité par huit jours de complaisance. A chaque instant il faut pactiser avec lui.

Ces traités, que vous proposez à votre mode, et qu'il exécute à la sienne, tournent toujours au profit de ses fantaisies, surtout quand on a la maladresse de mettre en condition pour son profit ce qu'il est bien sûr d'obtenir, soit qu'il remplisse ou non la condition qu'on lui impose en échange. L'enfant, pour l'ordinaire, lit beaucoup mieux dans l'esprit du maître que le maître dans le cœur de l'enfant. Et cela doit être : car toute la sagacité qu'eût employée l'enfant livré à lui-même à pourvoir à la conservation de sa personne, il l'emploie à sauver sa liberté naturelle des chaînes de son tyran ; au lieu que celui-ci, n'ayant nul intérêt si pressant à pénétrer l'autre, trouve quelquefois mieux son compte à lui laisser sa paresse ou sa vanité.

Prenez une route opposée avec votre élève ; qu'il croie toujours être le maître, et que ce soit toujours vous qui le soyez. Il n'y a point d'assujettissement si parfait que celui qui garde l'apparence de la liberté ; on captive ainsi la volonté même. Le pauvre enfant qui ne sait rien, qui ne peut rien, qui ne connaît rien, n'est-il pas à votre merci ? Ne disposez-vous pas, par rapport à lui, de tout ce qui l'environne ? N'êtes-vous pas le maître de l'affecter comme il vous plaît ? Ses travaux, ses jeux, ses plaisirs, ses peines, tout n'est-il pas dans vos mains sans qu'il le sache ? Sans doute il ne doit faire que ce qu'il veut ; mais il ne doit vouloir que ce que vous voulez qu'il fasse ; il ne doit pas faire un pas que vous ne l'ayez prévu ; il ne doit pas ouvrir la bouche que vous ne sachiez ce qu'il va dire.

C'est alors qu'il pourra se livrer aux exercices du corps que lui demande son âge, sans abrutir son esprit ; c'est alors qu'au lieu d'aiguiser sa ruse à éluder un incommode empire, vous le verrez s'occuper uniquement à tirer de tout ce qui l'environne le parti le plus avantageux pour son bien-être actuel ; c'est alors que vous serez étonné de la subtilité de ses inventions pour s'approprier tous les objets auxquels il peut atteindre, et pour jouir vraiment des choses sans le secours de l'opinion.

En le laissant ainsi maître de ses volontés, vous ne fomenterez point ses caprices. En ne faisant jamais que ce qui lui convient, il ne fera bientôt que ce qu'il doit faire ; et, bien que son corps soit dans un mouvement continuel, tant qu'il s'agira de son intérêt présent et sensible, vous verrez toute la raison dont il est capable se développer beaucoup mieux et d'une manière beaucoup plus appropriée à lui, que dans des études de pure spéculation.

Ainsi, ne vous voyant point attentif à le contrarier, ne se défiant point de vous, n'ayant rien à vous cacher, il ne vous trompera point, il ne vous mentira point; il se montrera tel qu'il est sans crainte; vous pourrez l'étudier tout à votre aise, et disposer tout autour de lui les leçons que vous voulez lui donner, sans qu'il pense jamais en recevoir aucune.

Il n'épiera point non plus vos mœurs avec une curieuse jalousie, et ne se fera point un plaisir secret de vous prendre en faute. Cet inconvénient que nous prévenons est très grand. Un des premiers soins des enfants est, comme je l'ai dit, de découvrir le faible de ceux qui les gouvernent. Ce penchant porte à la méchanceté, mais il n'en vient pas : il vient du besoin d'éluder une autorité qui les importune. Surchargés du joug qu'on leur impose, ils cherchent à le secouer; et les défauts qu'ils trouvent dans les maîtres leur fournissent de bons moyens pour cela. Cependant l'habitude se prend d'observer les gens par leurs défauts, et de se plaire à leur en trouver. Il est clair que voilà encore une source de vices bouchée dans le cœur d'Emile; n'ayant nul intérêt à me trouver des défauts, il ne m'en cherchera pas, et sera peu tenté d'en chercher à d'autres.

Toutes ces pratiques semblent difficiles, parce qu'on ne s'en avise pas; mais dans le fond elles ne doivent point l'être. On est en droit de vous supposer les lumières nécessaires pour exercer le métier que vous avez choisi; on doit présumer que vous connaissez la marche naturelle du cœur humain, que vous savez étudier l'homme et l'individu; que vous savez d'avance à quoi se pliera la volonté de votre élève à l'occasion de tous les objets intéressants que son âge que vous ferez passer sous ses yeux. Or, avoir les instruments, et bien savoir leur usage, n'est-ce pas être maître de l'opération ?

Vous objecterez les caprices de l'enfant; et vous avez tort. Le caprice des enfants n'est jamais l'ouvrage de la nature, mais d'une mauvaise discipline : c'est qu'ils ont obéi ou commandé; et j'ai dit cent fois qu'il ne fallait ni l'un ni l'autre. Votre élève n'aura donc de caprices que ceux que vous lui aurez donnés : il est juste que vous portiez la peine de vos fautes. Mais, direz-vous, comment y remédier ? Cela se peut encore, avec une meilleure conduite et beaucoup de patience.

Je m'étais chargé, durant quelques semaines, d'un enfant accoutumé non seulement à faire ses volontés, mais encore à les faire faire à tout le monde, par conséquent plein de fantaisie. Dès le premier jour, pour mettre à l'essai ma complaisance, il voulut se lever à minuit. Au plus fort de mon sommeil, il saute à bas de son lit, prend sa robe de chambre et m'appelle. Je me lève, j'allume la chandelle; il n'en voulait pas davantage; au bout d'un quart d'heure le sommeil le gagne, et il se recouche, content de son épreuve. Deux jours après, il la réitère avec le même succès, et de ma part sans le moindre signe d'impatience. Comme il m'embrassait en se recouchant, je lui dis très posément : Mon petit ami, cela va fort bien, mais n'y revenez plus. Ce mot excita sa curiosité, et dès le lendemain, voulant voir un peu comment j'oserais lui désobéir, il ne manqua pas de se relever à la même heure, et de m'appeler. Je lui demandai ce qu'il voulait. Il me dit qu'il ne pouvait dormir. *Tant pis*, repris-je, et je me tins coi. Il me pria d'allumer la chandelle. *Pourquoi faire ?* et je me tins coi. Ce ton laconique commençait à l'embarrasser. Il s'en fut à tâtons chercher le fusil qu'il fit semblant de battre, et je ne pouvais m'empêcher de rire en l'entendant se donner des coups sur les doigts. Enfin, bien convaincu qu'il n'en viendrait pas à bout, il m'apporta le briquet à mon lit; je lui dis que je n'en avais que faire, et me tournai de l'autre côté. Alors il se mit à courir étourdiment par la chambre, criant, chantant, faisant beaucoup de bruit, se donnant, à la table et aux chaises, des coups qu'il avait grand soin de modérer, et dont il ne laissait pas de crier bien fort, espérant me causer de l'inquiétude. Tout cela ne me prenait point; et je vis que, comptant sur de belles exhortations ou sur de la colère, il ne s'était nullement arrangé pour ce sang-froid.

Cependant, résolu de vaincre ma patience à force d'opiniâtreté, il continua son tintamarre avec un tel succès, qu'à la fin je m'échauffai; et, pressentant que j'allais tout gâter par un emportement hors de propos, je pris mon parti d'une autre manière. Je me levai sans rien dire, j'allai au fusil que je ne trouvai point; je le lui demande, il me le donne, pétillant de joie d'avoir enfin triomphé de moi. Je bats le fusil, j'allume la chandelle, je prends par la main mon petit bonhomme, je le mène tranquillement dans un cabinet voisin dont les volets étaient bien fermés, et où il n'y avait rien à casser : je l'y laisse sans lumière ; puis, fermant sur lui la porte à la clef, je retourne me coucher sans lui avoir dit un seul mot. Il ne faut pas demander si d'abord il y eut du vacarme, je m'y étais attendu : je ne m'en émus point. Enfin le bruit s'apaise ; j'écoute, je l'entends s'arranger, je me tranquillise. Le lendemain, j'entre au jour dans le cabinet ; je trouve mon petit mutin couché sur un lit de repos, et dormant d'un profond sommeil, dont, après tant de fatigue, il devait avoir grand besoin.

L'affaire ne finit pas là. La mère apprit que l'enfant avait passé les deux tiers de la nuit hors de son lit. Aussitôt tout fut perdu, c'était un enfant autant que mort. Voyant l'occasion bonne pour se venger, il fit le malade, sans prévoir qu'il n'y gagnerait rien. Le médecin fut appelé. Malheureusement pour la mère, ce médecin était un plaisant, qui, pour s'amuser de ses frayeurs, s'appliquait à les augmenter. Cependant il me dit à l'oreille : Laissez-moi faire, je vous promets que l'enfant sera guéri pour quelque temps de la fantaisie d'être malade. En effet, la diète et la chambre furent prescrites, et il fut recommandé à l'apothicaire. Je soupirais de voir cette pauvre mère ainsi la dupe de tout ce qui l'environnait, excepté moi seul, qu'elle prit en haine, précisément parce que je ne la trompais pas.

Après des reproches assez durs, elle me dit que son fils était délicat, qu'il était l'unique héritier de sa famille, qu'il fallait le conserver à quelque prix que ce fût, et qu'elle ne voulait pas qu'il fût contrarié. En cela j'étais bien d'accord avec elle ; mais elle entendait par le contrarier ne lui pas obéir en tout. Je vis qu'il fallait prendre avec la mère le même ton qu'avec l'enfant. Madame, lui dis-je assez froidement, je ne sais point comment on élève un héritier, et, qui plus est, je ne veux pas l'apprendre ; vous pouvez vous arranger là-dessus. On avait besoin de moi pour quelque temps encore : le père apaisa tout ; la mère écrivit au précepteur de hâter son retour ; et l'enfant, voyant qu'il ne gagnait rien à troubler mon sommeil ni à être malade, prit enfin le parti de dormir lui-même et de se bien porter.

On ne saurait imaginer à combien de pareils caprices le petit tyran avait asservi son malheureux gouverneur ; car l'éducation se faisait sous les yeux de la mère, qui ne souffrait pas que l'héritier fût désobéi en rien. A

quelque heure qu'il voulût sortir, il fallait être prêt
pour le mener, ou plutôt pour le suivre, et il avait toujours grand soin de choisir le moment où il voyait son
gouverneur le plus occupé. Il voulut user sur moi du
même empire, et se venger le jour du repos qu'il était
forcé de me laisser la nuit. Je me prêtai de bon cœur
à tout, et je commençai par bien constater à ses propres
yeux le plaisir que j'avais à lui complaire; après cela,
quand il fut question de le guérir de sa fantaisie, je m'y
pris autrement.

Il fallut d'abord le mettre dans son tort, et cela ne
fut pas difficile. Sachant que les enfants ne songent
jamais qu'au présent, je pris sur lui le facile avantage
de la prévoyance; j'eus soin de lui procurer au logis un
amusement que je savais être extrêmement de son goût;
et, dans le moment où je l'en vis le plus engoué, j'allai
lui proposer un tour de promenade; il me renvoya
bien loin; j'insistai, il ne m'écouta pas; il fallut me
rendre, et il nota précieusement en lui-même ce signe
d'assujettissement.

Le lendemain ce fut mon tour. Il s'ennuya, j'y avais
pourvu; moi, au contraire, je paraissais profondément
occupé. Il n'en fallait pas tant pour le déterminer. Il ne
manqua pas de venir m'arracher à mon travail pour le
mener promener au plus vite. Je refusai; il s'obstina.
Non, lui dis-je; en faisant votre volonté vous m'avez
appris à faire la mienne; je ne veux pas sortir. Eh bien,
reprit-il vivement, je sortirai tout seul. Comme vous voudrez. Et je reprends mon travail.

Il s'habille, un peu inquiet de voir que je le laissais
faire et que je ne l'imitais pas. Prêt à sortir, il vient me
saluer; je le salue; il tâche de m'alarmer par le récit
des courses qu'il va faire; à l'entendre, on eût cru qu'il
allait au bout du monde. Sans m'émouvoir, je lui sou-
haite un bon voyage. Son embarras redouble. Cependant
il fait bonne contenance, et, prêt à sortir, il dit à son
laquais de le suivre. Le laquais, déjà prévenu, répond
qu'il n'a pas le temps, et qu'occupé par mes ordres, il
doit m'obéir plutôt qu'à lui. Pour le coup l'enfant n'y
est plus. Comment concevoir qu'on le laisse sortir seul,
lui qui se croit l'être important à tous les autres, et
pense que le ciel et la terre sont intéressés à sa conservation ? Cependant il commence à sentir sa faiblesse;
il comprend qu'il se va trouver seul au milieu de gens
qui ne le connaissent pas; il voit d'avance les risques

qu'il va courir; l'obstination seule le soutient encore; il descend l'escalier lentement et fort interdit. Il entre enfin dans la rue, se consolant un peu du mal qui lui peut arriver par l'espoir qu'on m'en rendra responsable.

C'était là que je l'attendais. Tout était préparé d'avance; et comme il s'agissait d'une espèce de scène publique, je m'étais muni du consentement du père. A peine avait-il fait quelques pas, qu'il entend à droite et à gauche différents propos sur son compte. Voisin, le joli monsieur! où va-t-il ainsi tout seul? il va se perdre; je veux le prier d'entrer chez nous. Voisine, gardez-vous-en bien. Ne voyez-vous pas que c'est un petit libertin qu'on a chassé de la maison de son père parce qu'il ne voulait rien valoir? Il ne faut pas retirer les libertins; laissez-le aller où il voudra. Eh bien donc! que Dieu le conduise! je serais fâchée qu'il lui arrivât malheur. Un peu plus loin, il rencontre des polissons à peu près de son âge, qui l'agacent et se moquent de lui. Plus il avance, plus il trouve d'embarras. Seul et sans protection, il se voit le jouet de tout le monde, et il éprouve avec beaucoup de surprise que son nœud d'épaule et son parement d'or ne le font pas plus respecter.

Cependant un de mes amis, qu'il ne connaissait point, et que j'avais chargé de veiller sur lui, le suivait pas à pas sans qu'il y prît garde, et l'accosta quand il en fut temps. Ce rôle, qui ressemblait à celui de Sbrigani dans *Pourceaugnac*, demandait un homme d'esprit, et fut parfaitement rempli. Sans rendre l'enfant timide et craintif en le frappant d'un trop grand effroi, il lui fit si bien sentir l'imprudence de son équipée, qu'au bout d'une demi-heure il me le ramena souple, confus, et n'osant lever les yeux.

Pour achever le désastre de son expédition, précisément au moment qu'il rentrait, son père descendait pour sortir, et le rencontra dans l'escalier. Il fallut dire d'où il venait et pourquoi je n'étais pas avec lui *. Le pauvre enfant eût voulu être cent pieds sous terre. Sans s'amuser à lui faire une longue réprimande, le père lui dit plus sèchement que je ne m'y serais attendu : Quand

---

* En cas pareil, on peut sans risque exiger d'un enfant la vérité, car il sait bien alors qu'il ne saurait la déguiser, et que, s'il osait dire un mensonge, il en serait à l'instant convaincu.

vous voudrez sortir seul, vous en êtes le maître; mais, comme je ne veux point d'un bandit dans ma maison, quand cela vous arrivera, ayez soin de n'y plus rentrer.

Pour moi, je le reçus sans reproche et sans raillerie, mais avec un peu de gravité; et de peur qu'il ne soupçonnât que tout ce qui s'était passé n'était qu'un jeu, je ne voulus point le mener promener le même jour. Le lendemain je vis avec grand plaisir qu'il passait avec moi d'un air de triomphe devant les mêmes gens qui s'étaient moqués de lui la veille pour l'avoir rencontré tout seul. On conçoit bien qu'il ne me menaça plus de sortir sans moi.

C'est par ces moyens et d'autres semblables que, durant le peu de temps que je fus avec lui, je vins à bout de lui faire faire tout ce que je voulais sans lui rien prescrire, sans lui rien défendre, sans sermons, sans exhortations, sans l'ennuyer de leçons inutiles. Aussi, tant que je parlais, il était content; mais mon silence le tenait en crainte; il comprenait que quelque chose n'allait pas bien, et toujours la leçon lui venait de la chose même. Mais revenons.

Non seulement ces exercices continuels, ainsi laissés à la seule direction de la nature, en fortifiant le corps, n'abrutissent point l'esprit; mais au contraire ils forment en nous la seule espèce de raison dont le premier âge soit susceptible, et la plus nécessaire à quelque âge que ce soit. Ils nous apprennent à bien connaître l'usage de nos forces, les rapports de nos corps aux corps environnants, l'usage des instruments naturels qui sont à notre portée et qui conviennent à nos organes. Y a-t-il quelque stupidité pareille à celle d'un enfant élevé toujours dans la chambre et sous les yeux de sa mère, lequel, ignorant ce que c'est que poids et que résistance, veut arracher un grand arbre, ou soulever un rocher? La première fois que je sortis de Genève, je voulais suivre un cheval au galop, je jetais des pierres contre la montagne de Salève qui était à deux lieues de moi; jouet de tous les enfants du village, j'étais un véritable idiot pour eux. A dix-huit ans on apprend en philosophie ce que c'est qu'un levier : il n'y a point de petit paysan à douze qui ne sache se servir d'un levier mieux que le premier mécanicien de l'Académie. Les leçons que les écoliers prennent entre eux dans la cour du collège leur sont cent fois plus utiles que tout ce qu'on leur dira jamais dans la classe.

Voyez un chat entrer pour la première fois dans une chambre; il visite, il regarde, il flaire, il ne reste pas un moment en repos, il ne se fie à rien qu'après avoir tout examiné, tout connu. Ainsi fait un enfant commençant à marcher, et entrant pour ainsi dire dans l'espace du monde. Toute la différence est qu'à la vue, commune à l'enfant et au chat, le premier joint, pour observer, les mains que lui donna la nature, et l'autre l'odorat subtil dont elle l'a doué. Cette disposition, bien ou mal cultivée, est ce qui rend les enfants adroits ou lourds, pesants ou dispos, étourdis ou prudents.

Les premiers mouvements naturels de l'homme étant donc de se mesurer avec tout ce qui l'environne, et d'éprouver dans chaque objet qu'il aperçoit toutes les qualités sensibles qui peuvent se rapporter à lui, sa première étude est une sorte de physique expérimentale relative à sa propre conservation, et dont on le détourne par des études spéculatives avant qu'il ait reconnu sa place ici-bas. Tandis que ses organes délicats et flexibles peuvent s'ajuster aux corps sur lesquels ils doivent agir, tandis que ses sens encore purs sont exempts d'illusion, c'est le temps d'exercer les uns et les autres aux fonctions qui leur sont propres; c'est le temps d'apprendre à connaître les rapports sensibles que les choses ont avec nous. Comme tout ce qui entre dans l'entendement humain y vient par les sens, la première raison de l'homme est une raison sensitive; c'est elle qui sert de base à la raison intellectuelle : nos premiers maîtres de philosophie sont nos pieds, nos mains, nos yeux. Substituer des livres à tout cela, ce n'est pas nous apprendre à raisonner, c'est nous apprendre à nous servir de la raison d'autrui; c'est nous apprendre à beaucoup croire, et à ne jamais rien savoir.

Pour exercer un art, il faut commencer par s'en procurer les instruments, et, pour pouvoir employer utilement ces instruments, il faut les faire assez solides pour résister à leur usage. Pour apprendre à penser, il faut donc exercer nos membres, nos sens, nos organes, qui sont les instruments de notre intelligence; et pour tirer tout le parti possible de ces instruments, il faut que le corps, qui les fournit, soit robuste et sain. Ainsi, loin que la véritable raison de l'homme se forme indépendamment du corps, c'est la bonne constitution du corps qui rend les opérations de l'esprit faciles et sûres.

En montrant à quoi l'on doit employer la longue oisiveté de l'enfance, j'entre dans un détail qui paraîtra ridicule. Plaisantes leçons, me dira-t-on, qui, retombant sous votre propre critique, se bornent à enseigner ce que nul n'a besoin d'apprendre! Pourquoi consumer le temps à des instructions qui viennent toujours d'elles-mêmes, et ne coûtent ni peines ni soins? Quel enfant de douze ans ne sait pas tout ce que vous voulez apprendre au vôtre, et, de plus, ce que ses maîtres lui ont appris?

Messieurs, vous vous trompez : j'enseigne à mon élève un art très long, très pénible, et que n'ont assurément pas les vôtres; c'est celui d'être ignorant : car la science de quiconque ne croit savoir que ce qu'il sait se réduit à bien peu de chose. Vous donnez la science, à la bonne heure; moi je m'occupe de l'instrument propre à l'acquérir. On dit qu'un jour, les Vénitiens montrant en grande pompe leur trésor de Saint-Marc à un ambassadeur d'Espagne, celui-ci, pour tout compliment, ayant regardé sous les tables, leur dit : *Qui non c'è la radice.* Je ne vois jamais un précepteur étaler le savoir de son disciple, sans être tenté de lui en dire autant.

Tous ceux qui ont réfléchi sur la manière de vivre des anciens attribuent aux exercices de la gymnastique cette vigueur de corps et d'âme qui les distingue le plus sensiblement des modernes. La manière dont Montaigne appuie ce sentiment montre qu'il en était fortement pénétré; il y revient sans cesse et de mille façons. En parlant de l'éducation d'un enfant, pour lui raidir l'âme, il faut, dit-il, lui durcir les muscles; en l'accoutumant au travail, on l'accoutume à la douleur; il le faut rompre à l'âpreté des exercices, pour le dresser à l'âpreté de la dislocation, de la colique et de tous les maux. Le sage Locke, le bon Rollin, le savant Fleury, le pédant de Crouzas, si différents entre eux dans tout le reste, s'accordent tous en ce seul point d'exercer beaucoup le corps des enfants. C'est le plus judicieux de leurs préceptes; c'est celui qui est et sera toujours le plus négligé. J'ai déjà suffisamment parlé de son importance, et comme on ne peut là-dessus donner de meilleures raisons ni des règles plus sensées que celles qu'on trouve dans le livre de Locke, je me contenterai d'y renvoyer, après avoir pris la liberté d'ajouter quelques observations aux siennes.

Les membres d'un corps qui croît doivent être tous au

large dans leur vêtement; rien ne doit gêner leur mouvement ni leur accroissement, rien de trop juste, rien qui
colle au corps; point de ligatures. L'habillement français, gênant et malsain pour les hommes, est pernicieux
surtout aux enfants. Les humeurs, stagnantes, arrêtées
dans leur circulation, croupissent dans un repos qu'augmente la vie inactive et sédentaire, se corrompent et
causent le scorbut, maladie tous les jours plus commune
parmi nous, et presque ignorée des anciens, que leur
manière de se vêtir et de vivre en préservait. L'habillement de houssard, loin de remédier à cet inconvénient,
l'augmente, et pour sauver aux enfants quelques ligatures, les presse par tout le corps. Ce qu'il y a de mieux
à faire est de les laisser en jaquette aussi longtemps qu'il
est possible, puis de leur donner un vêtement fort large,
et de ne se point piquer de marquer leur taille, ce qui
ne sert qu'à la déformer. Leurs défauts du corps et de
l'esprit viennent presque tous de la même cause; on les
veut faire hommes avant le temps.

Il y a des couleurs gaies et des couleurs tristes : les
premières sont plus du goût des enfants; elles leur siéent
mieux aussi; et je ne vois pas pourquoi l'on ne consulterait
pas en ceci des convenances si naturelles; mais du moment
qu'ils préfèrent une étoffe parce qu'elle est riche, leurs
cœurs sont déjà livrés au luxe, à toutes les fantaisies de
l'opinion; et ce goût ne leur est sûrement pas venu
d'eux-mêmes. On ne saurait dire combien le choix des
vêtements et les motifs de ce choix influent sur l'éducation. Non seulement d'aveugles mères promettent à leurs
enfants des parures pour récompenses, on voit même
d'insensés gouverneurs menacer leurs élèves d'un habit
plus grossier et plus simple, comme d'un châtiment. Si
vous n'étudiez mieux, si vous ne conservez mieux vos
hardes, on vous habillera comme ce petit paysan. C'est
comme s'ils leur disaient : Sachez que l'homme n'est
rien que par ses habits, que votre prix est tout dans les
vôtres. Faut-il s'étonner que de si sages leçons profitent
à la jeunesse, qu'elle n'estime que la parure, et qu'elle
ne juge du mérite que sur le seul extérieur ?

Si j'avais à remettre la tête d'un enfant ainsi gâté,
j'aurais soin que ses habits les plus riches fussent les plus
incommodes, qu'il y fût toujours gêné, toujours contraint,
toujours assujetti de mille manières, je ferais fuir la
liberté, la gaieté devant sa magnificence; s'il voulait se
mêler aux jeux d'autres enfants plus simplement mis,

tout cesserait, tout disparaîtrait à l'instant. Enfin je
l'ennuierais, je le rassasierais tellement de son faste, je
le rendrais tellement l'esclave de son habit doré, que j'en
ferais le fléau de sa vie, et qu'il verrait avec moins d'effroi
le plus noir cachot que les apprêts de sa parure. Tant
qu'on n'a pas asservi l'enfant à nos préjugés, être à
son aise et libre est toujours son premier désir ; le vêtement le plus simple, le plus commode, celui qui l'assujettit le moins, est toujours le plus précieux pour lui.

Il y a une habitude du corps convenable aux exercices,
et une autre plus convenable à l'inaction. Celle-ci, laissant aux humeurs un cours égal et uniforme, doit garantir
le corps des altérations de l'air ; l'autre le faisant passer
sans cesse de l'agitation au repos et de la chaleur au
froid, doit l'accoutumer aux mêmes altérations. Il suit
de là que les gens casaniers et sédentaires doivent
s'habiller chaudement en tout temps, afin de se conserver
le corps dans une température uniforme, la même à peu
près dans toutes les saisons et à toutes les heures du
jour. Ceux, au contraire, qui vont et viennent, au vent,
au soleil, à la pluie, qui agissent beaucoup et passent la
plupart de leur temps *sub dio* doivent être toujours vêtus
légèrement, afin de s'habituer à toutes les vicissitudes de
l'air et à tous les degrés de température, sans en être
incommodés. Je conseillerais aux uns et aux autres de
ne point changer d'habits selon les saisons, et ce sera la
pratique constante de mon Emile ; en quoi je n'entends
pas qu'il porte l'été ses habits d'hiver, comme les gens
sédentaires, mais qu'il porte l'hiver ses habits d'été,
comme les gens laborieux. Ce dernier usage a été celui
du chevalier Newton pendant toute sa vie, et il a vécu
quatre-vingts ans.

Peu ou point de coiffure en toute saison. Les anciens
Egyptiens avaient toujours la tête nue ; les Perses la
couvraient de grosses tiares, et la couvrent encore de
gros turbans, dont, selon Chardin, l'air du pays leur rend
l'usage nécessaire. J'ai remarqué dans un autre endroit
la distinction que fit Hérodote sur un champ de bataille
entre les crânes des Perses et ceux des Egyptiens. Comme
donc il importe que les os de la tête deviennent plus
durs, plus compacts, moins fragiles et moins poreux,
pour mieux armer le cerveau non seulement contre les
blessures, mais contre les rhumes, les fluxions, et toutes
les impressions de l'air, accoutumez vos enfants à demeurer été et hiver, jour et nuit toujours tête nue. Que si,

pour la propreté et pour tenir leurs cheveux en ordre, vous leur voulez donner une coiffure durant la nuit, que ce soit un bonnet mince à claire-voie, et semblable au réseau dans lequel les Basques enveloppent leurs cheveux. Je sais bien que la plupart des mères, plus frappées de l'observation de Chardin que de mes raisons, croiront trouver partout l'air de Perse ; mais moi je n'ai pas choisi mon élève Européen pour en faire un Asiatique.

En général, on habille trop les enfants, et surtout durant le premier âge. Il faudrait plutôt les endurcir au froid qu'au chaud : le grand froid ne les incommode jamais, quand on les y laisse exposés de bonne heure ; mais le tissu de leur peau, trop tendre et trop lâche encore, laissant un trop libre passage à la transpiration, les livre par l'extrême chaleur à un épuisement inévitable. Aussi remarque-t-on qu'il en meurt plus dans le mois d'août que dans aucun autre mois. D'ailleurs il paraît constant, par la comparaison des peuples du Nord et de ceux du Midi, qu'on se rend plus robuste en supportant l'excès du froid que l'excès de la chaleur. Mais, à mesure que l'enfant grandit et que ses fibres se fortifient, accoutumez-le peu à peu à braver les rayons du soleil ; en allant par degrés, vous l'endurcirez sans danger aux ardeurs de la zone torride.

Locke, au milieu des préceptes mâles et sensés qu'il nous donne, retombe dans des contradictions qu'on n'attendrait pas d'un raisonneur aussi exact. Ce même homme, qui veut que les enfants se baignent l'été dans l'eau glacée, ne veut pas, quand ils sont échauffés, qu'ils boivent frais, ni qu'ils se couchent par terre dans des endroits humides *. Mais puisqu'il veut que les souliers des enfants prennent l'eau dans tous les temps, la prendront-ils moins quand l'enfant aura chaud ? et ne peut-on pas lui faire du corps, par rapport aux pieds, les mêmes inductions qu'il fait des pieds par rapport aux mains, et du corps par rapport au visage ? Si vous voulez, lui dirai-je, que l'homme soit tout visage, pourquoi me blâmez-vous de vouloir qu'il soit tout pieds ?

Pour empêcher les enfants de boire quand ils ont chaud, il prescrit de les accoutumer à manger préalablement un

---

* Comme si les petits paysans choisissaient la terre bien sèche pour s'y asseoir ou pour s'y coucher, et qu'on eût jamais ouï dire que l'humidité de la terre eût fait du mal à pas un d'eux. A écouter là-dessus les médecins, on croirait les sauvages tout perclus de rhumatismes.

morceau de pain avant que de boire. Cela est bien étrange que, quand l'enfant a soif, il faille lui donner à manger ; j'aimerais autant, quand il a faim, lui donner à boire. Jamais on ne me persuadera que nos premiers appétits soient si déréglés, qu'on ne puisse les satisfaire sans nous exposer à périr. Si cela était, le genre humain se fût cent fois détruit avant qu'on eût appris ce qu'il faut faire pour le conserver.

Toutes les fois qu'Emile aura soif, je veux qu'on lui donne à boire ; je veux qu'on lui donne de l'eau pure et sans aucune préparation, pas même de la faire dégourdir, fût-il tout en nage, et fût-on dans le cœur de l'hiver. Le seul soin que je recommande est de distinguer la qualité des eaux. Si c'est de l'eau de rivière, donnez-la-lui sur-le-champ telle qu'elle sort de la rivière ; si c'est de l'eau de source, il la faut laisser quelque temps à l'air avant qu'il la boive. Dans les saisons chaudes, les rivières sont chaudes ; il n'en est pas de même des sources, qui n'ont pas reçu le contact de l'air ; il faut attendre qu'elles soient à la température de l'atmosphère. L'hiver, au contraire, l'eau de source est à cet égard moins dangereuse que l'eau de rivière. Mais il n'est ni naturel ni fréquent qu'on se mette l'hiver en sueur, surtout en plein air ; car l'air froid, frappant incessamment sur la peau, répercute en dedans la sueur et empêche les pores de s'ouvrir assez pour lui donner un passage libre. Or, je ne prétends pas qu'Emile s'exerce l'hiver au coin d'un bon feu, mais dehors, en pleine campagne, au milieu des glaces. Tant qu'il ne s'échauffera qu'à faire et lancer des balles de neige, laissons-le boire quand il aura soif ; qu'il continue de s'exercer après avoir bu, et n'en craignons aucun accident. Que si par quelque autre exercice il se met en sueur et qu'il ait soif, qu'il boive froid, même en ce temps-là. Faites seulement en sorte de le mener au loin et à petits pas chercher son eau. Par le froid qu'on suppose, il sera suffisamment rafraîchi en arrivant pour la boire sans aucun danger. Surtout prenez ces précautions sans qu'il s'en aperçoive. J'aimerais mieux qu'il fût quelquefois malade que sans cesse attentif à sa santé.

Il faut un long sommeil aux enfants, parce qu'ils font un extrême exercice. L'un sert de correctif à l'autre ; aussi voit-on qu'ils ont besoin de tous deux. Le temps du repos est celui de la nuit, il est marqué par la nature. C'est une observation constante que le sommeil est plus tranquille et plus doux tandis que le soleil est sous l'hori-

zon, et que l'air échauffé de ses rayons ne maintient pas
nos sens dans un si grand calme. Ainsi l'habitude la
plus salutaire est certainement de se lever et de se coucher
avec le soleil. D'où il suit que dans nos climats l'homme
et tous les animaux ont en général besoin de dormir plus
longtemps l'hiver que l'été. Mais la vie civile n'est pas
assez simple, assez naturelle, assez exempte de révolutions, d'accidents, pour qu'on doive accoutumer l'homme
à cette uniformité, au point de la lui rendre nécessaire.
Sans doute il faut s'assujettir aux règles ; mais la première est de pouvoir les enfreindre sans risque quand la
nécessité le veut. N'allez donc pas amollir indiscrètement
votre élève dans la continuité d'un paisible sommeil,
qui ne soit jamais interrompu. Livrez-le d'abord sans
gêne à la loi de la nature ; mais n'oubliez pas que parmi
nous il doit être au-dessus de cette loi ; qu'il doit pouvoir
se coucher tard, se lever matin, être éveillé brusquement,
passer les nuits debout, sans en être incommodé. En s'y
prenant assez tôt, en allant toujours doucement et par
degrés, on forme le tempérament aux mêmes choses qui
le détruisent quand on l'y soumet déjà tout formé.

Il importe de s'accoutumer d'abord à être mal couché ;
c'est le moyen de ne plus trouver de mauvais lit. En
général, la vie dure, une fois tournée en habitude, multiplie les sensations agréables ; la vie molle en prépare une
infinité de déplaisantes. Les gens élevés trop délicatement ne trouvent plus le sommeil que sur le duvet ;
les gens accoutumés à dormir sur des planches le trouvent
partout : il n'y a point de lit dur pour qui s'endort en
se couchant.

Un lit mollet, où l'on s'ensevelit dans la plume ou
dans l'édredon, fond et dissout le corps pour ainsi dire.
Les reins enveloppés trop chaudement s'échauffent.
De là résultent souvent la pierre ou d'autres incommodités, et infailliblement une complexion délicate qui les
nourrit toutes.

Le meilleur lit est celui qui procure un meilleur sommeil. Voilà celui que nous nous préparons Emile et
moi pendant la journée. Nous n'avons pas besoin qu'on
nous amène des esclaves de Perse pour faire nos lits ;
en labourant la terre nous remuons nos matelas.

Je sais par expérience que quand un enfant est en
santé, l'on est maître de le faire dormir et veiller presque
à volonté. Quand l'enfant est couché, et que de son babil
il ennuie sa bonne, elle lui dit : *Dormez ;* c'est comme si

elle lui disait : *Portez-vous bien !* quand il est malade.
Le vrai moyen de le faire dormir est de l'ennuyer lui-
même. Parlez tant qu'il soit forcé de se taire, et bientôt
il dormira : les sermons sont toujours bons à quelque
chose ; autant vaut le prêcher que le bercer ; mais si vous
employez le soir ce narcotique, gardez-vous de l'employer
le jour.

J'éveillerai quelquefois Emile, moins de peur qu'il ne
prenne l'habitude de dormir trop longtemps que pour
l'accoutumer à tout, même à être éveillé brusquement.
Au surplus, j'aurais bien peu de talent pour mon emploi,
si je ne savais pas le forcer à s'éveiller de lui-même, et à
se lever, pour ainsi dire, à ma volonté, sans que je lui
dise un seul mot.

S'il ne dort pas assez, je lui laisse entrevoir pour le
lendemain une matinée ennuyeuse, et lui-même regardera comme autant de gagné tout ce qu'il en pourra
laisser au sommeil ; s'il dort trop, je lui montre à son
réveil un amusement de son goût. Veux-je qu'il s'éveille
à point nommé, je lui dis : Demain à six heures on part
pour la pêche, on se va promener à tel endroit ; voulez-
vous en être ? Il consent, il me prie de l'éveiller : je
promets, ou je ne promets point, selon le besoin ; s'il
s'éveille trop tard, il me trouve parti. Il y aura du malheur
si bientôt il n'apprend à s'éveiller de lui-même.

Au reste, s'il arrivait, ce qui est rare, que quelque
enfant indolent eût du penchant à croupir dans la paresse,
il ne faut point le livrer à ce penchant, dans lequel il
s'engourdirait tout à fait, mais lui administrer quelque
stimulant qui l'éveille. On conçoit bien qu'il n'est pas
question de le faire agir par force, mais de l'émouvoir
par quelque appétit qui l'y porte ; et cet appétit, pris
avec choix dans l'ordre de la nature, nous mène à la
fois à deux fins.

Je n'imagine rien dont, avec un peu d'adresse, on ne
pût inspirer le goût, même la fureur, aux enfants, sans
vanité, sans émulation, sans jalousie. Leur vivacité,
leur esprit imitateur, suffisent ; surtout leur gaieté naturelle, instrument dont la prise est sûre, et dont jamais
précepteur ne sut s'aviser. Dans tous les jeux où ils sont
bien persuadés que ce n'est que jeu, ils souffrent sans
se plaindre, et même en riant, ce qu'ils ne souffriraient
jamais autrement sans verser des torrents de larmes. Les
longs jeûnes, les coups, la brûlure, les fatigues de toute
espèce, sont les amusements des jeunes sauvages ; preuve

que la douleur même a son assaisonnement qui peut en ôter l'amertume ; mais il n'appartient pas à tous les maîtres de savoir apprêter ce ragoût, ni peut-être à tous les disciples de le savourer sans grimace. Me voilà de nouveau, si je n'y prends garde, égaré dans les exceptions.

Ce qui n'en souffre point est cependant l'assujettissement de l'homme à la douleur, aux maux de son espèce, aux accidents, aux périls de la vie, enfin à la mort ; plus on le familiarisera avec toutes ces idées, plus on le guérira de l'importune sensibilité qui ajoute au mal l'impatience de l'endurer ; plus on l'apprivoisera avec les souffrances qui peuvent l'atteindre, plus on leur ôtera, comme eût dit Montaigne, la pointure de l'étrangeté ; et plus aussi l'on rendra son âme invulnérable et dure ; son corps sera la cuirasse qui rebouchera tous les traits dont il pourrait être atteint au vif. Les approches mêmes de la mort n'étant point la mort, à peine la sentira-t-il comme telle ; il ne mourra pas, pour ainsi dire, il sera vivant ou mort, rien de plus. C'est de lui que le même Montaigne eût pu dire, comme il a dit d'un roi de Maroc, que nul homme n'a vécu si avant dans la mort. La constance et la fermeté sont, ainsi que les autres vertus, des apprentissages de l'enfance ; mais ce n'est pas en apprenant leurs noms aux enfants qu'on les leur enseigne, c'est en les leur faisant goûter, sans qu'ils sachent ce que c'est.

Mais, à propos de mourir, comment nous conduirons-nous avec notre élève relativement au danger de la petite vérole ? La lui ferons-nous inoculer en bas âge, ou si nous attendrons qu'il la prenne naturellement ? Le premier parti, plus conforme à notre pratique, garantit du péril l'âge où la vie est la plus précieuse, au risque de celui où elle l'est le moins, si toutefois on peut donner le nom de risque à l'inoculation bien administrée.

Mais le second est plus dans nos principes généraux, de laisser faire en tout la nature dans les soins qu'elle aime à prendre seule, et qu'elle abandonne aussitôt que l'homme veut s'en mêler. L'homme de la nature est toujours préparé : laissons-le inoculer par ce maître, il choisira mieux le moment que nous.

N'allez pas de là conclure que je blâme l'inoculation ; car le raisonnement sur lequel j'en exempte mon élève irait très mal aux vôtres. Votre éducation les prépare à ne point échapper à la petite vérole au moment qu'ils en seront attaqués; si vous la laissez venir au hasard, il est probable qu'ils en périront. Je vois que dans les différents pays on résiste d'autant plus à l'inoculation qu'elle y devient plus nécessaire; et la raison de cela se sent aisément. A peine aussi daignerai-je traiter cette question pour mon Emile. Il sera inoculé, ou il ne le sera pas, selon les temps, les lieux, les circonstances : cela est presque indifférent pour lui. Si on lui donne la petite vérole, on aura l'avantage de prévoir et connaître son mal d'avance; c'est quelque chose; mais s'il la prend naturellement, nous l'aurons préservé du médecin, c'est encore plus.

Une éducation exclusive, qui tend seulement à distinguer du peuple ceux qui l'ont reçue, préfère toujours les instructions les plus coûteuses aux plus communes, et par cela même aux plus utiles. Ainsi les jeunes gens élevés avec soin apprennent tous à monter à cheval, parce qu'il en coûte beaucoup pour cela; mais presque aucun d'eux n'apprend à nager, parce qu'il n'en coûte rien, et qu'un artisan peut savoir nager aussi bien que qui que ce soit. Cependant, sans avoir fait son académie, un voyageur monte à cheval, s'y tient, et s'en sert assez pour le besoin; mais, dans l'eau, si l'on ne nage on se noie, et l'on ne nage point sans l'avoir appris. Enfin l'on n'est pas obligé de monter à cheval sous peine de la vie, au lieu que nul n'est sûr d'éviter un danger auquel on est si souvent exposé. Emile sera dans l'eau comme sur la terre. Que ne peut-il vivre dans tous les éléments! Si l'on pouvait apprendre à voler dans les airs, j'en ferais un aigle; j'en ferais une salamandre, si l'on pouvait s'endurcir au feu.

On craint qu'un enfant ne se noie en apprenant à nager; qu'il se noie en apprenant ou pour n'avoir pas appris, ce sera toujours votre faute. C'est la seule vanité qui nous rend téméraires; on ne l'est point quand on n'est vu de personne : Emile ne le serait pas, quand il serait vu de tout l'univers. Comme l'exercice ne dépend pas du risque, dans un canal du parc de son père il apprendrait à traverser l'Hellespont; mais il faut s'apprivoiser au risque même, pour apprendre à ne s'en pas troubler; c'est une partie essentielle de l'apprentissage dont je parlais tout à l'heure. Au reste, attentif à mesurer le danger à ses forces et à le partager toujours avec lui, je n'aurai guère d'imprudence à craindre, quand je réglerai le soin de sa conservation sur celui que je dois à la mienne.

Un enfant est moins grand qu'un homme; il n'a ni sa force ni sa raison : mais il voit et entend aussi bien que lui, ou à très peu près; il a le goût aussi sensible, quoiqu'il l'ait moins délicat, et distingue aussi bien les odeurs, quoiqu'il n'y mette pas la même sensualité. Les premières facultés qui se forment et se perfectionnent en nous sont les sens. Ce sont donc les premières qu'il faudrait cultiver; ce sont les seules qu'on oublie, ou celles qu'on néglige le plus.

Exercer les sens n'est pas seulement en faire usage, c'est apprendre à bien juger par eux, c'est apprendre, pour ainsi dire, à sentir; car nous ne savons ni toucher, ni voir, ni entendre, que comme nous avons appris.

Il y a un exercice purement naturel et mécanique, qui sert à rendre le corps robuste sans donner aucune prise au jugement : nager, courir, sauter, fouetter un sabot, lancer des pierres; tout cela est fort bien; mais n'avons-nous que des bras et des jambes ? n'avons-nous pas aussi des yeux, des oreilles ? et ces organes sont-ils superflus à l'usage des premiers ? N'exercez donc pas seulement les forces, exercez tous les sens qui les dirigent; tirez de chacun d'eux tout le parti possible, puis vérifiez l'impression de l'un par l'autre. Mesurez, comptez, pesez, comparez. N'employez la force qu'après avoir estimé la résistance; faites toujours en sorte que l'estimation de l'effet précède l'usage des moyens. Intéressez l'enfant à ne jamais faire d'efforts insuffisants ou superflus. Si vous l'accoutumez à prévoir ainsi l'effet de tous ses mouvements, et à redresser ses erreurs par l'expérience, n'est-il pas clair que plus il agira, plus il deviendra judicieux ?

S'agit-il d'ébranler une masse; s'il prend un levier trop long, il dépensera trop de mouvement; s'il le prend trop court, il n'aura pas assez de force; l'expérience lui peut apprendre à choisir précisément le bâton qu'il lui faut. Cette sagesse n'est donc pas au-dessus de son âge. S'agit-il de porter un fardeau; s'il veut le prendre aussi pesant qu'il peut le porter et n'en point essayer qu'il ne soulève, ne sera-t-il pas forcé d'en estimer le poids à la vue ? Sait-il comparer des masses de même matière et de différentes grosseurs, qu'il choisisse entre des masses de même grosseur et de différentes matières; il faudra bien qu'il s'applique à comparer leurs poids spécifiques. J'ai vu un jeune homme, très bien élevé, qui ne voulut croire qu'après l'épreuve qu'un seau plein de gros copeaux de bois de chêne fût moins pesant que le même seau rempli d'eau.

Nous ne sommes pas également maîtres de l'usage de tous nos sens. Il y en a un, savoir, le toucher, dont l'action n'est jamais suspendue durant la veille; il a été répandu sur la surface entière de notre corps, comme une garde continuelle pour nous avertir de tout ce qui peut l'offenser. C'est aussi celui dont, bon gré, mal gré, nous acquérons le plus tôt l'expérience par cet exercice continuel, et auquel, par conséquent, nous avons moins besoin de donner une culture particulière. Cependant nous observons que les aveugles ont le tact plus sûr et plus fin que nous, parce que, n'étant pas guidés par la vue, ils sont forcés d'apprendre à tirer uniquement du premier sens les jugements que nous fournit l'autre. Pourquoi donc ne nous exerce-t-on pas à marcher comme eux dans l'obscurité, à connaître les corps que nous pouvons atteindre, à juger des objets qui nous environnent, à faire, en un mot, de nuit et sans lumière, tout ce qu'ils font de jour et sans yeux ? Tant que le soleil luit, nous avons sur eux l'avantage; dans les ténèbres, ils sont nos guides à leur tour. Nous sommes aveugles la moitié de la vie; avec la différence que les vrais aveugles savent toujours se conduire; et que nous n'osons faire un pas au cœur de la nuit. On a de la lumière, me dira-t-on. Eh quoi! toujours des machines! Qui vous répond qu'elles vous suivront partout au besoin ? Pour moi, j'aime mieux qu'Emile ait des yeux au bout de ses doigts que dans la boutique d'un chandelier.

Etes-vous enfermé dans un édifice au milieu de la nuit, frappez des mains; vous apercevrez, au résonnement du lieu, si l'espace est grand ou petit, si vous êtes au milieu ou dans un coin. A demi-pied d'un mur, l'air moins ambiant et plus réfléchi vous porte une autre sensation au visage. Restez en place, et tournez-vous successivement de tous les côtés; s'il y a une porte ouverte, un léger courant d'air vous l'indiquera. Etes-vous dans un bateau, vous connaîtrez, à la manière dont l'air vous frappera le visage, non seulement en quel sens vous allez, mais si le fil de la rivière vous entraîne lentement ou vite. Ces observations, et mille autres semblables, ne peuvent bien se faire que de nuit; quelque attention que nous voulions leur donner en plein jour, nous serons aidés ou distraits par la vue, elles nous échapperont.

Cependant il n'y a encore ici ni mains ni bâton. Que de connaissances oculaires on peut acquérir par le toucher même sans rien toucher du tout!

Beaucoup de jeux de nuit. Cet avis est plus important qu'il ne semble. La nuit effraye naturellement les hommes, et quelquefois les animaux*. La raison, les connaissances, l'esprit, le courage, délivrent peu de gens de ce tribut. J'ai vu des raisonneurs, des esprits forts, des philosophes, des militaires intrépides en plein jour, trembler la nuit comme des femmes au bruit d'une feuille d'arbre. On attribue cet effroi aux contes des nourrices; on se trompe : il a une cause naturelle. Quelle est cette cause ? la même qui rend les sourds défiants et le peuple superstitieux, l'ignorance des choses qui nous environnent et de ce qui se passe autour de nous**.

---

* Cet effroi devient très manifeste dans les grandes éclipses de soleil.

** En voici encore une autre cause bien expliquée par un philosophe dont je cite souvent le livre, et dont les grandes vues m'instruisent encore plus souvent.

« Lorsque, par des circonstances particulières, nous ne pouvons avoir une idée juste de la distance, et que nous ne pouvons juger des objets que par la grandeur de l'angle ou plutôt de l'image qu'ils forment dans nos yeux, nous nous trompons alors nécessairement sur la grandeur de ces objets. Tout le monde a éprouvé qu'en voyageant la nuit on prend un buisson dont on est près pour un grand arbre dont on est loin, ou bien on prend un grand arbre éloigné pour un buisson qui est voisin; de même, si on ne connaît pas les objets par leur forme, et qu'on ne puisse avoir par ce moyen aucune idée de distance, on se trompera encore nécessairement. Une mouche qui passera avec rapidité à quelques pouces de distance de nos yeux nous paraîtra dans ce cas être un oiseau qui en serait à une très grande distance; un cheval qui serait sans mouvement dans le milieu d'une campagne, et qui serait dans une attitude semblable, par exemple, à celle d'un mouton, ne nous paraîtra plus qu'un gros mouton, tant que nous ne reconnaîtrons pas que c'est un cheval; mais, dès que nous l'aurons reconnu, il nous paraîtra dans l'instant gros comme un cheval, et nous rectifierons sur-le-champ notre premier jugement.

« Toutes les fois qu'on se trouvera dans la nuit dans des lieux inconnus où l'on ne pourra juger de la distance, et où l'on pourra reconnaître la forme des choses à cause de l'obscurité, on sera en danger de tomber à tout instant dans l'erreur au sujet des jugements que l'on fera sur les objets qui se présenteront. C'est de là que vient la frayeur et l'espèce de crainte intérieure que l'obscurité de la nuit fait sentir à presque tous les hommes; c'est sur cela qu'est fondée l'apparence des spectres et des figures gigantesques et épouvantables que tant de gens disent avoir vus. On leur répond communément que ces figures

Accoutumé d'apercevoir de loin les objets et de prévoir leurs impressions d'avance, comment, ne voyant plus rien de ce qui m'entoure, n'y supposerais-je pas mille êtres, mille mouvements qui peuvent me nuire, et dont il m'est impossible de me garantir ? J'ai beau savoir que je suis en sûreté dans le lieu où je me trouve, je ne le sais jamais aussi bien que si je le voyais actuellement : j'ai donc toujours un sujet de crainte que je n'avais pas en plein jour. Je sais, il est vrai, qu'un corps étranger ne peut guère agir sur le mien sans s'annoncer par quelque bruit ; aussi, combien j'ai sans cesse l'oreille alerte ! Au moindre bruit dont je ne puis discerner la cause, l'intérêt de ma conservation me fait d'abord supposer tout ce qui doit le plus m'engager à me tenir sur mes

étaient dans leur imagination ; cependant elles pouvaient être réellement dans leurs yeux, et il est très possible qu'ils aient en effet vu ce qu'ils disent avoir vu ; car il doit arriver nécessairement, toutes les fois qu'on ne pourra juger d'un objet que par l'angle qu'il forme dans l'œil, que cet objet inconnu grossira et grandira à mesure qu'on en sera plus voisin ; et que s'il a d'abord paru au spectateur, qui ne peut connaître ce qu'il voit ni juger à quelle distance il le voit ; que s'il a paru, dis-je, d'abord de la hauteur de quelques pieds lorsqu'il était à la distance de vingt ou trente pas, il doit paraître haut de plusieurs toises lorsqu'il n'en sera plus éloigné que de quelques pieds ; ce qui doit en effet l'étonner et l'effrayer jusqu'à ce qu'enfin il vienne à toucher l'objet ou à le reconnaître ; car, dans l'instant même qu'il reconnaîtra ce que c'est, cet objet, qui lui paraissait gigantesque, diminuera tout à coup, et ne lui paraîtra plus avoir que sa grandeur réelle ; mais, si l'on fuit ou qu'on n'ose approcher, il est certain qu'on n'aura d'autre idée de cet objet que celle de l'image qu'il formait dans l'œil, et qu'on aura réellement vu une figure gigantesque ou épouvantable par la grandeur et par la forme. Le préjugé des spectres est donc fondé dans la nature, et ces apparences ne dépendent pas, comme le croient les philosophes, uniquement de l'imagination. » (*Hist. nat.*, t. VI, p. 22, in-12.)

J'ai tâché de montrer dans le texte comment il en dépend toujours en partie et, quant à la cause expliquée dans ce passage, on voit que l'habitude de marcher la nuit doit nous apprendre à distinguer les apparences que la ressemblance des formes et la diversité des distances font prendre aux objets à nos yeux dans l'obscurité ; car, lorsque l'air est encore assez éclairé pour nous laisser apercevoir les contours des objets, comme il y a plus d'air interposé dans un plus grand éloignement, nous devons toujours voir ces contours moins marqués quand l'objet est plus loin de nous ; ce qui suffit à force d'habitude pour nous garantir de l'erreur qu'explique ici M. de Buffon. Quelque explication qu'on préfère, ma méthode est donc toujours efficace, et c'est ce que l'expérience confirme parfaitement.

gardes, et par conséquent tout ce qui est le plus propre à m'effrayer.

N'entends-je absolument rien, je ne suis pas pour cela tranquille; car enfin sans bruit on peut encore me surprendre. Il faut que je suppose les choses telles qu'elles étaient auparavant, telles qu'elles doivent encore être, que je voie ce que je ne vois pas. Ainsi, forcé de mettre en jeu mon imagination, bientôt je n'en suis plus le maître, et ce que j'ai fait pour me rassurer ne sert qu'à m'alarmer davantage. Si j'entends du bruit, j'entends des voleurs; si je n'entends rien, je vois des fantômes; la vigilance que m'inspire le soin de me conserver ne me donne que sujets de crainte. Tout ce qui doit me rassurer n'est que dans ma raison, l'instinct plus fort me parle tout autrement qu'elle. A quoi bon penser qu'on n'a rien à craindre, puisque alors on n'a rien à faire ?

La cause du mal trouvée indique le remède. En toute chose l'habitude tue l'imagination; il n'y a que les objets nouveaux qui la réveillent. Dans ceux que l'on voit tous les jours, ce n'est plus l'imagination qui agit, c'est la mémoire; et voilà la raison de l'axiome : *Ab assuetis non fit passio*, car ce n'est qu'au feu de l'imagination que les passions s'allument. Ne raisonnez donc pas avec celui que vous voulez guérir de l'horreur des ténèbres; menez-l'y souvent, et soyez sûr que tous les arguments de la philosophie ne vaudront pas cet usage. La tête ne tourne point aux couvreurs sur les toits, et l'on ne voit plus avoir peur dans l'obscurité quiconque est accoutumé d'y être.

Voilà donc pour nos jeux de nuit un autre avantage ajouté au premier; mais pour que ces jeux réussissent, je n'y puis trop recommander la gaieté. Rien n'est si triste que les ténèbres; n'allez pas enfermer votre enfant dans un cachot. Qu'il rie en entrant dans l'obscurité; que le rire le reprenne avant qu'il en sorte; que, tandis qu'il y est, l'idée des amusements qu'il quitte, et de ceux qu'il va retrouver, le défende des imaginations fantastiques qui pourraient l'y venir chercher.

Il est un terme de la vie au-delà duquel on rétrograde en avançant. Je sens que j'ai passé ce terme. Je recommence, pour ainsi dire, une autre carrière. Le vide de l'âge mûr, qui s'est fait sentir à moi, me retrace le doux temps du premier âge. En vieillissant, je redeviens enfant, et je me rappelle plus volontiers ce que j'ai fait à dix ans qu'à trente. Lecteurs, pardonnez-moi donc de tirer

quelquefois mes exemples de moi-même ; car, pour bien
faire ce livre, il faut que je le fasse avec plaisir.

J'étais à la campagne en pension chez un ministre
appelé M. Lambercier. J'avais pour camarade un cousin
plus riche que moi, et qu'on traitait en héritier, tandis que,
éloigné de mon père, je n'étais qu'un pauvre orphelin.
Mon grand cousin Bernard était singulièrement poltron,
surtout la nuit. Je me moquai tant de sa frayeur, que
M. Lambercier, ennuyé de mes vanteries, voulut mettre
mon courage à l'épreuve. Un soir d'automne, qu'il faisait
très obscur, il me donna la clef du temple, et me dit d'aller
chercher dans la chaire la Bible qu'on y avait laissée. Il
ajouta, pour me piquer d'honneur, quelques mots qui
me mirent dans l'impuissance de reculer.

Je partis sans lumière ; si j'en avais eu, ç'aurait peut-
être été pis encore. Il fallait passer par le cimetière : je
le traversai gaillardement ; car, tant que je me sentais en
plein air, je n'eus jamais de frayeurs nocturnes.

En ouvrant la porte, j'entendis à la voûte un certain
retentissement que je crus ressembler à des voix, et qui
commença d'ébranler ma fermeté romaine. La porte
ouverte, je voulus entrer ; mais à peine eus-je fait quelques
pas, que je m'arrêtai. En apercevant l'obscurité profonde
qui régnait dans ce vaste lieu, je fus saisi d'une terreur
qui me fit dresser les cheveux : je rétrograde, je sors, je me
mets à fuir tout tremblant. Je trouvai dans la cour un
petit chien nommé *Sultan*, dont les caresses me rassu-
rèrent. Honteux de ma frayeur, je revins sur mes pas,
tâchant pourtant d'emmener avec moi *Sultan*, qui ne
voulut pas me suivre. Je franchis brusquement la porte,
j'entre dans l'église. A peine y fus-je rentré, que la frayeur
me reprit, mais si fortement, que je perdis la tête ; et,
quoique la chaire fût à droite, et que je le susse très bien,
ayant tourné sans m'en apercevoir, je la cherchai longtemps à gauche, je m'embarrassai dans les bancs, je ne
savais plus où j'étais, et, ne pouvant trouver ni la chaire
ni la porte, je tombai dans un bouleversement inexpri-
mable. Enfin, j'aperçois la porte, je viens à bout de sortir
du temple, et je m'en éloigne comme la première fois,
bien résolu de n'y jamais rentrer seul qu'en plein jour.

Je reviens jusqu'à la maison. Prêt à entrer, je distingue
la voix de M. Lambercier à de grands éclats de rire. Je
les prends pour moi d'avance, et, confus de m'y voir
exposé, j'hésite à ouvrir la porte. Dans cet intervalle,
j'entends Mlle Lambercier s'inquiéter de moi, dire à la

servante de prendre la lanterne, et M. Lambercier se disposer à me venir chercher, escorté de mon intrépide
cousin, auquel ensuite on n'aurait pas manqué de faire
tout l'honneur de l'expédition. A l'instant toutes mes
frayeurs cessent, et ne me laissent que celle d'être surpris
dans ma fuite : je cours, je vole au temple; sans m'égarer,
sans tâtonner, j'arrive à la chaire; j'y monte, je prends la
Bible, je m'élance en bas; dans trois sauts je suis hors du
temple, dont j'oubliai même de fermer la porte; j'entre
dans la chambre, hors d'haleine, je jette la Bible sur la
table, effaré, mais palpitant d'aise d'avoir prévenu le
secours qui m'était destiné.

On me demandera si je donne ce trait pour un modèle
à suivre, et pour un exemple de la gaieté que j'exige dans
ces sortes d'exercices. Non; mais je le donne pour preuve
que rien n'est plus capable de rassurer quiconque est
effrayé des ombres de la nuit, que d'entendre dans une
chambre voisine une compagnie assemblée rire et causer
tranquillement. Je voudrais qu'au lieu de s'amuser ainsi
seul avec son élève, on rassemblât les soirs beaucoup
d'enfants de bonne humeur; qu'on ne les envoyât pas
d'abord séparément, mais plusieurs ensemble, et qu'on
n'en hasardât aucun parfaitement seul, qu'on ne se fût
bien assuré d'avance qu'il n'en serait pas trop effrayé.

Je n'imagine rien de si plaisant et de si utile que de
pareils jeux, pour peu qu'on voulût user d'adresse à les
ordonner. Je ferais dans une grande salle une espèce de
labyrinthe avec des tables, des fauteuils, des chaises, des
paravents. Dans les inextricables tortuosités de ce labyrinthe j'arrangerais, au milieu de huit ou dix boîtes d'at-
trapes, une autre boîte presque semblable, bien garnie
de bonbons; je désignerais en termes clairs, mais suc-
cincts, le lieu précis où se trouve la bonne boîte; je donnerais le renseignement suffisant pour la distinguer à
des gens plus attentifs et moins étourdis que des enfants*,
puis, après avoir fait tirer au sort les petits concurrents,
je les enverrais tous l'un après l'autre, jusqu'à ce que
la bonne boîte fût trouvée : ce que j'aurais soin de rendre
difficile à proportion de leur habileté.

Figurez-vous un petit Hercule arrivant une boîte à la

---

* Pour les exercer à l'attention, ne leur dites jamais que des choses
qu'ils aient un intérêt sensible et présent à bien entendre; surtout
point de longueurs, jamais un mot superflu; mais aussi ne laissez
dans vos discours ni obscurité ni équivoque.

main, tout fier de son expédition. La boîte se met sur la
table, on l'ouvre en cérémonie. J'entends d'ici les éclats
de rire, les huées de la bande joyeuse, quand, au lieu des
confitures qu'on attendait, on trouve, bien proprement
arrangés sur de la mousse ou sur du coton, un hanneton,
un escargot, du charbon, du gland, un navet, ou quelque
autre pareille denrée. D'autres fois, dans une pièce nouvellement blanchie, on suspendra près du mur quelque
jouet, quelque petit meuble qu'il s'agira d'aller chercher
sans toucher au mur. A peine celui qui l'apportera sera-
t-il rentré, que, pour peu qu'il ait manqué à la condition,
le bout de son chapeau blanchi, le bout de ses souliers, la
basque de son habit, sa manche trahiront sa maladresse.
En voilà bien assez, trop peut-être, pour faire entendre
l'esprit de ces sortes de jeux. S'il faut tout vous dire, ne
me lisez point.

Quels avantages un homme ainsi élevé n'aura-t-il pas
la nuit sur les autres hommes ? Ses pieds accoutumés à
s'affermir dans les ténèbres, ses mains exercées à s'appliquer aisément à tous les corps environnants, le condui-
ront sans peine dans la plus épaisse obscurité. Son imagination, pleine des jeux nocturnes de sa jeunesse, se
tournera difficilement sur des objets effrayants. S'il croit
entendre des éclats de rire, au lieu de ceux des esprits
follets, ce seront ceux de ses anciens camarades ; s'il se
peint une assemblée, ce ne sera point pour lui le sabbat,
mais la chambre de son gouverneur. La nuit, ne lui
rappelant que des idées gaies, ne lui sera jamais affreuse ;
au lieu de la craindre, il l'aimera. S'agit-il d'une expédition militaire, il sera prêt à toute heure, aussi bien seul
qu'avec sa troupe. Il entrera dans le camp de Saül, il le
parcourra sans s'égarer, il ira jusqu'à la tente du roi sans
éveiller personne, il s'en retournera sans être aperçu.
Faut-il enlever les chevaux de Rhésus, adressez-vous à
lui sans crainte. Parmi les gens autrement élevés, vous
trouverez difficilement un Ulysse.

J'ai vu des gens vouloir, par des surprises, accoutumer
les enfants à ne s'effrayer de rien la nuit. Cette méthode
est très mauvaise ; elle produit un effet tout contraire à
celui qu'on cherche, et ne sert qu'à les rendre toujours
plus craintifs. Ni la raison ni l'habitude ne peuvent
rassurer sur l'idée d'un danger présent dont on ne peut
connaître le degré ni l'espèce, ni sur la crainte des surprises qu'on a souvent éprouvées. Cependant, comment
s'assurer de tenir toujours votre élève exempt de pareils

accidents ? Voici le meilleur avis, ce me semble, dont on puisse le prévenir là-dessus. Vous êtes alors, dirais-je à mon Emile, dans le cas d'une juste défense ; car l'agresseur ne vous laisse pas juger s'il veut vous faire mal ou peur, et, comme il a pris ses avantages, la fuite même n'est pas un refuge pour vous. Saisissez donc hardiment celui qui vous surprend de nuit, homme ou bête, il n'importe ; serrez-le, empoignez-le de toute votre force ; s'il se débat, frappez, ne marchandez point les coups ; et, quoi qu'il puisse dire ou faire, ne lâchez jamais prise que vous ne sachiez bien ce que c'est. L'éclaircissement vous apprendra probablement qu'il n'y avait pas beaucoup à craindre, et cette manière de traiter les plaisants doit naturellement les rebuter d'y revenir.

Quoique le toucher soit de tous nos sens celui dont nous avons le plus continuel exercice, ses jugements restent pourtant, comme je l'ai dit, imparfaits et grossiers plus que ceux d'aucun autre, parce que nous mêlons continuellement à son usage celui de la vue, et que, l'œil atteignant à l'objet plus tôt que la main, l'esprit juge presque toujours sans elle. En revanche, les jugements du tact sont les plus sûrs, précisément parce qu'ils sont les plus bornés ; car, ne s'étendant qu'aussi loin que nos mains peuvent atteindre, ils rectifient l'étourderie des autres sens, qui s'élancent au loin sur des objets qu'ils aperçoivent à peine, au lieu que tout ce qu'aperçoit le toucher, il l'aperçoit bien. Ajoutez que, joignant, quand il nous plaît, la force des muscles à l'action des nerfs, nous unissons, par une sensation simultanée, au jugement de la température, des grandeurs, des figures, le jugement du poids et de la solidité. Ainsi le toucher, étant de tous les sens celui qui nous instruit le mieux de l'impression que les corps étrangers peuvent faire sur le nôtre, est celui dont l'usage est le plus fréquent, et nous donne le plus immédiatement la connaissance nécessaire à notre conservation.

Comme le toucher exercé supplée à la vue, pourquoi ne pourrait-il pas aussi suppléer à l'ouïe jusqu'à certain point, puisque les sons excitent dans les corps sonores des ébranlements sensibles au tact ? En posant une main sur le corps d'un violoncelle, on peut, sans le secours des yeux ni des oreilles, distinguer, à la seule manière dont le bois vibre et frémit, si le son qu'il rend est grave ou aigu, s'il est tiré de la chanterelle ou du bourdon. Qu'on exerce le sens à ces différences, je ne doute pas qu'avec le temps on n'y pût devenir sensible au point d'entendre un air entier par les doigts. Or, ceci supposé, il est clair qu'on pourrait aisément parler aux sourds en musique; car les tons et les temps, n'étant pas moins suceptibles de combinaisons régulières que les articulations et les voix, peuvent être pris de même pour les éléments du discours.

Il y a des exercices qui émoussent le sens du toucher et le rendent plus obtus; d'autres, au contraire, l'aiguisent et le rendent plus délicat et plus fin. Les premiers, joignant beaucoup de mouvement et de force à la continuelle impression des corps durs, rendent la peau rude, calleuse, et lui ôtent le sentiment naturel; les seconds sont ceux qui varient ce même sentiment par un tact léger et fréquent, en sorte que l'esprit, attentif à des impressions incessamment répétées, acquiert la facilité de juger toutes leurs modifications. Cette différence est sensible dans l'usage des instruments de musique : le toucher dur et meurtrissant du violoncelle, de la contre-basse, du violon même, en rendant les doigts plus flexibles, racornit leurs extrémités. Le toucher lisse et poli du clavecin les rend aussi flexibles et plus sensibles en même temps. En ceci donc le clavecin est à préférer.

Il importe que la peau s'endurcisse aux impressions de l'air et puisse braver ses altérations; car c'est elle qui défend tout le reste. A cela près, je ne voudrais pas que la main, trop servilement appliquée aux mêmes travaux, vînt à s'endurcir, ni que sa peau devenue presque osseuse perdît ce sentiment exquis qui donne à connaître quels sont les corps sur lesquels on la passe, et, selon l'espèce de contact, nous fait quelquefois, dans l'obscurité, frissonner en diverses manières.

Pourquoi faut-il que mon élève soit forcé d'avoir toujours sous ses pieds une peau de bœuf ? Quel mal y aurait-il que la sienne propre pût au besoin lui servir de semelle ? Il est clair qu'en cette partie la délicatesse de la peau ne peut jamais être utile à rien, et peut souvent beaucoup nuire. Eveillés à minuit au cœur de l'hiver par l'ennemi dans leur ville, les Genevois trouvèrent plus tôt leurs fusils que leurs souliers. Si nul d'eux n'avait su marcher nu-pieds, qui sait si Genève n'eût point été prise ?

Armons toujours l'homme contre les accidents imprévus. Qu'Emile coure les matins à pieds nus, en toute saison, par la chambre, par l'escalier, par le jardin; loin de l'en gronder, je l'imiterai; seulement j'aurai soin d'écarter le verre. Je parlerai bientôt des travaux et des jeux manuels.

Du reste, qu'il apprenne à faire tous les pas qui favo-
risent les évolutions du corps, à prendre dans toutes les
attitudes une position aisée et solide; qu'il sache sauter
en éloignement, en hauteur, grimper sur un arbre, franchir un mur; qu'il trouve toujours son équilibre; que
tous ses mouvements, ses gestes soient ordonnés selon
les lois de la pondération, longtemps avant que la statique se mêle de les lui expliquer. A la manière dont son
pied pose à terre et son corps porte sur sa jambe, il doit
sentir s'il est bien ou mal. Une assiette assurée a toujours
de la grâce, et les postures les plus fermes sont aussi les
plus élégantes. Si j'étais maître à danser, je ne ferais pas
toutes les singeries de Marcel *, bonnes pour le pays où
il les fait; mais, au lieu d'occuper éternellement mon
élève à des gambades, je le mènerais au pied d'un rocher;
là, je lui montrerais quelle attitude il faut prendre, comment il faut porter le corps et la tête, quel mouvement il
faut faire, de quelle manière il faut poser, tantôt le pied,
tantôt la main, pour suivre légèrement les sentiers
escarpés, raboteux et rudes, et s'élancer de pointe en
pointe tant en montant qu'en descendant. J'en ferais
l'émule d'un chevreuil plutôt qu'un danseur de l'Opéra.

Autant le toucher concentre ses opérations autour de
l'homme, autant la vue étend les siennes au-delà de lui;
c'est là ce qui rend celles-ci trompeuses : d'un coup d'œil
un homme embrasse la moitié de son horizon. Dans
cette multitude de sensations simultanées et de jugements qu'elles excitent, comment ne se tromper sur
aucun ? Ainsi la vue est de tous nos sens le plus fautif,
précisément parce qu'il est le plus étendu, et que, précé-
dant de bien loin tous les autres, ses opérations sont trop
promptes et trop vastes pour pouvoir être rectifiées par
eux. Il y a plus, les illusions mêmes de la perspective
nous sont nécessaires pour parvenir à connaître l'étendue
et à comparer ses parties. Sans les fausses apparences,
nous ne verrions rien dans l'éloignement; sans les gradations de grandeur et de lumière, nous ne pourrions esti-

---

* Célèbre maître à danser de Paris, lequel, connaissant bien son
monde, faisait l'extravagant par ruse, et donnait à son art une importance qu'on feignait de trouver ridicule, mais pour laquelle on lui
portait au fond le plus grand respect. Dans un autre art non moins
frivole, on voit encore aujourd'hui un artiste comédien faire ainsi
l'important et le fou, et ne réussir pas moins bien. Cette méthode est
toujours sûre en France. Le vrai talent, plus simple et moins charlatan,
n'y fait point fortune. La modestie y est la vertu des sots.

mer aucune distance, ou plutôt, il n'y en aurait point pour nous. Si de deux arbres égaux celui qui est à cent pas de nous nous paraissait aussi grand et aussi distinct que celui qui est à dix, nous les placerions à côté l'un de l'autre. Si nous apercevions toutes les dimensions des objets sous leur véritable mesure, nous ne verrions aucun espace, et tout nous paraîtrait sur notre œil.

Le sens de la vue n'a, pour juger la grandeur des objets et leur distance, qu'une même mesure, savoir, l'ouverture de l'angle qu'ils font dans notre œil; et comme cette ouverture est un effet simple d'une cause composée, le jugement qu'il excite en nous laisse chaque cause particulière indéterminée, ou devient nécessairement fautif. Car, comment distinguer à la simple vue si l'angle sous lequel je vois un objet plus petit qu'un autre est tel parce que ce premier objet est en effet plus petit, ou parce qu'il est plus éloigné ?

Il faut donc suivre ici une méthode contraire à la précédente; au lieu de simplifier la sensation, la doubler, la vérifier toujours par une autre, assujettir l'organe visuel à l'organe tactile, et réprimer, pour ainsi dire, l'impétuosité du premier sens par la marche pesante et réglée du second. Faute de nous asservir à cette pratique, nos mesures par estimation sont très inexactes. Nous n'avons nulle précision dans le coup d'œil pour juger les hauteurs, les longueurs, les profondeurs, les distances; et la preuve que ce n'est pas tant la faute du sens que de son usage, c'est que les ingénieurs, les arpenteurs, les architectes, les maçons, les peintres ont en général le coup d'œil beaucoup plus sûr que nous, et apprécient les mesures de l'étendue avec plus de justesse; parce que leur métier leur donnant en ceci l'expérience que nous négligeons d'acquérir, ils ôtent l'équivoque de l'angle par les apparences qui l'accompagnent, et qui déterminent plus exactement à leurs yeux le rapport des deux causes de cet angle.

Tout ce qui donne du mouvement au corps sans le contraindre est toujours facile à obtenir des enfants. Il y a mille moyens de les intéresser à mesurer, à connaître, à estimer les distances. Voilà un cerisier fort haut, comment ferons-nous pour cueillir des cerises ? L'échelle de la grange est-elle bonne pour cela ? Voilà un ruisseau fort large, comment le traverserons-nous ? une des planches de la cour posera-t-elle sur les deux bords ? Nous voudrions, de nos fenêtres, pêcher dans les fossés du château; combien de brasses doit avoir notre ligne ? Je voudrais faire une balançoire entre ces deux arbres; une corde de deux toises nous suffira-t-elle ? On me dit que dans l'autre maison notre chambre aura vingt-cinq pieds carrés; croyez-vous qu'elle nous convienne ? sera-t-elle plus grande que celle-ci ? Nous avons grand-faim; voilà deux villages; auquel des deux serons-nous plus tôt pour dîner ? etc.

Il s'agissait d'exercer à la course un enfant indolent et paresseux, qui ne se portait pas de lui-même à cet exercice ni à aucun autre, quoiqu'on le destinât à l'état militaire; il s'était persuadé, je ne sais comment, qu'un homme de son rang ne devait rien faire ni rien savoir, et que sa noblesse devait lui tenir lieu de bras, de jambes, ainsi que de toute espèce de mérite. A faire d'un tel gentilhomme un Achille au pied léger, l'adresse de Chiron même eût eu peine à suffire. La difficulté était d'autant plus grande que je ne voulais lui prescrire absolument rien; j'avais banni de mes droits les exhortations, les promesses, les menaces, l'émulation, le désir de briller; comment lui donner celui de courir sans lui rien dire ? Courir moi-même eût été un moyen peu sûr et sujet à inconvénient. D'ailleurs il s'agissait encore de tirer de cet exercice quelque objet d'instruction pour lui, afin d'accoutumer les opérations de la machine et celles du jugement à marcher toujours de concert. Voici comment je m'y pris : moi, c'est-à-dire celui qui parle dans cet exemple.

En m'allant promener avec lui les après-midi, je mettais quelquefois dans ma poche deux gâteaux d'une espèce qu'il aimait beaucoup; nous en mangions chacun un à la promenade *, et nous revenions fort contents. Un jour il s'aperçut que j'avais trois gâteaux; il en aurait pu manger six sans s'incommoder; il dépêche promptement le sien pour me demander le troisième. Non, lui dis-je : je le mangerais fort bien moi-même, ou nous le partagerions; mais j'aime mieux le voir disputer à la course par ces deux petits garçons que voilà. Je les appelai, je

* Promenade champêtre, comme on verra dans l'instant. Les promenades publiques des villes sont pernicieuses aux enfants de l'un et de l'autre sexe. C'est là qu'ils commencent à se rendre vains et à vouloir être regardés : c'est au Luxembourg, aux Tuileries, surtout au Palais-Royal, que la belle jeunesse de Paris va prendre cet air impertinent et fat qui la rend si ridicule, et la fait huer et détester dans toute l'Europe.

leur montrai le gâteau et leur proposai la condition. Ils
ne demandèrent pas mieux. Le gâteau fut posé sur une
grande pierre qui servit de but; la carrière fut marquée :
nous allâmes nous asseoir; au signal donné, les petits
garçons partirent; le victorieux se saisit du gâteau, et
le mangea sans miséricorde aux yeux des spectateurs et
du vaincu.

Cet amusement valait mieux que le gâteau; mais il ne
prit pas d'abord et ne produisit rien. Je ne me rebutai
ni ne me pressai : l'instruction des enfants est un métier
où il faut savoir perdre du temps pour en gagner. Nous
continuâmes nos promenades; souvent on prenait trois
gâteaux, quelquefois quatre, et de temps à autre il y en
avait un, même deux pour les coureurs. Si le prix n'était
pas grand, ceux qui le disputaient n'étaient pas ambitieux :
celui qui le remportait était loué, fêté; tout se faisait
avec appareil. Pour donner lieu aux révolutions et augmenter l'intérêt, je marquais la carrière plus longue, j'y
souffrais plusieurs concurrents. A peine étaient-ils dans
la lice, que tous les passants s'arrêtaient pour les voir;
les acclamations, les cris, les battements de mains les
animaient; je voyais quelquefois mon petit bonhomme
tressaillir, se lever, s'écrier quand l'un était près d'atteindre ou de passer l'autre; c'étaient pour lui les jeux
olympiques.

Cependant les concurrents usaient quelquefois de
supercherie; ils se retenaient mutuellement, ou se
faisaient tomber, ou poussaient des cailloux au passage
l'un de l'autre. Cela me fournit un sujet de les séparer,
et de les faire partir de différents termes, quoique
également éloignés du but : on verra bientôt la raison de
cette prévoyance; car je dois traiter cette importante
affaire dans un grand détail.

Ennuyé de voir toujours manger sous ses yeux des
gâteaux qui lui faisaient grande envie, monsieur le chevalier s'avisa de soupçonner enfin que bien courir pouvait
être bon à quelque chose et voyant qu'il avait aussi
deux jambes, il commença de s'essayer en secret. Je me
gardai d'en rien voir; mais je compris que mon strata-
gème avait réussi. Quand il se crut assez fort, et je lus
avant lui dans sa pensée, il affecta de m'importuner
pour avoir le gâteau restant. Je le refuse, il s'obstine, et
d'un air dépité il me dit à la fin : Eh bien! mettez-le sur la
pierre, marquez le champ, et nous verrons. Bon! lui dis-
je en riant, est-ce qu'un chevalier sait courir? Vous

gagnerez plus d'appétit, et non de quoi le satisfaire.
Piqué de ma raillerie, il s'évertue, et remporte le prix
d'autant plus aisément, que j'avais fait la lice très courte
et pris soin d'écarter le meilleur coureur. On conçoit
comment, ce premier pas étant fait, il me fut aisé de le
tenir en haleine. Bientôt il prit un tel goût à cet exercice,
que, sans faveur, il était presque sûr de vaincre mes polissons à la course, quelque longue que fût la carrière.

Cet avantage obtenu en produisit un autre auquel je
n'avais pas songé. Quand il remportait rarement le prix,
il le mangeait presque toujours seul, ainsi que faisaient
ses concurrents ; mais en s'accoutumant à la victoire, il
devint généreux et partageait souvent avec les vaincus.
Cela me fournit à moi-même une observation morale,
et j'appris par là quel était le vrai principe de la générosité.

En continuant avec lui de marquer en différents lieux
les termes d'où chacun devait partir à la fois, je fis, sans
qu'il s'en aperçût, les distances inégales, de sorte que
l'un, ayant à faire plus de chemin que l'autre pour arriver
au même but, avait un désavantage visible ; mais, quoique
je laissasse le choix à mon disciple, il ne savait pas s'en
prévaloir. Sans s'embarrasser de la distance, il préférait
toujours le plus beau chemin ; de sorte que, prévoyant
aisément son choix, j'étais à peu près le maître de lui
faire perdre ou gagner le gâteau à ma volonté ; et cette
adresse avait aussi son usage à plus d'une fin. Cependant,
comme mon dessein était qu'il s'aperçût de la différence,
je tâchais de la lui rendre sensible ; mais, quoique indolent
dans le calme, il était si vif dans ses jeux, et se défiait si
peu de moi, que j'eus toutes les peines du monde à lui
faire apercevoir que je le trichais. Enfin j'en vins à bout
malgré son étourderie ; il m'en fit des reproches. Je lui
dis : De quoi vous plaignez-vous ? dans un don que je
veux bien faire, ne suis-je pas maître de mes conditions ?
Qui vous force à courir ? vous ai-je promis de faire les
lices égales ? n'avez-vous pas le choix ? Prenez la plus
courte, on ne vous en empêche point. Comment ne
voyez-vous pas que c'est vous que je favorise, et que
l'inégalité dont vous murmurez est tout à votre avantage
si vous savez vous en prévaloir ? Cela était clair ; il le
comprit, et, pour choisir, il fallut y regarder de plus près.
D'abord on voulut compter les pas ; mais la mesure des
pas d'un enfant est lente et fautive ; de plus, je m'avisai
de multiplier les courses dans un même jour ; et alors,
l'amusement devenant une espèce de passion, l'on avait

regret de perdre à mesurer les lices le temps destiné à les parcourir. La vivacité de l'enfance s'accommode mal de ces lenteurs; on s'exerça donc à mieux voir, à mieux estimer une distance à la vue. Alors j'eus peu de peine à étendre et nourrir ce goût. Enfin, quelques mois d'épreuves et d'erreurs corrigées lui formèrent tellement le compas visuel, que, quand je lui mettais par la pensée un gâteau sur quelque objet éloigné, il avait le coup d'œil presque aussi sûr que la chaîne d'un arpenteur.

Comme la vue est de tous les sens celui dont on peut le moins séparer les jugements de l'esprit, il faut beaucoup de temps pour apprendre à voir; il faut avoir longtemps comparé la vue au toucher pour accoutumer le premier de ces deux sens à nous faire un rapport fidèle des figures et des distances; sans le toucher, sans le mouvement progressif, les yeux du monde les plus perçants ne sauraient nous donner aucune idée de l'étendue. L'univers entier ne doit être qu'un point pour une huître; il ne lui paraîtrait rien de plus quand même une âme humaine informerait cette huître. Ce n'est qu'à force de marcher, de palper, de nombrer, de mesurer les dimensions, qu'on apprend à les estimer; mais aussi, si l'on mesurait toujours, le sens, se reposant sur l'instrument, n'acquerrait aucune justesse. Il ne faut pas non plus que l'enfant passe tout d'un coup de la mesure à l'estimation; il faut d'abord que, continuant à comparer par parties ce qu'il ne saurait comparer tout d'un coup, à des aliquotes précises il substitue des aliquotes par appréciation, et qu'au lieu d'appliquer toujours avec la main la mesure, il s'accoutume à l'appliquer seulement avec les yeux. Je voudrais pourtant qu'on vérifiât ses premières opérations par des mesures réelles, afin qu'il corrigeât ses erreurs, et que, s'il reste dans le sens quelque fausse apparence, il apprît à la rectifier par un meilleur jugement. On a des mesures naturelles qui sont à peu près les mêmes en tous lieux : les pas d'un homme, l'étendue de ses bras, sa stature. Quand l'enfant estime la hauteur d'un étage, son gouverneur peut lui servir de toise : s'il estime la hauteur d'un clocher, qu'il le toise avec les maisons; s'il veut savoir les lieues de chemin, qu'il compte les heures de marche; et surtout qu'on ne fasse rien de tout cela pour lui, mais qu'il le fasse lui-même.

On ne saurait apprendre à bien juger de l'étendue et de la grandeur des corps, qu'on n'apprenne à connaître aussi leurs figures et même à les imiter; car au fond cette imitation ne tient absolument qu'aux lois de la perspective; et l'on ne peut estimer l'étendue sur ses apparences, qu'on n'ait quelque sentiment de ces lois. Les enfants, grands imitateurs, essayent tous de dessiner : je voudrais que le mien cultivât cet art, non précisément pour l'art même, mais pour se rendre l'œil juste et la main flexible; et, en général, il importe fort peu qu'il sache tel ou tel exercice, pourvu qu'il acquière la perspicacité du sens et la bonne habitude du corps qu'on gagne par cet exercice. Je me garderai donc bien de lui donner un maître à dessiner, qui ne lui donnerait à imiter que des imitations, et ne le ferait dessiner que sur des dessins : je veux qu'il n'ait d'autre maître que la nature, ni d'autre modèle que les objets. Je veux qu'il ait sous les yeux l'original même et non pas le papier qui le représente, qu'il crayonne une maison sur une maison, un arbre sur un arbre, un homme sur un homme, afin qu'il s'accoutume à bien observer les corps et leurs apparences, et non pas à prendre des imitations fausses et conventionnelles pour de véritables imitations. Je le détournerai même de rien tracer de mémoire en l'absence des objets, jusqu'à ce que, par des observations fréquentes, leurs figures exactes s'impriment bien dans son imagination; de peur que, substituant à la vérité des choses des figures bizarres et fantastiques, il ne perde la connaissance des proportions et le goût des beautés de la nature.

Je sais bien que de cette manière il barbouillera longtemps sans rien faire de reconnaissable, qu'il prendra tard l'élégance des contours et le trait léger des dessinateurs, peut-être jamais le discernement des effets pittoresques et le bon goût du dessin; en revanche, il contractera certainement un coup d'œil plus juste, une main plus sûre, la connaissance des vrais rapports de grandeur et de figure qui sont entre les animaux, les plantes, les corps naturels, et une plus prompte expérience du jeu de la perspective. Voilà précisément ce que j'ai voulu faire, et mon intention n'est pas tant qu'il sache imiter les objets que les connaître; j'aime mieux qu'il me montre une plante d'acanthe, et qu'il trace moins bien le feuillage d'un chapiteau.

Au reste, dans cet exercice, ainsi que dans tous les autres, je ne prétends pas que mon élève en ait seul l'amusement. Je veux le lui rendre plus agréable encore en le partageant sans cesse avec lui. Je ne veux point qu'il ait d'autre émule que moi, mais je serai son émule sans relâche et sans risque; cela mettra de l'intérêt dans ses occupations, sans causer de jalousie entre nous. Je prendrai le crayon à son exemple; je l'emploierai d'abord aussi maladroitement que lui. Je serais un Apelle, que je ne me trouverai qu'un barbouilleur. Je commencerai par tracer un homme comme les laquais les tracent contre les murs; une barre pour chaque bras, une barre pour chaque jambe, et des doigts plus gros que le bras. Bien longtemps après nous nous apercevrons l'un ou l'autre de cette disproportion; nous remarquerons qu'une jambe a de l'épaisseur, que cette épaisseur n'est pas partout la même; que le bras a sa longueur déterminée par rapport au corps, etc. Dans ce progrès, je marcherai tout au plus à côté de lui, ou je le devancerai de si peu, qu'il lui sera toujours aisé de m'atteindre, et souvent de me surpasser. Nous aurons des couleurs, des pinceaux; nous tâcherons d'imiter le coloris des objets et toute leur apparence aussi bien que leur figure. Nous enluminerons, nous peindrons, nous barbouillerons; mais, dans tous nos barbouillages, nous ne cesserons d'épier la nature; nous ne ferons jamais rien que sous les yeux du maître.

Nous étions en peine d'ornements pour notre chambre, en voilà de tout trouvés. Je fais encadrer nos dessins; je les fais couvrir de beaux verres, afin qu'on n'y touche plus, et que, les voyant rester dans l'état où nous les avons mis, chacun ait intérêt de ne pas négliger les siens. Je les arrange par ordre autour de la chambre, chaque dessin répété vingt, trente fois, et montrant à chaque exemplaire le progrès de l'auteur, depuis le moment où la maison n'est qu'un carré presque informe, jusqu'à celui où sa façade, son profil, ses proportions, ses ombres, sont dans la plus exacte vérité. Ces gradations ne peuvent manquer de nous offrir sans cesse des tableaux intéressants pour nous, curieux pour d'autres, et d'exciter toujours plus notre émulation. Aux premiers, aux plus grossiers de ces dessins, je mets des cadres bien brillants, bien dorés, qui les rehaussent; mais quand l'imitation devient plus exacte et que le dessin est véritablement bon, alors je ne lui donne plus qu'un cadre noir très simple; il n'a plus besoin d'autre ornement que lui-même, et ce serait dommage que la bordure partageât l'attention que mérite l'objet. Ainsi chacun de nous aspire à l'honneur du cadre uni; et quand l'un veut dédaigner un dessin de l'autre, il le condamne au cadre doré. Quelque jour, peut-être, ces cadres dorés passeront entre nous en proverbe, et nous admirerons combien d'hommes se rendent justice en se faisant encadrer ainsi.

J'ai dit que la géométrie n'était pas à la portée des enfants; mais c'est notre faute. Nous ne sentons pas que leur méthode n'est point la nôtre, et que ce qui devient pour nous l'art de raisonner ne doit être pour eux que l'art de voir. Au lieu de leur donner notre méthode, nous ferions mieux de prendre la leur; car notre manière d'apprendre la géométrie est bien autant une affaire d'imagination que de raisonnement. Quand la proposition est énoncée, il faut en imaginer la démonstration, c'est-à-dire trouver de quelle proposition déjà sue celle-là doit être une conséquence, et, de toutes les conséquences qu'on peut tirer de cette même proposition, choisir précisément celle dont il s'agit.

De cette manière, le raisonneur le plus exact, s'il n'est pas inventif, doit rester court. Aussi qu'arrive-t-il de là ? Qu'au lieu de nous faire trouver les démonstrations, on nous les dicte; qu'au lieu de nous apprendre à raisonner, le maître raisonne pour nous et n'exerce que notre mémoire.

Faites des figures exactes, combinez-les, posez-les l'une sur l'autre, examinez leurs rapports; vous trouverez toute la géométrie élémentaire en marchant d'observation en observation, sans qu'il soit question ni de définitions, ni de problèmes, ni d'aucune autre forme démonstrative que la simple superposition. Pour moi, je ne prétends point apprendre la géométrie à Emile, c'est lui qui me l'apprendra, je chercherai les rapports, et il les trouvera; car je les chercherai de manière à les lui faire trouver. Par exemple, au lieu de me servir d'un compas pour tracer un cercle, je le tracerai avec une pointe au bout d'un fil tournant sur un pivot. Après cela, quand je voudrai comparer les rayons entre eux, Emile se moquera de moi, et il me fera comprendre que le même fils toujours tendu ne peut avoir tracé des distances inégales.

Si je veux mesurer un angle de soixante degrés, je décris du sommet de cet angle, non pas un arc, mais un cercle entier; car avec les enfants il ne faut jamais rien sous-entendre. Je trouve que la portion du cercle comprise entre les deux côtés de l'angle est la sixième partie du cercle. Après cela je décris du même sommet un autre plus grand cercle, et je trouve que ce second arc est encore la sixième partie de son cercle. Je décris un troisième cercle concentrique sur lequel je fais la même épreuve; et je la continue sur de nouveaux cercles, jusqu'à ce qu'Emile, choqué de ma stupidité, m'avertisse que chaque arc, grand ou petit, compris par le même angle, sera toujours la sixième partie de son cercle, etc. Nous voilà tout à l'heure à l'usage du rapporteur.

Pour prouver que les angles de suite sont égaux à deux droits, on décrit un cercle; moi, tout au contraire, je fais en sorte qu'Emile remarque cela premièrement dans le cercle, et puis je lui dis : Si l'on ôtait le cercle et les lignes droites, les angles auraient-ils changé de grandeur, etc.

On néglige la justesse des figures, on la suppose, et l'on s'attache à la démonstration. Entre nous, au contraire, il ne sera jamais question de démonstration; notre plus importante affaire sera de tirer des lignes bien droites, bien justes, bien égales; de faire un carré bien parfait, de tracer un cercle bien rond. Pour vérifier la justesse de la figure, nous l'examinerons par toutes ses propriétés sensibles; et cela nous donnera occasion d'en découvrir chaque jour de nouvelles. Nous plierons par le diamètre les deux demi-cercles; par la diagonale, les deux moitiés du carré; nous comparerons nos deux figures pour voir celle dont les bords conviennent le plus exactement, et par conséquent la mieux faite; nous disputerons si cette égalité de partage doit avoir toujours lieu dans les parallélogrammes, dans les trapèzes, etc. On essayera quelquefois de prévoir le succès de l'expérience avant de la faire; on tâchera de trouver des raisons, etc.

La géométrie n'est pour mon élève que l'art de se bien servir de la règle et du compas; il ne doit point la confondre avec le dessin, où il n'emploiera ni l'un ni l'autre de ces instruments. La règle et le compas seront enfermés sous la clef, et l'on ne lui en accordera que rarement l'usage et pour peu de temps, afin qu'il ne s'accoutume pas à barbouiller; mais nous pourrons quelquefois porter nos figures à la promenade, et causer de ce que nous aurons fait ou de ce que nous voudrons faire.

Je n'oublierai jamais d'avoir vu à Turin un jeune homme à qui, dans son enfance, on avait appris les rapports des contours et des surfaces en lui donnant chaque jour à choisir dans toutes les figures géométriques des gaufres isopérimètres. Le petit gourmand avait épuisé l'art d'Archimède pour trouver dans laquelle il y avait le plus à manger.

Quand un enfant joue au volant, il s'exerce l'œil et le bras à la justesse; quand il fouette un sabot, il accroît sa force en s'en servant, mais sans rien apprendre. J'ai demandé quelquefois pourquoi l'on n'offrait pas aux enfants les mêmes jeux d'adresse qu'ont les hommes : la paume, le mail, le billard, l'arc, le ballon, les instruments de musique. On m'a répondu que quelques-uns de ces jeux étaient au-dessus de leurs forces, et que leurs membres et leurs organes n'étaient pas assez formés pour les autres. Je trouve ces raisons mauvaises : un enfant n'a pas la taille d'un homme, et ne laisse pas de porter un habit fait comme le sien. Je n'entends pas qu'il joue avec nos masses sur un billard haut de trois pieds; je n'entends pas qu'il aille peloter dans nos tripots, ni qu'on charge sa petite main d'une raquette de paumier; mais qu'il joue dans une salle dont on aura garanti les fenêtres; qu'il ne se serve d'abord que de balles molles; que ses premières raquettes soient de bois, puis de parchemin, et enfin de corde à boyau bandée à proportion de son progrès. Vous préférez le volant, parce qu'il fatigue moins et qu'il est sans danger. Vous avez tort par ces deux raisons. Le volant est un jeu de femmes; mais il n'y en a pas une que ne fît fuir une balle en mouvement. Leurs blanches peaux ne doivent pas s'endurcir aux meurtrissures, et ce ne sont pas des contusions qu'attendent leurs visages. Mais nous, faits pour être vigoureux, croyons-nous le devenir sans peine? et de quelle défense serons-nous capables, si nous ne sommes jamais attaqués? On joue toujours lâchement les jeux où l'on peut être maladroit sans risque : un volant qui tombe ne fait de mal à personne; mais rien ne dégourdit les bras comme d'avoir à couvrir la tête, rien ne rend le coup d'œil si juste que d'avoir à garantir les yeux. S'élancer du bout d'une salle à l'autre, juger le bond d'une balle encore en l'air, la renvoyer d'une main forte et sûre; de tels jeux conviennent moins à l'homme qu'ils ne servent à le former.

Les fibres d'un enfant, dit-on, sont trop molles! Elles ont moins de ressort, mais elles en sont plus flexibles; son bras est faible, mais enfin c'est un bras; on en doit faire, proportion gardée, tout ce qu'on fait d'une autre machine semblable. Les enfants n'ont dans les mains nulle adresse; c'est pour cela que je veux qu'on leur en donne :

un homme aussi peu exercé qu'eux n'en aurait pas davantage; nous ne pouvons connaître l'usage de nos organes qu'après les avoir employés. Il n'y a qu'une longue expérience qui nous apprenne à tirer parti de nous-mêmes, et cette expérience est la véritable étude à laquelle on ne peut trop tôt nous appliquer.

Tout ce qui se fait est faisable. Or, rien n'est plus commun que de voir des enfants adroits et découplés avoir dans les membres la même agilité que peut avoir un homme. Dans presque toutes les foires on en voit faire des équilibres, marcher sur les mains, sauter, danser sur la corde. Durant combien d'années des troupes d'enfants n'ont-elles pas attiré par leurs ballets des spectateurs à la Comédie italienne! Qui est-ce qui n'a pas ouï parler en Allemagne et en Italie de la troupe pantomime du célèbre Nicolini? Quelqu'un a-t-il jamais remarqué dans ces enfants des mouvements moins développés, des attitudes moins gracieuses, une oreille moins juste, une danse moins légère que dans les danseurs tout formés? Qu'on ait d'abord les doigts épais, courts, peu mobiles, les mains potelées et peu capables de rien empoigner; cela empêche-t-il que plusieurs enfants ne sachent écrire ou dessiner à l'âge où d'autres ne savent pas encore tenir le crayon ni la plume? Tout Paris se souvient encore de la petite Anglaise qui faisait à dix ans des prodiges sur le clavecin*. J'ai vu chez un magistrat, son fils, petit bonhomme de huit ans, qu'on mettait sur la table au dessert, comme un statue au milieu des plateaux, jouer là d'un violon presque aussi grand que lui, et surprendre par son exécution les artistes mêmes.

Tous ces exemples et cent mille autres prouvent, ce me semble, que l'inaptitude qu'on suppose aux enfants pour nos exercices est imaginaire, et que, si on ne les voit point réussir dans quelques-uns, c'est qu'on ne les y a jamais exercés.

On me dira que je tombe ici, par rapport au corps, dans le défaut de la culture prématurée que je blâme dans les enfants par rapport à l'esprit. La différence est très grande; car l'un de ces progrès n'est qu'apparent, mais l'autre est réel. J'ai prouvé que l'esprit qu'ils paraissent avoir, ils ne l'ont pas, au lieu que tout ce qu'ils paraissent faire ils le font. D'ailleurs, on doit toujours songer que tout ceci

---

* Un petit garçon de sept ans en a fait depuis ce temps-là de plus étonnants encore.

n'est ou ne doit être que jeu, direction facile et volontaire
des mouvements que la nature leur demande, art de
varier leurs amusements pour les leur rendre plus agréables, sans que jamais la moindre contrainte les tourne en
travail; car enfin, de quoi s'amuseront-ils dont je ne
puisse faire un objet d'instruction pour eux ? et quand je
ne le pourrais pas, pourvu qu'ils s'amusent sans inconvénient, et que le temps se passe, leur progrès en toute
chose n'importe pas quant à présent; au lieu que, lorsqu'il faut nécessairement leur apprendre ceci ou cela,
comme qu'on s'y prenne, il est toujours impossible
qu'on en vienne à bout sans contrainte, sans fâcherie,
et sans ennui.

Ce que j'ai dit sur les deux sens dont l'usage est le
plus continu et le plus important, peut servir d'exemple
de la manière d'exercer les autres. La vue et le toucher
s'appliquent également sur les corps en repos et sur les
corps qui se meuvent; mais comme il n'y a que l'ébranlement de l'air qui puisse émouvoir le sens de l'ouïe,
il n'y a qu'un corps en mouvement qui fasse du bruit ou
du son; et, si tout était en repos, nous n'entendrions
jamais rien. La nuit donc, où, ne nous mouvant nous-
mêmes qu'autant qu'il nous plaît, nous n'avons à craindre
que les corps qui se meuvent, il nous importe d'avoir
l'oreille alerte, et de pouvoir juger, par la sensation
qui nous frappe, si le corps qui la cause est grand ou petit,
éloigné ou proche; si son ébranlement est violent ou
faible. L'air ébranlé est sujet à des répercussions qui le
réfléchissent, qui, produisant des échos, répètent la
sensation, et font entendre le corps bruyant ou sonore
en un autre lieu que celui où il est. Si dans une plaine
ou dans une vallée on met l'oreille à terre, on entend la
voix des hommes et le pas des chevaux de beaucoup
plus loin qu'en restant debout.

Comme nous avons comparé la vue au toucher, il est
bon de la comparer de même à l'ouïe, et de savoir laquelle
des deux impressions, partant à la fois du même corps,
arrivera le plus tôt à son organe. Quand on voit le feu
d'un canon, l'on peut encore se mettre à l'abri du coup;
mais sitôt qu'on entend le bruit, il n'est plus temps, le
boulet est là. On peut juger de la distance où se fait le
tonnerre par l'intervalle de temps qui se passe de l'éclair
au coup. Faites en sorte que l'enfant connaisse toutes ces
expériences; qu'il fasse celles qui sont à sa portée, et
qu'il trouve les autres par induction, mais j'aime cent

fois mieux qu'il les ignore que s'il faut que vous les lui disiez.

Nous avons un organe qui répond à l'ouïe, savoir, celui de la voix; nous n'en avons pas de même qui réponde à la vue, et nous ne rendons pas les couleurs comme les sons. C'est un moyen de plus pour cultiver le premier sens, en exerçant l'organe actif et l'organe passif l'un par l'autre.

L'homme a trois sortes de voix, savoir, la voix parlante ou articulée, la voix chantante ou mélodieuse, et la voix pathétique ou accentuée, qui sert de langage aux passions, et qui anime le chant et la parole. L'enfant a ces trois sortes de voix ainsi que l'homme, sans les savoir allier de même; il a comme nous le rire, les cris, les plaintes, l'exclamation, les gémissements, mais il ne sait pas en mêler les inflexions aux deux autres voix. Une musique parfaite est celle qui réunit le mieux ces trois voix. Les enfants sont incapables de cette musique-là, et leur chant n'a jamais d'âme. De même, dans la voix parlante, leur langage n'a point d'accent; ils crient, mais ils n'accentuent pas; et comme dans leur discours il y a peu d'accent, il y a peu d'énergie dans leur voix. Notre élève aura le parler plus uni, plus simple encore, parce que ses passions, n'étant pas éveillées, ne mêleront point leur langage au sien. N'allez donc pas lui donner à réciter des rôles de tragédie et de comédie, ni vouloir lui apprendre, comme on dit, à déclamer. Il aura trop de sens pour savoir donner un ton à des choses qu'il ne peut entendre, et de l'expression à des sentiments qu'il n'éprouvera jamais.

Apprenez-lui à parler uniment, clairement, à bien articuler, à prononcer exactement et sans affectation, à connaître et à suivre l'accent grammatical et la prosodie, à donner toujours assez de voix pour être entendu, mais à n'en donner jamais plus qu'il ne faut; défaut ordinaire aux enfants élevés dans les collèges : en toute chose rien de superflu.

De même, dans le chant, rendez sa voix juste, égale, flexible, sonore; son oreille sensible à la mesure et à l'harmonie, mais rien de plus. La musique imitative et théâtrale n'est pas de son âge; je ne voudrais pas même qu'il chantât des paroles; s'il en voulait chanter, je tâcherais de lui faire des chansons exprès, intéressantes pour son âge, et aussi simples que ses idées.

On pense bien qu'étant si peu pressé de lui apprendre à

lire l'écriture, je ne le serai pas non plus de lui apprendre
à lire la musique. Ecartons de son cerveau toute attention trop pénible, et ne nous hâtons point de fixer son
esprit sur des signes de convention. Ceci, je l'avoue, semble
avoir sa difficulté; car, si la connaissance des notes ne
paraît pas d'abord plus nécessaire pour savoir chanter
que celle des lettres pour savoir parler, il y a pourtant
cette différence, qu'en parlant nous rendons nos propres
idées, et qu'en chantant nous ne rendons guère que celles
d'autrui. Or, pour les rendre, il faut les lire.

Mais, premièrement, au lieu de les lire on peut les
ouïr, et un chant se rend à l'oreille encore plus fidèlement
qu'à l'œil. De plus, pour bien savoir la musique, il ne
suffit pas de la rendre, il la faut composer, et l'un doit
s'apprendre avec l'autre, sans quoi l'on ne la sait jamais
bien. Exercez votre petit musicien d'abord à faire des
phrases bien régulières, bien cadencées; ensuite à les
lier entre elles par une modulation très simple, enfin à
marquer leurs différents rapports par une ponctuation
correcte; ce qui se fait par le bon choix des cadences et
des repos. Surtout jamais de chant bizarre, jamais de
pathétique ni d'expression. Une mélodie toujours chantante et simple, toujours dérivante des cordes essentielles
du ton, et toujours indiquant tellement la basse qu'il la
sente et l'accompagne sans peine; car, pour se former la
voix et l'oreille, il ne doit jamais chanter qu'au clavecin.

Pour mieux marquer les sons, on les articule en les prononçant; de là l'usage de solfier avec certaines syllabes.
Pour distinguer les degrés, il faut donner des noms et à
ces degrés et à leurs différents termes fixes; de là les noms
des intervalles, et aussi des lettres de l'alphabet dont on
marque les touches du clavier et les notes de la gamme.
C et A désignent des sons fixes invariables, toujours
rendus par les mêmes touches. *Ut* et *la* sont autre chose.
Ut est constamment la tonique d'un mode majeur, ou
la médiante d'un mode mineur. *La* est constamment la
tonique d'un mode mineur, ou la sixième note d'un
mode majeur. Ainsi les lettres marquent les termes
immuables des rapports de notre système musical, et les
syllabes marquent les termes homologues des rapports
semblables en divers tons. Les lettres indiquent les touches
du clavier, et les syllabes les degrés du mode. Les musi-
ciens français ont étrangement brouillé ces distinctions;
ils ont confondu le sens des syllabes avec le sens des
lettres; et, doublant inutilement les signes des touches,

ils n'en ont point laissé pour exprimer les cordes des tons; en sorte que pour eux *ut* et C sont toujours la même chose; ce qui n'est pas, et ne doit pas être, car alors de quoi servirait C? Aussi leur manière de solfier est-elle d'une difficulté excessive sans être d'aucune utilité, sans porter aucune idée nette à l'esprit, puisque, par cette méthode, ces deux syllabes *ut* et *mi*, par exemple, peuvent également signifier une tierce majeure, mineure, superflue, ou diminuée. Par quelle étrange fatalité le pays du monde où l'on écrit les plus beaux livres sur la musique est-il précisément celui où on l'apprend le plus difficilement ?

Suivons avec notre élève une pratique plus simple et plus claire; qu'il n'y ait pour lui que deux modes, dont les rapports soient toujours les mêmes et toujours indiqués par les mêmes syllabes. Soit qu'il chante ou qu'il joue d'un instrument, qu'il sache établir son mode sur chacun des douze tons qui peuvent lui servir de base, et que, soit qu'on module en D, en C, en G, etc., la finale soit toujours *la* ou *ut*, selon le mode. De cette manière, il vous concevra toujours; les rapports essentiels du mode pour chanter et jouer juste seront toujours présents à son esprit, son exécution sera plus nette et son progrès plus rapide. Il n'y a rien de plus bizarre que ce que les Français appellent solfier au naturel; c'est éloigner les idées de la chose pour en substituer d'étrangères qui ne font qu'égarer. Rien n'est plus naturel que de solfier par transposition, lorsque le mode est transposé. Mais c'en est trop sur la musique : enseignez-la comme vous voudrez, pourvu qu'elle ne soit jamais qu'un amusement.

Nous voilà bien avertis de l'état des corps étrangers par rapport au nôtre, de leur poids, de leur figure, de leur couleur, de leur solidité, de leur grandeur, de leur distance, de leur température, de leur repos, de leur mouvement. Nous sommes instruits de ceux qu'il nous convient d'approcher ou d'éloigner de nous, de la manière dont il faut nous y prendre pour vaincre leur résistance, ou pour leur en opposer une qui nous préserve d'en être offensés, mais ce n'est pas assez; notre propre corps s'épuise sans cesse, il a besoin d'être sans cesse renouvelé. Quoique nous ayons la faculté d'en changer d'autres en notre propre substance, le choix n'est pas indifférent : tout n'est pas aliment pour l'homme; et des substances qui peuvent l'être, il y en a de plus ou de moins convenables, selon la constitution de son espèce, selon le climat qu'il habite, selon son tempérament particulier, et selon la manière de vivre que lui prescrit son état.

Nous mourrions affamés ou empoisonnés, s'il fallait attendre, pour choisir les nourritures qui nous conviennent, que l'expérience nous eût appris à les connaitre et à les choisir; mais la suprême bonté, qui a fait du plaisir des êtres sensibles l'instrument de leur conservation, nous avertit, par ce qui plaît à notre palais, de ce qui convient à notre estomac. Il n'y a point naturellement pour l'homme de médecin plus sûr que son propre appétit; et, à le prendre dans son état primitif, je ne doute point qu'alors les aliments qu'il trouvait les plus agréables ne lui fussent aussi les plus sains.

Il y a plus. L'Auteur des choses ne pourvoit pas seulement aux besoins qu'il nous donne, mais encore à ceux que nous nous donnons nous-mêmes; et c'est pour nous mettre toujours le désir à côté du besoin, qu'il fait que nos goûts changent et s'altèrent avec nos manières de vivre. Plus nous nous éloignons de l'état de nature, plus nous perdons de nos goûts naturels; ou plutôt l'habitude nous fait une seconde nature que nous substituons tellement à la première, que nul d'entre nous ne connaît plus celle-ci.

Il suit de là que les goûts les plus naturels doivent être aussi les plus simples; car ce sont ceux qui se transforment le plus aisément; au lieu qu'en s'aiguisant, en s'irritant par nos fantaisies, ils prennent une forme qui ne change plus. L'homme qui n'est encore d'aucun pays se fera sans peine aux usages de quelque pays que ce soit; mais l'homme d'un pays ne devient plus celui d'un autre.

Ceci me paraît vrai dans tous les sens, et bien plus encore, appliqué au goût proprement dit. Notre premier aliment est le lait; nous ne nous accoutumons que par degrés aux saveurs fortes; d'abord elles nous répugnent. Des fruits, des légumes, des herbes, et enfin quelques viandes grillées, sans assaisonnement et sans sel, firent les festins des premiers hommes*. La première fois qu'un sauvage boit du vin, il fait la grimace et le rejette; et même parmi nous, quiconque a vécu jusqu'à vingt ans sans goûter de liqueurs fermentées ne peut plus s'y accoutumer; nous serions tous abstèmes si l'on ne nous

---

* Voyez l'*Arcadie* de Pausanias; voyez aussi le morceau de Plutarque, transcrit ci-après.

eût donné du vin dans nos jeunes ans. Enfin, plus nos goûts sont simples, plus ils sont universels; les répugnances les plus communes tombent sur des mets composés. Vit-on jamais personne avoir en dégoût l'eau ni le pain? Voilà la trace de la nature, voilà donc aussi notre règle. Conservons à l'enfant son goût primitif le plus qu'il est possible; que sa nourriture soit commune et simple, que son palais ne se familiarise qu'à des saveurs peu relevées, et ne se forme point un goût exclusif.

Je n'examine pas ici si cette manière de vivre est plus saine ou non, ce n'est pas ainsi que je l'envisage. Il me suffit de savoir, pour la préférer, que c'est la plus conforme à la nature, et celle qui peut le plus aisément se plier à tout autre. Ceux qui disent qu'il faut accoutumer les enfants aux aliments dont ils useront étant grands, ne raisonnent pas bien, ce me semble. Pourquoi leur nourriture doit-elle être la même, tandis que leur manière de vivre est si différente? Un homme épuisé de travail, de soucis, de peines, a besoin d'aliments succulents qui lui portent de nouveaux esprits au cerveau; un enfant qui vient de s'ébattre, et dont le corps croît, a besoin d'une nourriture abondante qui lui fasse beaucoup de chyle. D'ailleurs l'homme fait a déjà son état, son emploi, son domicile; mais qui est-ce qui peut être sûr de ce que la fortune réserve à l'enfant? En toute chose ne lui donnons point une forme si déterminée, qu'il lui en coûte trop d'en changer au besoin. Ne faisons pas qu'il meure de faim dans d'autres pays, s'il ne traîne partout à sa suite un cuisinier français, ni qu'il dise un jour qu'on ne sait manger qu'en France. Voilà, par parenthèse, un plaisant éloge! Pour moi, je dirais au contraire qu'il n'y a que les Français qui ne savent pas manger, puisqu'il faut un art si particulier pour leur rendre les mets mangeables.

De nos sensations diverses, le goût donne celles qui généralement nous affectent le plus. Aussi sommes-nous plus intéressés à bien juger des substances qui doivent faire partie de la nôtre, que de celles qui ne font que l'environner. Mille choses sont indifférentes au toucher, à l'ouïe, à la vue; mais il n'y a presque rien d'indifférent au goût.

De plus, l'activité de ce sens est toute physique et matérielle; il est le seul qui ne dit rien à l'imagination, du moins celui dans les sensations duquel elle entre le moins; au lieu que l'imitation et l'imagination mêlent souvent du moral à l'impression de tous les autres. Aussi, généralement, les cœurs tendres et voluptueux, les caractères passionnés et vraiment sensibles, faciles à émouvoir par les autres sens, sont-ils assez tièdes sur celui-ci. De cela même qui semble mettre le goût au-dessous d'eux, et rendre plus méprisable le penchant qui nous y livre, je conclurais au contraire que le moyen le plus convenable pour gouverner les enfants est de les mener par leur bouche. Le mobile de la gourmandise est surtout préférable à celui de la vanité, en ce que la première est un appétit de la nature, tenant immédiatement au sens, et que la seconde est un ouvrage de l'opinion, sujet au caprice des hommes et à toutes sortes d'abus. La gourmandise est la passion de l'enfance; cette passion ne tient devant aucune autre; à la moindre concurrence elle disparaît. Eh! croyez-moi, l'enfant ne cessera que trop tôt de songer à ce qu'il mange; et quand son cœur sera trop occupé, son palais ne l'occupera guère. Quand il sera grand, mille sentiments impétueux donneront le change à la gourmandise, et ne feront qu'irriter la vanité; car cette dernière passion seule fait son profit des autres, et à la fin les engloutit toutes. J'ai quelquefois examiné ces gens qui donnaient de l'importance aux bons morceaux, qui songeaient, en s'éveillant, à ce qu'ils mangeraient dans la journée, et décrivaient un repas avec plus d'exactitude que n'en met Polybe à décrire un combat; j'ai trouvé que tous ces prétendus hommes n'étaient que des enfants de quarante ans, sans vigueur et sans consistance, *fruges consumere nati*. La gourmandise est le vice des cœurs qui n'ont point d'étoffe. L'âme d'un gourmand est toute dans son palais; il n'est fait que pour manger; dans sa stupide incapacité, il n'est qu'à table à sa place, il ne sait juger que des plats; laissons-lui sans regret cet emploi; mieux lui vaut celui-là qu'un autre, autant pour nous que pour lui.

Craindre que la gourmandise ne s'enracine dans un enfant capable de quelque chose est une précaution de petit esprit. Dans l'enfance on ne songe qu'à ce qu'on mange; dans l'adolescence on n'y songe plus; tout nous est bon, et l'on a bien d'autres affaires. Je ne voudrais pourtant pas qu'on allât faire un usage indiscret d'un ressort si bas, ni étayer d'un bon morceau l'honneur de faire une belle action. Mais ·je ne vois pas pourquoi, toute l'enfance n'étant ou ne devant être que jeux et folâtres amusements, des exercices purement corporels n'auraient pas un prix matériel et sensible. Qu'un petit

Majorquin, voyant un panier sur le haut d'un arbre, l'abatte à coup de fronde, n'est-il pas bien juste qu'il en profite, et qu'un bon déjeuner répare la force qu'il use à le gagner * ? Qu'un jeune Spartiate, à travers les risques de cent coups de fouet, se glisse habilement dans une cuisine; qu'il y vole un renardeau tout vivant, qu'en l'emportant dans sa robe il en soit égratigné, mordu, mis en sang, et que, pour n'avoir pas la honte d'être surpris, l'enfant se laisse déchirer les entrailles sans sourciller, sans pousser un seul cri, n'est-il pas juste qu'il profite enfin de sa proie, et qu'il la mange après en avoir été mangé ? Jamais un bon repas ne doit être une récompense; mais pourquoi ne serait-il pas quelquefois l'effet des soins qu'on a pris pour se le procurer ? Emile ne regarde point le gâteau que j'ai mis sur la pierre comme le prix d'avoir bien couru; il sait seulement que le seul moyen d'avoir ce gâteau est d'y arriver plus tôt qu'un autre.

Ceci ne contredit point les maximes que j'avançais tout à l'heure sur la simplicité des mets, car, pour flatter l'appétit des enfants, il ne s'agit pas d'exciter leur sensualité, mais seulement de la satisfaire; et cela s'obtiendra par les choses du monde les plus communes, si l'on ne travaille pas à leur raffiner le goût. Leur appétit continuel, qu'excite le besoin de croître, est un assaisonnement sûr qui leur tient lieu de beaucoup d'autres. Des fruits, du laitage, quelque pièce de four un peu plus délicate que le pain ordinaire, surtout l'art de dispenser sobrement tout cela : voilà de quoi mener des armées d'enfants au bout du monde sans leur donner du goût pour les saveurs vives, ni risquer de leur blaser le palais.

Une des preuves que le goût de la viande n'est pas naturel à l'homme, est l'indifférence que les enfants ont pour ce mets-là, et la préférence qu'ils donnent tous à des nourritures végétales, telles que le laitage, la pâtisserie, les fruits, etc. Il importe surtout de ne pas dénaturer ce goût primitif, et de ne point rendre les enfants carnassiers; si ce n'est pour leur santé, c'est pour leur caractère; car, de quelque manière qu'on explique l'expérience, il est certain que les grands mangeurs de viande sont en général cruels et féroces plus que les autres hommes; cette observation est de tous les lieux et de tous les temps. La

---

* Il y a bien des siècles que les Majorquins ont perdu cet usage; il est du temps de la célébrité de leurs frondeurs.

barbarie anglaise est connue *; les Gaures, au contraire, sont les plus doux des hommes **. Tous les sauvages sont cruels; et leurs mœurs ne les portent point à l'être : cette cruauté vient de leurs aliments. Ils vont à la guerre comme à la chasse, et traitent les hommes comme des ours. En Angleterre même les bouchers ne sont pas reçus en témoignage ***, non plus que les chirurgiens. Les grands scélérats s'endurcissent au meurtre en buvant du sang. Homère fait des Cyclopes, mangeurs de chair, des hommes affreux, et des Lotophages un peuple si aimable, qu'aussitôt qu'on avait essayé de leur commerce, on oubliait jusqu'à son pays pour vivre avec eux.

« Tu me demandes, disait Plutarque, pourquoi Pythagore s'abstenait de manger de la chair des bêtes; mais moi je te demande au contraire quel courage d'homme eut le premier qui approcha de sa bouche une chair meurtrie, qui brisa de sa dent les os d'une bête expirante, qui fit servir devant lui des corps morts, des cadavres et engloutit dans son estomac des membres qui, le moment d'auparavant, bêlaient, mugissaient, marchaient et voyaient. Comment sa main put-elle enfoncer un fer dans le cœur d'un être sensible ? Comment ses yeux purent-ils supporter un meurtre ? Comment put-il voir saigner, écorcher, démembrer un pauvre animal sans défense ? Comment put-il supporter l'aspect des chairs pantelantes ? Comment leur odeur ne lui fit-elle pas soulever le cœur ? Comment ne fut-il pas dégoûté, repoussé, saisi d'horreur, quand il vint à manier l'ordure de ces blessures, à nettoyer le sang noir et figé qui les couvrait ?

> *Les peaux rampaient sur la terre écorchées,*
> *Les chairs au feu mugissaient embrochées;*
> *L'homme ne put les manger sans frémir,*
> *Et dans son sein les entendit gémir.*

* Je sais que les Anglais vantent beaucoup leur humanité et le bon naturel de leur nation, qu'ils appellent *good natured people;* mais ils ont beau crier cela tant qu'ils peuvent, personne ne le répète après eux.

** Les Banians, qui s'abstiennent de toute chair plus sévèrement que les Gaures, sont presque aussi doux qu'eux; mais comme leur morale est moins pure et leur culte moins raisonnable, ils ne sont pas si honnêtes gens.

*** Un des traducteurs anglais de ce livre a relevé ici ma méprise, et tous deux l'ont corrigée. Les bouchers et les chirurgiens sont reçus en témoignage; mais les premiers ne sont point admis comme jurés ou pairs au jugement des crimes, et les chirurgiens le sont.

« Voilà ce qu'il dut imaginer et sentir la première fois qu'il surmonta la nature pour faire cet horrible repas, la première fois qu'il eut faim d'une bête en vie, qu'il voulut se nourrir d'un animal qui paissait encore, et qu'il dit comment il fallait égorger, dépecer, cuire la brebis qui lui léchait les mains. C'est de ceux qui commencèrent ces cruels festins, et non de ceux qui les quittent, qu'on a lieu de s'étonner : encore ces premiers-là pourraient-ils justifier leur barbarie par des excuses qui manquent à la nôtre, et dont le défaut nous rend cent fois plus barbares qu'eux.

« Mortels bien-aimés des dieux, nous diraient ces premiers hommes, comparez les temps, voyez combien vous êtes heureux et combien nous étions misérables! La terre nouvellement formée et l'air chargé de vapeurs étaient encore indociles à l'ordre des saisons; le cours incertain des fleuves dégradait leurs rives de toutes parts; des étangs, des lacs, de profonds marécages inondaient les trois quarts de la surface du monde; l'autre quart était couvert de bois et de forêts stériles. La terre ne produisait nuls bons fruits; nous n'avions nuls instruments de labourage; nous ignorions l'art de nous en servir, et le temps de la moisson ne venait jamais pour qui n'avait rien semé. Ainsi la faim ne nous quittait point. L'hiver, la mousse et l'écorce des arbres étaient nos mets ordinaires. Quelques racines vertes de chiendent et de bruyères étaient pour nous un régal; et quand les hommes avaient pu trouver des faînes, des noix ou du gland, ils en dansaient de joie autour d'un chêne ou d'un hêtre au son de quelque chanson rustique, appelant la terre leur nourrice et leur mère : c'était là leur seule fête; c'étaient leurs uniques jeux; tout le reste de la vie humaine n'était que douleur, peine et misère.

« Enfin, quand la terre dépouillée et nue ne nous offrait plus rien, forcés d'outrager la nature pour nous conserver, nous mangeâmes les compagnons de notre misère plutôt que de périr avec eux. Mais vous, hommes cruels, qui vous force à verser du sang ? Voyez quelle affluence de biens vous environne! combien de fruits vous produit la terre! que de richesses vous donnent les champs et les vignes! que d'animaux vous offrent leur lait pour vous nourrir et leur toison pour vous habiller! Que leur demandez-vous de plus ? et quelle rage vous porte à commettre tant de meurtres, rassasiés de biens et regorgeant de vivres ? Pourquoi mentez-vous contre votre mère en l'accusant de ne pouvoir vous nourrir ? Pourquoi péchez-vous contre Cérès, inventrice des saintes lois, et contre le gracieux Bacchus, consolateur des hommes ? comme si leurs dons prodigués ne suffisaient pas à la conservation du genre humain! Comment avez-vous le cœur de mêler avec leurs

doux fruits des ossements sur vos tables, et de manger
avec le lait le sang des bêtes qui vous le donnent ? Les
panthères et les lions, que vous appelez bêtes féroces,
suivent leur instinct par force, et tuent les autres animaux
pour vivre. Mais vous, cent fois plus féroces qu'elles,
vous combattez l'instinct sans nécessité, pour vous livrer
à vos cruelles délices. Les animaux que vous mangez ne
sont pas ceux qui mangent les autres : vous ne les mangez
pas, ces animaux carnassiers, vous les imitez; vous n'avez
faim que des bêtes innocentes et douces qui ne font de
mal à personne, qui s'attachent à vous, qui vous servent,
et que vous dévorez pour prix de leurs services.

« O meurtrier contre nature! si tu t'obstines à soutenir
qu'elle t'a fait pour dévorer tes semblables, des êtres de
chair et d'os, sensibles et vivants comme toi, étouffe donc
l'horreur qu'elle t'inspire pour ces affreux repas; tue les
animaux toi-même, je dis de tes propres mains, sans fer-
rements, sans coutelas; déchire-les avec tes ongles, comme
font les lions et les ours; mords ce bœuf et le mets en
pièces; enfonce tes griffes dans sa peau; mange cet
agneau tout vif, dévore ses chairs toutes chaudes, bois son
âme avec son sang. Tu frémis! tu n'oses sentir palpiter
sous ta dent une chair vivante! Homme pitoyable! tu
commences par tuer l'animal, et puis tu le manges,
comme pour le faire mourir deux fois. Ce n'est pas assez :
la chair morte te répugne encore, tes entrailles ne peuvent
la supporter; il la faut transformer par le feu, la bouillir,
la rôtir, l'assaisonner de drogues qui la déguisent : il te
faut des charcutiers, des cuisiniers, des rôtisseurs, des
gens pour t'ôter l'horreur du meurtre et t'habiller des
corps morts, afin que le sens du goût, trompé par ces dégui-
sements, ne rejette point ce qui lui est étrange, et savoure
avec plaisir des cadavres dont l'œil même eût eu peine à
souffrir l'aspect. »

Quoique ce morceau soit étranger à mon sujet, je
n'ai pu résister à la tentation de le transcrire, et je crois que
peu de lecteurs m'en sauront mauvais gré.

Au reste, quelque sorte de régime que vous donniez
aux enfants, pourvu que vous ne les accoutumiez qu'à
des mets communs et simples, laissez-les manger, courir
et jouer tant qu'il leur plaît; puis soyez sûrs qu'ils ne
mangeront jamais trop et n'auront point d'indigestions;
mais si vous les affamez la moitié du temps, et qu'ils
trouvent le moyen d'échapper à votre vigilance, ils se
dédommageront de toute leur force, ils mangeront
jusqu'à regorger, jusqu'à crever. Notre appétit n'est
demesuré que parce que nous voulons lui donner d'autres
règles que celles de la nature; toujours réglant, prescri-

vant, ajoutant, retranchant nous ne faisons rien que la
balance à la main; mais cette balance est à la mesure de
nos fantaisies, et non pas à celle de notre estomac. J'en
reviens toujours à mes exemples. Chez les paysans, la
huche et le fruitier sont toujours ouverts, et les enfants,
non plus que les hommes, n'y savent ce que c'est qu'indigestions.

S'il arrivait pourtant qu'un enfant mangeât trop, ce
que je ne crois pas possible par ma méthode, avec des
amusements de son goût il est si aisé de le distraire, qu'on
parviendrait à l'épuiser d'inanition sans qu'il y songeât.
Comment des moyens si sûrs et si faciles échappent-ils
à tous les instituteurs ? Hérédote raconte que les Lydiens,
pressés d'une extrême disette, s'avisèrent d'inventer les
jeux et d'autres divertissements avec lesquels ils donnaient
le change à leur faim, et passaient des jours entiers sans
songer à manger *. Vos savants instituteurs ont peut-
être lu cent fois ce passage, sans voir l'application qu'on
peut en faire aux enfants. Quelqu'un d'eux me dira peut-
être qu'un enfant ne quitte pas volontiers son dîner pour
aller étudier sa leçon. Maître, vous avez raison : je ne pensais pas à cet amusement-là.

Le sens de l'odorat est au goût ce que celui de la vue
est au toucher; il le prévient, il l'avertit de la manière
dont telle ou telle substance doit l'affecter, et dispose à
la rechercher ou à la fuir, selon l'impression qu'on en
reçoit d'avance. J'ai ouï dire que les sauvages avaient
l'odorat tout autrement affecté que le nôtre, et jugeaient
tout différemment des bonnes et des mauvaises odeurs.
Pour moi, je le croirais bien. Les odeurs par elles-mêmes
sont des sensations faibles; elles ébranlent plus l'imagination que le sens, et n'affectent pas tant par ce qu'elles
donnent que par ce qu'elles font attendre. Cela supposé,
les goûts des uns, devenus, par leurs manières de vivre,
si différents des goûts des autres, doivent leur faire porter des jugements bien opposés des saveurs, et par
conséquent des odeurs qui les annoncent. Un Tartare

---

* Les anciens historiens sont remplis de vues dont on pourrait faire
usage, quand même les faits qui les présentent seraient faux. Mais nous
ne savons tirer aucun vrai parti de l'histoire; la critique d'érudition
absorbe tout; comme s'il importait beaucoup qu'un fait fût vrai,
pourvu qu'on en pût tirer une instruction utile. Les hommes sensés
doivent regarder l'histoire comme un tissu de fables, dont la morale
est très appropriée au cœur humain.

doit flairer avec autant de plaisir un quartier puant de cheval mort, qu'un de nos chasseurs, une perdrix à moitié pourrie.

Nos sensations oiseuses, comme d'être embaumés des fleurs d'un parterre, doivent être insensibles à des hommes qui marchent trop pour aimer à se promener, et qui ne travaillent pas assez pour se faire une volupté du repos. Des gens toujours affamés ne sauraient prendre un grand plaisir à des parfums qui n'annoncent rien à manger.

L'odorat est le sens de l'imagination; donnant aux nerfs un ton plus fort, il doit beaucoup agiter le cerveau; c'est pour cela qu'il ranime un moment le tempérament, et l'épuise à la longue. Il a dans l'amour des effets assez connus; le doux parfum d'un cabinet de toilette n'est pas un piège aussi faible qu'on pense; et je ne sais s'il faut féliciter ou plaindre l'homme sage et peu sensible que l'odeur des fleurs que sa maîtresse a sur le sein ne fit jamais palpiter.

L'odorat ne doit donc pas être fort actif dans le premier âge, où l'imagination, que peu de passions ont encore animée, n'est guère susceptible d'émotion, et où l'on n'a pas encore assez d'expérience pour prévoir avec un sens ce que nous en promet un autre. Aussi cette conséquence est-elle parfaitement confirmée par l'observation; et il est certain que ce sens est encore obtus et presque hébété chez la plupart des enfants. Non que la sensation ne soit en eux aussi fine et peut-être plus que dans les hommes, mais parce que, n'y joignant aucune autre idée, ils ne s'en affectent pas aisément d'un sentiment de plaisir ou de peine, et qu'ils n'en sont ni flattés ni blessés comme nous. Je crois que, sans sortir du même système, et sans recourir à l'anatomie comparée des deux sexes, on trouverait aisément la raison pourquoi les femmes en général s'affectent plus vivement des odeurs que les hommes.

On dit que les sauvages du Canada se rendent dès leur jeunesse l'odorat si subtil, que, quoiqu'ils aient des chiens, ils ne daignent pas s'en servir à la chasse, et se servent de chiens à eux-mêmes. Je conçois, en effet, que si l'on élevait les enfants à éventer leur dîner, comme le chien évente le gibier, on parviendrait peut-être à leur perfectionner l'odorat au même point; mais je ne vois pas au fond qu'on puisse en eux tirer de ce sens un usage fort utile, si ce n'est pour leur faire connaître ses rapports avec celui du goût. La nature a pris soin de nous forcer à nous mettre au fait de ces rapports. Elle a rendu l'action de ce dernier sens presque inséparable de celle de l'autre, en rendant leurs organes voisins, et plaçant dans la bouche une communication immédiate entre les deux, en sorte que nous ne goûtons rien sans le flairer. Je voudrais seulement qu'on n'altérât pas ces rapports naturels pour tromper un enfant, en couvrant, par exemple, d'un aromate agréable le déboire d'une médecine; car la discorde des deux sens est trop grande alors pour pouvoir l'abuser; le sens le plus actif absorbant l'effet de l'autre, il n'en prend pas la médecine avec moins de dégoût; ce dégoût s'étend à toutes les sensations qui le frappent en même temps; à la présence de la plus faible, son imagination lui rappelle aussi l'autre; un parfum très suave n'est plus pour lui qu'une odeur dégoûtante; et c'est ainsi que nos indiscrètes précautions augmentent la somme des sensations déplaisantes aux dépens des agréables.

Il me reste à parler dans les livres suivants de la culture d'une espèce de sixième sens, appelé sens commun, moins parce qu'il est commun à tous les hommes, que parce qu'il résulte de l'usage bien réglé des autres sens, et qu'il nous instruit de la nature des choses par le concours de toutes leurs apparences. Ce sixième sens n'a point par conséquent d'organe particulier : il ne réside que dans le cerveau, et ses sensations, purement internes, s'appellent perceptions ou idées. C'est par le nombre de ces idées que se mesure l'étendue de nos connaissances : c'est leur netteté, leur clarté, qui fait la justesse de l'esprit; c'est l'art de les comparer entre elles qu'on appelle raison humaine. Ainsi ce que j'appelais raison sensitive ou puérile consiste à former des idées simples par le concours de plusieurs sensations; et ce que j'appelle raison intellectuelle ou humaine consiste à former des idées complexes par le concours de plusieurs idées simples.

Supposant donc que ma méthode soit celle de la nature, et que je ne me sois pas trompé dans l'application, nous avons amené notre élève, à travers les pays des sensations, jusqu'aux confins de la raison puérile : le premier pas que nous allons faire au-delà doit être un pas d'homme. Mais, avant d'entrer dans cette nouvelle carrière, jetons un moment les yeux sur celle que nous venons de parcourir. Chaque âge, chaque état de la vie a sa perfection convenable, sa sorte de maturité qui lui

est propre. Nous avons souvent ouï parler d'un homme
fait ; mais considérons un enfant fait : ce spectacle sera
plus nouveau pour nous, et ne sera peut-être pas moins
agréable.

L'existence des êtres finis est si pauvre et si bornée que,
quand nous ne voyons que ce qui est, nous ne sommes
jamais émus. Ce sont les chimères qui ornent les objets
réels ; et si l'imagination n'ajoute un charme à ce qui nous
frappe, le stérile plaisir qu'on y prend se borne à l'organe,
et laisse toujours le cœur froid. La terre, parée des trésors de l'automne, étale une richesse que l'œil admire :
mais cette admiration n'est point touchante ; elle vient
plus de la réflexion que du sentiment. Au printemps, la
campagne presque nue n'est encore couverte de rien, les
bois n'offrent point d'ombre, la verdure ne fait que de
poindre, et le cœur est touché à son aspect. En voyant
renaître ainsi la nature, on se sent ranimer soi-même ;
l'image du plaisir nous environne ; ces compagnes de la
volupté, ces douces larmes, toujours prêtes à se joindre
à tout sentiment délicieux, sont déjà sur le bord de
nos paupières ; mais l'aspect des vendanges a beau être
animé, vivant, agréable, on le voit toujours d'un
œil sec.

Pourquoi cette différence ? C'est qu'au spectacle du
printemps l'imagination joint celui des saisons qui le
doivent suivre ; à ces tendres bourgeons que l'œil aperçoit,
elle ajoute les fleurs, les fruits, les ombrages, quelquefois
les mystères qu'ils peuvent couvrir. Elle réunit en un
point des temps qui doivent se succéder, et voit moins
les objets comme ils seront que comme elle les désire,
parce qu'il dépend d'elle de les choisir. En automne,
au contraire, on n'a plus à voir que ce qui est. Si l'on veut
arriver au printemps, l'hiver nous arrête, et l'imagination glacée expire sur la neige et les frimas.

Telle est la source du charme qu'on trouve à contempler une belle enfance préférablement à la perfection
de l'âge mûr. Quand est-ce que nous goûtons un vrai
plaisir à voir un homme ? c'est quand la mémoire de
ses actions nous fait rétrograder sur sa vie, et le rajeunit,
pour ainsi dire, à nos yeux. Si nous sommes réduits à le
considérer tel qu'il est, ou à le supposer tel qu'il sera
dans sa vieillesse, l'idée de la nature déclinante efface
tout notre plaisir. Il n'y en a point à voir avancer un
homme à grands pas vers sa tombe, et l'image de la mort
enlaidit tout.

Mais quand je me figure un enfant de dix à douze ans, sain, vigoureux, bien formé pour son âge, il ne me fait pas naître une idée qui ne soit agréable, soit pour le présent, soit pour l'avenir : je le vois bouillant, vif, animé, sans souci rongeant, sans longue et pénible prévoyance, tout entier à son être actuel, et jouissant d'une plénitude de vie qui semble vouloir s'étendre hors de lui. Je le prévois dans un autre âge, exerçant le sens, l'esprit, les forces qui se développent en lui de jour en jour, et dont il donne à chaque instant de nouveaux indices ; je le contemple enfant, et il me plaît ; je l'imagine homme, et il me plaît davantage ; son sang ardent semble réchauffer le mien ; je crois vivre de sa vie, et sa vivacité me rajeunit.

L'heure sonne, quel changement ! A l'instant son œil se ternit, sa gaieté s'efface ; adieu la joie, adieu les folâtres jeux. Un homme sévère et fâché le prend par la main, lui dit gravement : *Allons, monsieur*, et l'emmène. Dans la chambre où ils entrent j'entrevois des livres. Des livres ! quel triste ameublement pour son âge ! Le pauvre enfant se laisse entraîner, tourne un œil de regret sur tout ce qui l'environne, se tait, et part, les yeux gonflés de pleurs qu'il n'ose répandre, et le cœur gros de soupirs qu'il n'ose exhaler.

O toi qui n'as rien de pareil à craindre, toi pour qui nul temps de la vie n'est un temps de gêne et d'ennui, toi qui vois venir le jour sans inquiétude, la nuit sans impatience, et ne comptes les heures que par tes plaisirs, viens, mon heureux, mon aimable élève, nous consoler par ta présence du départ de cet infortuné ; viens... Il arrive, et je sens à son approche un mouvement de joie que je lui vois partager. C'est son ami, son camarade, c'est le compagnon de ses jeux qu'il aborde ; il est bien sûr, en me voyant, qu'il ne restera pas longtemps sans amusement ; nous ne dépendons jamais l'un de l'autre, mais nous nous accordons toujours, et nous ne sommes avec personne aussi bien qu'ensemble.

Sa figure, son port, sa contenance, annoncent l'assurance et le contentement ; la santé brille sur son visage ; ses pas affermis lui donnent un air de vigueur ; son teint, délicat encore sans être fade, n'a rien d'une mollesse efféminée ; l'air et le soleil y ont déjà mis l'empreinte honorable de son sexe ; ses muscles, encore arrondis, commencent à marquer quelques traits d'une physionomie naissante ; ses yeux, que le feu du sentiment n'anime point encore, ont au moins toute leur sérénité native *, de longs chagrins ne les ont point obscurcis, des pleurs sans fin n'ont point sillonné ses joues. Voyez dans ses mouvements prompts, mais sûrs, la vivacité de son âge, la fermeté de l'indépendance, l'expérience des exercices multipliés. Il a l'air ouvert et libre, mais non pas insolent ni vain : son visage, qu'on n'a pas collé sur des livres, ne tombe point sur son estomac; on n'a pas besoin de lui dire : *Levez la tête ;* la honte ni la crainte ne la lui firent jamais baisser.

Faisons-lui place au milieu de l'assemblée : messieurs, examinez-le, interrogez-le en toute confiance; ne craignez ni ses importunités, ni son babil, ni ses questions indiscrètes. N'ayez pas peur qu'il s'empare de vous, qu'il prétende vous occuper de lui seul, et que vous ne puissiez plus vous en défaire.

N'attendez pas non plus de lui des propos agréables, ni qu'il vous dise ce que je lui aurai dicté; n'en attendez que la vérité naïve et simple, sans ornement, sans apprêt, sans vanité. Il vous dira le mal qu'il a fait ou celui qu'il pense, tout aussi librement que le bien, sans s'embarrasser en aucune sorte de l'effet que fera sur vous ce qu'il aura dit : il usera de la parole dans toute la simplicité de sa première institution.

L'on aime à bien augurer des enfants, et l'on a toujours regret à ce flux d'inepties qui vient presque toujours renverser les espérances qu'on voudrait tirer de quelque heureuse rencontre qui par hasard leur tombe sur la langue. Si le mien donne rarement de telles espérances, il ne donnera jamais ce regret; car il ne dit jamais un mot inutile, et ne s'épuise pas sur un babil qu'il sait qu'on n'écoute point. Ses idées sont bornées, mais nettes; s'il ne sait rien par cœur, il sait beaucoup par expérience; s'il lit moins bien qu'un autre enfant dans nos livres, il lit mieux dans celui de la nature; son esprit n'est pas dans sa langue, mais dans sa tête; il a moins de mémoire que de jugement; il ne sait parler qu'un langage, mais il entend ce qu'il dit; et s'il ne dit pas si bien que les autres disent, en revanche, il fait mieux qu'ils ne font.

Il ne sait ce que c'est que routine, usage, habitude; ce

---

* *Natia.* J'emploie ce mot dans une acception italienne, faute de lui trouver un synonyme en français. Si j'ai tort, peu importe, pourvu qu'on m'entende.

qu'il fit hier n'influe point sur ce qu'il fait aujourd'hui * :
il ne suit jamais de formule, ne cède point à l'autorité ni
à l'exemple, et n'agit ni ne parle que comme il lui convient.
Ainsi n'attendez pas de lui des discours dictés ni des
manières étudiées, mais toujours l'expression fidèle de
ses idées et la conduite qui naît de ses penchants.

Vous lui trouvez un petit nombre de notions morales
qui se rapportent à son état actuel, aucune sur l'état
relatif des hommes : et de quoi lui serviraient-elles,
puisqu'un enfant n'est pas encore un membre actif de
la société ? Parlez-lui de liberté, de propriété, de convention même ; il peut en savoir jusque-là, il sait pourquoi
ce qui est à lui est à lui, et pourquoi ce qui n'est pas à
lui n'est pas à lui : passé cela, il ne sait plus rien. Parlez-
lui de devoir, d'obéissance, il ne sait ce que vous voulez
dire ; commandez-lui quelque chose, il ne vous entendra
pas ; mais dites-lui : Si vous me faisiez tel plaisir, je vous
le rendrais dans l'occasion ; à l'instant il s'empressera de
vous complaire, car il ne demande pas mieux que d'étendre
son domaine, et d'acquérir sur vous des droits qu'il sait être
inviolables. Peut-être même n'est-il pas fâché de tenir
une place, de faire nombre, d'être compté pour quelque
chose ; mais s'il a ce dernier motif, le voilà déjà sorti de
la nature, et vous n'avez pas bien bouché d'avance toutes
les portes de la vanité.

De son côté, s'il a besoin de quelque assistance, il la
demandera indifféremment au premier qu'il rencontre ;
il la demanderait au roi comme à son laquais : tous les
hommes sont encore égaux à ses yeux. Vous voyez, à l'air
dont il prie, qu'il sent qu'on ne lui doit rien ; il sait que
ce qu'il demande est une grâce. Il sait aussi que l'humanité
porte à en accorder. Ses expressions sont simples et
laconiques. Sa voix, son regard, son geste sont d'un être
également accoutumé à la complaisance et au refus. Ce
n'est ni la rampante et servile soumission d'un esclave,

---

* L'attrait de l'habitude vient de la paresse naturelle à l'homme, et
cette paresse augmente en s'y livrant : on fait plus aisément ce qu'on
a déjà fait : la route étant frayée en devient plus facile à suivre. Aussi
peut-on remarquer que l'empire de l'habitude est très grand sur les
vieillards et sur les gens indolents, très petit sur la jeunesse et sur les
gens vifs. Ce régime n'est bon qu'aux âmes faibles, et les affaiblit davantage de jour en jour. La seule habitude utile aux enfants est de s'asservir sans peine à la nécessité des choses, et la seule habitude utile aux
hommes est de s'asservir sans peine à la raison. Toute autre habitude
est un vice.

ni l'impérieux accent d'un maître; c'est une modeste
confiance en son semblable, c'est la noble et touchante
douceur d'un être libre, mais sensible et faible, qui
implore l'assistance d'un être libre, mais fort et bienfaisant. Si vous lui accordez ce qu'il vous demande, il ne
vous remerciera pas, mais il sentira qu'il a contracté une
dette. Si vous le lui refusez, il ne se plaindra point, il
n'insistera point, il sait que cela serait inutile. Il ne se
dira point : On m'a refusé; mais il se dira : Cela ne pouvait pas être; et, comme je l'ai déjà dit, on ne se mutine
guère contre la nécessité bien reconnue.

Laissez-le seul en liberté, voyez-le agir sans lui rien
dire; considérez ce qu'il fera et comment il s'y prendra.
N'ayant pas besoin de se prouver qu'il est libre, il ne
fait jamais rien par étourderie, et seulement pour faire
un acte de pouvoir sur lui-même; ne sait-il pas qu'il est
toujours maître de lui ? Il est alerte, léger, dispos; ses
mouvements ont toute la vivacité de son âge, mais vous
n'en voyez pas un qui n'ait une fin. Quoi qu'il veuille
faire, il n'entreprendra jamais rien qui soit au-dessus de
ses forces, car il les a bien éprouvées et les connaît; ses
moyens seront toujours appropriés à ses desseins, et
rarement il agira sans être assuré du succès. Il aura
l'œil attentif et judicieux; il n'ira pas niaisement interro-
geant les autres sur tout ce qu'il voit; mais il l'examinera
lui-même et se fatiguera pour trouver ce qu'il veut apprendre, avant de le demander. S'il tombe dans des embarras
imprévus, il se troublera moins qu'un autre; s'il y a du
risque, il s'effrayera moins aussi. Comme son imagination
reste encore inactive, et qu'on n'a rien fait pour l'animer,
il ne voit que ce qui est, n'estime les dangers que ce
qu'ils valent, et garde toujours son sang-froid. La nécessité s'appesantit trop souvent sur lui pour qu'il regimbe
encore contre elle; il en porte le joug dès sa naissance, l'y
voilà bien accoutumé; il est toujours prêt à tout.

Qu'il s'occupe ou qu'il s'amuse, l'un et l'autre est égal
pour lui; ses jeux sont ses occupations, il n'y sent point
de différence. Il met à tout ce qu'il fait un intérêt qui
fait rire et une liberté qui plaît, en montrant à la fois le
tour de son esprit et la sphère de ses connaissances.
N'est-ce pas le spectacle de cet âge, un spectacle charmant et doux, de voir un joli enfant, l'œil vif et gai, l'air
content et serein, la physionomie ouverte et riante, faire,
en se jouant, les choses les plus sérieuses, ou profondément occupé des plus frivoles amusements ?

Voulez-vous à présent le juger par comparaison ?
Mêlez-le avec d'autres enfants, et laissez-le faire. Vous
verrez bientôt lequel est le plus vraiment formé, lequel
approche le mieux de la perfection de leur âge. Parmi les
enfants de la ville, nul n'est plus adroit que lui, mais il
est plus fort qu'aucun autre. Parmi de jeunes paysans, il
les égale en force et les passe en adresse. Dans tout ce
qui est à portée de l'enfance, il juge, il raisonne, il prévoit
mieux qu'eux tous. Est-il question d'agir, de courir,
de sauter, d'ébranler des corps, d'enlever des masses,
d'estimer des distances, d'inventer des jeux, d'emporter
des prix ? on dirait que la nature est à ses ordres, tant
il sait aisément plier toute chose à ses volontés. Il est
fait pour guider, pour gouverner ses égaux : le talent,
l'expérience, lui tiennent lieu de droit et d'autorité.
Donnez-lui l'habit et le nom qu'il vous plaira, peu
importe, il primera partout, il deviendra partout le chef
des autres ; il sentiront toujours sa supériorité sur eux ;
sans vouloir commander, il sera le maître ; sans croire
obéir, ils obéiront.

Il est parvenu à la maturité de l'enfance, il a vécu de la
vie d'un enfant, il n'a point acheté sa perfection aux
dépens de son bonheur ; au contraire, ils ont concouru
l'un à l'autre. En acquérant toute la raison de son âge,
il a été heureux et libre autant que sa constitution lui
permettait de l'être. Si la fatale faux vient moissonner en
lui la fleur de nos espérances, nous n'aurons point à
pleurer à la fois sa vie et sa mort, nous n'aigrirons point
nos douleurs du souvenir de celles que nous lui aurons
causées ; nous nous dirons : Au moins il a joui de son
enfance ; nous ne lui avons rien fait perdre de ce que la
nature lui avait donné.

Le grand inconvénient de cette première éducation est
qu'elle n'est sensible qu'aux hommes clairvoyants et, que,
dans un enfant élevé avec tant de soin, des yeux vulgaires
ne voient qu'un polisson. Un précepteur songe à son
intérêt plus qu'à celui de son disciple ; il s'attache à
prouver qu'il ne perd pas son temps, et qu'il gagne bien
l'argent qu'on lui donne ; il le pourvoit d'un acquis de
facile étalage et qu'on puisse montrer quand on veut ;
il n'importe que ce qu'il lui apprend soit utile, pourvu
qu'il se voie aisément. Il accumule, sans choix, sans discernement, cent fatras dans sa mémoire. Quand il s'agit
d'examiner l'enfant, on lui fait déployer sa marchan-
dise ; il l'étale, on est content ; puis il replie son ballot,

et s'en va. Mon élève n'est pas si riche, il n'a point de ballot à déployer, il n'a rien à montrer que lui-même. Or un enfant, non plus qu'un homme, ne se voit pas en un moment. Où sont les observateurs qui sachent saisir au premier coup d'œil les traits qui le caractérisent ? Il en est, mais il en est peu ; et sur cent mille pères, il ne s'en trouvera pas un de ce nombre.

Les questions trop multipliées ennuient et rebutent tout le monde, à plus forte raison les enfants. Au bout de quelques minutes leur attention se lasse, ils n'écoutent plus ce qu'un obstiné questionneur leur demande, et ne répondent plus qu'au hasard. Cette manière de les examiner est vaine et pédantesque ; souvent un mot pris à la volée peint mieux leur sens et leur esprit que ne feraient de longs discours ; mais il faut prendre garde que ce mot ne soit ni dicté ni fortuit. Il faut avoir beaucoup de jugement soi-même pour apprécier celui d'un enfant.

J'ai ouï raconter à feu milord Hyde qu'un de ses amis, revenu d'Italie après trois ans d'absence, voulut examiner les progrès de son fils âgé de neuf à dix ans. Ils vont un soir se promener avec son gouverneur et lui dans une plaine où des écoliers s'amusaient à guider des cerfs-volants. Le père en passant dit à son fils : *Où est le cerf-volant dont voilà l'ombre.* Sans hésiter, sans lever la tête, l'enfant dit : *Sur le grand chemin.* Et en effet, ajoutait milord Hyde, le grand chemin était entre le soleil et nous. Le père, à ce mot, embrasse son fils, et, finissant là son examen, s'en va sans rien dire. Le lendemain il envoya au gouverneur l'acte d'une pension viagère outre ses appointements.

Quel homme que ce père-là ! et quel fils lui était promis ! La question est précisément de l'âge : la réponse est bien simple ; mais voyez quelle netteté de judiciaire enfantine elle suppose ! C'est ainsi que l'élève d'Aristote apprivoisait ce coursier célèbre qu'aucun écuyer n'avait pu dompter.

LIVRE TROISIÈME

Quoique jusqu'à l'adolescence tout le cours de la vie soit un temps de faiblesse, il est un point, dans la durée de ce premier âge, où, le progrès des forces ayant passé celui des besoins, l'animal croissant, encore absolument faible, devient fort par relation. Ses besoins n'étant pas tous développés, ses forces actuelles sont plus que suffisantes pour pourvoir à ceux qu'il a. Comme homme il serait très faible, comme enfant il est très fort.

D'où vient la faiblesse de l'homme ? De l'inégalité qui se trouve entre sa force et ses désirs. Ce sont nos passions qui nous rendent faibles, parce qu'il faudrait pour les contenter plus de forces que ne nous en donna la nature. Diminuez donc les désirs, c'est comme si vous augmentiez les forces : celui qui peut plus qu'il ne désire en a de reste ; il est certainement un être très fort. Voilà le troisième état de l'enfance, et celui dont j'ai maintenant à parler. Je continue à l'appeler enfance, faute de terme propre à l'exprimer ; car cet âge approche de l'adolescence, sans être encore celui de la puberté.

A douze ou treize ans les forces de l'enfant se développent bien plus rapidement que ses besoins. Le plus violent, le plus terrible, ne s'est pas encore fait sentir à lui ; l'organe même en reste dans l'imperfection, et semble, pour en sortir, attendre que sa volonté l'y force. Peu sensible aux injures de l'air et des saisons, il les brave sans peine, sa chaleur naissante lui tient lieu d'habit ; son appétit lui tient lieu d'assaisonnement ; tout ce qui peut nourrir est bon à son âge ; s'il a sommeil, il s'étend sur la terre et dort : il se voit partout entouré de tout ce qui lui est nécessaire ; aucun besoin imaginaire ne le tourmente ; l'opinion ne peut rien sur lui ; ses désirs ne vont pas plus loin que ses bras : non seulement il peut se suffire à lui-même, il a de la force au-delà de ce qu'il lui en faut; c'est le seul temps de sa vie où il sera dans ce cas.

Je pressens l'objection. L'on ne dira pas que l'enfant a plus de besoins que je ne lui en donne, mais on niera qu'il ait la force que je lui attribue : on ne songera pas que je parle de mon élève, non de ces poupées ambulantes qui voyagent d'une chambre à l'autre, qui labourent dans une caisse et portent des fardeaux de carton. L'on me dira que la force virile ne se manifeste qu'avec la virilité; que les esprits vitaux, élaborés dans les vaisseaux convenables, et répandus dans tout le corps, peuvent seuls donner aux muscles la consistance, l'activité, le ton, le ressort, d'où résulte une véritable force. Voilà la philosophie du cabinet; mais moi j'en appelle à l'expérience. Je vois dans vos campagnes de grands garçons labourer, biner, tenir la charrue, charger un tonneau de vin, mener la voiture tout comme leur père; on les prendrait pour des hommes, si le son de leur voix ne les trahissait pas. Dans nos villes mêmes, de jeunes ouvriers, forgerons, taillandiers, maréchaux, sont presque aussi robustes que les maîtres, et ne seraient guère moins adroits, si on les eût exercés à temps. S'il y a de la différence, et je conviens qu'il y en a, elle y est beaucoup moindre, je le répète, que celle des désirs fougueux d'un homme aux désirs bornés d'un enfant. D'ailleurs il n'est pas ici question seulement de forces physiques, mais surtout de la force et capacité de l'esprit qui les supplée ou qui les dirige.

Cet intervalle où l'individu peut plus qu'il ne désire, bien qu'il ne soit pas le temps de sa plus grande force absolue, est, comme je l'ai dit, celui de sa plus grande force relative. Il est le temps le plus précieux de la vie, temps qui ne vient qu'une seule fois; temps très court, et d'autant plus court, comme on verra dans la suite, qu'il lui importe plus de le bien employer.

Que fera-t-il donc de cet excédent de facultés et de forces qu'il a de trop à présent, et qui lui manquera dans un autre âge ? Il tâchera de l'employer à des soins qui lui puissent profiter au besoin; il jettera, pour ainsi dire, dans l'avenir le superflu de son être actuel; l'enfant robuste fera des provisions pour l'homme faible; mais il n'établira ses magasins ni dans des coffres qu'on peut lui voler, ni dans des granges qui lui sont étrangères; pour s'approprier véritablement son acquis, c'est dans ses bras, dans sa tête, c'est dans lui qu'il le logera. Voici donc le temps

des travaux, des instructions, des études, et remarquez
que ce n'est pas moi qui fais arbitrairement ce choix,
c'est la nature elle-même qui l'indique.

L'intelligence humaine a ses bornes; et non seulement
un homme ne peut pas tout savoir, il ne peut pas même
savoir en entier le peu que savent les autres hommes.
Puisque la contradictoire de chaque position fausse est
une vérité, le nombre des vérités est inépuisable comme
celui des erreurs. Il y a donc un choix dans les choses
qu'on doit enseigner ainsi que dans le temps propre à
les apprendre. Des connaissances qui sont à notre portée,
les unes sont fausses, les autres sont inutiles, les autres
servent à nourrir l'orgueil de celui qui les a. Le petit
nombre de celles qui contribuent réellement à notre
bien-être est seul digne des recherches d'un homme
sage, et par conséquent d'un enfant qu'on veut rendre
tel. Il ne s'agit point de savoir ce qui est, mais seulement
ce qui est utile.

De ce petit nombre, il faut ôter encore ici les vérités
qui demandent, pour être comprises, un entendement
déjà tout formé; celles qui supposent la connaissance
des rapports de l'homme, qu'un enfant ne peut acquérir;
celles qui, bien que vraies en elles-mêmes, disposent
une âme inexpérimentée à penser faux sur d'autres
sujets.

Nous voilà réduits à un bien petit cercle relativement
à l'existence des choses; mais que ce cerle forme encore
une sphère immense pour la mesure de l'esprit d'un
enfant! Ténèbres de l'entendement humain, quelle
main téméraire osa toucher à votre voile? Que d'abîmes
je vois creuser par nos vaines sciences autour de ce jeune
infortuné! O toi qui vas le conduire dans ces périlleux
sentiers, et tirer devant ses yeux le rideau sacré de la
nature, tremble. Assure-toi bien premièrement de sa
tête et de la tienne, crains qu'elle ne tourne à l'un ou à
l'autre, et peut-être à tous les deux. Crains l'attrait
spécieux du mensonge et les vapeurs enivrantes de l'orgueil. Souviens-toi, souviens-toi sans cesse que l'ignorance n'a jamais fait de mal, que l'erreur seule est funeste,
et qu'on ne s'égare point par ce qu'on ne sait pas,
mais par ce qu'on croit savoir.

Ses progrès dans la géométrie vous pourraient servir
d'épreuve et de mesure certaine pour le développement
de son intelligence : mais sitôt qu'il peut discerner ce
qui est utile et ce qui ne l'est pas, il importe d'user de

beaucoup de ménagement et d'art pour l'amener aux études spéculatives. Voulez-vous, par exemple, qu'il cherche une moyenne proportionnelle entre deux lignes ; commencez par faire en sorte qu'il ait besoin de trouver un carré égal à un rectangle donné : s'il s'agissait de deux moyennes proportionnelles, il faudrait d'abord lui rendre le problème de la duplication du cube intéressant, etc. Voyez comment nous approchons par degrés des notions morales qui distinguent le bien et le mal. Jusqu'ici nous n'avons connu de loi que celle de la nécessité : maintenant nous avons égard à ce qui est utile ; nous arriverons bientôt à ce qui est convenable et bon.

Le même instinct anime les diverses facultés de l'homme. A l'activité du corps, qui cherche à se développer, succède l'activité de l'esprit, qui cherche à s'instruire. D'abord les enfants ne sont que remuants, ensuite ils sont curieux ; et cette curiosité bien dirigée est le mobile de l'âge où nous voilà parvenus. Distinguons toujours les penchants qui viennent de la nature de ceux qui viennent de l'opinion. Il est une ardeur de savoir qui n'est fondée que sur le désir d'être estimé savant ; il en est une autre qui naît d'une curiosité naturelle à l'homme pour tout ce qui peut l'intéresser de près ou de loin. Le désir inné du bien-être et l'impossibilité de contenter pleinement ce désir lui font rechercher sans cesse de nouveaux moyens d'y contribuer. Tel est le premier principe de la curiosité ; principe naturel au cœur humain, mais dont le développement ne se fait qu'en proportion de nos passions et de nos lumières. Supposez un philosophe relégué dans une île déserte avec des instruments et des livres, sûr d'y passer seul le reste de ses jours ; il ne s'embarrassera plus guère du système du monde, des lois de l'attraction, du calcul différentiel : il n'ouvrira peut-être de sa vie un seul livre, mais jamais il ne s'abstiendra de visiter son île jusqu'au dernier recoin, quelque grande qu'elle puisse être. Rejetons donc encore de nos premières études les connaissances dont le goût n'est point naturel à l'homme, et bornons-nous à celles que l'instinct nous porte à chercher.

L'île du genre humain, c'est la terre ; l'objet le plus frappant pour nos yeux, c'est le soleil. Sitôt que nous commençons à nous éloigner de nous, nos premières observations doivent tomber sur l'une et sur l'autre. Aussi la philosophie de presque tous les peuples sauvages roule-t-elle uniquement sur d'imaginaires divisions de la terre et sur la divinité du soleil.

Quel écart! dira-t-on peut-être. Tout à l'heure nous n'étions occupés que de ce qui nous touche, de ce qui nous entoure immédiatement; tout à coup nous voilà parcourant le globe et sautant aux extrémités de l'univers! Cet écart est l'effet du progrès de nos forces et de la pente de notre esprit. Dans l'état de faiblesse et d'insuffisance, le soin de nous conserver nous concentre au-dedans de nous; dans l'état de puissance et de force, le désir d'étendre notre être nous porte au-delà, et nous fait élancer aussi loin qu'il nous est possible; mais, comme le monde intellectuel nous est encore inconnu, notre pensée ne va pas plus loin que nos yeux, et notre entendement ne s'étend qu'avec l'espace qu'il mesure.

Transformons nos sensations en idées, mais ne sautons pas tout d'un coup des objets sensibles aux objets intellectuels. C'est par les premiers que nous devons arriver aux autres. Dans les premières opérations de l'esprit, que les sens soient toujours ses guides : point d'autre livre que le monde, point d'autre instruction que les faits. L'enfant qui lit ne pense pas, il ne fait que lire; il ne s'instruit pas, il apprend des mots.

Rendez votre élève attentif aux phénomènes de la nature, bientôt vous le rendrez curieux; mais, pour nourrir sa curiosité, ne vous pressez jamais de la satisfaire. Mettez les questions à sa portée, et laissez-les lui résoudre. Qu'il ne sache rien parce que vous le lui avez dit, mais parce qu'il l'a compris lui-même; qu'il n'apprenne pas la science, qu'il l'invente. Si jamais vous substituez dans son esprit l'autorité à la raison, il ne raisonnera plus; il ne sera plus que le jouet de l'opinion des autres.

Vous voulez apprendre la géographie à cet enfant, et vous lui allez chercher des globes, des sphères, des cartes : que de machines! Pourquoi toutes ces représentations ? que ne commencez-vous par lui montrer l'objet même, afin qu'il sache au moins de quoi vous lui parlez!

Une belle soirée on va se promener dans un lieu favorable, où l'horizon bien découvert laisse voir à plein le soleil couchant, et l'on observe les objets qui rendent reconnaissable le lieu de son coucher. Le lendemain, pour respirer le frais, on retourne au même lieu avant que le soleil se lève. On le voit s'annoncer de loin par les traits de feu qu'il lance au-devant de lui. L'incendie augmente, l'orient paraît tout en flammes; à leur éclat on

attend l'astre longtemps avant qu'il se montre; à chaque
instant on croit le voir paraître; on le voit enfin. Un point
brillant part comme un éclair et remplit aussitôt tout
l'espace; le voile des ténèbres s'efface et tombe. L'homme
reconnaît son séjour et le trouve embelli. La verdure a
pris durant la nuit une vigueur nouvelle; le jour naissant
qui l'éclaire, les premiers rayons qui la dorent, la montrent
couverte d'un brillant réseau de rosée, qui réfléchit à
l'œil la lumière et les couleurs. Les oiseaux en chœur se
réunissent et saluent de concert le père de la vie; en ce
moment pas un seul ne se tait; leur gazouillement, faible
encore, est plus lent et plus doux que dans le reste de la
journée, il se sent de la langueur d'un paisible réveil.
Le concours de tous ces objets porte au sens une impression de fraîcheur qui semble pénétrer jusqu'à l'âme. Il
y a là une demi-heure d'enchantement auquel nul
homme ne résiste; un spectacle si grand, si beau, si délicieux, n'en laisse aucun de sang-froid.

Plein de l'enthousiasme qu'il éprouve, le maître veut
le communiquer à l'enfant : il croit l'émouvoir en le rendant attentif aux sensations dont il est ému lui-même.
Pure bêtise! c'est dans le cœur de l'homme qu'est la vie
du spectacle de la nature; pour le voir, il faut le sentir.
L'enfant aperçoit les objets, mais il ne peut apercevoir
les rapports qui les lient, il ne peut entendre la douce
harmonie de leur concert. Il faut une expérience qu'il
n'a point acquise, il faut des sentiments qu'il n'a point
éprouvés, pour sentir l'impression composée qui résulte
à la fois de toutes ces sensations. S'il n'a longtemps parcouru des plaines arides, si des sables ardents n'ont brûlé
ses pieds, si la réverbération suffocante des rochers frappés du soleil ne l'oppressa jamais, comment goûtera-t-il
l'air frais d'une belle matinée ? comment le parfum des
fleurs, le charme de la verdure, l'humide vapeur de la
rosée, le marcher mol et doux sur la pelouse, enchan-
teront-ils ses sens ? Comment le chant des oiseaux lui
causera-t-il une émotion voluptueuse, si les accents de
l'amour et du plaisir lui sont encore inconnus ? Avec
quels transports verra-t-il naître une si belle journée,
si son imagination ne sait pas lui peindre ceux dont on
peut la remplir ? Enfin comment s'attendrira-t-il sur la
beauté du spectacle de la nature, s'il ignore quelle main
prit soin de l'orner ?

Ne tenez point à l'enfant des discours qu'il ne peut
entendre. Point de descriptions, point d'éloquence, point

de figures, point de poésie. Il n'est pas maintenant question de sentiment ni de goût. Continuez d'être clair, simple et froid; le temps ne viendra que trop tôt de prendre un autre langage.

Elevé dans l'esprit de nos maximes, accoutumé à tirer tous ses instruments de lui-même, et à ne recourir jamais à autrui qu'après avoir reconnu son insuffisance, à chaque nouvel objet qu'il voit il l'examine longtemps sans rien dire. Il est pensif et non questionneur. Contentez-vous de lui présenter à propos les objets; puis, quand vous verrez sa curiosité suffisamment occupée, faites-lui quelque question laconique qui le mette sur la voie de la résoudre.

Dans cette occasion, après avoir bien contemplé avec lui le soleil levant, après lui avoir fait remarquer du même côté les montagnes et les auters objets voisins, après l'avoir laissé causer là-dessus tout à son aise, gardez quelques moments le silence comme un homme qui rêve, et puis vous lui direz : Je songe qu'hier au soir le soleil s'est couché là, et qu'il s'est levé là ce matin. Comment cela peut-il se faire ? N'ajoutez rien de plus : s'il vous fait des questions, n'y répondez point; parlez d'autre chose. Laissez-le à lui-même, et soyez sûr qu'il y pensera.

Pour qu'un enfant s'accoutume à être attentif, et qu'il soit bien frappé de quelque vérité sensible, il faut bien qu'elle lui donne quelques jours d'inquiétude avant de la découvrir. S'il ne conçoit pas assez celle-ci de cette manière, il y a moyen de la lui rendre plus sensible encore, et ce moyen c'est de retourner la question. S'il ne sait pas comment le soleil parvient de son coucher à son lever, il sait au moins comment il parvient de son lever à son coucher, ses yeux seuls le lui apprennent. Eclaircissez donc la première question par l'autre : ou votre élève est absolument stupide, ou l'analogie est trop claire pour lui pouvoir échapper. Voilà sa première leçon de cosmographie.

Comme nous procédons toujours lentement d'idée sensible en idée sensible, que nous nous familiarisons longtemps avec la même avant de passer à une autre, et qu'enfin nous ne forçons jamais notre élève d'être attentif, il y a loin de cette première leçon à la connaissance du cours du soleil et de la figure de la terre : mais comme tous les mouvements apparents des corps célestes tiennent au même principe, et que la première observation mène à toutes les autres, il faut moins d'effort, quoiqu'il faille plus de temps, pour arriver d'une révolution diurne au calcul des éclipses, que pour bien comprendre le jour et la nuit.

Puisque le soleil tourne autour du monde, il décrit un cercle et tout cercle doit avoir un centre ; nous savons déjà cela. Ce centre ne saurait se voir, car il est au cœur de la terre, mais on peut sur la surface marquer deux points opposées qui lui correspondent. Une broche passant par les trois points et prolongée jusqu'au ciel de part et d'autre sera l'axe du monde et du mouvement journalier du soleil. Un toton rond tournant sur sa pointe représente le ciel tournant sur son axe ; les deux pointes du toton sont les deux pôles : l'enfant sera fort aise d'en connaître un ; je le lui montre à la queue de la Petite Ourse. Voilà de l'amusement pour la nuit ; peu à peu l'on se familiarise avec les étoiles, et de là naît le premier goût de connaître les planètes et d'observer les constellations.

Nous avons vu lever le soleil à la Saint-Jean ; nous l'allons voir aussi lever à Noël ou quelque autre beau jour d'hiver ; car on sait que nous ne sommes pas paresseux, et que nous nous faisons un jeu de braver le froid. J'ai soin de faire cette seconde observation dans le même lieu où nous avons fait la première ; et moyennant quelque adresse pour préparer la remarque, l'un ou l'autre ne manquera pas de s'écrier : Oh ! oh ! voilà qui est plaisant ! le soleil ne se lève plus à la même place ! ici sont nos anciens renseignements, et à présent il s'est levé là, etc... Il y a donc un orient d'été, et un orient d'hiver, etc... Jeune maître, vous voilà sur la voie. Ces exemples vous doivent suffire pour enseigner très clairement la sphère, en prenant le monde pour le monde, et le soleil pour le soleil.

En général, ne substituez jamais le signe à la chose que quand il vous est impossible de la montrer ; car le signe absorbe l'attention de l'enfant et lui fait oublier la chose représentée.

La sphère armillaire me paraît une machine mal composée et exécutée dans de mauvaises proportions. Cette confusion de cercles et les bizarres figures qu'on y marque lui donnent un air de grimoire qui effarouche l'esprit des enfants. La terre est trop petite, les cercles sont trop grands, trop nombreux ; quelques-uns, comme les colures, sont parfaitement inutiles ; chaque cercle est plus large que la terre ; l'épaisseur du carton leur donne un air de solidité qui les fait prendre pour des masses circulaires réellement existantes; et quand vous dites à l'enfant que ces cercles sont imaginaires, il ne sait ce qu'il voit, il n'entend plus rien.

Nous ne savons jamais nous mettre à la place des enfants; nous n'entrons pas dans leurs idées, nous leur prêtons les nôtres; et suivant toujours nos propres raisonnements, avec des chaînes de vérités nous n'entassons qu'extravagances et qu'erreurs dans leur tête.

On dispute sur le choix de l'analyse ou de la synthèse pour étudier les sciences; il n'est pas toujours besoin de choisir. Quelquefois on peut résoudre et composer dans les mêmes recherches, et guider l'enfant par la méthode enseignante lorsqu'il croit ne faire qu'analyser. Alors, en employant en même temps l'une et l'autre, elles se serviraient mutuellement de preuves. Partant à la fois des deux points opposés, sans penser faire la même route, il serait tout surpris de se rencontrer, et cette surprise ne pourrait qu'être fort agréable. Je voudrais, par exemple, prendre la géographie par ces deux termes, et joindre à l'étude des révolutions du globe la mesure de ses parties, à commencer du lieu qu'on habite. Tandis que l'enfant étudie la sphère et se transporte ainsi dans les cieux, ramenez-le à la division de la terre, et montrez-lui d'abord son propre séjour.

Ses deux premiers points de géographie seront la ville où il demeure et la maison de campagne de son père, ensuite les lieux intermédiaires, ensuite les rivières du voisinage, enfin l'aspect du soleil et la manière de s'orienter. C'est ici le point de réunion. Qu'il fasse lui-même la carte de tout cela; carte très simple et d'abord formée de deux seuls objets, auxquels il ajoute peu à peu les autres, à mesure qu'il sait ou qu'il estime leur distance et leur position. Vous voyez déjà quel avantage nous lui avons procuré d'avance en lui mettant un compas dans les yeux.

Malgré cela, sans doute, il faudra le guider un peu; mais très peu, sans qu'il y paraisse. S'il se trompe, laissez-le faire, ne corrigez point ses erreurs, attendez en silence qi'il soit en état de les voir et de les corriger lui-même; ou tout au plus, dans une occasion favorable, amenez quelque opération qui les lui fasse sentir. S'il ne se trompait jamais, il n'apprendrait pas si bien. Au reste, il ne s'agit pas qu'il sache exactement la topographie du pays, mais le moyen de s'en instruire; peu importe qu'il ait des cartes dans la tête pourvu qu'il conçoive bien ce qu'elles représentent, et qu'il ait une idée nette de l'art qui sert à les dresser. Voyez déjà la différence qu'il y a du savoir de vos élèves à l'ignorance du mien! Ils savent les cartes, et lui les fait. Voici de nouveaux ornements pour sa chambre.

Souvenez-vous toujours que l'esprit de mon institution n'est pas d'enseigner à l'enfant beaucoup de choses, mais de ne laisser jamais entrer dans son cerveau que des idées justes et claires. Quand il ne saurait rien, peu m'importe, pourvu qu'il ne se trompe pas, et je ne mets des vérités dans sa tête que pour le garantir des erreurs qu'il apprendrait à leur place. La raison, le jugement, viennent lentement, les préjugés accourent en foule; c'est d'eux qu'il le faut préserver. Mais si vous regardez la science en elle-même, vous entrez dans une mer sans fond, sans rive, toute pleine d'écueils; vous ne vous en tirerez jamais. Quand je vois un homme épris de l'amour des connaissances se laisser séduire à leur charme et courir de l'une à l'autre sans savoir s'arrêter, je crois voir un enfant sur le rivage amassant des coquilles, et commençant par s'en charger, puis, tenté par celles qu'il voit encore, en rejeter, en reprendre, jusqu'à ce qu'accablé de leur multitude et ne sachant plus que choisir, il finisse par tout jeter et retourne à vide.

Durant le premier âge, le temps était long : nous ne cherchions qu'à le perdre, de peur de le mal employer. Ici c'est tout le contraire, et nous n'en avons pas assez pour faire tout ce qui serait utile. Songez que les passions approchent, et que, sitôt qu'elles frapperont à la porte, votre élève n'aura plus d'attention que pour elles. L'âge paisible d'intelligence est si court, il passe si rapidement, il a tant d'autres usages nécessaires, que c'est une folie de vouloir qu'il suffise à rendre un enfant savant. Il ne s'agit point de lui enseigner les sciences, mais de lui donner du goût pour les aimer et des méthodes pour les apprendre, quand ce goût sera mieux développé. C'est là très certainement un principe fondamental de toute bonne éducation.

Voici le temps aussi de l'accoutumer peu à peu à donner une attention suivie au même objet : mais ce n'est jamais la contrainte, c'est toujours le plaisir ou le désir qui doit produire cette attention; il faut avoir grand soin qu'elle ne l'accable point et n'aille pas jusqu'à l'ennui. Tenez donc toujours l'œil au guet; et, quoi qu'il arrive, quittez tout avant qu'il s'ennuie; car il n'importe jamais autant qu'il apprenne, qu'il importe qu'il ne fasse rien malgré lui.

S'il vous questionne lui-même, répondez autant qu'il faut pour nourrir sa curiosité, non pour la rassasier : surtout quand vous voyez qu'au lieu de questionner pour s'instruire, il se met à battre la campagne et à vous accabler de sottes questions, arrêtez-vous à l'instant, sûr qu'alors il ne se soucie plus de la chose, mais seulement de vous asservir à ses interrogations. Il faut avoir moins d'égard aux mots qu'il prononce qu'au motif qui le fait parler. Cet avertissement, jusqu'ici moins nécessaire, devient de la dernière importance aussitôt que l'enfant commence à raisonner.

Il y a une chaîne de vérités générales par laquelle toutes les sciences tiennent à des principes communs et se développent successivement : cette chaîne est la méthode des philosophes. Ce n'est point de celle-là qu'il s'agit ici. Il y en a une toute différente, par laquelle chaque objet particulier en attire un autre et montre toujours celui qui le suit. Cet ordre, qui nourrit, par une curiosité continuelle, l'attention qu'ils exigent tous, est celui que suivent la plupart des hommes, et surtout celui qu'il faut aux enfants. En nous orientant pour lever nos cartes, il a fallu tracer des méridiennes. Deux points d'intersection entre les ombres égales du matin et du soir donnent une méridienne excellente pour un astronome de treize ans. Mais ces méridiennes s'effacent, il faut du temps pour les tracer; elles assujettissent à travailler toujours dans le même lieu : tant de soins, tant de gêne, l'ennuieraient à la fin. Nous l'avons prévu; nous y pourvoyons d'avance.

Me voici de nouveau dans mes longs et minutieux détails. Lecteurs, j'entends vos murmures, et je les brave : je ne veux point sacrifier à votre impatience la partie la plus utile de ce livre. Prenez votre parti sur mes longueurs; car pour moi j'ai pris le mien sur vos plaintes.

Depuis longtemps nous nous étions aperçus, mon élève et moi, que l'ambre, le verre, la cire, divers corps frottés attiraient les pailles, et que d'autres ne les attiraient pas. Par hasard nous en trouvons un qui a une vertu plus singulière encore; c'est d'attirer à quelque distance, et sans être frotté, la limaille et d'autres brins de fer. Combien de temps cette qualité nous amuse, sans que nous puissions y rien voir de plus! Enfin nous trouvons qu'elle se communique au fer même, aimanté dans un certain sens. Un jour nous allons à la foire *; un joueur de gobelets attire avec un morceau de pain un canard de cire flottant sur un bassin d'eau. Fort surpris, nous ne disons pourtant pas : c'est un sorcier; car nous ne savons ce que c'est qu'un sorcier. Sans cesse frappés d'effets dont nous ignorons les causes, nous ne nous pressons de juger de rien, et nous restons en repos dans notre ignorance jusqu'à ce que nous trouvions l'occasion d'en sortir.

De retour au logis, à force de parler du canard de la foire, nous allons nous mettre en tête de l'imiter : nous prenons une bonne aiguille bien aimantée, nous l'entourons de cire blanche, que nous façonnons de notre mieux en forme de canard, de sorte que l'aiguille traverse le corps et que la tête fasse le bec. Nous posons sur l'eau le canard, nous approchons du bec un anneau de clef, et nous voyons, avec une joie facile à comprendre, que notre canard suit la clef précisément comme celui de la foire suivait le morceau de pain. Observer dans quelle direction le canard s'arrête sur l'eau quand on l'y laisse en repos, c'est ce que nous pourrons faire une autre fois. Quant à présent, tout occupés de notre objet, nous n'en voulons pas davantage.

Dès le même soir nous retournons à la foire avec du pain préparé dans nos poches ; et, sitôt que le joueur de gobelets a fait son tour, mon petit docteur, qui se contenait à peine, lui dit que ce tour n'est pas difficile, et que lui-même en fera bien autant. Il est pris au mot : à l'instant, il tire de sa poche le pain où est caché le morceau de fer; en approchant de la table, le cœur lui bat; il présente le pain presque en tremblant; le canard vient et le suit; l'enfant s'écrie et tressaillit d'aise. Aux battements de mains, aux acclamations de l'assemblée la tête lui tourne, il est hors de lui. Le bateleur interdit vient pourtant l'embrasser, le féliciter, et le prie de l'honorer encore le

---

* Je n'ai pu m'empêcher de rire en lisant une fine critique de M. Fromey sur ce petit conte : « Ce joueur de gobelets, dit-il, qui se pique d'émulation contre un enfant et sermonne gravement son instituteur est un individu du monde des Emiles. » Le spirituel M. Formey n'a pu supposer que cette petite scène était arrangée, et que le bateleur était instruit du rôle qu'il avait à faire; car c'est en effet ce que je n'ai point dit. Mais combien de fois, en revanche, ai-je déclaré que je n'écrivais point pour les gens à qui il fallait tout dire!

lendemain de sa présence, ajoutant qu'il aura soin d'assembler plus de monde encore pour applaudir à son habileté. Mon petit naturaliste enorgueilli veut babiller, mais sur-le-champ je lui ferme la bouche, et l'emmène comblé d'éloges.

L'enfant, jusqu'au lendemain, compte les minutes avec une risible inquiétude. Il invite tout ce qu'il rencontre; il voudrait que tout le genre humain fût témoin de sa gloire; il attend l'heure avec peine, il la devance; on vole au rendez-vous; la salle est déjà pleine. En entrant, son jeune cœur s'épanouit. D'autres jeux doivent précéder; le joueur de gobelets se surpasse et fait des choses surprenantes. L'enfant ne voit rien de tout cela; il s'agite, il sue, il respire à peine; il passe son temps à manier dans sa poche son morceau de pain d'une main tremblante d'impatience. Enfin son tour vient; le maître l'annonce au public avec pompe. Il s'approche un peu honteux, il tire son pain... Nouvelle vicissitude des choses humaines! Le canard, si privé la veille, est devenu sauvage aujourd'hui; au lieu de présenter le bec, il tourne la queue et s'enfuit; il évite le pain et la main qui le présente avec autant de soin qu'il les suivait auparavant. Après mille essais inutiles et toujours hués, l'enfant se plaint, dit qu'on le trompe, que c'est un autre canard qu'on a substitué au premier, et défie le joueur de gobelets d'attirer celui-ci.

Le joueur de gobelets, sans répondre, prend un morceau de pain, le présente au canard; à l'instant le canard suit le pain, et vient à la main qui le retire. L'enfant prend le même morceau de pain; mais loin de réussir mieux qu'auparavant, il voit le canard se moquer de lui et faire des pirouettes tout autour du bassin : il s'éloigne enfin tout confus, et n'ose plus s'exposer aux huées.

Alors le joueur de gobelets prend le morceau de pain que l'enfant avait apporté, et s'en sert avec autant de succès que du sien : il en tire le fer devant tout le monde, autre risée à nos dépens; puis de ce pain ainsi vidé, il attire le canard comme auparavant. Il fait la même chose avec un autre morceau coupé devant tout le monde par une main tierce, il en fait autant avec son gant, avec le bout de son doigt; enfin il s'éloigne au milieu de la chambre, et, du ton d'emphase propre à ces gens-là, déclarant que son canard n'obéira pas moins à sa voix qu'à son geste, il lui parle et le canard obéit; il lui dit d'aller à droite et il va à droite, de revenir et il revient, de tourner et il tourne : le mouvement est aussi prompt que l'ordre. Les applaudissements redoublés sont autant d'affronts pour nous. Nous nous évadons sans être aperçus, et nous nous renfermons dans notre chambre, sans aller raconter nos succès à tout le monde comme nous l'avions projeté.

Le lendemain matin l'on frappe à notre porte; j'ouvre : c'est l'homme aux gobelets. Il se plaint modestement de notre conduite. Que nous avait-il fait pour nous engager à vouloir décréditer ses jeux et lui ôter son gagne-pain ? Qu'y a-t-il donc de si merveilleux dans l'art d'attirer un canard de cire, pour acheter cet honneur aux dépens de la subsistance d'un honnête homme ? Ma foi, messieurs, si j'avais quelque autre talent pour vivre, je ne me glorifierais guère de celui-ci. Vous deviez croire qu'un homme qui a passé sa vie à s'exercer à cette chétive industrie en sait là-dessus plus que vous, qui ne vous en occupez que quelques moments. Si je ne vous ai pas d'abord montré mes coups de maître, c'est qu'il ne faut pas se presser d'étaler étourdiment ce qu'on sait; j'ai toujours soin de conserver mes meilleurs tours pour l'occasion, et après celui-ci, j'en ai d'autres encore pour arrêter de jeunes indiscrets. Au reste, messieurs, je viens de bon cœur vous apprendre ce secret qui vous a tant embarrassés, vous priant de n'en pas abuser pour me nuire, et d'être plus retenus une autre fois.

Alors il nous montre sa machine, et nous voyons avec la dernière surprise qu'elle ne consiste qu'en un aimant fort et bien armé, qu'un enfant caché sous la table faisait mouvoir sans qu'on s'en aperçût.

L'homme replie sa machine; et, après lui avoir fait nos remerciements et nos excuses, nous voulons lui faire un présent; il le refuse. « Non, messieurs, je n'ai pas assez à me louer de vous pour accepter vos dons; je vous laisse obligés à moi malgré vous; c'est ma seule vengeance. Apprenez qu'il y a de la générosité dans tous les états; je fais payer mes tours et non mes leçons. »

En sortant, il m'adresse à moi nommément et tout haut une réprimande. J'excuse volontiers, me dit-il, cet enfant; il n'a péché que par ignorance. Mais vous, monsieur, qui deviez connaître sa faute, pourquoi la lui avoir laissé faire ? Puisque vous vivez ensemble, comme le plus âgé vous lui devez vos soins, vos conseils; votre expérience est l'autorité qui doit le conduire. En se reprochant, étant grand, les torts de sa jeunesse, il vous reprochera sans doute ceux dont vous ne l'aurez pas averti *.

Il part et nous laisse tous deux très confus. Je me blâme de ma molle facilité; je promets à l'enfant de la sacrifier une autre fois à son intérêt, et de l'avertir de ses fautes avant qu'il en fasse; car le temps approche où nos rapports vont changer, et où la sévérité du maître doit succéder à la complaisance du camarade; ce changement doit s'amener par degrés; il faut tout prévoir, et tout prévoir de fort loin.

Le lendemain nous retournons à la foire pour revoir le tour dont nous avons appris le secret. Nous abordons avec un profond respect notre bateleur Socrate; à peine osons-nous lever les yeux sur lui : il nous comble d'honnêtetés, et nous place avec une distinction qui nous humilie encore. Il fait ses tours comme à l'ordinaire; mais il s'amuse et se complaît longtemps à celui du canard, en nous regardant souvent d'un air assez fier. Nous savons tout, et nous ne soufflons pas. Si mon élève osait seulement ouvrir la bouche, ce serait un enfant à écraser.

Tout le détail de cet exemple importe plus qu'il ne semble. Que de leçons dans une seule! Que de suites mortifiantes attire le premier mouvement de vanité! Jeune maître, épiez ce premier mouvement avec soin. Si vous savez en faire sortir ainsi l'humiliation, les disgrâces **, soyez sûr qu'il n'en reviendra de longtemps un second. Que d'apprêts! direz-vous. J'en conviens, et le tout pour nous faire une boussole qui nous tienne lieu de méridienne.

Ayant appris que l'aimant agit à travers les autres corps, nous n'avons rien de plus pressé que de faire une machine semblable à celle que nous avons vue : une table

---

* Ai-je dû supposer quelque lecteur assez stupide pour ne pas sentir dans cette réprimande un discours dicté mot à mot par le gouverneur pour aller à ses vues ? A-t-on dû me supposer assez stupide moi-même pour donner naturellement ce langage à un bateleur ? Je croyais avoir fait preuve au moins du talent assez médiocre de faire parler les gens dans l'esprit de leur état. Voyez encore la fin de l'alinéa suivant. N'était-ce pas tout dire pour tout autre que M. Formey ?

** Cette humiliation, ces disgrâces sont donc de ma façon, et non pas de celle du bateleur. Puisque M. Formey voulait de mon vivant s'emparer de mon livre, et le faire imprimer sans autre façon que d'en ôter mon nom pour y mettre le sien, il devait du moins prendre la peine, je ne dis pas de le composer, mais de le lire.

évidée, un bassin très plat ajusté sur cette table, et rempli de quelques lignes d'eau, un canard fait avec un peu plus de soin, etc. Souvent attentifs autour du bassin, nous remarquons enfin que le canard en repos affecte toujours à peu près la même direction. Nous suivons cette expérience, nous examinons cette direction : nous trouvons qu'elle est du midi au nord. Il n'en faut pas davantage : notre boussole est trouvée, ou autant vaut; nous voilà dans la physique.

Il y a divers climats sur la terre, et diverses températures à ces climats. Les saisons varient plus sensiblement à mesure qu'on approche du pôle; tous les corps se resserrent au froid et se dilatent à la chaleur; cet effet est plus mesurable dans les liqueurs, et plus sensible dans les liqueurs spiritueuses; de là le thermomètre. Le vent frappe le visage; l'air est donc un corps, un fluide; on le sent, quoiqu'on n'ait aucun moyen de le voir. Renversez un verre dans l'eau, l'eau ne le remplira pas à moins que vous ne laissiez à l'air une issue; l'air est donc capable de résistance. Enfoncez le verre davantage, l'eau gagnera dans l'espace l'air, sans pouvoir remplir tout à fait cet espace; l'air est donc capable de compression jusqu'à certain point. Un ballon rempli d'air comprimé bondit mieux que rempli de toute autre matière; l'air est donc un corps élastique. Etant étendu dans le bain, soulevez horizontalement le bras hors de l'eau, vous le sentirez chargé d'un poids terrible; l'air est donc un corps pesant. En mettant l'air en équilibre avec d'autres fluides, on peut mesurer son poids : de là le baromètre, le siphon, la canne à vent, la machine pneumatique. Toutes les lois de la statique et de l'hydrostatique se trouvent par des expériences tout aussi grossières. Je ne veux pas qu'on entre pour rien de tout cela dans un cabinet de physique expérimentale : tout cet appareil d'instruments et de machines me déplaît. L'air scientifique tue la science. Ou toutes ces machines effrayent un enfant, ou leurs figures partagent et dérobent l'attention qu'il devrait à leurs effets.

Je veux que nous fassions nous-mêmes toutes nos machines; et je ne veux pas commencer par faire l'instrument avant l'expérience; mais je veux qu'après avoir entrevu l'expérience comme par hasard, nous inventions peu à peu l'instrument qui doit la vérifier. J'aime mieux que nos instruments ne soient point si parfaits et si justes, et que nous ayons des idées plus nettes de ce qu'ils doivent être, et des opérations qui doivent en résulter. Pour ma première leçon de statique, au lieu d'aller chercher des balances, je mets un bâton en travers sur le dos d'une chaise, je mesure la longueur des deux parties du bâton en équilibre, j'ajoute de part et d'autre des poids, tantôt égaux, tantôt inégaux; et, le tirant ou le poussant autant qu'il est nécessaire, je trouve enfin que l'équilibre résulte d'une proportion réciproque entre la quantité des poids et la longueur des leviers. Voilà déjà mon petit physicien capable de rectifier des balances avant que d'en avoir vu.

Sans contredit on prend des notions bien plus claires et bien plus sûres des choses qu'on apprend ainsi de soi-même, que de celles qu'on tient des enseignements d'autrui; et, outre qu'on n'accoutume point sa raison à se soumettre servilement à l'autorité, l'on se rend plus ingénieux à trouver des rapports, à lier des idées, à inventer des instruments, que quand, adoptant tout cela tel qu'on nous le donne, nous laissons affaisser notre esprit dans la nonchalance, comme le corps d'un homme qui, toujours habillé, chaussé, servi par ses gens et traîné par ses chevaux, perd à la fin la force et l'usage de ses membres. Boileau se vantait d'avoir appris à Racine à rimer difficilement. Parmi tant d'admirables méthodes pour abréger l'étude des sciences, nous aurions grand besoin que quelqu'un nous en donnât une pour les apprendre avec effort.

L'avantage le plus sensible de ces lentes et laborieuses recherches est de maintenir, au milieu des études spéculatives, le corps dans son activité, les membres dans leur souplesse, et de former sans cesse les mains au travail et aux usages utiles à l'homme. Tant d'instruments inventés pour nous guider dans nos expériences et suppléer à la justesse des sens, en font négliger l'exercice. Le graphomètre dispense d'estimer la grandeur des angles; l'œil qui mesurait avec précision les distances s'en fie à la chaîne qui les mesure pour lui; la romaine m'exempte de juger à la main le poids que je connais par elle. Plus nos outils sont ingénieux, plus nos organes deviennent grossiers et maladroits : à force de rassembler des machines autour de nous, nous n'en trouvons plus en nous-mêmes.

Mais, quand nous mettons à fabriquer ces machines l'adresse qui nous en tenait lieu, quand nous employons à les faire la sagacité qu'il fallait pour nous en passer, nous gagnons sans rien perdre, nous ajoutons l'art à la nature, et nous devenons plus ingénieux, sans devenir moins adroits. Au lieu de coller un enfant sur des livres, si je l'occupe dans un atelier, ses mains travaillent au profit de son esprit : il devient philosophe et croit n'être qu'un ouvrier. Enfin cet exercice a d'autres usages dont je parlerai ci-après ; et l'on verra comment des jeux de la philosophie on peut s'élever aux véritables fonctions de l'homme.

J'ai déjà dit que les connaissances purement spéculatives ne convenaient guère aux enfants, même approchant de l'adolescence ; mais sans les faire entrer bien avant dans la physique systématique, faites pourtant que toutes leurs expériences se lient l'une à l'autre par quelque sorte de déduction, afin qu'à l'aide de cette chaîne ils puissent les placer par ordre dans leur esprit, et se les rappeler au besoin ; car il est bien difficile que des faits et même des raisonnements isolés tiennent longtemps dans la mémoire, quand on manque de prise pour les y ramener.

Dans la recherche des lois de la nature, commencez toujours par les phénomènes les plus communs et les plus sensibles, et accoutumez votre élève à ne pas prendre ces phénomènes pour des raisons, mais pour des faits. Je prends une pierre, je feins de la poser en l'air ; j'ouvre la main, la pierre tombe. Je regarde Émile attentif à ce que je fais, et je lui dis : Pourquoi cette pierre est-elle tombée ?

Quel enfant restera court à cette question ? Aucun, pas même Émile, si je n'ai pris grand soin de le préparer à n'y savoir pas répondre. Tous diront que la pierre tombe parce qu'elle est pesante. Et qu'est-ce qui est pesant ? C'est ce qui tombe. La pierre tombe donc parce qu'elle tombe ? Ici mon petit philosophe est arrêté tout de bon. Voilà sa première leçon de physique systématique, et soit qu'elle lui profite ou non dans ce genre, ce sera toujours une leçon de bon sens.

A mesure que l'enfant avance en intelligence, d'autres considérations importantes nous obligent à plus de choix dans ses occupations. Sitôt qu'il parvient à se connaître assez lui-même pour concevoir en quoi consiste son bien-être, sitôt qu'il peut saisir des rapports assez étendus pour juger de ce qui lui convient et de ce qui ne lui convient pas, dès lors il est en état de sentir la différence du travail à l'amusement, et de ne regarder celui-ci que comme le délassement de l'autre. Alors des objets d'utilité réelle peuvent entrer dans ses études, et l'engager à y donner une application plus constante qu'il n'en donnait à de simples amusements. La loi de la nécessité, toujours renaissante, apprend de bonne heure à l'homme à faire ce qui ne lui plaît pas pour prévenir un mal qui lui déplairait davantage. Tel est l'usage de la prévoyance; et, de cette prévoyance bien ou mal réglée, naît toute la sagesse ou toute la misère humaine.

Tout homme veut être heureux; mais, pour parvenir à l'être, il faudrait commencer par savoir ce que c'est que le bonheur. Le bonheur de l'homme naturel est aussi simple que sa vie; il consiste à ne pas souffrir : la santé, la liberté, le nécessaire le constituent. Le bonheur de l'homme moral est autre chose; mais ce n'est pas de celui-là qu'il est ici question. Je ne saurais trop répéter qu'il n'y a que des objets purement physiques qui puissent intéresser les enfants, surtout ceux dont on n'a pas éveillé la vanité, et qu'on n'a point corrompus d'avance par le poison de l'opinion.

Lorsque avant de sentir leurs besoins ils les prévoient, leur intelligence est déjà fort avancée, ils commencent à connaître le prix du temps. Il importe alors de les accoutumer à en diriger l'emploi sur des objets utiles, mais d'une utilité sensible à leur âge, et à la portée de leurs lumières. Tout ce qui tient à l'ordre moral et à l'usage de la société ne doit point sitôt leur être présenté, parce qu'ils ne sont pas en état de l'entendre. C'est une ineptie d'exiger d'eux qu'ils s'appliquent à des choses qu'on leur dit vaguement être pour leur bien, sans qu'ils sachent quel est ce bien, et dont on les assure qu'ils tireront du profit étant grands, sans qu'ils prennent maintenant aucun intérêt à ce prétendu profit, qu'ils ne sauraient comprendre.

Que l'enfant ne fasse rien sur parole : rien n'est bien pour lui que ce qu'il sent être tel. En le jetant toujours en avant de ses lumières, vous croyez user de prévoyance, et vous en manquez. Pour l'armer de quelques vains instruments dont il ne fera peut-être jamais d'usage, vous lui ôtez l'instrument le plus universel de l'homme, qui est le bon sens; vous l'accoutumez à se laisser toujours conduire, à n'être jamais qu'une machine entre les mains d'autrui. Vous voulez qu'il soit docile étant petit : c'est vouloir qu'il soit crédule et dupe étant grand. Vous lui dites sans cesse : « Tout ce que je vous demande est pour votre avantage; mais vous n'êtes pas en état de le connaître. Que m'importe à moi que vous fassiez ou non ce que j'exige ? c'est pour vous seul que vous travaillez. »

Avec tous ces beaux discours que vous lui tenez maintenant pour le rendre sage, vous préparez le succès de ceux que lui tiendra quelque jour un visionnaire, un souffleur, un charlatan, un fourbe, ou un fou de toute espèce, pour le prendre à son piège ou pour lui faire adopter sa folie.

Il importe qu'un homme sache bien des choses dont un enfant ne saurait comprendre l'utilité ; mais faut-il et se peut-il qu'un enfant apprenne tout ce qu'il importe à un homme de savoir ? Tâchez d'apprendre à l'enfant tout ce qui est utile à son âge, et vous verrez que tout son temps sera plus que rempli. Pourquoi voulez-vous, au préjudice des études qui lui conviennent aujourd'hui, l'appliquer à celles d'un âge auquel il est si peu sûr qu'il parvienne ? Mais, direz-vous, sera-t-il temps d'apprendre ce qu'on doit savoir quand le moment sera venu d'en faire usage ? Je l'ignore : mais ce que je sais, c'est qu'il m'est impossible de l'apprendre plus tôt ; car nos vrais maîtres sont l'expérience et le sentiment, et jamais l'homme ne sent bien ce qui convient à l'homme que dans les rapports où il s'est trouvé. Un enfant sait qu'il est fait pour devenir homme, toutes les idées qu'il peut avoir de l'état d'homme sont des occasions d'instruction pour lui ; mais sur les idées de cet état qui ne sont pas à sa portée il doit rester dans une ignorance absolue. Tout mon livre n'est qu'une preuve continuelle de ce principe d'éducation.

Sitôt que nous sommes parvenus à donner à notre élève une idée du mot *utile*, nous avons une grande prise de plus pour le gouverner ; car ce mot le frappe beaucoup, attendu qu'il n'a pour lui qu'un sens relatif à son âge, et qu'il en voit clairement le rapport à son bien-être actuel. Vos enfants ne sont point frappés de ce mot parce que vous n'avez pas eu soin de leur en donner une idée qui soit à leur portée, et que d'autres se chargeant toujours de pourvoir à ce qui leur est utile, ils n'ont jamais besoin d'y songer eux-mêmes, et ne savent ce que c'est qu'utilité.

A quoi cela est-il bon ? Voilà désormais le mot sacré, le mot déterminant entre lui et moi dans toutes les actions de notre vie : voilà la question qui de ma part suit infailliblement toutes ses questions, et qui sert de frein à ces multitudes d'interrogations sottes et fastidieuses dont les enfants fatiguent sans relâche et sans fruit tous ceux qui les environnent, plus pour exercer sur eux quelque espèce d'empire que pour en tirer quelque profit. Celui à qui, pour sa plus importante leçon, l'on apprend à ne vouloir rien savoir que d'utile, interroge comme Socrate ; il ne fait pas une question sans s'en rendre à lui-même la raison qu'il sait qu'on lui en va demander avant que de la résoudre.

Voyez quel puissant instrument je vous mets entre les mains pour agir sur votre élève. Ne sachant les raisons de rien, le voilà presque réduit au silence quand il vous plaît ; et vous, au contraire, quel avantage vos connaissances et votre expérience ne vous donnent-elles point pour lui montrer l'utilité de tout ce que vous lui proposez ! Car, ne vous y trompez pas, lui faire cette question, c'est lui apprendre à vous la faire à son tour ; et vous devez compter, sur tout ce que vous lui proposerez dans la suite, qu'à votre exemple il ne manquera pas de dire : *A quoi cela est-il bon ?*

C'est ici peut-être le piège le plus difficile à éviter pour un gouverneur. Si, sur la question de l'enfant, ne cherchant qu'à vous tirer d'affaire, vous lui donnez une seule raison qu'il ne soit pas en état d'entendre, voyant que vous raisonnez sur vos idées et non sur les siennes, il croira ce que vous lui dites bon pour votre âge, et non pour le sien ; il ne se fiera plus à vous, et tout est perdu. Mais où est le maître qui veuille bien rester court et convenir de ses torts avec son élève ? tous se font une loi de ne pas convenir même de ceux qu'ils ont ; et moi je m'en ferais une de convenir même de ceux que je n'aurais pas, quand je ne pourrais mettre mes raisons à sa portée : ainsi ma conduite, toujours nette dans son esprit, ne lui serait jamais suspecte, et je me conserverais plus de crédit en me supposant des fautes, qu'ils ne font en cachant les leurs.

Premièrement, songez bien que c'est rarement à vous de lui proposer ce qu'il doit apprendre ; c'est à lui de le désirer, de le chercher, de le trouver ; à vous de le mettre à sa portée, de faire naître adroitement ce désir et de lui fournir les moyens de le satisfaire. Il suit de là que vos questions doivent être peu fréquentes, mais bien choisies ; et que, comme il en aura beaucoup plus à vous faire que vous à lui, vous serez toujours moins à découvert, et plus souvent dans le cas de lui dire : *En quoi ce que vous me demandez est-il utile à savoir ?*

De plus, comme il importe peu qu'il apprenne ceci ou cela, pourvu qu'il conçoive bien ce qu'il apprend, et l'usage de ce qu'il apprend, sitôt que vous n'avez pas à lui donner sur ce que vous lui dites un éclaircissement qui soit bon pour lui, ne lui en donnez point du tout. Dites-lui sans scrupule : Je n'ai pas de bonne réponse à vous faire ; j'avais tort, laissons cela. Si votre instruction était réellement déplacée, il n'y a pas de mal à l'abandonner tout à fait ; si elle ne l'était pas, avec un peu de soin vous trouverez bientôt l'occasion de lui en rendre l'utilité sensible.

Je n'aime point les explications en discours ; les jeunes gens y font peu d'attention et ne les retiennent guère. Les choses ! les choses ! Je ne répéterai jamais assez que nous donnons trop de pouvoir aux mots ; avec notre éducation babillarde nous ne faisons que des babillards.

Supposons que, tandis que j'étudie avec mon élève le cours du soleil et la manière de s'orienter, tout à coup il m'interrompe pour me demander à quoi sert tout cela. Quel beau discours je vais lui faire ! de combien de choses je saisis l'occasion de l'instruire en répondant à sa question, surtout si nous avons des témoins de notre entretien *. Je lui parlerai de l'utilité des voyages, des avantages du commerce, des productions particulières à chaque climat, des mœurs des différents peuples, de l'usage du calendrier, de la supputation du retour des saisons pour l'agriculture, de l'art de la navigation, de la manière de se conduire sur mer et de suivre exactement sa route, sans savoir où l'on est. La politique, l'histoire naturelle, l'astronomie, la morale même et le droit des gens entreront dans mon explication, de manière à donner à mon élève une grande idée de toutes ces sciences et un grand désir de les apprendre. Quand j'aurai tout dit, j'aurai fait l'étalage d'un vrai pédant, auquel il n'aura pas compris une seule idée. Il aurait grande envie de me demander comme auparavant à quoi sert de s'orienter ; mais il n'ose, de peur que je me fâche. Il trouve mieux son compte à feindre d'entendre ce qu'on l'a forcé d'écouter. Ainsi se pratiquent les belles éducations.

Mais notre Emile, plus rustiquement élevé, et à qui nous donnons avec tant de peine une conception dure, n'écoutera rien de tout cela. Du premier mot qu'il n'entendra pas, il va s'enfuir, il va folâtrer par la chambre, et me laisser pérorer tout seul. Cherchons une solution plus

---

* J'ai souvent remarqué que, dans les doctes instructions qu'on donne aux enfants, on songe moins à se faire écouter d'eux que des grandes personnes qui sont présentes. Je suis très sûr de ce que je dis là, car j'en ai fait l'observation sur moi-même.

grossière; mon appareil scientifique ne vaut rien pour lui.

Nous observions la position de la forêt au nord de Montmorency, quand il m'a interrompu par son importune question : *A quoi sert cela ?* Vous avez raison, lui dis-je, il y faut penser à loisir; et si nous trouvons que ce travail n'est bon à rien, nous ne le reprendrons plus, car nous ne manquons pas d'amusements utiles. On s'occupe d'autre chose, et il n'est plus question de géographie du reste de la journée.

Le lendemain matin, je lui propose un tour de promenade avant le déjeuner; il ne demande pas mieux; pour courir, les enfants sont toujours prêts, et celui-ci a de bonnes jambes. Nous montons dans la forêt, nous parcourons les Champeaux, nous nous égarons, nous ne savons plus où nous sommes; et, quand il s'agit de revenir, nous ne pouvons plus retrouver notre chemin. Le temps se passe, la chaleur vient, nous avons faim; nous nous pressons, nous errons vainement de côté et d'autre, nous ne trouvons partout que des bois, des carrières, des plaines, nul renseignement pour nous reconnaître. Bien échauffés, bien recrus, bien affamés, nous ne faisons avec nos courses que nous égarer davantage. Nous nous asseyons enfin pour nous reposer, pour délibérer. Emile, que je suppose élevé comme un autre enfant, ne délibère point, il pleure; il ne sait pas que nous sommes à la porte de Montmorency, et qu'un simple taillis nous le cache; mais ce taillis est une forêt pour lui, un homme de sa stature est enterré dans des buissons.

Après quelques moments de silence, je lui dis d'un air inquiet : Mon cher Emile, comment ferons-nous pour sortir d'ici ?

ÉMILE, *en nage, et pleurant à chaudes larmes.*

Je n'en sais rien. Je suis las; j'ai faim; j'ai soif; je n'en puis plus.

JEAN-JACQUES

Me croyez-vous en meilleur état que vous ? et pensez-vous que je me fisse faute de pleurer, si je pouvais déjeuner de mes larmes ? Il ne s'agit pas de pleurer, il s'agit de se reconnaître. Voyons votre montre; quelle heure est-il ?

ÉMILE

Il est midi, et je suis à jeun.

JEAN-JACQUES

Cela est vrai, il est midi, et je suis à jeun.

ÉMILE

Oh! que vous devez avoir faim!

JEAN-JACQUES

Le malheur est que mon dîner ne viendra pas me chercher ici. Il est midi : c'est justement l'heure où nous observions hier de Montmorency la position de la forêt. Si nous pouvions de même observer de la forêt la position de Montmorency!...

ÉMILE

Oui; mais hier nous voyions la forêt, et d'ici nous ne voyons pas la ville.

JEAN-JACQUES

Voilà le mal... Si nous pouvions nous passer de la voir pour trouver sa position!...

ÉMILE

O mon bon ami!

JEAN-JACQUES

Ne disions-nous pas que la forêt était...

ÉMILE

Au nord de Montmorency.

JEAN-JACQUES

Par conséquent Montmorency doit être...

ÉMILE

Au sud de la forêt.

JEAN-JACQUES

Nous avons un moyen de trouver le nord à midi ?

ÉMILE

Oui, par la direction de l'ombre.

JEAN-JACQUES

Mais le sud ?

ÉMILE

Comment faire ?

JEAN-JACQUES

Le sud est l'opposé du nord.

ÉMILE

Cela est vrai ; il n'y a qu'à chercher l'opposé de l'ombre. Oh ! voilà le sud ! voilà le sud ! sûrement Montmorency est de ce côté.

JEAN-JACQUES

Vous pouvez avoir raison : prenons ce sentier à travers le bois.

ÉMILE, *frappant des mains, et poussant un cri de joie.*

Ah ! je vois Montmorency ! le voilà tout devant nous, tout à découvert. Allons déjeuner, allons dîner, courons vite : l'astronomie est bonne à quelque chose.

Prenez garde que, s'il ne dit pas cette dernière phrase, il la pensera ; peu importe, pourvu que ce ne soit pas moi qui la dise. Or soyez sûr qu'il n'oubliera de sa vie la leçon de cette journée ; au lieu que, si je n'avais fait que lui supposer tout cela dans sa chambre, mon discours eût été oublié dès le lendemain. Il faut parler tant qu'on peut par les actions, et ne dire que ce qu'on ne saurait faire.

Le lecteur ne s'attend pas que je le méprise assez pour lui donner un exemple sur chaque espèce d'étude : mais, de quoi qu'il soit question, je ne puis trop exhorter le gouverneur à bien mesurer sa preuve sur la capacité de l'élève ; car, encore une fois, le mal n'est pas dans ce qu'il n'entend point, mais dans ce qu'il croit entendre.

Je me souviens que, voulant donner à un enfant du goût pour la chimie, après lui avoir montré plusieurs précipitations métalliques, je lui expliquais comment se faisait l'encre. Je lui disais que sa noirceur ne venait que d'un fer très divisé, détaché du vitriol, et précipité par une liqueur alcaline. Au milieu de ma docte explication, le petit traître m'arrêta tout court avec ma question que je lui avais apprise : me voilà fort embarrassé.

Après avoir un peu rêvé, je pris mon parti ; j'envoyai chercher du vin dans la cave du maître de la maison, et d'autre vin à huit sous chez un marchand de vin. Je pris dans un petit flacon de la dissolution d'alcali fixe ; puis, ayant devant moi, dans deux verres, de ces deux différents vins *, je lui parlai ainsi :

---

* A chaque explication qu'on veut donner à l'enfant, un petit appareil qui la précède sert beaucoup à le rendre attentif.

On falsifie plusieurs denrées pour les faire paraître meilleures qu'elles ne sont. Ces falsifications trompent l'œil et le goût; mais elles sont nuisibles, et rendent la chose falsifiée pire, avec sa belle apparence, qu'elle n'était auparavant.

On falsifie surtout les boissons, et surtout les vins, parce que la tromperie est plus difficile à connaître, et donne plus de profit au trompeur.

La falsification des vins verts ou aigres se fait avec de la litharge, la litharge est une préparation de plomb. Le plomb uni aux acides fait un sel fort doux, qui corrige au goût la verdeur du vin, mais qui est un poison pour ceux qui le boivent. Il importe donc, avant de boire du vin suspect, de savoir s'il est lithargiré ou s'il ne l'est pas. Or voici comment je raisonne pour découvrir cela.

La liqueur du vin ne contient pas seulement de l'esprit inflammable, comme vous l'avez vu par l'eau-de-vie qu'on en tire; elle contient encore de l'acide, comme vous pouvez le connaître par le vinaigre et le tartre qu'on en tire aussi.

L'acide a du rapport aux substances métalliques, et s'unit avec elles par dissolution pour former un sel composé, tel, par exemple, que la rouille, qui n'est qu'un fer dissous par l'acide contenu dans l'air ou dans l'eau, et tel aussi que le vert-de-gris, qui n'est qu'un cuivre dissous par le vinaigre.

Mais ce même acide a plus de rapport encore aux substances alcalines qu'aux substances métalliques, en sorte que, par l'intervention des premières dans les sels composés dont je viens de vous parler, l'acide est forcé de lâcher le métal auquel il est uni, pour s'attacher à l'alcali.

Alors la substance métallique, dégagée de l'acide qui la tenait dissoute, se précipite et rend la liqueur opaque.

Si donc un de ces deux vins est lithargiré, son acide tient la litharge en dissolution. Que j'y verse de la liqueur alcaline, elle forcera l'acide de quitter prise pour s'unir à elle; le plomb, n'étant plus tenu en dissolution, reparaîtra, troublera la liqueur, et se précipitera enfin dans le fond du verre.

S'il n'y a point de plomb * ni d'aucun métal dans le

---

* Les vins qu'on vend en détail chez les marchands de vins de Paris, quoiqu'ils ne soient pas tous lithargirés, sont rarement exempts de plomb, parce que les comptoirs de ces marchands sont garnis de ce métal, et que le vin qui se répand de la mesure, en passant et séjour-

vin, l'alcali s'unira paisiblement * avec l'acide, le tout
restera dissous, et il ne se fera aucune précipitation.

Ensuite je versai de ma liqueur alcaline successivement
dans les deux verres : celui du vin de la maison resta clair
et diaphane ; l'autre en un moment fut trouble, et au bout
d'une heure on vit clairement le plomb précipité dans
le fond du verre.

Voilà, repris-je, le vin naturel et pur dont on peut
boire, et voici le vin falsifié qui empoisonne. Cela se
découvre par les mêmes connaissances dont vous me
demandiez l'utilité : celui qui sait bien comment se fait
l'encre sait connaître aussi les vins frelatés.

J'étais fort content de mon exemple, et cependant
je m'aperçus que l'enfant n'en était point frappé. J'eus
besoin d'un peu de temps pour sentir que je n'avais fait
qu'une sottise : car, sans parler de l'impossibilité qu'à
douze ans un enfant pût suivre mon explication, l'utilité
de cette expérience n'entrait pas dans son esprit, parce
qu'ayant goûté des deux vins, et les trouvant bons tous
deux, il ne joignait aucune idée à ce mot de falsification
que je pensais lui avoir si bien expliqué. Ces autres mots
malsain, poison, n'avaient même aucun sens pour lui ;
il était là-dessus dans le cas de l'historien du médecin
Philippe : c'est le cas de tous les enfants.

Les rapports des effets aux causes dont nous n'apercevons pas la liaison, les biens et les maux dont nous
n'avons aucune idée, les besoins que nous n'avons jamais
sentis, sont nuls pour nous ; il est impossible de nous
intéresser par eux à rien faire qui s'y rapporte. On voit
à quinze ans le bonheur d'un homme sage, comme à
trente la gloire du paradis. Si l'on ne conçoit bien l'un
et l'autre, on fera peu de chose pour les acquérir ; et
quand même on les concevrait, on fera peu de chose
encore si on ne les désire, si on ne les sent convenables à
soi. Il est aisé de convaincre un enfant que ce qu'on lui
veut enseigner est utile : mais ce n'est rien de le convaincre,
si l'on ne sait le persuader. En vain la tranquille raison
nous fait approuver ou blâmer ; il n'y a que la passion

nant sur ce plomb en dissout toujours quelque partie. Il est étrange
qu'un abus si manifeste et si dangereux soit souffert par la police.
Mais il est vrai que les gens aisés, ne buvant guère de ces vins-là, sont
peu sujets à en être empoisonnés.
   * L'acide végétal est fort doux. Si c'était un acide minéral, et qu'il
fût moins étendu, l'union ne se ferait pas sans effervescence.

qui nous fasse agir; et comment se passionner pour des intérêts qu'on n'a point encore ?

Ne montrez jamais rien à l'enfant qu'il ne puisse voir. Tandis que l'humanité lui est presque étrangère, ne pouvant l'élever à l'état d'homme, rabaissez pour lui l'homme à l'état d'enfant. En songeant à ce qui lui peut être utile dans un autre âge, ne lui parlez que de ce dont il voit dès à présent l'utilité. Du reste, jamais de comparaisons avec d'autres enfants, point de rivaux, point de concurrents, même à la course, aussitôt qu'il commence à raisonner; j'aime cent fois mieux qu'il n'apprenne point ce qu'il n'apprendrait que par jalousie ou par vanité. Seulement je marquerai tous les ans les progrès qu'il aura faits; je les comparerai à ceux qu'il fera l'année suivante; je lui dirai : Vous êtes grandi de tant de lignes; voilà le fossé que vous sautiez, le fardeau que vous portiez; voici la distance où vous lanciez un caillou, la carrière que vous parcouriez d'une haleine, etc.; voyons maintenant ce que vous ferez. Je l'excite ainsi sans le rendre jaloux de personne. Il voudra se surpasser, il le doit; je ne vois nul inconvénient qu'il soit émule de lui-même.

Je hais les livres; ils n'apprennent qu'à parler de ce qu'on ne sait pas. On dit qu'Hermès grava sur des colonnes les éléments des sciences, pour mettre ses découvertes à l'abri d'un déluge. S'il les eût bien imprimées dans la tête des hommes, elles s'y seraient conservées par tradition. Des cerveaux bien préparés sont les monuments où se gravent le plus sûrement les connaissances humaines. N'y aurait-il point moyen de rapprocher tant de leçons éparses dans tant de livres, de les réunir sous un objet commun qui pût être facile à voir, intéressant à suivre, et qui pût servir de stimulant, même à cet âge ? Si l'on peut inventer une situation où tous les besoins naturels de l'homme se montrent d'une manière sensible à l'esprit d'un enfant, et où les moyens de pourvoir à ces mêmes besoins se développent successivement avec la même facilité, c'est par la peinture vive et naïve de cet état qu'il faut donner le premier exercice à son imagination.

Philosophe ardent, je vois déjà s'allumer la vôtre. Ne vous mettez pas en frais; cette situation est trouvée, elle est décrite, et, sans vous faire tort, beaucoup mieux que vous ne la décririez vous-même, du moins avec plus de vérité et de simplicité. Puisqu'il nous faut absolument

des livres, il en existe un qui fournit, à mon gré, le plus
heureux traité d'éducation naturelle. Ce livre sera le
premier que lira mon Emile; seul il composera durant
longtemps toute sa bibliothèque, et il y tiendra toujours
une place distinguée. Il sera le texte auquel tous nos
entretiens sur les sciences naturelles ne serviront que de
commentaire. Il servira d'épreuve durant nos progrès
à l'état de notre jugement; et, tant que notre goût ne
sera pas gâté, sa lecture nous plaira toujours. Quel est
donc ce merveilleux livre ? Est-ce Aristote ? est-ce
Pline ? est-ce Buffon ? Non; c'est Robinson Crusoé.

Robinson Crusoé dans son île, seul, dépourvu de l'assistance de ses semblables et des instruments de tous les
arts, pourvoyant cependant à sa subsistance, à sa conservation, et se procurant même une sorte de bien-être,
voilà un objet intéressant pour tout âge, et qu'on a mille
moyens de rendre agréable aux enfants. Voilà comment
nous réalisons l'île déserte qui me servait d'abord de
comparaison. Cet état n'est pas, j'en conviens, celui de
l'homme social; vraisemblablement il ne doit pas être
celui d'Emile : mais c'est sur ce même état qu'il doit
apprécier tous les autres. Le plus sûr moyen de s'élever
au-dessus des préjugés et d'ordonner ses jugements sur
les vrais rapports des choses, est de se mettre à la place
d'un homme isolé, et de juger de tout comme cet homme
en doit juger lui-même, eu égard à sa propre utilité.

Ce roman, débarrassé de tout son fatras, commençant
au naufrage de Robinson près de son île, et finissant à
l'arrivée du vaisseau qui vient l'en tirer, sera tout à la fois
l'amusement et l'instruction d'Emile durant l'époque dont
il est ici question. Je veux que la tête lui en tourne, qu'il
s'occupe sans cesse de son château, de ses chèvres, de
ses plantations; qu'il apprenne en détail, non dans ses
livres, mais sur les choses, tout ce qu'il faut savoir en
pareil cas; qu'il pense être Robinson lui-même; qu'il se
voie habillé de peaux, portant un grand bonnet, un grand
sabre, tout le grotesque équipage de la figure, au parasol
près, dont il n'aura pas besoin. Je veux qu'il s'inquiète
des mesures à prendre, si ceci ou cela venait à lui manquer, qu'il examine la conduite de son héros, qu'il cherche
s'il n'a rien omis, s'il n'y avait rien de mieux à faire;
qu'il marque attentivement ses fautes, et qu'il en profite
pour n'y pas tomber lui-même en pareil cas; car ne doutez
point qu'il ne projette d'aller faire un établissement semblable; c'est le vrai château en Espagne de cet heureux

âge, où l'on ne connaît d'autre bonheur que le nécessaire et la liberté.

Quelle ressource que cette folie pour un homme habile, qui n'a su la faire naître qu'afin de la mettre à profit! L'enfant, pressé de se faire un magasin pour son île, sera plus ardent pour apprendre que le maître pour enseigner. Il voudra savoir tout ce qui est utile, et ne voudra savoir que cela; vous n'aurez plus besoin de le guider, vous n'aurez qu'à le retenir. Au reste, dépêchons-nous de l'établir dans cette île, tandis qu'il y borne sa félicité; car le jour approche où, s'il y veut vivre encore, il n'y voudra plus vivre seul, et où *Vendredi*, qui maintenant ne le touche guère, ne lui suffira pas longtemps.

La pratique des arts naturels, auxquels peut suffire un seul homme, mène à la recherche des arts d'industrie, et qui ont besoin du concours de plusieurs mains. Les premiers peuvent s'exercer par des solitaires, par des sauvages; mais les autres ne peuvent naître que dans la société, et la rendent nécessaire. Tant qu'on ne connaît que le besoin physique, chaque homme se suffit à lui-même; l'introduction du superflu rend indispensable le partage et la distribution du travail; car, bien qu'un homme travaillant seul ne gagne que la subsistance d'un homme, cent hommes, travaillant de concert, gagneront de quoi en faire subsister deux cents. Sitôt donc qu'une partie des hommes se repose, il faut que le concours des bras de ceux qui travaillent supplée à l'oisiveté de ceux qui ne font rien.

Votre plus grand soin doit être d'écarter de l'esprit de votre élève toutes les notions des relations sociales qui ne sont pas à sa portée; mais, quand l'enchaînement des connaissances vous force à lui montrer la mutuelle dépendance des hommes, au lieu de la lui montrer par le côté moral, tournez d'abord toute son attention vers l'industrie et les arts mécaniques, qui les rendent utiles les uns aux autres. En le promenant d'atelier en atelier, ne souffrez jamais qu'il voie aucun travail sans mettre lui-même la main à l'œuvre, ni qu'il en sorte sans savoir parfaitement la raison de tout ce qui s'y fait, ou du moins de tout ce qu'il a observé. Pour cela, travaillez vous-même, donnez-lui partout l'exemple; pour le rendre maître, soyez partout apprenti, et comptez qu'une heure de travail lui apprendra plus de choses qu'il n'en retiendrait d'un jour d'explications.

Il y a une estime publique attachée aux différents arts

en raison inverse de leur utilité réelle. Cette estime se mesure directement sur leur inutilité même, et cela doit être. Les arts les plus utiles sont ceux qui gagnent le moins, parce que le nombre des ouvriers se proportionne au besoin des hommes, et que le travail nécessaire à tout le monde reste forcément à un prix que le pauvre peut payer. Au contraire, ces importants qu'on n'appelle pas artisans, mais artistes, travaillant uniquement pour les oisifs et les riches, mettent un prix arbitraire à leurs babioles; et, comme le mérite de ces vains travaux n'est que dans l'opinion, leur prix même fait partie de ce mérite, et on les estime à proportion de ce qu'ils coûtent. Le cas qu'en fait le riche ne vient pas de leur usage, mais de ce que le pauvre ne les peut payer. *Nolo habere bona nisi quibus populus inviderit.* ·

Que deviendront vos élèves, si vous leur laissez adopter ce sot préjugé, si vous le favorisez vous-même, s'ils vous voient, par exemple, entrer avec plus d'égards dans la boutique d'un orfèvre que dans celle d'un serrurier? Quel jugement porteront-ils du vrai mérite des arts et de la véritable valeur des choses, quand ils verront partout le prix de fantaisie en contradiction avec le prix tiré de l'utilité réelle, et que plus la chose coûte, moins elle vaut? Au premier moment que vous laisserez entrer ces idées dans leur tête, abandonnez le reste de leur éducation; malgré vous ils seront élevés comme tout le monde; vous avez perdu quatorze ans de soins.

Emile songeant à meubler son île aura d'autres manières de voir. Robinson eût fait beaucoup plus de cas de la boutique d'un taillandier que de tous les colifichets de Saïde. Le premier lui eût paru un homme très respectable, et l'autre un petit charlatan.

« Mon fils est fait pour vivre dans le monde; il ne vivra pas avec des sages, mais avec des fous; il faut donc qu'il connaisse leurs folies, puisque c'est par elles qu'ils veulent être conduits. La connaissance réelle des choses peut être bonne, mais celle des hommes et de leurs jugements vaut encore mieux; car, dans la société humaine, le plus grand instrument de l'homme est l'homme, et le plus sage est celui qui se sert le mieux de cet instrument. A quoi bon donner aux enfants l'idée d'un ordre imaginaire tout contraire à celui qu'ils trouveront établi, et sur lequel il faudra qu'ils se règlent? Donnez-leur premièrement des leçons pour être sages, et puis vous leur en donnerez pour juger en quoi les autres sont fous. »

Voilà les spécieuses maximes sur lesquelles la fausse prudence des pères travaille à rendre leurs enfants esclaves des préjugés dont ils les nourrissent, et jouets eux-mêmes de la tourbe insensée dont ils pensent faire l'instrument de leurs passions. Pour parvenir à connaître l'homme, que de choses il faut connaître avant lui! L'homme est la dernière étude du sage, et vous prétendez en faire la première d'un enfant! Avant de l'instruire de nos sentiments, commencez par lui apprendre à les apprécier. Est-ce connaître une folie que de la prendre pour la raison! Pour être sage il faut discerner ce qui ne l'est pas. Comment votre enfant connaîtra-t-il les hommes, s'il ne sait ni juger leurs jugements ni démêler leurs erreurs ? C'est un mal de savoir ce qu'ils pensent, quand on ignore si ce qu'ils pensent est vrai ou faux. Apprenez-lui donc premièrement ce que sont les choses en elles-mêmes, et vous lui apprendrez après ce qu'elles sont à nos yeux; c'est ainsi qu'il saura comparer l'opinion à la vérité, et s'élever au-dessus du vulgaire; car on ne connaît point les préjugés quand on les adopte, et l'on ne mène point le peuple quand on lui ressemble. Mais si vous commencez par l'instruire de l'opinion publique avant de lui apprendre à l'apprécier, assurez-vous que, quoi que vous puissiez faire, elle deviendra la sienne, et que vous ne la détruirez plus. Je conclus que, pour rendre un jeune homme judicieux, il faut bien former ses jugements, au lieu de lui dicter les nôtres.

Vous voyez que jusqu'ici je n'ai point parlé des hommes à mon élève, il aurait eu trop de bon sens pour m'entendre; ses relations avec son espèce ne lui sont pas encore assez sensibles pour qu'il puisse juger des autres par lui. Il ne connaît d'être humain que lui seul, et même il est bien éloigné de se connaître; mais s'il porte peu de jugements sur sa personne, au moins il n'en porte que de justes. Il ignore quelle est la place des autres, mais il sent la sienne et s'y tient. Au lieu des lois sociales qu'il ne peut connaître, nous l'avons lié des chaînes de la nécessité. Il n'est presque encore qu'un être physique, continuons de le traiter comme tel.

C'est par leur rapport sensible avec son utilité, sa sûreté, sa conservation, son bien-être, qu'il doit apprécier tous les corps de la nature et tous les travaux des hommes. Ainsi le fer doit être à ses yeux d'un beaucoup plus grand prix que l'or, et le verre que le diamant; de même, il honore beaucoup plus un cordonnier, un maçon, qu'un

Lempereur, un Le Blanc, et tous les joailliers de l'Europe; un pâtissier est surtout à ses yeux une homme très important, et il donnerait toute l'académie des sciences pour le moindre confiseur de la rue des Lombards. Les orfèvres, les graveurs, les doreurs, les brodeurs, ne sont à son avis que des fainéants qui s'amusent à des jeux parfaitement inutiles; il ne fait pas même un grand cas de l'horlogerie. L'heureux enfant jouit du temps sans en être esclave : il en profite et n'en connaît pas le prix. Le calme des passions qui rend pour lui sa succession toujours égale lui tient lieu d'instrument pour le mesurer au besoin *. En lui supposant une montre, aussi bien qu'en le faisant pleurer, je me donnais un Emile vulgaire, pour être utile et me faire entendre; car, quant au véritable, un enfant si différent des autres ne servirait d'exemple à rien.

Il y a un ordre non moins naturel et plus judicieux encore, par lequel on considère les arts selon les rapports de nécessité qui les lient, mettant au premier rang les plus indépendants, et au dernier ceux qui dépendent d'un plus grand nombre d'autres. Cet ordre, qui fournit d'importantes considérations sur celui de la société générale, est semblable au précédent, et soumis au même renversement dans l'estime des hommes; en sorte que l'emploi des matières premières se fait dans des métiers sans honneur, presque sans profit, et que plus elles changent de mains, plus la main-d'œuvre augmente de prix et devient honorable. Je n'examine pas s'il est vrai que l'industrie soit plus grande et mérite plus de récompense dans les arts minutieux qui donnent la dernière forme à ces matières, que dans le premier travail qui les convertit à l'usage des hommes : mais je dis qu'en chaque chose l'art dont l'usage est le plus général et le plus indispensable est incontestablement celui qui mérite le plus d'estime, et que celui à qui moins d'autres arts sont nécessaires, la mérite encore par-dessus les plus subordonnés, parce qu'il est plus libre et plus près de l'indépendance. Voilà les véritables règles de l'appréciation des arts et de l'industrie; tout le reste est arbitraire et dépend de l'opinion.

---

* Le temps perd pour nous sa mesure, quand nos passions veulent régler son cours à leur gré. La montre du sage est l'égalité d'humeur et la paix de l'âme : il est toujours à son heure, et il la connaît toujours.

Le premier et le plus respectable de tous les arts est l'agriculture : je mettrais la forge au second rang, la charpente au troisième, et ainsi de suite. L'enfant qui n'aura point été séduit par les préjugés vulgaires en jugera précisément ainsi. Que de réflexions importantes notre Émile ne tirera-t-il point là-dessus de son Robinson! Que pensera-t-il en voyant que les arts ne se perfectionnent qu'en se subdivisant, en multipliant à l'infini les instruments des uns et des autres ? Il se dira : Tous ces gens-là sont sottement ingénieux : on croirait qu'ils ont peur que leurs bras et leurs doigts ne leur servent à quelque chose, tant ils inventent d'instruments pour s'en passer. Pour exercer un seul art ils sont asservis à mille autres; il faut une ville à chaque ouvrier. Pour mon camarade et moi, nous mettons notre génie dans notre adresse; nous nous faisons des outils que nous puissions porter partout avec nous. Tous ces gens si fiers de leurs talents dans Paris ne sauraient rien dans notre île, et seraient nos apprentis à leur tour.

Lecteur, ne vous arrêtez pas à voir ici l'exercice du corps et l'adresse des mains de notre élève; mais considérez quelle direction nous donnons à ses curiosités enfantines; considérez le sens, l'esprit inventif, la prévoyance; considérez quelle tête nous allons lui former. Dans tout ce qu'il verra, dans tout ce qu'il fera, il voudra tout connaître, il voudra savoir la raison de tout; d'instrument en instrument, il voudra toujours remonter au premier; il n'admettra rien par supposition; il refuserait d'apprendre ce qui demanderait une connaissance antérieure qu'il n'aurait pas : s'il voit faire un ressort, il voudra savoir comment l'acier a été tiré de la mine; s'il voit assembler les pièces d'un coffre, il voudra savoir comment l'arbre a été coupé; s'il travaille lui-même, à chaque outil dont il se sert, il ne manquera pas de se dire : Si je n'avais pas cet outil, comment m'y prendrais-je pour en faire un semblable ou pour m'en passer ?

Au reste, une erreur difficile à éviter dans les occupations pour lesquelles le maître se passionne est de supposer toujours le même goût à l'enfant : gardez, quand l'amusement du travail vous emporte, que lui cependant ne s'ennuie sans vous l'oser témoigner. L'enfant doit être tout à la chose; mais vous devez être tout à l'enfant, l'observer, l'épier sans relâche et sans qu'il y paraisse, pressentir tous ses sentiments d'avance, et prévenir ceux qu'il ne doit pas avoir, l'occuper enfin de manière que non seulement il se sente utile à la chose, mais qu'il s'y plaise à force de bien comprendre à quoi sert ce qu'il fait.

La société des arts consiste en échanges d'industrie, celle du commerce en échanges de choses, celle des banques en échanges de signes et d'argent : toutes ces idées se tiennent, et les notions élémentaires sont déjà prises ; nous avons jeté les fondements de tout cela dès le premier âge, à l'aide du jardinier Robert. Il ne nous reste maintenant qu'à généraliser ces mêmes idées, et les étendre à plus d'exemples, pour lui faire comprendre le jeu du trafic pris en lui-même, et rendu sensible par les détails d'histoire naturelle qui regardent les productions particulières à chaque pays, par les détails d'arts et de sciences qui regardent la navigation, enfin, par le plus grand ou moindre embarras du transport, selon l'éloignement des lieux, selon la situation des terres, des mers, des rivières, etc.

Nulle société ne peut exister sans échange, nul échange sans mesure commune, et nulle mesure commune sans égalité. Ainsi, toute société a pour première loi quelque égalité conventionnelle, soit dans les hommes, soit dans les choses.

L'égalité conventionnelle entre les hommes, bien différente de l'égalité naturelle, rend nécessaire le droit positif, c'est-à-dire le gouvernement et les lois. Les connaissances politiques d'un enfant doivent être nettes et bornées ; il ne doit connaître du gouvernement en général que ce qui se rapporte au droit de propriété, dont il a déjà quelque idée.

L'égalité conventionnelle entre les choses a fait inventer la monnaie ; car la monnaie n'est qu'un terme de comparaison pour la valeur des choses de différentes espèces ; et en ce sens la monnaie est le vrai lien de la société ; mais tout peut être monnaie ; autrefois le bétail l'était, des coquillages le sont encore chez plusieurs peuples ; le fer fut monnaie à Sparte, le cuir l'a été en Suède, l'or et l'argent le sont parmi nous.

Les métaux, comme plus faciles à transporter, ont été généralement choisis pour termes moyens de tous les échanges ; et l'on a converti ces métaux en monnaie, pour épargner la mesure ou le poids à chaque échange : car la marque de la monnaie n'est qu'une attestation que la pièce ainsi marquée est d'un tel poids ; et le prince seul a droit de battre monnaie, attendu que lui seul a droit d'exiger que son témoignage fasse autorité parmi tout un peuple.

L'usage de cette invention ainsi expliqué se fait sentir au plus stupide. Il est difficile de comparer immédiatement des choses de différentes natures, du drap, par exemple, avec du blé; mais, quand on a trouvé une mesure commune, savoir la monnaie, il est aisé au fabricant et au laboureur de rapporter la valeur des choses qu'ils veulent échanger à cette mesure commune. Si telle quantité de drap vaut une telle somme d'argent et que telle quantité de blé vaille aussi la même somme d'argent, il s'ensuit que le marchand, recevant ce blé pour son drap, fait un échange équitable. Ainsi, c'est par la monnaie que les biens d'espèces diverses deviennent commensurables et peuvent se comparer.

N'allez pas plus loin que cela, et n'entrez point dans l'explication des effets moraux de cette institution. En toute chose il importe de bien exposer les usages avant de montrer les abus. Si vous prétendiez expliquer aux enfants comment les signes font négliger les choses, comment de la monnaie sont nées toutes les chimères de l'opinion, comment les pays riches d'argent doivent être pauvres de tout, vous traiteriez ces enfants non seulement en philosophes, mais en hommes sages, et vous prétendriez leur faire entendre ce que peu de philosophes même ont bien conçu.

Sur quelle abondance d'objets intéressants ne peut-on point tourner ainsi la curiosité d'un élève, sans jamais quitter les rapports réels et matériels qui sont à sa portée, ni souffrir qu'il s'élève dans son esprit une seule idée qu'il ne puisse pas concevoir! L'art du maître est de ne laisser jamais appesantir ses observations sur des minuties qui ne tiennent à rien, mais de le rapprocher sans cesse des grandes relations qu'il doit connaître un jour pour bien juger du bon et du mauvais ordre de la société civile. Il faut savoir assortir les entretiens dont on l'amuse au tour d'esprit qu'on lui a donné. Telle question, qui ne pourrait pas même effleurer l'attention d'un autre, va tourmenter Emile pendant six mois.

Nous allons dîner dans une maison opulente; nous trouvons les apprêts d'un festin, beaucoup de monde, beaucoup de laquais, beaucoup de plats, un service élégant et fin. Tout cet appareil de plaisir et de fête a quelque chose d'enivrant qui porte à la tête quand on n'y est pas accoutumé. Je pressens l'effet de tout cela sur mon jeune élève. Tandis que le repas se prolonge, tandis que les services se succèdent, tandis qu'autour de la table règnent mille propos bruyants, je m'approche de son oreille, et je lui dis : Par combien de mains estimeriez-vous bien qu'ait passé tout ce que vous voyez sur cette table avant que d'y arriver ? Quelle foule d'idées j'éveille dans son cerveau par ce peu de mots! A l'instant voilà toutes les vapeurs du délire abattues. Il rêve, il réfléchit, il calcule, il s'inquiète. Tandis que les philosophes, égayés par le vin, peut-être par leurs voisines, radotent et font les enfants, le voilà, lui, philosophant tout seul dans son coin; il m'interroge; je refuse de répondre, je le renvoie à un autre temps; il s'impatiente, il oublie de manger et de boire, il brûle d'être hors de table pour m'entretenir à son aise. Quel objet pour sa curiosité! Quel texte pour son instruction! Avec un jugement sain que rien n'a pu corrompre, que pensera-t-il du luxe, quand il trouvera que toutes les régions du monde ont été mises à contribution, que vingt millions de mains ont peut-être, ont longtemps travaillé, qu'il en a coûté la vie peut-être à des milliers d'hommes, et tout cela pour lui présenter en pompe à midi ce qu'il va déposer le soir dans sa garde-robe ?

Epiez avec soin les conclusions secrètes qu'il tire en son cœur de toutes ces observations. Si vous l'avez moins bien gardé que je ne le suppose, il peut être tenté de tourner ses réflexions dans un autre sens, et de se regarder comme un personnage important au monde, en voyant tant de soins concourir pour apprêter son dîner. Si vous pressentez ce raisonnement, vous pouvez aisément le prévenir avant qu'il le fasse, ou du moins en effacer aussitôt l'impression. Ne sachant encore s'approprier les choses que par une jouissance matérielle, il ne peut juger de leur convenance ou disconvenance avec lui que par des rapports sensibles. La comparaison d'un dîner simple et rustique, préparé par l'exercice, assaisonné par la faim, par la liberté, par la joie, avec son festin si magnifique et si compassé, suffira pour lui faire sentir que tout l'appareil du festin ne lui ayant donné aucun profit réel, et son estomac sortant tout aussi content de la table du paysan que de celle du financier, il n'y avait rien à l'un de plus qu'à l'autre qu'il pût appeler véritablement sien.

Imaginons ce qu'en pareil cas un gouverneur pourra lui dire. Rappelez-vous bien ces deux repas, et décidez en vous-même lequel vous avez fait avec le plus de plaisir; auquel avez-vous remarqué le plus de joie ? auquel a-t-on mangé de plus grand appétit, bu plus gaiement, ri de meilleur cœur ? lequel a duré le plus longtemps sans ennui, et sans avoir besoin d'être renouvelé par d'autres services ? Cependant voyez la différence : ce pain bis, que vous trouvez si bon, vient du blé recueilli par ce paysan; son vin noir et grossier, mais désaltérant et sain, est du cru de sa vigne; le linge vient de son chanvre, filé l'hiver par sa femme, par ses filles, par sa servante; nulles autres mains que celles de sa famille n'ont fait les apprêts de sa table; le moulin le plus proche et le marché voisin sont les bornes de l'univers pour lui. En quoi donc avez-vous réellement joui de tout ce qu'ont fourni de plus la terre éloignée et la main des hommes sur l'autre table ? Si tout cela ne vous a pas fait faire un meilleur repas, qu'avez-vous gagné à cette abondance ? qu'y avait-il là qui fût fait pour vous ? Si vous eussiez été le maître de la maison, pourra-t-il ajouter, tout cela vous fût resté plus étranger encore : car le soin d'étaler aux yeux des autres votre jouissance eût achevé de vous l'ôter : vous auriez eu la peine, et eux le plaisir.

Ce discours peut être fort beau; mais il ne vaut rien pour Emile, dont il passe la portée, et à qui l'on ne dicte point ses réflexions. Parlez-lui donc plus simplement. Après ces deux épreuves, dites-lui quelque matin : Où dînerons-nous aujourd'hui ? autour de cette montagne d'argent qui couvre les trois quarts de la table, et de ces parterres de fleurs de papier qu'on sert au dessert sur des miroirs, parmi ces femmes en grand panier qui vous traitent en marionnette, et veulent que vous ayez dit ce que vous ne savez pas; ou bien dans ce village à deux lieues d'ici, chez ces bonnes gens qui nous reçoivent si joyeusement et nous donnent de si bonne crème ? Le choix d'Emile n'est pas douteux; car il n'est ni babillard ni vain; il ne peut souffrir la gêne, et tous nos ragoûts fins ne lui plaisent point : mais il est toujours prêt à courir en campagne, et il aime fort les bons fruits, les bons légumes, la bonne crème, et les bonnes gens *. Chemin faisant, la

---

* Le goût que je suppose à mon élève pour la campagne est un fruit naturel de son éducation. D'ailleurs, n'ayant rien de cet air fat et requinqué qui plaît tant aux femmes, il en est moins fêté que d'autres enfants; par conséquent il se plaît moins avec elles, et se gâte moins dans leur société dont il n'est pas encore en état de sentir le charme.

réflexion vient d'elle-même. Je vois que ces foules d'hommes qui travaillent à ces grands repas perdent bien leurs peines, ou qu'ils ne songent guère à nos plaisirs.

Mes exemples, bons peut-être pour un sujet, seront mauvais pour mille autres. Si l'on en prend l'esprit, on saura bien les varier au besoin; le choix tient à l'étude du génie propre à chacun, et cette étude tient aux occasions qu'on leur offre de se montrer. On n'imaginera pas que, dans l'espace de trois ou quatre ans que nous avons à remplir ici, nous puissions donner à l'enfant le plus heureusement né une idée de tous les arts et de toutes les sciences naturelles, suffisante pour les apprendre un jour lui-même; mais en faisant ainsi passer devant lui tous les objets qu'il lui importe de connaître, nous le mettons dans le cas de développer son goût, son talent, de faire les premiers pas vers l'objet où le porte son génie, et de nous indiquer la route qu'il lui faut ouvrir pour seconder la nature.

Un autre avantage de cet enchaînement de connaissances bornées, mais justes, est de les lui montrer par leurs liaisons, par leurs rapports, de les mettre toutes à leur place dans son estime, et de prévenir en lui les préjugés qu'ont la plupart des hommes pour les talents qu'ils cultivent, contre ceux qu'ils ont négligés. Celui qui voit bien l'ordre du tout voit la place où doit être chaque partie; celui qui voit bien une partie, et qui la connaît à fond, peut être un savant homme : l'autre est un homme judicieux; et vous vous souvenez que ce que nous nous proposons d'acquérir est moins la science que le jugement.

Quoi qu'il en soit, ma méthode est indépendante de mes exemples; elle est fondée sur la mesure des facultés de l'homme à ses différents âges, et sur le choix des occupations qui conviennent à ses facultés. Je crois qu'on trouverait aisément une autre méthode avec laquelle on paraîtrait faire mieux; mais si elle était moins appropriée à l'espèce, à l'âge, au sexe, je doute qu'elle eût le même succès.

En commençant cette seconde période, nous avons

Je me suis gardé de lui apprendre à leur baiser la main, à leur dire des fadeurs, pas même à leur marquer préférablement aux hommes les égards qui leur sont dus; je me suis fait une inviolable loi de n'exiger rien de lui dont la raison ne fût à sa portée; et il n'y a point de bonne raison pour un enfant de traiter un sexe autrement que l'autre.

profité de la surabondance de nos forces sur nos besoins pour nous porter hors de nous ; nous nous sommes élancés dans les cieux ; nous avons mesuré la terre ; nous avons recueilli les lois de la nature, en un mot nous avons parcouru l'île entière : maintenant nous revenons à nous ; nous nous rapprochons insensiblement de notre habitation. Trop heureux, en y rentrant, de n'en pas trouver encore en possession l'ennemi qui nous menace, et qui s'apprête à s'en emparer !

Que nous reste-t-il à faire après avoir observé tout ce qui nous environne ? d'en convertir à notre usage tout ce que nous pouvons nous approprier, et de tirer parti de notre curiosité pour l'avantage de notre bien-être. Jusqu'ici nous avons fait provision d'instruments de toute espèce, sans savoir desquels nous aurions besoin. Peut-être, inutiles à nous-mêmes, les nôtres pourront-ils servir à d'autres ; et peut-être, à notre tour, aurons-nous besoin des leurs. Ainsi nous trouverions tous notre compte à ces échanges : mais, pour les faire, il faut connaître nos besoins mutuels, il faut que chacun sache ce que d'autres ont à son usage, et ce qu'il peut leur offrir en retour. Supposons dix hommes, dont chacun a dix sortes de besoins. Il faut que chacun, pour son nécessaire, s'applique à dix sortes de travaux ; mais, vu la différence de génie et de talent, l'un réussira moins à quelqu'un de ces travaux, l'autre à un autre. Tous, propres à diverses choses, feront les mêmes, et seront mal servis. Formons une société de ces dix hommes, et que chacun s'applique, pour lui seul et pour les neuf autres, au genre d'occupation qui lui convient le mieux ; chacun profitera des talents des autres comme si lui seul les avait tous ; chacun perfectionnera le sien par un continuel exercice ; et il arrivera que tous les dix, parfaitement bien pourvus, auront encore du surabondant pour d'autres. Voilà le principe apparent de toutes nos institutions. Il n'est pas de mon sujet d'en examiner ici les conséquences : c'est ce que j'ai fait dans un autre écrit.

Sur ce principe, un homme qui voudrait se regarder comme un être isolé, ne tenant du tout à rien et se suffisant à lui-même, ne pourrait être que misérable. Il lui serait même impossible de subsister ; car, trouvant la terre entière couverte du tien et du mien, et n'ayant rien à lui que son corps, d'où tirerait-il son nécessaire ? En sortant de l'état de nature, nous forçons nos semblables d'en sortir aussi ; nul n'y peut demeurer malgré les autres ;

et ce serait réellement en sortir, que d'y vouloir rester dans l'impossibilité d'y vivre; car la première loi de la nature est le soin de se conserver.

Ainsi se forment peu à peu dans l'esprit d'un enfant les idées des relations sociales, même avant qu'il puisse être réellement membre actif de la société. Émile voit que, pour avoir des instruments à son usage, il lui en faut encore à l'usage des autres, par lesquels il puisse obtenir en échange les choses qui lui sont nécessaires et qui sont en leur pouvoir. Je l'amène aisément à sentir le besoin de ces échanges, et à se mettre en état d'en profiter.

Monseigneur, il faut que je vive, disait un malheureux auteur satirique au ministre qui lui reprochait l'infamie de ce métier. — *Je n'en vois pas la nécessité,* lui repartit froidement l'homme en place. Cette réponse, excellente pour un ministre, eût été barbare et fausse en toute autre bouche. Il faut que tout homme vive. Cet argument, auquel chacun donne plus ou moins de force à proportion qu'il a plus ou moins d'humanité, me paraît sans réplique pour celui qui le fait relativement à lui-même. Puisque, de toutes les aversions que nous donne la nature, la plus forte est celle de mourir, il s'ensuit que tout est permis par elle à quiconque n'a nul autre moyen possible pour vivre. Les principes sur lesquels l'homme vertueux apprend à mépriser sa vie et à l'immoler à son devoir sont bien loin de cette simplicité primitive. Heureux les peuples chez lesquels on peut être bon sans effort et juste sans vertu! S'il est quelque misérable état au monde où chacun ne puisse pas vivre sans mal faire et où les citoyens soient fripons par nécessité, ce n'est pas le malfaiteur qu'il faut pendre, c'est celui qui le force à le devenir.

Sitôt qu'Émile saura ce que c'est que la vie, mon premier soin sera de lui apprendre à la conserver. Jusqu'ici je n'ai point distingué les états, les rangs, les fortunes; et je ne les distinguerai guère plus dans la suite, parce que l'homme est le même dans tous les états; que le riche n'a pas l'estomac plus grand que le pauvre et ne digère pas mieux que lui; que le maître n'a pas les bras plus longs ni plus forts que ceux de son esclave; qu'un grand n'est pas plus grand qu'un homme du peuple; et qu'enfin les besoins naturels étant partout les mêmes, les moyens d'y pourvoir doivent être partout égaux. Appropriez l'éducation de l'homme à l'homme, et non pas à ce qui n'est point lui. Ne voyez-vous pas qu'en travaillant à le former exclusivement pour un état, vous le rendez inutile à tout autre, et que, s'il plaît à la fortune, vous n'aurez travaillé qu'à le rendre malheureux ? Qu'y a-t-il de plus ridicule qu'un grand seigneur devenu gueux, qui porte dans sa misère les préjugés de sa naissance ? Qu'y a-t-il de plus vil qu'un riche appauvri, qui, se souvenant du mépris qu'on doit à la pauvreté, se sent devenu le dernier des hommes ? L'un a pour toute ressource le métier de fripon public, l'autre celui de valet rampant avec ce beau mot : *Il faut que je vive.*

Vous vous fiez à l'ordre actuel de la société sans songer que cet ordre est sujet à des révolutions inévitables, et qu'il vous est impossible de prévoir ni de prévenir celle qui peut regarder vos enfants. Le grand devient petit, le riche devient pauvre, le monarque devient sujet : les coups du sort sont-ils si rares que vous puissiez compter d'en être exempt ? Nous approchons de l'état de crise et du siècle des révolutions *. Qui peut vous répondre de ce que vous deviendrez alors ? Tout ce qu'ont fait les hommes, les hommes peuvent le détruire : il n'y a de caractères ineffaçables que ceux qu'imprime la nature, et la nature ne fait ni princes, ni riches, ni grands seigneurs. Que fera donc dans la bassesse ce satrape que vous n'avez élevé que pour la grandeur ? Que fera, dans la pauvreté, ce publicain qui ne sait vivre que d'or ? Que fera, dépourvu de tout, ce fastueux imbécile qui ne sait point user de lui-même, et ne met son être que dans ce qui est étranger à lui ? Heureux celui qui sait quitter alors l'état qui le quitte, et rester homme en dépit du sort ! Qu'on loue tant qu'on voudra ce roi vaincu qui veut s'enterrer en furieux sous les débris de son trône; moi je le méprise; je vois qu'il n'existe que par sa couronne, et qu'il n'est rien du tout s'il n'est roi : mais celui qui la perd et s'en passe est alors au-dessus d'elle. Du rang de roi, qu'un lâche, un méchant, un fou peut remplir comme un autre, il monte à l'état d'homme, que si peu d'hommes savent remplir. Alors il triomphe de la fortune, il la brave; il ne doit rien qu'à lui seul; et, quand il ne lui reste à montrer que lui, il n'est point nul; il est quelque

---

* Je tiens pour impossible que les grandes monarchies de l'Europe aient encore longtemps à durer : toutes ont brillé, et tout état qui brille est sur son déclin. J'ai de mon opinion des raisons plus particulières que cette maxime; mais il n'est pas à propos de les dire, et chacun ne les voit que trop.

chose. Oui, j'aime mieux cent fois le roi de Syracuse maître d'école à Corinthe, et le roi de Macédoine greffier à Rome, qu'un malheureux Tarquin, ne sachant que devenir s'il ne règne pas, que l'héritier du possesseur de trois royaumes, jouet de quiconque ose insulter à sa misère, errant de cour en cour, cherchant partout des secours, et trouvant partout des affronts, faute de savoir faire autre chose qu'un métier qui n'est plus en son pouvoir.

L'homme et le citoyen, quel qu'il soit, n'a d'autre bien à mettre dans la société que lui-même; tous ses autres biens y sont malgré lui; et quand un homme est riche, ou il ne jouit pas de sa richesse, ou le public en jouit aussi. Dans le premier cas il vole aux autres ce dont il se prive; et dans le second, il ne leur donne rien. Ainsi la dette sociale lui reste tout entière tant qu'il ne paye que de son bien. Mais mon père, en le gagnant, a servi la société... Soit, il a payé sa dette, mais non pas la vôtre. Vous devez plus aux autres que si vous fussiez né sans bien, puisque vous êtes né favorisé. Il n'est point juste que ce qu'un homme a fait pour la société en décharge un autre de ce qu'il lui doit; car chacun, se devant tout entier, ne peut payer que pour lui, et nul père ne peut transmettre à son fils le droit d'être inutile à ses semblables; or, c'est pourtant ce qu'il fait, selon vous, en lui transmettant ses richesses, qui sont la preuve et le prix du travail. Celui qui mange dans l'oisiveté ce qu'il n'a pas gagné lui-même le vole; et un rentier que l'État paye pour ne rien faire ne diffère guère, à mes yeux, d'un brigand qui vit aux dépens des passants. Hors de la société, l'homme isolé, ne devant rien à personne, a droit de vivre comme il lui plaît; mais dans la société, où il vit nécessairement aux dépens des autres, il leur doit en travail le prix de son entretien; cela est sans exception. Travailler 'est donc un devoir indispensable à l'homme social. Riche ou pauvre, puissant ou faible, tout citoyen oisif est un fripon.

Or, de toutes les occupations qui peuvent fournir la subsistance à l'homme, celle qui le rapproche le plus de l'état de nature est le travail des mains : de toutes les conditions, la plus indépendante de la fortune et des hommes est celle de l'artisan. L'artisan ne dépend que de son travail; il est libre, aussi libre que le laboureur est esclave; car celui-ci tient à son champ, dont la récolte est à la discrétion d'autrui. L'ennemi, le prince, un voisin puissant, un procès, lui peut enlever ce champ; par ce champ on peut le vexer en mille manières; mais partout où l'on veut vexer l'artisan, son bagage est bientôt fait; il emporte ses bras et s'en va. Toutefois, l'agriculture est le premier métier de l'homme : c'est le plus honnête, le plus utile, et par conséquent le plus noble qu'il puisse exercer. Je ne dis pas à Émile : Apprends l'agriculture; il la sait. Tous les travaux rustiques lui sont familiers; c'est par eux qu'il a commencé, c'est à eux qu'il revient sans cesse. Je lui dis donc : Cultive l'héritage de tes pères. Mais si tu perds cet héritage, ou si tu n'en as point, que faire ? Apprends un métier.

Un métier à mon fils! mon fils artisan! Monsieur, y pensez-vous ? J'y pense mieux que vous, madame, qui voulez le réduire à ne pouvoir jamais être qu'un lord, un marquis, un prince, et peut-être un jour moins que rien : moi, je lui veux donner un rang qu'il ne puisse perdre, un rang qui l'honore dans tous les temps; je veux l'élever à l'état d'homme; et, quoi que vous en puissiez dire, il aura moins d'égaux à ce titre qu'à tous ceux qu'il tiendra de vous.

La lettre tue, et l'esprit vivifie. Il s'agit moins d'apprendre un métier pour savoir un métier, que pour vaincre les préjugés qui le méprisent. Vous ne serez jamais réduit à travailler pour vivre. Eh! tant pis, tant pis pour vous! Mais n'importe; ne travaillez point par nécessité, travaillez par gloire. Abaissez-vous à l'état d'artisan, pour être au-dessus du vôtre. Pour vous soumettre la fortune et les choses, commencez par vous en rendre indépendant. Pour régner par l'opinion, commencez par régner sur elle.

Souvenez-vous que ce n'est point un talent que je vous demande : c'est un métier, un vrai métier, un art purement mécanique, où les mains travaillent plus que la tête, et qui ne mène point à la fortune, mais avec lequel on peut s'en passer. Dans des maisons fort au-dessus du danger de manquer de pain, j'ai vu des pères pousser la prévoyance jusqu'à joindre au soin d'instruire leurs enfants celui de les pourvoir de connaissances dont, à tout événement, ils pussent tirer parti pour vivre. Ces pères prévoyants croient beaucoup faire; ils ne font rien, parce que les ressources qu'ils pensent ménager à leurs enfants dépendent de cette même fortune au-dessus de laquelle ils les veulent mettre. En sorte qu'avec tous ces beaux talents, si celui qui les a ne se trouve dans des

circonstances favorables pour en faire usage, il périra de
misère comme s'il n'en avait aucun.

Dès qu'il est question de manège et d'intrigues, autant
vaut les employer à se maintenir dans l'abondance qu'à
regagner, du sein de la misère, de quoi remonter à son
premier état. Si vous cultivez des arts dont le succès tient
à la réputation de l'artiste; si vous vous rendez propre à
des emplois qu'on n'obtient que par la faveur, que vous
servira tout cela, quand, justement dégoûté du monde,
vous dédaignerez les moyens sans lesquels on n'y peut
réussir ? Vous avez étudié la politique et les intérêts des
princes. Voilà qui va fort bien; mais que ferez-vous de
ces connaissances, si vous ne savez parvenir aux ministres,
aux femmes de la cour, aux chefs des bureaux; si vous
n'avez le secret de leur plaire, si tous ne trouvent en vous
le fripon qui leur convient ? Vous êtes architecte ou
peintre : soit, mais il faut faire connaître votre talent.
Pensez-vous aller de but en blanc exposer un ouvrage
au Salon ? Oh! qu'il n'en va pas ainsi! Il faut être de
l'Académie; il y faut même être protégé pour obtenir
au coin d'un mur quelque place obscure. Quittez-moi
la règle et le pinceau; prenez un fiacre, et courez de porte
en porte : c'est ainsi qu'on acquiert la célébrité. Or vous
devez savoir que toutes ces illustres portes ont des suisses
ou des portiers qui n'entendent que par geste, et dont les
oreilles sont dans leurs mains. Voulez-vous enseigner ce
que vous avez appris, et devenir maître de géographie,
ou de mathématiques, ou de langues, ou de musique, ou
de dessin ? pour cela même il faut trouver des écoliers, par
conséquent des prôneurs. Comptez qu'il importe plus
d'être charlatan qu'habile, et que, si vous ne savez de
métier que le vôtre, jamais vous ne serez qu'un ignorant.

Voyez donc combien toutes ces brillantes ressources
sont peu solides, et combien d'autres ressources vous sont
nécessaires pour tirer parti de celles-là. Et puis, que devien-
drez-vous dans ce lâche abaissement ? Les revers, sans
vous instruire, vous avilissent; jouet plus que jamais de
l'opinion publique, comment vous élèverez-vous au-
dessus des préjugés, arbitres de votre sort ? Comment
mépriserez-vous la bassesse et les vices dont vous avez
besoin pour subsister ? Vous ne dépendiez que des
richesses, et maintenant vous dépendez des riches;
vous n'avez fait qu'empirer votre esclavage et le surchar-
ger de votre misère. Vous voilà pauvre sans être libre ;
c'est le pire état où l'homme puisse tomber.

Mais, au lieu de recourir pour vivre à ces hautes connaissances qui sont faites pour nourrir l'âme et non le corps, si vous recourez, au besoin, à vos mains et à l'usage que vous en savez faire, toutes les difficultés disparaissent, tous les manèges deviennent inutiles; la ressource est toujours prête au moment d'en user; la probité, l'honneur, ne sont plus obstacle à la vie; vous n'avez plus besoin d'être lâche et menteur devant les grands, souple et rampant devant les fripons, vil complaisant de tout le monde, emprunteur ou voleur, ce qui est à peu près la même chose quand on n'a rien; l'opinion des autres ne vous touche point; vous n'avez à faire votre cour à personne, point de sot à flatter, point de suisse à fléchir, point de courtisane à payer, et, qui pis est, à encenser. Que des coquins mènent les grandes affaires, peu vous importe; cela ne vous empêchera pas, vous, dans votre vie obscure, d'être honnête homme et d'avoir du pain. Vous entrez dans la première boutique du métier que vous avez appris : Maître, j'ai besoin d'ouvrage. Compagnon, mettez-vous là, travaillez. Avant que l'heure du dîner soit venue, vous avez gagné votre dîner; si vous êtes diligent et sobre, avant que huit jours se passent, vous aurez de quoi vivre huit autres jours : vous aurez vécu libre, sain, vrai, laborieux, juste. Ce n'est pas perdre son temps que d'en gagner ainsi.

Je veux absolument qu'Emile apprenne un métier. Un métier honnête, au moins, direz-vous ? Que signifie ce mot ? Tout métier utile au public n'est-il pas honnête ? Je ne veux point qu'il soit brodeur, ni doreur, ni vernisseur, comme le gentilhomme de Locke; je ne veux qu'il soit ni musicien, ni comédien, ni faiseur de livres*. A ces professions près et les autres qui leur ressemblent, qu'il prenne celle qu'il voudra; je ne prétends le gêner en rien. J'aime mieux qu'il soit cordonnier que poète; j'aime mieux qu'il pave les grands chemins que de faire des fleurs de porcelaine. Mais, direz-vous, les archers, les espions, les bourreaux sont des gens utiles. Il ne tient qu'au gouvernement qu'ils ne le soient point. Mais passons; j'avais tort : il ne suffit pas de choisir un métier utile, il faut encore

* Vous l'êtes bien, vous, me dira-t-on. Je le suis pour mon malheur, je l'avoue; et mes torts, que je pense avoir assez expiés, ne sont pas pour autrui des raisons d'en avoir de semblables. Je n'écris pas pour excuser mes fautes, mais pour empêcher mes lecteurs de les imiter.

qu'il n'exige pas des gens qui l'exercent des qualités d'âme odieuses et incompatibles avec l'humanité. Ainsi, revenant au premier mot, prenons un métier honnête; mais souvenons-nous toujours qu'il n'y a point d'honnêteté sans l'utilité.

Un célèbre auteur de ce siècle *, dont les livres sont pleins de grands projets et de petites vues, avait fait vœu, comme tous les prêtres de sa communion, de n'avoir point de femme en propre; mais, se trouvant plus scrupuleux que les autres sur l'adultère, on dit qu'il prit le parti d'avoir de jolies servantes, avec lesquelles il réparait de son mieux l'outrage qu'il avait fait à son espèce par ce téméraire engagement. Il regardait comme un devoir du citoyen d'en donner d'autres à la patrie, et du tribut qu'il lui payait en ce genre il peuplait la classe des artisans. Sitôt que ces enfants étaient en âge, il leur faisait apprendre à tous un métier de leur goût, n'excluant que les professions oiseuses, futiles ou sujettes à la mode, telles, par exemple, que celle de perruquier, qui n'est jamais nécessaire, et qui peut devenir inutile d'un jour à l'autre, tant que la nature ne se rebutera pas de nous donner des cheveux.

Voilà l'esprit qui doit nous guider dans le choix du métier d'Emile, ou plutôt ce n'est pas à nous de faire ce choix, c'est à lui; car les maximes dont il est imbu conservant en lui le mépris naturel des choses inutiles, jamais il ne voudra consumer son temps en travaux de nulle valeur et il ne connaît de valeur aux choses que celle de leur utilité réelle; il lui faut un métier qui pût servir à Robinson dans son île.

En faisant passer en revue devant un enfant les productions de la nature et de l'art, en irritant sa curiosité, en le suivant où elle le porte, on a l'avantage d'étudier ses goûts, ses inclinations, ses penchants, et de voir briller la première étincelle de son génie, s'il en a quelqu'un qui soit bien décidé. Mais une erreur commune et dont il faut vous préserver, c'est d'attribuer à l'ardeur du talent l'effet de l'occasion, et de prendre pour une inclination marquée vers tel ou tel art l'esprit imitatif commun à l'homme et au singe, et qui porte machinalement l'un et l'autre à vouloir faire tout ce qu'il voit faire, sans trop savoir à quoi cela est bon. Le monde est plein d'artisans, et surtout d'artistes, qui n'ont point le talent naturel de

* L'abbé de Saint-Pierre.

l'art qu'ils exercent, et dans lequel on les a poussés dès leur bas âge, soit déterminé par d'autres convenances, soit trompé par un zèle apparent qui les eût portés de même vers tout autre art, s'ils l'avaient vu pratiquer aussitôt. Tel entend un tambour et se croit général; tel voit bâtir et veut être architecte. Chacun est tenté du métier qu'il voit faire, qaund il le croit estimé.

J'ai connu un laquais qui, voyant peindre et dessiner son maître, se mit dans la tête d'être peintre et dessinateur. Dès l'instant qu'il eut formé cette résolution, il prit le crayon, qu'il n'a plus quitté que pour reprendre le pinceau, qu'il ne quittera de sa vie. Sans leçons et sans règles, il se mit à dessiner tout ce qui lui tombait sous la main. Il passa trois ans entiers collé sur ses barbouillages, sans que jamais rien pût l'en arracher que son service, et sans jamais se rebuter du peu de progrès que de médiocres dispositions lui laissaient faire. Je l'ai vu durant six mois d'un été très ardent, dans une petite antichambre au midi, où l'on suffoquait au passage, assis, ou plutôt cloué tout le jour sur sa chaise, devant un globe, dessiner ce globe, le redessiner, commencer et recommencer sans cesse avec une invincible obstination, jusqu'à ce qu'il eût rendu la ronde-bosse assez bien pour être content de son travail. Enfin, favorisé de son maître et guidé par un artiste, il est parvenu au point de quitter la livrée et de vivre de son pinceau. Jusqu'à certain terme la persévérance supplée au talent : il a atteint ce terme et ne le passera jamais. La constance et l'émulation de cet honnête garçon sont louables. Il se fera toujours estimer par son assiduité, par sa fidélité, par ses mœurs; mais il ne peindra jamais que des dessus de porte. Qui est-ce qui n'eût pas été trompé par son zèle et ne l'eût pas pris pour un vrai talent ? Il y a bien de la différence entre se plaire à un travail et y être propre. Il faut des observations plus fines qu'on ne pense pour s'assurer du vrai génie et du vrai goût d'un enfant qui montre bien plus ses désirs que ses dispositions, et qu'on juge toujours par les premiers, faute de savoir étudier les autres. Je voudrais qu'un homme judicieux nous donnât un traité de l'art d'observer les enfants. Cet art serait très important à connaître : les pères et les maîtres n'en ont pas encore les éléments.

Mais peut-être donnons-nous ici trop d'importance au choix d'un métier. Puisqu'il ne s'agit que d'un travail des mains, ce choix n'est rien pour Emile ; et son apprentissage est déjà plus d'à moitié fait, par les exercices dont nous l'avons occupé jusqu'à présent. Que voulez-vous qu'il fasse ? Il est prêt à tout : il sait déjà manier la bêche et la houe ; il sait se servir du tour, du marteau, du rabot, de la lime ; les outils de tous les métiers lui sont déjà familiers. Il ne s'agit plus que d'acquérir de quelqu'un de ces outils un usage assez prompt, assez facile, pour égaler en diligence les bons ouvriers qui s'en servent ; et il a sur ce point un grand avantage par-dessus tous, c'est d'avoir le corps agile, les membres flexibles, pour prendre sans peine toutes sortes d'attitudes et prolonger sans effort toutes sortes de mouvements. De plus, il a les organes justes et bien exercés ; toute la mécanique des arts lui est déjà connue. Pour savoir travailler en maître, il ne lui manque que de l'habitude, et l'habitude ne se gagne qu'avec le temps. Auquel des métiers, dont le choix nous reste à faire, donnera-t-il donc assez de temps pour s'y rendre diligent ? Ce n'est plus que de cela qu'il s'agit.

Donnez à l'homme un métier qui convienne à son sexe, et au jeune homme un métier qui convienne à son âge : toute profession sédentaire et casanière, qui effémine et ramollit le corps, ne lui plaît ni ne lui convient. Jamais jeune garçon n'aspira de lui-même à être tailleur ; il faut de l'art pour porter à ce métier de femmes le sexe pour lequel il n'est pas fait *. L'aiguille et l'épée ne sauraient être maniées par les mêmes mains. Si j'étais souverain, je ne permettrais la couture et les métiers à l'aiguille qu'aux femmes et aux boiteux réduits à s'occuper comme elles. En supposant les eunuques nécessaires, je trouve les Orientaux bien fous d'en faire exprès. Que ne se contentent-ils de ceux qu'a faits la nature, de ces foules d'hommes lâches dont elle a mutilé le cœur ? ils en auraient de reste pour le besoin. Tout homme faible, délicat, craintif, est condamné par elle à la vie sédentaire ; il est fait pour vivre avec les femmes ou à leur manière. Qu'il exerce quelqu'un des métiers qui leur sont propres, à la bonne heure ; et, s'il faut absolument de vrais eunuques, qu'on réduise à cet état les hommes qui déshonorent leur sexe en prenant des emplois qui ne lui conviennent pas. Leur choix annonce l'erreur

---

* Il n'y avait point de tailleurs parmi les anciens : les habits des hommes se faisaient dans la maison par les femmes.

de la nature : corrigez cette erreur de manière ou d'autre, vous n'aurez fait que du bien.

J'interdis à mon élève les métiers malsains, mais non pas les métiers pénibles, ni même les métiers périlleux. Ils exercent à la fois la force et le courage; ils sont propres aux hommes seuls; les femmes n'y prétendent point : comment n'ont-ils pas honte d'empiéter sur ceux qu'elles font ?

> *Luctantur paucae, comedunt coliphia paucae.*
> *Vos lanam trahitis, calathisque peracta refertis*
> *Vellera...*

En Italie on ne voit point de femmes dans les boutiques; et l'on ne peut rien imaginer de plus triste que le coup d'œil des rues de ce pays-là pour ceux qui sont accoutumés à celles de France et d'Angleterre. En voyant des marchands de modes vendre aux dames des rubans, des pompons, du réseau, de la chenille, je trouvais ces parures délicates bien ridicules dans de grosses mains, faites pour souffler la forge et frapper sur l'enclume. Je me disais : Dans ce pays les femmes devraient, par représailles, lever des boutiques de fourbisseurs et d'armuriers. Eh! que chacun fasse et vende les armes de son sexe. Pour les connaître, il les faut employer.

Jeune homme, imprime à tes travaux la main de l'homme. Apprends à manier d'un bras vigoureux la hache et la scie, à équarrir une poutre, à monter sur un comble, à poser le faîte, à l'affermir de jambes de force et d'entraits; puis crie à ta sœur de venir t'aider à ton ouvrage, comme elle te disait de travailler à son point croisé.

J'en dis trop pour mes agréables contemporains, je le sens; mais je me laisse quelquefois entraîner à la force des conséquences. Si quelque homme que ce soit a honte de travailler en public armé d'une doloire et ceint d'un tablier de peau, je ne vois plus en lui qu'un esclave de l'opinion, prêt à rougir de bien faire, sitôt qu'on se rira des honnêtes gens. Toutefois cédons au préjugé des pères tout ce qui ne peut nuire au jugement des enfants. Il n'est pas nécessaire d'exercer toutes les professions utiles pour les honorer toutes; il suffit de n'en estimer aucune au-dessous de soi. Quand on a le choix et que rien d'ailleurs ne nous détermine, pourquoi ne consulterait-on pas l'agrément, l'inclination, la convenance entre les professions de même rang ? Les travaux des métaux sont utiles, et même les plus utiles de tous ; cependant, à moins qu'une raison particulière ne m'y porte, je ne ferai point de votre fils un maréchal, un serrurier, un forgeron ; je n'aimerais pas à lui voir dans sa forge la figure d'un cyclope. De même je n'en ferai pas un maçon, encore moins un cordonnier. Il faut que tous les métiers se fassent ; mais qui peut choisir doit avoir égard à la propreté, car il n'y a point là d'opinion ; sur ce point les sens nous décident. Enfin je n'aimerais pas ces stupides professions dont les ouvriers, sans industrie et presque automates, n'exercent jamais leurs mains qu'au même travail ; les tisserands, les faiseurs de bas, les scieurs de pierres : à quoi sert d'employer à ces métiers des hommes de sens ? c'est une machine qui en mène une autre.

Tout bien considéré, le métier que j'aimerais le mieux qui fût du goût de mon élève est celui de menuisier. Il est propre, il est utile, il peut s'exercer dans la maison ; il tient suffisamment le corps en haleine ; il exige dans l'ouvrier de l'adresse et l'industrie, et dans la forme des ouvrages que l'utilité détermine, l'élégance et le goût ne sont pas exclus.

Que si par hasard le génie de votre élève était décidément tourné vers les sciences spéculatives, alors je ne blâmerais pas qu'on lui donnât un métier conforme à ses inclinations ; qu'il apprît, par exemple, à faire des instruments de mathématiques, des lunettes, des télescopes, etc.

Quand Emile apprendra son métier, je veux l'apprendre avec lui ; car je suis convaincu qu'il n'apprendra jamais bien que ce que nous apprendrons ensemble. Nous nous mettrons donc tous deux en apprentissage, et nous ne prétendrons point être traités en messieurs, mais en vrais apprentis qui ne le sont pas pour rire ; pourquoi ne le serions-nous pas tout de bon ? Le czar Pierre était charpentier au chantier, et tambour dans ses propres troupes ; pensez-vous que ce prince ne vous valût pas par la naissance ou par le mérite ? Vous comprenez que ce n'est point à Emile que je dis cela ; c'est à vous, qui que vous puissiez être.

Malheureusement nous ne pouvons passer tout notre temps à l'établi. Nous ne sommes pas apprentis ouvriers, nous sommes apprentis hommes ; et l'apprentissage de ce dernier métier est plus pénible et plus long que l'autre. Comment ferons-nous donc ? Prendrons-nous un maître de rabot une heure par jour, comme on prend un maître à danser ? Non. Nous ne serions pas des apprentis, mais des disciples; et notre ambition n'est pas tant d'apprendre la menuiserie que de nous élever à l'état de menuisier. Je suis donc d'avis que nous allions toutes les semaines une ou deux fois au moins passer la journée entière chez le maître, que nous nous levions à son heure, que nous soyons à l'ouvrage avant lui, que nous mangions à sa table, que nous travaillions sous ses ordres, et qu'après avoir eu l'honneur de souper avec sa famille, nous retournions, si nous voulons, coucher dans nos lits durs. Voilà comment on apprend plusieurs métiers à la fois, et comment on s'exerce au travail des mains sans négliger l'autre apprentissage.

Soyons simples en faisant bien. N'allons pas reproduire la vanité par nos soins pour la combattre. S'enorgueillir d'avoir vaincu les préjugés, c'est s'y soumettre. On dit que, par un ancien usage de la maison ottomane, le Grand Seigneur est obligé de travailler de ses mains; et chacun sait que les ouvrages d'une main royale ne peuvent être que des chefs-d'œuvre. Il distribue donc magnifiquement ces chefs-d'œuvre aux grands de la Porte; et l'ouvrage est payé selon la qualité de l'ouvrier. Ce que je vois de mal à cela n'est pas cette prétendue vexation; car, au contraire, elle est un bien. En forçant les grands de partager avec lui les dépouilles du peuple, le prince est d'autant moins obligé de piller le peuple directement. C'est un soulagement nécessaire au despotisme, et sans lequel cet horrible gouvernement ne saurait subsister.

Le vrai mal d'un pareil usage est l'idée qu'il donne à ce pauvre homme de son mérite. Comme le roi Midas, il voit changer en or tout ce qu'il touche, mais il n'aperçoit pas quelles oreilles cela fait pousser. Pour en conserver de courtes à notre Émile, préservons ses mains de ce riche talent; que ce qu'il fait ne tire pas son prix de l'ouvrier, mais de l'ouvrage. Ne souffrons jamais qu'on juge du sien qu'en le comparant à celui des bons maîtres. Que son travail soit prisé par le travail même, et non parce qu'il est de lui. Dites de ce qui est bien fait : *Voilà qui est bien fait ;* mais n'ajoutez point : *Qui est-ce qui a fait cela ?* S'il dit lui-même d'un air fier et content de lui : *C'est moi qui l'ai fait,* ajoutez froidement : *Vous ou un autre, il n'importe ; c'est toujours un travail bien fait.*

Bonne mère, préserve-toi surtout des mensonges qu'on

te prépare. Si ton fils sait beaucoup de choses, défie-toi de tout ce qu'il sait; s'il a le malheur d'être élevé dans Paris, et d'être riche, il est perdu. Tant qu'il s'y trouvera d'habiles artistes, il aura tous leurs talents; mais loin d'eux il n'en aura plus. A Paris, le riche sait tout; il n'y a d'ignorant que le pauvre. Cette capitale est pleine d'amateurs, et surtout d'amatrices, qui font leurs ouvrages comme M. Guillaume inventait ses couleurs. Je connais à ceci trois exceptions honorables parmi les hommes, il y en peut avoir davantage; mais je n'en connais aucune parmi les femmes, et je doute qu'il y en ait. En général, on acquiert un nom dans les arts comme dans la robe; on devient artiste et juge des artistes comme on devient docteur en droit et magistrat.

Si donc il était une fois établi qu'il est beau de savoir un métier, vos enfants le sauraient bientôt sans l'apprendre; ils passeraient maîtres comme les conseillers de Zurich. Point de tout ce cérémonial pour Emile; point d'apparence, et toujours de la réalité. Qu'on ne dise pas qu'il sait, mais qu'il apprenne en silence. Qu'il fasse toujours son chef-d'œuvre, et que jamais il ne passe maître; qu'il ne se montre pas ouvrier par son titre, mais par son travail.

Si jusqu'ici je me suis fait entendre, on doit concevoir comment avec l'habitude de l'exercice du corps et du travail des mains, je donne insensiblement à mon élève le goût de la réflexion et de la méditation, pour balancer en lui la paresse qui résulterait de son indifférence pour les jugements des hommes et du calme de ses passions. Il faut qu'il travaille en paysan et qu'il pense en philosophe, pour n'être pas aussi fainéant qu'un sauvage. Le grand secret de l'éducation est de faire que les exercices du corps et ceux de l'esprit servent toujours de délassement les uns aux autres.

Mais gardons-nous d'anticiper sur les instructions qui demandent un esprit plus mûr. Emile ne sera pas longtemps ouvrier, sans ressentir par lui-même l'inégalité des conditions, qu'il n'avait d'abord qu'aperçue. Sur les maximes que je lui donne et qui sont à sa portée, il voudra m'examiner à mon tour. En recevant tout de moi seul, en se voyant si près de l'état des pauvres, il voudra savoir pourquoi j'en suis si loin. Il me fera peut-être, au dépourvu, des questions scabreuses : « Vous êtes riche, vous me l'avez dit, et je le vois. Un riche doit aussi son travail à la société, puisqu'il est homme.

Mais vous, que faites-vous donc pour elle ? » Que dirait
à cela un beau gouverneur ? Je l'ignore. Il serait peut-
être assez sot pour parler à l'enfant des soins qu'il
lui rend. Quant à moi, l'atelier me tire d'affaire : « Voilà,
cher Emile, une excellente question ; je vous promets d'y
répondre pour moi, quand vous y ferez pour vous-
même une réponse dont vous soyez content. En attendant, j'aurai soin de rendre à vous et aux pauvres ce que
j'ai de trop, et de faire une table ou un banc par semaine,
afin de n'être pas tout à fait inutile à tout. »

Nous voici revenus à nous-mêmes. Voilà notre enfant
prêt à cesser de l'être, rentré dans son individu. Le voilà
sentant plus que jamais la nécessité qui l'attache aux
choses. Après avoir commencé par exercer son corps et
ses sens, nous avons exercé son esprit et son jugement.
Enfin nous avons réuni l'usage de ses membres à celui
de ses facultés ; nous avons fait un être agissant et pensant ; il ne nous reste plus, pour achever l'homme, que
de faire un être aimant et sensible, c'est-à-dire de perfectionner la raison par le sentiment. Mais avant d'entrer dans ce nouvel ordre de choses, jetons les yeux sur
celui d'où nous sortons et voyons, le plus exactement
qu'il est possible, jusqu'où nous sommes parvenus.

Notre élève n'avait d'abord que des sensations, maintenant il a des idées : il ne faisait que sentir, maintenant
il juge. Car de la comparaison de plusieurs sensations
successives ou simultanées, et du jugement qu'on en
porte, naît une sorte de sensation mixte ou complexe, que
j'appelle idée.

La manière de former les idées est ce qui donne un
caractère à l'esprit humain. L'esprit qui ne forme ses
idées que sur des rapports réels est un esprit solide ;
celui qui se contente des rapports apparents est un esprit
superficiel ; celui qui voit les rapports tels qu'ils sont est
un esprit juste ; celui qui les apprécie mal est un esprit
faux ; celui qui controuve des rapports imaginaires qui
n'ont ni réalité ni apparence est un fou ; celui qui ne
compare point est un imbécile. L'aptitude plus ou moins
grande à comparer des idées et à trouver des rapports
est ce qui fait dans les hommes le plus ou le moins d'esprit, etc.

Les idées simples ne sont que des sensations comparées.
Il y a des jugements dans les simples sensations aussi bien
que dans les sensations complexes, que j'appelle idées
simples. Dans la sensation, le jugement est purement

passif, il affirme qu'on sent ce qu'on sent. Dans la perception ou idée, le jugement est actif; il rapproche, il compare, il détermine des rapports que le sens ne détermine pas. Voilà toute la différence; mais elle est grande. Jamais la nature ne nous trompe; c'est toujours nous qui nous trompons.

Je vois servir à un enfant de huit ans d'un fromage glacé; il porte la cuiller à sa bouche, sans savoir ce que c'est, et, saisi de froid, s'écrie : *Ah! cela me brûle!* Il éprouve une sensation très vive; il n'en connaît point de plus vive que la chaleur du feu, et il croit sentir celle-là. Cependant il s'abuse; le saisissement du froid le blesse, mais il ne le brûle pas; et ces deux sensations ne sont pas semblables, puisque ceux qui ont éprouvé l'une et l'autre ne les confondent point. Ce n'est donc pas la sensation qui le trompe, mais le jugement qu'il en porte.

Il en est de même de celui qui voit pour la première fois un miroir ou une machine d'optique, ou qui entre dans une cave profonde au cœur de l'hiver ou de l'été, ou qui trempe dans l'eau tiède une main très chaude ou très froide, ou qui fait rouler entre deux doigts croisés une petite boule, etc. S'il se contente de dire ce qu'il aperçoit, ce qu'il sent, son jugement étant purement passif, il est impossible qu'il se trompe; mais quand il juge de la chose par l'apparence, il est actif, il compare, il établit par induction des rapports qu'il n'aperçoit pas; alors il se trompe ou peut se tromper. Pour corriger ou prévenir l'erreur, il a besoin de l'expérience.

Montrez de nuit à votre élève des nuages passant entre la lune et lui, il croira que c'est la lune qui passe en sens contraire et que les nuages sont arrêtés. Il le croira par une induction précipitée, parce qu'il voit ordinairement les petits objets se mouvoir préférablement aux grands, et que les nuages lui semblent plus grands que la lune, dont il ne peut estimer l'éloignement. Lorsque, dans un bateau qui vogue, il regarde d'un peu loin le rivage, il tombe dans l'erreur contraire, et croit voir courir la terre, parce que, ne se sentant point en mouvement, il regarde le bateau, la mer ou la rivière, et tout son horizon, comme un tout immobile, dont le rivage qu'il voit courir ne lui semble qu'une partie.

La première fois qu'un enfant voit un bâton à moitié plongé dans l'eau, il voit un bâton brisé : la sensation est vraie; et elle ne laisserait pas de l'être, quand même nous ne saurions point la raison de cette apparence. Si donc vous lui demandez ce qu'il voit, il dit : *Un bâton brisé*, et il dit vrai, car il est très sûr qu'il a la sensation d'un bâton brisé. Mais quand, trompé par son jugement, il va plus loin, et qu'après avoir affirmé qu'il voit un bâton brisé, il affirme encore que ce qu'il voit est en effet un bâton brisé, alors il dit faux. Pourquoi cela ? parce qu'alors il devient actif, et qu'il ne juge plus par inspection, mais par induction, en affirmant ce qu'il ne sent pas, savoir que le jugement qu'il reçoit par un sens serait confirmé par un autre.

Puisque toutes nos erreurs viennent de nos jugements, il est clair que si nous n'avions jamais besoin de juger, nous n'aurions nul besoin d'apprendre; nous ne serions jamais dans le cas de nous tromper; nous serions plus heureux de notre ignorance que nous ne pouvons l'être de notre savoir. Qui est-ce qui nie que les savants ne sachent mille choses vraies que les ignorants ne sauront jamais ? Les savants sont-ils pour cela plus près de la vérité ? Tout au contraire, ils s'en éloignent en avançant; parce que, la vanité de juger faisant encore plus de progrès que les lumières, chaque vérité qu'ils apprennent ne vient qu'avec cent jugements faux. Il est de la dernière évidence que les compagnies savantes de l'Europe ne sont que des écoles publiques de mensonges; et très sûrement il y a plus d'erreurs dans l'Académie des sciences que dans tout un peuple de Hurons.

Puisque plus les hommes savent, plus ils se trompent, le seul moyen d'éviter l'erreur est l'ignorance. Ne jugez point, vous ne vous abuserez jamais. C'est la leçon de la nature aussi bien que de la raison. Hors les rapports immédiats en très petit nombre et très sensibles que les choses ont avec nous, nous n'avons naturellement qu'une profonde indifférence pour tout le reste. Un sauvage ne tournerait pas le pied pour aller voir le jeu de la plus belle machine et tous les prodiges de l'électricité. *Que m'importe ?* est le mot le plus familier à l'ignorant et le plus convenable au sage.

Mais malheureusement ce mot ne nous va plus. Tout nous importe, depuis que nous sommes dépendants de tout; et notre curiosité s'étend nécessairement avec nos besoins. Voilà pourquoi j'en donne une très grande au philosophe, et n'en donne point au sauvage. Celui-ci n'a besoin de personne; l'autre a besoin de tout le monde, et surtout d'admirateurs.

On me dira que je sors de la nature; je n'en crois rien.

Elle choisit ses instruments, et les règle, non sur l'opinion, mais sur le besoin. Or, les besoins changent selon la situation des hommes. Il y a bien de la différence entre l'homme naturel vivant dans l'état de nature, et l'homme naturel vivant dans l'état de société. Emile n'est pas un sauvage à reléguer dans les déserts, c'est un sauvage fait pour habiter les villes. Il faut qu'il sache y trouver son nécessaire, tirer parti de leurs habitants, et vivre, sinon comme eux, du moins avec eux.

Puisque, au milieu de tant de rapports nouveaux dont il va dépendre, il faudra malgré lui qu'il juge, apprenons lui donc à bien juger.

La meilleure manière d'apprendre à bien juger est celle qui tend le plus à simplifier nos expériences, et à pouvoir même nous en passer sans tomber dans l'erreur. D'où il suit qu'après avoir longtemps vérifié les rapports des sens l'un par l'autre, il faut encore apprendre à vérifier les rapports de chaque sens par lui-même, sans avoir besoin de recourir à un autre sens ; alors chaque sensation deviendra pour nous une idée, et cette idée sera toujours conforme à la vérité. Telle est la sorte d'acquis dont j'ai tâché de remplir ce troisième âge de la vie humaine.

Cette manière de procéder exige une patience et une circonspection dont peu de maîtres sont capables, et sans laquelle jamais le disciple n'apprendra à juger. Si, par exemple, lorsque celui-ci s'abuse sur l'apparence du bâton brisé, pour lui montrer son erreur vous vous pressez de tirer le bâton hors de l'eau, vous le détromperez peut-être ; mais que lui apprendrez-vous ? rien que ce qu'il aurait bientôt appris de lui-même. Oh ! que ce n'est pas là ce qu'il faut faire ! Il s'agit moins de lui apprendre une vérité que de lui montrer comment il faut s'y prendre pour découvrir toujours la vérité. Pour mieux l'instruire, il ne faut pas le détromper sitôt. Prenons Emile et moi pour exemple.

Premièrement, à la seconde des deux questions supposées, tout enfant élevé à l'ordinaire ne manquera pas de répondre affirmativement. C'est sûrement, dira-t-il, un bâton brisé. Je doute fort qu'Emile me fasse la même réponse. Ne voyant point la nécessité d'être savant ni de le paraître, il n'est jamais pressé de juger ; il ne juge que sur l'évidence ; et il est bien éloigné de la trouver dans cette occasion, lui qui sait combien nos jugements sur les apparences sont sujets à l'illusion, ne fût-ce que dans la perspective.

D'ailleurs, comme il sait par expérience que mes questions les plus frivoles ont toujours quelque objet qu'il n'aperçoit pas d'abord, il n'a point pris l'habitude d'y répondre étourdiment; au contraire, il s'en défie, il s'y rend attentif, il les examine avec grand soin avant d'y répondre. Jamais il ne me fait de réponse qu'il n'en soit content lui-même; et il est difficile à contenter. Enfin nous ne nous piquons ni lui ni moi de savoir la vérité des choses, mais seulement de ne pas donner dans l'erreur. Nous serions bien plus confus de nous payer d'une raison qui n'est pas bonne, que de n'en point trouver du tout. *Je ne sais* est un mot qui nous va si bien à tous deux, et que nous répétons si souvent, qu'il ne coûte plus rien à l'un ni à l'autre. Mais, soit que cette étourderie lui échappe, ou qu'il l'évite par notre commode *Je ne sais*, ma réplique est la même : Voyons, examinons.

Ce bâton qui trempe à moitié dans l'eau est fixé dans une situation perpendiculaire. Pour savoir s'il est brisé, comme il le paraît, que de choses n'avons-nous pas à faire avant de le tirer de l'eau ou avant d'y porter la main!

1° D'abord nous tournons tout autour du bâton et nous voyons que la brisure tourne comme nous. C'est donc notre œil seul qui la change, et les regards ne remuent pas les corps.

2° Nous regardons bien à plomb sur le bout du bâton qui est hors de l'eau; alors le bâton n'est plus courbe, le bout voisin de notre œil nous cache exactement l'autre bout *. Notre œil a-t-il redressé le bâton ?

3° Nous agitons la surface de l'eau; nous voyons le bâton se plier en plusieurs pièces, se mouvoir en zig-zag, et suivre les ondulations de l'eau. Le mouvement que nous donnons à cette eau suffit-il pour briser, amollir, et fondre ainsi le bâton ?

4° Nous faisons écouler l'eau, et nous voyons le bâton se redresser peu à peu, à mesure que l'eau baisse. N'en voilà-t-il pas plus qu'il ne faut pour éclaircir le fait et trouver la réfraction ? Il n'est donc pas vrai que la vue nous trompe, puisque nous n'avons besoin que d'elle seule pour rectifier les erreurs que nous lui attribuons.

---

* J'ai depuis trouvé le contraire par une expérience plus exacte. La réfraction agit circulairement, et le bâton paraît plus gros par le bout qui est dans l'eau que par l'autre; mais cela ne change rien à la force du raisonnement, et la conséquence n'en est pas moins juste.

Supposons l'enfant assez stupide pour ne pas sentir le résultat de ces expériences; c'est alors qu'il faut appeler le toucher au secours de la vue. Au lieu de tirer le bâton hors de l'eau, laissez-le dans sa situation, et que l'enfant y passe la main d'un bout à l'autre, il ne sentira point d'angle; le bâton n'est donc pas brisé.

Vous me direz qu'il n'y a pas seulement ici des jugements, mais des raisonnements en forme. Il est vrai; mais ne voyez-vous pas que, sitôt que l'esprit est parvenu jusqu'aux idées, tout jugement est un raisonnement? La conscience de toute sensation est une proposition, un jugement. Donc, sitôt que l'on compare une sensation à une autre, on raisonne. L'art de juger et l'art de raisonner sont exactement le même.

Emile ne saura jamais la dioptrique, ou je veux qu'il l'apprenne autour de ce bâton. Il n'aura point disséqué d'insectes; il n'aura point compté les taches du soleil; il ne saura ce que c'est qu'un microscope et un télescope. Vos doctes élèves se moqueront de son ignorance. Ils n'auront pas tort; car avant de se servir de ces instruments, j'entends qu'il les invente, et vous vous doutez bien que cela ne viendra pas si tôt.

Voilà l'esprit de toute ma méthode dans cette partie. Si l'enfant fait rouler une petite boule entre deux doigts croisés, et qu'il croie sentir deux boules, je ne lui permettrai point d'y regarder, qu'auparavant il ne soit convaincu qu'il n'y en a qu'une.

Ces éclaircissements suffiront, je pense, pour marquer nettement le progrès qu'a fait jusqu'ici l'esprit de mon élève, et la route par laquelle il a suivi ce progrès. Mais vous êtes effrayés peut-être de la quantité de choses que j'ai fait passer devant lui. Vous craignez que je n'accable son esprit sous ces multitudes de connaissances. C'est tout le contraire; je lui apprends bien plus à les ignorer qu'à les savoir. Je lui montre la route de la science, aisée à la vérité, mais longue, immense, lente à parcourir. Je lui fais faire les premiers pas pour qu'il reconnaisse l'entrée, mais je ne lui permets jamais d'aller loin.

Forcé d'apprendre de lui-même, il use de sa raison et non de celle d'autrui; car, pour ne rien donner à l'opinion, il ne faut rien donner à l'autorité; et la plupart de nos erreurs nous viennent bien moins de nous que des autres. De cet exercice continuel il doit résulter une vigueur d'esprit semblable à celle qu'on donne au corps par le travail et par la fatigue. Un autre avantage est qu'on n'avance qu'à proportion de ses forces. L'esprit, non plus que le corps, ne porte que ce qu'il peut porter. Quand l'entendement s'approprie les choses avant de les déposer dans la mémoire, ce qu'il en tire ensuite est à lui; au lieu qu'en surchargeant la mémoire à son insu, on s'expose à n'en jamais rien tirer qui lui soit propre.

Emile a peu de connaissances, mais celles qu'il a sont véritablement siennes; il ne sait rien à demi. Dans le petit nombre des choses qu'il sait et qu'il sait bien, la plus importante est qu'il y en a beaucoup qu'il ignore et qu'il peut savoir un jour, beaucoup plus que d'autres hommes savent et qu'il ne saura de sa vie, et une infinité d'autres qu'aucun homme ne saura jamais. Il a un esprit universel, non par les lumières, mais par la faculté d'en acquérir; un esprit ouvert, intelligent, prêt à tout, et, comme dit Montaigne, sinon instruit, du moins instruisable. Il me suffit qu'il sache trouver l'*à quoi bon* sur tout ce qu'il fait, et le *pourquoi* sur tout ce qu'il croit. Car encore une fois, mon objet n'est point de lui donner la science, mais de lui apprendre à l'acquérir au besoin, de la lui faire estimer exactement ce qu'elle vaut, et de lui faire aimer la vérité par-dessus tout. Avec cette méthode on avance peu, mais on ne fait jamais un pas inutile, et l'on n'est point forcé de rétrograder.

Emile n'a que des connaissances naturelles et purement physiques. Il ne sait pas même le nom de l'histoire, ni ce que c'est que métaphysique et morale. Il connaît les rapports essentiels de l'homme aux choses, mais nul des rapports moraux de l'homme à l'homme. Il sait peu généraliser d'idées, peu faire d'abstractions. Il voit des qualités communes à certains corps sans raisonner sur ces qualités en elles-mêmes. Il connaît l'étendue abstraite à l'aide des figures de la géométrie; il connaît la quantité abstraite à l'aide des signes de l'algèbre. Ces figures et ces signes sont les supports de ces abstractions, sur lesquels ses sens se reposent. Il ne cherche point à connaître les choses par leur nature, mais seulement par les relations qui l'intéressent. Il n'estime ce qui lui est étranger que par rapport à lui; mais cette estimation est exacte et sûre. La fantaisie, la convention, n'y entrent pour rien. Il fait plus de cas de ce qui lui est plus utile; et ne se départant jamais de cette manière d'apprécier, il ne donne rien à l'opinion.

Emile est laborieux, tempérant, patient, ferme, plein

de courage. Son imagination, nullement allumée, ne lui grossit jamais les dangers; il est sensible à peu de maux, et il sait souffrir avec constance, parce qu'il n'a point appris à disputer contre la destinée. A l'égard de la mort, il ne sait pas encore bien ce que c'est; mais, accoutumé à subir sans résistance la loi de la nécessité, quand il faudra mourir il mourra sans gémir et sans se débattre; c'est tout ce que la nature permet dans ce moment abhorré de tous. Vivre libre et peu tenir aux choses humaines est le meilleur moyen d'apprendre à mourir.

En un mot, Emile a de la vertu tout ce qui se rapporte à lui-même. Pour avoir aussi les vertus sociales, il lui manque uniquement de connaître les relations qui les exigent; il lui manque uniquement des lumières que son esprit est tout prêt à recevoir.

Il se considère sans égard aux autres, et trouve bon que les autres ne pensent point à lui. Il n'exige rien de personne, et ne croit rien devoir à personne. Il est seul dans la société humaine, il ne compte que sur lui seul. Il a droit aussi plus qu'un autre de compter sur lui-même, car il est tout ce qu'on peut être à son âge. Il n'a point d'erreurs, ou n'a que celles qui nous sont inévitables; il n'a point de vices, ou n'a que ceux dont nul homme ne peut se garantir. Il a le corps sain, les membres agiles, l'esprit juste et sans préjugés, le cœur libre et sans passions. L'amour-propre, la première et la plus naturelle de toutes, y est encore à peine exalté. Sans troubler le repos de personne, il a vécu content, heureux et libre, autant que la nature l'a permis. Trouvez-vous qu'un enfant ainsi parvenu à sa quinzième année ait perdu les précédentes ?

LIVRE QUATRIÈME

Que nous passons rapidement sur cette terre! le premier quart de la vie est écoulé avant qu'on en connaisse l'usage; le dernier quart s'écoule encore après qu'on a cessé d'en jouir. D'abord nous ne savons point vivre; bientôt nous ne le pouvons plus; et, dans l'intervalle qui sépare ces deux extrémités inutiles, les trois quarts du temps qui nous reste sont consumés par le sommeil, par le travail, par la douleur, par la contrainte, par les peines de toute espèce. La vie est courte, moins par le peu de temps qu'elle dure, que parce que de ce peu de temps, nous n'en avons presque point pour la goûter. L'instant de la mort a beau être éloigné de celui de la naissance, la vie est toujours trop courte quand cet espace est mal rempli.

Nous naissons, pour ainsi dire, en deux fois : l'une pour exister, et l'autre pour vivre; l'une pour l'espèce, et l'autre pour le sexe. Ceux qui regardent la femme comme un homme imparfait ont tort sans doute : mais l'analogie extérieure est pour eux. Jusqu'à l'âge nubile, les enfants des deux sexes n'ont rien d'apparent qui les distingue; même visage, même figure, même teint, même voix, tout est égal : les filles sont des enfants, les garçons sont des enfants; le même nom suffit à des êtres si semblables. Les mâles en qui l'on empêche le développement ultérieur du sexe gardent cette conformité toute leur vie; ils sont toujours de grands enfants, et les femmes, ne perdant point cette même conformité, semblent, à bien des égards, ne jamais être autre chose.

Mais l'homme, en général, n'est pas fait pour rester toujours dans l'enfance. Il en sort au temps prescrit par la nature; et ce moment de crise, bien qu'assez court, a de longues influences.

Comme le mugissement de la mer précède de loin la tempête, cette orageuse révolution s'annonce par le murmure des passions naissantes; une fermentation sourde avertit de l'approche du danger. Un changement dans l'humeur, des emportements fréquents, une continuelle agitation d'esprit, rendent l'enfant presque indisciplinable. Il devient sourd à la voix qui le rendait docile; c'est un lion dans sa fièvre; il méconnaît son guide, il ne veut plus être gouverné.

Aux signes moraux d'une humeur qui s'altère se joignent des changements sensibles dans la figure. Sa physionomie se développe et s'empreint d'un caractère; le coton rare et doux qui croît au bas de ses joues brunit et prend de la consistance. Sa voix mue, ou plutôt il la perd : il n'est ni enfant ni homme et ne peut prendre le ton d'aucun des deux. Ses yeux, ces organes de l'âme, qui n'ont rien dit jusqu'ici, trouvent un langage et de l'expression; un feu naissant les anime, leurs regards plus vifs ont encore une sainte innocence, mais ils n'ont plus leur première imbécillité : il sent déjà qu'ils peuvent trop dire; il commence à savoir les baisser et rougir; il devient sensible avant de savoir ce qu'il sent; il est inquiet sans raison de l'être. Tout cela peut venir lentement et vous laisser du temps encore : mais si sa vivacité se rend trop impatiente, si son emportement se change en fureur, s'il s'irrite et s'attendrit d'un instant à l'autre, s'il verse des pleurs sans sujet, si, près des objets qui commencent à devenir dangereux pour lui, son pouls s'élève et son œil s'enflamme, si la main d'une femme se posant sur la sienne le fait frissonner, s'il se trouble ou s'intimide auprès d'elle, Ulysse, ô sage Ulysse, prends garde à toi; les outres que tu fermais avec tant de soin sont ouvertes; les vents sont déjà déchaînés; ne quitte plus un moment le gouvernail, ou tout est perdu.

C'est ici la seconde naissance dont j'ai parlé; c'est ici que l'homme naît véritablement à la vie, et que rien d'humain n'est étranger à lui. Jusqu'ici nos soins n'ont été que des jeux d'enfant; ils ne prennent qu'à présent une véritable importance. Cette époque où finissent les éducations ordinaires est proprement celle où la nôtre doit commencer; mais, pour bien exposer ce nouveau plan, reprenons de plus haut l'état des choses qui s'y rapportent.

Nos passions sont les principaux instruments de notre conservation : c'est donc une entreprise aussi vaine que ridicule de vouloir les détruire; c'est contrôler la nature, c'est réformer l'ouvrage de Dieu. Si Dieu disait à l'homme d'anéantir les passions qu'il lui donne, Dieu voudrait et ne voudrait pas; il se contredirait lui-même. Jamais il n'a donné cet ordre insensé, rien de pareil n'est écrit dans le cœur humain; et ce que Dieu veut qu'un homme fasse, il ne le lui fait pas dire par un autre homme, il le lui dit lui-même, il l'écrit au fond de son cœur.

Or je trouverais celui qui voudrait empêcher les passions de naître presque aussi fou que celui qui voudrait les anéantir; et ceux qui croiraient que tel a été mon projet jusqu'ici m'auraient sûrement fort mal entendu.

Mais raisonnerait-on bien, si, de ce qu'il est dans la nature de l'homme d'avoir des passions, on allait conclure que toutes les passions que nous sentons en nous et que nous voyons dans les autres sont naturelles ? Leur source est naturelle, il est vrai; mais mille ruisseaux étrangers l'ont grossie; c'est un grand fleuve qui s'accroît sans cesse, et dans lequel on retrouverait à peine quelques gouttes de ses premières eaux. Nos passions naturelles sont très bornées; elles sont les instruments de notre liberté, elles tendent à nous conserver. Toutes celles qui nous subjuguent et nous détruisent viennent d'ailleurs; la nature ne nous les donne pas, nous nous les approprions à son préjudice.

La source de nos passions, l'origine et le principe de toutes les autres, la seule qui naît avec l'homme et ne le quitte jamais tant qu'il vit, est l'amour de soi : passion primitive, innée, antérieure à toute autre, et dont toutes les autres ne sont, en un sens, que des modifications. En ce sens, toutes, si l'on veut, sont naturelles. Mais la plupart de ces modifications ont des causes étrangères sans lesquelles elles n'auraient jamais lieu; et ces mêmes modifications, loin de nous être avantageuses, nous sont nuisibles; elles changent le premier objet et vont contre leur principe : c'est alors que l'homme se trouve hors de la nature, et se met en contradiction avec soi.

L'amour de soi-même est toujours bon, et toujours conforme à l'ordre. Chacun étant chargé spécialement de sa propre conservation, le premier et le plus important de ses soins est et doit être d'y veiller sans cesse : et comment y veillerait-il ainsi, s'il n'y prenait le plus grand intérêt ?

Il faut donc que nous nous aimions pour nous conserver, il faut que nous nous aimions plus que toute chose; et, par une suite immédiate du même sentiment, nous aimons ce qui nous conserve. Tout enfant s'attache à sa nourrice : Romulus devait s'attacher à la louve qui l'avait allaité. D'abord cet attachement est purement machinal. Ce qui favorise le bien-être d'un individu l'attire ; ce qui lui nuit le repousse : ce n'est là qu'un instinct aveugle. Ce qui transforme cet instinct en sentiment, l'attachement en amour, l'aversion en haine, c'est l'intention manifestée de nous nuire ou de nous être utile. On ne se passionne pas pour les êtres insensibles qui ne suivent que l'impulsion qu'on leur donne; mais ceux dont on attend du bien ou du mal par leur disposition intérieure, par leur volonté, ceux que nous voyons agir librement pour ou contre, nous inspirent des sentiments semblables à ceux qu'ils nous montrent. Ce qui nous sert, on le cherche; mais ce qui nous veut servir, on l'aime. Ce qui nous nuit, on le fuit; mais ce qui nous veut nuire, on le hait.

Le premier sentiment d'un enfant est de s'aimer lui-même; et le second, qui dérive du premier, est d'aimer ceux qui l'approchent; car, dans l'état de faiblesse où il est, il ne connaît personne que par l'assistance et les soins qu'il reçoit. D'abord l'attachement qu'il a pour sa nourrice et sa gouvernante n'est qu'habitude. Il les cherche, parce qu'il a besoin d'elles et qu'il se trouve bien de les avoir; c'est plutôt de connaissance que bienveillance. Il lui faut beaucoup de temps pour comprendre que non seulement elles lui sont utiles, mais qu'elles veulent l'être; et c'est alors qu'il commence à les aimer.

Un enfant est donc naturellement enclin à la bienveillance, parce qu'il voit que tout ce qui l'approche est porté à l'assister, et qu'il prend de cette observation l'habitude d'un sentiment favorable à son espèce; mais, à mesure qu'il étend ses relations, ses besoins, ses dépendances actives ou passives, le sentiment de ses rapports à autrui s'éveille, et produit celui des devoirs et des préférences. Alors l'enfant devient impérieux, jaloux, trompeur, vindicatif. Si on le plie à l'obéissance, ne voyant point l'utilité de ce qu'on lui commande, il l'attribue au caprice, à l'intention de le tourmenter, et il se mutine. Si on lui obéit à lui-même, aussitôt que quelque chose lui résiste, il y voit une rébellion, une intention de lui résister; il bat la chaise ou la table pour avoir désobéi. L'amour de soi, qui ne regarde qu'à nous, est content quand nos vrais besoins sont satisfaits; mais l'amour-propre, qui se compare, n'est jamais content et ne saurait l'être, parce que ce sentiment, en nous préférant aux autres, exige aussi que les autres nous préfèrent à eux ; ce qui est impossible. Voilà comment les passions douces et affectueuses naissent de l'amour de soi, et comment les passions haineuses et irascibles naissent de l'amour-propre. Ainsi, ce qui rend l'homme essentiellement bon est d'avoir peu de besoins, et de peu se comparer aux autres ; ce qui le rend essentiellement méchant est d'avoir beaucoup de besoins, et de tenir beaucoup à l'opinion. Sur ce principe il est aisé de voir comment on peut diriger au bien ou au mal toutes les passions des enfants et des hommes. Il est vrai que, ne pouvant vivre toujours seuls, ils vivront difficilement toujours bons : cette difficulté même augmentera nécessairement avec leurs relations ; et c'est en ceci surtout que les dangers de la société nous rendent l'art et les soins plus indispensables pour prévenir dans le cœur humain la dépravation qui naît de ses nouveaux besoins.

L'étude convenable à l'homme est celle de ses rapports. Tant qu'il ne se connaît que par son être physique, il doit s'étudier par ses rapports avec les choses : c'est l'emploi de son enfance ; quand il commence à sentir son être moral, il doit s'étudier par ses rapports avec les hommes : c'est l'emploi de sa vie entière, à commencer au point où nous voilà parvenus.

Sitôt que l'homme a besoin d'une compagne, il n'est plus un être isolé, son cœur n'est plus seul. Toutes ses relations avec son espèce, toutes les affections de son âme naissent avec celle-là. Sa première passion fait bientôt fermenter les autres.

Le penchant de l'instinct est indéterminé. Un sexe est attiré vers l'autre : voilà le mouvement de la nature. Le choix, les préférences, l'attachement personnel, sont l'ouvrage des lumières, des préjugés, de l'habitude : il faut du temps et des connaissances pour nous rendre capables d'amour : on n'aime qu'après avoir jugé, on ne préfère qu'après avoir comparé. Ces jugements se font sans qu'on s'en aperçoive, mais ils n'en sont pas moins réels. Le véritable amour, quoi qu'on en dise, sera toujours honoré des hommes : car, bien que ses emportements nous égarent, bien qu'il n'exclue pas du cœur qui le sent des qualités odieuses, et même qu'il en produise, il en supporte pourtant toujours d'estimables, sans lesquelles on serait hors d'état de le sentir. Ce choix qu'on met en opposition avec la raison nous vient d'elle. On a fait l'amour aveugle, parce qu'il a de meilleurs yeux que nous, et qu'il voit des rapports que nous ne pouvons apercevoir. Pour qui n'aurait nulle idée de mérite ni de beauté, toute femme serait également bonne, et la première venue serait toujours la plus aimable. Loin que l'amour vienne de la nature, il est la règle et le frein de ses penchants : c'est par lui qu'excepté l'objet aimé, un sexe n'est plus rien pour l'autre.

La préférence qu'on accorde, on veut l'obtenir; l'amour doit être réciproque. Pour être aimé, il faut se rendre aimable; pour être préféré, il faut se rendre plus aimable qu'un autre, plus aimable que tout autre, au moins aux yeux de l'objet aimé. De là les premiers regards sur ses semblables; de là les premières comparaisons avec eux, de là l'émulation, les rivalités, la jalousie. Un cœur plein d'un sentiment qui déborde aime à s'épancher : du besoin d'une maîtresse naît bientôt celui d'un ami. Celui qui sent combien il est doux d'être aimé voudrait l'être de tout le monde, et tous ne sauraient vouloir des préférences, qu'il n'y ait beaucoup de mécontents. Avec l'amour et l'amitié naissent les dissensions, l'inimitié, la haine. Du sein de tant de passions diverses je vois l'opinion s'élever un trône inébranlable, et les stupides mortels, asservis à son empire, ne fonder leur propre existence que sur les jugements d'autrui.

Etendez ces idées, et vous verrez d'où vient à notre amour-propre la forme que nous lui croyons naturelle; et comment l'amour de soi, cessant d'être un sentiment absolu, devient orgueil dans les grandes âmes, vanité dans les petites, et dans toutes se nourrit sans cesse aux dépens du prochain. L'espèce de ces passions, n'ayant point son germe dans le cœur des enfants, n'y peut naître d'elle-même; c'est nous seuls qui l'y portons, et jamais elles n'y prennent racine que par notre faute; mais il n'en est plus ainsi du cœur du jeune homme : quoi que nous puissions faire, elles y naîtront malgré nous. Il est donc temps de changer de méthode.

Commençons par quelques réflexions importantes sur l'état critique dont il s'agit ici. Le passage de l'enfance à la puberté n'est pas tellement déterminé par la nature qu'il ne varie dans les individus selon les tempéraments, et dans les peuples selon les climats. Tout le monde sait les distinctions observées sur ce point entre les pays chauds et les pays froids, et chacun voit que les tempéraments ardents sont formés plus tôt que les autres :

mais on peut se tromper sur les causes, et souvent attribuer au physique ce qu'il faut imputer au moral; c'est
un des abus les plus fréquents de la philosophie de notre
siècle. Les instructions de la nature sont tardives et
lentes; celles des hommes sont presque toujours préma-
turées. Dans le premier cas, les sens éveillent l'imagination; dans le second, l'imagination éveille les sens; elle
leur donne une activité précoce qui ne peut manquer
d'énerver, d'affaiblir d'abord les individus, puis l'espèce
même à la longue. Une observation plus générale et
plus sûre que celle de l'effet des climats est que la
puberté et la puissance du sexe est toujours plus hâtive
chez les peuples instruits et policés que chez les peuples
ignorants et barbares *. Les enfants ont une sagacité singulière pour démêler à travers toutes les singeries de la
décence les mauvaises mœurs qu'elle couvre. Le langage
épuré qu'on leur dicte, les leçons d'honnêteté qu'on leur
donne, le voile du mystère qu'on affecte de tendre devant
leurs yeux, sont autant d'aiguillons à leur curiosité. A la
manière dont on s'y prend, il est clair que ce qu'on feint
de leur cacher n'est que pour le leur apprendre; et c'est,
de toutes les instructions qu'on leur donne, celle qui leur
profite le mieux.

Consultez l'expérience, vous comprendrez à quel point
cette méthode insensée accélère l'ouvrage de la nature et
ruine le tempérament. C'est ici l'une des principales
causes qui font dégénérer les races dans les villes. Les

---

* « Dans les villes, dit M. de Buffon, et chez les gens aisés, les
enfants, accoutumés à des nourritures abondantes et succulentes,
arrivent plus tôt à cet état; à la campagne et dans le pauvre peuple,
les enfants sont plus tardifs, parce qu'ils sont mal et trop peu nourris;
il leur faut deux ou trois années de plus. » (*Hist. nat.*, t. IV, p. 238,
in-12.) J'admets l'observation, mais non l'explication, puisque, dans
le pays où le villageois se nourrit très bien et mange beaucoup, comme
dans le Valais, et même en certains cantons montueux de l'Italie, comme
le Frioul, l'âge de puberté dans les deux sexes est également plus
tardif qu'au sein des villes, où, pour satisfaire la vanité, l'on met
souvent dans le manger une extrême parcimonie, et où la plupart
font, comme dit le proverbe, *habits de velours et ventre de son*. On est
étonné, dans ces montagnes, de voir de grands garçons forts comme des
hommes avoir encore la voix aiguë et le menton sans barbe, et de
grandes filles, d'ailleurs très formées, n'avoir aucun signe périodique
de leur sexe. Différence qui me paraît venir uniquement de ce que,
dans la simplicité de leurs mœurs, leur imagination, plus longtemps
paisible et calme, fait plus tard fermenter leur sang, et rend leur tempérament moins précoce.

jeunes gens, épuisés de bonne heure, restent petits, faibles, mal faits, vieillissent au lieu de grandir, comme la vigne à qui l'on fait porter du fruit au printemps languit et meurt avant l'automne.

Il faut avoir vécu chez des peuples grossiers et simples pour connaître jusqu'à quel âge une heureuse ignorance y peut prolonger l'innocence des enfants. C'est un spectacle à la fois touchant et risible d'y voir les deux sexes, livrés à la sécurité de leurs cœurs, prolonger dans la fleur de l'âge et de la beauté les jeux naïfs de l'enfance, et montrer par leur familiarité même la pureté de leurs plaisirs. Quand enfin cette aimable jeunesse vient à se marier, les deux époux, se donnant mutuellement les prémices de leur personne, en sont plus chers l'un à l'autre; des multitudes d'enfants, sains et robustes, deviennent le gage d'une union que rien n'altère, et le fruit de la sagesse de leurs premiers ans.

Si l'âge où l'homme acquiert la conscience de son sexe diffère autant par l'effet de l'éducation que par l'action de la nature, il suit de là qu'on peut accélérer et retarder cet âge selon la manière dont on élèvera les enfants; et si le corps gagne ou perd de la consistance à mesure qu'on retarde ou qu'on accélère ce progrès, il suit aussi que, plus on s'applique à le retarder, plus un jeune homme acquiert de vigueur et de force. Je ne parle encore que des effets purement physiques : on verra bientôt qu'ils ne se bornent pas là.

De ces réflexions je tire la solution de cette question si souvent agitée, s'il convient d'éclairer les enfants de bonne heure sur les objets de leur curiosité, ou s'il vaut mieux leur donner le change par de modestes erreurs. Je pense qu'il ne faut faire ni l'un ni l'autre. Premièrement, cette curiosité ne leur vient point sans qu'on y ait donné lieu. Il faut donc faire en sorte qu'ils ne l'aient pas. En second lieu, des questions qu'on n'est pas forcé de résoudre n'exigent point qu'on trompe celui qui les fait : il vaut mieux lui imposer silence que de lui répondre en mentant. Il sera peu surpris de cette loi, si l'on a pris soin de l'y asservir dans les choses indifférentes. Enfin, si l'on prend le parti de répondre, que ce soit avec la plus grande simplicité, sans mystère, sans embarras, sans sourire. Il y a beaucoup moins de danger à satisfaire la curiosité de l'enfant qu'à l'exciter.

Que vos réponses soient toujours graves, courtes, décidées, et sans jamais paraître hésiter. Je n'ai pas besoin d'ajouter qu'elles doivent être vraies. On ne peut apprendre aux enfants le danger de mentir aux hommes, sans sentir, de la part des hommes, le danger plus grand de mentir aux enfants. Un seul mensonge avéré du maître à l'élève ruinerait à jamais tout le fruit de l'éducation.

Une ignorance absolue sur certaines matières est peut-être ce qui conviendrait le mieux aux enfants : mais qu'ils apprennent de bonne heure ce qu'il est impossible de leur cacher toujours. Il faut, ou que leur curiosité ne s'éveille en aucune manière, ou qu'elle soit satisfaite avant l'âge où elle n'est plus sans danger. Votre conduite avec votre élève dépend beaucoup en ceci de sa situation particulière, des sociétés qui l'environnent, des circonstances où l'on prévoit qu'il pourra se trouver, etc. Il importe ici de ne rien donner au hasard ; et si vous n'êtes pas sûr de lui faire ignorer jusqu'à seize ans la différence des sexes, ayez soin qu'il l'apprenne avant dix.

Je n'aime point qu'on affecte avec les enfants un langage trop épuré, ni qu'on fasse de longs détours, dont ils s'aperçoivent, pour éviter de donner aux choses leur véritable nom. Les bonnes mœurs, en ces matières, ont toujours beaucoup de simplicité ; mais des imaginations souillées par le vice rendent l'oreille délicate, et forcent de raffiner sans cesse sur les expressions. Les termes grossiers sont sans conséquence ; ce sont les idées lascives qu'il faut écarter.

Quoique la pudeur soit naturelle à l'espèce humaine, naturellement les enfants n'en ont point. La pudeur ne naît qu'avec la connaissance du mal : et comment les enfants, qui n'ont ni ne doivent avoir cette connaissance, auraient-ils le sentiment qui en est l'effet ? Leur donner des leçons de pudeur et d'honnêteté, c'est leur apprendre qu'il y a des choses honteuses et déshonnêtes, c'est leur donner un désir secret de connaître ces choses-là. Tôt ou tard ils en viennent à bout, et la première étincelle qui touche à l'imagination accélère à coup sûr l'embrasement des sens. Quiconque rougit est déjà coupable ; la vraie innocence n'a honte de rien.

Les enfants n'ont pas les mêmes désirs que les hommes ; mais, sujets comme eux à la malpropreté qui blesse les sens, ils peuvent de ce seul assujettissement recevoir les mêmes leçons de bienséance. Suivez l'esprit de la nature, qui, plaçant dans les mêmes lieux les organes des plaisirs secrets et ceux des besoins dégoûtants, nous inspire les mêmes soins à différents âges, tantôt par une idée et tantôt par une autre; à l'homme par la modestie, à l'enfant par la propreté.

Je ne vois qu'un bon moyen de conserver aux enfants leur innocence; c'est que tous ceux qui les entourent la respectent et l'aiment. Sans cela, toute la retenue dont on tâche d'user avec eux se dément tôt ou tard; un sourire, un clin d'œil, un geste échappé, leur disent tout ce qu'on cherche à leur taire; il leur suffit, pour l'apprendre, de voir qu'on le leur a voulu cacher. La délicatesse de tours et d'expressions dont se servent entre eux les gens polis, supposant des lumières que les enfants ne doivent pas avoir, est tout à fait déplacée avec eux; mais quand on honore vraiment leur simplicité, l'on prend aisément, en leur parlant, celle des termes qui leur conviennent. Il y a une certaine naïveté de langage qui sied et qui plaît à l'innocence : voilà le vrai ton qui détourne un enfant d'une dangereuse curiosité. En lui parlant simplement de tout, on ne lui laisse pas soupçonner qu'il reste rien de plus à lui dire. En joignant aux mots grossiers les idées déplaisantes qui leur conviennent, on étouffe le premier feu de l'imagination : on ne lui défend pas de prononcer ces mots et d'avoir ces idées; mais on lui donne, sans qu'il y songe, de la répugnance à les rappeler. Et combien d'embarras cette liberté naïve ne sauve-t-elle point à ceux qui, la tirant de leur propre cœur, disent toujours ce qu'il faut dire, et le disent toujours comme ils l'ont senti!

Comment se font les enfants? Question embarrassante qui vient assez naturellement aux enfants, et dont la réponse indiscrète ou prudente décide quelquefois de leurs mœurs et de leur santé pour toute leur vie. La manière la plus courte qu'une mère imagine pour s'en débarrasser sans tromper son fils, est de lui imposer silence. Cela serait bon, si on l'y eût accoutumé de longue main dans des questions indifférentes, et qu'il ne soupçonnât pas du mystère à ce nouveau ton. Mais rarement elle s'en tient là. *C'est le secret des gens mariés*, lui dira-t-elle; *de petits garçons ne doivent point être si curieux*. Voilà qui est fort bien pour tirer d'embarras la mère : mais qu'elle sache que, piqué de cet air de mépris, le petit garçon n'aura pas un moment de repos qu'il n'ait appris le secret des gens mariés, et qu'il ne tardera pas de l'apprendre.

Qu'on me permette de rapporter une réponse bien différente que j'ai entendu faire à la même question, et qui me frappa d'autant plus, qu'elle partait d'une femme aussi modeste dans ses discours que dans ses manières, mais qui savait au besoin fouler aux pieds, pour le bien de son fils et pour la vertu, la fausse crainte du blâme et les vains propos des plaisants. Il n'y avait pas long-temps que l'enfant avait jeté par les urines une petite pierre qui lui avait déchiré l'urètre; mais le mal passé était oublié. *Maman*, dit le petit étourdi, *comment se font les enfants ? — Mon fils*, répond la mère sans hésiter, *les femmes les pissent avec des douleurs qui leur coûtent quelquefois la vie.* Que les fous rient, et que les sots soient scandalisés : mais que les sages cherchent si jamais ils trouveront une réponse plus judicieuse et qui aille mieux à ses fins.

D'abord l'idée d'un besoin naturel et connu de l'enfant détourne celle d'une opération mystérieuse. Les idées accessoires de la douleur et de la mort couvrent celle-là d'un voile de tristesse qui amortit l'imagination et réprime la curiosité; tout porte l'esprit sur les suites de l'accouchement, et non pas sur ses causes. Les infirmités de la nature humaine, des objets dégoûtants, des images de souffrance, voilà les éclaircissements où mène cette réponse, si la répugnance qu'elle inspire permet à l'enfant de les demander. Par où l'inquiétude des désirs aura-t-elle occasion de naître dans des entretiens ainsi dirigés ? Et cependant vous voyez que la vérité n'a point été altérée, et qu'on n'a point eu besoin d'abuser son élève au lieu de l'instruire.

Vos enfants lisent; ils prennent dans leurs lectures des connaissances qu'ils n'auraient pas s'ils n'avaient point lu. S'ils étudient, l'imagination s'allume et s'aiguise dans le silence du cabinet. S'ils vivent dans le monde, ils entendent un jargon bizarre, ils voient des exemples dont ils sont frappés : on leur a si bien persuadé qu'ils étaient hommes, que, dans tout ce que font les hommes en leur présence, ils cherchent aussitôt comment cela peut leur convenir : il faut bien que les actions d'autrui leur servent de modèle, quand les jugements d'autrui leur servent de loi. Des domestiques qu'on fait dépendre d'eux, par conséquent intéressés à leur plaire, leur font leur cour aux dépens des bonnes mœurs; des gouvernantes rieuses leur tiennent à quatre ans des propos que la plus effrontée n'oserait leur tenir à quinze. Bientôt elles oublient ce qu'elles ont dit; mais ils n'oublient pas ce qu'ils ont entendu. Les entretiens polissons préparent les mœurs libertines : le laquais fripon rend l'enfant débauché; et le secret de l'un sert de garant à celui de l'autre.

L'enfant élevé selon son âge est seul. Il ne connaît d'attachements que ceux de l'habitude; il aime sa sœur comme sa montre, et son ami comme son chien. Il ne se sent d'aucun sexe, d'aucune espèce : l'homme et la femme lui sont également étrangers; il ne rapporte à lui rien de ce qu'ils font ni de ce qu'ils disent : il ne le voit ni ne l'entend, ou n'y fait nulle attention; leurs discours ne l'intéressent pas plus que leurs exemples : tout cela n'est point fait pour lui. Ce n'est pas une erreur artificieuse qu'on lui donne par cette méthode, c'est l'ignorance de la nature. Le temps vient où la même nature prend soin d'éclairer son élève; et c'est alors seulement qu'elle l'a mis en état de profiter sans risque des leçons qu'elle lui donne. Voilà le principe : le détail des règles n'est pas de mon sujet; et les moyens que je propose en vue d'autres objets servent encore d'exemple pour celui-ci.

Voulez-vous mettre l'ordre et la règle dans les passions naissantes, étendez l'espace durant lequel elles se développent, afin qu'elles aient le temps de s'arranger à mesure qu'elles naissent. Alors ce n'est pas l'homme qui les ordonne, c'est la nature elle-même; votre soin n'est que de la laisser arranger son travail. Si votre élève était seul, vous n'auriez rien à faire; mais tout ce qui l'environne enflamme son imagination. Le torrent des préjugés l'entraîne : pour le retenir, il faut le pousser en sens contraire. Il faut que le sentiment enchaîne l'imagination, et que la raison fasse taire l'opinion des hommes. La source de toutes les passions est la sensibilité, l'imagination détermine leur pente. Tout être qui sent ses rapports doit être affecté quand ces rapports s'altèrent et qu'il en imagine ou qu'il en croit imaginer de plus convenables à sa nature. Ce sont les erreurs de l'imagination qui transforment en vices les passions de tous les êtres bornés, même des anges, s'ils en ont; car il faudrait qu'ils connussent la nature de tous les êtres, pour savoir quels rapports conviennent le mieux à la leur.

Voici donc le sommaire de toute la sagesse humaine dans l'usage des passions : 1º sentir les vrais rapports de l'homme tant dans l'espèce que dans l'individu; 2º ordonner toutes les affections de l'âme selon ces rapports.

Mais l'homme est-il maître d'ordonner ses affections

selon tels ou tels rapports ? Sans doute, s'il est maître de
diriger son imagination sur tel ou tel objet, ou de lui
donner telle ou telle habitude. D'ailleurs, il s'agit moins
ici de ce qu'un homme peut faire sur lui-même que de
ce que nous pouvons faire sur notre élève par le choix des
circonstances où nous le plaçons. Exposer les moyens
propres à maintenir dans l'ordre de la nature, c'est dire
assez comment il en peut sortir.

Tant que sa sensibilité reste bornée à son individu, il
n'y a rien de moral dans ses actions ; ce n'est que quand
elle commence à s'étendre hors de lui, qu'il prend d'abord
les sentiments, ensuite les notions du bien et du mal, qui
le constituent véritablement homme et partie intégrante
de son espèce. C'est donc à ce premier point qu'il faut
d'abord fixer nos observations.

Elles sont difficiles en ce que, pour les faire, il faut
rejeter les exemples qui sont sous nos yeux, et chercher
ceux où les développements successifs se font selon
l'ordre de la nature.

Un enfant façonné, poli, civilisé, qui n'attend que la
puissance de mettre en œuvre les instructions préma-
turées qu'il a reçues, ne se trompe jamais sur le moment
où cette puissance lui survient. Loin de l'attendre, il
l'accélère, il donne à son sang une fermentation précoce,
il sait quel doit être l'objet de ses désirs, longtemps même
avant qu'il les éprouve. Ce n'est pas la nature qui l'excite,
c'est lui qui la force : elle n'a plus rien à lui apprendre, en
le faisant homme ; il l'était par la pensée longtemps avant
de l'être en effet.

La véritable marche de la nature est plus graduelle et
plus lente. Peu à peu le sang s'enflamme, les esprits
s'élaborent, le tempérament se forme. Le sage ouvrier qui
dirige la fabrique a soin de perfectionner tous ses instruments avant de les mettre en œuvre : une longue inquiétude précède les premiers désirs, une longue ignorance
leur donne le change ; on désire sans savoir quoi. Le
sang fermente et s'agite ; une surabondance de vie cherche
à s'étendre au dehors. L'œil s'anime et parcourt les autres
êtres, on commence à prendre intérêt à ceux qui nous
environnent, on commence à sentir qu'on n'est pas fait
pour vivre seul : c'est ainsi que le cœur s'ouvre aux affections humaines, et devient capable d'attachement.

Le premier sentiment dont un jeune homme élevé
soigneusement est susceptible n'est pas l'amour, c'est
l'amitié. Le premier acte de son imagination naissante est

de lui apprendre qu'il a des semblables, et l'espèce l'affecte avant le sexe. Voilà donc un autre avantage de l'innocence prolongée : c'est de profiter de la sensibilité naissante pour jeter dans le cœur du jeune adolescent les premières semences de l'humanité : avantage d'autant plus précieux que c'est le seul temps de la vie où les mêmes soins puissent avoir un vrai succès.

J'ai toujours vu que les jeunes gens corrompus de bonne heure, et livrés aux femmes et à la débauche, étaient inhumains et cruels; la fougue du tempérament les rendait impatients, vindicatifs, furieux; leur imagination, pleine d'un seul objet, se refusait à tout le reste; ils ne connaissaient ni pitié ni miséricorde; ils auraient sacrifié père, mère, et l'univers entier au moindre de leurs plaisirs. Au contraire, un jeune homme élevé dans une heureuse simplicité est porté par les premiers mouvements de la nature vers les passions tendres et affectueuses : son cœur compatissant s'émeut sur les peines de ses semblables; il tressaille d'aise quand il revoit son camarade, ses bras savent trouver des étreintes caressantes, ses yeux savent verser des larmes d'attendrissement; il est sensible à la honte de déplaire, au regret d'avoir offensé. Si l'ardeur d'un sang qui s'enflamme le rend vif, emporté, colère, on voit le moment d'après toute la bonté de son cœur dans l'effusion de son repentir; il pleure, il gémit sur la blessure qu'il a faite; il voudrait au prix de son sang racheter celui qu'il a versé; tout son emportement s'éteint, toute sa fierté s'humilie devant le sentiment de sa faute. Est-il offensé lui-même : au fort de sa fureur, une excuse, un mot le désarme; il pardonne les torts d'autrui d'aussi bon cœur qu'il répare les siens. L'adolescence n'est l'âge ni de la vengeance ni de la haine; elle est celui de la commisération, de la clémence, de la générosité. Oui, je le soutiens et je ne crains point d'être démenti par l'expérience, un enfant qui n'est pas mal né, et qui a conservé jusqu'à vingt ans son innocence, est à cet âge le plus généreux, le meilleur, le plus aimant et le plus aimable des hommes. On ne vous a jamais rien dit de semblable; je le crois bien; vos philosophes, élevés dans toute la corruption des collèges, n'ont garde de savoir cela.

C'est la faiblesse de l'homme qui le rend sociable; ce sont nos misères communes qui portent nos cœurs à l'humanité : nous ne lui devrions rien si nous n'étions pas hommes. Tout attachement est un signe d'insuffi-

sance : si chacun de nous n'avait nul besoin des autres, il
ne songerait guère à s'unir à eux. Ainsi de notre infirmité
même naît notre frêle bonheur. Un être vraiment heureux est un être solitaire; Dieu seul jouit d'un bonheur
absolu; mais qui de nous en a l'idée ? Si quelque être
imparfait pouvait se suffire à lui-même, de quoi jouirait-
il selon nous ? Il serait seul, il serait misérable. Je ne
conçois pas que celui qui n'a besoin de rien puisse
aimer quelque chose : je ne conçois pas que celui qui
n'aime rien puisse être heureux.

Il suit de là que nous nous attachons à nos semblables
moins par le sentiment de leurs plaisirs que par celui de
leurs peines; car nous y voyons bien mieux l'identité de
notre nature et les garants de leur attachement pour nous.
Si nos besoins communs nous unissent par intérêt, nos
misères communes nous unissent par affection. L'aspect
d'un homme heureux inspire aux autres moins d'amour
que d'envie; on l'accuserait volontiers d'usurper un droit
qu'il n'a pas en se faisant un bonheur exclusif; et l'amour-
propre souffre encore en nous faisant sentir que cet
homme n'a nul besoin de nous. Mais qui est-ce qui ne
plaint pas le malheureux qu'il voit souffrir ? Qui est-ce
qui ne voudrait pas le délivrer de ses maux s'il n'en
coûtait qu'un souhait pour cela ? L'imagination nous
met à la place du misérable plutôt qu'à celle de l'homme
heureux; on sent que l'un de ces états nous touche de
plus près que l'autre. La pitié est douce, parce qu'en se
mettant à la place de celui qui souffre, on sent pourtant
le plaisir de ne pas souffrir comme lui. L'envie est
amère, en ce que l'aspect d'un homme heureux, loin
de mettre l'envieux à sa place, lui donne le regret de n'y
pas être. Il semble que l'un nous exempte des maux qu'il
souffre, et que l'autre nous ôte les biens dont il jouit.

Voulez-vous donc exciter et nourrir dans le cœur d'un
jeune homme les premiers mouvements de la sensibilité
naissante, et tourner son caractère vers la bienfaisance et
vers la bonté; n'allez point faire germer en lui l'orgueil,
la vanité, l'envie, par la trompeuse image du bonheur
des hommes; n'exposez point d'abord à ses yeux la
pompe des cours, le faste des palais, l'attrait des spectacles; ne le promenez point dans les cercles, dans les
brillantes assemblées, ne lui montrez l'extérieur de la
grande société qu'après l'avoir mis en état de l'apprécier
en elle-même. Lui montrer le monde avant qu'il connaisse

les hommes, ce n'est pas le former, c'est le corrompre ; ce n'est pas l'instruire, c'est le tromper.

Les hommes ne sont naturellement ni rois, ni grands, ni courtisans, ni riches ; tous sont nés nus et pauvres, tous sujets aux misères de la vie, aux chagrins, aux maux, aux besoins, aux douleurs de toute espèce ; enfin, tous sont condamnés à la mort. Voilà ce qui est vraiment de l'homme ; voilà de quoi nul mortel n'est exempt. Commencez donc par étudier de la nature humaine ce qui en est le plus inséparable, ce qui constitue le mieux l'humanité.

A seize ans l'adolescent sait ce que c'est que souffrir ; car il a souffert lui-même ; mais à peine sait-il que d'autres êtres souffrent aussi ; le voir sans le sentir n'est pas le savoir, et, comme je l'ai dit cent fois, l'enfant n'imaginant point ce que sentent les autres ne connaît de maux que les siens : mais quand le premier développement des sens allume en lui le feu de l'imagination, il commence à se sentir dans ses semblables, à s'émouvoir de leurs plaintes et à souffrir de leurs douleurs. C'est alors que le triste tableau de l'humanité souffrante doit porter à son cœur le premier attendrissement qu'il ait jamais éprouvé.

Si ce moment n'est pas facile à remarquer dans vos enfants, à qui vous en prenez-vous ? Vous les instruisez de si bonne heure à jouer le sentiment, vous leur en apprenez si tôt le langage, que parlant toujours sur le même ton, ils tournent vos leçons contre vous-même, et ne vous laissent nul moyen de distinguer quand, cessant de mentir, ils commencent à sentir ce qu'ils disent. Mais voyez mon Emile ; à l'âge où je l'ai conduit il n'a ni senti ni menti. Avant de savoir ce que c'est qu'aimer, il n'a dit à personne : *Je vous aime bien ;* on ne lui a point prescrit la contenance qu'il devait prendre en entrant dans la chambre de son père, de sa mère, ou de son gouverneur malade ; on ne lui a point montré l'art d'affecter la tristesse qu'il n'avait pas. Il n'a feint de pleurer sur la mort de personne ; car il ne sait ce que c'est que mourir. La même insensibilité qu'il a dans le cœur est aussi dans ses manières. Indifférent à tout, hors à lui-même, comme tous les autres enfants, il ne prend intérêt à personne ; tout ce qui le distingue est qu'il ne veut point paraître en prendre, et qu'il n'est pas faux comme eux.

Emile, ayant peu réfléchi sur les êtres sensibles, saura tard ce que c'est que souffrir et mourir. Les plaintes et les cris commenceront d'agiter ses entrailles ; l'aspect du sang qui coule lui fera détourner les yeux ; les convulsions d'un animal expirant lui donneront je ne sais quelle angoisse avant qu'il sache d'où lui viennent ces nouveaux mouvements. S'il était resté stupide et barbare, il ne les aurait pas; s'il était plus instruit, il en connaîtrait la source : il a déjà trop comparé d'idées pour ne rien sentir, et pas assez pour concevoir ce qu'il sent.

Ainsi naît la pitié, premier sentiment relatif qui touche le cœur humain selon l'ordre de la nature. Pour devenir sensible et pitoyable, il faut que l'enfant sache qu'il y a des êtres semblables à lui qui souffrent ce qu'il a souffert, qui sentent les douleurs qu'il a senties, et d'autres dont il doit avoir l'idée comme pouvant les sentir aussi. En effet, comment nous laissons-nous émouvoir à la pitié, si ce n'est en nous transportant hors de nous et nous identifiant avec l'animal souffrant, en quittant, pour ainsi dire, notre être pour prendre le sien ? Nous ne souffrons qu'autant que nous jugeons qu'il souffre; ce n'est pas dans nous, c'est dans lui que nous souffrons. Ainsi nul ne devient sensible que quand son imagination s'anime et commence à le transporter hors de lui.

Pour exciter et nourrir cette sensibilité naissante, pour la guider ou la suivre dans sa pente naturelle, qu'avons-nous donc à faire, si ce n'est d'offrir au jeune homme des objets sur lesquels puisse agir la force expansive de son cœur, qui le dilatent, qui l'étendent sur les autres êtres, qui le fassent partout retrouver hors de lui; d'écarter avec soin ceux qui le resserrent, le concentrent, et tendent le ressort du moi humain; c'est-à-dire, en d'autres termes, d'exciter en lui la bonté, l'humanité, la commisération, la bienfaisance, toutes les passions attirantes et douces qui plaisent naturellement aux hommes, et d'empêcher de naître l'envie, la convoitise, la haine, toutes les passions repoussantes et cruelles, qui rendent, pour ainsi dire, la sensibilité non seulement nulle, mais négative, et font le tourment de celui qui les éprouve ?

Je crois pouvoir résumer toutes les réflexions précédentes en deux ou trois maximes précises, claires et faciles à saisir.

PREMIÈRE MAXIME

Il n'est pas dans le cœur humain de se mettre à la place
des gens qui sont plus heureux que nous,
mais seulement de ceux qui sont plus à plaindre.

Si l'on trouve des exceptions à cette maxime, elles sont

plus apparentes que réelles. Ainsi l'on ne se met pas à la place du riche ou du grand auquel on s'attache; même en s'attachant sincèrement, on ne fait que s'approprier une partie de son bien-être. Quelquefois on l'aime dans ses malheurs; mais, tant qu'il prospère, il n'a de véritable ami que celui qui n'est pas la dupe des apparences, et qui le plaint plus qu'il ne l'envie, malgré sa prospérité.

On est touché du bonheur de certains états, par exemple de la vie champêtre et pastorale. Le charme de voir ces bonnes gens heureux n'est point empoisonné par l'envie; on s'intéresse à eux véritablement. Pourquoi cela? Parce qu'on se sent maître de descendre à cet état de paix et d'innocence, et de jouir de la même félicité; c'est un pis-aller qui ne donne que des idées agréables, attendu qu'il suffit d'en vouloir jouir pour le pouvoir. Il y a toujours du plaisir à voir ses ressources, à contempler son propre bien, même quand on n'en veut pas user.

Il suit de là que, pour porter un jeune homme à l'humanité, loin de lui faire admirer le sort brillant des autres, il faut le lui montrer par les côtés tristes; il faut le lui faire craindre. Alors, par une conséquence évidente, il doit se frayer une route au bonheur, qui ne soit sur les traces de personne.

DEUXIÈME MAXIME

On ne plaint jamais dans autrui que les maux
dont on ne se croit pas exempt soi-même.

« *Non ignara mali, miseris succurrere disco.* »

Je ne connais rien de si beau, de si profond, de si touchant, de si vrai, que ce vers-là.

Pourquoi les rois sont-ils sans pitié pour leurs sujets? C'est qu'ils comptent de n'être jamais hommes. Pourquoi les riches sont-ils si durs pour les pauvres? C'est qu'ils n'ont pas peur de le devenir. Pourquoi la noblesse a-t-elle un si grand mépris pour le peuple? C'est qu'un noble ne sera jamais roturier. Pourquoi les Turcs sont-ils généralement plus humains, plus hospitaliers que nous? C'est que, dans leur gouvernement tout à fait arbitraire, la grandeur et la fortune des particuliers étant toujours précaires et chancelantes, ils ne regardent point l'abaissement et la misère comme un état étranger à eux *;

---

* Cela paraît changer un peu maintenant : les états semblent devenir plus fixes, et les hommes deviennent aussi plus durs.

chacun peut être demain ce qu'est aujourd'hui celui qu'il assiste. Cette réflexion, qui revient sans cesse dans les romans orientaux, donne à leur lecture je ne sais quoi d'attendrissant que n'a point tout l'apprêt de notre sèche morale.

N'accoutumez donc pas votre élève à regarder du haut de sa gloire les peines des infortunés, les travaux des misérables; et n'espérez pas lui apprendre à les plaindre, s'il les considère comme lui étant étrangers. Faites-lui bien comprendre que le sort de ces malheureux peut être le sien, que tous leurs maux sont sous ses pieds, que mille événements imprévus et inévitables peuvent l'y plonger d'un moment à l'autre. Apprenez-lui à ne compter ni sur la naissance, ni sur la santé, ni sur les richesses; montrez-lui toutes les vicissitudes de la fortune; cherchez lui les exemples toujours trop fréquents de gens qui, d'un état plus élevé que le sien, sont tombés au-dessous de celui de ces malheureux; que ce soit par leur faute ou non, ce n'est pas maintenant de quoi il est question; sait-il seulement ce que c'est que faute? N'empiétez jamais sur l'ordre de ses connaissances, et ne l'éclairez que par les lumières qui sont à sa portée : il n'a pas besoin d'être fort savant pour sentir que toute la prudence humaine ne peut lui répondre si dans une heure il sera vivant ou mourant; si les douleurs de la néphrétique ne lui feront point grincer les dents avant la nuit; si dans un mois il sera riche ou pauvre, si dans un an peut-être il ne ramera point sous le nerf de bœuf dans les galères d'Alger. Surtout n'allez pas lui dire tout cela froidement comme son catéchisme; qu'il voie, qu'il sente les calamités humaines : ébranlez, effrayez son imagination des périls dont tout homme est sans cesse environné; qu'il voie autour de lui tous ces abîmes, et qu'à vous les entendre décrire, il se presse contre vous de peur d'y tomber. Nous le rendrons timide et poltron, direz-vous. Nous verrons dans la suite; mais quant à présent, commençons par le rendre humain; voilà surtout ce qui nous importe.

TROISIÈME MAXIME

La pitié qu'on a du mal d'autrui ne se mesure pas
sur la quantité de ce mal, mais sur le sentiment
qu'on prête à ceux qui le souffrent.

On ne plaint un malheureux qu'autant qu'on croit qu'il se trouve à plaindre. Le sentiment physique de nos maux est plus borné qu'il ne semble ; mais c'est par la mémoire qui nous en fait sentir la continuité, c'est par l'imagination qui les étend sur l'avenir, qu'ils nous rendent vraiment à plaindre. Voilà, je pense, une des causes qui nous endurcissent plus aux maux des animaux qu'à ceux des hommes, quoique la sensibilité commune dût également nous identifier avec eux. On ne plaint guère un cheval de charretier dans son écurie, parce qu'on ne présume pas qu'en mangeant son foin il songe aux coups qu'il a reçus et aux fatigues qui l'attendent. On ne plaint pas non plus un mouton qu'on voit paître, quoiqu'on sache qu'il sera bientôt égorgé, parce qu'on juge qu'il ne prévoit pas son sort. Par extension l'on s'endurcit ainsi sur le sort des hommes ; et les riches se consolent du mal qu'ils font aux pauvres, en les supposant assez stupides pour n'en rien sentir. En général je juge du prix que chacun met au bonheur de ses semblables par le cas qu'il paraît faire d'eux. Il est naturel qu'on fasse bon marché du bonheur des gens qu'on méprise. Ne vous étonnez donc plus si les politiques parlent du peuple avec tant de dédain, ni si la plupart des philosophes affectent de faire l'homme si méchant.

C'est le peuple qui compose le genre humain ; ce qui n'est pas peuple est si peu de chose que ce n'est pas la peine de le compter. L'homme est le même dans tous les états : si cela est, les états les plus nombreux méritent le plus de respect. Devant celui qui pense, toutes les distinctions civiles disparaissent : il voit les mêmes passions, les mêmes sentiments dans le goujat et dans l'homme illustre ; il n'y discerne que leur langage, qu'un coloris plus ou moins apprêté ; et si quelque différence essentielle les distingue, elle est au préjudice des plus dissimulés. Le peuple se montre tel qu'il est, et n'est pas aimable : mais il faut bien que les gens du monde se déguisent ; s'ils se montraient tels qu'ils sont, ils feraient horreur.

Il y a, disent encore nos sages, même dose de bonheur et de peine dans tous les états. Maxime aussi funeste qu'insoutenable : car, si tous sont également heureux, qu'ai-je besoin de m'incommoder pour personne ? Que chacun reste comme il est : que l'esclave soit maltraité, que l'infirme souffre, que le gueux périsse ; il n'y a rien à gagner pour eux à changer d'état. Ils font l'énumération des peines du riche, et montrent l'inanité de ses vains plaisirs : quel grossier sophisme ! les peines du riche ne lui viennent point de son état, mais de lui seul, qui en abuse. Fût-il plus malheureux que le pauvre même, il n'est point à plaindre, parce que ses maux sont tous son ouvrage, et qu'il ne tient qu'à lui d'être heureux. Mais la peine du misérable lui vient des choses, de la rigueur du sort qui s'appesantit sur lui. Il n'y a point d'habitude qui lui puisse ôter le sentiment physique de la fatigue, de l'épuisement, de la faim : le bon esprit ni la sagesse ne servent de rien pour l'exempter des maux de son état. Que gagne Epictète de prévoir que son maître va lui casser la jambe ? la lui casse-t-il moins pour cela ? il a par-dessus son mal le mal de la prévoyance. Quand le peuple serait aussi sensé que nous le supposons stupide, que pourrait-il être autre que ce qu'il est ? que pourrait-il faire autre que ce qu'il fait ? Etudiez les gens de cet ordre, vous verrez que, sous un autre langage, ils ont autant d'esprit et plus de bon sens que vous. Respectez donc votre espèce; songez qu'elle est composée essentiellement de la collection des peuples; que, quand tous les rois et tous les philosophes en seraient ôtés, il n'y paraîtrait guère, et que les choses n'en iraient pas plus mal. En un mot, apprenez à votre élève à aimer tous les hommes, et même ceux qui les déprisent; faites en sorte qu'il ne se place dans aucune classe, mais qu'il se retrouve dans toutes; parlez devant lui du genre humain avec attendrissement, avec pitié même, mais jamais avec mépris. Homme, ne déshonore point l'homme.

C'est par ces routes et d'autres semblables, bien contraires à celles qui sont frayées, qu'il convient de pénétrer dans le cœur d'un jeune adolescent pour y exciter les premiers mouvements de la nature, le développer et l'étendre sur ses semblables; à quoi j'ajoute qu'il importe de mêler à ces mouvements le moins d'intérêt personnel qu'il est possible; surtout point de vanité, point d'émulation, point de gloire, point de ces sentiments qui nous forcent de nous comparer aux autres; car ces comparaisons ne se font jamais sans quelque impression de haine contre ceux qui nous disputent la préférence, ne fût-ce que dans notre propre estime. Alors il faut s'aveugler ou s'irriter, être un méchant ou un sot : tâchons d'éviter cette alternative. Ces passions si dangereuses naîtront tôt ou tard, me dit-on, malgré nous. Je ne le nie pas : chaque chose a son temps et son lieu; je dis seulement qu'on ne doit pas leur aider à naître.

Voilà l'esprit de la méthode qu'il faut se prescrire. Ici

les exemples et les détails sont inutiles, parce qu'ici commence la division presque infinie des caractères, et que chaque exemple que je donnerais ne conviendrait pas peut-être à un sur cent mille. C'est à cet âge aussi que commence, dans l'habile maître, la véritable fonction de l'observateur et du philosophe, qui sait l'art de sonder les cœurs en travaillant à les former. Tandis que le jeune homme ne songe point encore à se contrefaire, et ne l'a point encore appris, à chaque objet qu'on lui présente on voit dans son air, dans ses yeux, dans son geste, l'impression qu'il en reçoit : on lit sur son visage tous les mouvements de son âme; à force de les épier, on parvient à les prévoir, et enfin à les diriger.

On remarque en général que le sang, les blessures, les cris, les gémissements, l'appareil des opérations douloureuses, et tout ce qui porte aux sens des objets de souffrance, saisit plus tôt et plus généralement tous les hommes. L'idée de destruction, étant plus composée, ne frappe pas de même; l'image de la mort touche plus tard et plus faiblement, parce que nul n'a par devers soi l'expérience de mourir : il faut avoir vu des cadavres pour sentir les angoisses des agonisants. Mais quand une fois cette image s'est bien formée dans notre esprit, il n'y a point de spectacle plus horrible à nos yeux, soit à cause de l'idée de destruction totale qu'elle donne alors par les sens, soit parce que, sachant que ce moment est inévitable pour tous les hommes, on se sent plus vivement affecté d'une situation à laquelle on est sûr de ne pouvoir échapper.

Ces impressions diverses ont leurs modifications et leurs degrés, qui dépendent du caractère particulier de chaque individu et de ses habitudes antérieures; mais elles sont universelles, et nul n'en est tout à fait exempt. Il en est de plus tardives et de moins générales, qui sont plus propres aux âmes sensibles; ce sont celles qu'on reçoit des peines morales, des douleurs internes, des afflictions, des langueurs, de la tristesse. Il y a des gens qui ne savent être émus que par des cris et des pleurs; les longs et sourds gémissements d'un cœur serré de détresse ne leur ont jamais arraché des soupirs; jamais l'aspect d'une contenance abattue, d'un visage hâve et plombé, d'un œil éteint et qui ne peut plus pleurer, ne les fit pleurer eux-mêmes, les maux de l'âme ne sont rien pour eux : ils sont jugés, la leur ne sent rien; n'attendez d'eux que rigueur inflexible, endurcissement, cruauté. Ils pourront être intègres et justes, jamais cléments, généreux, pitoyables. Je dis qu'ils pourront être justes, si toutefois un homme peut l'être quand il n'est pas miséricordieux.

Mais ne vous pressez pas de juger les jeunes gens par cette règle, surtout ceux qui, ayant été élevés comme ils doivent l'être, n'ont aucune idée des peines morales qu'on ne leur a jamais fait éprouver, car, encore une fois, ils ne peuvent plaindre que les maux qu'ils connaissent; et cette apparente insensibilité, qui ne vient que de l'ignorance, se change bientôt en attendrissement, quand ils commencent à sentir qu'il y a dans la vie humaine mille douleurs qu'ils ne connaissaient pas. Pour mon Emile, s'il a eu de la simplicité et du bon sens dans son enfance, je suis sûr qu'il aura de l'âme et de la sensibilité dans sa jeunesse; car la vérité des sentiments tient beaucoup à la justesse des idées.

Mais pourquoi le rappeler ici? Plus d'un lecteur me reprochera sans doute l'oubli de mes premières résolutions et du bonheur constant que j'avais promis à mon élève. Des malheureux, des mourants, des spectacles de douleur et de misère! quel bonheur, quelle jouissance pour un jeune cœur qui naît à la vie! Son triste instituteur, qui lui destinait une éducation si douce, ne le fait naître que pour souffrir. Voilà ce qu'on dira: que m'importe? j'ai promis de le rendre heureux, non de faire qu'il parût l'être. Est-ce ma faute si, toujours dupe de l'apparence, vous la prenez pour la réalité?

Prenons deux jeunes gens sortant de la première éducation et entrant dans le monde par deux portes directement opposées. L'un monte tout à coup sur l'Olympe et se répand dans la plus brillante société; on le mène à la cour, chez les grands, chez les riches, chez les jolies femmes. Je le suppose fêté partout, et je n'examine pas l'effet de cet accueil sur sa raison; je suppose qu'elle y résiste. Les plaisirs volent au-devant de lui, tous les jours de nouveaux objets l'amusent; il se livre à tout avec un intérêt qui vous séduit. Vous le voyez attentif, empressé, curieux; sa première admiration vous frappe; vous l'estimez content: mais voyez l'état de son âme; vous croyez qu'il jouit; moi, je crois qu'il souffre.

Qu'aperçoit-il d'abord en ouvrant les yeux? des multitudes de prétendus biens qu'il ne connaissait pas, et dont la plupart, n'étant qu'un moment à sa portée, ne semblent se montrer à lui que pour lui donner le regret d'en être privé. Se promène-t-il dans un palais, vous voyez à son inquiète curiosité qu'il se demande pourquoi sa maison paternelle n'est pas ainsi. Toutes ses questions vous disent qu'il se compare sans cesse au maître de cette maison, et tout ce qu'il trouve de mortifiant pour lui dans ce parallèle aiguise sa vanité en la révoltant. S'il rencontre un jeune homme mieux mis que lui, je le vois murmurer en secret contre l'avarice de ses parents. Est-il plus paré qu'un autre, il a la douleur de voir cet autre l'effacer ou par sa naissance ou par son esprit, et toute sa dorure humiliée devant un simple habit de drap. Brille-t-il seul dans une assemblée, s'élève-t-il sur la pointe du pied pour être mieux vu; qui est-ce qui n'a pas une disposition secrète à rabaisser l'air superbe et vain d'un jeune fat ? Tout s'unit bientôt comme de concert; les regards inquiétants d'un homme grave, les mots railleurs d'un caustique ne tardent pas d'arriver jusqu'à lui; et, ne fût-il dédaigné que d'un seul homme, le mépris de cet homme empoisonne à l'instant les applaudissements des autres.

Donnons-lui tout, prodiguons-lui les agréments, le mérite; qu'il soit bien fait, plein d'esprit, aimable : il sera recherché des femmes; mais en le recherchant avant qu'il les aime, elles le rendront plutôt fou qu'amoureux : il aura de bonnes fortunes; mais il n'aura ni transports ni passion pour les goûter. Ses désirs toujours prévenus, n'ayant jamais le temps de naître, au sein des plaisirs il ne sent que l'ennui de la gêne : le sexe fait pour le bonheur du sien le dégoûte et le rassasie même avant qu'il le connaisse; s'il continue à le voir, ce n'est plus que par vanité; et quand il s'y attacherait par un goût véritable, il ne sera pas seul jeune, seul brillant, seul aimable, et ne trouvera pas toujours dans ses maîtresses des prodiges de fidélité.

Je ne dis rien des tracasseries, des trahisons, des noirceurs, des repentirs de toute espèce inséparables d'une pareille vie. L'expérience du monde en dégoûte, on le sait; je ne parle que des ennuis attachés à la première illusion.

Quel contraste pour celui qui, renfermé jusqu'ici dans le sein de sa famille et de ses amis, s'est vu l'unique objet de toutes leurs attentions, d'entrer tout à coup dans un ordre de choses où il est compté pour si peu; de se trouver comme noyé dans une sphère étrangère, lui qui fit si longtemps le centre de la sienne! Que d'affronts, que d'humiliations ne faut-il pas qu'il essuie, avant de perdre, parmi les inconnus, les préjugés de son importance pris et nourris parmi les siens! Enfant, tout lui cédait, tout s'empressait autour de lui : jeune homme, il faut qu'il cède à tout le monde; ou pour peu qu'il s'oublie et conserve ses anciens airs, que de dures leçons vont le faire rentrer en lui-même! L'habitude d'obtenir aisément les objets de ses désirs le porte à beaucoup désirer, et lui fait sentir des privations continuelles. Tout ce qui le flatte le tente; tout ce que d'autres ont, il voudrait l'avoir : il convoite tout, il porte envie à tout le monde, il voudrait dominer partout; la vanité le ronge, l'ardeur des désirs effrénés enflamme son jeune cœur; la jalousie et la haine y naissent avec eux; toutes les passions dévorantes y prennent à la fois leur essor; il en porte l'agitation dans le tumulte du monde; il la rapporte avec lui tous les soirs; il rentre mécontent de lui et des autres; il s'endort plein de mille vains projets, troublé de mille fantaisies, et son orgueil lui peint jusque dans ses songes les chimériques biens dont le désir le tourmente, et qu'il ne possédera de sa vie. Voilà votre élève! voyons le mien.

Si le premier spectacle qui le frappe est un objet de tristesse, le premier retour sur lui-même est un sentiment de plaisir. En voyant de combien de maux il est exempt, il se sent plus heureux qu'il ne pensait l'être. Il partage les peines de ses semblables; mais ce partage est volontaire et doux. Il jouit à la fois de la pitié qu'il a pour leurs maux, et du bonheur qui l'en exempte; il se sent dans cet état de force qui nous étend au-delà de nous, et nous fait porter ailleurs l'activité superflue à notre bien-être. Pour plaindre le mal d'autrui, sans doute il faut le connaître, mais il ne faut pas le sentir. Quand on a souffert, ou qu'on craint de souffrir, on plaint ceux qui souffrent; mais tandis qu'on souffre, on ne plaint que soi. Or si, tous étant assujettis aux misères de la vie, nul n'accorde aux autres que la sensibilité dont il n'a pas actuellement besoin pour lui-même, il s'ensuit que la commisération doit être un sentiment très doux, puisqu'elle dépose en notre faveur, et qu'au contraire un homme dur est toujours malheureux, puisque l'état de son cœur ne lui laisse aucune sensibilité surabondante qu'il puisse accorder aux peines d'autrui.

Nous jugeons trop du bonheur sur les apparences : nous le supposons où il est le moins; nous le cherchons où il ne saurait être : la gaieté n'en est qu'un signe très équivoque. Un homme gai n'est souvent qu'un infortuné qui cherche à donner le change aux autres et à s'étourdir

lui-même. Ces gens si riants, si ouverts, si sereins dans
un cercle, sont presque tous tristes et grondeurs chez
eux, et leurs domestiques portent la peine de l'amusement
qu'ils donnent à leurs sociétés. Le vrai contentement n'est
ni gai ni folâtre ; jaloux d'un sentiment si doux, en le goû-
tant on y pense, on le savoure, on craint de l'évaporer.
Un homme vraiment heureux ne parle guère et ne rit
guère ; il resserre, pour ainsi dire, le bonheur autour de
son cœur. Les jeux bruyants, la turbulente joie, voilent
les dégoûts et l'ennui. Mais la mélancolie est amie de la
volupté : l'attendrissement et les larmes accompagnent
les plus douces jouissances, et l'excessive joie elle-même
arrache plutôt des pleurs que des cris.

Si d'abord la multitude et la variété des amusements
paraissent contribuer au bonheur, si l'uniformité d'une
vie égale paraît d'abord ennuyeuse, en y regardant mieux,
on trouve, au contraire, que la plus douce habitude de
l'âme consiste dans une modération de jouissance qui
laisse peu de prise au désir et au dégoût. L'inquiétude
des désirs produit la curiosité, l'inconstance : le vide des
turbulents plaisirs produit l'ennui. On ne s'ennuie jamais
de son état quand on n'en connaît point de plus agréable.
De tous les hommes du monde, les sauvages sont les
moins curieux et les moins ennuyés ; tout leur est indifférent : ils ne jouissent pas des choses, mais d'eux ; ils
passent leur vie à ne rien faire, et ne s'ennuient jamais.

L'homme du monde est tout entier dans son masque.
N'étant presque jamais en lui-même, il y est toujours
étranger, et mal à son aise quand il est forcé d'y rentrer.
Ce qu'il est n'est rien, ce qu'il paraît est tout pour lui.

Je ne puis m'empêcher de me représenter, sur le visage
du jeune homme dont j'ai parlé ci-devant, je ne sais quoi
d'impertinent, de doucereux, d'affecté, qui déplaît, qui
rebute les gens unis, et sur celui-ci du mien, une physionomie intéressante et simple, qui montre le contentement, la véritable sérénité de l'âme, qui inspire l'estime,
la confiance, et qui semble n'attendre que l'épanchement
de l'amitié pour donner la sienne à ceux qui l'approchent.
On croit que la physionomie n'est qu'un simple développement de traits déjà marqués par la nature. Pour moi,
je penserais qu'outre ce développement, les traits du
visage d'un homme viennent insensiblement à se former
et prendre de la physionomie par l'impression fréquente
et habituelle de certaines affections de l'âme. Ces affections se marquent sur le visage, rien n'est plus certain ;

et quand elles tournent en habitude, elles y doivent laisser des impressions durables. Voilà comment je conçois que la physionomie annonce le caractère, et qu'on peut quelquefois juger de l'un par l'autre, sans aller chercher des explications mystérieuses qui supposent des connaissances que nous n'avons pas.

Un enfant n'a que deux affections bien marquées, la joie et la douleur : il rit ou il pleure; les intermédiaires ne sont rien pour lui; sans cesse il passe de l'un de ces mouvements à l'autre. Cette alternative continuelle empêche qu'ils ne fassent sur son visage aucune impression constante, et qu'il ne prenne de la physionomie : mais dans l'âge où, devenu plus sensible, il est plus vivement, ou plus constamment affecté, les impressions plus profondes laissent des traces plus difficiles à détruire; et de l'état habituel de l'âme résulte un arrangement de traits que le temps rend ineffaçables. Cependant il n'est pas rare de voir des hommes changer de physionomie à différents âges. J'en ai vu plusieurs dans ce cas; et j'ai toujours trouvé que ceux que j'avais pu bien observer et suivre avaient aussi changé de passions habituelles. Cette seule observation, bien confirmée, me paraîtrait décisive, et n'est pas déplacée dans un traité d'éducation, où il importe d'apprendre à juger des mouvements de l'âme par les signes extérieurs.

Je ne sais si, pour n'avoir pas appris à imiter des manières de convention et à feindre des sentiments qu'il n'a pas, mon jeune homme sera moins aimable, ce n'est pas de cela qu'il s'agit ici : je sais seulement qu'il sera plus aimant, et j'ai bien de la peine à croire que celui qui n'aime que lui puisse assez bien se déguiser pour plaire autant que celui qui tire de son attachement pour les autres un nouveau sentiment de bonheur. Mais, quant à ce sentiment même, je crois en avoir assez dit pour guider sur ce point un lecteur raisonnable, et montrer que je ne me suis pas contredit.

Je reviens donc à ma méthode, et je dis : Quand l'âge critique approche, offrez aux jeunes gens des spectacles qui les retiennent, et non des spectacles qui les excitent; donnez le change à leur imagination naissante par des objets qui, loin d'enflammer leurs sens, en répriment l'activité. Eloignez-les des grandes villes, où la parure et l'immodestie des femmes hâtent et préviennent les leçons de la nature, où tout présente à leurs yeux des plaisirs qu'ils ne doivent connaître que quand ils sauront les choisir.

Ramenez-les dans leurs premières habitations, où la
simplicité champêtre laisse les passions de leur âge se
développer moins rapidement; ou si leur goût pour les
arts les attache encore à la ville, prévenez en eux, par
ce goût même, une dangereuse oisiveté. Choisissez avec
soin leurs sociétés, leurs occupations, leurs plaisirs : ne
leur montrez que des tableaux touchants, mais modestes,
qui les remuent sans les séduire, et qui nourrissent leur
sensibilité sans émouvoir leurs sens. Songez aussi qu'il y a
partout quelques excès à craindre, et que les passions
immodérées font toujours plus de mal qu'on n'en veut
éviter. Il ne s'agit pas de faire de votre élève un garde-
malade, un frère de la charité, d'affliger ses regards par
des objets continuels de douleurs et de souffrances, de le
promener d'infirme en infirme, d'hôpital en hôpital, et de
la Grève aux prisons; il faut le toucher et non l'endurcir
à l'aspect des misères humaines. Longtemps frappé des
mêmes spectacles, on n'en sent plus les impressions;
l'habitude accoutume à tout; ce qu'on voit trop on ne
l'imagine plus, et ce n'est que l'imagination qui nous fait
sentir les maux d'autrui : c'est ainsi qu'à force de voir
mourir et souffrir, les prêtres et les médecins deviennent
impitoyables. Que votre élève connaisse donc le sort de
l'homme et les misères de ses semblables; mais qu'il n'en
soit pas trop souvent le témoin. Un seul objet bien choisi,
et montré dans un jour convenable, lui donnera pour un
mois d'attendrissement et de réflexions. Ce n'est pas tant
ce qu'il voit, que son retour sur ce qu'il a vu, qui détermine le jugement qu'il en porte; et l'impression durable
qu'il reçoit d'un objet lui vient moins de l'objet même
que du point de vue sous lequel on le porte à se le rappeler. C'est ainsi qu'en ménageant les exemples, les leçons,
les images, vous émousserez longtemps l'aiguillon des
sens, et donnerez le change à la nature en suivant ses
propres directions.

A mesure qu'il acquiert des lumières, choisissez les
idées qui s'y rapportent; à mesure que nos désirs s'allument, choisissez des tableaux propres à les réprimer.
Un vieux militaire, qui s'est distingué par ses mœurs
autant que par son courage, m'a raconté que, dans sa
première jeunesse, son père, homme de sens, mais très
dévot, voyant son tempérament naissant le livrer aux
femmes, n'épargna rien pour le contenir; mais enfin,
malgré tous ses soins, le sentant prêt à lui échapper, il
s'avisa de le mener dans un hôpital de vérolés, et, sans

le prévenir de rien, le fit entrer dans une salle où une troupe de ces malheureux expiaient, par un traitement effroyable, le désordre qui les y avait exposés. A ce hideux aspect, qui révoltait à la fois tous les sens, le jeune homme faillit se trouver mal. « Va, misérable débauché, lui dit alors le père d'un ton véhément, suis le vil penchant qui t'entraîne ; bientôt tu seras trop heureux d'être admis dans cette salle, où, victime des plus infâmes douleurs, tu forceras ton père à remercier Dieu de ta mort. »

Ce peu de mots, joints à l'énergique tableau qui frappait le jeune homme, lui firent une impression qui ne s'effaça jamais. Condamné par son état à passer sa jeunesse dans les garnisons, il aima mieux essuyer toutes les railleries de ses camarades que d'imiter leur libertinage. « J'ai été homme, me dit-il, j'ai eu des faiblesses ; mais parvenu jusqu'à mon âge, je n'ai jamais pu voir une fille publique sans horreur. » Maître, peu de discours ; mais apprenez à choisir les lieux, les temps, les personnes, puis donnez toutes vos leçons en exemples, et soyez sûr de leur effet.

L'emploi de l'enfance est peu de chose : le mal qui s'y glisse n'est point sans remède ; et le bien qui s'y fait peut venir plus tard. Mais il n'en est pas ainsi du premier âge où l'homme commence véritablement à vivre. Cet âge ne dure jamais assez pour l'usage qu'on en doit faire, et son importance exige une attention sans relâche : voilà pourquoi j'insiste sur l'art de le prolonger. Un des meilleurs préceptes de la bonne culture est de tout retarder tant qu'il est possible. Rendez les progrès lents et sûrs ; empêchez que l'adolescent ne devienne homme au moment où rien ne lui reste à faire pour le devenir. Tandis que le corps croît, les esprits destinés à donner du baume au sang et de la force aux fibres se forment et s'élaborent. Si vous leur faites prendre un cours différent, et que ce qui est destiné à perfectionner un individu serve à la formation d'un autre, tous deux restent dans un état de faiblesse, et l'ouvrage de la nature demeure imparfait. Les opérations de l'esprit se sentent à leur tour de cette altération ; et l'âme, aussi débile que le corps, n'a que des fonctions faibles et languissantes. Des membres gros et robustes ne font ni le courage ni le génie ; et je conçois que la force de l'âme n'accompagne pas celle du corps, quand d'ailleurs les organes de la communication des deux substances sont mal disposés. Mais, quelque bien disposés qu'ils puissent être, ils agiront toujours faiblement, s'ils n'ont pour principe qu'un sang épuisé, appauvri, et dépourvu de cette substance qui donne de la force et du jeu à tous les ressorts de la machine. Généralement on aperçoit plus de vigueur d'âme dans les hommes dont les jeunes ans ont été préservés d'une corruption prématurée, que dans ceux dont le désordre a commencé avec le pouvoir de s'y livrer; et c'est sans doute une des raisons pourquoi les peuples qui ont des mœurs surpassent ordinairement en bon sens et en courage les peuples qui n'en ont pas. Ceux-ci brillent uniquement par je ne sais quelles petites qualités déliées, qu'ils appellent esprit, sagacité, finesse; mais ces grandes et nobles fonctions de sagesse et de raison, qui distinguent et honorent l'homme par de belles actions, par des vertus, par des soins véritablement utiles, ne se trouvent guère que dans les premiers.

Les maîtres se plaignent que le feu de cet âge rend la jeunesse indisciplinable, et je le vois : mais n'est-ce pas leur faute ? Sitôt qu'ils ont laissé prendre à ce feu son cours par les sens, ignorent-ils qu'on ne peut plus lui en donner un autre ? Les longs et froids sermons d'un pédant effaceront-ils dans l'esprit de son élève l'image des plaisirs qu'il a conçus ? banniront-ils de son cœur les désirs qui le tourmentent ? amortiront-ils l'ardeur d'un tempérament dont il sait l'usage ? ne s'irritera-t-il pas contre les obstacles qui s'opposent au seul bonheur dont il ait l'idée ? Et, dans la dure loi qu'on lui prescrit sans pouvoir la lui faire entendre, que verra-t-il, sinon le caprice et la haine d'un homme qui cherche à le tourmenter ? Est-il étrange qu'il se mutine et le haïsse à son tour ?

Je conçois bien qu'en se rendant facile on peut se rendre plus supportable, et conserver une apparente autorité. Mais je ne vois pas trop à quoi sert l'autorité qu'on ne garde sur son élève qu'en fomentant les vices qu'elle devrait réprimer; c'est comme si, pour calmer un cheval fougueux, l'écuyer le faisait sauter dans un précipice.

Loin que ce feu de l'adolescent soit un obstacle à l'éducation, c'est par lui qu'elle se consomme et s'achève; c'est lui qui vous donne une prise sur le cœur d'un jeune homme, quand il cesse d'être moins fort que vous. Ses premières affections sont les rênes avec lesquelles vous dirigez tous ses mouvements : il était libre, et je le vois asservi. Tant qu'il n'aimait rien, il ne dépendait que de

lui-même et de ses besoins; sitôt qu'il aime, il dépend
de ses attachements. Ainsi se forment les premiers liens
qui l'unissent à son espèce. En dirigeant sur elle sa sensibilité naissante, ne croyez pas qu'elle embrassera d'abord
tous les hommes, et que ce mot de genre humain signi-
fiera pour lui quelque chose. Non, cette sensibilité se
bornera premièrement à ses semblables; et ses semblables ne seront point pour lui des inconnus, mais
ceux avec lesquels il a des liaisons, ceux que l'habitude
lui a rendus chers ou nécessaires, ceux qu'il voit évidemment avoir avec lui des manières de penser et de sentir
communes, ceux qu'il voit exposés aux peines qu'il a
souffertes et sensibles aux plaisirs qu'il a goûtés, ceux,
en un mot, en qui l'identité de nature plus manifestée
lui donne une plus grande disposition à s'aimer. Ce ne
sera qu'après avoir cultivé son naturel en mille manières,
après bien des réflexions sur ses propres sentiments et
sur ceux qu'il observera dans les autres, qu'il pourra
parvenir à généraliser ses notions individuelles sous l'idée
abstraite d'humanité, et joindre à ses affections particulières celles qui peuvent l'identifier avec son espèce.

En devenant capable d'attachement, il devient sensible
à celui des autres *, et par là même attentif aux signes
de cet attachement. Voyez-vous quel nouvel empire vous
allez acquérir sur lui ? Que de chaînes vous avez mises
autour de son cœur avant qu'il s'en aperçût! Que ne sentira-t-il point quand, ouvrant les yeux sur lui-même, il
verra ce que vous avez fait pour lui; quand il pourra
se comparer aux autres jeunes gens de son âge, et vous
comparer aux autres gouverneurs! Je dis quand il le
verra, mais gardez-vous de le lui dire; si vous le lui dites,
il ne le verra plus. Si vous exigez de lui de l'obéissance
en retour des soins que vous lui avez rendus, il croira que
vous l'avez surpris : il se dira qu'en feignant de l'obliger
gratuitement, vous avez prétendu le charger d'une dette,
et le lier par un contrat auquel il n'a point consenti.
En vain vous ajouterez que ce que vous exigez de lui
n'est que pour lui-même : vous exigez enfin, et vous

---

* L'attachement peut se passer de retour, jamais l'amitié. Elle est
un échange, un contrat comme les autres; mais elle est le plus saint
de tous. Le mot d'*ami* n'a point d'autre corrélatif que lui-même. Tout
homme qui n'est pas l'ami de son ami est très sûrement un fourbe;
car ce n'est qu'en rendant ou feignant de rendre l'amitié qu'on peut
l'obtenir.

exigez en vertu de ce que vous avez fait sans son aveu. Quand un malheureux prend l'argent qu'on feint de lui donner, et se trouve enrôlé malgré lui, vous criez à l'injustice : n'êtes-vous pas plus injuste encore de demander à votre élève le prix des soins qu'il n'a point acceptés ?

L'ingratitude serait plus rare si les bienfaits à usure étaient moins connus. On aime ce qui nous fait du bien; c'est un sentiment si naturel! L'ingratitude n'est pas dans le cœur de l'homme, mais l'intérêt y est : il y a moins d'obligés ingrats que de bienfaiteurs intéressés. Si vous me vendez vos dons, je marchanderai sur le prix; mais si vous feignez de donner pour vendre ensuite à votre mot, vous usez de fraude : c'est d'être gratuits qui les rend inestimables. Le cœur ne reçoit de lois que de lui-même; en voulant l'enchaîner on le dégage; on l'enchaîne en le laissant libre.

Quand le pêcheur amorce l'eau, le poisson vient, et reste autour de lui sans défiance; mais quand, pris à l'hameçon caché sous l'appât, il sent retirer la ligne, il tâche de fuir. Le pêcheur est-il le bienfaiteur ? le poisson est-il l'ingrat ? Voit-on jamais qu'un homme oublié par son bienfaiteur l'oublie ? Au contraire, il en parle toujours avec plaisir, il n'y songe point sans attendrissement : s'il trouve occasion de lui montrer par quelque service inattendu qu'il se ressouvient des siens, avec quel contentement intérieur il satisfait alors sa gratitude! Avec quelle douce joie il se fait reconnaître! Avec quel transport il lui dit : Mon tour est venu! Voilà vraiment la voix de nature; jamais un vrai bienfait ne fit d'ingrat.

Si donc la reconnaissance est un sentiment naturel, et que vous n'en détruisiez pas l'effet par votre faute, assurez-vous que votre élève, commençant à voir le prix de vos soins, y sera sensible, pourvu que vous ne les ayez point mis vous-même à prix, et qu'ils vous donneront dans son cœur une autorité que rien ne pourra détruire. Mais, avant de vous être bien assuré de cet avantage, gardez de vous l'ôter en vous faisant valoir auprès de lui. Lui vanter vos services, c'est les lui rendre insupportables; les oublier, c'est l'en faire souvenir. Jusqu'à ce qu'il soit temps de le traiter en homme, qu'il ne soit jamais question de ce qu'il vous doit, mais de ce qu'il se doit. Pour le rendre docile, laissez-lui toute sa liberté; dérobez-vous pour qu'il vous cherche; élevez son âme au noble sentiment de la reconnaissance, en ne lui parlant jamais que de son intérêt. Je n'ai point voulu qu'on lui dît que ce qu'on faisait était pour son bien, avant qu'il fût en état de l'entendre; dans ce discours il n'eût vu que votre dépendance, et il ne vous eût pris que pour son valet. Mais maintenant qu'il commence à sentir ce que c'est qu'aimer, il sent aussi quel doux lien peut unir un homme à ce qu'il aime; et, dans le zèle qui vous fait occuper de lui sans cesse, il ne voit plus l'attachement d'un esclave, mais l'affection d'un ami. Or rien n'a tant de poids sur le cœur humain que la voix de l'amitié bien reconnue; car on sait qu'elle ne nous parle jamais que pour notre intérêt. On peut croire qu'un ami se trompe, mais non qu'il veuille nous tromper. Quelquefois on résiste à ses conseils, mais jamais on ne les méprise.

Nous entrons enfin dans l'ordre moral : nous venons de faire un second pas d'homme. Si c'en était ici le lieu, j'essayerais de montrer comment des premiers mouvements du cœur s'élèvent les premières voix de la conscience, et comment des sentiments d'amour et de haine naissent les premières notions du bien et du mal : je ferais voir que *justice* et *bonté* ne sont point seulement des mots abstraits, de purs êtres moraux formés par l'entendement, mais de véritables affections de l'âme éclairée par la raison, et qui ne sont qu'un progrès ordonné de nos affections primitives; que, par la raison seule, indépendamment de la conscience, on ne peut établir aucune loi naturelle; et que tout le droit de la nature n'est qu'une chimère, s'il n'est fondé sur un besoin naturel au cœur humain *. Mais je songe que je n'ai point à faire ici des traités de métaphysique et de morale, ni des cours d'étude d'aucune espèce; il me suffit de marquer l'ordre et le progrès de nos sentiments et de nos connaissances relativement à notre constitution. D'autres démontreront peut-être ce que je ne fais qu'indiquer ici.

Mon Emile n'ayant jusqu'à présent regardé que lui-

---

* Le précepte même d'agir avec autrui comme nous voulons qu'on agisse avec nous n'a de vrai fondement que la conscience et le sentiment; car où est la raison précise d'agir, étant moi, comme si j'étais un autre, surtout quand je suis moralement sûr de ne jamais me trouver dans le même cas ? et qui me répondra qu'en suivant bien fidèlement cette maxime, j'obtiendrai qu'on la suive de même avec moi ? Le méchant tire avantage de la probité du juste et de sa propre injustice; il est bien aise que tout le monde soit juste, excepté lui. Cet accord-là, quoi qu'on en dise, n'est pas fort avantageux aux gens de bien. Mais quand la force d'une âme expansive m'identifie avec mon

même, le premier regard qu'il jette sur ses semblables le porte à se comparer avec eux; et le premier sentiment qu'excite en lui cette comparaison est de désirer la première place. Voilà le point où l'amour de soi se change en amour-propre, et où commencent à naître toutes les passions qui tiennent à celle-là. Mais pour décider si celles de ces passions qui domineront dans son caractère seront humaines et douces, ou cruelles et malfaisantes, si ce seront des passions de bienveillance et de commisération, ou d'envie et de convoitise, il faut savoir à quelle place il se sentira parmi les hommes, et quels genres d'obstacles il pourra croire avoir à vaincre pour parvenir à celle qu'il veut occuper.

Pour le guider dans cette recherche, après lui avoir montré les hommes par les accidents communs à l'espèce, il faut maintenant les lui montrer par leurs différences. Ici vient la mesure de l'inégalité naturelle et civile, et le tableau de tout l'ordre social.

Il faut étudier la société par les hommes, et les hommes par la société : ceux qui voudront traiter séparément la politique et la morale n'entendront jamais rien à aucune des deux. En s'attachant d'abord aux relations primitives, on voit comment les hommes en doivent être affectés, et quelles passions en doivent naître : on voit que c'est réciproquement par le progrès des passions que ces relations se multiplient et se resserrent. C'est moins la force des bras que la modération des cœurs qui rend les hommes indépendants et libres. Quiconque désire peu de chose tient à peu de gens; mais confondant toujours nos vains désirs avec nos besoins physiques, ceux qui ont fait de ces derniers les fondements de la société humaine ont toujours pris les effets pour les causes, n'ont fait que s'égarer dans tous leurs raisonnements.

Il y a dans l'état de nature une égalité de fait réelle et indestructible, parce qu'il est impossible dans cet état

semblable, et que je me sens pour ainsi dire en lui, c'est pour ne pas souffrir que je ne veux pas qu'il souffre; je m'intéresse à lui pour l'amour de moi, et la raison du précepte est dans la nature elle-même qui m'inspire le désir de mon bien-être en quelque lieu que je me sente exister. D'où je conclus qu'il n'est pas vrai que les préceptes de la loi naturelle soient fondés sur la raison seule, ils ont une base plus solide et plus sûre. L'amour des hommes dérivés de l'amour de soi est le principe de la justice humaine. Le sommaire de toute la morale est donné dans l'Evangile par celui de la loi.

que la seule différence d'homme à homme soit assez grande pour rendre l'un dépendant de l'autre. Il y a dans l'état civil une égalité de droit chimérique et vaine, parce que les moyens destinés à la maintenir servent eux-mêmes à la détruire, et que la force publique ajoutée au plus fort pour opprimer le faible rompt l'espèce d'équilibre que la nature avait mis entre eux *. De cette première contradiction découlent toutes celles qu'on remarque dans l'ordre civil entre l'apparence et la réalité. Toujours la multitude sera sacrifiée au petit nombre, et l'intérêt public à l'intérêt particulier; toujours ces noms spécieux de justice et de subordination serviront d'instruments à la violence et d'armes à l'iniquité : d'où il suit que les ordres distingués qui se prétendent utiles aux autres ne sont en effet utiles qu'à eux-mêmes aux dépens des autres; par où l'on doit juger de la considération qui leur est due selon la justice et la raison. Reste à voir si le rang qu'ils se sont donné est plus favorable au bonheur de ceux qui l'occupent, pour savoir quel jugement chacun de nous doit porter de son propre sort. Voilà maintenant l'étude qui nous importe; mais pour le bien faire, il faut commencer par connaître le cœur humain.

S'il ne s'agissait que de montrer aux jeunes gens l'homme par son masque, on n'aurait pas besoin de le leur montrer, ils le verraient toujours de reste; mais, puisque le masque n'est pas l'homme, et qu'il ne faut pas que son vernis le séduise, en leur peignant les hommes, peignez-les leur tels qu'ils sont, non pas afin qu'ils les haïssent, mais afin qu'ils les plaignent et ne leur veuillent pas ressembler. C'est, à mon gré, le sentiment le mieux entendu que l'homme puisse avoir sur son espèce.

Dans cette vue, il importe ici de prendre une route opposée à celle que nous avons suivie jusqu'à présent, et d'instruire plutôt le jeune homme par l'expérience d'autrui que par la sienne. Si les hommes le trompent, il les prendra en haine; mais si, respecté d'eux, il les voit se tromper mutuellement, il en aura pitié. Le spectacle du monde, disait Pythagore, ressemble à celui des jeux olympiques : les uns y tiennent boutique et ne songent qu'à leur profit; les autres y payent de leur

---

* L'esprit universel des lois de tous les pays est de favoriser toujours le fort contre le faible, et celui qui a contre celui qui n'a rien : cet inconvénient est inévitable et il est sans exception.

personne et cherchent la gloire; d'autres se contentent de voir les jeux, et ceux-ci ne sont pas les pires.

Je voudrais qu'on choisît tellement les sociétés d'un jeune homme, qu'il pensât bien de ceux qui vivent avec lui; et qu'on lui apprît à si bien connaître le monde, qu'il pensât mal de tout ce qui s'y fait. Qu'il sache que l'homme est naturellement bon, qu'il le sente, qu'il juge de son prochain par lui-même; mais qu'il voie comment la société déprave et pervertit les hommes; qu'il trouve dans leurs préjugés la source de tous leurs vices; qu'il soit porté à estimer chaque individu, mais qu'il méprise la multitude; qu'il voie que tous les hommes portent à peu près le même masque, mais qu'il sache aussi qu'il y a des visages plus beaux que le masque qui les couvre.

Cette méthode, il faut l'avouer, a ses inconvénients et n'est pas facile dans la pratique; car, s'il devient observateur de trop bonne heure, si vous l'exercez à épier de trop près les actions d'autrui, vous le rendrez médisant et satirique, décisif et prompt à juger; il se fera un odieux plaisir de chercher à tout de sinistres interprétations, et à ne voir en bien rien même de ce qui est bien. Il s'accoutumera du moins au spectacle du vice, et à voir les méchants sans horreur, comme on s'accoutume à voir les malheureux sans pitié. Bientôt la perversité générale lui servira moins de leçon que d'excuse : il se dira que si l'homme est ainsi, il ne doit pas vouloir être autrement.

Que si vous voulez l'instruire par principe et lui faire connaître, avec la nature du cœur humain, l'application des causes externes qui tournent nos penchants en vices, en le transportant ainsi tout d'un coup des objets sensibles aux objets intellectuels, vous employez une métaphysique qu'il n'est point en état de comprendre; vous retombez dans l'inconvénient, évité si soigneusement jusqu'ici, de lui donner des leçons qui ressemblent à des leçons, de substituer dans son esprit l'expérience et l'autorité du maître à sa propre expérience et au progrès de sa raison.

Pour lever à la fois ces deux obstacles et pour mettre le cœur humain à sa portée sans risquer de gâter le sien, je voudrais lui montrer les hommes au loin, les lui montrer dans d'autres temps ou dans d'autres lieux, et de sorte qu'il pût voir la scène sans jamais y pouvoir agir. Voilà le moment de l'histoire; c'est par elle qu'il lira dans les cœurs sans les leçons de la philosophie; c'est par elle qu'il les verra, simple spectateur, sans intérêt et sans passion, comme leur juge, non comme leur complice ni comme leur accusateur.

Pour connaître les hommes il faut les voir agir. Dans le monde on les entend parler; ils montrent leurs discours et cachent leurs actions : mais dans l'histoire elles sont dévoilées, et on les juge sur les faits. Leurs propos même aident à les apprécier; car, comparant ce qu'ils font à ce qu'ils disent, on voit à la fois ce qu'ils sont et ce qu'ils veulent paraître : plus ils se déguisent, mieux on les connaît.

Malheureusement cette étude a ses dangers, ses inconvénients de plus d'une espèce. Il est difficile de se mettre dans un point de vue d'où l'on puisse juger ses semblables avec équité. Un des grands vices de l'histoire est qu'elle peint beaucoup plus les hommes par leurs mauvais côtés que par les bons; comme elle n'est intéressante que par les révolutions, les catastrophes, tant qu'un peuple croît et prospère dans le calme d'un paisible gouvernement, elle n'en dit rien; elle ne commence à en parler que quand, ne pouvant plus se suffire à lui-même, il prend part aux affaires de ses voisins, ou les laisse prendre part aux siennes; elle ne l'illustre que quand il est déjà sur son déclin : toutes nos histoires commencent où elles devraient finir. Nous avons fort exactement celle des peuples qui se détruisent; ce qui nous manque est celle des peuples qui se multiplient; ils sont assez heureux et assez sages pour qu'elle n'ait rien à dire d'eux : et en effet nous voyons, même de nos jours, que les gouvernements qui se conduisent le mieux sont ceux dont on parle le moins. Nous ne savons donc que le mal; à peine le bien fait-il époque. Il n'y a que les méchants de célèbres, les bons sont oubliés ou tournés en ridicule : et voilà comment l'histoire, ainsi que la philosophie, calomnie sans cesse le genre humain.

De plus, il s'en faut bien que les faits décrits dans l'histoire soient la peinture exacte des mêmes faits tels qu'ils sont arrivés : ils changent de forme dans la tête de l'historien, ils se moulent sur ses intérêts, ils prennent la teinte de ses préjugés. Qui est-ce qui sait mettre exactement le lecteur au lieu de la scène pour voir un événement tel qu'il s'est passé ? L'ignorance ou la partialité déguise tout. Sans altérer même un trait historique, en étendant ou resserrant des circonstances qui s'y rapportent, que de faces différentes on peut lui donner! Mettez un même objet à divers points de vue, à peine paraîtra-t-il le même, et pourtant rien n'aura changé que l'œil du spectateur. Suffit-il, pour l'honneur de la vérité, de me dire un fait véritable en me le faisant voir tout autrement qu'il n'est arrivé ? Combien de fois un arbre de plus ou de moins, un rocher à droite ou à gauche, un tourbillon de poussière élevé par le vent ont décidé de l'événement d'un combat sans que personne s'en soit aperçu! Cela empêche-t-il que l'historien ne vous dise la cause de la défaite ou de la victoire avec autant d'assurance que s'il eût été partout ? Or que m'importent les faits en eux-mêmes, quand la raison m'en reste inconnue ? et quelles leçons puis-je tirer d'un événement dont j'ignore la vraie cause ? L'historien m'en donne une, mais il la controuve; et la critique elle-même, dont on fait tant de bruit, n'est qu'un art de conjecturer, l'art de choisir entre plusieurs mensonges celui qui ressemble le mieux à la vérité.

N'avez-vous jamais lu *Cléopâtre* ou *Cassandre*, ou d'autres livres de cette espèce ? L'auteur choisit un événement connu, puis, l'accommodant à ses vues, l'ornant de détails de son invention, de personnages qui n'ont jamais existé, et de portraits imaginaires, entasse fictions sur fictions pour rendre sa lecture agréable. Je vois peu de différence entre ces romans et vos histoires, si ce n'est que le romancier se livre davantage à sa propre imagination, et que l'historien s'asservit plus à celle d'autrui : à quoi j'ajouterai, si l'on veut, que le premier se propose un objet moral, bon ou mauvais, dont l'autre ne se soucie guère.

On me dira que la fidélité de l'histoire intéresse moins que la vérité des mœurs et des caractères; pourvu que le cœur humain soit bien peint, il importe peu que les événements soient fidèlement rapportés : car, après tout, ajoute-t-on, que nous font des faits arrivés il y a deux mille ans ? On a raison si les portraits sont bien rendus d'après nature; mais si la plupart n'ont leur modèle que dans l'imagination de l'historien, n'est-ce pas retomber dans l'inconvénient que l'on voulait fuir, et rendre à l'autorité des écrivains ce qu'on veut ôter à celle du maître ? Si mon élève ne doit voir que des tableaux de fantaisie, j'aime mieux qu'ils soient tracés de ma main que d'une autre; ils lui seront du moins mieux appropriés.

Les pires historiens pour un jeune homme sont ceux qui jugent. Les faits! les faits! et qu'il juge lui-même; c'est ainsi qu'il apprend à connaître les hommes. Si le jugement de l'auteur le guide sans cesse, il ne fait que voir par l'œil d'un autre; et quand cet œil lui manque, il ne voit plus rien.

Je laisse à part l'histoire moderne, non seulement parce qu'elle n'a plus de physionomie et que nos hommes se ressemblent tous, mais parce que nos historiens, uniquement attentifs à briller, ne songent qu'à faire des portraits fortement coloriés, et qui souvent ne représentent rien *. Généralement les anciens font moins de portraits, mettent moins d'esprit et plus de sens dans leurs jugements; encore y a-t-il entre eux un grand choix à faire, et il ne faut pas d'abord prendre les plus judicieux, mais les plus simples. Je ne voudrais mettre dans la main d'un jeune homme ni Polybe ni Salluste; Tacite est le livre des vieillards; les jeunes gens ne sont pas faits pour l'entendre : il faut apprendre à voir dans les actions humaines les premiers traits du cœur de l'homme, avant d'en vouloir sonder les profondeurs; il faut savoir bien lire dans les faits avant de lire dans les maximes. La philosophie en maximes ne convient qu'à l'expérience. La jeunesse ne doit rien généraliser : toute son instruction doit être en règles particulières.

Thucydide est, à mon gré, le vrai modèle des historiens. Il rapporte les faits sans les juger; mais il n'omet aucune des circonstances propres à nous en faire juger nous-mêmes. Il met tout ce qu'il raconte sous les yeux du lecteur; loin de s'interposer entre les événements et les lecteurs, il se dérobe; on ne croit plus lire, on croit voir. Malheureusement il parle toujours de guerre, et l'on ne voit presque dans ses récits que la chose du monde la moins instructive, savoir les combats. La *Retraite des Dix mille* et les *Commentaires de César* ont à peu près la même sagesse et le même défaut. Le bon Hérodote, sans portraits, sans maximes, mais coulant, naïf, plein de détails les plus capables d'intéresser et de plaire, serait peut-être le meilleur des historiens, si ces mêmes détails ne dégénéraient souvent en simplicités puériles, plus propres à gâter le goût de la jeunesse qu'à le former : il faut déjà du discernement pour le lire. Je ne dis rien

---

* Voyez Davila, Guicciardini, Strada, Solis, Machiavel, et quelquefois de Thou lui-même. Vertot est presque le seul qui savait peindre sans faire de portraits.

de Tite-Live, son tour viendra; mais il est politique, il est rhéteur, il est tout ce qui ne convient pas à cet âge.

L'histoire en général est défectueuse, en ce qu'elle ne tient registre que de faits sensibles et marqués, qu'on peut fixer par des noms, des lieux, des dates; mais les causes lentes et progressives de ces faits, lesquelles ne peuvent s'assigner de même, restent toujours inconnues. On trouve souvent dans une bataille gagnée ou perdue la raison d'une révolution qui, même avant cette bataille, était déjà devenue inévitable. La guerre ne fait guère que manifester des événements déjà déterminés par des causes morales que les historiens savent rarement voir.

L'esprit philosophique a tourné de ce côté les réflexions de plusieurs écrivains de ce siècle; mais je doute que la vérité gagne à leur travail. La fureur des systèmes s'étant emparée d'eux tous, nul ne cherche à voir les choses comme elles sont, mais comme elles s'accordent avec son système.

Ajoutez à toutes ces réflexions que l'histoire montre bien plus les actions que les hommes, parce qu'elle ne saisit ceux-ci que dans certains moments choisis, dans leurs vêtements de parade; elle n'expose que l'homme public qui s'est arrangé pour être vu : elle ne le suit point dans sa maison, dans son cabinet, dans sa famille, au milieu de ses amis; elle ne le peint que quand il représente : c'est bien plus son habit que sa personne qu'elle peint.

J'aimerais mieux la lecture des vies particulières pour commencer l'étude du cœur humain; car alors l'homme a beau se dérober, l'historien le poursuit partout; il ne lui laisse aucun moment de relâche, aucun recoin pour éviter l'œil perçant du spectateur; et c'est quand l'un croit mieux se cacher, que l'autre le fait mieux connaître. « Ceux, dit Montaigne, qui écrivent les vies, d'autant qu'ils s'amusent plus aux conseils qu'aux événements, plus à ce qui part du dedans qu'à ce qui arrive au dehors, ceux-là me sont plus propres : voilà pourquoi, en toutes sortes, c'est mon homme que Plutarque. »

Il est vrai que le génie des hommes assemblés ou des peuples est fort différent du caractère de l'homme en particulier, et que ce serait connaître très imparfaitement le cœur humain que de ne pas l'examiner aussi dans la multitude; mais il n'est pas moins vrai qu'il faut commencer par étudier l'homme pour juger les hommes, et que qui connaîtrait parfaitement les penchants de chaque individu pourrait prévoir tous leurs effets combinés dans le corps du peuple.

Il faut encore ici recourir aux anciens par les raisons que j'ai déjà dites, et de plus, parce que tous les détails familiers et bas, mais vrais et caractéristiques, étant bannis du style moderne, les hommes sont aussi parés par nos auteurs dans leurs vies privées que sur la scène du monde. La décence, non moins sévère dans les écrits que dans les actions, ne permet plus de dire en public que ce qu'elle permet d'y faire, et, comme on ne peut montrer les hommes que représentant toujours, on ne les connaît pas plus dans nos livres que sur nos théâtres. On aura beau faire et refaire cent fois la vie des rois, nous n'aurons plus de Suétones *.

Plutarque excelle par ces mêmes détails dans lesquels nous n'osons plus entrer. Il a une grâce inimitable à peindre les grands hommes dans les petites choses; et il est si heureux dans le choix de ses traits, que souvent un mot, un sourire, un geste lui suffit pour caractériser son héros. Avec un mot plaisant Annibal rassure son armée effrayée, et la fait marcher en riant à la bataille qui lui livra l'Italie; Agésilas, à cheval sur un bâton, me fait aimer le vainqueur du grand roi; César, traversant un pauvre village et causant avec ses amis, décèle, sans y penser, le fourbe qui disait ne vouloir qu'être l'égal de Pompée; Alexandre avale une médecine et ne dit pas un seul mot : c'est le plus beau moment de sa vie; Aristide écrit son propre nom sur une coquille, et justifie ainsi son surnom; Philopœmen, le manteau bas, coupe du bois dans la cuisine de son hôte. Voilà le véritable art de peindre. La physionomie ne se montre pas dans les grands traits, ni le caractère dans les grandes actions; c'est dans les bagatelles que le naturel se découvre. Les choses publiques sont ou trop communes ou trop apprêtées, et c'est presque uniquement à celles-ci que la dignité moderne permet à nos auteurs de s'arrêter.

Un des plus grands hommes du siècle dernier fut incontestablement M. de Turenne. On a eu le courage de

---

* Un seul de nos historiens, qui a imité Tacite dans les grands traits, a osé imiter Suétone et quelquefois transcrire Comines dans les petits; et cela même, qui ajoute au prix de son livre, l'a fait critiquer parmi nous.

rendre sa vie intéressante par de petits détails qui le font connaître et aimer; mais combien s'est-on vu forcé d'en supprimer qui l'auraient fait connaître et aimer davantage! Je n'en citerai qu'un, que je tiens de bon lieu, et que Plutarque n'eût eu garde d'omettre, mais que Ramsai n'eût eu garde d'écrire quand il l'aurait su.

Un jour d'été qu'il faisait fort chaud, le vicomte de Turenne, en petite veste blanche et en bonnet, était à la fenêtre dans son antichambre : un de ses gens survient, et, trompé par l'habillement, le prend pour un aide de cuisine avec lequel ce domestique était familier. Il s'approche doucement par derrière, et d'une main qui n'était pas légère lui applique un grand coup sur les fesses. L'homme frappé se retourne à l'instant. Le valet voit en frémissant le visage de son maître. Il se jette à genoux tout éperdu : *Monseigneur, j'ai cru que c'était George.* — *Et quand c'eût été George*, s'écrie Turenne en se frottant le derrière, *il ne fallait pas frapper si fort.* Voilà donc ce que vous n'osez dire, misérables ? Soyez donc à jamais sans naturel, sans entrailles; trempez, durcissez vos cœurs de fer dans votre vile décence; rendez-vous méprisables à force de dignité. Mais toi, bon jeune homme qui lis ce trait, et qui sens avec attendrissement toute la douceur d'âme qu'il montre, même dans le premier mouvement, lis aussi les petitesses de ce grand homme, dès qu'il était question de sa naissance et de son nom. Songe que c'est le même Turenne qui affectait de céder partout le pas à son neveu, afin qu'on vît bien que cet enfant était le chef d'une maison souveraine. Rapproche ces contrastes, aime la nature, méprise l'opinion, et connais l'homme.

Il y a bien peu de gens en état de concevoir les effets que des lectures ainsi dirigées peuvent opérer sur l'esprit tout neuf d'un jeune homme. Appesantis sur des livres dès notre enfance, accoutumés à lire sans penser, ce que nous lisons nous frappe d'autant moins que, portant déjà dans nous-mêmes les passions et les préjugés qui remplissent l'histoire et les vies des hommes, tout ce qu'ils font nous paraît naturel, parce que nous sommes hors de la nature, et que nous jugeons des autres par nous. Mais qu'on se représente un jeune homme élevé selon mes maximes, qu'on se figure mon Emile, auquel dix-huit ans de soins assidus n'ont eu pour objet que de conserver un jugement intègre et un cœur sain; qu'on se le figure, au lever de la toile, jetant pour la première fois les yeux sur la scène du monde, ou plutôt, placé derrière le théâtre, voyant les acteurs prendre et poser leurs habits, et comptant les cordes et les poulies dont le grossier prestige abuse les yeux des spectateurs : bientôt à sa première surprise succéderont des mouvements de honte et de dédain pour son espèce; il s'indignera de voir ainsi tout le genre humain, dupe de lui-même, s'avilir à ces jeux d'enfants; il s'affligera de voir ses frères s'entre-déchirer pour des rêves, et se changer en bêtes féroces pour n'avoir pas su se contenter d'être hommes.

Certainement, avec les dispositions naturelles de l'élève, pour peu que le maître apporte de prudence et de choix dans ses lectures, pour peu qu'il le mette sur la voie des réflexions qu'il en doit tirer, cet exercice sera pour lui un cours de philosophie pratique, meilleur sûrement et mieux entendu que toutes les vaines spéculations dont on brouille l'esprit des jeunes gens dans nos écoles. Qu'après avoir suivi les romanesques projets de Pyrrhus, Cynéas lui demande quel bien réel lui procurera la conquête du monde, dont il ne puisse jouir dès à présent sans tant de tourments; nous ne voyons là qu'un bon mot qui passe. Mais Emile y verra une réflexion très sage, qu'il eût faite le premier, et qui ne s'effacera jamais de son esprit, parce qu'elle n'y trouve aucun préjugé contraire qui puisse en empêcher l'impression. Quand ensuite, en lisant la vie de cet insensé, il trouvera que tous ses grands desseins ont abouti à s'aller faire tuer par la main d'une femme, au lieu d'admirer cet héroïsme prétendu, que verra-t-il dans tous les exploits d'un si grand capitaine, dans toutes les intrigues d'un si grand politique, si ce n'est autant de pas pour aller chercher cette malheureuse tuile qui devait terminer sa vie et ses projets par une mort déshonorante ?

Tous les conquérants n'ont pas été tués; tous les usurpateurs n'ont pas échoué dans leurs entreprises, plusieurs paraîtront heureux aux esprits prévenus des opinions vulgaires : mais celui qui, sans s'arrêter aux apparences, ne juge du bonheur des hommes que par l'état de leurs cœurs, verra leurs misères dans leurs succès mêmes; il verra leurs désirs et leurs soucis rongeants s'étendre et s'accroître avec leur fortune; il les verra perdre haleine en avançant, sans jamais parvenir à leurs termes, il les verra semblables à ces voyageurs inexpérimentés qui, s'engageant pour la première fois dans les Alpes, pensent les franchir à chaque montagne, et, quand ils sont au sommet, trouvent avec découragement de plus hautes montagnes au-devant d'eux.

Auguste, après avoir soumis ses concitoyens et détruit ses rivaux, régit durant quarante ans le plus grand empire qui ait existé : mais tout cet immense pouvoir l'empêchait-il de frapper les murs de sa tête et de remplir son vaste palais de ses cris, en redemandant à Varus ses légions exterminées ? Quand il aurait vaincu tous ses ennemis, de quoi lui auraient servi ses vains triomphes, tandis que les peines de toute espèce naissaient sans cesse autour de lui, tandis que ses plus chers amis attentaient à sa vie et qu'il était réduit à pleurer la honte ou la mort de tous ses proches ? L'infortuné voulut gouverner le monde, et ne sut pas gouverner sa maison! Qu'arriva-t-il de cette négligence ? Il vit périr à la fleur de l'âge son neveu, son fils adoptif, son gendre; son petit-fils fut réduit à manger la bourre de son lit pour prolonger de quelques heures sa misérable vie; sa fille et sa petite-fille, après l'avoir couvert de leur infamie, moururent l'une de misère et de faim dans une île déserte, l'autre en prison par la main d'un archer. Lui-même enfin, dernier reste de sa malheureuse famille, fut réduit par sa propre femme à ne laisser après lui qu'un monstre pour lui succéder. Tel fut le sort de ce maître du monde tant célébré pour sa gloire et son bonheur. Croirai-je qu'un seul de ceux qui les admirent les voulût acquérir au même prix ?

J'ai pris l'ambition pour exemple; mais le jeu de toutes les passions humaines offre de semblables leçons à qui veut étudier l'histoire pour se connaître et se rendre sage aux dépens des morts. Le temps approche où la vie d'Antoine aura pour le jeune homme une instruction plus prochaine que celle d'Auguste. Emile ne se reconnaîtra guère dans les étranges objets qui frapperont ses regards durant ses nouvelles études; mais il saura d'avance écarter l'illusion des passions avant qu'elles naissent; et, voyant que de tous les temps elles ont aveuglé les hommes, il sera prévenu de la manière dont elles pourront l'aveugler à son tour, si jamais il s'y livre *.

---

* C'est toujours le préjugé qui fomente dans nos cœurs l'impétuosité des passions. Celui qui ne voit que ce qui est, et n'estime que ce qu'il connaît, ne se passionne guère. Les erreurs de nos jugements produisent l'ardeur de tous nos désirs. (Note du manuscrit autographe.)

Ces leçons, je le sais, lui sont mal appropriées ; peut-être au besoin seront-elles tardives, insuffisantes : mais souvenez-vous que ce ne sont point celles que j'ai voulu tirer de cette étude. En la commençant, je me proposais un autre objet ; et sûrement, si cet objet est mal rempli, ce sera la faute du maître.

Songez qu'aussitôt que l'amour-propre est développé, le *moi* relatif se met en jeu sans cesse, et que jamais le jeune homme n'observe les autres sans revenir sur lui-même et se comparer avec eux. Il s'agit donc de savoir à quel rang il se mettra parmi ses semblables après les avoir examinés. Je vois, à la manière dont on fait lire l'histoire aux jeunes gens, qu'on les transforme, pour ainsi dire, dans tous les personnages qu'ils voient, qu'on s'efforce de les faire devenir tantôt Cicéron, tantôt Trajan, tantôt Alexandre ; de les décourager lorsqu'ils rentrent dans eux-mêmes ; de donner à chacun le regret de n'être que soi. Cette méthode a certains avantages dont je ne disconviens pas ; mais, quant à mon Emile, s'il arrive une seule fois, dans ces parallèles, qu'il aime mieux être un autre que lui, cet autre fût-il Socrate, fût-il Caton, tout est manqué : celui qui commence à se rendre étranger à lui-même ne tarde pas à s'oublier tout à fait.

Ce ne sont point les philosophes qui connaissent le mieux les hommes ; ils ne les voient qu'à travers les préjugés de la philosophie ; et je ne sache aucun état où l'on en ait tant. Un sauvage nous juge plus sainement que ne fait un philosophe. Celui-ci sent ses vices, s'indigne des nôtres, et dit en lui-même : Nous sommes tous méchants ; l'autre nous regarde sans s'émouvoir, et dit : Vous êtes des fous. Il a raison, car nul ne fait le mal pour le mal. Mon élève est ce sauvage, avec cette différence qu'Emile, ayant plus réfléchi, plus comparé d'idées, vu nos erreurs de plus près, se tient plus en garde contre lui-même et ne juge que de ce qu'il connaît.

Ce sont nos passions qui nous irritent contre celles des autres ; c'est notre intérêt qui nous fait haïr les méchants ; s'ils ne nous faisaient aucun mal, nous aurions pour eux plus de pitié que de haine. Le mal que nous font les méchants nous fait oublier celui qu'ils se font à eux-mêmes. Nous leur pardonnerions plus aisément leurs vices, si nous pouvions connaître combien leur propre cœur les en punit. Nous sentons l'offense et nous ne voyons pas le châtiment ; les avantages sont apparents, la peine est intérieure. Celui qui croit jouir du fruit de

ses vices n'est pas moins tourmenté que s'il n'eût point
réussi; l'objet est changé, l'inquiétude est la même; ils
ont beau montrer leur fortune et cacher leur cœur, leur
conduite le montre en dépit d'eux : mais pour le voir,
il n'en faut pas avoir un semblable.

Les passions que nous partageons nous séduisent;
celles qui choquent nos intérêts nous révoltent, et, par
une inconséquence qui nous vient d'elles, nous blâmons
dans les autres ce que nous voudrions imiter. L'aversion
et l'illusion sont inévitables, quand on est forcé de souffrir de la part d'autrui le mal qu'on ferait si l'on était à sa
place.

Que faudrait-il donc pour bien observer les hommes ?
Un grand intérêt à les connaître, une grande impartialité
à les juger, un cœur assez sensible pour concevoir toutes
les passions humaines, et assez calme pour ne les pas
éprouver. S'il est dans la vie un moment favorable à cette
étude, c'est celui que j'ai choisi pour Emile : plus tôt, ils
lui eussent été étrangers, plus tard, il leur eût été semblable. L'opinion dont il voit le jeu n'a point encore
acquis sur lui d'empire; les passions dont il sent l'effet
n'ont point agité son cœur. Il est homme, il s'intéresse à
ses frères; il est équitable, il juge ses pairs. Or, sûrement,
s'il les juge bien, il ne voudra être à la place d'aucun
d'eux; car le but de tous les tourments qu'ils se donnent,
étant fondé sur des préjugés qu'il n'a pas, lui paraît un
but en l'air. Pour lui, tout ce qu'il désire est à sa portée. De qui dépendrait-il, se suffisant à lui-même et libre
de préjugés? Il a des bras, de la santé *, de la modération,
peu de besoins et de quoi les satisfaire. Nourri dans
la plus absolue liberté, le plus grand des maux qu'il
conçoit est la servitude. Il plaint ces misérables rois,
esclaves de tout ce qui leur obéit; il plaint ces faux
sages enchaînés à leur vaine réputation; il plaint ces
riches sots, martyrs de leur faste; il plaint ces voluptueux de parade qui livrent leur vie entière à l'ennui
pour paraître avoir du plaisir. Il plaindrait l'ennemi
qui lui ferait du mal à lui-même; car, dans ses méchan-
cetés, il verrait sa misère. Il se dirait : En se donnant
le besoin de me nuire, cet homme a fait dépendre son sort
du mien.

---

* Je crois pouvoir compter hardiment la santé et la bonne constitution au nombre des avantages acquis par son éducation, ou plutôt
au nombre des dons de la nature que son éducation lui a conservés.

Encore un pas et nous touchons au but. L'amour-propre est un instrument utile, mais dangereux; souvent il blesse la main qui s'en sert, et fait rarement du bien sans mal. Emile, en considérant son rang dans l'espèce humaine et s'y voyant si heureusement placé, sera tenté de faire honneur à sa raison de l'ouvrage de la vôtre, et d'attribuer à son mérite l'effet de son bonheur. Il se dira : Je suis sage, et les hommes sont fous. En les plaignant il les méprisera, en se félicitant il s'estimera davantage; et, se sentant plus heureux qu'eux, il se croira plus digne de l'être. Voilà l'erreur la plus à craindre, parce qu'elle est la plus difficile à détruire. S'il restait dans cet état il aurait peu gagné à tous nos soins : et s'il fallait opter, je ne sais si je n'aimerais pas mieux encore l'illusion des préjugés que celle de l'orgueil.

Les grands hommes ne s'abusent point sur leur supériorité; ils la voient, la sentent, et n'en sont pas moins modestes. Plus ils ont, plus ils connaissent tout ce qui leur manque. Ils sont moins vains de leur élévation sur nous qu'humiliés du sentiment de leur misère; et, dans les biens exclusifs qu'ils possèdent, ils sont trop sensés pour tirer vanité d'un don qu'ils ne se sont pas fait. L'homme de bien peut être fier de sa vertu, parce qu'elle est à lui; mais de quoi l'homme d'esprit est-il fier ? Qu'a fait Racine pour n'être pas Pradon ? Qu'a fait Boileau pour n'être par Cotin ?

Ici c'est tout autre chose encore. Restons toujours dans l'ordre commun. Je n'ai supposé dans mon élève ni un génie transcendant, ni un entendement bouché. Je l'ai choisi parmi les esprits vulgaires pour montrer ce que peut l'éducation sur l'homme. Tous les cas rares sont hors des règles. Quand donc, en conséquence de mes soins, Emile préfère sa manière d'être, de voir, de sentir, à celle des autres hommes, Emile a raison; mais quand il se croit pour cela d'une nature plus excellente, et plus heureusement né qu'eux, Emile a tort : il se trompe; il faut le détromper, ou plutôt prévenir l'erreur, de peur qu'il ne soit trop tard ensuite pour la détruire.

Il n'y a point de folie dont on ne puisse guérir un homme qui n'est pas fou, hors la vanité; pour celle-ci, rien n'en corrige que l'expérience, si toutefois quelque chose en peut corriger; à sa naissance, au moins, on peut l'empêcher de croître. N'allez donc pas vous perdre en beaux raisonnements pour prouver à l'adolescent qu'il est homme comme les autres et sujet aux mêmes fai-

blesses. Faites-le lui sentir, ou jamais il ne le saura.
C'est encore ici un cas d'exception à mes propres règles;
c'est le cas d'exposer volontairement mon élève à tous
les accidents qui peuvent lui prouver qu'il n'est pas plus
sage que nous. L'aventure du batelier serait répétée en
mille manières, je laisserais aux flatteurs prendre tout
leur avantage sur lui : si des étourdis l'entraînaient dans
quelque extravagance, je lui en laisserais courir le danger;
si des filous l'attaquaient au jeu, je le leur livrerais pour
en faire leur dupe *; je le laisserais encenser, plumer,
dévaliser par eux; et quand, l'ayant mis à sec, ils fini-
raient par se moquer de lui, je les remercierais encore
en sa présence des leçons qu'ils ont bien voulu lui donner.
Les seuls pièges dont je le garantirais avec soin seraient
ceux des courtisanes. Les seuls ménagements que j'aurais
pour lui seraient de partager tous les dangers que je lui
laisserais courir et tous les affronts que je lui laisserais
recevoir. J'endurerais tout en silence, sans plainte, sans
reproche, sans jamais lui en dire un seul mot, et soyez
sûr qu'avec cette discrétion bien soutenue, tout ce qu'il
m'aura vu souffrir pour lui fera plus d'impression sur
son cœur que ce qu'il aura souffert lui-même.

Je ne puis m'empêcher de relever ici la fausse dignité
des gouverneurs qui, pour jouer sottement les sages,
rabaissent leurs élèves, affectent de les traiter toujours
en enfants, et de se distinguer toujours d'eux dans tout
ce qu'ils leur font faire. Loin de ravaler ainsi leurs jeunes
courages, n'épargnez rien pour leur élever l'âme; faites-
en vos égaux afin qu'ils le deviennent; et, s'ils ne peuvent
encore s'élever à vous, descendez à eux sans honte, sans

---

* Au reste, notre élève donnera peu dans ce piège, lui que tant
d'amusements environnent, lui qui ne s'ennuya de sa vie, et qui sait
à peine à quoi sert l'argent. Les deux mobiles avec lesquels on conduit
les enfants étant l'intérêt et la vanité, ces deux mêmes mobiles servent
aux courtisanes et aux escrocs pour s'emparer d'eux dans la suite.
Quand vous voyez exciter leur avidité par des prix, par des récompenses, quand vous les voyez applaudir à dix ans dans un acte public
au collège, vous voyez comment on leur fera laisser à vingt leur bourse
dans un brelan, et leur santé dans un mauvais lieu. Il y a toujours à
parier que le plus savant de sa classe deviendra le plus joueur et le
plus débauché. Or les moyens dont on n'usa point dans l'enfance
n'ont point dans la jeunesse le même abus. Mais on doit se souvenir
qu'ici ma constante maxime est de mettre partout la chose au pis. Je
cherche d'abord à prévenir le vice; et puis je le suppose afin d'y
remédier.

scrupule. Songez que votre honneur n'est plus dans vous, mais dans votre élève; partagez ses fautes pour l'en corriger; chargez-vous de sa honte pour l'effacer; imitez ce brave Romain qui, voyant fuir son armée et ne pouvant la rallier, se mit à fuir à la tête de ses soldats, en criant : *ils ne fuient pas, ils suivent leur capitaine.* Fut-il déshonoré pour cela ? Tant s'en faut : en sacrifiant ainsi sa gloire, il l'augmenta. La force du devoir, la beauté de la vertu entraînent malgré nous nos suffrages et renversent nos insensés préjugés. Si je recevais un soufflet en remplissant mes fonctions auprès d'Emile, loin de me venger de ce soufflet, j'irais partout m'en vanter; et je doute qu'il y eût dans le monde un homme assez vil * pour ne pas m'en respecter davantage.

Ce n'est pas que l'élève doive supposer dans le maître des lumières aussi bornées que les siennes et la même facilité à se laisser séduire. Cette opinion est bonne pour un enfant, qui, ne sachant rien voir, rien comparer, met tout le monde à sa portée, et ne donne sa confiance qu'à ceux qui savent s'y mettre en effet. Mais un jeune homme de l'âge d'Emile, et aussi sensé que lui, n'est plus assez sot pour prendre ainsi le change, et il ne serait pas bon qu'il le prît. La confiance qu'il doit avoir en son gouverneur est d'une autre espèce : elle doit porter sur l'autorité de la raison, sur la supériorité des lumières, sur les avantages que le jeune homme est en état de connaître, et dont il sent l'utilité pour lui. Une longue expérience l'a convaincu qu'il est aimé de son conducteur; que ce conducteur est un homme sage, éclairé, qui, voulant son bonheur, sait ce qui peut le lui procurer. Il doit savoir que, pour son propre intérêt, il lui convient d'écouter ses avis. Or, si le maître se laissait tromper comme le disciple, il perdrait le droit d'en exiger de la déférence et de lui donner des leçons. Encore moins l'élève doit-il supposer que le maître le laisse à dessein tomber dans des pièges, et tend des embûches à sa simplicité. Que faut-il donc faire pour éviter à la fois ces deux inconvénients ? Ce qu'il y a de meilleur et de plus naturel : être simple et vrai comme lui; l'avertir des périls auxquels il s'expose; les lui montrer clairement, sensiblement, mais sans exagération, sans humeur, sans pédantesque étalage, surtout sans lui donner vos avis pour des ordres, jusqu'à ce qu'ils le soient devenus, et que ce ton impérieux soit absolument

---

* Je me trompais, j'en ai découvert un : c'est M. Formey.

nécessaire. S'obstine-t-il après cela, comme il fera très souvent ? alors ne lui dites plus rien; laissez-le en liberté suivez-le, imitez-le, et cela gaiement, franchement; livrez-vous, amusez-vous autant que lui, s'il est possible. Si les conséquences deviennent trop fortes, vous êtes toujours là pour les arrêter; et cependant combien le jeune homme, témoin de votre prévoyance et de votre complaisance, ne doit-il pas être à la fois frappé de l'une et touché de l'autre! Toutes ses fautes sont autant de liens, qu'il vous fournit pour le retenir au besoin. Or, ce qui fait ici le plus grand art du maître, c'est d'amener les occasions et de diriger les exhortations de manière qu'il sache d'avance quand le jeune homme cédera, et quand il s'obstinera, afin de l'environner partout des leçons de l'expérience, sans jamais l'exposer à de trop grands dangers.

Avertissez-le de ses fautes avant qu'il y tombe : quand il y est tombé, ne les lui reprochez point; vous ne feriez qu'enflammer et mutiner son amour-propre. Une leçon qui révolte ne profite pas. Je ne connais rien de plus inepte que ce mot : *Je vous l'avais bien dit.* Le meilleur moyen de faire qu'il se souvienne de ce qu'on lui a dit est de paraître l'avoir oublié. Tout au contraire, quand vous le verrez honteux de ne vous avoir pas cru, effacez doucement cette humiliation par de bonnes paroles. Il s'affectionnera sûrement à vous en voyant que vous vous oubliez pour lui, et qu'au lieu d'achever de l'écraser, vous le consolez. Mais si à son chagrin vous ajoutez des reproches, il vous prendra en haine, et se fera une loi de ne vous plus écouter, comme pour vous prouver qu'il ne pense pas comme vous sur l'importance de vos avis.

Le tour de vos consolations peut encore être pour lui une instruction d'autant plus utile qu'il ne s'en défiera pas. En lui disant, je suppose, que mille autres font les mêmes fautes, vous le mettez loin de son compte; vous le corrigez en ne paraissant que le plaindre : car, pour celui qui croit valoir mieux que les autres hommes, c'est une excuse bien mortifiante que de se consoler par leur exemple; c'est concevoir que le plus qu'il peut prétendre est qu'ils ne valent pas mieux que lui.

Le temps des fautes est celui des fables. En censurant le coupable sous un masque étranger, on l'instruit sans l'offenser; et il comprend alors que l'apologue n'est pas un mensonge, par la vérité dont il se fait l'application. L'enfant qu'on n'a jamais trompé par des louanges n'entend rien à la fable que j'ai ci-devant examinée, mais l'étourdi qui vient d'être la dupe d'un flatteur conçoit à merveille que le corbeau n'était qu'un sot. Ainsi, d'un fait il tire une maxime; et l'expérience qu'il eût bientôt oubliée se grave, au moyen de la fable, dans son jugement. Il n'y a point de connaissance morale qu'on ne puisse acquérir par l'expérience d'autrui ou par la sienne. Dans les cas où cette expérience est dangereuse, au lieu de la faire soi-même, on tire sa leçon de l'histoire. Quand l'épreuve est sans conséquence, il est bon que le jeune homme y reste exposé; puis, au moyen de l'apologue, on rédige en maximes les cas particuliers qui lui sont connus.

Je n'entends pas pourtant que ces maximes doivent être développées, ni même énoncées. Rien n'est si vain, si mal entendu, que la morale par laquelle on termine la plupart des fables; comme si cette morale n'était pas ou ne devait pas être entendue dans la fable même, de manière à la rendre sensible au lecteur! Pourquoi donc, en ajoutant cette morale à la fin, lui ôter le plaisir de la trouver de son chef? Le talent d'instruire est de faire que le disciple se plaise à l'instruction. Or, pour qu'il s'y plaise, il ne faut pas que son esprit reste tellement passif à tout ce que vous lui dites, qu'il n'ait absolument rien à faire pour vous entendre. Il faut que l'amour-propre du maître laisse toujours quelque prise au sien; il faut qu'il se puisse dire : Je conçois, je pénètre, j'agis, je m'instruis. Une des choses qui rendent ennuyeux le Pantalon de la comédie italienne, est le soin qu'il prend d'interpréter au parterre des platises qu'on n'entend déjà que trop. Je ne veux point qu'un gouverneur soit Pantalon, encore moins un auteur. Il faut toujours se faire entendre; mais il ne faut pas toujours tout dire : celui qui dit tout dit peu de choses, car à la fin on ne l'écoute plus. Que signifient ces quatre vers que La Fontaine ajoute à la fable de la grenouille qui s'enfle? A-t-il peur qu'on ne l'ait pas compris? A-t-il besoin, ce grand peintre, d'écrire les noms au-dessous des objets qu'il peint? Loin de généraliser par là sa morale, il la particularise, il la restreint en quelque sorte aux exemples cités, et empêche qu'on ne l'applique à d'autres. Je voudrais qu'avant de mettre les fables de cet auteur inimitable entre les mains d'un jeune homme, on en retranchât toutes ces conclusions par lesquelles il prend la peine d'expliquer ce qu'il vient de dire aussi clairement qu'agréablement. Si votre élève n'entend la fable qu'à l'aide de l'explication, soyez sûr qu'il ne l'entendra pas même ainsi.

Il importerait encore de donner à ces fables un ordre plus didactique et plus conforme aux progrès des sentiments et des lumières du jeune adolescent. Conçoit-on rien de moins raisonnable que d'aller suivre exactement l'ordre numérique du livre, sans égard au besoin ni à l'occasion ? D'abord le corbeau, puis la cigale *, puis la grenouille, puis les deux mulets, etc. J'ai sur le cœur ces deux mulets, parce que je me souviens d'avoir vu un enfant élevé pour la finance, et qu'on étourdissait de l'emploi qu'il allait remplir, lire cette fable, l'apprendre, la dire, la redire cent et cent fois, sans en tirer jamais la moindre objection contre le métier auquel il était destiné. Non seulement je n'ai jamais vu d'enfants faire aucune application solide des fables qu'ils apprenaient, mais je n'ai jamais vu que personne se souciât de leur faire faire cette application. Le prétexte de cette étude est l'instruction morale ; mais le véritable objet de la mère et de l'enfant n'est que d'occuper de lui toute une compagnie, tandis qu'il récite ses fables ; aussi les oublie-t-il toutes en grandissant, lorsqu'il n'est plus question de les réciter, mais d'en profiter. Encore une fois, il n'appartient qu'aux hommes de s'instruire dans les fables ; et voici pour Emile le temps de commencer.

Je montre de loin, car je ne veux pas non plus tout dire, les routes qui détournent de la bonne, afin qu'on apprenne à les éviter. Je crois qu'en suivant celle que j'ai marquée, votre élève achètera la connaissance des hommes et de soi-même au meilleur marché qu'il est possible ; que vous le mettrez au point de contempler les jeux de la fortune sans envier le sort de ses favoris, et d'être content de lui sans se croire plus sage que les autres. Vous avez aussi commencé à le rendre acteur pour le rendre spectateur : il faut achever ; car du parterre on voit les objets tels qu'ils paraissent, mais de la scène on les voit tels qu'ils sont. Pour embrasser le tout, il faut se mettre dans le point de vue ; il faut approcher pour voir les détails. Mais à quel titre un jeune homme entrera-t-il dans les affaires du monde ? Quel droit a-t-il d'être initié dans ces mystères ténébreux ? Des intrigues de plaisir bornent les intérêts de son âge ; il ne dispose encore que de lui-même ; c'est comme s'il ne disposait de rien. L'homme est la plus vile des marchandises, et, parmi nos impor-

---

* Il faut encore appliquer ici la correction de M. Formey. C'est la cigale, puis le corbeau, etc.

tants droits de propriété, celui de la personne est toujours le moindre de tous.

Quand je vois que, dans l'âge de la plus grande activité, l'on borne les jeunes gens à des études purement spéculatives, et qu'après, sans la moindre expérience, ils sont tout d'un coup jetés dans le monde et dans les affaires, je trouve qu'on ne choque pas moins la raison que la nature, et je ne suis plus surpris que si peu de gens sachent se conduire. Par quel bizarre tour d'esprit nous apprend-on tant de choses inutiles, tandis que l'art d'agir est compté pour rien ? On prétend nous former pour la société, et l'on nous instruit comme si chacun de nous devait passer sa vie à penser seul dans sa cellule, ou à traiter des sujets en l'air avec des indifférents. Vous croyez apprendre à vivre à vos enfants, en leur enseignant certaines contorsions du corps et certaines formules de paroles qui ne signifient rien. Moi aussi, j'ai appris à vivre à mon Emile; car je lui ai appris à vivre avec lui-même, et, de plus, à savoir gagner son pain. Mais ce n'est pas assez. Pour vivre dans le monde, il faut savoir traiter avec les hommes, il faut connaître les instruments qui donnent prise sur eux; il faut calculer l'action et réaction de l'intérêt particulier dans la société civile, et prévoir si juste les événements, qu'on soit rarement trompé dans ses entreprises, ou qu'on ait du moins toujours pris les meilleurs moyens pour réussir. Les lois ne permettent pas aux jeunes gens de faire leurs propres affaires, et de disposer de leur propre bien : mais que leur serviraient ces précautions, si, jusqu'à l'âge prescrit, ils ne pouvaient acquérir aucune expérience ? Ils n'auraient rien gagné d'attendre, et seraient tout aussi neufs à vingt-cinq ans qu'à quinze. Sans doute il faut empêcher qu'un jeune homme, aveuglé par son ignorance, ou trompé par ses passions, ne se fasse du mal à lui-même; mais à tout âge il est permis d'être bienfaisant, à tout âge on peut protéger, sous la direction d'un homme sage, les malheureux qui n'ont besoin que d'appui.

Les nourrices, les mères s'attachent aux enfants par les soins qu'elles leur rendent; l'exercice des vertus sociales porte au fond des cœurs l'amour de l'humanité : c'est en faisant le bien qu'on devient bon; je ne connais point de pratique plus sûre. Occupez votre élève à toutes les bonnes actions qui sont à sa portée; que l'intérêt des indigents soit toujours le sien; qu'il ne les assiste pas seulement de sa bourse, mais de ses soins; qu'il les serve, qu'il les protège, qu'il leur consacre sa personne et son temps; qu'il se fasse leur homme d'affaires : il ne remplira de sa vie un si noble emploi. Combien d'opprimés, qu'on n'eût jamais écoutés, obtiendront justice, quand il la demandera pour eux avec cette intrépide fermeté que donne l'exercice de la vertu; quand il forcera les portes des grands et des riches, quand il ira, s'il le faut, jusqu'au pied du trône faire entendre la voix des infortunés, à qui tous les abords sont fermés par leur misère, et que la crainte d'être punis des maux qu'on leur fait empêche même d'oser s'en plaindre!

Mais ferons-nous d'Emile un chevalier errant, un redresseur de torts, un paladin ? Ira-t-il s'ingérer dans les affaires publiques, faire le sage et le défenseur des lois chez les grands, chez les magistrats, chez le prince, faire le solliciteur chez les juges et l'avocat dans les tribunaux ? Je ne sais rien de tout cela. Les noms badins et ridicules ne changent rien à la nature des choses. Il fera tout ce qu'il sait être utile et bon. Il ne fera rien de plus, et il sait que rien n'est utile et bon pour lui de ce qui ne convient pas à son âge; il sait que son premier devoir est envers lui-même; que les jeunes gens doivent se défier d'eux, être circonspects dans leur conduite, respectueux devant les gens plus âgés, retenus et discrets à parler sans sujet, modestes dans les choses indifférentes, mais hardis à bien faire, et courageux à dire la vérité. Tels étaient ces illustres Romains qui, avant d'être admis dans les charges, passaient leur jeunesse à poursuivre le crime et à défendre l'innocence, sans autre intérêt que celui de s'instruire en servant la justice et protégeant les bonnes mœurs.

Emile n'aime ni le bruit ni les querelles, non seulement entre les hommes *, pas même entre les animaux. Il n'excita jamais deux chiens à se battre; jamais il ne fit poursuivre un chat par un chien. Cet esprit de paix est

---

* Mais si on lui cherche querelle à lui-même, comment se conduira-t-il ? Je réponds qu'il n'aura jamais de querelle, qu'il ne s'y prêtera jamais assez pour en avoir. Mais enfin, poursuivra-t-on, qui est-ce qui est à l'abri d'un soufflet ou d'un démenti de la part d'un brutal, d'un ivrogne, ou d'un brave coquin, qui, pour avoir le plaisir de tuer son homme, commence par le déshonorer ? C'est autre chose; il ne faut point que l'honneur des citoyens ni leur vie soit à la merci d'un brutal, d'un ivrogne, ou d'un brave coquin; et l'on ne peut pas plus se préserver d'un pareil accident que de la chute d'une tuile. Un soufflet et un démenti reçus et endurés ont des effets civils que nulle sagesse ne

un effet de son éducation, qui n'ayant point fomenté l'amour-propre et la haute opinion de lui-même, l'a détourné de chercher ses plaisirs dans la domination et dans le malheur d'autrui. Il souffre quand il voit souffrir; c'est un sentiment naturel. Ce qui fait qu'un jeune homme s'endurcit et se complaît à voir tourmenter un être sensible, c'est quand un retour de vanité le fait se regarder comme exempt des mêmes peines par sa sagesse ou par sa supériorité. Celui qu'on a garanti de ce tour d'esprit ne saurait tomber dans le vice qui en est l'ouvrage. Émile aime donc la paix. L'image du bonheur le flatte, et quand il peut contribuer à le produire, c'est un moyen de plus de le partager. Je n'ai pas supposé qu'en voyant des malheureux il n'aurait pour eux que cette pitié stérile et cruelle qui se contente de plaindre les maux qu'elle peut guérir. Sa bienfaisance active lui donne bientôt des lumières qu'avec un cœur plus dur il n'eût point acquises, ou qu'il eût acquises beaucoup plus tard. S'il voit régner la discorde entre ses camarades, il cherche à les réconcilier; s'il voit des affligés, il s'informe du sujet de leurs peines; s'il voit deux hommes se haïr, il veut connaître la cause de leur inimitié; s'il voit un opprimé gémir des vexations du puissant et du riche, il cherche de quelles manœuvres se couvrent ces vexations; et, dans l'intérêt qu'il prend à tous les misérables, les moyens de finir leurs maux ne sont jamais indifférents pour lui. Qu'avons-nous donc à faire pour tirer parti de ces dispositions d'une manière convenable à son âge ? De régler ses soins et ses connaissances, et d'employer son zèle à les augmenter.

peut prévenir, et dont nul tribunal ne peut venger l'offensé. L'insuffisance des lois lui rend donc en cela son indépendance; il est alors seul magistrat, seul juge entre l'offenseur et lui; il est seul interprète et ministre de la loi naturelle; il se doit justice et peut seul se la rendre, et il n'y a sur la terre nul gouvernement assez insensé pour le punir de se l'être faite en pareil cas. Je ne dis pas qu'il doive s'aller battre; c'est une extravagance; je dis qu'il se doit justice, et qu'il en est le seul dispensateur. Sans tant de vains édits contre les duels, si j'étais souverain, je réponds qu'il n'y aurait jamais ni soufflet ni démenti donné dans mes États, et cela par un moyen fort simple dont les tribunaux ne se mêleraient point. Quoi qu'il en soit, Émile sait en pareil cas la justice qu'il se doit à lui-même, et l'exemple qu'il doit à la sûreté des gens d'honneur. Il ne dépend pas de l'homme le plus ferme d'empêcher qu'on ne l'insulte, mais il dépend de lui d'empêcher qu'on ne se vante longtemps de l'avoir insulté.

Je ne me lasse point de le redire : mettez toutes les leçons des jeunes gens en action plutôt qu'en discours; qu'ils n'apprennent rien dans les livres de ce que l'expérience peut leur enseigner. Quel extravagant projet de les exercer à parler sans sujet de rien dire; de croire leur faire sentir, sur les bancs d'un collège, l'énergie du langage des passions et toute la force de l'art de persuader sans intérêt de rien persuader à personne! Tous les préceptes de la rhétorique ne semblent qu'un pur verbiage à quiconque n'en sent pas l'usage pour son profit. Qu'importe à un écolier de savoir comment s'y prit Annibal pour déterminer ses soldats à passer les Alpes ? Si, au lieu de ces magnifiques harangues, vous lui disiez comment il doit s'y prendre pour porter son préfet à lui donner congé, soyez sûr qu'il serait plus attentif à vos règles.

Si je voulais enseigner la rhétorique à un jeune homme dont toutes les passions fussent déjà développées, je lui présenterais sans cesse des objets propres à flatter ses passions, et j'examinerais avec lui quel langage il doit tenir aux autres hommes pour les engager à favoriser ses désirs. Mais mon Emile n'est pas dans une situation si avantageuse à l'art oratoire; borné presque au seul nécessaire physique, il a moins besoin des autres que les autres n'ont besoin de lui; et n'ayant rien à leur demander pour lui-même, ce qu'il veut leur persuader ne le touche pas d'assez près pour l'émouvoir excessivement. Il suit de là qu'en général il doit avoir un langage simple et peu figuré. Il parle ordinairement au propre et seulement pour être entendu. Il est peu sentencieux, parce qu'il n'a pas appris à généraliser ses idées : il a peu d'images, parce qu'il est rarement passionné.

Ce n'est pas pourtant qu'il soit tout à fait flegmatique et froid; ni son âge, ni ses mœurs, ni ses goûts ne le permettent : dans le feu de l'adolescence, les esprits vivifiants, retenus, et cohobés dans son sang, portent à son jeune cœur une chaleur qui brille dans ses regards, qu'on sent dans ses discours, qu'on voit dans ses actions. Son langage a pris de l'accent, et quelquefois de la véhémence. Le noble sentiment qui l'inspire lui donne de la force et de l'élévation : pénétré du tendre amour de l'humanité, il transmet en parlant les mouvements de son âme; sa généreuse franchise a je ne sais quoi de plus enchanteur que l'artificieuse éloquence des autres; ou plutôt lui seul est véritablement éloquent, puisqu'il n'a qu'à montrer ce qu'il sent pour le communiquer à ceux qui l'écoutent.

Plus j'y pense, plus je trouve qu'en mettant ainsi la bienfaisance en action et tirant de nos bons ou mauvais succès des réflexions sur leurs causes, il y a peu de connaissances utiles qu'on ne puisse cultiver dans l'esprit d'un jeune homme, et qu'avec tout le vrai savoir qu'on peut acquérir dans les collèges, il acquerra de plus une science plus importante encore, qui est l'application de cet acquis aux usages de la vie. Il n'est pas possible que, prenant tant d'intérêt à ses semblables, il n'apprenne de bonne heure à peser et apprécier leurs actions, leurs goûts, leurs plaisirs, et à donner en général une plus juste valeur à ce qui peut contribuer ou nuire au bonheur des hommes, que ceux qui, ne s'intéressant à personne, ne font jamais rien pour autrui. Ceux qui ne traitent jamais que leurs propres affaires se passionnent trop pour juger sainement des choses. Rapportant tout à eux seuls, et réglant sur leur seul intérêt les idées du bien et du mal, ils se remplissent l'esprit de mille préjugés ridicules, et dans tout ce qui porte atteinte à leur moindre avantage, ils voient aussitôt le bouleversement de tout l'univers.

Étendons l'amour-propre sur les autres êtres, nous le transformerons en vertu, et il n'y a point de cœur d'homme dans lequel cette vertu n'ait sa racine. Moins l'objet de nos soins tient immédiatement à nous-mêmes, moins l'illusion de l'intérêt particulier est à craindre; plus on généralise cet intérêt, plus il devient équitable; et l'amour du genre humain n'est autre chose en nous que l'amour de la justice. Voulons-nous donc qu'Émile aime la vérité, voulons-nous qu'il la connaisse; dans les affaires tenons-le toujours loin de lui. Plus ses soins seront consacrés au bonheur d'autrui, plus ils seront éclairés et sages, et moins il se trompera sur ce qui est bien ou mal; mais ne souffrons jamais en lui de préférence aveugle, fondée uniquement sur des acceptions de personnes ou sur d'injustes préventions. Et pourquoi nuirait-il à l'un pour servir l'autre ? Peu lui importe à qui tombe un plus grand bonheur en partage, pourvu qu'il concoure au plus grand bonheur de tous : c'est là le premier intérêt du sage après l'intérêt privé; car chacun est partie de son espèce et non d'un autre individu.

Pour empêcher la pitié de dégénérer en faiblesse, il faut donc la généraliser et l'étendre sur tout le genre humain. Alors on ne s'y livre qu'autant qu'elle est d'accord avec la justice, parce que, de toutes les vertus, la justice est celle qui concourt le plus au bien commun des hommes. Il

faut par raison, par amour pour nous, avoir pitié de notre
espèce encore plus que de notre prochain; et c'est une
très grande cruauté envers les hommes que la pitié pour
les méchants.

Au reste, il faut se souvenir que tous ces moyens, par
lesquels je jette ainsi mon élève hors de lui-même, ont
cependant toujours un rapport direct à lui, puisque non
seulement il en résulte une jouissance intérieure, mais
qu'en le rendant bienfaisant au profit des autres, je travaille à sa propre instruction.

J'ai d'abord donné les moyens, et maintenant j'en
montre l'effet. Quelles grandes vues je vois s'arranger
peu à peu dans sa tête! Quels sentiments sublimes
étouffent dans son cœur le germe des petites passions!
Quelle netteté de judiciaire, quelle justesse de raison je
vois se former en lui de ses penchants cultivés, de l'expérience qui concentre les vœux d'une âme grande dans
l'étroite borne des possibles, et fait qu'un homme supérieur aux autres, ne pouvant les élever à sa mesure, sait
s'abaisser à la leur! Les vrais principes du juste, les vrais
modèles du beau, tous les rapports moraux des êtres,
toutes les idées de l'ordre, se gravent dans son entendement; il voit la place de chaque chose et la cause qui l'en
écarte : il voit ce qui peut faire le bien et ce qui l'empêche.
Sans avoir éprouvé les passions humaines, il connaît leurs
illusions et leur jeu.

J'avance, attiré par la force des choses, mais sans m'en
imposer sur les jugements des lecteurs. Depuis longtemps
ils me voient dans le pays des chimères; moi, je les vois
toujours dans le pays des préjugés. En m'écartant si fort
des opinions vulgaires, je ne cesse de les avoir présentes
à mon esprit : je les examine, je les médite, non pour les
suivre ni pour les fuir, mais pour les peser à la balance du
raisonnement. Toutes les fois qu'il me force à m'écarter
d'elles, instruit par l'expérience, je me tiens déjà pour dit
qu'ils ne m'imiteront pas : je sais que, s'obstinant à n'imaginer possible que ce qu'ils voient, ils prendront le jeune
homme que je figure pour un être imaginaire et fantas-
tique, parce qu'il diffère de ceux auxquels ils le comparent ;
sans songer qu'il faut bien qu'il en diffère, puisque, élevé
tout différemment, affecté de sentiments tout contraires,
instruit tout autrement qu'eux, il serait beaucoup plus surprenant qu'il leur ressemblât que d'être tel que je le suppose. Ce n'est pas l'homme de l'homme, c'est l'homme de la
nature. Assurément il doit être fort étranger à leurs yeux.

En commençant cet ouvrage, je ne supposais rien que tout le monde ne pût observer ainsi que moi, parce qu'il est un point, savoir la naissance de l'homme, duquel nous partons tous également : mais plus nous avançons, moi pour cultiver la nature, et vous pour la dépraver, plus nous nous éloignons les uns des autres. Mon élève, à six ans, différait peu des vôtres, que vous n'aviez pas encore eu le temps de défigurer; maintenant ils n'ont plus rien de semblable; et l'âge de l'homme fait, dont il approche, doit le montrer sous une forme absolument différente, si je n'ai pas perdu tous mes soins. La quantité d'acquis est peut-être assez égale de part et d'autre; mais les choses acquises ne se ressemblent point. Vous êtes étonnés de trouver à l'un des sentiments sublimes dont les autres n'ont pas le moindre germe; mais considérez aussi que ceux-ci sont déjà tous philosophes et théologiens, avant qu'Emile sache seulement ce que c'est que philosophie et qu'il ait même entendu parler de Dieu.

Si donc on venait me dire : Rien de ce que vous supposez n'existe; les jeunes gens ne sont point faits ainsi; ils ont telle ou telle passion; ils font ceci ou cela : c'est comme si l'on niait que jamais poirier fût un grand arbre, parce qu'on n'en voit que de nains dans nos jardins.

Je prie ces juges, si prompts à la censure, de considérer que ce qu'ils disent là, je le sais tout aussi bien qu'eux, que j'y ai probablement réfléchi plus longtemps, et que, n'ayant nul intérêt à leur en imposer, j'ai droit d'exiger qu'ils se donnent au moins le temps de chercher en quoi je me trompe. Qu'ils examinent bien la constitution de l'homme, qu'ils suivent les premiers développements du cœur dans telle ou telle circonstance, afin de voir combien un individu peut différer d'un autre par la force de l'éducation; qu'ensuite ils comparent la mienne aux effets que je lui donne; et qu'ils disent en quoi j'ai mal raisonné : je n'aurai rien à répondre.

Ce qui me rend plus affirmatif, et, je crois, plus excusable de l'être, c'est qu'au lieu de me livrer à l'esprit de système, je donne le moins qu'il est possible au raisonnement et ne me fie qu'à l'observation. Je ne me fonde point sur ce que j'ai imaginé, mais sur ce que j'ai vu. Il est vrai que je n'ai pas renfermé mes expériences dans l'enceinte des murs d'une ville ni dans un seul ordre de gens; mais, après avoir comparé tout autant de rangs et de peuples que j'en ai pu voir dans une vie passée à les observer, j'ai retranché comme artificiel ce qui était d'un peuple et non pas d'un autre, d'un état et non pas d'un autre, et n'ai regardé comme appartenant incontestablement à l'homme, que ce qui était commun à tous, à quelque âge, dans quelque rang, et dans quelque nation que ce fût.

Or, si, selon cette méthode, vous suivez dès l'enfance un jeune homme qui n'aura point reçu de forme particulière, et qui tiendra le moins qu'il est possible à l'autorité et à l'opinion d'autrui, à qui, de mon élève ou des vôtres, pensez-vous qu'il ressemblera le plus ? Voilà, ce me semble, la question qu'il faut résoudre pour savoir si je me suis égaré.

L'homme ne commence pas aisément à penser, mais sitôt qu'il commence, il ne cesse plus. Quiconque a pensé pensera toujours, et l'entendement une fois exercé à la réflexion ne peut plus rester en repos. On pourrait donc croire que j'en fais trop ou trop peu, que l'esprit humain n'est point naturellement si prompt à s'ouvrir, et qu'après lui avoir donné des facilités qu'il n'a pas, je le tiens trop longtemps inscrit dans un cercle d'idées qu'il doit avoir franchi.

Mais considérez premièrement que, voulant former l'homme de la nature, il ne s'agit pas pour cela d'en faire un sauvage et de le reléguer au fond des bois ; mais qu'enfermé dans le tourbillon social, il suffit qu'il ne s'y laisse entraîner ni par les passions ni par les opinions des hommes ; qu'il voie par ses yeux, qu'il sente par son cœur ; qu'aucune autorité ne le gouverne, hors celle de sa propre raison. Dans cette position, il est clair que la multitude d'objets qui le frappent, les fréquents sentiments dont il est affecté, les divers moyens de pourvoir à ses besoins réels, doivent lui donner beaucoup d'idées qu'il n'aurait jamais eues, ou qu'il eût acquises plus lentement. Le progrès naturel à l'esprit est accéléré, mais non renversé. Le même homme qui doit rester stupide dans les forêts doit devenir raisonnable et sensé dans les villes, quand il y sera simple spectateur. Rien n'est plus propre à rendre sage que les folies qu'on voit sans les partager ; et celui même qui les partage s'instruit encore, pourvu qu'il n'en soit pas la dupe et qu'il n'y porte pas l'erreur de ceux qui les font.

Considérez aussi que, bornés par nos facultés aux choses sensibles, nous n'offrons presque aucune prise aux notions abstraites de la philosophie et aux idées purement intellectuelles. Pour y atteindre il faut, ou nous dégager du corps auquel nous sommes si fortement attachés, ou faire d'objet en objet un progrès graduel et lent, ou enfin franchir rapidement et presque d'un saut l'intervalle par un pas de géant dont l'enfance n'est pas capable, et pour lequel il faut même aux hommes bien des échelons faits exprès pour eux. La première idée abstraite est le premier de ces échelons ; mais j'ai bien de la peine à voir comment on s'avise de les construire.

L'Être incompréhensible qui embrasse tout, qui donne le mouvement au monde et forme tout le système des êtres, n'est ni visible à nos yeux, ni palpable à nos mains ; il échappe à tous nos sens : l'ouvrage se montre, mais l'ouvrier se cache. Ce n'est pas une petite affaire de connaître enfin qu'il existe, et quand nous sommes parvenus là, quand nous nous demandons : quel est-il ? où est-il ? notre esprit se confond, s'égare, et nous ne savons plus que penser.

Locke veut qu'on commence par l'étude des esprits, et qu'on passe ensuite à celle des corps. Cette méthode est celle de la superstition, de préjugés, de l'erreur : ce n'est point celle de la raison, ni même de la nature bien ordonnée ; c'est se boucher les yeux pour apprendre à voir. Il faut avoir longtemps étudié les corps pour se faire une véritable notion des esprits, et soupçonner qu'ils existent. L'ordre contraire ne sert qu'à établir le matérialisme.

Puisque nos sens sont les premiers instruments de nos connaissances, les êtres corporels et sensibles sont les seuls dont nous ayons immédiatement l'idée. Ce mot *esprit* n'a aucun sens pour quiconque n'a pas philosophé. Un esprit n'est qu'un corps pour le peuple et pour les enfants. N'imaginent-ils pas des esprits qui crient, qui parlent, qui battent, qui font du bruit ? Or on m'avouera que des esprits qui ont des bras et des langues ressemblent beaucoup à des corps. Voilà pourquoi tous les peuples du monde, sans excepter les Juifs, se sont fait des dieux corporels. Nous-mêmes, avec nos termes d'Esprit, de Trinité, de Personnes, sommes pour la plupart de vrais anthropomorphites. J'avoue qu'on nous apprend à dire que Dieu est partout : mais nous croyons aussi que l'air est partout, au moins dans notre atmosphère ; et le mot *esprit*, dans son origine, ne signifie lui-même que *souffle* et *vent*. Sitôt qu'on accoutume les gens à dire des mots sans les entendre, il est facile après cela de leur faire dire tout ce qu'on veut.

Le sentiment de notre action sur les autres corps a dû d'abord nous faire croire que, quand ils agissaient sur nous, c'était d'une manière semblable à celle dont nous agissons sur eux. Ainsi l'homme a commencé par animer tous les êtres dont il sentait l'action. Se sentant moins fort que la plupart de ces êtres, faute de connaître les bornes de leur puissance, il l'a supposée illimitée, et il en fit des dieux aussitôt qu'il en fit des corps. Durant les premiers âges, les hommes, effrayés de tout, n'ont rien vu de mort dans la nature. L'idée de la matière n'a pas été moins lente à se former en eux que celle de l'esprit, puisque cette première idée est une abstraction elle-même. Ils ont ainsi rempli l'univers de dieux sensibles. Les astres, les vents, les montagnes, les fleuves, les arbres, les villes, les maisons même, tout avait son âme, son dieu, sa vie. Les marmousets de Laban, les manitous des sauvages, les fétiches des Nègres, tous les ouvrages de la nature et des hommes ont été les premières divinités des mortels ; le polythéisme a été leur première religion, l'idolâtrie leur premier culte. Ils n'ont pu reconnaître un seul Dieu que quand, généralisant de plus en plus leurs idées, ils ont été en état de remonter à une première cause, de réunir le système total des êtres sous une seule idée, et de donner un sens au mot *substance*, lequel est au fond la plus grande des abstractions. Tout enfant qui croit en Dieu est donc nécessairement idolâtre, ou du moins anthropomorphite ; et quand une fois l'imagination a vu Dieu, il est bien rare que l'entendement le conçoive. Voilà précisément l'erreur où mène l'ordre de Locke.

Parvenu, je ne sais comment, à l'idée abstraite de la substance, on voit que, pour admettre une substance unique, il lui faudrait supposer des qualités incompatibles qui s'excluent mutuellement, telles que la pensée et l'étendue, dont l'une est essentiellement divisible, et dont l'autre exclut toute divisibilité. On conçoit d'ailleurs que la pensée, ou si l'on veut le sentiment, est une qualité primitive et inséparable de la substance à laquelle elle appartient ; qu'il en est de même de l'étendue par rapport à sa substance. D'où l'on conclut que les êtres qui perdent une de ces qualités perdent la substance à laquelle elle appartient, que par conséquent la mort n'est qu'une séparation de substances, et que les êtres où ces deux qualités sont réunies sont composés de deux substances auxquelles ces deux qualités appartiennent.

Or considérez maintenant quelle distance reste encore entre la notion des deux substances et celle de la nature divine ; entre l'idée incompréhensible de l'action de notre âme sur notre corps et l'idée de l'action de Dieu sur tous les êtres. Les idées de création, d'annihilation, d'ubiquité, d'éternité, de toute-puissance, celle des attributs divins, toutes ces idées qu'il appartient à si peu d'hommes de voir aussi confuses et aussi obscures qu'elles le sont, et qui n'ont rien d'obscur pour le peuple, parce qu'il n'y comprend rien du tout, comment se présenteront-elles dans toute leur force, c'est-à-dire dans toute leur obscurité, à de jeunes esprits encore occupés aux premières opérations des sens et qui ne conçoivent que ce qu'ils touchent ? C'est en vain que les abîmes de l'infini sont ouverts tout autour de nous ; un enfant n'en sait point être épouvanté ; ses faibles yeux n'en peuvent sonder la profondeur. Tout est infini pour les enfants ; ils ne savent mettre de bornes à rien ; non qu'ils fassent la mesure fort longue, mais parce qu'ils ont l'entendement court. J'ai même remarqué qu'ils mettent l'infini moins au-delà qu'en deçà des dimensions qui leur sont connues. Ils estimeront un espace immense bien plus par leurs pieds que par leurs yeux ; il ne s'étendra pas pour eux plus loin qu'ils ne pourront voir, mais plus loin qu'ils ne pourront aller. Si on leur parle de la puissance de Dieu, ils l'estimeront presque aussi fort que leur père. En toute chose, leur connaissance étant pour eux la mesure des possibles, ils jugent ce qu'on leur dit toujours moindre que ce qu'ils savent. Tels sont les jugements naturels à l'ignorance et à la faiblesse d'esprit. Ajax eût craint de se mesurer avec Achille, et défié Jupiter au combat, parce qu'il connaît Achille et ne connaît pas Jupiter. Un paysan suisse qui se croyait le plus riche des hommes, et à qui l'on tâchait d'expliquer ce que c'était qu'un roi, demandait d'un air fier si le roi pourrait bien avoir cent vaches à la montagne.

Je prévois combien de lecteurs seront surpris de me voir suivre tout le premier âge de mon élève sans lui parler de religion. A quinze ans il ne savait s'il avait une âme, et peut-être à dix-huit n'est-il pas encore temps qu'il l'apprenne ; car, s'il l'apprend plus tôt qu'il ne faut, il court risque de ne le savoir jamais.

Si j'avais à peindre la stupidité fâcheuse, je peindrais un pédant enseignant le catéchisme à des enfants ; si je voulais rendre un enfant fou, je l'obligerais d'expliquer ce qu'il dit en disant son catéchisme. On m'objectera que, la plupart des dogmes du christianisme étant des mystères, attendre que l'esprit humain soit capable de les concevoir, ce n'est pas attendre que l'enfant soit homme, c'est attendre que l'homme ne soit plus. A cela je réponds premièrement qu'il y a des mystères qu'il est non seulement impossible à l'homme de concevoir, mais de croire, et que je ne vois pas ce qu'on gagne à les enseigner aux enfants, si ce n'est de leur apprendre à mentir de bonne heure. Je dis de plus que, pour admettre les mystères, il faut comprendre au moins qu'ils sont incompréhensibles ; et les enfants ne sont pas même capables de cette conception-là. Pour l'âge où tout est mystère, il n'y a pas de mystères proprement dits.

Il faut croire en Dieu pour être sauvé. Ce dogme mal entendu est le principe de la sanguinaire intolérance, et la cause de toutes ces vaines instructions qui portent le coup mortel à la raison humaine en l'accoutumant à se payer de mots. Sans doute il n'y a pas un moment à perdre pour mériter le salut éternel : mais si, pour l'obtenir, il suffit de répéter certaines paroles, je ne vois pas ce qui nous empêche de peupler le ciel de sansonnets et de pies, tout aussi bien que d'enfants.

L'obligation de croire en suppose la possibilité. Le philosophe qui ne croit pas a tort, parce qu'il use mal de la raison qu'il a cultivée, et qu'il est en état d'entendre les vérités qu'il rejette. Mais l'enfant qui professe la religion chrétienne, que croit-il ? ce qu'il conçoit ; et il conçoit si peu ce qu'on lui fait dire, que si vous lui dites le contraire, il l'adoptera tout aussi volontiers. La foi des enfants et de beaucoup d'hommes est une affaire de géographie. Seront-ils récompensés d'être nés à Rome plutôt qu'à la Mecque ? On dit à l'un que Mahomet est le prophète de Dieu, et il dit que Mahomet est le prophète de Dieu ; on dit à l'autre que Mahomet est un fourbe, et il dit que Mahomet est un fourbe. Chacun des deux eût affirmé ce qu'affirme l'autre, s'ils se fussent trouvés transposés. Peut-on partir de deux dispositions si semblables pour envoyer l'un en paradis, l'autre en enfer ? Quand un enfant dit qu'il croit en Dieu, ce n'est pas en Dieu qu'il croit, c'est à Pierre ou à Jacques qui lui disent qu'il y a quelque chose qu'on appelle Dieu ; et il le croit à la manière d'Euripide :

> *O Jupiter ! car de toi rien sinon*
> *Je ne connais seulement que le nom* ★.

★ PLUTARQUE, *Traité de l'Amour*, traduction d'Amyot. C'est ainsi que commençait d'abord la tragédie de *Ménalippe;* mais les clameurs du peuple d'Athènes forcèrent Euripide à changer ce commencement.

Nous tenons que nul enfant mort avant l'âge de raison ne sera privé du bonheur éternel; les catholiques croient la même chose de tous les enfants qui ont reçu le baptême, quoiqu'ils n'aient jamais entendu parler de Dieu. Il y a donc des cas où l'on peut être sauvé sans croire en Dieu, et ces cas ont lieu, soit dans l'enfance, soit dans la démence, quand l'esprit humain est incapable des opérations nécessaires pour reconnaître la Divinité. Toute la différence que je vois ici entre vous et moi est que vous prétendez que les enfants ont à sept ans cette capacité, et que je ne la leur accorde pas même à quinze. Que j'aie tort ou raison, il ne s'agit pas ici d'un article de foi, mais d'une simple observation d'histoire naturelle.

Par le même principe, il est clair que tel homme, parvenu jusqu'à la vieillesse sans croire en Dieu, ne sera pas pour cela privé de sa présence dans l'autre vie si son aveuglement n'a pas été volontaire; et je dis qu'il ne l'est pas toujours. Vous en convenez pour les insensés qu'une maladie prive de leurs facultés spirituelles, mais non de leur qualité d'homme, ni par conséquent du droit aux bienfaits de leur Créateur. Pourquoi donc n'en pas convenir pour ceux qui, séquestrés de toute société dès leur enfance, auraient mené une vie absolument sauvage, privés des lumières qu'on n'acquiert que dans le commerce des hommes * ? Car il est d'une impossibilité démontrée qu'un pareil sauvage pût jamais élever ses réflexions jusqu'à la connaissance du vrai Dieu. La raison nous dit qu'un homme n'est punissable que par les fautes de sa volonté, et qu'une ignorance invincible ne lui saurait être imputée à crime. D'où il suit que, devant la justice éternelle, tout homme qui croirait, s'il avait des lumières nécessaires, est réputé croire, et qu'il n'y aura d'incrédules punis que ceux dont le cœur se ferme à la vérité.

Gardons-nous d'annoncer la vérité à ceux qui ne sont pas en état de l'entendre, car c'est vouloir y substituer l'erreur. Il vaudrait mieux n'avoir aucune idée de la Divinité que d'en avoir des idées basses, fantastiques, injurieuses, indignes d'elle; c'est un moindre mal de la méconnaître que de l'outrager. J'aimerais mieux, dit le bon Plutarque, qu'on crût qu'il n'y a point de Plutarque

---

* Sur l'état naturel de l'esprit humain et sur la lenteur de ses progrès, voyez la première partie du *Discours sur l'inégalité*.

au monde, que si l'on disait que Plutarque est injuste, envieux, jaloux, et si tyran, qu'il exige plus qu'il ne laisse le pouvoir de faire.

Le grand mal des images difformes de la Divinité qu'on trace dans l'esprit des enfants est qu'elles y restent toute leur vie, et qu'ils ne conçoivent plus, étant hommes, d'autre Dieu que celui des enfants. J'ai vu en Suisse une bonne et pieuse mère de famille tellement convaincue de cette maxime, qu'elle ne voulut point instruire son fils de la religion dans le premier âge, de peur que, content de cette instruction grossière, il n'en négligeât une meilleure à l'âge de raison. Cet enfant n'entendait jamais parler de Dieu qu'avec recueillement et révérence, et, sitôt qu'il en voulait parler lui-même, on lui imposait silence, comme sur un sujet trop sublime et trop grand pour lui. Cette réserve excitait sa curiosité, et son amour-propre aspirait au moment de connaître ce mystère qu'on lui cachait avec tant de soin. Moins on lui parlait de Dieu, moins on souffrait qu'il en parlât lui-même, et plus il s'en occupait : cet enfant voyait Dieu partout. Et ce que je craindrais de cet air de mystère indiscrètement affecté, serait qu'en allumant trop l'imagination d'un jeune homme on n'altérât sa tête, et qu'enfin l'on n'en fît un fanatique, au lieu d'en faire un croyant.

Mais ne craignons rien de semblable pour mon Emile, qui, refusant constamment son attention à tout ce qui est au-dessus de sa portée, écoute avec la plus profonde indifférence les choses qu'il n'entend pas. Il y en a tant sur lesquelles il est habitué à dire : Cela n'est pas de mon ressort, qu'une de plus ne l'embarrasse guère ; et, quand il commence à s'inquiéter de ces grandes questions, ce n'est pas pour les avoir entendu proposer, mais c'est quand le progrès naturel de ses lumières porte ses recherches de ce côté-là.

Nous avons vu par quel chemin l'esprit humain cultivé s'approche de ces mystères ; et je conviendrai volontiers qu'il n'y parvient naturellement, au sein de la société même, que dans un âge plus avancé. Mais comme il y a dans la même société des causes inévitables par lesquelles le progrès des passions est accéléré, si l'on n'accélérait de même le progrès des lumières qui servent à régler ces passions, c'est alors qu'on sortirait véritablement de l'ordre de la nature, et que l'équilibre serait rompu. Quand on n'est pas maître de modérer un développement trop rapide, il faut mener avec la même rapidité ceux qui doivent y correspondre; en sorte que l'ordre ne soit point interverti, que ce qui doit marcher ensemble ne soit point séparé, et que l'homme, tout entier à tous les moments de sa vie, ne soit pas à tel point par une de ses facultés, et à tel autre point par les autres.

Quelle difficulté je vois s'élever ici! difficulté d'autant plus grande qu'elle est moins dans les choses que dans la pusillanimité de ceux qui n'osent la résoudre. Commençons au moins par oser la proposer. Un enfant doit être élevé dans la religion de son père : on lui prouve toujours très bien que cette religion, quelle qu'elle soit, est la seule véritable : que toutes les autres ne sont qu'extravagance et absurdité. La force des arguments dépend absolument sur ce point du pays où l'on les propose. Qu'un Turc, qui trouve le christianisme si ridicule à Constantinople, aille voir comment on trouve le mahométisme à Paris! C'est surtout en matière de religion que l'opinion triomphe. Mais nous qui prétendons secouer son joug en toute chose, nous qui ne voulons rien donner à l'autorité, nous qui ne voulons rien enseigner à notre Emile qu'il ne pût apprendre de lui-même par tout pays, dans quelle religion l'élèverons-nous ? à quelle secte agrégerons-nous l'homme de la nature ? La réponse est fort simple, ce me semble; nous ne l'agrégerons ni à celle-ci ni à celle-là, mais nous le mettrons en état de choisir celle où le meilleur usage de sa raison doit le conduire.

> *Incedo per ignes*
> *Suppositos cineri doloso.*

N'importe : le zèle et la bonne foi m'ont jusqu'ici tenu lieu de prudence : j'espère que ces garants ne m'abandonneront point au besoin. Lecteurs, ne craignez pas de moi des précautions indignes d'un ami de la vérité : je n'oublierai jamais ma devise; mais il m'est trop permis de me défier de mes jugements. Au lieu de vous dire ici de mon chef ce que je pense, je vous dirai ce que pensait un homme qui valait mieux que moi. Je garantis la vérité des faits qui vont être rapportés, ils sont réellement arrivés à l'auteur du papier que je vais transcrire : c'est à vous de voir si l'on peut en tirer des réflexions utiles sur le sujet dont il s'agit. Je ne vous propose point le sentiment d'un autre ou le mien pour règle; je vous l'offre à examiner.

« Il y a trente ans que, dans une ville d'Italie, un jeune homme expatrié se voyait réduit à la dernière misère. Il était né calviniste; mais, par les suites d'une étourderie, se trouvant fugitif, en pays étranger, sans ressource, il changea de religion pour avoir du pain. Il y avait dans cette ville un hospice pour les prosélytes : il y fut admis. En l'instruisant sur la controverse, on lui donna des doutes qu'il n'avait pas, et on lui apprit le mal qu'il ignorait : il entendit des dogmes nouveaux, il vit des mœurs encore plus nouvelles; il les vit, et faillit en être la victime. Il voulut fuir, on l'enferma; il se plaignit, on le punit de ses plaintes : à la merci de ses tyrans, il se vit traiter en criminel pour n'avoir pas voulu céder au crime. Que ceux qui savent combien la première épreuve de la violence et de l'injustice irrite un jeune cœur sans expérience se figurent l'état du sien. Des larmes de rage coulaient de ses yeux, l'indignation l'étouffait : il implorait le ciel et les hommes, il se confiait à tout le monde, et n'était écouté de personne. Il ne voyait que de vils domestiques soumis à l'infâme qui l'outrageait, ou des complices du même crime qui se raillaient de sa résistance et l'excitaient à les imiter. Il était perdu sans un honnête ecclésiastique qui vint à l'hospice pour quelque affaire, et qu'il trouva le moyen de consulter en secret. L'ecclésiastique était pauvre et avait besoin de tout le monde : mais l'opprimé avait encore plus besoin de lui; et il n'hésita pas à favoriser son évasion, au risque de se faire un dangereux ennemi.

« Echappé au vice pour rentrer dans l'indigence, le jeune homme luttait sans succès contre sa destinée : un moment il se crut au-dessus d'elle. A la première lueur de fortune ses maux et son protecteur furent oubliés. Il fut bientôt puni de cette ingratitude : toutes ses espérances s'évanouirent; sa jeunesse avait beau le favoriser, ses idées romanesques gâtaient tout. N'ayant ni assez de talents, ni assez d'adresse pour se faire un chemin facile, ne sachant être ni modéré ni méchant, il prétendit à tant de choses qu'il ne sut parvenir à rien. Retombé dans sa première détresse, sans pain, sans asile, prêt à mourir de faim, il se ressouvint de son bienfaiteur.

« Il y retourne, il le trouve, il en est bien reçu : sa vue rappelle à l'ecclésiastique une bonne action qu'il avait faite; un tel souvenir réjouit toujours l'âme. Cet homme était naturellement humain, compatissant; il sentait les peines d'autrui par les siennes, et le bien-être n'avait point endurci son cœur; enfin les leçons de la sagesse et une vertu éclairée avaient affermi son bon naturel. Il accueille le jeune homme, lui cherche un gîte, l'y recommande; il partage avec lui son nécessaire, à peine suffisant pour deux. Il fait plus, il l'instruit, le console, il lui apprend l'art difficile de supporter patiemment l'adversité. Gens à préjugés, est-ce d'un prêtre, est-ce en Italie que vous eussiez espéré tout cela ?

« Cet honnête ecclésiastique était un pauvre vicaire savoyard, qu'une aventure de jeunesse avait mis mal avec son évêque, et qui avait passé les monts pour chercher les ressources qui lui manquaient dans son pays. Il n'était ni sans esprit ni sans lettres; et avec une figure intéressante il avait trouvé des protecteurs qui le placèrent chez un ministre pour élever son fils. Il préférait la pauvreté à la dépendance, et il ignorait comment il faut se conduire chez les grands. Il ne resta pas longtemps chez celui-ci; en le quittant, il ne perdit point son estime, et comme il vivait sagement et se faisait aimer de tout le monde, il se flattait de rentrer en grâce auprès de son évêque, et d'en obtenir quelque petite cure dans les montagnes pour y passer le reste de ses jours. Tel était le dernier terme de son ambition.

« Un penchant naturel l'intéressait au jeune fugitif, et le lui fit examiner avec soin. Il vit que la mauvaise fortune avait déjà flétri son cœur, que l'opprobre et le mépris avaient abattu son courage, et que sa fierté, changée en dépit amer, ne lui montrait dans l'injustice et la dureté des hommes que le vice de leur nature et la chimère de la vertu. Il avait vu que la religion ne sert que de masque à l'intérêt, et le culte sacré de sauvegarde à l'hypocrisie; il avait vu, dans la subtilité des vaines disputes, le paradis et l'enfer mis pour prix à des jeux de mots; il avait vu la sublime et primitive idée de la Divinité défigurée par les fantasques imaginations des hommes; et, trouvant que pour croire en Dieu il fallait renoncer au jugement qu'on avait reçu de lui, il prit dans le même dédain nos ridicules rêveries et l'objet auquel nous les appliquons. Sans rien savoir de ce qui est, sans rien imaginer sur la génération des choses, il se plongea dans sa stupide ignorance avec un profond mépris pour tous ceux qui pensaient en savoir plus que lui.

« L'oubli de toute religion conduit à l'oubli des devoirs de l'homme. Ce progrès était déjà plus d'à moitié fait dans le cœur du libertin. Ce n'était pas pourtant un enfant mal né; mais l'incrédulité, la misère, étouffant peu à peu le naturel, l'entraînaient rapidement à sa perte, et ne lui préparaient que les mœurs d'un gueux et la morale d'un athée.

« Le mal, presque inévitable, n'était pas absolument consommé. Le jeune homme avait des connaissances, et son éducation n'avait pas été négligée. Il était dans cet âge heureux où le sang en fermentation commence d'échauffer l'âme sans l'asservir aux fureurs des sens. La sienne avait encore tout son ressort. Une honte native, un caractère timide suppléaient à la gêne et prolongeaient pour lui cette époque dans laquelle vous maintenez votre élève avec tant de soins. L'exemple odieux d'une dépravation brutale et d'un vice sans charme, loin d'animer son imagination, l'avait amortie. Longtemps le dégoût lui tint lieu de vertu pour conserver son innocence; elle ne devait succomber qu'à de plus douces séductions.

« L'ecclésiastique vit le danger et les ressources. Les difficultés ne le rebutèrent point : il se complaisait dans son ouvrage; il résolut de l'achever, et de rendre à la vertu la victime qu'il avait arrachée à l'infamie. Il s'y prit de loin pour exécuter son projet : la beauté du motif animait son courage et lui inspirait des moyens dignes de son zèle. Quel que fût le succès, il était sûr de n'avoir pas perdu son temps. On réussit toujours quand on ne veut que bien faire.

« Il commença par gagner la confiance du prosélyte en ne lui vendant point ses bienfaits, en ne se rendant point importun, en ne lui faisant point de sermons, en se mettant toujours à sa portée, en se faisant petit pour s'égaler à lui. C'était, ce me semble, un spectacle assez touchant de voir un homme grave devenir le camarade d'un polisson, et la vertu se prêter au ton de la licence pour en triompher plus sûrement. Quand l'étourdi venait lui faire ses folles confidences, et s'épancher avec lui, le prêtre l'écoutait, le mettait à son aise; sans approuver le mal il s'intéressait à tout : jamais une indiscrète censure ne venait arrêter son babil et resserrer son cœur; le plaisir avec lequel il se croyait écouté augmentait celui qu'il prenait à tout dire. Ainsi se fit sa confession générale sans qu'il songeât à rien confesser.

« Après avoir bien étudié ses sentiments et son caractère, le prêtre vit clairement que, sans être ignorant pour son âge, il avait oublié tout ce qu'il lui importait de savoir, et que l'opprobre où l'avait réduit la fortune étouffait en lui tout vrai sentiment du bien et du mal. Il est un degré d'abrutissement qui ôte la vie à l'âme; et la voix intérieure ne sait point se faire entendre à celui qui ne songe qu'à se nourrir. Pour garantir le jeune infortuné de cette mort morale dont il était si près, il commença par réveiller en lui l'amour-propre et l'estime de soi-même : il lui montrait un avenir plus heureux dans le bon emploi de ses talents; il ranimait dans son cœur une ardeur généreuse par le récit des belles actions d'autrui; en lui faisant admirer ceux qui les avaient faites, il lui rendait le désir d'en faire de semblables. Pour le détacher insensiblement de sa vie oisive et vagabonde, il lui faisait faire des extraits de livres choisis; et, feignant d'avoir besoin de ces extraits, il nourrissait en lui le noble sentiment de la reconnaissance. Il l'instruisait directement par ces livres; il lui faisait reprendre assez bonne opinion de lui-même pour ne pas se croire un être inutile à tout bien, et pour ne vouloir plus se rendre méprisable à ses propres yeux.

« Une bagatelle fera juger de l'art qu'employait cet homme bienfaisant pour élever insensiblement le cœur de son disciple au-dessus de la bassesse, sans paraître songer à son instruction. L'ecclésiastique avait une probité si bien reconnue et un discernement si sûr, que plusieurs personnes aimaient mieux faire passer leurs aumônes par ses mains que par celles des riches curés des villes. Un jour qu'on lui avait donné quelque argent à distribuer aux pauvres, le jeune homme eut, à ce titre, la lâcheté de lui en demander. Non, dit-il, nous sommes frères, vous m'appartenez, et je ne dois pas toucher à ce dépôt pour mon usage. Ensuite il lui donna de son propre argent autant qu'il en avait demandé. Des leçons de cette espèce sont rarement perdues dans le cœur des jeunes gens qui ne sont pas tout à fait corrompus.

« Je me lasse de parler en tierce personne ; et c'est un soin fort superflu ; car vous sentez bien, cher concitoyen, que ce malheureux fugitif c'est moi-même : je me crois assez loin des désordres de ma jeunesse pour oser les avouer, et la main qui m'en tira mérite bien qu'aux dépens d'un peu de honte je rende au moins quelque honneur à ses bienfaits.

« Ce qui me frappait le plus était de voir, dans la vie privée de mon digne maître, la vertu sans hypocrisie, l'humanité sans faiblesse, des discours toujours droits et simples, et une conduite toujours conforme à ces discours. Je ne le voyais point s'inquiéter si ceux qu'il aidait allaient à vêpres, s'ils se confessaient souvent, s'ils jeûnaient les jours prescrits, s'ils faisaient maigre, ni leur imposer d'autres conditions semblables, sans lesquelles, dût-on mourir de misère, on n'a nulle assistance à espérer des dévots.

« Encouragé par ses observations, loin d'étaler moi-même à ses yeux le zèle affecté d'un nouveau converti, je ne lui cachais point trop mes manières de penser, et ne l'en voyais pas plus scandalisé. Quelquefois j'aurais pu me dire : il me passe mon indifférence pour le culte que j'ai embrassé en faveur de celle qu'il me voit aussi pour le culte dans lequel je suis né ; il sait que mon dédain n'est plus une affaire de parti. Mais que devais-je penser quand je l'entendais quelquefois approuver des dogmes contraires à ceux de l'Église romaine, et paraître estimer médiocrement toutes ses cérémonies ? Je l'aurais cru protestant déguisé si je l'avais vu moins fidèle à ces mêmes usages dont il semblait faire assez peu de cas ; mais, sachant qu'il s'acquittait sans témoin de ses devoirs de prêtre aussi ponctuellement que sous les yeux du public, je ne savais plus que juger de ces contradictions. Au défaut près qui jadis avait attiré sa disgrâce et dont il n'était pas trop bien corrigé, sa vie était exemplaire, ses mœurs étaient irréprochables, ses discours honnêtes et judicieux. En vivant avec lui dans la plus grande intimité, j'apprenais à le respecter chaque jour davantage; et tant de bontés m'ayant tout à fait gagné le cœur, j'attendais avec une curieuse inquiétude le moment d'apprendre sur quel principe il fondait l'uniformité d'une vie aussi singulière.

« Ce moment ne vint pas sitôt. Avant de s'ouvrir à son disciple, il s'efforça de faire germer les semences de raison et de bonté qu'il jetait dans son âme. Ce qu'il y avait en moi de plus difficile à détruire était une orgueilleuse misanthropie, une certaine aigreur contre les riches et les heureux du monde, comme s'ils l'eussent été à mes dépens, et que leur prétendu bonheur eût été usurpé sur le mien. La folle vanité de la jeunesse, qui regimbe contre l'humiliation, ne me donnait que trop de penchant à cette humeur colère, et l'amour-propre, que mon mentor tâchait de réveiller en moi, me portant à la fierté, rendait les hommes encore plus vils à mes yeux, et ne faisait qu'ajouter pour eux le mépris à la haine.

« Sans combattre directement cet orgueil, il l'empêcha de se tourner en dureté d'âme; et sans m'ôter l'estime de moi-même, il la rendit moins dédaigneuse pour mon prochain. En écartant toujours la vaine apparence et me montrant les maux réels qu'elle couvre, il m'apprenait à déplorer les erreurs de mes semblables, à m'attendrir sur leurs misères, et à les plaindre plus qu'à les envier. Emu de compassion sur les faiblesses humaines par le profond sentiment des siennes, il voyait partout des hommes victimes de leurs propres vices et de ceux d'autrui; il voyait les pauvres gémir sous le joug des riches, et les riches sous le joug des préjugés. Croyez-moi, disait-il, nos illusions, loin de nous cacher nos maux, les augmentent, en donnant un prix à ce qui n'en a point, et nous rendant sensibles à mille fausses privations que nous ne sentirions pas sans elles. La paix de l'âme consiste dans le mépris de tout ce qui peut la troubler : l'homme qui fait le plus cas de la vie est celui qui sait le moins en jouir et celui qui aspire le plus avidement au bonheur est toujours le plus misérable.

« Ah! quels tristes tableaux! m'écriais-je avec amertume : s'il faut se refuser à tout, que nous a donc servi de naître ? et s'il faut mépriser le bonheur même, qui est-ce qui sait être heureux ? C'est moi, répondit un jour le prêtre d'un ton dont je fus frappé. Heureux, vous! si peu fortuné, si pauvre, exilé, persécuté, vous êtes heureux! Et qu'avez-vous fait pour l'être ? Mon enfant, reprit-il, je vous le dirai volontiers.

« Là-dessus il me fit entendre qu'après avoir reçu mes confessions il voulait me faire les siennes. J'épancherai dans votre sein, me dit-il en m'embrassant, tous les sentiments de mon cœur. Vous me verrez, sinon tel que je suis, au moins tel que je me vois moi-même. Quand vous aurez reçu mon entière profession de foi, quand vous connaîtrez bien l'état de mon âme, vous saurez pourquoi je m'estime heureux, et, si vous pensez comme moi, ce que vous avez à faire pour l'être. Mais ces aveux ne sont pas l'affaire d'un moment; il faut du temps pour vous exposer tout ce que je pense sur le sort de l'homme et sur le vrai prix de la vie : prenons une heure, un lieu commode pour nous livrer paisiblement à cet entretien.

« Je marquai de l'empressement à l'entendre. Le rendez-vous ne fut pas renvoyé plus tard qu'au lendemain matin. On était en été, nous nous levâmes à la pointe du jour. Il me mena hors de la ville, sur une haute colline, au-dessous de laquelle passait le Pô, dont on voyait le cours à travers les fertiles rives qu'il baigne; dans l'éloignement, l'immense chaîne des Alpes couronnait le paysage; les rayons du soleil levant rasaient déjà les plaines, et projetant sur les champs par longues ombres les arbres, les coteaux, les maisons, enrichissaient de mille accidents de lumière le plus beau tableau dont l'œil humain puisse être frappé. On eût dit que la nature étalait à nos yeux toute sa magnificence pour en offrir le texte à nos entretiens. Ce fut là qu'après avoir quelque temps contemplé ces objets en silence, l'homme de paix me parla ainsi : »

PROFESSION DE FOI DU VICAIRE SAVOYARD

Mon enfant, n'attendez de moi ni des discours savants ni de profonds raisonnements, Je ne suis pas un grand philosophe, et je me soucie peu de l'être. Mais j'ai quelquefois du bon sens, et j'aime toujours la vérité. Je ne veux pas argumenter avec vous, ni même tenter de vous convaincre; il me suffit de vous exposer ce que je pense dans la simplicité de mon cœur. Consultez le vôtre durant mon discours; c'est tout ce que je vous demande. Si je me trompe, c'est de bonne foi; cela suffit pour que mon erreur ne me soit point imputée à crime : quand vous vous tromperiez de même, il y aurait peu de mal à cela. Si je pense bien, la raison nous est commune, et nous avons le même intérêt à l'écouter; pourquoi ne penseriez-vous pas comme moi ?

Je suis né pauvre et paysan, destiné par mon état à cultiver la terre; mais on crut plus beau que j'apprisse à gagner mon pain dans le métier de prêtre, et l'on trouva le moyen de me faire étudier. Assurément ni mes parents ni moi ne songions guère à chercher en cela ce qui était bon, véritable, utile, mais ce qu'il fallait savoir pour être ordonné. J'appris ce qu'on voulait que j'apprisse, je dis ce qu'on voulait que je disse, je m'engageai comme on voulut, et je fus fait prêtre. Mais je ne tardai pas à sentir qu'en m'obligeant de n'être pas homme j'avais promis plus que je ne pouvais tenir.

On nous dit que la conscience est l'ouvrage des préjugés ; cependant, je sais par mon expérience qu'elle s'obstine à suivre l'ordre de la nature contre toutes les lois des hommes. On a beau nous défendre ceci ou cela, le remords nous reproche toujours faiblement ce que nous permet la nature bien ordonnée, à plus forte raison ce qu'elle nous prescrit. O bon jeune homme, elle n'a rien dit encore à vos sens : vivez longtemps dans l'état heureux où sa voix est celle de l'innocence. Souvenez-vous qu'on l'offense encore plus quand on la prévient que quand on la combat ; il faut commencer par apprendre à résister pour savoir quand on peut céder sans crime.

Dès ma jeunesse j'ai respecté le mariage comme la première et la plus sainte institution de la nature. M'étant ôté le droit de m'y soumettre, je résolus de ne le point profaner ; car, malgré mes classes et mes études, ayant toujours mené une vie uniforme et simple, j'avais conservé dans mon esprit toute la clarté des lumières primitives : les maximes du monde ne les avaient point obscurcies, et ma pauvreté m'éloignait des tentations qui dictent les sophismes du vice.

Cette résolution fut précisément ce qui me perdit ; mon respect pour le lit d'autrui laissa mes fautes à découvert. Il fallut expier le scandale : arrêté, interdit, chassé, je fus bien plus la victime de mes scrupules que de mon incontinence ; et j'eus lieu de comprendre, aux reproches dont ma disgrâce fut accompagnée, qu'il ne faut souvent qu'aggraver la faute pour échapper au châtiment.

Peu d'expériences pareilles mènent loin un esprit qui réfléchit. Voyant par de tristes observations renverser les idées que j'avais du juste, de l'honnête, et de tous les devoirs de l'homme, je perdais chaque jour quelqu'une des opinions que j'avais reçues ; celles qui me restaient ne suffisant plus pour faire ensemble un corps qui pût se soutenir par lui-même, je sentis peu à peu s'obscurcir dans mon esprit l'évidence des principes, et, réduit enfin à ne savoir plus que penser, je parvins au même point où vous êtes ; avec cette différence, que mon incrédulité, fruit tardif d'un âge plus mûr, s'était formée avec plus de peine, et devait être plus difficile à détruire.

J'étais dans ces dispositions d'incertitude et de doute que Descartes exige pour la recherche de la vérité. Cet état est peu fait pour durer, il est inquiétant et pénible; il n'y a que l'intérêt du vice ou la paresse de l'âme qui nous y laisse. Je n'avais point le cœur assez corrompu pour m'y plaire; et rien ne conserve mieux l'habitude de réfléchir que d'être plus content de soi que de sa fortune.

Je méditais donc sur le triste sort des mortels flottant sur cette mer des opinions humaines, sans gouvernail, sans boussole, et livrés à leurs passions orageuses, sans autre guide qu'un pilote inexpérimenté qui méconnaît sa route, et qui ne sait ni d'où il vient ni où il va. Je me disais : J'aime la vérité, je la cherche, et ne puis la reconnaître; qu'on me la montre et j'y demeure attaché : pourquoi faut-il qu'elle se dérobe à l'empressement d'un cœur fait pour l'adorer ?

Quoique j'aie souvent éprouvé de plus grands maux, je n'ai jamais mené une vie aussi constamment désagréable que dans ces temps de trouble et d'anxiété, où, sans cesse errant de doute en doute, je ne rapportais de mes longues méditations qu'incertitude, obscurité, contradictions sur la cause de mon être et sur la règle de mes devoirs.

Comment peut-on être sceptique par système et de bonne foi ? je ne saurais le comprendre. Ces philosophes, ou n'existent pas, ou sont les plus malheureux des hommes. Le doute sur les choses qu'il nous importe de connaître est un état trop violent pour l'esprit humain : il n'y résiste pas longtemps; il se décide malgré lui de manière ou d'autre, et il aime mieux se tromper que ne rien croire.

Ce qui redoublait mon embarras, était qu'étant né dans une Eglise qui décide tout, qui ne permet aucun doute, un seul point rejeté me faisait rejeter tout le reste, et que l'impossibilité d'admettre tant de décisions absurdes me détachait aussi de celles qui ne l'étaient pas. En me disant : Croyez tout, on m'empêchait de rien croire, et je ne savais plus où m'arrêter.

Je consultai les philosophes, je feuilletai leurs livres, j'examinai leurs diverses opinions; je les trouvai tous fiers, affirmatifs, dogmatiques, même dans leur scepticisme prétendu, n'ignorant rien, ne prouvant rien, se moquant les uns des autres; et ce point commun à tous me parut le seul sur lequel ils ont tous raison. Triomphants quand ils attaquent, ils sont sans vigueur en se défendant. Si vous pesez les raisons, ils n'en ont que pour détruire ; si vous comptez les voies, chacun est réduit à la sienne ; ils ne s'accordent que pour disputer ; les écouter n'était pas le moyen de sortir de mon incertitude.

Je conçus que l'insuffisance de l'esprit humain est la première cause de cette prodigieuse diversité de sentiments, et que l'orgueil est la seconde. Nous n'avons point la mesure de cette machine immense, nous n'en pouvons calculer les rapports ; nous n'en connaissons ni les premières lois ni la cause finale ; nous nous ignorons nous-mêmes ; nous ne connaissons ni notre nature ni notre principe actif ; à peine savons-nous si l'homme est un être simple ou composé : des mystères impénétrables nous environnent de toutes parts ; ils sont au-dessus de la région sensible ; pour les percer nous croyons avoir de l'intelligence, et nous n'avons que de l'imagination. Chacun se fraye, à travers ce monde imaginaire, une route qu'il croit la bonne ; nul ne peut savoir si la sienne mène au but. Cependant nous voulons tout pénétrer, tout connaître. La seule chose que nous ne savons point, est d'ignorer ce que nous ne pouvons savoir. Nous aimons mieux nous déterminer au hasard, et croire ce qui n'est pas, que d'avouer qu'aucun de nous ne peut voir ce qui est. Petite partie d'un grand tout dont les bornes nous échappent, et que son auteur livre à nos folles disputes, nous sommes assez vains pour vouloir décider ce qu'est ce tout en lui-même, et ce que nous sommes par rapport à lui.

Quand les philosophes seraient en état de découvrir la vérité, qui d'entre eux prendrait intérêt à elle ? Chacun sait bien que son système n'est pas mieux fondé que les autres ; mais il le soutient parce qu'il est à lui. Il n'y en a pas un seul qui, venant à connaître le vrai et le faux, ne préférât le mensonge qu'il a trouvé à la vérité découverte par un autre. Où est le philosophe qui, pour sa gloire, ne tromperait pas volontiers le genre humain ? Où est celui qui, dans le secret de son cœur, se propose un autre objet que de se distinguer ? Pourvu qu'il s'élève au-dessus du vulgaire, pourvu qu'il efface l'éclat de ses concurrents, que demande-t-il de plus ? L'essentiel est de penser autrement que les autres. Chez les croyants il est athée, chez les athées il serait croyant.

Le premier fruit que je tirai de ces réflexions fut d'apprendre à borner mes recherches à ce qui m'intéressait immédiatement, à me reposer dans une profonde ignorance sur tout le reste, et à ne m'inquiéter, jusqu'au doute, que des choses qu'il m'importait de savoir.

Je compris encore que, loin de me délivrer de mes doutes inutiles, les philosophes ne feraient que multiplier ceux qui me tourmentaient et n'en résoudraient aucun. Je pris donc un autre guide et je me dis : Consultons la lumière intérieure, elle m'égarera moins qu'ils ne m'égarent, ou, du moins, mon erreur sera la mienne, et je me dépraverai moins en suivant mes propres illusions qu'en me livrant à leurs mensonges.

Alors, repassant dans mon esprit les diverses opinions qui m'avaient tour à tour entraîné depuis ma naissance, je vis que, bien qu'aucune d'elles ne fût assez évidente pour produire immédiatement la conviction, elles avaient divers degrés de vraisemblance, et que l'assentiment intérieur s'y prêtait ou s'y refusait à différentes mesures. Sur cette première observation, comparant entre elles toutes ces différentes idées dans le silence des préjugés, je trouvai que la première et la plus commune était aussi la plus simple et la plus raisonnable, et qu'il ne lui manquait, pour réunir tous les suffrages, que d'avoir été proposée la dernière. Imaginez tous vos philosophes anciens et modernes ayant d'abord épuisé leurs bizarres systèmes de force, de chances, de fatalité, de nécessité, d'atomes, de monde animé, de matière vivante, de matérialisme de toute espèce, et après eux tous, l'illustre Clarke éclairant le monde, annonçant enfin l'Etre des êtres et le dispensateur des choses : avec quelle universelle admiration, avec quel applaudissement unanime n'eût point été reçu ce nouveau système, si grand, si consolant, si sublime, si propre à élever l'âme, à donner une base à la vertu, et en même temps si frappant, si lumineux, si simple, et, ce me semble, offran. moins de choses incompréhensibles à l'esprit humain qu'il n'en trouve d'absurdes en tout autre système! Je me disais : Les objections insolubles sont communes à tous, parce que l'esprit de l'homme est trop borné pour les résoudre ; elles ne prouvent donc contre aucun par préférence : mais quelle différence entre les preuves directes! celui-là seul qui explique tout ne doit-il pas être préféré quand il n'a pas plus de difficulté que les autres ?

Portant donc en moi l'amour de la vérité pour toute philosophie, et pour toute méthode une règle facile et simple qui me dispense de la vaine subtilité des arguments, je reprends sur cette règle l'examen des connaissances qui m'intéressent, résolu d'admettre pour évidentes toutes celles auxquelles, dans la sincérité de mon cœur, je ne pourrai refuser mon consentement, pour vraies toutes celles qui me paraîtront avoir une liaison nécessaire avec ces premières, et de laisser toutes les autres dans l'incertitude, sans les rejeter ni les admettre, et sans me tourmenter à les éclaircir quand elles ne mènent à rien d'utile pour la pratique.

Mais qui suis-je ? quel droit ai-je de juger les choses ? et qu'est-ce qui détermine mes jugements ? S'ils sont entraînés, forcés par les impressions que je reçois, je me fatigue en vain à ces recherches, elles ne se feront point, ou se feront d'elles-mêmes sans que je me mêle de les diriger. Il faut donc tourner d'abord mes regards sur moi pour connaître l'instrument dont je veux me servir, et jusqu'à quel point je puis me fier à son usage.

J'existe, et j'ai des sens par lesquels je suis affecté. Voilà la première vérité qui me frappe et à laquelle je suis forcé d'acquiescer. Ai-je un sentiment propre de mon existence, ou ne la sens-je que par mes sensations ? Voilà mon premier doute, qu'il m'est, quant à présent, impossible de résoudre. Car, étant continuellement affecté de sensations, ou immédiatement, ou par la mémoire, comment puis-je savoir si le sentiment du *moi* est quelque chose hors de ces mêmes sensations, et s'il peut être indépendant d'elles ?

Mes sensations se passent en moi, puisqu'elles me font sentir mon existence; mais leur cause m'est étrangère, puisqu'elles m'affectent malgré que j'en aie, et qu'il ne dépend de moi ni de les produire ni de les anéantir. Je conçois donc clairement que ma sensation qui est en moi, et sa cause ou son objet qui est hors de moi, ne sont pas la même chose.

Ainsi, non seulement j'existe, mais il existe d'autres êtres, savoir, les objets de mes sensations; et quand ces objets ne seraient que des idées, toujours est-il vrai que ces idées ne sont pas moi.

Or, tout ce que je sens hors de moi et qui agit sur mes sens, je l'appelle matière; et toutes les portions de matière que je conçois réunies en êtres individuels, je les appelle des corps. Ainsi toutes les disputes des idéalistes et des matérialistes ne signifient rien pour moi : leurs distinctions sur l'apparence et la réalité des corps sont des chimères.

Me voici déjà tout aussi sûr de l'existence de l'univers que de la mienne. Ensuite je réfléchis sur les objets de mes sensations ; et, trouvant en moi la faculté de les comparer, je me sens doué d'une force active que je ne savais pas avoir auparavant.

Apercevoir, c'est sentir ; comparer, c'est juger ; juger et sentir ne sont pas la même chose. Par la sensation, les objets s'offrent à moi séparés, isolés, tels qu'ils sont dans la nature ; par la comparaison, je les remue, je les transporte pour ainsi dire, je les pose l'un sur l'autre pour prononcer sur leur différence ou sur leur similitude, et généralement sur tous leurs rapports. Selon moi la faculté distinctive de l'être actif ou intelligent est de pouvoir donner un sens à ce mot *est*. Je cherche en vain dans l'être purement sensitif cette force intelligente qui superpose et puis qui prononce ; je ne la saurais voir dans sa nature. Cet être passif sentira chaque objet séparément, ou même il sentira l'objet total formé des deux ; mais, n'ayant aucune force pour les replier l'un sur l'autre, il ne les comparera jamais, il ne les jugera point.

Voir deux objets à la fois, ce n'est pas voir leurs rapports ni juger de leurs différences ; apercevoir plusieurs objets les uns hors des autres n'est pas les nombrer. Je puis avoir au même instant l'idée d'un grand bâton et d'un petit bâton sans les comparer, sans juger que l'un est plus petit que l'autre, comme je puis voir à la fois ma main entière, sans faire le compte de mes doigts *. Ces idées comparatives, *plus grand*, *plus petit*, de même que les idées numériques d'*un*, de *deux*, etc., ne sont certainement pas des sensations, quoique mon esprit ne les produise qu'à l'occasion de mes sensations.

On nous dit que l'être sensitif distingue les sensations les unes des autres par les différences qu'ont entre elles ces mêmes sensations : ceci demande explication. Quand les sensations sont différentes, l'être sensitif les distingue par leurs différences : quand elles sont semblables, il les distingue parce qu'il sent les unes hors des autres. Autrement, comment dans une sensation simultanée distinguerait-il deux objets égaux ? il faudrait nécessairement qu'il confondît ces deux objets et les prît pour le

---

* Les relations de M. de La Condamine nous parlent d'un peuple qui ne savait compter que jusqu'à trois. Cependant les hommes qui composaient ce peuple, ayant des mains, avaient souvent aperçu leurs doigts sans savoir compter jusqu'à cinq.

même, surtout dans un système où l'on prétend que les sensations représentatives de l'étendue ne sont point étendues.

Quand les deux sensations à comparer sont aperçues, leur impression est faite, chaque objet est senti, les deux sont sentis, mais leur rapport n'est pas senti pour cela. Si le jugement de ce rapport n'était qu'une sensation, et me venait uniquement de l'objet, mes jugements ne me tromperaient jamais, puisqu'il n'est jamais faux que je sente ce que je sens.

Pourquoi donc est-ce que je me trompe sur le rapport de ces deux bâtons, surtout s'ils ne sont pas parallèles ? Pourquoi dis-je, par exemple, que le petit bâton est le tiers du grand, tandis qu'il n'en est que le quart ? Pourquoi l'image, qui est la sensation, n'est-elle pas conforme à son modèle, qui est l'objet ? C'est que je suis actif quand je juge, que l'opération qui compare est fautive, et que mon entendement, qui juge les rapports, mêle ses erreurs à la vérité des sensations, qui ne montrent que les objets.

Ajoutez à cela une réflexion qui vous frappera, je m'assure, quand vous y aurez pensé ; c'est que, si nous étions purement passifs dans l'usage de nos sens, il n'y aurait entre eux aucune communication ; il nous serait impossible de connaître que le corps que nous touchons et l'objet que nous voyons sont le même. Ou nous ne sentirions jamais rien hors de nous, ou il y aurait pour nous cinq substances sensibles, dont nous n'aurions nul moyen d'apercevoir l'identité.

Qu'on donne tel ou tel nom à cette force de mon esprit qui rapproche et compare mes sensations ; qu'on l'appelle attention, méditation, réflexion, ou comme on voudra ; toujours est-il vrai qu'elle est en moi et non dans les choses, que c'est moi seul qui la produis, quoique je ne la produise qu'à l'occasion de l'impression que font sur moi les objets. Sans être maître de sentir ou de ne pas sentir, je le suis d'examiner plus ou moins ce que je sens.

Je ne suis donc pas simplement un être sensitif et passif, mais un être actif et intelligent, et, quoi qu'en dise la philosophie, j'oserai prétendre à l'honneur de penser. Je sais seulement que la vérité est dans les choses et non pas dans mon esprit qui les juge, et que moins je mets du mien dans les jugements que j'en porte, plus je suis sûr d'approcher de la vérité : ainsi ma règle de me livrer au sentiment plus qu'à la raison est confirmée par la raison même.

M'étant, pour ainsi dire, assuré de moi-même, je commence à regarder hors de moi, et je me considère avec une sorte de frémissement, jeté, perdu dans ce vaste univers, et comme noyé dans l'immensité des êtres, sans rien savoir de ce qu'ils sont, ni entre eux, ni par rapport à moi. Je les étudie, je les observe ; et le premier objet qui se présente à moi pour les comparer, c'est moi-même.

Tout ce que j'aperçois par les sens est matière, et je déduis toutes les propriétés essentielles de la matière des qualités sensibles qui me la font apercevoir, et qui en sont inséparables. Je la vois tantôt en mouvement et tantôt en repos *, d'où j'infère que ni le repos ni le mouvement ne lui sont essentiels ; mais le mouvement, étant une action, est l'effet d'une cause dont le repos n'est que l'absence. Quand donc rien n'agit sur la matière, elle ne se meut point, et, par cela même qu'elle est indifférente au repos et au mouvement, son état naturel est d'être en repos.

J'aperçois dans les corps deux sortes de mouvements, savoir, mouvement communiqué, et mouvement spontané ou volontaire. Dans le premier, la cause motrice est étrangère au corps mû, et dans le second elle est en lui-même. Je ne conclurai pas de là que le mouvement d'une montre, par exemple, est spontané ; car si rien d'étranger au ressort n'agissait sur lui, il ne tendrait point à se redresser, et ne tirerait pas la chaîne. Par la même raison, je n'accorderai point non plus la spontanéité aux fluides, ni au feu même qui fait leur fluidité **.

Vous me demanderez si les mouvements des animaux sont spontanés ; je vous dirai que je n'en sais rien, mais que l'analogie est pour l'affirmative. Vous me demanderez encore comment je sais donc qu'il y a des mouvements spontanés ; je vous dirai que je le sais parce que je le sens. Je veux mouvoir mon bras et je le meus, sans que ce mouvement ait d'autre cause immédiate que ma volonté.

---

* Ce repos n'est, si l'on veut, que relatif ; mais puisque nous observons du plus ou du moins dans le mouvement, nous concevons très clairement un des deux termes extrêmes, qui est le repos, et nous le concevons si bien, que nous sommes enclins même à prendre pour absolu le repos qui n'est que relatif. Or il n'est pas vrai que le mouvement soit de l'essence de la matière, si elle peut être conçue en repos.

** Les chimistes regardent le phlogistique ou l'élément du feu comme épars, immobile, et stagnant dans les mixtes dont il fait partie, jusqu'à ce que des causes étrangères le dégagent, le réunissent, le mettent en mouvement, et le changent en feu.

C'est en vain qu'on voudrait raisonner pour détruire en moi ce sentiment, il est plus fort que toute évidence; autant vaudrait me prouver que je n'existe pas.

S'il n'y avait aucune spontanéité dans les actions des hommes, ni dans rien de ce qui se fait sur la terre, on n'en serait que plus embarrassé à imaginer la première cause de tout mouvement. Pour moi, je me sens tellement persuadé que l'état naturel de la matière est d'être en repos, et qu'elle n'a par elle-même aucune force pour agir, qu'en voyant un corps en mouvement je juge aussitôt, ou que c'est un corps animé, ou que ce mouvement lui a été communiqué. Mon esprit refuse tout acquiescement à l'idée de la matière non organisée se mouvant d'elle-même, ou produisant quelque action.

Cependant cet univers visible est matière, matière éparse et morte *, qui n'a rien dans son tout de l'union, de l'organisation, du sentiment commun des parties d'un corps animé, puisqu'il est certain que nous qui sommes parties ne nous sentons nullement dans le tout. Ce même univers est en mouvement, et dans ses mouvements réglés, uniformes, assujettis à des lois constantes, il n'a rien de cette liberté qui paraît dans les mouvements spontanés de l'homme et des animaux. Le monde n'est donc pas un grand animal qui se meuve de lui-même; il y a donc de ses mouvements quelque cause étrangère à lui, laquelle je n'aperçois pas; mais la persuasion intérieure me rend cette cause tellement sensible, que je ne puis voir rouler le soleil sans imaginer une force qui le pousse, ou que, si la terre tourne, je crois sentir une main qui la fait tourner.

S'il faut admettre des lois générales dont je n'aperçois point les rapports essentiels avec la matière, de quoi serai-je avancé? Ces lois, n'étant point des êtres réels, des substances, ont donc quelque autre fondement qui m'est inconnu. L'expérience et l'observation nous ont fait connaître les lois du mouvement; ces lois déterminent les effets sans montrer les causes; elles ne suffisent point pour expliquer le système du monde et la marche de l'univers. Descartes avec des dés fermait le ciel et la terre; mais il ne

---

* J'ai fait tous mes efforts pour concevoir une molécule vivante, sans pouvoir en venir à bout. L'idée de la matière sentant sans avoir des sens me paraît inintelligible et contradictoire. Pour adopter ou rejeter cette idée, il faudrait commencer par la comprendre, et j'avoue que je n'ai pas ce bonheur-là.

put donner le premier branle à ces dés, ni mettre en jeu
sa force centrifuge qu'à l'aide d'un mouvement de rota-
tion. Newton a trouvé la loi de l'attraction; mais l'attraction seule réduirait bientôt l'univers en une masse immobile : à cette loi il a fallu joindre une force projectile pour
faire décrire des courbes aux corps célestes. Que Descartes nous dise quelle loi physique a fait tourner ses
tourbillons; que Newton nous montre la main qui lança
les planètes sur la tangente de leurs orbites.

Les premières causes du mouvement ne sont point dans
la matière; elle reçoit le mouvement et le communique,
mais elle ne le produit pas. Plus j'observe l'action et réaction des forces de la nature agissant les unes sur les autres,
plus je trouve que, d'effets en effets, il faut toujours
remonter à quelque volonté pour première cause; car
supposer un progrès de causes à l'infini, c'est n'en point
supposer du tout. En un mot, tout mouvement qui n'est
pas produit par un autre ne peut venir que d'un acte
spontané, volontaire; les corps inanimés n'agissent que
par le mouvement, et il n'y a point de véritable action
sans volonté. Voilà mon premier principe. Je crois donc
qu'une volonté meut l'univers et anime la nature. Voilà
mon premier dogme, ou mon premier article de foi.

Comment une volonté produit-elle une action physique
et corporelle ? je n'en sais rien, mais j'éprouve en moi
qu'elle la produit. Je veux agir, et j'agis; je veux mouvoir
mon corps, et mon corps se meut; mais qu'un corps ina-
nimé et en repos vienne à se mouvoir de lui-même ou
produise le mouvement, cela est incompréhensible et sans
exemple. La volonté m'est connue par ses actes, non par
sa nature. Je connais cette volonté comme cause motrice;
mais concevoir la matière productrice du mouvement,
c'est clairement concevoir un effet sans cause, c'est ne
concevoir absolument rien.

Il ne m'est pas plus possible de concevoir comment ma
volonté meut mon corps, que comment mes sensations
affectent mon âme. Je ne sais pas même pourquoi l'un
de ces mystères a paru plus explicable que l'autre.
Quant à moi, soit quand je suis passif, soit quand je suis
actif, le moyen d'union des deux substances me paraît
absolument incompréhensible. Il est bien étrange qu'on
parte de cette incompréhensibilité même pour confondre
les deux substances, comme si des opérations de natures
si différentes s'expliquaient mieux dans un seul sujet
que dans deux.

Le dogme que je viens d'établir est obscur, il est vrai; mais enfin il offre un sens, et il n'a rien qui répugne à la raison ni à l'observation : en peut-on dire autant du matérialisme ? N'est-il pas clair que si le mouvement était essentiel à la matière, il en serait inséparable, il y serait toujours en même degré, toujours le même dans chaque portion de matière, il serait incommunicable, il ne pourrait ni augmenter ni diminuer, et l'on ne pourrait pas même concevoir la matière en repos ? Quand on me dit que le mouvement ne lui est pas essentiel, mais nécessaire, on veut me donner le change par des mots qui seraient plus aisés à réfuter s'ils avaient un peu plus de sens. Car, ou le mouvement de la matière lui vient d'ellemême, et alors il lui est essentiel, ou, s'il lui vient d'une cause étrangère, il n'est nécessaire à la matière qu'autant que la cause motrice agit sur elle : nous rentrons dans la première difficulté.

Les idées générales et abstraites sont la source des plus grandes erreurs des hommes; jamais le jargon de la métaphysique n'a fait découvrir une seule vérité, et il a rempli la philosophie d'absurdités dont on a honte, sitôt qu'on les dépouille de leurs grands mots. Dites-moi, mon ami, si, quand on vous parle d'une force aveugle répandue dans toute la nature, on porte quelque véritable idée à votre esprit. On croit dire quelque chose par ces mots vagues de *force universelle*, de *mouvement nécessaire*, et l'on ne dit rien du tout. L'idée du mouvement n'est autre chose que l'idée du transport d'un lieu à un autre : il n'y a point de mouvement sans quelque direction; car un être individuel ne saurait se mouvoir à la fois dans tous les sens. Dans quel sens donc la matière se meut-elle nécessairement ? Toute la matière en corps a-t-elle un mouvement uniforme, ou chaque atome a-t-il son mouvement propre ? Selon la première idée, l'univers entier doit former une masse solide et indivisible; selon la seconde, il ne doit former qu'un fluide épars et incohérent, sans qu'il soit jamais possible que deux atomes se réunissent. Sur quelle direction se fera ce mouvement commun de toute la matière ? Sera-ce en droite ligne, en haut, en bas, à droite ou à gauche ? Si chaque molécule de matière a sa direction particulière, quelles seront les causes de toutes ces directions et de toutes ces différences ? Si chaque atome ou molécule de matière ne faisait que tourner sur son propre centre, jamais rien ne sortirait de sa place, et il n'y aurait point de mouvement communiqué;

encore même faudrait-il que ce mouvement circulaire fût déterminé dans quelque sens. Donner à la matière le mouvement par abstraction, c'est dire des mots qui ne signifient rien ; et lui donner un mouvement déterminé, c'est supposer une cause qui le détermine. Plus je multiplie les forces particulières, plus j'ai de nouvelles causes à expliquer, sans jamais trouver aucun agent commun qui les dirige. Loin de pouvoir imaginer aucun ordre dans le concours fortuit des éléments, je n'en puis pas même imaginer le combat, et le chaos de l'univers m'est plus inconcevable que son harmonie. Je comprends que le mécanisme du monde peut n'être pas intelligible à l'esprit humain ; mais sitôt qu'un homme se mêle de l'expliquer, il doit dire des choses que les hommes entendent.

Si la matière mue me montre une volonté, la matière mue selon de certaines lois me montre une intelligence : c'est mon second article de foi. Agir, comparer, choisir, sont les opérations d'un être actif et pensant : donc cet être existe. Où le voyez-vous exister ? m'allez-vous dire. Non seulement dans les cieux qui roulent, dans l'astre qui nous éclaire ; non seulement dans moi-même, mais dans la brebis qui paît, dans l'oiseau qui vole, dans la pierre qui tombe, dans la feuille qu'emporte le vent.

Je juge de l'ordre du monde quoique j'en ignore la fin, parce que pour juger de cet ordre il me suffit de comparer les parties entre elles, d'étudier leur concours, leurs rapports, d'en remarquer le concert. J'ignore pourquoi l'univers existe ; mais je ne laisse pas de voir comment il est modifié : je ne laisse pas d'apercevoir l'intime correspondance par laquelle les êtres qui le composent se prêtent un secours mutuel. Je suis comme un homme qui verrait pour la première fois une montre ouverte, et qui ne laisserait pas d'en admirer l'ouvrage, quoiqu'il ne connût pas l'usage de la machine et qu'il n'eût point vu le cadran. Je ne sais, dirait-il, à quoi le tout est bon ; mais je vois que chaque pièce est faite pour les autres ; j'admire l'ouvrier dans le détail de son ouvrage, et je suis bien sûr que tous ces rouages ne marchent ainsi de concert que pour une fin commune qu'il m'est impossible d'apercevoir.

Comparons les fins particulières, les moyens, les rapports ordonnés de toute espèce, puis écoutons le sentiment intérieur ; quel esprit sain peut se refuser à son témoignage ? A quels yeux non prévenus l'ordre sensible de l'univers n'annonce-t-il pas une suprême intelligence ? Et que de sophismes ne faut-il point entasser pour méconnaître l'harmonie des êtres et l'admirable concours de chaque pièce pour la conservation des autres ? Qu'on me parle tant qu'on voudra de combinaisons et de chances ; que vous sert de me réduire au silence, si vous ne pouvez m'amener à la persuasion ? Et comment m'ôterez-vous le sentiment involontaire qui vous dément toujours malgré moi ? Si les corps organisés se sont combinés fortuitement de mille manières avant de prendre des formes constantes, s'il s'est formé d'abord des estomacs sans bouches, des pieds sans têtes, des mains sans bras, des organes imparfaits de toute espèce qui sont péris faute de pouvoir se conserver, pourquoi nul de ces informes essais ne frappe-t-il plus nos regards ? Pourquoi la nature s'est-elle enfin prescrit des lois auxquelles elle n'était pas d'abord assujettie ? Je ne dois point être surpris qu'une chose arrive lorsqu'elle est possible, et que la difficulté de l'événement est compensée par la quantité des jets ; j'en conviens. Cependant, si l'on venait me dire que des caractères d'imprimerie projetés au hasard ont donné l'*Enéide* tout arrangée, je ne daignerais pas faire un pas pour aller vérifier le mensonge. Vous oubliez, me dira-t-on, la quantité des jets. Mais de ces jets-là combien faut-il que j'en suppose pour rendre la combinaison vraisemblable ? Pour moi, qui n'en vois qu'un seul, j'ai l'infini à parier contre un que son produit n'est point l'effet du hasard. Ajoutez que des combinaisons et des chances ne donneront jamais que des produits de même nature que les éléments combinés, que l'organisation et la vie ne résulteront point d'un jet d'atomes, et qu'un chimiste combinant des mixtes ne les fera point sentir et penser dans son creuset *.

J'ai lu Nieuwentit avec surprise, et presque avec scandale. Comment cet homme a-t-il pu vouloir faire un

---

* Croirait-on, si l'on n'en avait la preuve, que l'extravagance humaine pût être portée à ce point ? Amatus Lusitanus assurait avoir vu un petit homme long d'un pouce enfermé dans un verre, que Julius Camillus, comme un autre Prométhée, avait fait par la science alchimique. Paracelse, *de Natura rerum*, enseigne la façon de produire ces petits hommes, et soutient que les pygmées, les faunes, les satyres et les nymphes ont été engendrés par la chimie. En effet, je ne vois pas trop qu'il reste désormais autre chose à faire, pour établir la possibilité de ces faits, si ce n'est d'avancer que la matière organique résiste à l'ardeur du feu, et que ses molécules peuvent se conserver en vie dans un fourneau de réverbère.

livre des merveilles de la nature, qui montrent la sagesse de son auteur ? Son livre serait aussi gros que le monde, qu'il n'aurait pas épuisé son sujet ; et sitôt qu'on veut entrer dans les détails, la plus grande merveille échappe, qui est l'harmonie et l'accord du tout. La seule génération des corps vivants et organisés est l'abîme de l'esprit humain ; la barrière insurmontable que la nature a mise entre les diverses espèces, afin qu'elles ne se confondissent pas, montre ses intentions avec la dernière évidence. Elle ne s'est pas contentée d'établir l'ordre, elle a pris des mesures certaines pour que rien ne pût le troubler.

Il n'y a pas un être dans l'univers qu'on ne puisse, à quelque égard, regarder comme le centre commun de tous les autres, autour duquel ils sont tous ordonnés, en sorte qu'ils sont tous réciproquement fins et moyens les uns relativement aux autres. L'esprit se confond et se perd dans cette infinité de rapports, dont pas un n'est confondu ni perdu dans la foule. Que d'absurdes suppositions pour déduire toute cette harmonie de l'aveugle mécanisme de la matière mue fortuitement ! Ceux qui nient l'unité d'intention qui se manifeste dans les rapports de toutes les parties de ce grand tout, ont beau couvrir leur galimatias d'abstractions, de coordinations, de principes généraux, de termes emblématiques ; quoi qu'ils fassent, il m'est impossible de concevoir un système d'êtres si constamment ordonnés, que je ne conçoive une intelligence qui l'ordonne. Il ne dépend pas de moi de croire que la matière passive et morte a pu produire des êtres vivants et sentants, qu'une fatalité aveugle a pu produire des êtres intelligents, que ce qui ne pense point a pu produire des êtres qui pensent.

Je crois donc que le monde est gouverné par une volonté puissante et sage ; je le vois, ou plutôt je le sens, et cela m'importe à savoir. Mais ce même monde est-il éternel ou créé ? Y a-t-il un principe unique des choses ? Y en a-t-il deux ou plusieurs ? Et quelle est leur nature ? Je n'en sais rien, et que m'importe. A mesure que ces connaissances me deviendront intéressantes, je m'efforcerai de les acquérir ; jusque-là je renonce à des questions oiseuses qui peuvent inquiéter mon amour-propre, mais qui sont inutiles à ma conduite et supérieures à ma raison.

Souvenez-vous toujours que je n'enseigne point mon sentiment, je l'expose. Que la matière soit éternelle ou

créée, qu'il y ait un principe passif ou qu'il n'y en ait
point ; toujours est-il certain que le tout est un, et annonce
une intelligence unique ; car je ne vois rien qui ne soit
ordonné dans le même système, et qui ne concoure à la
même fin, savoir la conservation du tout dans l'ordre
établi. Cet être qui veut et qui peut, cet être actif par lui-
même, cet être enfin, quel qu'il soit, qui meut l'univers
et ordonne toutes choses, je l'appelle Dieu. Je joins à ce
nom les idées d'intelligence, de puissance, de volonté, que
j'ai rassemblées, et celle de bonté qui en est une suite
nécessaire ; mais je n'en connais pas mieux l'être auquel
je l'ai donné ; il se dérobe également à mes sens et à mon
entendement ; plus j'y pense, plus je me confonds ; je sais
très certainement qu'il existe, et qu'il existe par lui-
même : je sais que mon existence est subordonnée à la
sienne, et que toutes les choses qui me sont connues sont
absolument dans le même cas. J'aperçois Dieu partout
dans ses œuvres ; je le sens en moi, je le vois tout autour
de moi ; mais sitôt que je veux le contempler en lui-même,
sitôt que je veux chercher où il est, ce qu'il est, quelle
est sa substance, il m'échappe et mon esprit troublé
n'aperçoit plus rien.

Pénétré de mon insuffisance, je ne raisonnerai
jamais sur la nature de Dieu, que je n'y sois forcé par le
sentiment de ses rapports avec moi. Ces raisonnements
sont toujours téméraires, un homme sage ne doit s'y
livrer qu'en tremblant, et sûr qu'il n'est pas fait pour les
approfondir : car ce qu'il y a de plus injurieux à la
Divinité n'est pas de n'y point penser, mais d'en mal
penser.

Après avoir découvert ceux de ses attributs par lesquels
je conçois mon existence, je reviens à moi, et je cherche
quel rang j'occupe dans l'ordre des choses qu'elle gouverne, et que je puis examiner. Je me trouve incontestablement au premier par mon espèce ; car, par ma volonté
et par les instruments qui sont en mon pouvoir pour
l'exécuter, j'ai plus de force pour agir sur tous les corps
qui m'environnent, ou pour me prêter ou me dérober
comme il me plaît à leur action, qu'aucun d'eux n'en a
pour agir sur moi malgré moi par la seule impulsion physique ; et, par mon intelligence, je suis le seul qui ait inspection sur le tout. Quel être ici-bas, hors l'homme, sait
observer tous les autres, mesurer, calculer, prévoir leurs
mouvements, leurs effets, et joindre, pour ainsi dire, le
sentiment de l'existence commune à celui de son exis-

tence individuelle ? Qu'y a-t-il de si ridicule à penser que tout est fait pour moi, si je suis le seul qui sache tout rapporter à lui ?

Il est donc vrai que l'homme est le roi de la terre qu'il habite; car non seulement il dompte tous les animaux, non seulement il dispose des éléments par son industrie, mais lui seul sur la terre en sait disposer, et il s'approprie encore, par la contemplation, les astres mêmes dont il ne peut approcher. Qu'on me montre un autre animal sur la terre qui sache faire usage du feu, et qui sache admirer le soleil. Quoi! je puis observer, connaître les êtres et leurs rapports ? je puis sentir ce que c'est qu'ordre, beauté, vertu; je puis contempler l'univers, m'élever à la main qui le gouverne; je puis aimer le bien, le faire; et je me comparerais aux bêtes! Ame abjecte, c'est ta triste philosophie qui te rend semblable à elles : ou plutôt tu veux en vain t'avilir, ton génie dépose contre tes principes, ton cœur bienfaisant dément ta doctrine, et l'abus même de tes facultés prouve leur excellence en dépit de toi.

Pour moi qui n'ai point de système à soutenir, moi, homme simple et vrai, que la fureur d'aucun parti n'entraîne et qui n'aspire point à l'honneur d'être chef de secte, content de la place où Dieu m'a mis, je ne vois rien, après lui, de meilleur que mon espèce, et si j'avais à choisir ma place dans l'ordre des êtres, que pourrais-je choisir de plus que d'être homme ?

Cette réflexion m'enorgueillit moins qu'elle ne me touche; car cet état n'est point de mon choix, et il n'était pas dû au mérite d'un être qui n'existait pas encore. Puis-je me voir ainsi distingué sans me féliciter de remplir ce poste honorable, et sans bénir la main qui m'y a placé ? De mon premier retour sur moi naît dans mon cœur un sentiment de reconnaissance et de bénédiction pour l'auteur de mon espèce, et de ce sentiment mon premier hommage à la Divinité bienfaisante. J'adore la puissance suprême et je m'attendris sur ses bienfaits. Je n'ai pas besoin qu'on m'enseigne ce culte, il m'est dicté par la nature elle-même. N'est-ce pas une conséquence naturelle de l'amour de soi, d'honorer ce qui nous protège, et d'aimer ce qui nous veut du bien ?

Mais quand, pour connaître ensuite ma place individuelle dans mon espèce, j'en considère les divers rangs et les hommes qui les remplissent, que deviens-je ? Quel spectacle! Où est l'ordre que j'avais observé ? Le tableau de la nature ne m'offrait qu'harmonie et proportions, celui

du genre humain ne m'offre que confusion, désordre! Le
concert règne entre les éléments, et les hommes sont dans
le chaos! Les animaux sont heureux, leur roi seul est misérable! O sagesse, où sont tes lois? O Providence, est-ce
ainsi que tu régis le monde? Etre bienfaisant, qu'est
devenu ton pouvoir? Je vois le mal sur la terre.

Croiriez-vous, mon bon ami, que de ces tristes
réflexions et de ces contradictions apparentes se formèrent
dans mon esprit les sublimes idées de l'âme, qui n'avaient
point jusque-là résulté de mes recherches? En méditant
sur la nature de l'homme, j'y crus découvrir deux principes distincts, dont l'un l'élevait à l'étude des vérités
éternelles, à l'amour de la justice et du beau moral, aux
régions du monde intellectuel dont la contemplation fait
les délices du sage, et dont l'autre le ramenait bassement
en lui-même, l'asservissait à l'empire des sens, aux passions qui sont leurs ministres, et contrariait par elles tout
ce que lui inspirait le sentiment du premier. En me sentant entraîné, combattu par ces deux mouvements
contraires, je me disais: Non, l'homme n'est point un:
je veux et je ne veux pas, je me sens à la fois esclave et
libre; je vois le bien, je l'aime, et je fais le mal; je suis
actif quand j'écoute la raison, passif quand mes passions
m'entraînent; et mon pire tourment quand je succombe
est de sentir que j'ai pu résister.

Jeune homme, écoutez avec confiance, je serai toujours de bonne foi. Si la conscience est l'ouvrage des
préjugés, j'ai tort, sans doute, et il n'y a point de morale
démontrée; mais si se préférer à tout est un penchant naturel à l'homme, et si pourtant le premier sentiment de la
justice est inné dans le cœur humain, que celui qui fait de
l'homme un être simple lève ces contradictions, et je ne
reconnais plus qu'une substance.

Vous remarquerez que, par ce mot de *substance*, j'entends en général l'être doué de quelque qualité primitive,
et abstraction faite de toutes modifications particulières ou
secondaires. Si donc toutes les qualités primitives qui
nous sont connues peuvent se réunir dans un même être,
on ne doit admettre qu'une substance; mais s'il y en a
qui s'excluent mutuellement, il y a autant de diverses
substances qu'on peut faire de pareilles exclusions. Vous
réfléchirez sur cela; pour moi, je n'ai besoin, quoi qu'en
dise Locke, de connaître la matière que comme étendue
et divisible, pour être assuré qu'elle ne peut penser; et
quand un philosophe viendra me dire que les arbres

sentent et que les roches pensent *, il aura beau m'embarrasser dans ses arguments subtils, je ne puis voir en lui qu'un sophiste de mauvaise foi, qui aime mieux donner le sentiment aux pierres que d'accorder une âme à l'homme.

Supposons un sourd qui nie l'existence des sons, parce qu'ils n'ont jamais frappé son oreille. Je mets sous ses yeux un instrument à corde, dont je fais sonner l'unisson par un autre instrument caché : le sourd voit frémir la corde ; je lui dis : C'est le son qui fait cela. Point du tout, répond-il ; la cause du frémissement de la corde est en elle-même ; c'est une qualité commune à tous les corps de frémir ainsi. Montrez-moi donc, reprends-je, ce frémissement dans les autres corps, ou du moins sa cause dans cette corde. Je ne puis, réplique le sourd ; mais, parce que je ne conçois pas comment frémit cette corde, pourquoi faut-il que j'aille expliquer cela par vos sons, dont je n'ai pas la moindre idée ? C'est expliquer un fait obscur par une cause encore plus obscure. Ou rendez-moi vos sons sensibles, ou je dis qu'ils n'existent pas.

* Il me semble que, loin de dire que les rochers pensent, la philosophie moderne a découvert au contraire que les hommes ne pensent point. Elle ne reconnaît plus que des êtres sensitifs dans la nature ; et toute la différence qu'elle trouve entre un homme et une pierre, est que l'homme est un être sensitif qui a des sensations, et la pierre un être sensitif qui n'en a pas. Mais s'il est vrai que toute matière sente, où concevrai-je l'unité sensitive ou le moi individuel ? sera-ce dans chaque molécule de matière ou dans des corps agrégatifs ? Placerai-je également cette unité dans les fluides et dans les solides, dans les mixtes et dans les éléments ? Il n'y a, dit-on, que des individus dans la nature ! Mais quels sont ces individus ? Cette pierre est-elle un individu ou une agrégation d'individus ? Est-elle un seul être sensitif, ou en contient-elle autant que de grains de sable ? Si chaque atome élémentaire est un être sensitif, comment concevrai-je cette intime communication par laquelle l'un se sent dans l'autre, en sorte que leurs deux *moi* se confondent en un ? L'attraction peut être une loi de la nature dont le mystère nous est inconnu ; mais nous concevons au moins que l'attraction, agissant selon les masses, n'a rien d'incompatible avec l'étendue et la divisibilité. Concevez-vous la même chose du sentiment ? Les parties sensibles sont étendues, mais l'être sensitif est invisible et un ; il ne se partage pas, il est tout entier ou nul ; l'être sensitif n'est donc pas un corps. Je ne sais comment l'entendent nos matérialistes, mais il me semble que les mêmes difficultés qui leur ont fait rejeter la pensée leur devraient faire aussi rejeter le sentiment ; et je ne vois pas pourquoi, ayant fait le premier pas, ils ne feraient pas aussi l'autre ; que leur en coûterait-il de plus ? et puisqu'ils sont sûrs qu'ils ne pensent pas, comment osent-ils affirmer qu'ils sentent ?

Plus je réfléchis sur la pensée et sur la nature de l'esprit humain, plus je trouve que le raisonnement des matérialistes ressemble à celui de ce sourd. Ils sont sourds, en effet, à la voix intérieure qui leur crie d'un ton difficile à méconnaître : Une machine ne pense point, il n'y a ni mouvement ni figure qui produise la réflexion : quelque chose en toi cherche à briser les liens qui le compriment ; l'espace n'est pas ta mesure, l'univers entier n'est pas assez grand pour toi : tes sentiments, tes désirs, ton inquiétude, ton orgueil même, ont un autre principe que ce corps étroit dans lequel tu te sens enchaîné.

Nul être matériel n'est actif par lui-même, et moi je le suis. On a beau me disputer cela, je le sens, et ce sentiment qui me parle est plus fort que la raison qui le combat. J'ai un corps sur lequel les autres agissent et qui agit sur eux ; cette action réciproque n'est pas douteuse ; mais ma volonté est indépendante de mes sens ; je consens ou je résiste, je succombe ou je suis vainqueur, et je sens parfaitement en moi-même quand je fais ce que j'ai voulu faire, ou quand je ne fais que céder à mes passions. J'ai toujours la puissance de vouloir, non la force d'exécuter. Quand je me livre aux tentations, j'agis selon l'impulsion des objets externes. Quand je me reproche cette faiblesse, je n'écoute que ma volonté ; je suis esclave par mes vices, et libre par mes remords ; le sentiment de ma liberté ne s'efface en moi que quand je me déprave, et que j'empêche enfin la voix de l'âme de s'élever contre la loi du corps.

Je ne connais la volonté que par le sentiment de la mienne, et l'entendement ne m'est pas mieux connu. Quand on me demande quelle est la cause qui détermine ma volonté, je demande à mon tour quelle est la cause qui détermine mon jugement : car il est clair que ces deux causes n'en font qu'une ; et si l'on comprend bien que l'homme est actif dans ses jugements, que son entendement n'est que le pouvoir de comparer et de juger, on verra que sa fierté n'est qu'un pouvoir semblable, ou dérivé de celui-là ; il choisit le bon comme il a jugé le vrai ; s'il juge faux, il choisit mal. Quelle est donc la cause qui détermine sa volonté ? C'est son jugement. Et quelle est la cause qui détermine son jugement ? C'est sa faculté intelligente, c'est sa puissance de juger ; la cause déterminante est en lui-même. Passé cela, je n'entends plus rien.

Sans doute je ne suis pas libre de ne pas vouloir mon

propre bien, je ne suis pas libre de vouloir mon mal; mais ma liberté consiste en cela même que je ne puis vouloir que ce qui m'est convenable, ou que j'estime tel, sans que rien d'étranger à moi me détermine. S'ensuit-il que je ne sois pas mon maître, parce que je ne suis pas le maître d'être un autre que moi ?

Le principe de toute action est dans la volonté d'un être libre; on ne saurait remonter au delà. Ce n'est pas le mot de liberté qui ne signifie rien, c'est celui de nécessité. Supposer quelque acte, quelque effet qui ne dérive pas d'un principe actif, c'est vraiment supposer des effets sans cause, c'est tomber dans le cercle vicieux. Ou il n'y a point de première impulsion, ou toute première impulsion n'a nulle cause antérieure, et il n'y a point de véritable volonté sans liberté. L'homme est donc libre dans ses actions, et, comme tel, animé d'un substance immatérielle, c'est mon troisième article de foi. De ces trois premiers vous déduirez aisément tous les autres, sans que je continue à les compter.

Si l'homme est actif et libre, il agit de lui-même; tout ce qu'il fait librement n'entre point dans le système ordonné de la Providence, et ne peut lui être imputé. Elle ne veut point le mal que fait l'homme, en abusant de la liberté qu'elle lui donne; mais elle ne l'empêche pas de le faire, soit que de la part d'un être si faible ce mal soit nul à ses yeux, soit qu'elle ne pût l'empêcher sans gêner sa liberté et faire un mal plus grand en dégradant sa nature. Elle l'a fait libre afin qu'il fît non le mal, mais le bien par choix. Elle l'a mis en état de faire ce choix en usant bien des facultés dont elle l'a doué; mais elle a tellement borné ses forces, que l'abus de la liberté qu'elle lui laisse ne peut troubler l'ordre général. Le mal que l'homme fait retombe sur lui sans rien changer au système du monde, sans empêcher que l'espèce humaine elle-même ne se conserve malgré qu'elle en ait. Murmurer de ce que Dieu ne l'empêche pas de faire le mal, c'est murmurer de ce qu'il la fit d'une nature excellente, de ce qu'il mit à ses actions la moralité qui les ennoblit, de ce qu'il lui donna droit à la vertu. La suprême jouissance est dans le contentement de soi-même; c'est pour mériter ce contentement que nous sommes placés sur la terre et doués de la liberté, que nous sommes tentés par les passions et retenus par la conscience. Que pouvait de plus en notre faveur la puissance divine elle-même ? Pouvait-elle mettre de la contradiction dans notre nature et donner le prix d'avoir

bien fait à qui n'eut pas le pouvoir de mal faire ? Quoi!
pour empêcher l'homme d'être méchant, fallait-il le
borner à l'instinct et le faire bête ? Non, Dieu de mon
âme, je ne te reprocherai jamais de l'avoir faite à ton
image, afin que je pusse être libre, bon et heureux comme
toi.

C'est l'abus de nos facultés qui nous rend malheureux
et méchants. Nos chagrins, nos soucis, nos peines, nous
viennent de nous. Le mal moral est incontestablement
notre ouvrage, et le mal physique ne serait rien sans nos
vices, qui nous l'ont rendu sensible. N'est-ce pas pour
nous conserver que la nature nous fait sentir nos besoins ?
La douleur du corps n'est-elle pas un signe que la machine
se dérange, et un avertissement d'y pourvoir ? La mort...
Les méchants n'empoisonnent-ils pas leur vie et la nôtre ?
Qui est-ce qui voudrait toujours vivre ? La mort est le
remède aux maux que vous vous faites; la nature a voulu
que vous ne souffrissiez pas toujours. Combien l'homme
vivant dans la simplicité primitive est sujet à peu de
maux! Il vit presque sans maladies ainsi que sans passions, et ne prévoit ni ne sent la mort; quand il la sent,
ses misères la lui rendent désirable : dès lors elle n'est
plus un mal pour lui. Si nous nous contentions d'être ce
que nous sommes, nous n'aurions point à déplorer notre
sort; mais pour chercher un bien-être imaginaire, nous
nous donnons mille maux réels. Qui ne sait pas supporter
un peu de souffrance doit s'attendre à beaucoup souffrir.
Quand on a gâté sa constitution par une vie déréglée, on la
veut rétablir par des remèdes; au mal qu'on sent on ajoute
celui qu'on craint; la prévoyance de la mort la rend horrible et l'accélère; plus on la veut fuir, plus on la sent;
et l'on meurt de frayeur durant toute sa vie, en murmurant contre la nature des maux qu'on s'est faits en l'offensant.

Homme, ne cherche plus l'auteur du mal; cet auteur,
c'est toi-même. Il n'existe point d'autre mal que celui que
tu fais ou que tu souffres, et l'un et l'autre te vient de toi.
Le mal général ne peut être que dans le désordre, et je
vois dans le système du monde un ordre qui ne se dément
point. Le mal particulier n'est que dans le sentiment de
l'être qui souffre; et ce sentiment, l'homme ne l'a pas
reçu de la nature, il se l'est donné. La douleur a peu de
prise sur quiconque, ayant peu réfléchi, n'a ni souvenir ni
prévoyance. Ôtez nos funestes progrès, ôtez nos erreurs
et nos vices, ôtez l'ouvrage de l'homme, et tout est bien.

Où tout est bien, rien n'est injuste. La justice est inséparable de la bonté ; or la bonté est l'effet nécessaire d'une puissance sans borne et de l'amour de soi, essentiel à tout être qui se sent. Celui qui peut tout étend, pour ainsi dire, son existence avec celle des êtres. Produire et conserver sont l'acte perpétuel de la puissance ; elle n'agit point sur ce qui n'est pas ; Dieu n'est pas le Dieu des morts, il ne pourrait être destructeur et méchant sans se nuire. Celui qui peut tout ne peut vouloir que ce qui est bien *. Donc l'Etre souverainement bon parce qu'il est souverainement puissant, doit être aussi souverainement juste, autrement il se contredirait lui-même ; car l'amour de l'ordre qui le produit s'appelle *bonté*, et l'amour de l'ordre qui le conserve s'appelle *justice*.

Dieu, dit-on, ne doit rien à ses créatures. Je crois qu'il leur doit tout ce qu'il leur promit en leur donnant l'être. Or c'est leur promettre un bien que de leur en donner l'idée et de leur en faire sentir le besoin. Plus je rentre en moi, plus je me consulte, et plus je lis ces mots écrits dans mon âme : *Sois juste, et tu seras heureux.* Il n'en est rien pourtant, à considérer l'état présent des choses ; le méchant prospère, et le juste reste opprimé. Voyez aussi quelle indignation s'allume en nous quand cette attente est frustrée ! La conscience s'élève et murmure contre son auteur ; elle lui crie en gémissant : Tu m'as trompé !

Je t'ai trompé, téméraire ! et qui te l'a dit ? Ton âme est-elle anéantie ? As-tu cessé d'exister ? O Brutus, ô mon fils ! ne souille point ta noble vie en la finissant ; ne laisse point ton espoir et ta gloire avec ton corps aux champs de Philippes. Pourquoi dis-tu : *La vertu n'est rien*, quand tu vas jouir du prix de la tienne ? Tu vas mourir, penses-tu : non, tu vas vivre, et c'est alors que je tiendrai tout ce que je t'ai promis.

On dirait, aux murmures des impatients mortels, que Dieu leur doit la récompense avant le mérite, et qu'il est obligé de payer leur vertu d'avance. Oh ! soyons bons premièrement, et puis nous serons heureux. N'exigeons pas le prix avant la victoire, ni le salaire avant le travail. Ce n'est point dans la lice, disait Plutarque, que les vain-

---

* Quand les Anciens appelaient *optimus maximus* le Dieu suprême, ils disaient très vrai ; mais en disant *maximus optimus*, ils auraient parlé plus exactement, puisque sa bonté vient de sa puissance ; il est bon parce qu'il est grand.

queurs de nos jeux sacrés sont couronnés, c'est après qu'ils l'ont parcourue.

Si l'âme est immatérielle, elle peut survivre au corps; et si elle lui survit, la Providence est justifiée. Quand je n'aurais d'autre preuve de l'immatérialité de l'âme que le triomphe du méchant et l'oppression du juste en ce monde, cela seul m'empêcherait d'en douter. Une si choquante dissonance dans l'harmonie universelle me ferait chercher à la résoudre. Je me dirais : Tout ne finit pas pour nous avec la vie, tout rentre dans l'ordre à la mort. J'aurais, à la vérité, l'embarras de me demander où est l'homme, quand tout ce qu'il avait de sensible est détruit. Cette question n'est plus une difficulté pour moi, sitôt que j'ai reconnu deux substances. Il est très simple que, durant ma vie corporelle, n'apercevant rien que par mes sens, ce qui ne leur est point soumis m'échappe. Quand l'union du corps et de l'âme est rompue, je conçois que l'un peut se dissoudre, et l'autre se conserver. Pourquoi la destruction de l'un entraînerait-elle la destruction de l'autre ? Au contraire, étant de natures si différentes, ils étaient, par leur union, dans un état violent; et quand cette union cesse, ils rentrent tous deux dans leur état naturel : la substance active et vivante regagne toute la force qu'elle employait à mouvoir la substance passive et morte. Hélas! je le sens trop par mes vices, l'homme ne vit qu'à moitié durant sa vie, et la vie de l'âme ne commence qu'à la mort du corps.

Mais quelle est cette vie ? et l'âme est-elle immortelle par sa nature ? Mon entendement borné ne conçoit rien sans bornes : tout ce qu'on appelle infini m'échappe. Que puis-je nier, affirmer ? quels raisonnements puis-je faire sur ce que je ne puis concevoir ? Je crois que l'âme survit au corps assez pour le maintien de l'ordre : qui sait si c'est assez pour durer toujours ? Toutefois je conçois comment le corps s'use et se détruit par la division des parties : mais je ne puis concevoir une destruction pareille de l'être pensant; et n'imaginant point comment il peut mourir, je présume qu'il ne meurt pas. Puisque cette présomption me console et n'a rien de déraisonnable, pourquoi craindrais-je de m'y livrer ?

Je sens mon âme, je la connais par le sentiment et par la pensée, je sais qu'elle est, sans savoir quelle est son essence; je ne puis raisonner sur des idées que je n'ai pas. Ce que je sais bien, c'est que l'identité du *moi* ne se prolonge que par la mémoire, et que, pour être le même en effet, il faut que je me souvienne d'avoir été. Or je ne saurais me rappeler, après ma mort, ce que j'ai été durant ma vie, que je ne me rappelle aussi ce que j'ai senti, par conséquent ce que j'ai fait; et je ne doute point que ce souvenir ne fasse un jour la félicité des bons et le tourment des méchants. Ici-bas, mille passions ardentes absorbent le sentiment interne, et donnent le change aux remords. Les humiliations, les disgrâces qu'attire l'exercice des vertus, empêchent d'en sentir tous les charmes. Mais quand, délivrés des illusions que nous font le corps et les sens, nous jouirons de la contemplation de l'Être suprême et des vérités éternelles dont il est la source, quand la beauté de l'ordre frappera toutes les puissances de notre âme, et que nous serons uniquement occupés à comparer ce que nous avons fait avec ce que nous avons dû faire, c'est alors que la voix de la conscience reprendra sa force et son empire, c'est alors que la volupté pure qui naît du contentement de soi-même, et le regret amer de s'être avili, distingueront par des sentiments inépuisables le sort que chacun se sera préparé. Ne me demandez point, ô mon bon ami, s'il y aura d'autres sources de bonheur et de peines; je l'ignore; et c'est assez de celles que j'imagine pour me consoler de cette vie, et m'en faire espérer une autre. Je ne dis point que les bons seront récompensés; car quel autre bien peut attendre un être excellent que d'exister selon sa nature ? Mais je dis qu'ils seront heureux, parce que leur auteur, l'auteur de toute justice, les ayant faits sensibles, ne les a pas faits pour souffrir; et que, n'ayant point abusé de leur liberté sur la terre, ils n'ont pas trompé leur destination par leur faute : ils ont souffert pourtant dans cette vie, ils seront donc dédommagés dans une autre. Ce sentiment est moins fondé sur le mérite de l'homme que sur la notion de bonté qui me semble inséparable de l'essence divine. Je ne fais que supposer les lois de l'ordre observées, et Dieu constant à lui-même*.

Ne me demandez pas non plus si les tourments des méchants seront éternels; je l'ignore encore, et n'ai point la vaine curiosité d'éclaircir des questions inutiles. Que

---

* *Non pas pour nous, non pas pour nous, Seigneur,*
  Mais pour ton nom, mais pour ton propre honneur,
    Ô Dieu! fais-nous revivre!

                                        (*Psaumes*, 115.)

m'importe ce que deviendront les méchants ? Je prends
peu d'intérêt à leur sort. Toutefois j'ai peine à croire qu'ils
soient condamnés à des tourments sans fin. Si la suprême
justice se venge, elle se venge dès cette vie. Vous et vos
erreurs, ô nations ! êtes ses ministres. Elle emploie les
maux que vous vous faites à punir les crimes qui les ont
attirés. C'est dans vos cœurs insatiables, rongés d'envie,
d'avarice et d'ambition, qu'au sein de vos fausses pros-
pérités les passions vengeresses punissent vos forfaits.
Qu'est-il besoin d'aller chercher l'enfer dans l'autre vie ?
il est dès celle-ci dans le cœur des méchants.

Où finissent nos besoins périssables, où cessent nos
désirs insensés doivent cesser aussi nos passions et nos
crimes. De quelle perversité de purs esprits seraient-ils
susceptibles ? N'ayant besoin de rien, pourquoi seraient-
ils méchants ? Si, destitués de nos sens grossiers, tout
leur bonheur est dans la contemplation des êtres, ils ne
sauraient vouloir que le bien; et quiconque cesse d'être
méchant peut-il être à jamais misérable ? Voilà ce que j'ai
du penchant à croire, sans prendre peine à me décider
là-dessus. O Etre clément et bon ! quels que soient tes
décrets, je les adore; si tu punis les méchants, j'anéantis
ma faible raison devant ta justice. Mais si les remords
de ces infortunés doivent s'éteindre avec le temps, si
leurs maux doivent finir, et si la même paix nous attend
tous également un jour, je t'en loue. Le méchant n'est-il
pas mon frère ? Combien de fois j'ai été tenté de lui
ressembler ! Que, délivré de sa misère, il perde aussi la
malignité qui l'accompagne; qu'il soit heureux ainsi que
moi : loin d'exciter ma jalousie, son bonheur ne fera
qu'ajouter au mien.

C'est ainsi que, contemplant Dieu dans ses œuvres, et
l'étudiant par ceux de ses attributs qu'il m'importait de
connaître, je suis parvenu à étendre et augmenter par
degrés l'idée, d'abord imparfaite et bornée, que je me
faisais de cet être immense. Mais si cette idée est devenue
plus noble et plus grande, elle est aussi moins propor-
tionnée à la raison humaine. A mesure que j'approche en
esprit de l'éternelle lumière, son éclat m'éblouit, me
trouble, et je suis forcé d'abandonner toutes les notions
terrestres qui m'aidaient à l'imaginer. Dieu n'est plus cor-
porel et sensible; la suprême Intelligence qui régit le
monde n'est plus le monde même : j'élève et fatigue en
vain mon esprit à concevoir son essence. Quand je pense
que c'est elle qui donne la vie et l'activité à la substance

vivante et active qui régit les corps animés; quand
j'entends dire que mon âme est spirituelle et que Dieu
est un esprit, je m'indigne contre cet avilissement de
l'essence divine; comme si Dieu et mon âme étaient de
même nature; comme si Dieu n'était pas le seul être
absolu, le seul vraiment actif, sentant, pensant, voulant
par lui-même, et duquel nous tenons la pensée, le
sentiment, l'activité, la volonté, la liberté, l'être! Nous
ne sommes libres que parce qu'il veut que nous le soyons,
et sa substance inexplicable est à nos âmes ce que
nos âmes sont à nos corps. S'il a créé la matière, les
corps, les esprits, le monde, je n'en sais rien. L'idée de
création me confond et passe ma portée : je la crois
autant que je la puis concevoir; mais je sais qu'il a
formé l'univers et tout ce qui existe, qu'il a tout fait,
tout ordonné. Dieu est éternel, sans doute; mais mon
esprit peut-il embrasser l'idée de l'éternité ? Pourquoi
me payer de mots sans idée ? Ce que je conçois, c'est
qu'il est avant les choses, qu'il sera tant qu'elles subsis-
teront, et qu'il serait même au-delà, si tout devait finir
un jour. Qu'un être que je ne conçois pas donne l'existence à d'autres êtres, cela n'est qu'obscur et incompréhensible; mais que l'être et le néant se convertissent
d'eux-mêmes l'un dans l'autre, c'est une contradiction
palpable, c'est une claire absurdité.

Dieu est intelligent; mais comment l'est-il ? l'homme
est intelligent quand il raisonne, et la suprême Intelligence n'a pas besoin de raisonner; il n'y a pour elle ni
prémisses ni conséquences, il n'y a pas même de proposition : elle est purement intuitive, elle voit également
tout ce qui est et tout ce qui peut être; toutes les vérités
ne sont pour elle qu'une seule idée, comme tous les lieux
un seul point, et tous les temps un seul moment. La
puissance humaine agit par des moyens, la puissance
divine agit par elle-même. Dieu peut parce qu'il veut; sa
volonté fait son pouvoir. Dieu est bon, rien n'est plus
manifeste : mais la bonté dans l'homme est l'amour de
ses semblables, et la bonté de Dieu est l'amour de l'ordre;
car c'est par l'ordre qu'il maintient ce qui existe, et lie
chaque partie avec le tout. Dieu est juste; j'en suis
convaincu, c'est une suite de sa bonté; l'injustice des
hommes est leur œuvre et non pas la sienne; le désordre
moral, qui dépose contre la Providence aux yeux des
philosophes, ne fait que la démontrer aux miens. Mais la
justice de l'homme est de rendre à chacun ce qui lui

appartient, et la justice de Dieu, de demander compte à chacun de ce qu'il lui a donné.

Que si je viens à découvrir successivement ces attributs dont je n'ai nulle idée absolue, c'est par des conséquences forcées, c'est par le bon usage de ma raison ; mais je les affirme sans les comprendre, et, dans le fond, c'est n'affirmer rien. J'ai beau me dire : Dieu est ainsi, je le sens, je me le prouve ; je n'en conçois pas mieux comment Dieu peut être ainsi.

Enfin, plus je m'efforce de contempler son essence infinie, moins je la conçois ; mais elle est, cela me suffit ; moins je la conçois, plus je l'adore. Je m'humilie, et lui dis : Etre des êtres, je suis parce que tu es ; c'est m'élever à ma source que de te méditer sans cesse. Le plus digne usage de ma raison est de s'anéantir devant toi : c'est mon ravissement d'esprit, c'est le charme de ma faiblesse, de me sentir accablé de ta grandeur.

Après avoir ainsi, de l'impression des objets sensibles et du sentiment intérieur qui me porte à juger des causes selon mes lumières naturelles, déduit les principales vérités qu'il m'importait de connaître, il me reste à chercher quelles maximes j'en dois tirer pour ma conduite, et quelles règles je dois me prescrire pour remplir ma destination sur la terre, selon l'intention de celui qui m'y a placé. En suivant toujours ma méthode, je ne tire point ces règles des principes d'une haute philosophie, mais je les trouve au fond de mon cœur écrites par la nature en caractères ineffaçables. Je n'ai qu'à me consulter sur ce que je veux faire : tout ce que je sens être bien est bien, tout ce que je sens être mal est mal : le meilleur de tous les casuistes est la conscience ; et ce n'est que quand on marchande avec elle qu'on a recours aux subtilités du raisonnement. Le premier de tous les soins est celui de soi-même : cependant combien de fois la voix intérieure nous dit qu'en faisant notre bien aux dépens d'autrui nous faisons mal ! Nous croyons suivre l'impulsion de la nature, et nous lui résistons ; en écoutant ce qu'elle dit à nos sens, nous méprisons ce qu'elle dit à nos cœurs ; l'être actif obéit, l'être passif commande. La conscience est la voix de l'âme, les passions sont la voix du corps. Est-il étonnant que souvent ces deux langages se contredisent ? et alors lequel faut-il écouter ? Trop souvent la raison nous trompe, nous n'avons que trop acquis le droit de la récuser ; mais la conscience ne trompe jamais ; elle est le vrai guide de l'homme : elle est à l'âme ce que l'instinct est au corps *; qui la suit obéit à la nature, et ne craint point de s'égarer. Ce point est important, poursuivit mon bienfaiteur, voyant que j'allais l'interrompre : souffrez que je m'arrête un peu plus à l'éclaircir.

Toute la moralité de nos actions est dans le jugement que nous en portons nous-mêmes. S'il est vrai que le bien soit bien, il doit être au fond de nos cœurs comme dans nos œuvres, et le premier prix de la justice est de sentir qu'on la pratique. Si la bonté morale est conforme à notre nature, l'homme ne saurait être sain d'esprit ni bien constitué qu'autant qu'il est bon. Si elle ne l'est pas, et que l'homme soit méchant naturellement, il ne peut cesser de l'être sans se corrompre, et la bonté n'est en lui qu'un vice contre nature. Fait pour nuire à ses semblables comme le loup pour égorger sa proie, un homme humain serait un animal aussi dépravé qu'un loup pitoyable ; et la vertu seule nous laisserait des remords.

* La philosophie moderne, qui n'admet que ce qu'elle explique, n'a garde d'admettre cette obscure faculté appelée *instinct*, qui paraît guider, sans aucune connaissance acquise, les animaux vers quelque fin. L'instinct, selon l'un de nos plus sages philosophes (Condillac), n'est qu'une habitude privée de réflexion, mais acquise en réfléchissant ; et de la manière dont il explique ce progrès, on doit conclure que les enfants réfléchissent plus que les hommes ; paradoxe assez étrange pour valoir la peine d'être examiné. Sans entrer ici dans cette discussion, je demande quel nom je dois donner à l'ardeur avec laquelle mon chien fait la guerre aux taupes qu'il ne mange point, à la patience avec laquelle il les guette quelquefois des heures entières, et à l'habileté avec laquelle il les saisit, les jette hors terre au moment qu'elles poussent, et les tue ensuite, pour les laisser là, sans que jamais personne l'ait dressé à cette chasse, et lui ait appris qu'il y avait là des taupes. Je demande encore, et ceci est plus important, pourquoi, la première fois que j'ai menacé ce même chien, il s'est jeté le dos contre terre, les pattes repliées, dans une attitude suppliante et la plus propre à me toucher ; posture dans laquelle il se fût bien gardé de rester, si, sans me laisser fléchir, je l'eusse battu dans cet état. Quoi ! mon chien, tout petit encore, et ne faisant presque que de naître, avait-il acquis déjà des idées morales ? savait-il ce que c'était que clémence et générosité ? sur quelles lumières acquises espérait-il m'apaiser en s'abandonnant ainsi à ma discrétion ? Tous les chiens du monde font à peu près la même chose dans le même cas, et je ne dis rien ici que chacun ne puisse vérifier. Que les philosophes, qui rejettent si dédaigneusement l'instinct, veuillent bien expliquer ce fait par le seul jeu des sensations et des connaissances qu'elles nous font acquérir ; qu'ils l'expliquent d'une manière satisfaisante pour tout homme sensé ; alors je n'aurai plus rien à dire, et je ne parlerai plus d'instinct.

Rentrons en nous-mêmes, ô mon jeune ami! examinons, tout intérêt personnel à part, à quoi nos penchants nous portent. Quel spectacle nous flatte le plus, celui des tourments ou du bonheur d'autrui ? Qu'est-ce qui nous est le plus doux à faire, et nous laisse une impression plus agréable après l'avoir fait, d'un acte de bienfaisance ou d'un acte de méchanceté ? Pour qui vous intéressez-vous sur vos théâtres ? Est-ce aux forfaits que vous prenez plaisir ? est-ce à leurs auteurs punis que vous donnez des larmes ? Tout nous est indifférent, disent-ils, hors notre intérêt : et, tout au contraire, les douceurs de l'amitié, de l'humanité, nous consolent dans nos peines; et, même dans nos plaisirs, nous serions trop seuls, trop misérables, si nous n'avions avec qui les partager. S'il n'y a rien de moral dans le cœur de l'homme, d'où lui viennent donc ces transports d'admiration pour les actions héroïques, ces ravissements d'amour pour les grandes âmes ? Cet enthousiasme de la vertu, quel rapport a-t-il avec notre intérêt privé ? Pourquoi voudrais-je être Caton qui déchire ses entrailles, plutôt que César triomphant ? Otez de nos cœurs cet amour du beau, vous ôtez tout le charme de la vie. Celui dont les viles passions ont étouffé dans son âme étroite ces sentiments délicieux; celui qui, à force de se concentrer au dedans de lui, vient à bout de n'aimer que lui-même, n'a plus de transports, son cœur glacé ne palpite plus de joie; un doux attendrissement n'humecte jamais ses yeux; il ne jouit plus de rien; le malheureux ne sent plus, ne vit plus; il est déjà mort.

Mais, quel que soit le nombre des méchants sur la terre, il est peu de ces âmes cadavéreuses devenues insensibles, hors leur intérêt, à tout ce qui est juste et bon. L'iniquité ne plaît qu'autant qu'on en profite; dans tout le reste on veut que l'innocent soit protégé. Voit-on dans une rue ou sur un chemin quelque acte de violence et d'injustice; à l'instant un mouvement de colère et d'indignation s'élève au fond du cœur, et nous porte à prendre la défense de l'opprimé : mais un devoir plus puissant nous retient, et les lois nous ôtent le droit de protéger l'innocence. Au contraire, si quelque acte de clémence ou de générosité frappe nos yeux, quelle admiration, quel amour il nous inspire! Qui est-ce qui ne se dit pas : J'en voudrais avoir fait autant ? Il nous importe sûrement fort peu qu'un homme ait été méchant ou juste il y a deux mille ans; et cependant le même intérêt nous affecte dans l'histoire ancienne, que si tout cela s'était passé de nos jours.

Que me font à moi les crimes de Catilina ? ai-je peur d'être sa victime ? Pourquoi donc ai-je de lui la même horreur que s'il était mon contemporain ? Nous ne haïssons pas seulement les méchants parce qu'ils nous nuisent, mais parce qu'ils sont méchants. Non seulement nous voulons être heureux, nous voulons aussi le bonheur d'autrui, et quand ce bonheur ne coûte rien au nôtre, il l'augmente. Enfin l'on a, malgré soi, pitié des infortunés ; quand on est témoin de leur mal, on en souffre. Les plus pervers ne sauraient perdre tout à fait ce penchant ; souvent il les met en contradiction avec eux-mêmes. Le voleur qui dépouille les passants couvre encore la nudité du pauvre ; et le plus féroce assassin soutient un homme tombant en défaillance.

On parle du cri des remords, qui punit en secret les crimes cachés et les met si souvent en évidence. Hélas ! qui de nous n'entendit jamais cette importune voix ? On parle par expérience ; et l'on voudrait étouffer ce sentiment tyrannique qui nous donne tant de tourment. Obéissons à la nature, nous connaîtrons avec quelle douceur elle règne, et quel charme on trouve, après l'avoir écoutée, à se rendre un bon témoignage de soi. Le méchant se craint et se fuit ; il s'égaye en se jetant hors de lui-même ; il tourne autour de lui des yeux inquiets, et cherche un objet qui l'amuse ; sans la satire amère, sans la raillerie insultante, il serait toujours triste ; le ris moqueur est son seul plaisir. Au contraire, la sérénité du juste est intérieure ; son ris n'est point de malignité, mais de joie ; il en porte la source en lui-même ; il est aussi gai seul qu'au milieu d'un cercle ; il ne tire pas son contentement de ceux qui l'approchent, il le leur communique.

Jetez les yeux sur toutes les nations du monde, parcourez toutes les histoires. Parmi tant de cultes inhumains et bizarres, parmi cette prodigieuse diversité de mœurs et de caractères, vous trouverez partout les mêmes idées de justice et d'honnêteté, partout les mêmes notions de bien et de mal. L'ancien paganisme enfanta des dieux abominables, qu'on eût punis ici-bas comme des scélérats, et qui n'offraient pour tableau du bonheur suprême que des forfaits à commettre et des passions à contenter. Mais le vice, armé d'une autorité sacrée, descendait en vain du séjour éternel, l'instinct moral le repoussait du cœur des humains. En célébrant les débauches de Jupiter, on admirait la continence de Xénocrate ; la chaste Lucrèce adorait l'impudique Vénus ;

l'intrépide Romain sacrifiait à la Peur; il invoquait le dieu qui mutila son père et mourait sans murmure de la main du sien. Les plus méprisables divinités furent servies par les plus grands hommes. La sainte voix de la nature, plus forte que celle des dieux, se faisait respecter sur la terre, et semblait reléguer dans le ciel le crime avec les coupables.

Il est donc au fond des âmes un principe inné de justice et de vertu, sur lequel, malgré nos propres maximes, nous jugeons nos actions et celles d'autrui comme bonnes ou mauvaises, et c'est à ce principe que je donne le nom de conscience.

Mais à ce mot j'entends s'élever de toutes parts la clameur des prétendus sages : Erreurs de l'enfance, préjugés de l'éducation ! s'écrient-ils tous de concert. Il n'y a rien dans l'esprit humain que ce qui s'y introduit par l'expérience, et nous ne jugeons d'aucune chose que sur des idées acquises. Ils font plus : cet accord évident et universel de toutes les nations, ils l'osent rejeter; et, contre l'éclatante uniformité du jugement des hommes, ils vont chercher dans les ténèbres quelque exemple obscur et connu d'eux seuls; comme si tous les penchants de la nature étaient anéantis par la dépravation d'un peuple, et que, sitôt qu'il est des monstres, l'espèce ne fût plus rien. Mais que servent au sceptique Montaigne les tourments qu'il se donne pour déterrer en un coin du monde une coutume opposée aux notions de la justice ? Que lui sert de donner aux plus suspects voyageurs l'autorité qu'il refuse aux écrivains les plus célèbres ? Quelques usages incertains et bizarres fondés sur des causes locales qui nous sont inconnues, détruiront-ils l'induction générale tirée du concours de tous les peuples, opposés en tout le reste, et d'accord sur ce seul point ? O Montaigne ! toi qui te piques de franchise et de vérité, sois sincère et vrai, si un philosophe peut l'être, et dis-moi s'il est quelque pays sur la terre où ce soit un crime de garder sa foi, d'être clément, bienfaisant, généreux; où l'homme de bien soit méprisable, et le perfide honoré.

Chacun, dit-on, concourt au bien public pour son intérêt. Mais d'où vient donc que le juste y concourt à son préjudice ? Qu'est-ce qu'aller à la mort pour son intérêt ? Sans doute nul n'agit que pour son bien; mais s'il est un bien moral dont il faut tenir compte, on n'expliquera jamais par l'intérêt propre que les actions des méchants. Il est même à croire qu'on ne tentera point d'aller plus loin. Ce serait une trop abominable philosophie que celle où l'on serait embarrassé des actions vertueuses; où l'on ne pourrait se tirer d'affaire qu'en leur controuvant des intentions basses et des motifs sans vertu; où l'on serait forcé d'avilir Socrate et de calomnier Régulus. Si jamais de pareilles doctrines pouvaient germer parmi nous, la voix de la nature, ainsi que celle de la raison, s'élèveraient incessamment contre elles, et ne laisseraient jamais à un seul de leurs partisans l'excuse de l'être de bonne foi.

Mon dessein n'est pas d'entrer ici dans des discussions métaphysiques qui passent ma portée et la vôtre, et qui, dans le fond, ne mènent à rien. Je vous ai déjà dit que je ne voulais pas philosopher avec vous, mais vous aider à consulter votre cœur. Quand tous les philosophes prouveraient que j'ai tort, si vous sentez que j'ai raison, je n'en veux pas davantage.

Il ne faut pour cela que vous faire distinguer nos idées acquises de nos sentiments naturels; car nous sentons avant de connaître; et comme nous n'apprenons point à vouloir notre bien et à fuir notre mal, mais que nous tenons cette volonté de la nature, de même l'amour du bon et la haine du mauvais nous sont aussi naturels que l'amour de nous-mêmes. Les actes de la conscience ne sont pas des jugements, mais des sentiments. Quoique toutes nos idées nous viennent du dehors, les sentiments qui les apprécient sont au dedans de nous, et c'est par eux seuls que nous connaissons la convenance ou disconvenance qui existe entre nous et les choses que nous devons respecter ou fuir.

Exister pour nous, c'est sentir; notre sensibilité est incontestablement antérieure à notre intelligence, et nous avons eu des sentiments avant des idées *. Quelle que soit la cause de notre être, elle a pourvu à notre conservation en nous donnant des sentiments convenables à notre nature; et l'on ne saurait nier qu'au moins ceux-là ne soient innés. Ces sentiments, quant à l'individu, sont

* A certains égards les idées sont des sentiments et les sentiments sont des idées. Les deux noms conviennent à toute perception qui nous occupe et de son objet, et de nous-mêmes qui en sommes affectés : il n'y a que l'ordre de cette affection qui détermine le nom qui lui convient. Lorsque, premièrement occupé de l'objet, nous ne pensons à nous que par réflexion, c'est une idée; au contraire, quand l'impression reçue excite notre première attention, et que nous ne pensons que par réflexion à l'objet qui la cause, c'est un sentiment.

l'amour de soi, la crainte de la douleur, l'horreur de la mort, le désir du bien-être. Mais si, comme on n'en peut douter, l'homme est sociable par sa nature, ou du moins fait pour le devenir, il ne peut l'être que par d'autres sentiments innés, relatifs à son espèce ; car, à ne considérer que le besoin physique, il doit certainement disperser les hommes au lieu de les rapprocher. Or c'est du système moral formé par ce double rapport à soi-même et à ses semblables que naît l'impulsion de la conscience. Connaître le bien, ce n'est pas l'aimer : l'homme n'en a pas la connaissance innée, mais sitôt que sa raison le lui fait connaître, sa conscience le porte à l'aimer : c'est ce sentiment qui est inné.

Je ne crois donc pas, mon ami, qu'il soit impossible d'expliquer par des conséquences de notre nature le principe immédiat de la conscience, indépendant de la raison même. Et quand cela serait impossible, encore ne serait-il pas nécessaire : car, puisque ceux qui nient ce principe admis et reconnu par tout le genre humain ne prouvent point qu'il n'existe pas, mais se contentent de l'affirmer ; quand nous affirmons qu'il existe, nous sommes tout aussi bien fondés qu'eux, et nous avons de plus le témoignage intérieur, et la voix de la conscience qui dépose pour elle-même. Si les premières lueurs du jugement nous éblouissent et confondent d'abord les objets à nos regards, attendons que nos faibles yeux se rouvrent, se raffermissent ; et bientôt nous reverrons ces mêmes objets aux lumières de la raison, tels que nous les montrait d'abord la nature : ou plutôt soyons plus simples et moins vains ; bornons-nous aux premiers sentiments que nous trouvons en nous-mêmes, puisque c'est toujours à eux que l'étude nous ramène quand elle ne nous a point égarés.

Conscience ! conscience ! instinct divin, immortelle et céleste voix ; guide assuré d'un être ignorant et borné, mais intelligent et libre ; juge infaillible du bien et du mal, qui rends l'homme semblable à Dieu, c'est toi qui fais l'excellence de sa nature et la moralité de ses actions ; sans toi je ne sens rien en moi qui m'élève au-dessus des bêtes, que le triste privilège de m'égarer d'erreurs en erreurs à l'aide d'un entendement sans règle et d'une raison sans principe.

Grâce au ciel, nous voilà délivrés de tout cet effrayant appareil de philosophie : nous pouvons être hommes sans être savants ; dispensés de consumer notre vie à l'étude de la morale, nous avons à moindres frais un guide plus assuré dans ce dédale immense des opinions humaines. Mais ce n'est pas assez que ce guide existe, il faut savoir le reconnaître et le suivre. S'il parle à tous les cœurs, pourquoi donc y en a-t-il si peu qui l'entendent ? Eh! c'est qu'il nous parle la langue de la nature, que tout nous a fait oublier. La conscience est timide, elle aime la retraite et la paix; le monde et le bruit l'épouvantent : les préjugés dont on la fait naître sont ses plus cruels ennemis; elle fuit ou se tait devant eux : leur voix bruyante étouffe la sienne et l'empêche de se faire entendre; le fanatisme ose la contrefaire, et dicter le crime en son nom. Elle se rebute enfin à force d'être éconduite; elle ne nous parle plus, elle ne nous répond plus, et, après de si longs mépris pour elle, il en coûte autant de la rappeler qu'il en coûta de la bannir.

Combien de fois je me suis lassé dans mes recherches de la froideur que je sentais en moi! Combien de fois la tristesse et l'ennui, versant leur poison sur mes premières méditations, me les rendirent insupportables ? Mon cœur aride ne donnait qu'un zèle languissant et tiède à l'amour de la vérité. Je me disais : Pourquoi me tourmenter à chercher ce qui n'est pas ? Le bien moral n'est qu'une chimère; il n'y a rien de bon que les plaisirs des sens. O quand on a une fois perdu le goût des plaisirs de l'âme, qu'il est difficile de le reprendre! Qu'il est plus difficile encore de le prendre quand on ne l'a jamais eu! S'il existait un homme assez misérable pour n'avoir rien fait en toute sa vie dont le souvenir le rendît content de lui-même et bien aise d'avoir vécu, cet homme serait incapable de jamais se connaître; et, faute de sentir quelle bonté convient à sa nature, il resterait méchant par force et serait éternellement malheureux. Mais croyez-vous qu'il y ait sur la terre entière un seul homme assez dépravé pour n'avoir jamais livré son cœur à la tentation de bien faire ? Cette tentation est si naturelle et si douce, qu'il est impossible de lui résister toujours; et le souvenir du plaisir qu'elle a produit une fois suffit pour la rappeler sans cesse. Malheureusement elle est d'abord pénible à satisfaire; on a mille raisons pour se refuser au penchant de son cœur; la fausse prudence le resserre dans les bornes du *moi* humain; il faut mille efforts de courage pour oser les franchir. Se plaire à bien faire est le prix d'avoir bien fait, et ce prix ne s'obtient qu'après l'avoir mérité. Rien n'est plus aimable que la vertu; mais il en faut jouir pour la trouver telle. Quand on la veut embrasser semblable au

Protée de la fable, elle prend d'abord mille formes effrayantes, et ne se montre enfin sous la sienne qu'à ceux qui n'ont point lâché prise.

Combattu sans cesse par mes sentiments naturels qui parlaient pour l'intérêt commun, et par ma raison qui rapportait tout à moi, j'aurais flotté toute ma vie dans cette continuelle alternative, faisant le mal, aimant le bien, et toujours contraire à moi-même, si de nouvelles lumières n'eussent éclairé mon cœur, si la vérité, qui fixa mes opinions, n'eût encore assuré ma conduite et ne m'eût mis d'accord avec moi. On a beau vouloir établir la vertu par la raison seule, quelle solide base peut-on lui donner ? La vertu, disent-ils, est l'amour de l'ordre. Mais cet amour peut-il donc et doit-il l'emporter en moi sur celui de mon bien-être ? Qu'ils me donnent une raison claire et suffisante pour le préférer. Dans le fond leur prétendu principe est un pur jeu de mots ; car je dis aussi, moi, que le vice est l'amour de l'ordre, pris dans un sens différent. Il y a quelque ordre moral partout où il y a sentiment et intelligence. La différence est que le bon s'ordonne par rapport au tout, et que le méchant ordonne le tout par rapport à lui. Celui-ci se fait le centre de toutes choses ; l'autre mesure son rayon et se tient à la circonférence. Alors il est ordonné par rapport au centre commun, qui est Dieu, et par rapport à tous les cercles concentriques, qui sont les créatures. Si la Divinité n'est pas, il n'y a que le méchant qui raisonne, le bon n'est qu'un insensé.

O mon enfant, puissiez-vous sentir un jour de quel poids on est soulagé, quand, après avoir épuisé la vanité des opinions humaines et goûté l'amertume des passions, on trouve enfin si près de soi la route de la sagesse, le prix des travaux de cette vie, et la source du bonheur dont on a désespéré ! Tous les devoirs de la loi naturelle, presque effacés de mon cœur par l'injustice des hommes, s'y retracent au nom de l'éternelle justice qui me les impose et qui me les voit remplir. Je ne sens plus en moi que l'ouvrage et l'instrument du grand Etre qui veut le bien, qui le fait, qui fera le mien par le concours de mes volontés aux siennes et par le bon usage de ma liberté : j'acquiesce à l'ordre qu'il établit, sûr de jouir moi-même un jour de cet ordre et d'y trouver ma félicité ; car quelle félicité plus douce que de se sentir ordonné dans un système où tout est bien ? En proie à la douleur, je la supporte avec patience, en songeant qu'elle est passagère

et qu'elle vient d'un corps qui n'est point à moi. Si je fais
une bonne action sans témoin, je sais qu'elle est vue, et je
prends acte pour l'autre vie de ma conduite en celle-ci.
En souffrant une injustice, je me dis : l'Etre juste qui
régit tout saura bien m'en dédommager, les besoins de
mon corps, les misères de ma vie me rendent l'idée de la
mort plus supportable. Ce seront autant de liens de
moins à rompre quand il faudra tout quitter.

Pourquoi mon âme est-elle soumise à mes sens et
enchaînée à ce corps qui l'asservit et la gêne ? Je n'en
sais rien : suis-je entré dans les décrets de Dieu ? Mais je
puis, sans témérité, former de modestes conjectures. Je
me dis : Si l'esprit de l'homme fût resté libre et pur, quel
mérite aurait-il d'aimer et suivre l'ordre qu'il verrait établi et qu'il n'aurait nul intérêt à troubler ? Il serait heureux, il est vrai; mais il manquerait à son bonheur le
degré le plus sublime, la gloire de la vertu et le bon témoignage de soi; il ne serait que comme les anges; et sans
doute l'homme vertueux sera plus qu'eux. Unie à un
corps mortel par des liens non moins puissants qu'incompréhensibles, le soin de la conservation de ce corps
excite l'âme à rapporter tout à lui, et lui donne un intérêt
contraire à l'ordre général, qu'elle est pourtant capable
de voir et d'aimer; c'est alors que le bon usage de sa
liberté devient à la fois le mérite et la récompense, et
qu'elle se prépare un bonheur inaltérable en combattant
ses passions terrestres et se maintenant dans sa première
volonté.

Que si, même dans l'état d'abaissement où nous
sommes durant cette vie, tous nos premiers penchants
sont légitimes; si tous nos vices nous viennent de nous,
pourquoi nous plaignons-nous d'être subjugués par eux ?
pourquoi reprochons-nous à l'auteur des choses les maux
que nous nous faisons et les ennemis que nous armons
contre nous-mêmes ? Ah! ne gâtons point l'homme; il
sera toujours bon sans peine, et toujours heureux sans
remords. Les coupables qui se disent forcés au crime sont
aussi menteurs que méchants : comment ne voient-ils
point que la faiblesse dont ils se plaignent est leur propre
ouvrage; que leur première dépravation vient de leur
volonté; qu'à force de vouloir céder à leurs tentations,
ils leur cèdent enfin malgré eux et les rendent irrésis-
tibles ? Sans doute il ne dépend plus d'eux de n'être pas
méchants et faibles, mais il dépendit d'eux de ne le pas
devenir. O que nous resterions aisément maîtres de nous

et de nos passions, même durant cette vie, si, lorsque nos
habitudes ne sont point encore acquises, lorsque notre
esprit commence à s'ouvrir, nous savions l'occuper des
objets qu'il doit connaître pour apprécier ceux qu'il ne
connaît pas; si nous voulions sincèrement nous éclairer,
non pour briller aux yeux des autres, mais pour être bons
et sages selon notre nature, pour nous rendre heureux en
pratiquant nos devoirs! Cette étude nous paraît ennuyeuse
et pénible, parce que nous n'y songeons que déjà corrompus par le vice, déjà livrés à nos passions. Nous
fixons nos jugements et notre estime avant de connaître
le bien et le mal; et puis, rapportant tout à cette fausse
mesure, nous ne donnons à rien sa juste valeur.

Il est un âge où le cœur, libre encore, mais ardent,
inquiet, avide du bonheur qu'il ne connaît pas, le cherche
avec une curieuse incertitude, et, trompé par les sens, se
fixe enfin sur sa vaine image, et croit le trouver où il n'est
point. Ces illusions ont duré trop longtemps pour moi.
Hélas! je les ai trop tard connues, et n'ai pu tout à fait
les détruire : elles dureront autant que ce corps mortel
qui les cause. Au moins elles ont beau me séduire, elles
ne m'abusent pas; je les connais pour ce qu'elles sont;
en les suivant je les méprise; loin d'y voir l'objet de mon
bonheur, j'y vois son obstacle. J'aspire au moment où,
délivré des entraves du corps, je serai *moi* sans contradiction, sans partage, et n'aurai besoin que de moi pour
être heureux; en attendant, je le suis dès cette vie, parce que
j'en compte pour peu tous les maux, que je la regarde
comme presque étrangère à mon être, et que tout le vrai
bien que j'en peux retirer dépend de moi.

Pour m'élever d'avance autant qu'il se peut à cet état
de bonheur, de force et de liberté, je m'exerce aux
sublimes contemplations. Je médite sur l'ordre de l'univers, non pour l'expliquer par de vains systèmes, mais
pour l'admirer sans cesse, pour adorer le sage auteur qui
s'y fait sentir. Je converse avec lui, je pénètre toutes mes
facultés de sa divine essence; je m'attendris à ses bienfaits, je le bénis de ses dons; mais je ne le prie pas. Que
lui demanderais-je? qu'il changeât pour moi le cours des
choses, qu'il fît des miracles en ma faveur? Moi qui dois
aimer par-dessus tout l'ordre établi par sa sagesse et main-
tenu par sa providence, voudrais-je que cet ordre fût
troublé pour moi? Non, ce vœu téméraire mériterait
d'être plutôt puni qu'exaucé. Je ne lui demande pas non
plus le pouvoir de bien faire : pourquoi lui demander ce

qu'il m'a donné ? Ne m'a-t-il pas donné la conscience
pour aimer le bien, la raison pour le connaître, la liberté
pour le choisir ? Si je fais le mal, je n'ai point d'excuse;
je le fais parce que je le veux : lui demander de changer ma
volonté, c'est lui demander ce qu'il me demande; c'est
vouloir qu'il fasse mon œuvre et que j'en recueille le
salaire; n'être pas content de mon état, c'est ne vouloir
plus être homme, c'est vouloir autre chose que ce qui
est, c'est vouloir le désordre et le mal. Source de justice
et de vérité, Dieu clément et bon! dans ma confiance en
toi, le suprême vœu de mon cœur est que ta volonté soit
faite. En y joignant la mienne, je fais ce que tu fais,
j'acquiesce à ton bonté; je crois partager d'avance la
suprême félicité qui en est le prix.

Dans la juste défiance de moi-même, la seule chose que
je lui demande, ou plutôt que j'attends de sa justice, est
de redresser mon erreur si je m'égare et si cette erreur
m'est dangereuse. Pour être de bonne foi je ne me crois
pas infaillible : mes opinions qui me semblent les plus
vraies sont peut-être autant de mensonges; car quel
homme ne tient pas aux siennes ? et combien d'hommes
sont d'accord en tout ? L'illusion qui m'abuse a beau me
venir de moi, c'est lui seul qui m'en peut guérir. J'ai fait
ce que j'ai pu pour atteindre à la vérité; mais sa source
est trop élevée : quand les forces me manquent pour aller
plus loin, de quoi puis-je être coupable ? c'est à elle à
s'approcher.

LE BON PRÊTRE avait parlé avec véhémence; il était
ému, je l'étais aussi. Je croyais entendre le divin Orphée
chanter les premiers hymnes, et apprendre aux hommes
le culte des dieux. Cependant je voyais des foules d'objections à lui faire : je n'en fis pas une, parce qu'elles
étaient moins solides qu'embarrassantes, et que la persuasion était pour lui. À mesure qu'il me parlait selon sa
conscience, la mienne semblait me confirmer ce qu'il
m'avait dit.

Les sentiments que vous venez de m'exposer, lui
dis-je, me paraissent plus nouveaux par ce que vous
avouez ignorer que par ce que vous dites croire. J'y vois,
à peu de chose près, le théisme ou la religion naturelle,
que les chrétiens affectent de confondre avec l'athéisme
ou l'irréligion, qui est la doctrine directement opposée.
Mais, dans l'état actuel de ma foi, j'ai plus à remonter
qu'à descendre pour adopter vos opinions, et je trouve

difficile de rester précisément au point où vous êtes, à moins d'être aussi sage que vous. Pour être au moins aussi sincère, je veux consulter avec moi. C'est le sentiment intérieur qui doit me conduire à votre exemple; et vous m'avez appris vous-même qu'après lui avoir longtemps imposé silence, le rappeler n'est pas l'affaire d'un moment. J'emporte vos discours dans mon cœur, il faut que je les médite. Si, après m'être bien consulté, j'en demeure aussi convaincu que vous, vous serez mon dernier apôtre, et je serai votre prosélyte jusqu'à la mort. Continuez cependant à m'instruire, vous ne m'avez dit que la moitié de ce que je dois savoir. Parlez-moi de la révélation, des écritures, de ces dogmes obscurs sur lesquels je vais errant dès mon enfance, sans pouvoir les concevoir ni les croire, et sans savoir ni les admettre ni les rejeter.

Oui, mon enfant, dit-il en m'embrassant, j'achèverai de vous dire ce que je pense; je ne veux point vous ouvrir mon cœur à demi : mais le désir que vous me témoignez était nécessaire pour m'autoriser à n'avoir aucune réserve avec vous. Je ne vous ai rien dit jusqu'ici que je ne crusse pouvoir vous être utile et dont je ne fusse intimement persuadé. L'examen qui me reste à faire est bien différent; je n'y vois qu'embarras, mystère, obscurité; je n'y porte qu'incertitude et défiance. Je ne me détermine qu'en tremblant et je vous dis plutôt mes doutes que mon avis. Si vos sentiments étaient plus stables, j'hésiterais de vous exposer les miens; mais, dans l'état où vous êtes, vous gagnerez à penser comme moi *. Au reste, ne donnez à mes discours que l'autorité de la raison; j'ignore si je suis dans l'erreur. Il est difficile, quand on discute, de ne pas prendre quelquefois le ton affirmatif; mais souvenez-vous qu'ici toutes mes affirmations ne sont que des raisons de douter. Cherchez la vérité vous-même : pour moi, je ne vous promets que de la bonne foi.

Vous ne voyez dans mon exposé que la religion naturelle : il est bien étrange qu'il en faille une autre. Par où connaîtrai-je cette nécessité ? De quoi puis-je être coupable en servant Dieu selon les lumières qu'il donne à mon esprit et selon les sentiments qu'il inspire à mon cœur ? Quelle pureté de morale, quel dogme utile à l'homme et honorable à son auteur puis-je tirer d'une doctrine positive, que je ne puisse tirer sans elle du bon

---

* Voilà, je crois, ce que le bon vicaire pourrait dire à présent au public.

usage de mes facultés ? Montrez-moi ce qu'on peut ajouter, pour la gloire de Dieu, pour le bien de la société, et pour mon propre avantage, aux devoirs de la loi naturelle, et quelle vertu vous ferez naître d'un nouveau culte, qui ne soit pas une conséquence du mien. Les plus grandes idées de la Divinité nous viennent par la raison seule. Voyez le spectacle de la nature, écoutez la voix intérieure. Dieu n'a-t-il pas tout dit à nos yeux, à notre conscience, à notre jugement ? Qu'est-ce que les hommes nous diront de plus ? Leurs révélations ne font que dégrader Dieu, en lui donnant les passions humaines. Loin d'éclaircir les notions du grand Être, je vois que les dogmes particuliers les embrouillent; que loin de les ennoblir, ils les avilissent; qu'aux mystères inconcevables qui l'environnent ils ajoutent des contradictions absurdes; qu'ils rendent l'homme orgueilleux, intolérant, cruel; qu'au lieu d'établir la paix sur la terre, ils y portent le fer et le feu. Je me demande à quoi bon tout cela sans savoir me répondre. Je n'y vois que les crimes des hommes et les misères du genre humain.

On me dit qu'il fallait une révélation pour apprendre aux hommes la manière dont Dieu voulait être servi; on assigne en preuve la diversité des cultes bizarres qu'ils ont institués, et l'on ne voit pas que cette diversité même vient de la fantaisie des révélations. Dès que les peuples se sont avisés de faire parler Dieu, chacun l'a fait parler à sa mode et lui a fait dire ce qu'il a voulu. Si l'on n'eût écouté que ce que Dieu dit au cœur de l'homme, il n'y aurait jamais eu qu'une religion sur la terre.

Il fallait un culte uniforme; je le veux bien : mais ce point était-il donc si important qu'il fallût tout l'appareil de la puissance divine pour l'établir ? Ne confondons point le cérémonial de la religion avec la religion. Le culte que Dieu demande est celui du cœur; et celui-là, quand il est sincère, est toujours uniforme. C'est avoir une vanité bien folle de s'imaginer que Dieu prenne un si grand intérêt à la forme de l'habit du prêtre, à l'ordre des mots qu'il prononce, aux gestes qu'il fait à l'autel, et à toutes ses génuflexions. Eh ! mon ami, reste de toute ta hauteur, tu seras toujours assez près de terre. Dieu veut être adoré en esprit et en vérité : ce devoir est de toutes les religions, de tous les pays, de tous les hommes. Quant au culte extérieur, s'il doit être uniforme pour le bon ordre, c'est purement une affaire de police; il ne faut point de révélation pour cela.

Je ne commençai pas par toutes ces réflexions. Entraîné par les préjugés de l'éducation et par ce dangereux amour-propre qui veut toujours porter l'homme au-dessus de sa sphère, ne pouvant élever mes faibles conceptions jusqu'au grand Etre, je m'efforçais de le rabaisser jusqu'à moi. Je rapprochais les rapports infiniment éloignés qu'il a mis entre sa nature et la mienne. Je voulais des communications plus immédiates, des instructions plus particulières; et non content de faire Dieu semblable à l'homme, pour être privilégié moi-même parmi mes semblables, je voulais des lumières surnaturelles; je voulais un culte exclusif; je voulais que Dieu m'eût dit ce qu'il n'avait pas dit à d'autres, ou ce que d'autres n'auraient pas entendu comme moi.

Regardant le point où j'étais parvenu comme le point commun d'où partaient tous les croyants pour arriver à un culte plus éclairé, je ne trouvais dans les dogmes de la religion naturelle que les éléments de toute religion. Je considérais cette diversité de sectes qui règnent sur la terre et qui s'accusent mutuellement de mensonge et d'erreur; je demandais : *Quelle est la bonne ?* Chacun me répondait : C'est la mienne; chacun disait : Moi seul et mes partisans pensons juste; tous les autres sont dans l'erreur. *Et comment savez-vous que votre secte est la bonne ?* Parce que Dieu l'a dit *. Et qui vous dit que Dieu l'a dit ? Mon pasteur, qui le sait bien. Mon pasteur me dit d'ainsi croire, et ainsi je crois : il m'assure que tous ceux qui disent autrement que lui mentent, et je ne les écoute pas.

---

* « Tous, dit un bon et sage prêtre, disent qu'ils la tiennent et la croient (et tous usent de ce jargon), que non des hommes, ni d'aucune créature, mais de Dieu.

« Mais, à dire vrai, sans rien flatter ni déguiser, il n'en est rien; elles sont, quoi qu'on dise, tenues par mains et moyens humains; témoin premièrement la manière que les religions ont été reçues au monde et sont encore tous les jours par les particuliers : la nation, le pays, le lieu donne la religion : l'on est de celle que le lieu auquel on est né et élevé tient : nous sommes circoncis, baptisés, juifs, mahométans, chrétiens, avant que nous sachions que nous sommes hommes : la religion n'est pas de notre choix et élection; témoin, après, la vie et les mœurs si mal accordantes avec la religion; témoin que par occasions humaines et bien légères, l'on va contre la teneur de sa religion. » CHARRON, *De la Sagesse*, liv. II, chap. v, p. 257, édit. Bordeaux, 1601.

Il y a grande apparence que la sincère profession de foi du vertueux théologal de Condom n'eût pas été fort différente de celle du vicaire savoyard.

Quoi! pensais-je, la vérité n'est-elle pas une ? et ce qui est vrai chez moi peut-il être faux chez vous ? Si la méthode de celui qui suit la bonne route et celle de celui qui s'égare est la même, quel mérite ou quel tort a l'un de plus que l'autre ? Leur choix est l'effet du hasard; le leur imputer est iniquité, c'est récompenser ou punir pour être né dans tel ou tel pays. Oser dire que Dieu nous juge ainsi, c'est outrager sa justice.

Ou toutes les religions sont bonnes et agréables à Dieu, ou, s'il en est une qu'il prescrive aux hommes, et qu'il les punisse de méconnaître, il lui a donné des signes certains et manifestes pour être distinguée et connue pour la seule véritable. Ces signes sont de tous les temps et de tous les lieux, également sensibles à tous les hommes, grands et petits, savants et ignorants, Européens, Indiens, Africains, Sauvages. S'il était une religion sur la terre hors de laquelle il n'y eût que peine éternelle, et qu'en quelque lieu du monde un seul mortel de bonne foi n'eût pas été frappé de son évidence, le Dieu de cette religion serait le plus inique et le plus cruel des tyrans.

Cherchons-nous donc sincèrement la vérité ? Ne donnons rien au droit de la naissance et à l'autorité des pères et des pasteurs, mais rappelons à l'examen de la conscience et de la raison tout ce qu'ils nous ont appris dès notre enfance. Ils ont beau me crier : Soumets ta raison; autant m'en peut dire celui qui me trompe : il me faut des raisons pour soumettre ma raison.

Toute la théologie que je puis acquérir de moi-même par l'inspection de l'univers, et par le bon usage de mes facultés, se borne à ce que je vous ai ci-devant expliqué. Pour en savoir davantage, il faut recourir à des moyens extraordinaires. Ces moyens ne sauraient être l'autorité des hommes; car, nul homme n'étant d'une autre espèce que moi, tout ce qu'un homme connaît naturellement, je puis aussi le connaître, et un autre homme peut se tromper aussi bien que moi : quand je crois ce qu'il dit, ce n'est pas parce qu'il le dit, mais parce qu'il le prouve. Le témoignage des hommes n'est donc au fond que celui de ma raison même, et n'ajoute rien aux moyens naturels que Dieu m'a donnés de connaître la vérité.

Apôtre de la vérité, qu'avez-vous donc à me dire dont je ne reste pas le juge ? Dieu lui-même a parlé : écoutez sa révélation. C'est autre chose. Dieu a parlé! voilà certes un grand mot. Et à qui a-t-il parlé ? Il a parlé aux hommes. Pourquoi donc n'en ai-je rien entendu ? Il a chargé d'autres hommes de vous rendre sa parole. J'entends! ce sont des hommes qui vont me dire ce que Dieu a dit. J'aimerais mieux avoir entendu Dieu lui-même; il ne lui en aurait pas coûté davantage, et j'aurais été à l'abri de la séduction. Il vous en garantit en manifestant la mission de ses envoyés. Comment cela? Par des prodiges. Et où sont ces prodiges? Dans les livres. Et qui a fait ces livres? Des hommes. Et qui a vu ces prodiges? Des hommes qui les attestent. Quoi! toujours des témoignages humains! toujours des hommes qui me rapportent ce que d'autres hommes ont rapporté! que d'hommes entre Dieu et moi! Voyons toutefois, examinons, comparons, vérifions. O si Dieu eût daigné me dispenser de tout ce travail, l'en aurais-je servi de moins bon cœur?

Considérez, mon ami, dans quelle horrible discussion me voilà engagé; de quelle immense érudition j'ai besoin pour remonter dans les plus hautes antiquités, pour examiner, peser, confronter les prophéties, les révélations, les faits, tous les monuments de foi proposés dans tous les pays du monde, pour en assigner les temps, les lieux, les auteurs, les occasions! Quelle justesse de critique m'est nécessaire pour distinguer les pièces authentiques des pièces supposées; pour comparer les objections aux réponses, les traductions aux originaux; pour juger de l'impartialité des témoins, de leur bon sens, de leurs lumières; pour savoir si l'on n'a rien supprimé, rien ajouté, rien transposé, changé, falsifié; pour lever les contradictions qui restent, pour juger quel poids doit avoir le silence des adversaires dans les faits allégués contre eux; si ces allégations leur ont été connues; s'ils en ont fait assez de cas pour daigner y répondre; si les livres étaient assez communs pour que les nôtres leur parvinssent; si nous avons été d'assez bonne foi pour donner cours aux leurs parmi nous, et pour y laisser leurs plus fortes objections telles qu'ils les avaient faites.

Tous ces monuments reconnus pour incontestables, il faut passer ensuite aux preuves de la mission de leurs auteurs; il faut bien savoir les lois des sorts, les probabilités éventuelles, pour juger quelle prédiction ne peut s'accomplir sans miracle; le génie des langues originales pour distinguer ce qui est prédiction dans ces langues, et ce qui n'est que figure oratoire; quels faits sont dans l'ordre de la nature, et quels autres faits n'y sont pas; pour dire jusqu'à quel point un homme adroit peut fasciner les yeux

des simples, peut étonner même les gens éclairés ; chercher de quelle espèce doit être un prodige, et quelle
authenticité il doit avoir, non seulement pour être cru,
mais pour qu'on soit punissable d'en douter ; comparer les
preuves des vrais et des faux prodiges, et trouver les
règles sûres pour les discerner ; dire enfin pourquoi Dieu
choisit, pour attester sa parole, des moyens qui ont eux-
mêmes si grand besoin d'attestation, comme s'il se jouait
de la crédulité des hommes, et qu'il évitât à dessein les
vrais moyens de les persuader.

Supposons que la majesté divine daigne s'abaisser
assez pour rendre un homme l'organe de ses volontés
sacrées ; est-il raisonnable, est-il juste d'exiger que tout
le genre humain obéisse à la voix de ce ministre sans le
lui faire connaître pour tel ? Y a-t-il de l'équité à ne lui
donner, pour toutes lettres de créance, que quelques
signes particuliers faits devant peu de gens obscurs, et
dont tout le reste des hommes ne saura jamais rien que
par ouï-dire ? Par tous les pays du monde, si l'on tenait
pour vrais tous les prodiges que le peuple et les simples
disent avoir vus, chaque secte serait la bonne ; il y aurait
plus de prodiges que d'événements naturels, et le plus
grand de tous les miracles serait que là où il y a des fana-
tiques persécutés, il n'y eût point de miracles. C'est
l'ordre inaltérable de la nature qui montre le mieux la
sage main qui la régit ; s'il arrivait beaucoup d'exceptions, je ne saurais plus qu'en penser ; et pour moi, je
crois trop en Dieu pour croire à tant de miracles si peu
dignes de lui.

Qu'un homme vienne nous tenir ce langage : Mortels,
je vous annonce la volonté du Très-Haut ; reconnaissez à
ma voix celui qui m'envoie ; j'ordonne au soleil de changer sa course, aux étoiles de former un autre arrangement, aux montagnes de s'aplanir, aux flots de s'élever,
à la terre de prendre un autre aspect. A ces merveilles,
qui ne reconnaîtra pas à l'instant le maître de la nature !
Elle n'obéit point aux imposteurs ; leurs miracles se font
dans des carrefours, dans des déserts, dans des chambres ;
et c'est là qu'ils ont bon marché d'un petit nombre de
spectateurs déjà disposés à tout croire. Qui est-ce qui
m'osera dire combien il faut de témoins oculaires pour
rendre un prodige digne de foi ? Si vos miracles, faits
pour prouver votre doctrine, ont eux-mêmes besoin
d'être prouvés, de quoi servent-ils ? autant valait n'en
point faire.

Reste enfin l'examen le plus important dans la doctrine annoncée; car, puisque ceux qui disent que Dieu fait ici-bas des miracles prétendent que le diable les imite quelquefois, avec les prodiges les mieux attestés, nous ne sommes pas plus avancés qu'auparavant; et puisque les magiciens de Pharaon osaient, en présence même de Moïse, faire les mêmes signes qu'il faisait par l'ordre exprès de Dieu, pourquoi, dans son absence, n'eussent-ils pas, aux mêmes titres, prétendu la même autorité? Ainsi donc, après avoir prouvé la doctrine par le miracle, il faut prouver le miracle par la doctrine *, de peur de prendre l'œuvre du démon pour l'œuvre de Dieu. Que pensez-vous de ce diallèle?

Cette doctrine, venant de Dieu, doit porter le sacré caractère de la Divinité; non seulement elle doit nous éclaircir les idées confuses que le raisonnement en trace dans notre esprit, mais elle doit aussi nous proposer un culte, une morale et des maximes convenables aux attributs par lesquels seuls nous concevons son essence. Si donc elle ne nous apprenait que des choses absurdes et sans raison, si elle ne nous inspirait que des sentiments d'aversion pour nos semblables et de frayeur pour nous-mêmes, si elle ne nous peignait qu'un Dieu colère, jaloux, vengeur, partial, haïssant les hommes, un Dieu de la guerre et des combats, toujours prêt à détruire et foudroyer,

---

* Cela est formel en mille endroits de l'Écriture, et entre autres dans le *Deutéronome*, chapitre XIII, où il est dit que, si un prophète annonçant des dieux étrangers confirme ses discours par des prodiges, et que ce qu'il prédit arrive, loin d'y avoir aucun égard, on doit mettre ce prophète à mort. Quand donc les païens mettaient à mort les apôtres leur annonçant un dieu étranger, et prouvant leur mission par des prédictions et des miracles, je ne vois pas ce qu'on avait à leur objecter de solide, qu'ils ne pussent à l'instant rétorquer contre nous. Or, que faire en pareil cas? une seule chose : revenir au raisonnement, et laisser là les miracles. Mieux eût valu n'y pas recourir. C'est là du bon sens le plus simple, qu'on n'obscurcit qu'à force de distinctions tout au moins très subtiles. Des subtilités dans le christianisme! Mais Jésus-Christ a donc eu tort de promettre le royaume des cieux aux simples; il a donc eu tort de commencer le plus beau de ses discours par féliciter les pauvres d'esprit, s'il faut tant d'esprit pour entendre sa doctrine et pour apprendre à croire en lui. Quand vous m'aurez prouvé que je dois me soumettre, tout ira fort bien : mais pour me prouver cela, mettez-vous à ma portée; mesurez vos raisonnements à la capacité d'un pauvre d'esprit, ou je ne reconnais plus en vous le vrai disciple de votre maître, et ce n'est pas sa doctrine que vous m'annoncez.

toujours parlant de tourments, de peines, et se vantant de punir même les innocents, mon cœur ne serait point attiré vers ce Dieu terrible, et je me garderais de quitter la religion naturelle pour embrasser celle-là; car vous voyez bien qu'il faudrait nécessairement opter. Votre Dieu n'est pas le nôtre, dirais-je à ses sectateurs. Celui qui commence par se choisir un seul peuple et proscrire le reste du genre humain, n'est pas le père commun des hommes; celui qui destine au supplice éternel le plus grand nombre de ses créatures n'est pas le Dieu clément et bon que ma raison m'a montré.

A l'égard des dogmes, elle me dit qu'ils doivent être clairs, lumineux, frappants par leur évidence. Si la religion naturelle est insuffisante, c'est par l'obscurité qu'elle laisse dans les grandes vérités qu'elle nous enseigne : c'est à la révélation de nous enseigner ces vérités d'une manière sensible à l'esprit de l'homme, de les mettre à sa portée, de les lui faire concevoir, afin qu'il les croie. La foi s'assure et s'affermit par l'entendement; la meilleure de toutes les religions est infailliblement la plus claire : celui qui charge de mystères, de contradictions le culte qu'il me prêche, m'apprend par cela même à m'en défier. Le Dieu que j'adore n'est point un Dieu de ténèbres, il ne m'a point doué d'un entendement pour m'en interdire l'usage : me dire de soumettre ma raison, c'est outrager son auteur. Le ministre de la vérité ne tyrannise point ma raison, il l'éclaire.

Nous avons mis à part toute autorité humaine; et, sans elle, je ne saurais voir comment un homme en peut convaincre un autre en lui prêchant une doctrine déraisonnable. Mettons un moment ces deux hommes aux prises, et cherchons ce qu'ils pourront se dire dans cette âpreté de langage ordinaire aux deux partis.

L'INSPIRÉ

La raison vous apprend que le tout est plus grand que sa partie; mais moi je vous apprends, de la part de Dieu, que c'est la partie qui est plus grande que le tout.

LE RAISONNEUR

Et qui êtes-vous pour m'oser dire que Dieu se contredit ? et à qui croirai-je par préférence, de lui qui m'apprend par la raison les vérités éternelles, ou de vous qui m'annoncez de sa part une absurdité ?

L'INSPIRÉ

A moi, car mon instruction est plus positive ; et je vais vous prouver invinciblement que c'est lui qui m'envoie.

LE RAISONNEUR

Comment ? vous me prouverez que c'est Dieu qui vous envoie déposer contre lui ? Et de quel genre seront vos preuves pour me convaincre qu'il est plus cerain que Dieu me parle par votre bouche que par l'entendement qu'il m'a donné ?

L'INSPIRÉ

L'entendement qu'il vous a donné ! Homme petit et vain ! comme si vous étiez le premier impie qui s'égare dans sa raison corrompue par le péché !

LE RAISONNEUR

Homme de Dieu, vous ne seriez pas non plus le premier fourbe qui donne son arrogance pour preuve de sa mission.

L'INSPIRÉ

Quoi ! les philosophes disent aussi des injures !

LE RAISONNEUR

Quelquefois, quand les saints leur en donnent l'exemple.

L'INSPIRÉ

Oh ! moi, j'ai le droit d'en dire, je parle de la part de Dieu.

LE RAISONNEUR

Il serait bon de montrer vos titres avant d'user de vos privilèges.

L'INSPIRÉ

Mes titres sont authentiques, la terre et les cieux déposeront pour moi. Suivez bien mes raisonnements, je vous prie.

LE RAISONNEUR

Vos raisonnements ! vous n'y pensez pas. M'apprendre que ma raison me trompe, n'est-ce pas réfuter ce qu'elle m'aura dit pour vous ? Quiconque peut récuser la raison doit convaincre sans se servir d'elle. Car, supposons qu'en raisonnant vous m'ayez convaincu; comment saurai-je si ce n'est point ma raison corrompue par le péché qui me fait acquiescer à ce que vous me dites ? D'ailleurs, quelle preuve, quelle démonstration pourrez-vous jamais employer plus évidente que l'axiome qu'elle doit détruire ? Il est tout aussi croyable qu'un bon syllogisme est un mensonge, qu'il l'est que la partie est plus grande que le tout.

L'INSPIRÉ

Quelle différence! Mes preuves sont sans réplique; elles sont d'un ordre surnaturel.

LE RAISONNEUR

Surnaturel! Que signifie ce mot ? Je ne l'entends pas.

L'INSPIRÉ

Des changements dans l'ordre de la nature, des prophéties, des miracles, des prodiges de toute espèce.

LE RAISONNEUR

Des prodiges! des miracles! Je n'ai jamais rien vu de tout cela.

L'INSPIRÉ

D'autres l'ont vu pour vous. Des nuées de témoins... le témoignage des peuples...

LE RAISONNEUR

Le témoignage des peuples est-il d'un ordre surnaturel ?

L'INSPIRÉ

Non; mais quand il est unanime, il est incontestable.

LE RAISONNEUR

Il n'y a rien de plus incontestable que les principes de la raison, et l'on ne peut autoriser une absurdité sur le témoignage des hommes. Encore une fois, voyons des preuves surnaturelles, car l'attestation du genre humain n'en est pas une.

L'INSPIRÉ

O cœur endurci! la grâce ne vous parle point.

LE RAISONNEUR

Ce n'est pas ma faute ; car, selon vous, il faut avoir déjà reçu la grâce pour savoir la demander. Commencez donc à me parler au lieu d'elle.

L'INSPIRÉ

Ah ! c'est ce que je fais, et vous ne m'écoutez pas. Mais que dites-vous des prophéties ?

LE RAISONNEUR

Je dis premièrement que je n'ai pas plus entendu de prophéties que je n'ai vu de miracles. Je dis de plus qu'aucune prophétie ne saurait faire autorité pour moi.

L'INSPIRÉ

Satellite du démon ! et pourquoi les prophéties ne font-elle pas autorité pour vous ?

LE RAISONNEUR

Parce que, pour qu'elles la fissent, il faudrait trois choses dont le concours est impossible ; savoir que j'eusse été témoin de la prophétie, que je fusse témoin de l'événement, et qu'il me fût démontré que cet événement n'a pu cadrer fortuitement avec la prophétie ; car, fût-elle plus précise, plus claire, plus lumineuse qu'un axiome de géométrie, puisque la clarté d'une prédiction faite au hasard n'en rend pas l'accomplissement impossible, cet accomplissement, quand il a lieu, ne prouve rien à la rigueur pour celui qui l'a prédit.

Voyez donc à quoi se réduisent vos prétendues preuves surnaturelles, vos miracles, vos prophéties. A croire tout cela sur la foi d'autrui, et à soumettre à l'autorité des hommes l'autorité de Dieu parlant à ma raison. Si les vérités éternelles que mon esprit conçoit pouvaient souffrir quelque atteinte, il n'y aurait plus pour moi nulle espèce de certitude ; et, loin d'être sûr que vous me parlez de la part de Dieu, je ne serais pas même assuré qu'il existe.

Voilà bien des difficultés, mon enfant, et ce n'est pas tout. Parmi tant de religions diverses qui se proscrivent et s'excluent mutuellement, une seule est la bonne, si tant est qu'une le soit. Pour la reconnaître il ne suffit pas d'en examiner une, il faut les examiner toutes ; et, dans quelque matière que ce soit, on ne doit pas condamner sans entendre * ; il faut comparer les objections aux preuves ; il faut savoir ce que chacun oppose aux autres, et ce qu'il leur répond. Plus un sentiment nous paraît démontré, plus nous devons chercher sur quoi tant d'hommes se fondent pour ne pas le trouver tel. Il faudrait être bien simple pour croire qu'il suffit d'entendre les docteurs de son parti pour s'instruire des raisons du parti contraire. Où sont les théologiens qui se piquent de bonne foi ? Où sont ceux qui, pour réfuter les raisons de leurs adversaires, ne commencent pas par les affaiblir ? Chacun brille dans son parti : mais tel au milieu des siens est tout fier de ses preuves qui ferait un fort sot personnage avec ces mêmes preuves parmi des gens d'un autre parti. Voulez-vous instruire dans les livres ; quelle érudition il faut acquérir ! que de langues il faut apprendre ! que de bibliothèques il faut feuilleter ! quelle immense lecture il faut faire ! Qui me guidera dans le choix ? Difficilement trouvera-t-on dans un pays les meilleurs livres du parti contraire, à plus forte raison ceux de tous les partis : quand on les trouverait, ils seraient bientôt réfutés. L'absent a toujours tort et de mauvaises raisons dites avec assurance effacent aisément les bonnes exposées avec mépris. D'ailleurs souvent rien n'est plus trompeur que les livres et ne rend moins fidèlement les sentiments de ceux qui les ont écrits. Quand vous avez voulu juger de la foi catholique sur le livre de Bossuet, vous vous êtes trouvé loin de compte après avoir vécu parmi nous. Vous avez vu que la doctrine avec laquelle on répond aux protestants n'est point celle qu'on enseigne au peuple, et que le livre de Bossuet ne ressemble guère aux instructions du prône. Pour bien juger d'une religion, il ne faut pas l'étudier dans les livres de ses sectateurs, il faut aller l'apprendre chez eux ; cela est fort différent. Chacun a ses traditions, son sens, ses coutumes, ses préjugés, qui font l'esprit de sa croyance, et qu'il y faut joindre pour en juger.

Combien de grands peuples n'impriment point de

---

* Plutarque rapporte que les stoïciens, entre autres bizarres paradoxes, soutenaient que, dans un jugement contradictoire, il était inutile d'entendre les deux parties. Car, disaient-ils, ou le premier a prouvé son dire, ou il ne l'a pas prouvé : s'il l'a prouvé, tout est dit, et la partie adverse doit être condamnée ; s'il ne l'a pas prouvé, il a tort, et doit être débouté. Je trouve que la méthode de tous ceux qui admettent une révélation exclusive ressemble beaucoup à celle de ces stoïciens. Sitôt que chacun prétend avoir seul raison, pour choisir entre tant de partis, il les faut tous écouter, ou l'on est injuste.

livres et ne lisent pas les nôtres! Comment jugeront-ils de
nos opinions ? comment jugerons-nous des leurs ? Nous
les raillons, ils nous méprisent, et, si nos voyageurs les
tournent en ridicule, il ne leur manque, pour nous le
rendre, que de voyager parmi nous. Dans quel pays n'y
a-t-il pas des gens sensés, des gens de bonne foi, d'honnêtes gens amis de la vérité, qui, pour la professer, ne
cherchent qu'à la connaître ? Cependant chacun la voit
dans son culte, et trouve absurdes les cultes des autres
nations : donc ces cultes étrangers ne sont pas si extra-
vagants qu'ils nous semblent, ou la raison que nous trouvons dans les nôtres ne prouve rien.

Nous avons trois principales religions en Europe.
L'une admet une seule révélation, l'autre en admet deux,
l'autre en admet trois. Chacune déteste, maudit les
autres, les accuse d'aveuglement, d'endurcissement,
d'opiniâtreté, de mensonge. Quel homme impartial osera
juger entre elles, s'il n'a premièrement bien pesé leurs
preuves, bien écouté leurs raisons ? Celle qui n'admet
qu'une révélation est la plus ancienne, et paraît la plus
sûre; celle qui en admet trois est la plus moderne, et
paraît la plus conséquente; celle qui en admet deux, et
rejette la troisième, peut bien être la meilleure, mais elle
a certainement tous les préjugés contre elle, l'inconséquence saute aux yeux.

Dans les trois révélations, les livres sacrés sont écrits
en des langues inconnues aux peuples qui les suivent.
Les Juifs n'entendent plus l'hébreu, les Chrétiens n'entendent ni l'hébreu ni le grec; les Turcs ni les Persans
n'entendent point l'arabe; et les Arabes modernes eux-
mêmes ne parlent plus la langue de Mahomet. Ne voilà-
t-il pas une manière bien simple d'instruire les hommes,
de leur parler toujours une langue qu'ils n'entendent
point ? On traduit ces livres, dira-t-on. Belle réponse! Qui
m'assurera que ces livres sont fidèlement traduits, qu'il
est même possible qu'ils le soient ? Et quand Dieu fait
tant que de parler aux hommes, pourquoi faut-il qu'il
ait besoin d'interprète ?

Je ne concevrai jamais que ce que tout homme est
obligé de savoir soit enfermé dans des livres, et que celui
qui n'est à portée ni de ces livres, ni des gens qui les
entendent soit puni d'une ignorance involontaire. Toujours des livres! quelle manie! Parce que l'Europe est
pleine de livres, les Européens les regardent comme indispensables, sans songer que, sur les trois quarts de la terre,

on n'en a jamais vu. Tous les livres n'ont-ils pas été écrits par des hommes ? Comment donc l'homme en aurait-il besoin pour connaître ses devoirs ? Et quels moyens avait-il de les connaître avant que ces livres fussent faits ? Ou il apprendra ses devoirs de lui-même, ou il est dispensé de les savoir.

Nos catholiques font grand bruit de l'autorité de l'Eglise; mais que gagnent-ils à cela, s'il leur faut un aussi grand appareil de preuves pour établir cette autorité, qu'aux autres sectes pour établir directement leur doctrine ? L'Eglise décide que l'Eglise a droit de décider. Ne voilà-t-il pas une autorité bien prouvée ? Sortez de là, vous rentrez dans toutes nos discussions.

Connaissez-vous beaucoup de chrétiens qui aient pris la peine d'examiner avec soin ce que le judaïsme allègue contre eux ? Si quelques-uns en ont vu quelque chose, c'est dans les livres des chrétiens. Bonne manière de s'instruire des raisons de leurs adversaires! Mais comment faire ? Si quelqu'un osait publier parmi nous des livres où l'on favoriserait ouvertement le judaïsme, nous punirions l'auteur, l'éditeur, le libraire *. Cette police est commode et sûre, pour avoir toujours raison. Il y a plaisir à réfuter des gens qui n'osent parler.

Ceux d'entre nous qui sont à portée de converser avec des Juifs ne sont guère plus avancés. Les malheureux se sentent à notre discrétion; la tyrannie qu'on exerce envers eux les rend craintifs; ils savent combien peu l'injustice et la cruauté coûtent à la charité chrétienne : qu'oseront-ils dire sans s'exposer à nous faire crier au blasphème ? L'avidité nous donne du zèle, et ils sont trop riches pour n'avoir pas tort. Les plus savants, les plus éclairés sont toujours les plus circonspects. Vous convertirez quelque misérable, payé pour calomnier sa secte; vous ferez parler quelques vils fripiers, qui céderont pour vous flatter; vous triompherez de leur ignorance ou de leur lâcheté, tandis que leurs docteurs souriront en silence de votre ineptie. Mais croyez-vous que dans des lieux où ils se sentiraient en sûreté l'on eût aussi bon

---

* Entre mille faits connus, en voici un qui n'a pas besoin de commentaire. Dans le XVIe siècle, les théologiens catholiques ayant condamné au feu tous les livres des Juifs, sans distinction, l'illustre et savant Reuchlin, consulté sur cette affaire, s'en attira de terribles qui faillirent le perdre, pour avoir seulement été d'avis qu'on pouvait conserver ceux de ces livres qui ne faisaient rien contre le christianisme, et qui traitaient de matières indifférentes à la religion.

marché d'eux ? En Sorbonne, il est clair comme le jour que les prédictions du Messie se rapportent à Jésus-Christ. Chez les rabbins d'Amsterdam, il est tout aussi clair qu'elles n'y ont pas le moindre rapport. Je ne croirai jamais avoir bien entendu les raisons des Juifs, qu'ils n'aient un État libre, des écoles, des universités, où ils puissent parler et disputer sans risque. Alors seulement nous pourrons savoir ce qu'ils ont à dire.

A Constantinople les Turcs disent leurs raisons, mais nous n'osons dire les nôtres ; là c'est notre tour de ramper. Si les Turcs exigent de nous pour Mahomet, auquel nous ne croyons point, le même respect que nous exigeons pour Jésus-Christ des Juifs qui n'y croient pas davantage, les Turcs ont-ils tort ? avons-nous raison ? sur quel principe équitable résoudrons-nous cette question ?

Les deux tiers du genre humain ne sont ni Juifs, ni Mahométans, ni Chrétiens ; et combien de millions d'hommes n'ont jamais ouï parler de Moïse, de Jésus-Christ, ni de Mahomet ! On le nie ; on soutient que nos missionnaires vont partout. Cela est bientôt dit. Mais vont-ils dans le cœur de l'Afrique encore inconnue, et où jamais Européen n'a pénétré jusqu'à présent ? Vont-ils dans la Tartarie méditerranée suivre à cheval les hordes ambulantes, dont jamais étranger n'approche, et qui, loin d'avoir ouï parler du pape, connaissent à peine le grand lama ? Vont-ils dans les continents immenses de l'Amérique, où des nations entières ne savent pas encore que les peuples d'un autre monde ont mis les pieds dans le leur ? Vont-ils au Japon, dont leurs manœuvres les ont fait chasser pour jamais, et où leurs prédécesseurs ne sont connus des générations qui naissent que comme des intrigants rusés, venus avec un zèle hypocrite pour s'emparer doucement de l'empire ? Vont-ils dans les harems des princes de l'Asie annoncer l'Évangile à des milliers de pauvres esclaves ? Qu'ont fait les femmes de cette partie du monde pour qu'aucun missionnaire ne puisse leur prêcher la foi ? Iront-elles toutes en enfer pour avoir été recluses ?

Quand il serait vrai que l'Évangile est annoncé par toute la terre, qu'y gagnerait-on ? la veille du jour que le premier missionnaire est arrivé dans un pays, il y est sûrement mort quelqu'un qui n'a pu l'entendre. Or, dites-moi ce que nous ferons de ce quelqu'un-là. N'y eût-il dans tout l'univers qu'un seul homme à qui l'on n'aurait jamais prêché Jésus-Christ, l'objection serait aussi forte pour ce seul homme que pour le quart du genre humain.

Quand les ministres de l'Evangile se sont fait entendre aux peuples éloignés, que leur ont-ils dit qu'on pût raisonnablement admettre sur leur parole, et qui ne demandât pas la plus exacte vérification ? Vous m'annoncez un Dieu né et mort il y a deux mille ans, à l'autre extrémité du monde, dans je ne sais quelle petite ville, et vous me dites que tous ceux qui n'auront point cru à ce mystère seront damnés. Voilà des choses bien étranges pour les croire si vite sur la seule autorité d'un homme que je ne connais point ! Pourquoi votre Dieu a-t-il fait arriver si loin de moi les événements dont il voulait m'obliger d'être instruit ? Est-ce un crime d'ignorer ce qui se passe aux antipodes ? Puis-je deviner qu'il y a eu dans un autre hémisphère un peuple hébreu et une ville de Jérusalem ? Autant voudrait m'obliger de savoir ce qui se fait dans la lune. Vous venez, dites-vous, me l'apprendre ; mais pourquoi n'êtes-vous pas venu l'apprendre à mon père ? ou pourquoi damnez-vous ce bon vieillard pour n'en avoir jamais rien su ? Doit-il être éternellement puni de votre paresse, lui qui était si bon, si bienfaisant, et qui ne cherchait que la vérité ? Soyez de bonne foi, puis mettez-vous à ma place : voyez si je dois, sur votre seul témoignage, croire toutes les choses incroyables que vous me dites, et concilier tant d'injustices avec le Dieu juste que vous m'annoncez. Laissez-moi, de grâce, aller voir ce pays lointain où s'opérèrent tant de merveilles inouïes dans celui-ci, que j'aille savoir pourquoi les habitants de cette Jérusalem ont traité Dieu comme un brigand. Ils ne l'ont pas, dites-vous, reconnu pour Dieu. Que ferai-je donc, moi qui n'en ai jamais entendu parler que par vous ? Vous ajoutez qu'ils ont été punis, dispersés, opprimés, asservis, qu'aucun d'eux n'approche plus de la même ville. Assurément ils ont bien mérité tout cela ; mais les habitants d'aujourd'hui, que disent-ils du déicide de leurs prédécesseurs ? Ils le nient, ils ne reconnaissent pas non plus Dieu pour Dieu. Autant valait donc laisser les enfants des autres.

Quoi ! dans cette même ville où Dieu est mort, les anciens ni les nouveaux habitants ne l'ont point reconnu, et vous voulez que je le reconnaisse, moi qui suis né deux mille ans après à deux mille lieues de là ! Ne voyez-vous pas qu'avant que j'ajoute foi à ce livre que vous appelez sacré, et auquel je ne comprends rien, je dois savoir par d'autres que vous quand et par qui il a été fait, comment il s'est conservé, comment il vous est parvenu,

ce que disent dans le pays, pour leurs raisons, ceux qui le
rejettent, quoiqu'ils sachent aussi bien que vous tout ce
que vous m'apprenez ? Vous sentez bien qu'il faut nécessairement que j'aille en Europe, en Asie, en Palestine,
examiner tout par moi-même : il faudrait que je fusse fou
pour vous écouter avant ce temps-là.

Non seulement ce discours me paraît raisonnable, mais
je soutiens que tout homme sensé doit, en pareil cas,
parler ainsi et renvoyer bien loin le missionnaire qui,
avant la vérification des preuves, veut se dépêcher de
l'instruire et de le baptiser. Or, je soutiens qu'il n'y a pas
de révélation contre laquelle les mêmes objections n'aient
autant et plus de force que contre le christianisme. D'où
il suit que s'il n'y a qu'une religion véritable, et que tout
homme soit obligé de la suivre sous peine de damnation,
il faut passer sa vie à les étudier toutes, à les approfondir,
à les comparer, à parcourir les pays où elles sont établies.
Nul n'est exempt du premier devoir de l'homme, nul n'a
droit de se fier au jugement d'autrui. L'artisan qui ne
vit que de son travail, le laboureur qui ne sait pas lire, la
jeune fille délicate et timide, l'infirme qui peut à peine
sortir de son lit, tous, sans exception, doivent étudier,
méditer, disputer, voyager, parcourir le monde : il n'y
aura plus de peuple fixe et stable ; la terre entière ne sera
couverte que de pèlerins allant à grands frais, et avec de
longues fatigues, vérifier, comparer, examiner par eux-
mêmes les cultes divers qu'on y suit. Alors, adieu les
métiers, les arts, les sciences humaines, et toutes les
occupations civiles : il ne peut plus y avoir d'autre étude
que celle de la religion : à grand-peine celui qui aura joui
de la santé la plus robuste, le mieux employé son temps,
le mieux usé de sa raison, vécu le plus d'années, saura-
t-il dans sa vieillesse à quoi s'en tenir ; et ce sera beaucoup s'il apprend avant sa mort dans quel culte il aurait
dû vivre.

Voulez-vous mitiger cette méthode, et donner la
moindre prise à l'autorité des hommes ? A l'instant vous
lui rendez tout ; et si le fils d'un Chrétien fait bien de
suivre, sans un examen profond et impartial, la religion
de son père, pourquoi le fils d'un Turc ferait-il mal de
suivre de même la religion du sien ? Je défie tous les intolérants de répondre à cela rien qui contente un homme
sensé.

Pressés par ces raisons, les uns aiment mieux faire
Dieu injuste, et punir les innocents du péché de leur père,

que de renoncer à leur barbare dogme. Les autres se tirent d'affaire en envoyant obligeamment un ange instruire quiconque, dans une ignorance invincible, aurait vécu moralement bien. La belle invention que cet ange! Non contents de nous asservir à leurs machines, ils mettent Dieu lui-même dans la nécessité d'en employer.

Voyez, mon fils, à quelle absurdité mènent l'orgueil et l'intolérance, quand chacun veut abonder dans son sens, et croire avoir raison exclusivement au reste du genre humain. Je prends à témoin ce Dieu de paix que j'adore et que je vous annonce, que toutes mes recherches ont été sincères; mais voyant qu'elles étaient, qu'elles seraient toujours sans succès, et que je m'abîmais dans un océan sans rives, je suis revenu sur mes pas, et j'ai resserré ma foi dans mes notions primitives. Je n'ai jamais pu croire que Dieu m'ordonnât, sous peine de l'enfer, d'être savant. J'ai donc refermé tous les livres. Il en est un seul ouvert à tous les yeux, c'est celui de la nature. C'est dans ce grand et sublime livre que j'apprends à servir et adorer son divin auteur. Nul n'est excusable de n'y pas lire, parce qu'il parle à tous les hommes une langue intelligible à tous les esprits. Quand je serais né dans une île déserte, quand je n'aurais point vu d'autre homme que moi, quand je n'aurais jamais appris ce qui s'est fait anciennement dans un coin du monde; si j'exerce ma raison, si je la cultive, si j'use bien des facultés immédiates que Dieu me donne, j'apprendrai de moi-même à le connaître, à l'aimer, à aimer ses œuvres, à vouloir le bien qu'il veut, et à remplir pour lui plaire tous mes devoirs sur la terre. Qu'est-ce que tout le savoir des hommes m'apprendra de plus ?

A l'égard de la révélation, si j'étais meilleur raisonneur ou mieux instruit, peut-être sentirais-je sa vérité, son utilité pour ceux qui ont le bonheur de la reconnaître; mais si je vois en sa faveur des preuves que je ne puis combattre, je vois aussi contre elle des objections que je ne puis résoudre. Il y a tant de raisons solides pour et contre, que, ne sachant à quoi me déterminer, je ne l'admets ni ne la rejette; je rejette seulement l'obligation de la reconnaître, parce que cette obligation prétendue est incompatible avec la justice de Dieu, et que, loin de lever par là les obstacles au salut, il les eût multipliés, il les eût rendus insurmontables pour la grande partie du genre humain. A cela près, je reste sur ce point dans un doute respectueux. Je n'ai pas la présomption de me croire infaillible : d'autres hommes ont pu décider ce qui me semble indécis; je raisonne pour moi et non pas pour eux; je ne les blâme ni ne les imite : leur jugement peut être meilleur que le mien; mais il n'y a pas de ma faute si ce n'est pas le mien.

Je vous avoue aussi que la majesté des Ecritures m'étonne, que la sainteté de l'Evangile parle à mon cœur. Voyez les livres des philosophes avec toute leur pompe : qu'ils sont petits près de celui-là ! Se peut-il qu'un livre à la fois si sublime et si simple soit l'ouvrage des hommes ? Se peut-il que celui dont il fait l'histoire ne soit qu'un homme lui-même ? Est-ce là le ton d'un enthousiaste ou d'un ambitieux sectaire ? Quelle douceur, quelle pureté dans ses mœurs! quelle grâce touchante dans ses instructions! quelle élévation dans ses maximes! quelle profonde sagesse dans ses discours! quelle présence d'esprit, quelle finesse et quelle justesse dans ses réponses! quel empire sur ses passions! Où est l'homme, où est le sage qui sait agir, souffrir et mourir sans faiblesse et sans ostentation ? Quand Platon peint son juste imaginaire couvert de tout l'opprobre du crime, et digne de tous les prix de la vertu, il peint trait pour trait Jésus-Christ : la ressemblance est si frappante, que tous les Pères l'ont sentie, et qu'il n'est pas possible de s'y tromper. Quels préjugés, quel aveuglement ne faut-il point avoir pour oser comparer le fils de Sophronisque au fils de Marie ? Quelle distance de l'un à l'autre ! Socrate, mourant sans douleur, sans ignominie, soutint aisément jusqu'au bout son personnage; et si cette facile mort n'eût honoré sa vie, on douterait si Socrate, avec tout son esprit, fut autre chose qu'un sophiste. Il inventa, dit-on, la morale; d'autres avant lui l'avaient mise en pratique; il ne fit que dire ce qu'ils avaient fait, il ne fit que mettre en leçons leurs exemples. Aristide avait été juste avant que Socrate eût dit ce que c'était que justice; Léonidas était mort pour son pays avant que Socrate eût fait un devoir d'aimer la patrie; Sparte était sobre avant que Socrate eût loué la sobriété; avant qu'il eût défini la vertu, la Grèce abondait en hommes vertueux. Mais où Jésus avait-il pris chez les siens cette morale élevée et pure dont lui seul a donné les leçons et l'exemple * ? Du sein du plus fu-

---

* Voyez, dans le Discours sur la montagne, le parallèle qu'il fait lui-même de la morale de Moïse à la sienne. (Matth., cap. v, vers. 21 et seq.).

rieux fanatisme la plus haute sagesse se fit entendre ; et la simplicité des plus héroïques vertus honora le plus vil de tous les peuples. La mort de Socrate, philosophant tranquillement avec ses amis, est la plus douce qu'on puisse désirer ; celle de Jésus expirant dans les tourments, injurié, raillé, maudit de tout un peuple, est la plus horrible qu'on puisse craindre. Socrate prenant la coupe empoisonnée bénit celui qui la lui présente et qui pleure ; Jésus, au milieu d'un supplice affreux, prie pour ses bourreaux acharnés. Oui, si la vie et la mort de Socrate sont d'un sage, la vie et la mort de Jésus sont d'un Dieu. Dirons-nous que l'histoire de l'Evangile est inventée à plaisir ? Mon ami, ce n'est pas ainsi qu'on invente ; et les faits de Socrate, dont personne ne doute, sont moins attestés que ceux de Jésus-Christ. Au fond c'est reculer la difficulté sans la détruire ; il serait plus inconcevable que plusieurs hommes d'accord eussent fabriqué ce livre, qu'il ne l'est qu'un seul en ait fourni le sujet. Jamais les auteurs juifs n'eussent trouvé ni ce ton ni cette morale ; et l'Evangile a des caractères de vérité si grands, si frappants, si parfaitement inimitables, que l'inventeur en serait plus étonnant que le héros. Avec tout cela, ce même Evangile est plein de choses incroyables, de choses qui répugnent à la raison, et qu'il est impossible à tout homme sensé de concevoir ni d'admettre. Que faire au milieu de toutes ces contradictions ? Etre toujours modeste et circonspect, mon enfant ; respecter en silence ce qu'on ne saurait ni rejeter, ni comprendre, et s'humilier devant le grand Etre qui seul sait la vérité.

Voilà le scepticisme involontaire où je suis resté ; mais ce scepticisme ne m'est nullement pénible, parce qu'il ne s'étend pas aux points essentiels à la pratique, et que je suis bien décidé sur les principes de tous mes devoirs. Je sers Dieu dans la simplicité de mon cœur. Je ne cherche à savoir que ce qui importe à ma conduite. Quant aux dogmes qui n'influent ni sur les actions ni sur la morale, et dont tant de gens se tourmentent, je ne m'en mets nullement en peine. Je regarde toutes les religions particulières comme autant d'institutions salutaires qui prescrivent dans chaque pays une manière uniforme d'honorer Dieu par un culte public, et qui peuvent toutes avoir leurs raisons dans le climat, dans le gouvernement, dans le génie du peuple, ou dans quelque autre cause locale qui rend l'une préférable à l'autre, selon les temps et les lieux. Je les crois toutes bonnes quand on y sert Dieu convenablement. Le culte essentiel est celui du cœur. Dieu n'en rejette point l'hommage, quand il est sincère, sous quelque forme qu'il lui soit offert. Appelé dans celle que je professe au service de l'Eglise, j'y remplis avec toute l'exactitude possible les soins qui me sont prescrits, et ma conscience me reprocherait d'y manquer volontairement en quelque point. Après un long interdit vous savez que j'obtins, par le crédit de M. de Mellarède, la permission de reprendre mes fonctions pour m'aider à vivre. Autrefois je disais la messe avec la légèreté qu'on met à la longue aux choses les plus graves quand on les fait trop souvent; depuis mes nouveaux principes, je la célèbre avec plus de vénération : je me pénètre de la majesté de l'Etre suprême, de sa présence, de l'insuffisance de l'esprit humain, qui conçoit si peu ce qui se rapporte à son auteur. En songeant que je lui porte les vœux du peuple sous une forme prescrite, je suis avec soin tous les rites; je récite attentivement, je m'applique à n'omettre jamais ni le moindre mot ni la moindre cérémonie : quand j'approche du moment de la consécration, je me recueille pour la faire avec toutes les dispositions qu'exige l'Eglise et la grandeur du sacrement; je tâche d'anéantir ma raison devant la suprême intelligence; je me dis : Qui es-tu pour mesurer la puissance infinie ? Je prononce avec respect les mots sacramentaux, et je donne à leur effet toute la foi qui dépend de moi. Quoi qu'il en soit de ce mystère inconcevable, je ne crains pas qu'au jour du jugement je sois puni pour l'avoir jamais profané dans mon cœur.

Honoré du ministère sacré, quoique dans le dernier rang, je ne ferai jamais rien qui me rende indigne d'en remplir les sublimes devoirs. Je prêcherai toujours la vertu aux hommes, je les exhorterai toujours à bien faire; et, tant que je pourrai, je leur en donnerai l'exemple. Il ne tiendra pas à moi de leur rendre la religion aimable; il ne tiendra pas à moi d'affermir leur foi dans les dogmes vraiment utiles et que tout homme est obligé de croire : mais à Dieu ne plaise que jamais je leur prêche le dogme cruel de l'intolérance; que jamais je les porte à détester leur prochain, à dire à d'autres hommes : Vous serez damnés *. Si j'étais dans un rang plus remarquable, cette

* Le devoir de suivre et d'aimer la religion de son pays ne s'étend pas jusqu'aux dogmes contraires à la bonne morale, tels que celui de l'intolérance. C'est ce dogme horrible qui arme les hommes les uns

réserve pourrait m'attirer des affaires; mais je suis trop petit pour avoir beaucoup à craindre, et je ne puis guère tomber plus bas que je ne suis. Quoi qu'il arrive, je ne blasphémerai point contre la justice divine, et ne mentirai point contre le Saint-Esprit.

J'ai longtemps ambitionné l'honneur d'être curé; je l'ambitionne encore, mais je ne l'espère plus. Mon bon ami, je ne trouve rien de si beau que d'être curé. Un bon curé est un ministre de bonté, comme un bon magistrat est un ministre de justice. Un curé n'a jamais de mal à faire; s'il ne peut pas toujours faire le bien par lui-même, il est toujours à sa place quand il le sollicite, et souvent il l'obtient quand il sait se faire respecter. O si jamais dans nos montagnes j'avais quelque cure de bonnes gens à desservir! je serais heureux, car il me semble que je ferais le bonheur de mes paroissiens. Je ne les rendrais pas riches, mais je partagerais leur pauvreté; j'en ôterais la flétrissure et le mépris, plus insupportable que l'indigence. Je leur ferais aimer la concorde et l'égalité, qui chassent souvent la misère, et la font toujours supporter. Quand ils verraient que je ne serais en rien mieux qu'eux, et que pourtant je vivrais content, ils apprendraient à se consoler de leur sort et à vivre contents comme moi. Dans mes instructions je m'attacherais moins à l'esprit de l'Eglise qu'à l'esprit de l'Evangile, où le dogme est simple et la morale sublime, où l'on voit peu de pratiques religieuses et beaucoup d'œuvres de charité. Avant de leur enseigner ce qu'il faut faire, je m'efforcerais toujours de le pratiquer afin qu'ils vissent bien que tout ce que je leur dis, je le pense. Si j'avais des protestants dans mon voisinage ou dans ma paroisse, je ne les distinguerais point de mes vrais paroissiens en tout ce qui tient à la charité chrétienne; je les porterais tous également à s'entr'aimer, à se regarder comme frères, à respecter toutes les religions, et à vivre en paix chacun dans la sienne. Je pense que solliciter quelqu'un de quitter celle où il est né, c'est le solliciter de mal faire, et par conséquent faire mal soi-même. En attendant de plus grandes lumières, gardons l'ordre public; dans tout pays respec-

contre les autres, et les rend tous ennemis du genre humain. La distinction entre la tolérance civile et la tolérance théologique est puérile et vaine. Ces deux tolérances sont inséparables, et l'on ne peut admettre l'une sans l'autre. Des anges mêmes ne vivraient pas en paix avec des hommes qu'ils regarderaient comme les ennemis de Dieu.

tons les lois, ne troublons point le culte qu'elles prescrivent; ne portons point les citoyens à la désobéissance;
car nous ne savons point certainement si c'est un bien
pour eux de quitter leurs opinions pour d'autres, et nous
savons très certainement que c'est un mal de désobéir
aux lois.

Je viens, mon jeune ami, de vous réciter de bouche ma
profession de foi telle que Dieu la lit dans mon cœur :
vous êtes le premier à qui je l'aie faite; vous êtes le seul
peut-être à qui je la ferai jamais. Tant qu'il reste quelque
bonne croyance parmi les hommes, il ne faut point troubler les âmes paisibles, ni alarmer la foi des simples par
des difficultés qu'ils ne peuvent résoudre et qui les
inquiètent sans les éclairer. Mais quand une fois tout est
ébranlé, on doit conserver le tronc aux dépens des
branches. Les consciences agitées, incertaines, presque
éteintes, et dans l'état où j'ai vu la vôtre, ont besoin d'être
affermies et réveillées; et, pour les rétablir sur la base des
vérités éternelles, il faut achever d'arracher les piliers
flottants auxquels elles pensent tenir encore.

Vous êtes dans l'âge critique où l'esprit s'ouvre à la
certitude, où le cœur reçoit sa forme et son caractère, et
où l'on se détermine pour toute la vie, soit en bien, soit
en mal. Plus tard, la substance est durcie, et les nouvelles
empreintes ne marquent plus. Jeune homme, recevez
dans votre âme, encore flexible, le cachet de la vérité. Si
j'étais plus sûr de moi-même, j'aurais pris avec vous un
ton dogmatique et décisif : mais je suis homme, ignorant,
sujet à l'erreur; que pouvais-je faire ? Je vous ai ouvert
mon cœur sans réserve; ce que je tiens pour sûr, je vous
l'ai donné pour tel; je vous ai donné mes doutes pour des
doutes, mes opinions pour des opinions; je vous ai dit
mes raisons de douter et de croire. Maintenant, c'est à
vous de juger : vous avez pris du temps; cette précaution
est sage et me fait bien penser de vous. Commencez par
mettre votre conscience en état de vouloir être éclairée.
Soyez sincère avec vous-même. Appropriez-vous de mes
sentiments ce qui vous aura persuadé, rejetez le reste.
Vous n'êtes pas encore assez dépravé par le vice pour
risquer de mal choisir. Je vous proposerais d'en conférer
entre nous; mais sitôt qu'on dispute on s'échauffe; la
vanité, l'obstination s'en mêlent, la bonne foi n'y est plus.
Mon ami, ne disputez jamais, car on n'éclaire par la dispute ni soi ni les autres. Pour moi, ce n'est qu'après bien
des années de méditation que j'ai pris mon parti : je m'y

tiens; ma conscience est tranquille, mon cœur est content.
Si je voulais recommencer un nouvel examen de mes sentiments, je n'y porterais pas un plus pur amour de la
vérité; et mon esprit, déjà moins actif, serait moins en
état de la connaître. Je resterai comme je suis, de peur
qu'insensiblement le goût de la contemplation, devenant
une passion oiseuse, ne m'attiédît sur l'exercice de mes
devoirs, et de peur de retomber dans mon premier
pyrrhonisme, sans retrouver la force d'en sortir. Plus de la
moitié de ma vie est écoulée; je n'ai plus que le temps qu'il
me faut pour en mettre à profit le reste, et pour effacer mes
erreurs par mes vertus. Si je me trompe, c'est malgré moi.
Celui qui lit au fond de mon cœur sait bien que je n'aime
pas mon aveuglement. Dans l'impuissance de m'en tirer
par mes propres lumières, le seul moyen qui me reste
pour en sortir est une bonne vie; et si des pierres mêmes
Dieu peut susciter des enfants à Abraham, tout homme
a droit d'espérer d'être éclairé lorsqu'il s'en rend digne.

Si mes réflexions vous amènent à penser comme je
pense, que mes sentiments soient les vôtres, et que nous
ayons la même profession de foi, voici le conseil que je
vous donne : N'exposez plus votre vie aux tentations de
la misère et du désespoir; ne la traînez plus avec ignominie à la merci des étrangers, et cessez de manger le vil
pain de l'aumône. Retournez dans votre patrie, reprenez la religion de vos pères, suivez-la dans la sincérité de
votre cœur, et ne la quittez plus : elle est très simple et
très sainte; je la crois de toutes les religions qui sont sur
la terre celle dont la morale est la plus pure et dont la
raison se contente le mieux. Quant aux frais du voyage,
n'en soyez point en peine, on y pourvoira. Ne craignez
pas non plus la mauvaise honte d'un retour humiliant;
il faut rougir de faire une faute, et non de la réparer. Vous
êtes encore dans l'âge où tout se pardonne, mais où l'on
ne pèche plus impunément. Quand vous voudrez écouter votre conscience, mille vains obstacles disparaîtront
à sa voix. Vous sentirez que, dans l'incertitude où nous
sommes, c'est une inexcusable présomption de professer
une autre religion que celle où l'on est né, et une fausseté
de ne pas pratiquer sincèrement celle qu'on professe. Si
l'on s'égare, on s'ôte une grande excuse au tribunal du
souverain juge. Ne pardonnera-t-il pas plutôt l'erreur où
l'on fut nourri, que celle qu'on osa choisir soi-même ?

Mon fils, tenez votre âme en état de désirer toujours
qu'il y ait un Dieu, et vous n'en douterez jamais. Au sur-

plus, quelque parti que vous puissiez prendre, songez que les vrais devoirs de la religion sont indépendants des institutions des hommes ; qu'un cœur juste est le vrai temple de la Divinité ; qu'en tout pays et dans toute secte, aimer Dieu par-dessus tout et son prochain comme soi-même, est le sommaire de la loi ; qu'il n'y a point de religion qui dispense des devoirs de la morale ; qu'il n'y a de vraiment essentiels que ceux-là ; que le culte intérieur est le premier de ces devoirs, et que sans la foi nulle véritable vertu n'existe.

Fuyez ceux qui, sous prétexte d'expliquer la nature, sèment dans les cœurs des hommes de désolantes doctrines, et dont le scepticisme apparent est cent fois plus affirmatif et plus dogmatique que le ton décidé de leurs adversaires. Sous le hautain prétexte qu'eux seuls sont éclairés, vrais, de bonne foi, ils nous soumettent impérieusement à leurs décisions tranchantes, et prétendent nous donner pour les vrais principes des choses les inintelligibles systèmes qu'ils ont bâtis dans leur imagination. Du reste, renversant, détruisant, foulant aux pieds tout ce que les hommes respectent, ils ôtent aux affligés la dernière consolation de leur misère, aux puissants et aux riches le seul frein de leurs passions ; ils arrachent du fond des cœurs le remords du crime, l'espoir de la vertu, et se vantent encore d'être les bienfaiteurs du genre humain. Jamais, disent-ils, la vérité n'est nuisible aux hommes. Je le crois comme eux, et c'est, à mon avis, une grande preuve que ce qu'ils enseignent n'est pas la vérité *.

* Les deux partis s'attaquent réciproquement par tant de sophismes que ce serait une entreprise immense et téméraire de vouloir les relever tous ; c'est déjà beaucoup d'en noter quelques-uns à mesure qu'ils se présentent. Un des plus familiers au parti philosophiste est d'opposer un peuple supposé de bons philosophes à un peuple de mauvais chrétiens : comme si un peuple de vrais philosophes était plus facile à faire qu'un peuple de vrais chrétiens ! Je ne sais si, parmi les individus, l'un est plus facile à trouver que l'autre ; mais je sais bien que, dès qu'il est question de peuples, il en faut supposer qui abuseront de la philosophie sans religion, comme les nôtres abusent de la religion sans philosophie ; et cela me paraît changer beaucoup l'état de la question.

Bayle a très bien prouvé que le fanatisme est plus pernicieux que l'athéisme, et cela est incontestable ; mais ce qu'il n'a eu garde de dire, et qui n'est pas moins vrai, c'est que le fanatisme, quoique sanguinaire et cruel, est pourtant une passion grande et forte, qui élève le cœur de l'homme, qui lui fait mépriser la mort, qui lui donne un ressort prodigieux, et qu'il ne faut que mieux diriger pour en tirer les plus

Bon jeune homme, soyez sincère et vrai sans orgueil; sachez être ignorant : vous ne tromperez ni vous ni les autres. Si jamais vos talents cultivés vous mettent en état de parler aux hommes, ne leur parlez jamais que selon votre conscience, sans vous embarrasser s'ils vous applaudiront. L'abus du savoir produit l'incrédulité. Tout savant dédaigne le sentiment vulgaire; chacun en veut avoir un à soi. L'orgueilleuse philosophie mène au fanatisme. Evitez ces extrémités; restez toujours ferme dans la voie de la vérité, ou de ce qui vous paraîtra l'être dans la simplicité de votre cœur, sans jamais vous en détourner par vanité ni par faiblesse. Osez confesser Dieu chez les philosophes; osez prêcher l'humanité aux intolérants. Vous serez seul de votre parti peut-être; mais vous porterez en vous-même un témoignage qui vous dispensera de ceux des hommes. Qu'ils vous aiment ou vous haïssent, qu'ils lisent ou méprisent vos écrits, il n'importe. Dites ce qui est vrai, faites ce qui est bien; ce qui importe est de remplir ses devoirs sur la terre; et c'est en s'oubliant qu'on travaille pour soi. Mon enfant, l'intérêt particulier nous trompe; il n'y a que l'espoir du juste qui ne trompe point.

J'ai transcrit cet écrit, non comme une règle des senti-

---

sublimes vertus : au lieu que l'irréligion, et en général l'esprit raisonneur et philosophique, attache à la vie, efféminé, avilit les âmes, concentre toutes les passions dans la bassesse de l'intérêt particulier, dans l'abjection du *moi* humain, et sape ainsi à petit bruit les vrais fondements de toute société; car ce que les intérêts particuliers ont de commun est si peu de chose, qu'il ne balancera jamais ce qu'ils ont d'opposé.

Si l'athéisme ne fait pas verser le sang des hommes, c'est moins par amour pour la paix que par indifférence pour le bien : comme que tout aille, peu importe au prétendu sage, pourvu qu'il reste en repos dans son cabinet. Ses principes ne font pas tuer les hommes, mais ils les empêchent de naître, en détruisant les mœurs qui les multiplient, en les détachant de leur espèce, en réduisant toutes leurs affections à un secret égoïsme, aussi funeste à la population qu'à la vertu. L'indifférence philosophique ressemble à la tranquillité de l'Etat sous le despotisme; c'est la tranquillité de la mort : elle est plus destructive que la guerre même.

Ainsi le fanatisme, quoique plus funeste dans ses effets immédiats que ce qu'on appelle aujourd'hui l'esprit philosophique, l'est beaucoup moins dans ses conséquences. D'ailleurs il est aisé d'étaler de belles maximes dans les livres; mais la question est de savoir si elles tiennent bien à la doctrine, si elles en découlent nécessairement; et c'est ce qui n'a point paru clair jusqu'ici. Reste à savoir encore si la philosophie, à son aise et sur le trône, commanderait bien à la gloments qu'on doit suivre en matière de religion, mais comme un exemple de la manière dont on peut raisonner avec son élève, pour ne point s'écarter de la méthode que j'ai tâché d'établir. Tant qu'on ne donne rien à l'autorité des hommes, ni aux préjugés du pays où l'on est né, les seules lumières de la raison ne peuvent, dans l'institution de la nature, nous mener plus loin que la religion naturelle ; et c'est à quoi je me borne avec mon Émile. S'il en doit avoir une autre, je n'ai plus en cela le droit d'être son guide ; c'est à lui seul de la choisir.

Nous travaillons de concert avec la nature, et tandis qu'elle forme l'homme physique, nous tâchons de former l'homme moral ; mais nos progrès ne sont pas les mêmes. Le corps est déjà robuste et fort, que l'âme est encore languissante et faible ; et quoi que l'art humain puisse faire, le tempérament précède toujours la raison. C'est à retenir l'un et à exciter l'autre que nous avons jusqu'ici donné tous nos soins, afin que l'homme fût toujours un, le plus qu'il était possible. En développant le naturel, nous avons donné le change à sa sensibilité naissante ; nous l'avons réglé en cultivant la raison. Les objets intellectuels modéraient l'impression des objets sensibles. En remontant au

riole, à l'intérêt, à l'ambition, aux petites passions de l'homme, et si elle pratiquerait cette humanité si douce qu'elle nous vante la plume à la main.

Par les principes, la philosophie ne peut faire aucun bien que la religion ne le fasse encore mieux, et la religion en fait beaucoup que la philosophie ne saurait faire.

Par la pratique, c'est autre chose ; mais encore faut-il examiner. Nul homme ne suit de tout point sa religion quand il en a une : cela est vrai ; la plupart n'en ont guère, et ne suivent point du tout celle qu'ils ont : cela encore est vrai ; mais enfin quelques-uns en ont une, la suivent du moins en partie ; et il est indubitable que des motifs de religion les empêchent souvent de mal faire, et obtiennent d'eux des vertus, des actions louables, qui n'auraient point eu lieu sans ces motifs.

Qu'un moine nie un dépôt ; que s'ensuit-il sinon qu'un sot le lui avait confié ? Si Pascal en eût nié un, cela prouverait que Pascal était un hypocrite, et rien de plus. Mais un moine !... Les gens qui font trafic de la religion sont-ils donc ceux qui en ont ? Tous les crimes qui se font dans le clergé, comme ailleurs, ne prouvent point que la religion soit inutile, mais que très peu de gens ont de la religion.

Nos gouvernements modernes doivent incontestablement au christianisme leur plus solide autorité et leurs révolutions moins fréquentes ; il les a rendus eux-mêmes moins sanguinaires : cela se prouve par le fait en les comparant aux gouvernements anciens. La religion mieux principe des choses, nous l'avons soustrait à l'empire des sens ; il était simple de s'élever de l'étude de la nature à la recherche de son auteur.

Quand nous en sommes venus là, quelles nouvelles prises nous nous sommes données sur notre élève ! que de nouveaux moyens nous avons de parler à son cœur ! C'est alors seulement qu'il trouve son véritable intérêt à être bon, à faire le bien loin des regards des hommes, et sans y être forcé par les lois, à être juste entre Dieu et lui, à remplir son devoir, même aux dépens de sa vie, et à porter dans son cœur la vertu, non seulement pour l'amour de l'ordre, auquel chacun préfère toujours l'amour de soi, mais pour l'amour de l'auteur de son être, amour qui se confond avec ce même amour de soi, pour jouir enfin du bonheur durable que le repos d'une bonne conscience et la contemplation de cet Être suprême lui promettent dans l'autre vie, après avoir bien usé de celle-ci. Sortez de là, je ne vois plus qu'injustice, hypocrisie et mensonge parmi les hommes. L'intérêt particulier, qui, dans la concurrence, l'emporte nécessairement sur toutes choses, apprend à chacun d'eux à parer le vice du masque de la vertu. Que tous les autres hommes fassent mon

connue, écartant le fanatisme, a donné plus de douceur aux mœurs chrétiennes. Ce changement n'est point l'ouvrage des lettres ; car partout où elles ont brillé, l'humanité n'en a pas été plus respectée ; les cruautés des Athéniens, des Egyptiens, des empereurs de Rome, des Chinois, en font foi. Que d'œuvres de miséricorde sont l'ouvrage de l'Evangile ! Que de restitutions, de réparations, la confession ne fait-elle point faire chez les catholiques ! Chez nous combien les approches des temps de communion n'opèrent-elles point de réconciliations et d'aumônes ! Combien le jubilé des Hébreux ne rendait-il pas les usurpateurs moins avides ! Que de misères ne prévenait-il pas ! La fraternité légale unissait toute la nation : on ne voyait pas un mendiant chez eux. On n'en voit point non plus chez les Turcs, où les fondations pieuses sont innombrables ; ils sont, par principe de religion, hospitaliers, même envers les ennemis de leur culte.

» Les mahométans disent, selon Chardin, qu'après l'examen qui suivra la résurrection universelle, tous les corps iront passer un pont appelé *Poul-Serrho*, qui est jeté sur le feu éternel, pont qu'on peut appeler, disent-ils, le troisième et dernier examen et le vrai jugement final, parce que c'est là où se fera la séparation des bons d'avec les méchants..., etc.

» Les Persans, poursuit Chardin, sont fort infatués de ce pont ; et lorsque quelqu'un souffre une injure dont, par aucune voie ni dans aucun temps, il ne peut avoir raison, sa dernière consolation est de dire : *Eh bien! par le Dieu vivant, tu me le payeras au double au dernier*

bien aux dépens du leur; que tout se rapporte à moi seul;
que tout le genre humain meure, s'il le faut, dans la peine
et dans la misère pour m'épargner un moment de douleur ou de faim : tel est le langage intérieur de tout incré-
dule qui raisonne. Oui, je le soutiendrai toute ma vie,
quiconque a dit dans son cœur : il n'y a point de Dieu, et
parle autrement, n'est qu'un menteur ou un insensé.

Lecteur, j'aurai beau faire, je sens bien que vous et moi
ne verrons jamais mon Emile sous les mêmes traits; vous
vous le figurez toujours semblable à vos jeunes gens, toujours étourdi, pétulant, volage, errant de fête en fête,
d'amusement en amusement, sans jamais pouvoir se
fixer à rien. Vous rirez de me voir faire un contemplatif, un
philosophe, un vrai théologien, d'un jeune homme ardent,
vif, emporté, fougueux, dans l'âge le plus bouillant de la
vie. Vous direz : Ce rêveur poursuit toujours sa chimère;
en nous donnant un élève de sa façon, il ne le forme pas
seulement, il le crée, il le tire de son cerveau; et, croyant
toujours suivre la nature, il s'en écarte à chaque instant.
Moi, comparant mon élève aux vôtres, je trouve à peine
ce qu'ils peuvent avoir de commun. Nourri si différem-

---

*jour; tu ne passeras point le Poul-Serrho que tu ne me satisfasses aupara-
vant! je m'attacherai au bord de ta veste et me jetterai à tes jambes.* J'ai
vu beaucoup de gens éminents, et de toutes sortes de professions, qui,
appréhendant qu'on ne criât ainsi *haro* sur eux au passage de ce pont
redoutable, sollicitaient ceux qui se plaignaient d'eux de leur pardon-
ner : cela m'est arrivé cent fois à moi-même. Des gens de qualité,
qui m'avaient fait faire, par importunité, des démarches autrement que
je n'eusse voulu, m'abordaient au bout de quelque temps qu'ils pensaient que le chagrin en était passé, et me disaient : *Je te prie, halal
becon antchifra,* c'est-à-dire *rends-moi cette affaire licite ou juste.* Quelques-uns même m'ont fait des présents et rendu des services, afin
que je leur pardonnasse en déclarant que je le faisais de bon cœur : de
quoi la cause n'est autre que cette créance qu'on ne passera point le
pont de l'enfer qu'on n'ait rendu le dernier quatrain à ceux qu'on a
oppressés. » (Tome VII, in-12, page 50.)

Croirai-je que l'idée de ce pont qui répare tant d'iniquités n'en prévient jamais ? Que si l'on ôtait aux Persans cette idée, en leur persua-
dant qu'il n'y a ni *Poul-Serrho,* ni rien de semblable, où les opprimés
soient vengés de leurs tyrans après la mort, n'est-il pas clair que cela
mettrait ceux-ci fort à leur aise, et les délivrerait du soin d'apaiser ces
malheureux ? Il est donc faux que cette doctrine ne fût pas nuisible;
elle ne serait donc pas la vérité.

Philosophe, tes lois morales sont fort belles; mais montre-m'en,
de grâce, la sanction. Cesse un moment de battre la campagne, et
dis-moi nettement ce que tu mets à la place du *Poul-Serrho.*

ment, c'est presque un miracle s'il leur ressemble en quelque chose. Comme il a passé son enfance dans toute la liberté qu'ils prennent dans leur jeunesse, il commence à prendre dans sa jeunesse la règle à laquelle on les a soumis enfants : cette règle devient leur fléau, ils la prennent en horreur, ils n'y voient que la longue tyrannie des maîtres, ils croient ne sortir de l'enfance qu'en secouant toute espèce de joug *, ils se dédommagent alors de la longue contrainte où on les a tenus, comme un prisonnier, délivré des fers, étend, agite et fléchit ses membres.

Emile, au contraire, s'honore de se faire homme, et de s'assujettir au joug de la raison naissante; son corps, déjà formé, n'a plus besoin des mêmes mouvements, et commence à s'arrêter de lui-même, tandis que son esprit, à moitié développé, cherche à son tour à prendre l'essor. Ainsi l'âge de raison n'est pour les uns que l'âge de la licence; pour l'autre, il devient l'âge du raisonnement.

Voulez-vous savoir lesquels d'eux ou de lui sont mieux en cela dans l'ordre de la nature ? considérez les différences dans ceux qui en sont plus ou moins éloignés : observez les jeunes gens chez les villageois, et voyez s'ils sont aussi pétulants que les vôtres. « Durant l'enfance des sauvages, dit le sieur Le Beau, on les voit toujours actifs, et s'occupant sans cesse à différents jeux qui leur agitent le corps; mais à peine ont-ils atteint l'âge de l'adolescence, qu'ils deviennent tranquilles, rêveurs; ils ne s'appliquent plus guère qu'à des jeux sérieux ou de hasard **. » Emile, ayant été élevé dans toute la liberté des jeunes paysans et des jeunes sauvages, doit changer et s'arrêter comme eux en grandissant. Toute la différence est qu'au lieu d'agir uniquement pour jouer ou pour se nourrir, il a, dans ses travaux et dans ses jeux, appris à penser. Parvenu donc à ce terme par cette route, il se trouve tout disposé pour celle où je l'introduis : les sujets de réflexion que je lui présente irritent sa curiosité, parce qu'ils sont beaux par eux-mêmes, qu'ils sont tout nouveaux pour lui, et qu'il est en état de les comprendre. Au contraire, ennuyés, excé-

---

* Il n'y a personne qui voie l'enfance avec tant de mépris que ceux qui en sortent, comme il n'y a pas de pays où les rangs soient gardés avec plus d'affectation que ceux où l'inégalité n'est pas grande, et où chacun craint toujours d'être confondu avec son inférieur.

** Aventures du sieur C. le Beau, avocat au parlement, t. II, p. 70.

dés de vos fades leçons, de vos longues morales, de vos éternels catéchismes, comment vos jeunes gens ne se refuseraient-ils pas à l'application d'esprit qu'on leur a rendue triste, aux lourds préceptes dont on n'a cessé de les accabler, aux méditations sur l'auteur de leur être, dont on a fait l'ennemi de leurs plaisirs ? Ils n'ont conçu pour tout cela qu'aversion, dégoût, ennui; la contrainte les en a rebutés : le moyen désormais qu'ils s'y livrent quand ils commencent à disposer d'eux ? Il leur faut du nouveau pour leur plaire, il ne leur faut plus rien de ce qu'on dit aux enfants. C'est la même chose pour mon élève; quand il devient homme, je lui parle comme à un homme, et ne lui dis que des choses nouvelles; c'est précisément parce qu'elles ennuient les autres qu'il doit les trouver de son goût.

Voilà comment je lui fais doublement gagner du temps, en retardant au profit de la raison le progrès de la nature. Mais ai-je en effet retardé ce progrès ? Non; je n'ai fait qu'empêcher l'imagination de l'accélérer; j'ai balancé par des leçons d'une autre espèce des leçons précoces que le jeune homme reçoit d'ailleurs. Tandis que le torrent de nos institutions l'entraîne, l'attirer en sens contraire par d'autres institutions, ce n'est pas l'ôter de sa place, c'est l'y maintenir.

Le vrai moment de la nature arrive enfin, il faut qu'il arrive. Puisqu'il faut que l'homme meure, il faut qu'il se reproduise, afin que l'espèce dure et que l'ordre du monde soit conservé. Quand, par les signes dont j'ai parlé, vous pressentirez le moment critique, à l'instant quittez avec lui pour jamais votre ancien ton. C'est votre disciple encore, mais ce n'est plus votre élève. C'est votre ami, c'est un homme, traitez-le désormais comme tel.

Quoi! faut-il abdiquer mon autorité lorsqu'elle m'est le plus nécessaire ? Faut-il abandonner l'adulte à lui-même au moment qu'il sait le moins se conduire, et qu'il fait les plus grands écarts ? Faut-il renoncer à mes droits quand il lui importe le plus que j'en use ? Vos droits! Qui vous dit d'y renoncer ? ce n'est qu'à présent qu'ils commencent pour lui. Jusqu'ici vous n'en obteniez rien que par force ou par ruse; l'autorité, la loi du devoir lui étaient inconnues; il fallait le contraindre ou le tromper pour vous faire obéir. Mais vous voyez de combien de nouvelles chaînes vous avez environné son cœur. La raison, l'amitié, la reconnaissance, mille affections, lui parlent d'un ton qu'il ne peut méconnaître. Le vice ne l'a point encore rendu sourd à leur voix. Il n'est sensible encore qu'aux passions de la nature. La première de toutes, qui est l'amour de soi, le livre à vous; l'habitude vous le livre encore. Si le transport d'un moment vous l'arrache, le regret vous le ramène à l'instant; le sentiment qui l'attache à vous est le seul permanent; tous les autres passent et s'effacent mutuellement. Ne le laissez point corrompre, il sera toujours docile, il ne commence d'être rebelle que quand il est déjà perverti.

J'avoue bien que si, heurtant de front ses désirs naissants, vous alliez sottement traiter de crimes les nouveaux besoins qui se font sentir à lui, vous ne seriez pas longtemps écouté; mais sitôt que vous quitterez ma méthode, je ne vous réponds plus de rien. Songez toujours que vous êtes le ministre de la nature; vous n'en serez jamais l'ennemi.

Mais quel parti prendre ? On ne s'attend ici qu'à l'alternative de favoriser ses penchants ou de les combattre, d'être son tyran ou son complaisant; et tous deux ont de si dangereuses conséquences, qu'il n'y a que trop à balancer sur le choix.

Le premier moyen qui s'offre pour résoudre cette difficulté est de le marier bien vite; c'est incontestablement l'expédient le plus sûr et le plus naturel. Je doute pourtant que ce soit le meilleur, ni le plus utile. Je dirai ci-après mes raisons; en attendant, je conviens qu'il faut marier les jeunes gens à l'âge nubile. Mais cet âge vient pour eux avant le temps; c'est nous qui l'avons rendu précoce; on doit le prolonger jusqu'à la maturité.

S'il ne fallait qu'écouter les penchants et suivre les indications, cela serait bientôt fait : mais il y a tant de contradictions entre les droits de la nature et nos lois sociales, que pour les concilier il faut gauchir et tergiverser sans cesse : il faut employer beaucoup d'art pour empêcher l'homme social d'être tout à fait artificiel.

Sur les raisons ci-devant exposées, j'estime que, par les moyens que j'ai donnés, et d'autres semblables, on peut au moins étendre jusqu'à vingt ans l'ignorance des désirs et la pureté des sens : cela est si vrai, que, chez les Germains, un jeune homme qui perdait sa virginité avant cet âge en restait diffamé : et les auteurs attribuent, avec raison, à la continence de ces peuples durant leur jeunesse la vigueur de leur constitution et la multitude de leurs enfants.

On peut même beaucoup prolonger cette époque, et il y a peu de siècles que rien n'était plus commun dans la

France même. Entre autres exemples connus, le père de Montaigne, homme non moins scrupuleux et vrai que fort et bien constitué, jurait s'être marié vierge à trente-trois ans, après avoir servi longtemps dans les guerres d'Italie; et l'on peut voir dans les écrits du fils quelle vigueur et quelle gaîté conservait le père à plus de soixante ans. Certainement l'opinion contraire tient plus à nos mœurs et à nos préjugés qu'à la connaissance de l'espèce en général.

Je puis donc laisser à part l'exemple de notre jeunesse : il ne prouve rien pour qui n'a pas été élevé comme elle. Considérant que la nature n'a point là-dessus de terme fixe qu'on ne puisse avancer ou retarder, je crois pouvoir, sans sortir de sa loi, supposer Emile resté jusque-là par mes soins dans sa primitive innocence, et je vois cette heureuse époque prête à finir. Entouré de périls toujours croissants, il va m'échapper, quoi que je fasse, à la première occasion, et cette occasion ne tardera pas à naître; il va suivre l'aveugle instinct des sens; il y a mille à parier contre un qu'il va se perdre. J'ai trop réfléchi sur les mœurs des hommes pour ne pas voir l'influence invincible de ce premier moment sur le reste de sa vie. Si je dissimule et feins de ne rien voir, il se prévaut de ma faiblesse; croyant me tromper, il me méprise, et je suis le complice de sa perte. Si j'essaye de le ramener, il n'est plus temps, il ne m'écoute plus; je lui deviens incommode, odieux, insupportable; il ne tardera guère à se débarrasser de moi. Je n'ai donc plus qu'un parti raisonnable à prendre, c'est de le rendre comptable de ses actions à lui-même, de le garantir au moins des surprises de l'erreur, et de lui montrer à découvert les périls dont il est environné. Jusqu'ici je l'arrêtais par son ignorance; c'est maintenant par des lumières qu'il faut l'arrêter.

Ces nouvelles instructions sont importantes, et il convient de reprendre les choses de plus haut. Voici l'instant de lui rendre, pour ainsi dire, mes comptes; de lui montrer l'emploi de son temps et du mien; de lui déclarer ce qu'il est et ce que je suis; ce que j'ai fait, ce qu'il a fait; ce que nous nous devons l'un à l'autre; toutes ses relations morales, tous les engagements qu'il a contractés, tous ceux qu'on a contractés avec lui, à quel point il est parvenu dans le progrès de ses facultés, quel chemin lui reste à faire, les difficultés qu'il y trouvera, les moyens de franchir ces difficultés; en quoi je lui puis aider encore, en quoi lui seul peut désormais s'aider, enfin le point critique où il se trouve, les nouveaux périls qui l'environnent, et toutes les solides raisons qui doivent l'engager à veiller attentivement sur lui-même avant d'écouter ses désirs naissants.

Songez que, pour conduire un adulte, il faut prendre le contrepied de tout ce que vous avez fait pour conduire un enfant. Ne balancez point à l'instruire de ces dangereux mystères que vous lui avez cachés si longtemps avec tant de soin. Puisqu'il faut enfin qu'il les sache, il importe qu'il ne les apprenne ni d'un autre, ni de lui-même, mais de vous seul : puisque le voilà désormais forcé de combattre, il faut, de peur de surprise, qu'il connaisse son ennemi.

Jamais les jeunes gens qu'on trouve savants sur ces matières, sans savoir comment ils le sont devenus, ne le sont devenus impunément. Cette indiscrète instruction, ne pouvant avoir un objet honnête, souille au moins l'imagination de ceux qui la reçoivent, et les dispose aux vices de ceux qui la donnent. Ce n'est pas tout; les domestiques s'insinuent ainsi dans l'esprit d'un enfant, gagnent sa confiance, lui font envisager son gouverneur comme un personnage triste et fâcheux; et l'un des sujets favoris de leurs secrets colloques est de médire de lui. Quand l'élève en est là, le maître peut se retirer, il n'a plus rien de bon à faire.

Mais pourquoi l'enfant se choisit-il des confidents particuliers ? Toujours par la tyrannie de ceux qui le gouvernent. Pourquoi se cacherait-il d'eux, s'il n'était forcé de s'en cacher ? Pourquoi s'en plaindrait-il, s'il n'avait nul sujet de s'en plaindre ? Naturellement ils sont ses premiers confidents; on voit, à l'empressement avec lequel il vient leur dire ce qu'il pense, qu'il croit ne l'avoir pensé qu'à moitié jusqu'à ce qu'il le leur ait dit. Comptez que si l'enfant ne craint de votre part ni sermon ni réprimande, il vous dira toujours tout, et qu'on n'osera lui rien confier qu'il vous doive taire, quand on sera bien sûr qu'il ne vous taira rien.

Ce qui me fait le plus compter sur ma méthode, c'est qu'en suivant ses effets le plus exactement qu'il m'est possible, je ne vois pas une situation dans la vie de mon élève qui ne me laisse de lui quelque image agréable. Au moment même où les fureurs du tempérament l'entraînent, et où, révolté contre la main qui l'arrête, il se débat et commence à m'échapper, dans ses agitations, dans ses emportements, je retrouve encore sa première simplicité; son cœur, aussi pur que son corps, ne connaît pas plus le déguisement que le vice; les reproches ni le mépris ne l'ont point rendu lâche; jamais la vile crainte ne lui apprit à se déguiser. Il a toute l'indiscrétion de l'innocence; il est naïf sans scrupule; il ne sait encore à quoi sert de tromper. Il ne se passe pas un mouvement dans son âme que sa bouche ou ses yeux ne le disent; et souvent les sentiments qu'il éprouve me sont connus plus tôt qu'à lui.

Tant qu'il continue de m'ouvrir ainsi librement son âme, et de me dire avec plaisir ce qu'il sent, je n'ai rien à craindre, le péril n'est pas encore proche; mais s'il devient plus timide, plus réservé, que j'aperçoive dans ses entretiens le premier embarras de la honte, déjà l'instinct se développe, déjà la notion du mal commence à s'y joindre, il n'y a plus un moment à perdre; et, si je ne me hâte de l'instruire, il sera bientôt instruit malgré moi.

Plus d'un lecteur, même en adoptant mes idées, pensera qu'il ne s'agit ici que d'une conversation prise au hasard avec le jeune homme, et que tout est fait. Oh! que ce n'est pas ainsi que le cœur humain se gouverne! Ce qu'on dit ne signifie rien si l'on n'a préparé le moment de le dire. Avant de semer, il faut labourer la terre : la semence de la vertu lève difficilement; il faut de longs apprêts pour lui faire prendre racine. Une des choses qui rendent les prédications le plus inutiles est qu'on les fait indifféremment à tout le monde sans discernement et sans choix. Comment peut-on penser que le même sermon convienne à tant d'auditeurs si diversement disposés, si différents d'esprit, d'humeurs, d'âges, de sexes, d'états et d'opinions ? Il n'y en a peut-être pas deux auxquels ce qu'on dit à tous puisse être convenable; et toutes nos affections ont si peu de constance, qu'il n'y a peut-être pas deux moments dans la vie de chaque homme où le même discours fît sur lui la même impression. Jugez si, quand les sens enflammés aliènent l'entendement et tyrannisent la volonté, c'est le temps d'écouter les graves leçons de la sagesse. Ne parlez donc jamais raison aux jeunes gens, même en âge de raison, que vous ne les ayez premièrement mis en état de l'entendre. La plupart des discours perdus le sont bien plus par la faute des maîtres que par celle des disciples. Le pédant et l'instituteur disent à peu près les mêmes choses : mais le premier les dit à tout propos; le second ne les dit que quand il est sûr de leur effet.

Comme un somnambule, errant durant son sommeil,

marche en dormant sur les bords d'un précipice, dans
lequel il tomberait s'il était éveillé tout à coup; ainsi mon
Emile, dans le sommeil de l'ignorance, échappe à des
périls qu'il n'aperçoit point : si je l'éveille en sursaut, il
est perdu. Tâchons premièrement de l'éloigner du précipice, et puis nous l'éveillerons pour le lui montrer de
plus loin.

La lecture, la solitude, l'oisiveté, la vie molle et sédentaire, le commerce des femmes et des jeunes gens : voilà
les sentiers dangereux à frayer à son âge, et qui le tiennent
sans cesse à côté du péril. C'est par d'autres objets
sensibles que je donne le change à ses sens, c'est en tra-
çant un autre cours aux esprits que je les détourne de
celui qu'ils commençaient à prendre; c'est en exerçant
son corps à des travaux pénibles que j'arrête l'activité de
l'imagination qui l'entraîne. Quand les bras travaillent
beaucoup, l'imagination se repose; quand le corps est
bien las, le cœur ne s'échauffe point. La précaution la
plus prompte et la plus facile est de l'arracher au danger
local. Je l'emmène d'abord hors des villes, loin des objets
capables de le tenter. Mais ce n'est pas assez; dans quel
désert, dans quel sauvage asile échappera-t-il aux images
qui le poursuivent ? Ce n'est rien d'éloigner les objets
dangereux, si je n'en éloigne aussi le souvenir; si je ne
trouve l'art de le détacher de tout, si je ne le distrais de
lui-même, autant valait le laisser où il était.

Emile sait un métier, mais ce métier n'est pas ici notre
ressource; il aime et entend l'agriculture, mais l'agriculture ne nous suffit pas : les occupations qu'il connaît
deviennent une routine; en s'y livrant, il est comme ne
faisant rien; il pense à tout autre chose; la tête et les bras
agissent séparément. Il lui faut une occupation nouvelle
qui l'intéresse par sa nouveauté, qui le tienne en haleine,
qui lui plaise, qui l'applique, qui l'exerce, une occupation
dont il se passionne, et à laquelle il soit tout entier. Or,
la seule qui me paraît réunir toutes ces conditions est la
chasse. Si la chasse est jamais un plaisir innocent, si
jamais elle est convenable à l'homme, c'est à présent qu'il
y faut avoir recours. Emile a tout ce qu'il faut pour y
réussir; il est robuste, adroit, patient, infatigable.
Infailliblement il prendra du goût pour cet exercice; il
y mettra toute l'ardeur de son âge; il y perdra, du moins
pour un temps, les dangereux penchants qui naissent de
la mollesse. La chasse endurcit le cœur aussi bien que le
corps; elle accoutume au sang, à la cruauté. On a fait

Diane ennemie de l'amour; et l'allégorie est très juste : les langueurs de l'amour ne naissent que dans un doux repos; un violent exercice étouffe les sentiments tendres. Dans les bois, dans les lieux champêtres, l'amant, le chasseur sont si diversement affectés, que sur les mêmes objets ils portent des images toutes différentes. Les ombrages frais, les bocages, les doux asiles du premier, ne sont pour l'autre que des viandis, des forts, des remises; où l'un n'entend que chalumeaux, que rossignols, que ramages, l'autre se figure les cors et les cris des chiens; l'un n'imagine que dryades et nymphes, l'autre que piqueurs, meutes et chevaux. Promenez-vous en campagne avec ces deux sortes d'hommes; à la différence de leur langage, vous connaîtrez bientôt que la terre n'a pas pour eux un aspect semblable, et que le tour de leurs idées est aussi divers que le choix de leurs plaisirs.

Je comprends comment ces goûts se réunissent et comment on trouve enfin du temps pour tout. Mais les passions de la jeunesse ne se partagent pas ainsi : donnez-lui une seule occupation qu'elle aime, et tout le reste sera bientôt oublié. La variété des désirs vient de celle des connaissances, et les premiers plaisirs qu'on connaît sont longtemps les seuls qu'on recherche. Je ne veux pas que toute la jeunesse d'Emile se passe à tuer des bêtes, et je ne prétends pas même justifier en tout cette féroce passion; il me suffit qu'elle serve assez à suspendre une passion plus dangereuse pour me faire écouter de sang-froid parlant d'elle, et me donner le temps de la peindre sans l'exciter.

Il est des époques dans la vie humaine qui sont faites pour n'être jamais oubliées. Telle est, pour Emile, celle de l'instruction dont je parle; elle doit influer sur le reste de ses jours. Tâchons donc de la graver dans sa mémoire en sorte qu'elle ne s'en efface point. Une des erreurs de notre âge est d'employer la raison trop nue, comme si les hommes n'étaient qu'esprit. En négligeant la langue des signes qui parlent à l'imagination, l'on a perdu le plus énergique des langages. L'impression de la parole est toujours faible, et l'on parle au cœur par les yeux bien mieux que par les oreilles. En voulant tout donner au raisonnement, nous avons réduit en mots nos préceptes; nous n'avons rien mis dans les actions. La seule raison n'est point active; elle retient quelquefois, rarement elle excite, et jamais elle n'a rien fait de grand. Toujours raisonner est la manie des petits esprits. Les âmes fortes ont bien un autre langage; c'est par ce langage qu'on persuade et qu'on fait agir.

J'observe que, dans les siècles modernes, les hommes n'ont plus de prise les uns sur les autres que par la force et par l'intérêt, au lieu que les anciens agissaient beaucoup plus par la persuasion, par les affections de l'âme, parce qu'ils ne négligeaient pas la langue des signes. Toutes les conventions se passaient avec solennité pour les rendre plus inviolables : avant que la force fût établie, les dieux étaient les magistrats du genre humain; c'est par-devant eux que les particuliers faisaient leurs traités, leurs alliances, prononçaient leurs promesses; la face de la terre était le livre où s'en conservaient les archives. Des rochers, des arbres, des monceaux de pierres consacrés par ces actes, et rendus respectables aux hommes barbares étaient les feuillets de ce livre, ouvert sans cesse à tous les yeux. Le puits du serment, le puits du vivant et du voyant, le vieux chêne de Mambré, le monceau du témoin; voilà quels étaient les monuments grossiers, mais augustes, de la sainteté des contrats; nul n'eût osé d'une main sacrilège attenter à ces monuments; et la foi des hommes était plus assurée par la garantie de ces témoins muets, qu'elle ne l'est aujourd'hui par toute la vaine rigueur des lois.

Dans le gouvernement, l'auguste appareil de la puissance royale en imposait aux peuples. Des marques de dignité, un trône, un sceptre, une robe de pourpre, une couronne, un bandeau, étaient pour eux des choses sacrées. Ces signes respectés leur rendaient vénérable l'homme qu'ils en voyaient orné : sans soldats, sans menaces, sitôt qu'il parlait il était obéi. Maintenant qu'on affecte d'abolir ces signes*, qu'arrive-t-il de ce mépris ? Que la majesté royale s'efface de tous les cœurs, que les rois ne se font plus obéir qu'à force de troupes, et que le

---

* Le clergé romain les a très habilement conservés, et, à son exemple, quelques républiques, entre autres celle de Venise. Aussi le gouvernement vénitien, malgré la chute de l'État, jouit-il encore, sous l'appareil de son antique majesté, de toute l'affection, de toute l'adoration du peuple; et, après le pape orné de sa tiare, il n'y a peut-être ni roi, ni potentat, ni homme au monde aussi respecté que le doge de Venise, sans pouvoir, sans autorité, mais rendu sacré par sa pompe, et paré sous sa corne ducale d'une coiffure de femme. Cette cérémonie du Bucentaure, qui fait tant rire les sots, ferait verser à la populace de Venise tout son sang pour le maintien de son tyrannique gouvernement.

respect des sujets n'est que dans la crainte du châtiment. Les rois n'ont plus la peine de porter leur diadème, ni les grands les marques de leurs dignités ; mais il faut avoir cent mille bras toujours prêts pour faire exécuter leurs ordres. Quoique cela leur semble plus beau peut-être, il est aisé de voir qu'à la longue cet échange ne leur tournera pas à profit.

Ce que les anciens ont fait avec l'éloquence est prodigieux : mais cette éloquence ne consistait pas seulement en beaux discours bien arrangés ; et jamais elle n'eut plus d'effet que quand l'orateur parlait le moins. Ce qu'on disait le plus vivement ne s'exprimait pas par des mots, mais par des signes ; on ne le disait pas, on le montrait. L'objet qu'on expose aux yeux ébranle l'imagination, excite la curiosité, tient l'esprit dans l'attente de ce qu'on va dire : et souvent cet objet seul a tout dit. Thrasybule et Tarquin coupant des têtes de pavots, Alexandre appliquant son sceau sur la bouche de son favori, Diogène marchant devant Zénon, ne parlaient-ils pas mieux que s'ils avaient fait de longs discours ? Quel circuit de paroles eût aussi bien rendu les mêmes idées ? Darius, engagé dans la Scythie avec son armée, reçoit de la part du roi des Scythes un oiseau, une grenouille, une souris et cinq flèches. L'ambassadeur remet son présent, et s'en retourne sans rien dire. De nos jours cet homme eût passé pour fou. Cette terrible harangue fut entendue, et Darius n'eut plus grande hâte que de regagner son pays comme il put. Substituez une lettre à ces signes ; plus elle sera menaçante, et moins elle effrayera ; ce ne sera qu'une fanfaronnade dont Darius n'eût fait que rire.

Que d'attention chez les Romains à la langue des signes ! Des vêtements divers selon les âges, selon les conditions ; des toges, des saies, des prétextes, des bulles, des laticlaves, des chaires, des licteurs, des faisceaux, des haches, des couronnes d'or, d'herbes, de feuilles, des ovations, des triomphes : tout chez eux était appareil, représentation, cérémonie, et tout faisait impression sur les cœurs des citoyens. Il importait à l'Etat que le peuple s'assemblât en tel lieu plutôt qu'en tel autre ; qu'il vît ou ne vît pas le Capitole ; qu'il fût ou ne fût pas tourné du côté du sénat ; qu'il délibérât tel ou tel jour par préférence. Les accusés changeaient d'habit, les candidats en changeaient ; les guerriers ne vantaient pas leurs exploits, ils montraient leurs blessures. A la mort de César, j'imagine un de nos orateurs, voulant émouvoir le peuple, épuiser tous les lieux communs de l'art pour faire une pathétique description de ses plaies, de son sang, de son cadavre : Antoine, quoique éloquent, ne dit point tout cela; il fait apporter le corps. Quelle rhétorique !

Mais cette digression m'entraîne insensiblement loin de mon sujet, ainsi que font beaucoup d'autres, et mes écarts sont trop fréquents pour pouvoir être longs et tolérables : je reviens donc.

Ne raisonnez jamais sèchement avec la jeunesse. Revêtez la raison d'un corps si vous voulez la lui rendre sensible. Faites passer par le cœur le langage de l'esprit, afin qu'il se fasse entendre. Je le répète, les arguments froids peuvent déterminer nos opinions, non nos actions; ils nous font croire et non pas agir; on démontre ce qu'il faut penser, et non ce qu'il faut faire. Si cela est vrai pour tous les hommes, à plus forte raison l'est-il pour les jeunes gens encore enveloppés dans leurs sens, et qui ne pensent qu'autant qu'ils imaginent.

Je me garderai donc bien, même après les préparations dont j'ai parlé, d'aller tout d'un coup dans la chambre d'Emile lui faire lourdement un long discours sur le sujet dont je veux l'instruire. Je commencerai par émouvoir son imagination; je choisirai le temps, le lieu, les objets les plus favorables à l'impression que je veux faire; j'appellerai, pour ainsi dire, toute la nature à témoin de nos entretiens; j'attesterai l'Etre éternel, dont elle est l'ouvrage, de la vérité de mes discours; je le prendrai pour juge entre Emile et moi; je marquerai la place où nous sommes, les rochers, les bois, les montagnes qui nous entourent pour monuments de ses engagements et des miens; je mettrai dans mes yeux, dans mon accent, dans mon geste, l'enthousiasme et l'ardeur que je lui veux inspirer. Alors je lui parlerai et il m'écoutera, je m'attendrirai et il sera ému. En me pénétrant de la sainteté de mes devoirs je lui rendrai les siens plus respectables; j'animerai la force du raisonnement d'images et de figures; je ne serai point long et diffus en froides maximes, mais abondant en sentiments qui débordent; ma raison sera grave et sentencieuse, mais mon cœur n'aura jamais assez dit. C'est alors qu'en lui montrant tout ce que j'ai fait pour lui, je le lui montrerai comme fait pour moi-même, il verra dans ma tendre affection la raison de tous mes soins. Quelle surprise, quelle agitation je vais lui donner en changeant tout à coup de langage ! au lieu de lui rétrécir l'âme en lui parlant toujours de son intérêt, c'est du mien seul que je lui parlerai désormais, et je le toucherai davantage; j'enflammerai son jeune cœur de tous les sentiments d'amitié, de générosité, de reconnaissance, que j'ai fait naître, et qui sont si doux à nourrir. Je le presserai contre mon sein en versant sur lui des larmes d'attendrissement; je lui dirai : Tu es mon bien, mon enfant, mon ouvrage; c'est de ton bonheur que j'attends le mien : si tu frustres mes espérances, tu me voles vingt ans de ma vie, et tu fais le malheur de mes vieux jours. C'est ainsi qu'on se fait écouter d'un jeune homme, et qu'on grave au fond de son cœur le souvenir de ce qu'on lui dit.

Jusqu'ici j'ai tâché de donner des exemples dans la manière dont un gouverneur doit instruire son disciple dans les occasions difficiles. J'ai tenté d'en faire autant dans celle-ci, mais après bien des essais, j'y renonce, convaincu que la langue française est trop précieuse pour supporter jamais dans un livre la naïveté des premières instructions sur certains sujets.

La langue française est, dit-on, la plus chaste des langues; je la crois, moi, la plus obscène : car il me semble que la chasteté d'une langue ne consiste pas à éviter avec soin les tours déshonnêtes, mais à ne les pas avoir. En effet, pour les éviter, il faut qu'on y pense; et il n'y a point de langue où il soit plus difficile de parler purement en tout sens que la française. Le lecteur, toujours plus habile à trouver des sens obcènes que l'auteur à les écarter, se scandalise et s'effarouche de tout. Comment ce qui passe par des oreilles impures ne contracterait-il pas leur souillure ? Au contraire, un peuple de bonnes mœurs a des termes propres pour toutes choses; et ces termes sont toujours honnêtes, parce qu'ils sont toujours employés honnêtement. Il est impossible d'imaginer un langage plus modeste que celui de la Bible, précisément parce que tout y est dit avec naïveté. Pour rendre immodestes les mêmes choses, il suffit de les traduire en français. Ce que je dois dire à mon Emile n'aura rien que d'honnête et de chaste à son oreille; mais, pour le trouver tel à la lecture, il faudrait avoir un cœur aussi pur que le sien.

Je penserais même que des réflexions sur la véritable pureté du discours et sur la fausse délicatesse du vice pourraient tenir une place utile dans les entretiens de morale où ce sujet nous conduit; car, en apprenant le langage de l'honnêteté, il doit apprendre aussi celui de la décence, et il faut bien qu'il sache pourquoi ces deux langages sont si différents. Quoi qu'il en soit, je soutiens qu'au lieu des vains préceptes, dont on rebat avant le temps les oreilles de la jeunesse, et dont elle se moque à l'âge où ils seraient de saison; si l'on attend, si l'on prépare le moment de se faire entendre; qu'alors on lui expose les lois de la nature dans toute leur vérité; qu'on lui montre la sanction de ces mêmes lois dans les maux physiques et moraux qu'attire leur infraction sur les coupables; qu'en lui parlant de cet inconcevable mystère de la génération, l'on joigne à l'idée de l'attrait que l'auteur de la nature donne à cet acte celle de l'attachement exclusif qui le rend délicieux, celle des devoirs de fidélité, de pudeur, qui l'environnent, et qui redoublent son charme en remplissant son objet; qu'en lui peignant le mariage, non seulement comme la plus douce des sociétés, mais comme le plus inviolable et le plus saint de tous les contrats, on lui dise avec force toutes les raisons qui rendent un nœud si sacré respectable à tous les hommes, et qui couvrent de haine et de malédictions quiconque ose en souiller la pureté; qu'on lui fasse un tableau frappant et vrai des horreurs de la débauche, de son stupide abrutissement, de la pente insensible par laquelle un premier désordre conduit à tous, et traîne enfin celui qui s'y livre à sa perte; si, dis-je, on lui montre avec évidence comment au goût de la chasteté tiennent la santé, la force, le courage, les vertus, l'amour même, et tous les vrais biens de l'homme; je soutiens qu'alors on lui rendra cette même chasteté désirable et chère, et qu'on trouvera son esprit docile aux moyens qu'on lui donnera pour la conserver : car tant qu'on la conserve, on la respecte; on ne la méprise qu'après l'avoir perdue.

Il n'est point vrai que le penchant au mal soit indomptable, et qu'on ne soit pas maître de le vaincre avant d'avoir pris l'habitude d'y succomber. Aurélius Victor dit que plusieurs hommes transportés d'amour achetèrent volontairement de leur vie une nuit de Cléopâtre, et ce sacrifice n'est pas impossible à l'ivresse de la passion. Mais supposons que l'homme le plus furieux, et qui commande le moins à ses sens, vît l'appareil du supplice, sûr d'y périr dans les tourments un quart d'heure après; non seulement cet homme, dès cet instant, deviendrait supérieur aux tentations, il lui en coûterait même peu de leur résister : bientôt l'image affreuse dont elles seraient accompagnées le distrairait d'elles; et, toujours rebutées, elles se lasseraient de revenir. C'est la seule tiédeur de notre volonté qui fait toute notre faiblesse, et l'on est toujours fort pour faire ce qu'on veut fortement; *volenti nihil difficile*. Oh! si nous détestions le vice autant que nous aimons la vie, nous nous abstiendrions aussi aisément d'un crime agréable que d'un poison mortel dans un mets délicieux.

Comment ne voit-on pas que, si toutes les leçons qu'on donne sur ce point à un jeune homme sont sans succès, c'est qu'elles sont sans raison pour son âge, et qu'il importe à tout âge de revêtir la raison des formes qui la fassent aimer ? Parlez-lui gravement quand il le faut; mais que ce que vous lui dites ait toujours un attrait qui le force à vous écouter. Ne combattez pas ses désirs avec sécheresse; n'étouffez pas son imagination, guidez-la de peur qu'elle n'engendre des monstres. Parlez-lui de l'amour, des femmes, des plaisirs; faites qu'il trouve dans vos conversations un charme qui flatte son jeune cœur; n'épargnez rien pour devenir son confident : ce n'est qu'à ce titre que vous serez vraiment son maître. Alors ne craignez plus que vos entretiens l'ennuient; il vous fera parler plus que vous ne voudrez.

Je ne doute pas un instant que, si sur ces maximes j'ai su prendre toutes les précautions nécessaires, et tenir à mon Emile les discours convenables à la conjoncture où le progrès des ans l'a fait arriver, il ne vienne de lui-même au point où je veux le conduire, qu'il ne se mette avec empressement sous ma sauvegarde, et qu'il ne me dise avec toute la chaleur de son âge, frappé des dangers dont il se voit environné : O mon ami, mon protecteur, mon maître, reprenez l'autorité que vous voulez déposer au moment qu'il m'importe le plus qu'elle vous reste; vous ne l'aviez jusqu'ici que par ma faiblesse, vous l'aurez maintenant par ma volonté, et elle m'en sera plus sacrée. Défendez-moi de tous les ennemis qui m'assiègent, et surtout de ceux que je porte avec moi, et qui me trahissent; veillez sur votre ouvrage, afin qu'il demeure digne de vous. Je veux obéir à vos lois, je le veux toujours, c'est ma volonté constante; si jamais je vous désobéis, ce sera malgré moi : rendez-moi libre en me protégeant contre mes passions qui me font violence; empêchez-moi d'être leur esclave, et forcez-moi d'être mon propre maître en n'obéissant point à mes sens, mais à ma raison.

Quand vous aurez amené votre élève à ce point (et s'il n'y vient pas, ce sera votre faute), gardez-vous de le prendre trop vite au mot, de peur que, si jamais votre empire

lui paraît trop rude, il ne se croie en droit de s'y soustraire en vous accusant de l'avoir surpris. C'est en ce
moment que la réserve et la gravité sont à leur place;
et ce ton lui en imposera d'autant plus, que ce sera la
première fois qu'il vous l'aura vu prendre.

Vous lui direz donc : « Jeune homme, vous prenez
légèrement des engagements pénibles; il faudrait les
connaître pour être en droit de les former : vous ne savez
pas avec quelle fureur les sens entraînent vos pareils dans
le gouffre des vices, sous l'attrait du plaisir. Vous n'avez
point une âme abjecte, je le sais bien; vous ne violerez
jamais votre foi; mais combien de fois peut-être vous vous
repentirez de l'avoir donnée! combien de fois vous mau-
direz celui qui vous aime, quand, pour vous dérober aux
maux qui vous menacent, il se verra forcé de vous déchirer le cœur! Tel qu'Ulysse, ému du chant des Sirènes,
criait à ses conducteurs de le déchaîner, séduit par l'attrait des plaisirs, vous voudrez briser les liens qui vous
gênent; vous m'importunerez de vos plaintes; vous me
reprocherez ma tyrannie quand je serai le plus tendrement
occupé de vous; en ne songeant qu'à vous rendre heureux, je m'attirerai votre haine. O mon Emile, je ne sup-
porterai jamais la douleur de t'être odieux; ton bonheur
même est trop cher à ce prix. Bon jeune homme, ne voyez-
vous pas qu'en vous obligeant à m'obéir, vous m'obligez
à vous conduire, à m'oublier pour me dévouer à vous, à
n'écouter ni vos plaintes, ni vos murmures, à combattre
incessamment vos désirs et les miens. Vous m'imposez
un joug plus dur que le vôtre. Avant de nous en charger
tous deux, consultons nos forces; prenez du temps, don-
nez-m'en pour y penser, et sachez que le plus lent à
promettre est toujours le plus fidèle à tenir. »

Sachez aussi vous-même que plus vous vous rendez
difficile sur l'engagement, et plus vous en facilitez l'exécution. Il importe que le jeune homme sente qu'il promet beaucoup, et que vous promettez encore plus. Quand
le moment sera venu, et qu'il aura, pour ainsi dire, signé
le contrat, changez alors de langage, mettez autant de
douceur dans votre empire que vous avez annoncé de
sévérité. Vous lui direz : Mon jeune ami, l'expérience
vous manque, mais j'ai fait en sorte que la raison ne vous
manquât pas. Vous êtes en état de voir partout les motifs
de ma conduite; il ne faut pour cela qu'attendre que vous
soyez de sang-froid. Commencez toujours par obéir, et
puis demandez-moi compte de mes ordres; je serai prêt

à vous en rendre raison sitôt que vous serez en état de m'entendre, et je ne craindrai jamais de vous prendre pour juge entre vous et moi. Vous promettez d'être docile, et moi je promets de n'user de cette docilité que pour vous rendre le plus heureux des hommes. J'ai pour garant de ma promesse le sort dont vous avez joui jusqu'ici. Trouvez quelqu'un de votre âge qui ait passé une vie aussi douce que la vôtre, et je ne vous promets plus rien.

Après l'établissement de mon autorité, mon premier soin sera d'écarter la nécessité d'en faire usage. Je n'épargnerai rien pour m'établir de plus en plus dans sa confiance, pour me rendre de plus en plus le confident de son cœur et l'arbitre de ses plaisirs. Loin de combattre les penchants de son âge, je les consulterai pour en être le maître; j'entrerai dans ses vues pour les diriger, je ne lui chercherai point aux dépens du présent un bonheur éloigné. Je ne veux point qu'il soit heureux une fois, mais toujours, s'il est possible.

Ceux qui veulent conduire sagement la jeunesse pour la garantir des pièges des sens lui font horreur de l'amour, et lui feraient volontiers un crime d'y songer à son âge, comme si l'amour était fait pour les vieillards. Toutes ces leçons trompeuses que le cœur dément ne persuadent point. Le jeune homme, conduit par un instinct plus sûr, rit en secret des tristes maximes auxquelles il feint d'acquiescer, et n'attend que le moment de les rendre vaines. Tout cela est contre la nature. En suivant une route opposée, j'arriverai plus sûrement au même but. Je ne craindrai point de flatter en lui le doux sentiment dont il est avide; je le lui peindrai comme le suprême bonheur de la vie, parce qu'il l'est en effet; en le lui peignant, je veux qu'il s'y livre; en lui faisant sentir quel charme ajoute à l'attrait des sens l'union des cœurs, je le dégoûterai du libertinage, et je le rendrai sage en le rendant amoureux.

Qu'il faut être borné pour ne voir dans les désirs naissants d'un jeune homme qu'un obstacle aux leçons de la raison! Moi, j'y vois le vrai moyen de le rendre docile à ces mêmes leçons. On n'a de prise sur les passions que par les passions; c'est par leur empire qu'il faut combattre leur tyrannie, et c'est toujours de la nature elle-même qu'il faut tirer les instruments propres à la régler.

Emile n'est pas fait pour rester toujours solitaire; membre de la société, il en doit remplir les devoirs. Fait pour vivre avec les hommes, il doit les connaître. Il connaît l'homme en général; il lui reste à connaître les individus. Il sait ce qu'on fait dans le monde : il lui reste à voir comment on y vit. Il est temps de lui montrer l'extérieur de cette grande scène dont il connaît déjà tous les jeux cachés. Il n'y portera plus l'admiration stupide d'un jeune étourdi, mais le discernement d'un esprit droit et juste. Ses passions pourront l'abuser, sans doute ; quand est-ce qu'elles n'abusent pas ceux qui s'y livrent ? mais au moins il ne sera point trompé par celles des autres. S'il les voit, il les verra de l'œil du sage, sans être entraîné par leurs exemples ni séduit par leurs préjugés.

Comme il y a un âge propre à l'étude des sciences, il y en a un pour bien saisir l'usage du monde. Quiconque apprend cet usage trop jeune le suit toute sa vie sans choix, sans réflexion, et, quoique avec suffisance, sans jamais bien savoir ce qu'il fait. Mais celui qui l'apprend et qui en voit les raisons, le suit avec plus de discernement, et par conséquent avec plus de justesse et de grâce. Donnez-moi un enfant de douze ans qui ne sache rien du tout, à quinze ans je dois vous le rendre aussi savant que celui que vous avez instruit dès le premier âge, avec la différence que le savoir du vôtre ne sera que dans sa mémoire, et que celui du mien sera dans son jugement. De même, introduisez un jeune homme de vingt ans dans le monde ; bien conduit, il sera dans un an plus aimable et plus judicieusement poli que celui qu'on y aura nourri dès son enfance : car le premier, étant capable de sentir les raisons de tous les procédés relatifs à l'âge, à l'état, au sexe, qui constituent cet usage, les peut réduire en principes, et les étendre aux cas non prévus ; au lieu que l'autre, n'ayant que sa routine pour toute règle, est embarrassé sitôt qu'on l'en sort.

Les jeunes demoiselles françaises sont toutes élevées dans des couvents jusqu'à ce qu'on les marie. S'aperçoit-on qu'elles aient peine alors à prendre ces manières qui leur sont si nouvelles ? et accusera-t-on les femmes de Paris d'avoir l'air gauche, embarrassé, et d'ignorer l'usage du monde pour n'y avoir pas été mises dès leur enfance ? Ce préjugé vient des gens du monde eux-mêmes, qui, ne connaissant rien de plus important que cette petite science, s'imaginent faussement qu'on ne peut s'y prendre de trop bonne heure pour l'acquérir.

Il est vrai qu'il ne faut pas non plus trop attendre. Quiconque a passé toute sa jeunesse loin du grand monde y porte le reste de sa vie un air embarrassé, contraint, un propos toujours hors de propos, des manières lourdes et maladroites, dont l'habitude d'y vivre ne le défait plus, et qui n'acquièrent qu'un nouveau ridicule par l'effort de s'en délivrer. Chaque sorte d'instruction a son temps propre qu'il faut connaître, et ses dangers qu'il faut éviter. C'est surtout pour celle-ci qu'ils se réunissent; mais je n'y expose pas non plus mon élève sans précaution pour l'en garantir.

Quand ma méthode remplit d'un même objet toutes les vues, et quand, parant un inconvénient, elle en prévient un autre, je juge alors qu'elle est bonne, et que je suis dans le vrai. C'est ce que je crois voir dans l'expédient qu'elle me suggère ici. Si je veux être austère et sec avec mon disciple, je perdrai sa confiance, et bientôt il se cachera de moi. Si je veux être complaisant, facile, ou fermer les yeux, de quoi lui sert d'être sous ma garde ? Je ne fais qu'autoriser son désordre, et soulager sa conscience aux dépens de la mienne. Si je l'introduis dans le monde avec le seul projet de l'instruire, il s'instruira plus que je ne veux. Si je l'en tiens éloigné jusqu'à la fin, qu'aura-t-il appris de moi ? Tout, peut-être, hors l'art le plus nécessaire à l'homme et au citoyen, qui est de savoir vivre avec ses semblables. Si je donne à ces soins une utilité trop éloignée, elle sera pour lui comme nulle, il ne fait cas que du présent. Si je me contente de lui fournir des amusements, quel bien lui fais-je ? il s'amollit et ne s'instruit point.

Rien de tout cela. Mon expédient seul pourvoit à tout. Ton cœur, dis-je au jeune homme, a besoin d'une compagne ; allons chercher celle qui te convient : nous ne la trouverons pas aisément peut-être, le vrai mérite est toujours rare ; mais ne nous pressons ni ne nous rebutons point. Sans doute il en est une et nous la trouverons à la fin, ou du moins celle qui en approche le plus. Avec un projet si flatteur pour lui je l'introduis dans le monde. Qu'ai-je besoin d'en dire davantage ? Ne voyez-vous pas que j'ai tout fait ?

En lui peignant la maîtresse que je lui destine, imaginez si je saurai m'en faire écouter, si je saurai lui rendre agréables et chères les qualités qu'il doit aimer, si je saurai disposer tous ses sentiments à ce qu'il doit rechercher ou fuir. Il faut que je sois le plus maladroit des hommes, si je ne le rends d'avance passionné sans savoir de qui. Il n'importe que l'objet que je lui peindrai soit imaginaire, il suffit qu'il le dégoûte de ceux qui pourraient le tenter,

il suffit qu'il trouve partout des comparaisons qui lui
fassent préférer sa chimère aux objets réels qui le frapperont : et qu'est-ce que le véritable amour lui-même, si
ce n'est chimère, mensonge, illusion ? On aime bien plus
l'image qu'on se fait que l'objet auquel on l'applique.
Si l'on voyait ce qu'on aime exactement tel qu'il est, il
n'y aurait plus d'amour sur la terre. Quand on cesse
d'aimer, la personne qu'on aimait reste la même qu'auparavant, mais on ne la voit plus la même ; le voile du
prestige tombe, et l'amour s'évanouit. Or, en fournissant l'objet imaginaire, je suis maître des comparaisons,
et j'empêche aisément l'illusion des objets réels.

Je ne veux pas pour cela qu'on trompe un jeune homme
en peignant un modèle de perfection qui ne puisse exister ; mais je choisirai tellement les défauts de sa maîtresse,
qu'ils lui conviennent, qu'ils lui plaisent, et qu'ils servent
à corriger les siens. Je ne veux pas non plus qu'on lui
mente, en affirmant faussement que l'objet qu'on lui
peint existe ; mais s'il se complaît à l'image, il lui sou-
haitera bientôt un original. Du souhait à la supposition,
le trajet est facile ; c'est l'affaire de quelques descriptions
adroites qui, sous des traits plus sensibles, donneront
à cet objet imaginaire un plus grand air de vérité. Je
voudrais aller jusqu'à le nommer ; je dirais en riant :
Appelons *Sophie* votre future maîtresse : *Sophie* est un
nom de bon augure : si celle que vous choisirez ne le
porte pas, elle sera digne au moins de le porter ; nous
pouvons lui en faire honneur d'avance. Après tous ces
détails, si, sans affirmer, sans nier, on s'échappe par des
défaites, ses soupçons se changeront en certitude ; il
croira qu'on lui fait mystère de l'épouse qu'on lui destine,
et qu'il la verra quand il sera temps. S'il en est une fois
là, et qu'on ait bien choisi les traits qu'il faut lui montrer,
tout le reste est facile ; on peut l'exposer dans le monde
presque sans risque : défendez-le seulement de ses sens,
son cœur est en sûreté.

Mais, soit qu'il personnifie ou non le modèle que j'aurai su lui rendre aimable, ce modèle, s'il est bien fait, ne
l'attachera pas moins à tout ce qui lui ressemble, et ne
lui donnera pas moins d'éloignement pour tout ce qui ne
lui ressemble pas, que s'il avait un objet réel. Quel avantage pour préserver son cœur des dangers auxquels sa
personne doit être exposée, pour réprimer ses sens par
son imagination, pour l'arracher surtout à ces donneuses
d'éducation qui la font payer si cher, et ne forment

un jeune homme à la politesse qu'en lui ôtant toute honnêteté! Sophie est si modeste! de quel œil verra-t-il leurs avances? Sophie a tant de simplicité! comment aimera-t-il leurs airs? il y a trop loin de ses idées à ses observations, pour que celles-ci lui soient jamais dangereuses.

Tous ceux qui parlent du gouvernement des enfants suivent les mêmes préjugés et les mêmes maximes, parce qu'ils observent mal et réfléchissent plus mal encore. Ce n'est ni par le tempérament ni par le sens que commence l'égarement de la jeunesse, c'est par l'opinion. S'il était ici question des garçons qu'on élève dans les collèges, et des filles qu'on élève dans les couvents, je ferais voir que cela est vrai, même à leur égard; car les premières leçons que prennent les uns et les autres, les seules qui fructifient sont celles du vice; et ce n'est pas la nature qui les corrompt, c'est l'exemple. Mais abandonnons les pensionnaires des collèges et des couvents à leurs mauvaises mœurs; elles seront toujours sans remède. Je ne parle que de l'éducation domestique. Prenez un jeune homme élevé sagement dans la maison de son père en province, et l'examinez au moment qu'il arrive à Paris, ou qu'il entre dans le monde; vous le trouverez pensant bien sur les choses honnêtes, et ayant la volonté même aussi saine que la raison; vous lui trouverez du mépris pour le vice et de l'horreur pour la débauche; au nom seul d'une prostituée, vous verrez dans ses yeux le scandale de l'innocence. Je soutiens qu'il n'y en a pas un qui pût se résoudre à entrer seul dans les tristes demeures de ces malheureuses, quand même il en saurait l'usage, et qu'il en sentirait le besoin.

A six mois de là, considérez de nouveau le même jeune homme, vous ne le reconnaîtrez plus; des propos libres, des maximes du haut ton, des airs dégagés le feraient prendre pour un autre homme, si ses plaisanteries sur sa première simplicité, sa honte quand on la lui rappelle, ne montraient qu'il est le même et qu'il en rougit. O combien il s'est formé dans peu de temps! D'où vient un changement si grand et si brusque? Du progrès du tempérament? Son tempérament n'eût-il pas fait le même progrès dans la maison paternelle? et sûrement il n'y eût pris ni ce ton ni ces maximes. Des premiers plaisirs des sens? Tout au contraire: quand on commence à s'y livrer, on est craintif, inquiet, on fuit le grand jour et le bruit. Les premières voluptés sont toujours mystérieuses, la pudeur les assaisonne et les cache : la première maîtresse ne rend pas effronté, mais timide. Tout absorbé dans un état si nouveau pour lui, le jeune homme se recueille pour le goûter, et tremble toujours de le perdre. S'il est bruyant, il n'est ni voluptueux ni tendre; tant qu'il se vante, il n'a pas joui.

D'autres manières de penser ont produit seules ces différences. Son cœur est encore le même, mais ses opinions ont changé. Ses sentiments, plus lents à s'altérer, s'altéreront enfin par elles; et c'est alors seulement qu'il sera véritablement corrompu. A peine est-il entré dans le monde qu'il y prend une seconde éducation tout opposée à la première, par laquelle il apprend à mépriser ce qu'il estimait et à estimer ce qu'il méprisait : on lui fait regarder les leçons de ses parents et de ses maîtres comme un jargon pédantesque, et les devoirs qu'ils lui ont prêchés comme une morale puérile qu'on doit dédaigner étant grand. Il se croit obligé par honneur à changer de conduite; il devient entreprenant sans désirs et fat par mauvaise honte. Il raille les bonnes mœurs avant d'avoir pris du goût pour les mauvaises, et se pique de débauche sans savoir être débauché. Je n'oublierai jamais l'aveu d'un jeune officier aux gardes suisses, qui s'ennuyait beaucoup des plaisirs bruyants de ses camarades, et n'osait s'y refuser de peur d'être moqué d'eux : « Je m'exerce à cela, disait-il, comme à prendre du tabac malgré ma répugnance : le goût viendra par l'habitude; il ne faut pas toujours être enfant. »

Ainsi donc, c'est bien moins de la sensualité que de la vanité qu'il faut préserver un jeune homme entrant dans le monde : il cède plus aux penchants d'autrui qu'aux siens, et l'amour-propre fait plus de libertins que l'amour.

Cela posé, je demande s'il en est un sur la terre entière mieux armé que le mien contre tout ce qui peut attaquer ses mœurs, ses sentiments, ses principes; s'il en est un plus en état de résister au torrent. Car contre quelle séduction n'est-il pas en défense ? Si ses désirs l'entraînent vers le sexe, il n'y trouve point ce qu'il cherche, et son cœur préoccupé le retient. Si ces sens l'agitent et le pressent, où trouvera-t-il à les contenter ? L'horreur de l'adultère et de la débauche l'éloigne également des filles publiques et des femmes mariées, et c'est toujours par l'un de ces deux états que commencent les désordres de la jeunesse. Une fille à marier peut être coquette; mais elle ne sera pas effrontée, elle n'ira pas se jeter à la tête d'un jeune homme qui peut l'épouser s'il la croit sage; d'ailleurs elle aura quelqu'un pour la surveiller. Emile, de son côté, ne sera pas tout à fait livré à lui-même; tous deux auront au moins pour gardes la crainte et la honte, inséparables des premiers désirs; ils ne passeront point tout d'un coup aux dernières familiarités, et n'auront pas le temps d'y venir par degrés sans obstacles. Pour s'y prendre autrement, il faut qu'il ait déjà pris leçon de ses camarades, qu'il ait appris d'eux à se moquer de sa retenue, à devenir insolent à leur imitation. Mais quel homme au monde est moins imitateur qu'Emile ? Quel homme se mène moins par le ton plaisant que celui qui n'a point de préjugés et ne sait rien donner à ceux des autres ? J'ai travaillé vingt ans à l'armer contre les moqueurs : il leur faudra plus d'un jour pour en faire leur dupe; car le ridicule n'est à ses yeux que la raison des sots, et rien ne rend plus insensible à la raillerie que d'être au-dessus de l'opinion. Au lieu de plaisanteries, il lui faut des raisons; et, tant qu'il en sera là, je n'ai pas peur que de jeunes fous me l'enlèvent; j'ai pour moi la conscience et la vérité. S'il faut que le préjugé s'y mêle, un attachement de vingt ans est aussi quelque chose : on ne lui fera jamais croire que je l'aie ennuyé de vaines leçons; et dans un cœur droit et sensible, la voix d'un ami fidèle et vrai saura bien effacer les cris de vingt séducteurs. Comme il n'est alors question que de lui montrer qu'ils le trompent, et qu'en feignant de le traiter en homme ils le traitent réellement en enfant, j'affecterai d'être toujours simple, mais grave et clair dans mes raisonnements, afin qu'il sente que c'est moi qui le traite en homme. Je lui dirai : « Vous voyez que votre seul intérêt, qui est le mien, dicte mes discours, je n'en peux avoir aucun autre. Mais pourquoi ces jeunes gens veulent-ils vous persuader ? C'est qu'ils veulent vous séduire : ils ne vous aiment point, ils ne prennent aucun intérêt à vous; ils ont pour tout motif un dépit secret de voir que vous valez mieux qu'eux; ils veulent vous rabaisser à leur petite mesure, et ne vous reprochent de vous laisser gouverner qu'afin de vous gouverner eux-mêmes. Pouvez-vous croire qu'il y eût à gagner pour vous dans ce changement ? Leur sagesse est-elle donc si supérieure, et leur attachement d'un jour est-il plus fort que le mien ? Pour donner quelque poids à leur raillerie, il faudrait en pouvoir donner à leur autorité; et quelle expérience ont-ils pour élever leurs maximes au-dessus des nôtres ? Ils n'ont fait qu'imiter d'autres étourdis, comme ils veulent être imités à leur tour. Pour se mettre au-dessus des prétendus préjugés de leurs pères, ils s'asservissent à ceux de leurs camarades. Je ne vois point ce qu'ils gagnent à cela : mais je vois qu'ils y perdent sûrement deux grands avantages, celui de l'affection paternelle, dont les conseils sont tendres et sincères, et celui de l'expérience, qui fait juger de ce qu'on connaît; car les pères ont été enfants, et les enfants n'ont pas été pères.

« Mais les croyez-vous sincères au moins dans leurs folles maximes ? Pas même cela, cher Emile; ils se trompent pour vous tromper; ils ne sont point d'accord avec eux-mêmes : leur cœur les dément sans cesse, et souvent leur bouche les contredit. Tel d'entre eux tourne en dérision tout ce qui est honnête, qui serait au désespoir que sa femme pensât comme lui. Tel autre poussera cette indifférence de mœurs jusqu'à celles de la femme qu'il n'a point encore, ou, pour comble d'infâmie, à celles de la femme qu'il a déjà. Mais allez plus loin, parlez-lui de sa mère, et voyez s'il passera volontiers pour être un enfant d'adultère et le fils d'une femme de mauvaise vie, pour prendre à faux le nom d'une famille, pour en voler le patrimoine à l'héritier naturel; enfin s'il se laissera patiemment traiter de bâtard. Qui d'entre eux voudra qu'on rende à sa fille le déshonneur dont il couvre celle d'autrui ? Il n'y en a pas un qui n'attentât même à votre vie, si vous adoptiez avec lui, dans la pratique, tous les principes qu'il s'efforce de vous donner. C'est ainsi qu'ils décèlent enfin leur inconséquence, et qu'on sent qu'aucun d'eux ne croit ce qu'il dit. Voilà des raisons, cher Emile : pesez les leurs, s'ils en sont, et comparez. Si je voulais user comme eux de mépris et de raillerie, vous les verriez prêter le flanc au ridicule autant peut-être et plus que moi. Mais je n'ai pas peur d'un examen sérieux. Le triomphe des moqueurs est de courte durée; la vérité demeure, et leur rire insensé s'évanouit. »

Vous n'imaginez pas comment, à vingt ans, Emile peut être docile. Que nous pensons différemment! Moi, je ne conçois pas comment il a pu l'être à dix; car quelle prise avais-je sur lui à cet âge ? Il m'a fallu quinze ans de soins pour me ménager cette prise. Je ne l'élevais pas alors, je le préparais pour être élevé. Il l'est maintenant assez pour être docile; il reconnaît la voix de l'amitié, et il sait obéir à la raison. Je lui laisse, il est vrai, l'apparence de l'indépendance, mais jamais il ne me fut mieux assujetti, car il l'est parce qu'il veut l'être. Tant que je n'ai pu me rendre maître de sa volonté, je le suis demeuré de sa personne ; je ne le quittais pas d'un pas. Maintenant je le laisse quelquefois à lui-même, parce que je le gouverne toujours. En le quittant je l'embrasse, et je lui dis d'un air assuré : Emile, je te confie à mon ami ; je te livre à son cœur honnête ; c'est lui qui me répondra de toi.

Ce n'est pas l'affaire d'un moment de corrompre des affections saines qui n'ont reçu nulle altération précédente, et d'effacer des principes dérivés immédiatement des premières lumières de la raison. Si quelque changement s'y fait durant mon absence, elle ne sera jamais assez longue, il ne saura jamais assez bien se cacher de moi pour que je n'aperçoive pas le danger avant le mal, et que je ne sois pas à temps d'y porter remède. Comme on ne se déprave pas tout d'un coup, on n'apprend pas tout d'un coup à dissimuler ; et si jamais homme est maladroit en cet art, c'est Emile, qui n'eut de sa vie une seule occasion d'en user.

Par ces soins et d'autres semblables je le crois si bien garanti des objets étrangers et des maximes vulgaires, que j'aimerais mieux le voir au milieu de la plus mauvaise société de Paris, que seul dans sa chambre ou dans un parc, livré à toute l'inquiétude de son âge. On a beau faire, de tous les ennemis qui peuvent attaquer un jeune homme, le plus dangereux et le seul qu'on ne peut écarter, c'est lui-même : cet ennemi pourtant n'est dangereux que par notre faute ; car, comme je l'ai dit mille fois, c'est par la seule imagination que s'éveillent les sens. Leur besoin proprement n'est point un besoin physique : il n'est pas vrai que ce soit un vrai besoin. Si jamais objet lascif n'eût frappé nos yeux, si jamais idée déshonnête ne fût entrée dans notre esprit, jamais peut-être ce prétendu besoin ne se fût fait sentir à nous ; et nous serions demeurés chastes, sans tentations, sans efforts et sans mérite. On ne sait pas quelles fermentations sourdes certaines situations et certains spectacles excitent dans le sang de la jeunesse, sans qu'elle sache démêler elle-même la cause de cette première inquiétude, qui n'est pas facile à calmer, et qui ne tarde pas à renaître. Pour moi, plus je réfléchis à cette importante crise et à ses causes prochaines ou éloignées, plus je me persuade qu'un solitaire élevé dans un désert, sans livres, sans instruction et sans femmes, y mourrait vierge à quelque âge qu'il fût parvenu.

Mais il n'est pas ici question d'un sauvage de cette espèce. En élevant un homme parmi ses semblables et pour la société, il est impossible, il n'est même pas à propos de le nourrir toujours dans cette salutaire ignorance ; et ce qu'il y a de pis pour la sagesse est d'être savant à demi. Le souvenir des objets qui nous ont frappés, les idées que nous avons acquises, nous suivent dans la retraite, la peuplent, malgré nous, d'images plus séduisantes que les objets mêmes, et rendent la solitude aussi funeste à celui qui les y porte, qu'elle est utile à celui qui s'y maintient toujours seul.

Veillez donc avec soin sur le jeune homme, il pourra se garantir de tout le reste ; mais c'est à vous de le garantir de lui. Ne le laissez seul ni jour ni nuit, couchez tout au moins dans sa chambre : qu'il ne se mette au lit qu'accablé de sommeil et qu'il en sorte à l'instant qu'il s'éveille. Défiez-vous de l'instinct sitôt que vous ne vous y bornez plus : il est bon tant qu'il agit seul ; il est suspect dès qu'il se mêle aux institutions des hommes : il ne faut pas le détruire, il faut le régler ; et cela peut-être est plus difficile que de l'anéantir. Il serait très dangereux qu'il apprît à votre élève à donner le change à ses sens et à suppléer aux occasions de les satisfaire : s'il connaît une fois ce dangereux supplément, il est perdu. Dès lors il aura toujours le corps et le cœur énervés ; il portera jusqu'au tombeau les tristes effets de cette habitude, la plus funeste à laquelle un jeune homme puisse être assujetti. Sans doute il vaudrait mieux encore... Si les fureurs d'un tempérament ardent deviennent invincibles, mon cher Emile, je te plains ; mais je ne balancerai pas un moment, je ne souffrirai point que la fin de la nature soit éludée. S'il faut qu'un tyran te subjugue, je te livre par préférence à celui dont je peux te délivrer : quoi qu'il arrive, je t'arracherai plus aisément aux femmes qu'à toi.

Jusqu'à vingt ans le corps croît, il a besoin de toute sa substance : la continence est alors dans l'ordre de la nature, et l'on n'y manque guère qu'aux dépens de sa constitution. Depuis vingt ans la continence est un devoir de morale ; elle importe pour apprendre à régner sur soi-même, à rester le maître de ses appétits. Mais les devoirs moraux ont leurs modifications, leurs exceptions, leurs règles. Quand la faiblesse humaine rend une alternative inévitable, de deux maux préférons le moindre ; en tout état de cause il vaut mieux commettre une faute que de contracter un vice.

Souvenez-vous que ce n'est plus de mon élève que je parle ici, c'est du vôtre. Ses passions, que vous avez laissées fermenter, vous subjuguent : cédez-leur donc ouvertement, et sans lui déguiser sa victoire. Si vous savez la lui montrer dans son vrai, il en sera moins fier que honteux, et vous vous ménagerez le droit de le guider durant son égarement, pour lui faire au moins éviter les précipices. Il importe que le disciple ne fasse rien que le maître ne le sache et ne le veuille, pas même ce qui est mal ; et il vaut cent fois mieux que le gouverneur approuve une faute et se trompe, que s'il était trompé par son élève, et que la faute se fît sans qu'il en sût rien. Qui croit devoir fermer les yeux sur quelque chose se voit bientôt forcé de les fermer sur tout : le premier abus toléré en amène un autre ; et cette chaîne ne finit plus qu'au renversement de tout ordre et au mépris de toute loi.

Une autre erreur que j'ai déjà combattue, mais qui ne sortira jamais des petits esprits, c'est d'affecter toujours la dignité magistrale, et de vouloir passer pour un homme parfait dans l'esprit de son disciple. Cette méthode est à contresens. Comment ne voient-ils pas qu'en voulant affermir leur autorité ils la détruisent ; que pour faire écouter ce qu'on dit il faut se mettre à la place de ceux à qui l'on s'adresse, et qu'il faut être homme pour savoir parler au cœur humain ? Tous ces gens parfaits ne touchent ni ne persuadent : on se dit toujours qu'il leur est bien aisé de combattre des passions qu'ils ne sentent pas. Montrez vos faiblesses à votre élève, si vous voulez le guérir des siennes : qu'il voie en vous les mêmes combats qu'il éprouve, qu'il apprenne à se vaincre à votre exemple, et qu'il ne dise pas comme les autres : Ces vieillards, dépités de n'être plus jeunes, veulent traiter les jeunes gens en vieillards : et parce que tous leurs désirs sont éteints, ils nous font un crime des nôtres.

Montaigne dit qu'il demandait un jour au seigneur de Langey combien de fois, dans ses négociations d'Allemagne, il s'était enivré pour le service du roi. Je demanderais volontiers au gouverneur de certain jeune homme combien de fois il est entré dans un mauvais lieu pour le service de son élève. Combien de fois ? Je me trompe. Si la première n'ôte à jamais au libertin le désir d'y rentrer, s'il n'en rapporte le repentir et la honte, s'il ne verse dans votre sein des torrents de larmes, quittez-le à l'instant ; il n'est qu'un monstre, ou vous n'êtes qu'un imbécile ; vous ne lui servirez jamais à rien. Mais laissons ces expédients extrêmes, aussi tristes que dangereux, et qui n'ont aucun rapport à notre éducation.

Que de précautions à prendre avec un jeune homme bien né avant de l'exposer au scandale des mœurs du siècle! Ces précautions sont pénibles, mais elles sont indispensables; c'est la négligence en ce point qui perd toute la jeunesse; c'est par le désordre du premier âge que les hommes dégénèrent, et qu'on les voit devenir ce qu'ils sont aujourd'hui. Vils et lâches dans leurs vices mêmes, ils n'ont que de petites âmes, parce que leurs corps usés ont été corrompus de bonne heure; à peine leur reste-t-il assez de vie pour se mouvoir. Leurs subtiles pensées marquent des esprits sans étoffe; ils ne savent rien sentir de grand et de noble; ils n'ont ni simplicité ni vigueur; abjects en toute chose, et bassement méchants, ils ne sont que vains, fripons, faux; ils n'ont pas même assez de courage pour être d'illustres scélérats. Tels sont les méprisables hommes que forme la crapule de la jeunesse : s'il s'en trouvait un seul qui sût être tempérant et sobre, qui sût, au milieu d'eux, préserver son cœur, son sang, ses mœurs, de la contagion de l'exemple, à trente ans il écraserait tous ces insectes, et deviendrait leur maître avec moins de peine qu'il n'en eut à rester le sien.

Pour peu que la naissance ou la fortune eût fait pour Emile, il serait cet homme s'il voulait l'être : mais il les mépriserait trop pour daigner les asservir. Voyons-le maintenant au milieu d'eux, entrant dans le monde, non pour y primer, mais pour le connaître et pour y trouver une compagne digne de lui.

Dans quelque rang qu'il puisse être né, dans quelque société qu'il commence à s'introduire, son début sera simple et sans éclat : à Dieu ne plaise qu'il soit assez malheureux pour y briller! Les qualités qui frappent au premier coup d'œil ne sont pas les siennes; il ne les a ni ne les veut avoir. Il met trop peu de prix aux jugements des hommes pour en mettre à leurs préjugés, et ne se soucie point qu'on l'estime avant que de le connaître. Sa manière de se présenter n'est ni modeste ni vaine, elle est naturelle et vraie; il ne connaît ni gêne ni déguisement, et il est au milieu d'un cercle ce qu'il est seul et sans témoin. Sera-t-il pour cela grossier, dédaigneux, sans attention pour personne ? Tout au contraire; si seul il ne compte pas pour rien les autres hommes, pourquoi les compterait-il pour rien, vivant avec eux ? Il ne les préfère point à lui dans ses manières, parce qu'il ne les préfère pas à lui dans son cœur; mais il ne leur montre pas non plus une indifférence qu'il est bien éloigné d'avoir; s'il n'a pas les formules de la politesse, il a les soins de l'humanité. Il n'aime à voir souffrir personne ; il n'offrira pas sa place à un autre par simagrée, mais il la lui cédera volontiers par bonté, si, le voyant oublié, il juge que cet oubli le mortifie ; car il en coûtera moins à mon jeune homme de rester debout volontairement, que de voir l'autre y rester par force.

Quoique en général Emile n'estime pas les hommes, il ne leur montrera point de mépris, parce qu'il les plaint et s'attendrit sur eux. Ne pouvant leur donner le goût des biens réels, il leur laisse les biens de l'opinion dont ils se contentent, de peur que, les leur ôtant à pure perte, il ne les rendît plus malheureux qu'auparavant. Il n'est donc point disputeur ni contredisant ; il n'est pas non plus complaisant et flatteur ; il dit son avis sans combattre celui de personne, parce qu'il aime la liberté par-dessus toute chose, et que la franchise en est un des plus beaux droits.

Il parle peu, parce qu'il ne se soucie guère qu'on s'occupe de lui, par la même raison il ne dit que des choses utiles : autrement, qu'est-ce qui l'engagerait à parler ? Emile est trop instruit pour être jamais babillard. Le grand caquet vient nécessairement, ou de la prétention à l'esprit, dont je parlerai ci-après, ou du prix qu'on donne à des bagatelles, dont on croit sottement que les autres font autant de cas que nous. Celui qui connaît assez de choses pour donner à toutes leur véritable prix, ne parle jamais trop ; car il sait apprécier aussi l'attention qu'on lui donne et l'intérêt qu'on peut prendre à ses discours. Généralement les gens qui savent peu parlent beaucoup, et les gens qui savent beaucoup parlent peu. Il est simple qu'un ignorant trouve important tout ce qu'il sait, et le dise à tout le monde. Mais un homme instruit n'ouvre pas aisément son répertoire ; il aurait trop à dire, et il voit encore plus à dire après lui ; il se tait.

Loin de choquer les manières des autres, Emile s'y conforme assez volontiers, non pour paraître instruit des usages, ni pour affecter les airs d'un homme poli, mais au contraire de peur qu'on ne le distingue, pour éviter d'être aperçu ; et jamais il n'est plus à son aise que quand on ne prend pas garde à lui.

Quoique entrant dans le monde, il en ignore absolument les manières ; il n'est pas pour cela timide et craintif ; s'il se dérobe, ce n'est point par embarras, c'est que pour bien voir, il faut n'être pas vu ; car ce qu'on pense de lui ne l'inquiète guère, et le ridicule ne lui fait pas la moindre peur. Cela fait qu'étant toujours tranquille et de sang-froid, il ne se trouble point par la mauvaise honte. Soit qu'on le regarde ou non, il fait toujours de son mieux ce qu'il fait ; et, toujours tout à lui pour bien observer les autres, il saisit leurs manières avec une aisance que ne peuvent avoir les esclaves de l'opinion. On peut dire qu'il prend plutôt l'usage du monde, précisément parce qu'il en fait peu de cas.

Ne vous trompez pas cependant sur sa contenance, et n'allez pas la comparer à celle de vos jeunes agréables. Il est ferme et non suffisant ; ses manières sont libres et non dédaigneuses : l'air insolent n'appartient qu'aux esclaves, l'indépendance n'a rien d'affecté. Je n'ai jamais vu d'homme ayant de la fierté dans l'âme en montrer dans son maintien : cette affectation est bien plus propre aux âmes viles et vaines, qui ne peuvent en imposer que par là. Je lis dans un livre qu'un étranger se présentant un jour dans la salle du fameux Marcel, celui-ci lui demanda de quel pays il était : « Je suis Anglais, répond l'étranger. — Vous, Anglais ! réplique le danseur ; vous seriez de cette île où les citoyens ont part à l'administration publique, et sont une portion de la puissance souveraine *! Non, monsieur ; ce front baissé, ce regard timide, cette démarche incertaine, ne m'annoncent que l'esclave titré d'un électeur. »

Je ne sais si ce jugement montre une grande connaissance du vrai rapport qui est entre le caractère d'un homme et son extérieur. Pour moi, qui n'ai pas l'honneur d'être maître à danser, j'aurais pensé tout le contraire. J'aurais dit : « Cet Anglais n'est pas courtisan, je n'ai jamais ouï dire que les courtisans eussent le front baissé et la démarche incertaine : un homme timide chez un danseur pourrait bien ne l'être pas dans la chambre des Communes. » Assurément, ce M. Marcel-là doit prendre ses compatriotes pour autant de Romains.

Quand on aime, on veut être aimé. Emile aime les hommes, il veut donc leur plaire. A plus forte raison il

---

* Comme s'il y avait des citoyens qui ne fussent pas membres de la cité et qui n'eussent pas, comme tels, part à l'autorité souveraine ! Mais les Français, ayant jugé à propos d'usurper ce respectable nom de citoyens, dû jadis aux membres des cités gauloises, en ont dénaturé l'idée, au point qu'on n'y conçoit plus rien. Un homme qui vient de m'écrire beaucoup de bêtises contre *la Nouvelle Héloïse*, a orné sa signature du titre de *citoyen de Paimbœuf*, et a cru me faire une excellente plaisanterie.

veut plaire aux femmes ; son âge, ses mœurs, son projet, tout concourt à nourrir en lui ce désir. Je dis ses mœurs, car elles y font beaucoup ; les hommes qui en ont sont les vrais adorateurs des femmes. Ils n'ont pas comme les autres je ne sais quel jargon moqueur de galanterie ; mais ils ont un empressement plus vrai, plus tendre, et qui part du cœur. Je connaîtrais près d'une jeune femme un homme qui a des mœurs et qui commande à la nature, entre cent mille débauchés. Jugez de ce que doit être Emile avec un tempérament tout neuf, et tant de raisons d'y résister ! Pour auprès d'elles, je crois qu'il sera quelquefois timide et embarrassé ; mais sûrement cet embarras ne leur déplaira pas, et les moins friponnes n'auront encore que trop souvent l'art d'en jouir et de l'augmenter. Au reste, son empressement changera sensiblement de forme selon les états. Il sera plus modeste et plus respectueux pour les femmes, plus vif et plus tendre auprès des filles à marier. Il ne perd point de vue l'objet de ses recherches, et c'est toujours à ce qui les lui rappelle qu'il marque le plus d'attention.

Personne ne sera plus exact à tous les égards fondés sur l'ordre de la nature, et même sur le bon ordre de la société ; mais les premiers seront toujours préférés aux autres ; et il respectera davantage un particulier plus vieux que lui, qu'un magistrat de son âge. Etant donc pour l'ordinaire un des plus jeunes des sociétés où il se trouvera, il sera toujours un des plus modestes, non par la vanité de paraître humble, mais par un sentiment naturel et fondé sur la raison. Il n'aura point l'impertinent savoir-vivre d'un jeune fat, qui, pour amuser la compagnie, parle plus haut que les sages et coupe la parole aux anciens : il n'autorisera point, pour sa part, la réponse d'un vieux gentilhomme à Louis XV, qui lui demandait lequel il préférait de son siècle ou de celui-ci : « Sire, j'ai passé ma jeunesse à respecter les vieillards, et il faut que je passe ma vieillesse à respecter les enfants. »

Ayant une âme tendre et sensible, mais n'appréciant rien sur le taux de l'opinion, quoiqu'il aime à plaire aux autres, il se souciera peu d'en être considéré. D'où il suit qu'il sera plus affectueux que poli, qu'il n'aura jamais d'airs ni de faste, et qu'il sera plus touché d'une caresse que de mille éloges. Par les mêmes raisons il ne négligera ni ses manières ni son maintien ; il pourra même avoir quelque recherche dans sa parure, non pour paraître un homme de goût, mais pour rendre sa figure agréable ; il n'aura point recours au cadre doré, et jamais l'enseigne de la richesse ne souillera son ajustement.

On voit que tout cela n'exige point de ma part un étalage de préceptes, et n'est qu'un effet de sa première éducation. On nous fait un grand mystère de l'usage du monde ; comme si, dans l'âge où l'on prend cet usage, on ne le prenait pas naturellement, et comme si ce n'était pas dans un cœur honnête qu'il faut chercher ses premières lois ! La véritable politesse consiste à marquer de la bienveillance aux hommes ; elle se montre sans peine quand on en a ; c'est pour celui qui n'en a pas qu'on est forcé de réduire en art ses apparences.

« Le plus malheureux effet de la politesse d'usage est d'enseigner l'art de se passer des vertus qu'elle imite. Qu'on nous inspire dans l'éducation l'humanité et la bienfaisance, nous aurons la politesse, ou nous n'en aurons plus besoin.

« Si nous n'avons pas celle qui s'annonce par les grâces, nous aurons celle qui annonce l'honnête homme et le citoyen ; nous n'aurons pas besoin de recourir à la fausseté.

« Au lieu d'être artificieux pour plaire, il suffira d'être bon ; au lieu d'être faux pour flatter les faiblesses des autres, il suffira d'être indulgent.

« Ceux avec qui l'on aura de tels procédés n'en seront ni enorgueillis ni corrompus ; ils n'en seront que reconnaissants, et en deviendront meilleurs. »

Il me semble que si quelque éducation doit produire l'espèce de politesse qu'exige ici M. Duclos, c'est celle dont j'ai tracé le plan jusqu'ici.

Je conviens pourtant qu'avec des maximes si différentes, Emile ne sera point comme tout le monde, et Dieu le préserve de l'être jamais ! Mais, en ce qu'il sera différent des autres, il ne sera ni fâcheux, ni ridicule : la différence sera sensible sans être incommode. Emile sera, si l'on veut, un aimable étranger. D'abord on lui pardonnera ses singularités en disant : *Il se formera.* Dans la suite on sera tout accoutumé à ses manières ; et voyant qu'il n'en change pas, on les lui pardonnera encore en disant : *Il est fait ainsi.*

Il ne sera point fêté comme un homme aimable, mais on l'aimera sans savoir pourquoi ; personne ne vantera son esprit, mais on le prendra volontiers pour juge entre les gens d'esprit : le sien sera net et borné, il aura le sens droit et le jugement sain. Ne courant jamais après les idées neuves, il ne saurait se piquer d'esprit. Je lui ai fait sentir que toutes les idées salutaires et vraiment utiles aux hommes ont été les premières connues, qu'elles font de tout temps les seuls vrais liens de la société, et qu'il ne reste aux esprits transcendants qu'à se distinguer par des idées pernicieuses et funestes au genre humain. Cette manière de se faire admirer ne le touche guère : il sait où il doit trouver le bonheur de sa vie, et en quoi il peut contribuer au bonheur d'autrui. La sphère de ses connaissances ne s'étend pas plus loin que ce qui est profitable. Sa route est étroite et bien marquée; n'étant point tenté d'en sortir, il reste confondu avec ceux qui la suivent; il ne veut ni s'égarer ni briller. Emile est un homme de bon sens, et ne veut pas être autre chose : on aura beau vouloir l'injurier par ce titre, il s'en tiendra toujours honoré.

Quoique le désir de plaire ne le laisse plus absolument indifférent sur l'opinion d'autrui, il ne prendra de cette opinion que ce qui se rapporte immédiatement à sa personne, sans se soucier des appréciations arbitraires qui n'ont de loi que la mode ou les préjugés. Il aura l'orgueil de vouloir bien faire tout ce qu'il fait, même de le vouloir faire mieux qu'un autre : à la course il voudra être le plus léger; à la lutte, le plus fort; au travail, le plus habile; aux jeux d'adresse, le plus adroit; mais il cherchera peu les avantages qui ne sont pas clairs par eux-mêmes, et qui ont besoin d'être constatés par le jugement d'autrui, comme d'avoir plus d'esprit qu'un autre, de parler mieux, d'être plus savant, etc.; encore moins ceux qui ne tiennent point du tout à la personne, comme d'être d'une plus grande naissance, d'être estimé plus riche, plus en crédit, plus considéré, d'en imposer par un plus grand faste.

Aimant les hommes parce qu'ils sont ses semblables, il aimera surtout ceux qui lui ressemblent le plus, parce qu'il se sentira bon; et, jugeant de cette ressemblance par la conformité des goûts dans les choses morales, en tout ce qui tient au bon caractère, il sera fort aise d'être approuvé. Il ne se dira pas précisément : Je me réjouis parce qu'on m'approuve; mais, je me réjouis parce qu'on approuve ce que j'ai fait de bien; je me réjouis de ce que les gens qui m'honorent se font honneur : tant qu'ils jugeront aussi sainement, il sera beau d'obtenir leur estime.

Etudiant les hommes par leurs mœurs dans le monde, comme il les étudiait ci-devant par leurs passions dans l'histoire, il aura souvent lieu de réfléchir sur ce qui flatte ou choque le cœur humain. Le voilà philosophant sur les principes du goût; et voilà l'étude qui lui convient durant cette époque.

Plus on va chercher loin les définitions du goût, et plus on s'égare : le goût n'est que la faculté de juger ce qui plaît ou déplaît au plus grand nombre. Sortez de là, vous ne savez plus ce que c'est que le goût. Il ne s'ensuit pas qu'il y ait plus de gens de goût que d'autres; car, bien que la pluralité juge sainement de chaque objet, il y a peu d'hommes qui jugent comme elle sur tous; et, bien que le concours des goûts les plus généraux fasse le bon goût, il y a peu de gens de goût, de même qu'il y a peu de belles personnes, quoique l'assemblage des traits les plus communs fasse la beauté.

Il faut remarquer qu'il ne s'agit pas ici de ce qu'on aime parce qu'il nous est utile, ni de ce qu'on hait parce qu'il nous nuit. Le goût ne s'exerce que sur les choses indifférentes ou d'un intérêt d'amusement tout au plus, et non sur celles qui tiennent à nos besoins : pour juger de celles-ci, le goût n'est pas nécessaire, le seul appétit suffit. Voilà ce qui rend si difficiles, et, ce semble, si arbitraires les pures décisions du goût; car, hors l'instinct qui le détermine, on ne voit plus la raison de ses décisions. On doit distinguer encore ses lois dans les choses morales et ses lois dans les choses physiques. Dans celles-ci, les principes du goût semblent absolument inexplicables. Mais il importe d'observer qu'il entre du moral dans tout ce qui tient à l'imitation * : ainsi l'on explique des beautés qui paraissent physiques et qui ne le sont réellement point. J'ajouterai que le goût a des règles locales qui le rendent en mille choses dépendant des climats, des mœurs, du gouvernement, des choses d'institution; qu'il en a d'autres qui tiennent à l'âge, au sexe, au caractère, et que c'est en ce sens qu'il ne faut pas disputer des goûts.

Le goût est naturel à tous les hommes, mais ils ne l'ont pas tous en même mesure, il ne se développe pas dans tous au même degré, et, dans tous, il est sujet à s'altérer par diverses causes. La mesure du goût qu'on peut avoir dépend de la sensibilité qu'on a reçue; sa culture et sa forme dépendent des sociétés où l'on a vécu. Premièrement il faut vivre dans des sociétés nombreuses pour faire beaucoup de comparaisons. Secondement il faut des sociétés d'amusement et d'oisiveté; car, dans celles

---

* Cela est prouvé dans un *Essai sur l'origine des langues*, qu'on trouvera dans le recueil de mes écrits.

d'affaires, on a pour règle, non le plaisir, mais l'intérêt. En troisième lieu il faut des sociétés où l'inégalité ne soit pas trop grande, où la tyrannie de l'opinion soit modérée, et où règne la volupté plus que la vanité; car, dans le cas contraire, la mode étouffe le goût; et l'on ne cherche plus ce qui plaît, mais ce qui distingue.

Dans ce dernier cas, il n'est plus vrai que le bon goût est celui du plus grand nombre. Pourquoi cela? Parce que l'objet change. Alors la multitude n'a plus de jugement à elle, elle ne juge plus que d'après ceux qu'elle croit plus éclairés qu'elle; elle approuve, non ce qui est bien, mais ce qu'ils ont approuvé. Dans tous les temps, faites que chaque homme ait son propre sentiment; et ce qui est le plus agréable en soi aura toujours la pluralité des suffrages.

Les hommes, dans leurs travaux, ne font rien de beau que par imitation. Tous les vrais modèles du goût sont dans la nature. Plus nous nous éloignons du maître, plus nos tableaux sont défigurés. C'est alors des objets que nous aimons que nous tirons nos modèles; et le beau de fantaisie, sujet au caprice et à l'autorité, n'est plus rien que ce qui plaît à ceux qui nous guident.

Ceux qui nous guident sont les artistes, les grands, les riches; et ce qui les guide eux-mêmes est leur intérêt ou leur vanité. Ceux-ci, pour étaler leurs richesses, et les autres pour en profiter, cherchent à l'envi de nouveaux moyens de dépense. Par là le grand luxe établit son empire, et fait aimer ce qui est difficile et coûteux : alors le prétendu beau, loin d'imiter la nature, n'est tel qu'à force de la contrarier. Voilà comment le luxe et le mauvais goût sont inséparables. Partout où le goût est dispendieux, il est faux.

C'est surtout dans le commerce des deux sexes que le goût, bon ou mauvais, prend sa forme; sa culture est un effet nécessaire de l'objet de cette société. Mais, quand la facilité de jouir attiédit le désir de plaire, le goût doit dégénérer; et c'est là, ce me semble, une autre raison des plus sensibles, pourquoi le bon goût tient aux bonnes mœurs.

Consultez le goût des femmes dans les choses physiques et qui tiennent au jugement des sens; celui des hommes dans les choses morales et qui dépendent plus de l'entendement. Quand les femmes seront ce qu'elles doivent être, elles se borneront aux choses de leur compétence, et jugeront toujours bien; mais depuis qu'elles se sont établies les arbitres de la littérature, depuis qu'elles se sont mises à juger les livres et à en faire à toute force, elles ne connaissent plus rien. Les auteurs qui consultent les savantes sur leurs ouvrages sont toujours sûrs d'être mal conseillés : les galants qui les consultent sur leur parure sont toujours ridiculement mis. J'aurai bientôt occasion de parler des vrais talents de ce sexe, de la manière de les cultiver, et des choses sur lesquelles ses décisions doivent alors être écoutées.

Voilà les considérations élémentaires que je poserai pour principes en raisonnant avec mon Émile sur une matière qui ne lui est rien moins qu'indifférente dans la circonstance où il se trouve, et dans la recherche dont il est occupé. Et à qui doit-elle être indifférente ? La connaissance de ce qui peut être agréable ou désagréable aux hommes n'est pas seulement nécessaire à celui qui a besoin d'eux, mais encore à celui qui veut leur être utile : il importe même de leur plaire pour les servir; et l'art d'écrire n'est rien moins qu'une étude oiseuse quand on l'emploie à faire écouter la vérité.

Si, pour cultiver le goût de mon disciple, j'avais à choisir entre des pays où cette culture est encore à naître et d'autres où elle aurait déjà dégénéré, je suivrais l'ordre rétrograde; je commencerais sa tournée par ces derniers, et je finirais par les premiers. La raison de ce choix est que le goût se corrompt par une délicatesse excessive qui rend sensible à des choses que le gros des hommes n'aperçoit pas; cette délicatesse mène à l'esprit de discussion; car plus on subtilise les objets, plus ils se multiplient : cette subtilité rend le tact plus délicat et moins uniforme. Il se forme alors autant de goûts qu'il y a de têtes. Dans les disputes sur la préférence, la philosophie et les lumières s'étendent; et c'est ainsi qu'on apprend à penser. Les observations fines ne peuvent guère être faites que par des gens très répandus, attendu qu'elles frappent après toutes les autres, et que les gens peu accoutumés aux sociétés nombreuses y épuisent leur attention sur les grands traits. Il n'y a pas peut-être à présent un lieu policé sur la terre où le goût général soit plus mauvais qu'à Paris. Cependant c'est dans cette capitale que le bon goût se cultive; et il paraît peu de livres estimés dans l'Europe dont l'auteur n'ait été se former à Paris. Ceux qui pensent qu'il suffit de lire les livres qui s'y font se trompent : on apprend beaucoup plus dans la conversation des auteurs que dans leurs livres; et les auteurs eux-mêmes ne sont pas ceux avec qui l'on apprend le plus. C'est l'esprit des sociétés qui développe une tête pensante, et qui porte la vue aussi loin qu'elle peut aller. Si vous avez une étincelle de génie, allez passer une année à Paris : bientôt vous serez tout ce que vous pouvez être, ou vous ne serez jamais rien.

On peut apprendre à penser dans les lieux où le mauvais goût règne; mais il ne faut pas penser comme ceux qui ont ce mauvais goût, et il est bien difficile que cela n'arrive quand on reste avec eux trop longtemps. Il faut perfectionner par leurs soins l'instrument qui juge, en évitant de l'employer comme eux. Je me garderai de polir le jugement d'Émile jusqu'à l'altérer; et, quand il aura le tact assez fin pour sentir et comparer les divers goûts des hommes, c'est sur des objets plus simples que je le ramènerai fixer le sien.

Je m'y prendrai de plus loin encore pour lui conserver un goût pur et sain. Dans le tumulte de la dissipation je saurai me ménager avec lui des entretiens utiles; et, les dirigeant toujours sur des objets qui lui plaisent, j'aurai soin de les lui rendre aussi amusants qu'instructifs. Voici le temps de la lecture et des livres agréables; voici le temps de lui apprendre à faire l'analyse du discours, de le rendre sensible à toutes les beautés de l'éloquence et de la diction. C'est peu de chose d'apprendre les langues pour elles-mêmes; leur usage n'est pas si important qu'on croit; mais l'étude des langues mène à celle de la grammaire générale. Il faut apprendre le latin pour bien savoir le français; il faut étudier et comparer l'un et l'autre pour entendre les règles de l'art de parler.

Il y a d'ailleurs une certaine simplicité de goût qui va au cœur, et qui ne se trouve que dans les écrits des anciens. Dans l'éloquence, dans la poésie, dans toute espèce de littérature, il les retrouvera, comme dans l'histoire, abondants en choses, et sobres à juger. Nos auteurs, au contraire, disent peu et prononcent beaucoup. Nous donner sans cesse leur jugement pour loi n'est pas le moyen de former le nôtre. La différence des deux goûts se fait sentir dans tous les monuments et jusque sur les tombeaux. Les nôtres sont couverts d'éloges; sur ceux des anciens on lisait des faits.

Sta, viator; heroem calcas.

Quand j'aurais trouvé cette épitaphe sur un monument

antique, j'aurais d'abord deviné qu'elle était moderne ;
car rien n'est si commun que des héros parmi nous ;
mais chez les anciens ils étaient rares. Au lieu de dire
qu'un homme était un héros, ils auraient dit ce qu'il
avait fait pour l'être. A l'épitaphe de ce héros comparez
celle de l'efféminé Sardanapale :

> *J'ai bâti Tarse et Anchiale en un jour,*
> *et maintenant je suis mort.*

Laquelle dit plus, à votre avis ? Notre style lapidaire,
avec son enflure, n'est bon qu'à souffler des nains. Les
anciens montraient les hommes au naturel, et l'on voyait
que c'étaient des hommes. Xénophon honorant la
mémoire de quelques guerriers tués en trahison dans la
retraite des dix mille : *Ils moururent*, dit-il, *irréprochables
dans la guerre et dans l'amitié.* Voilà tout : mais considérez, dans cet éloge si court et si simple, de quoi l'auteur
devait avoir le cœur plein. Malheur à qui ne trouve pas
cela ravissant !

On lisait ces mots gravés sur un marbre aux Thermo-
pyles :

> *Passant, va dire à Sparte que nous sommes morts ici*
> *pour obéir à ses saintes lois.*

On voit bien que ce n'est pas l'Académie des inscriptions qui a composé celle-là.

Je suis trompé si mon élève, qui donne si peu de prix
aux paroles, ne porte sa première attention sur ces différences, et si elles n'influent sur le choix de ses lectures.
Entraîné par la mâle éloquence de Démosthène, il dira :
C'est un orateur ; mais en lisant Cicéron, il dira : C'est
un avocat.

En général, Emile prendra plus de goût pour les livres
des anciens que pour les nôtres ; par cela seul qu'étant les
premiers, les anciens sont les plus près de la nature, et
que leur génie est plus à eux. Quoi qu'en aient pu dire
La Motte et l'abbé Terrasson, il n'y a point de vrai progrès de raison dans l'espèce humaine, parce que tout ce
qu'on gagne d'un côté on le perd de l'autre ; que tous
les esprits partent toujours du même point, et que le
temps qu'on emploie à savoir ce que d'autres ont pensé
étant perdu pour apprendre à penser soi-même, on a
plus de lumières acquises et moins de vigueur d'esprit.

Nos esprits sont comme nos bras, exercés à tout faire avec des outils, et rien par eux-mêmes. Fontenelle disait que toute cette dispute sur les anciens et les modernes se réduisait à savoir si les arbres d'autrefois étaient plus grands que ceux d'aujourd'hui. Si l'agriculture avait changé, cette question ne serait pas impertinente à faire.

Après l'avoir ainsi fait remonter aux sources de la pure littérature, je lui en montre aussi les égouts dans les réservoirs des modernes compilateurs : journaux, traductions, dictionnaires; il jette un coup d'œil sur tout cela, puis le laisse pour n'y jamais revenir. Je lui fais entendre, pour le réjouir, le bavardage des académies; je lui fais remarquer que chacun de ceux qui les composent vaut toujours mieux seul qu'avec le corps : là-dessus il tirera de lui-même la conséquence de l'utilité de tous ces beaux établissements.

Je le mène aux spectacles, pour étudier, non les mœurs, mais le goût; car c'est là surtout qu'il se montre à ceux qui savent réfléchir. Laissez les préceptes et la morale, lui dirais-je; ce n'est pas ici qu'il faut les apprendre. Le théâtre n'est pas fait pour la vérité; il est fait pour flatter, pour amuser les hommes; il n'y a point d'école où l'on apprenne si bien l'art de leur plaire et d'intéresser le cœur humain. L'étude du théâtre mène à celle de la poésie; elles ont exactement le même objet. Qu'il ait une étincelle de goût pour elle, avec quel plaisir il cultivera les langues des poètes, le grec, le latin, l'italien! Ces études seront pour lui des amusements sans contrainte, et n'en profiteront que mieux; elles lui seront délicieuses dans un âge et des circonstances où le cœur s'intéresse avec tant de charme à tous les genres de beauté faits pour le toucher. Figurez-vous d'un côté mon Émile, et de l'autre un polisson de collège, lisant le quatrième livre de l'*Enéide*, ou Tibulle, ou le *Banquet* de Platon : quelle différence! Combien le cœur de l'un est remué de ce qui n'affecte pas même l'autre! O bon jeune homme! arrête, suspends ta lecture, je te vois trop ému; je veux bien que le langage de l'amour te plaise, mais non pas qu'il t'égare; sois homme sensible, mais sois homme sage. Si tu n'es que l'un des deux, tu n'es rien. Au reste, qu'il réussisse ou non dans les langues mortes, dans les belles-lettres, dans la poésie, peu m'importe. Il n'en vaudra pas moins s'il ne sait rien de tout cela, et ce n'est pas de tous ces badinages qu'il s'agit dans son éducation.

Mon principal objet, en lui apprenant à sentir et aimer le beau dans tous les genres, est d'y fixer ses affections et ses goûts, d'empêcher que ses appétits naturels ne s'altèrent, et qu'il ne cherche un jour dans sa richesse les moyens d'être heureux, qu'il doit trouver plus près de lui. J'ai dit ailleurs que le goût n'était que l'art de se connaître en petites choses et cela est très vrai; mais puisque c'est d'un tissu de petites choses que dépend l'agrément de la vie, de tels soins ne sont rien moins qu'indifférents; c'est par eux que nous apprenons à la remplir des biens mis à notre portée, dans toute la vérité qu'ils peuvent avoir pour nous. Je n'entends point ici les biens moraux qui tiennent à la bonne disposition de l'âme, mais seulement ce qui est de sensualité, de volupté réelle, mis à part les préjugés et l'opinion.

Qu'on me permette, pour mieux développer mon idée, de laisser un moment Emile, dont le cœur pur et sain ne peut plus servir de règle à personne, et de chercher en moi-même un exemple plus sensible et plus rapproché des mœurs du lecteur.

Il y a des états qui semblent changer la nature, et refondre, soit en mieux, soit en pis, les hommes qui les remplissent. Un poltron devient brave en entrant dans le régiment de Navarre. Ce n'est pas seulement dans le militaire que l'on prend l'esprit de corps, et ce n'est pas toujours en bien que ses effets se font sentir. J'ai pensé cent fois avec effroi que si j'avais le malheur de remplir aujourd'hui tel emploi que je pense en certains pays, demain je serais presque inévitablement tyran, concussionnaire, destructeur du peuple, nuisible au prince, ennemi par état de toute humanité, de toute équité, de toute espèce de vertu.

De même, si j'étais riche, j'aurais fait tout ce qu'il faut pour le devenir; je serais donc insolent et bas, sensible et délicat pour moi seul, impitoyable et dur pour tout le monde, spectateur dédaigneux des misères de la canaille, car je ne donnerais plus d'autre nom aux indigents, pour faire oublier qu'autrefois je fus de leur classe. Enfin je ferais de ma fortune l'instrument de mes plaisirs, dont je serais uniquement occupé; et jusque-là je serais comme tous les autres.

Mais en quoi je crois que j'en différerais beaucoup, c'est que je serais sensuel et voluptueux plutôt qu'orgueilleux et vain, et que je me livrerais au luxe de mollesse bien plus qu'au luxe d'ostentation. J'aurais même quelque honte d'étaler trop ma richesse, et je croirais toujours voir l'envieux que j'écraserais de mon faste dire à ses voisins à l'oreille : *Voilà un fripon qui a grand-peur de n'être pas connu pour tel.*

De cette immense profusion de biens qui couvrent la terre, je chercherais ce qui m'est le plus agréable et que je puis le mieux m'approprier. Pour cela, le premier usage de ma richesse serait d'en acheter du loisir et la liberté, à quoi j'ajouterais la santé, si elle était à prix ; mais comme elle ne s'achète qu'avec la tempérance, et qu'il n'y a point sans la santé de vrai plaisir dans la vie, je serais tempérant par sensualité.

Je resterais toujours aussi près de la nature qu'il serait possible pour flatter les sens que j'ai reçus d'elle, bien sûr que plus elle mettrait du sien dans mes jouissances, plus j'y trouverais de réalité. Dans le choix des objets d'imitation je la prendrais toujours pour modèle ; dans mes appétits je lui donnerais la préférence ; dans mes goûts je la consulterais toujours ; dans les mets je voudrais toujours ceux dont elle fait le meilleur apprêt et qui passent par le moins de mains pour parvenir sur nos tables. Je préviendrais les falsifications de la fraude, j'irais au-devant du plaisir. Ma sotte et grossière gourmandise n'enrichirait point un maître d'hôtel ; il ne me vendrait point au poids de l'or du poison pour du poisson ; ma table ne serait point couverte avec appareil de magnifiques ordures et charognes lointaines ; je prodiguerais ma propre peine pour satisfaire ma sensualité, puisque alors cette peine est un plaisir elle-même, et qu'elle ajoute à celui qu'on en attend. Si je voulais goûter un mets du bout du monde, j'irais, comme Apicius, plutôt l'y chercher, que de l'en faire venir, car les mets les plus exquis manquent toujours d'un assaisonnement qu'on n'apporte pas avec eux et qu'aucun cuisinier ne leur donne, l'air du climat qui les a produits.

Par la même raison, je n'imiterais pas ceux qui, ne se trouvant bien qu'où ils ne sont point, mettent toujours les saisons en contradiction avec elles-mêmes, et les climats en contradiction avec les saisons ; qui, cherchant l'été en hiver, et l'hiver en été, vont avoir froid en Italie et chaud dans le nord, sans songer qu'en croyant fuir la rigueur des saisons, ils la trouvent dans les lieux où l'on n'a point appris à s'en garantir. Moi, je resterais en place, ou je prendrais tout le contre-pied : je voudrais tirer d'une saison tout ce qu'elle a d'agréable, et d'un climat tout ce qu'il a de particulier. J'aurais une diversité de plaisirs et d'habitudes qui ne se ressembleraient point, et qui seraient toujours dans la nature, j'irais passer l'été à Naples, et l'hiver à Pétersbourg; tantôt respirant un doux zéphyr, à demi couché dans les fraîches grottes de Tarente; tantôt dans l'illumination d'un palais de glace, hors d'haleine, et fatigué des plaisirs du bal.

Je voudrais dans le service de ma table, dans la parure de mon logement, imiter par des ornements très simples la variété des saisons, et tirer de chacune toutes ses délices, sans anticiper sur celles qui la suivront. Il y a de la peine et non du goût à troubler ainsi l'ordre de la nature, à lui arracher des productions involontaires qu'elle donne à regret dans sa malédiction, et qui, n'ayant ni qualité ni saveur, ne peuvent ni nourrir l'estomac, ni flatter le palais. Rien n'est plus insipide que les primeurs; ce n'est qu'à grands frais que tel riche de Paris, avec ses fourneaux et ses serres chaudes, vient à bout de n'avoir sur sa table toute l'année que de mauvais légumes et de mauvais fruits. Si j'avais des cerises quand il gèle, et des melons ambrés au cœur de l'hiver, avec quel plaisir les goûterais-je, quand mon palais n'a besoin d'être humecté ni rafraîchi ? Dans les ardeurs de la canicule, le lourd marron me serait-il fort agréable ? Le préférerais-je sortant de la poêle, à la groseille, à la fraise et aux fruits désaltérants qui me sont offerts sur la terre sans tant de soins ? Couvrir sa cheminée au mois de janvier de végétations forcées, de fleurs pâles et sans odeur, c'est moins parer l'hiver que déparer le printemps : c'est s'ôter le plaisir d'aller dans les bois chercher la première violette, épier le premier bourgeon, et s'écrier dans un saisissement de joie : Mortels, vous n'êtes pas abandonnés, la nature vit encore.

Pour être bien servi, j'aurais peu de domestiques : cela a déjà été dit, et cela est bon à redire encore. Un bourgeois tire plus de vrai service de son seul laquais qu'un duc des dix messieurs qui l'entourent. J'ai pensé cent fois qu'ayant à table mon verre à côté de moi, je bois à l'instant qu'il me plaît, au lieu que, si j'avais un grand couvert, il faudrait que vingt voix répétassent : à boire, avant que je pusse étancher ma soif. Tout ce qu'on fait par autrui se fait mal, comme qu'on s'y prenne. Je n'enverrais pas chez les marchands, j'irais moi-même; j'irais pour que mes gens ne traitassent pas avec eux avant moi, pour choisir plus sûrement, et payer

moins chèrement ; j'irais pour faire un exercice agréable,
pour voir un peu ce qui se fait hors de chez moi ; cela
récrée, et quelquefois cela instruit ; enfin j'irais pour
aller, c'est toujours quelque chose. L'ennui commence
par la vie trop sédentaire ; quand on va beaucoup, on
s'ennuie peu. Ce sont de mauvais interprètes qu'un por-
tier et des laquais ; je ne voudrais point avoir toujours
ces gens-là entre moi et le reste du monde, ni marcher
toujours avec le fracas d'un carrosse, comme si j'avais
peur d'être abordé. Les chevaux d'un homme qui se
sert de ses jambes sont toujours prêts ; s'ils sont fatigués
ou malades, il le sait avant tout autre ; et il n'a pas peur
d'être obligé de garder le logis sous ce prétexte, quand
son cocher veut se donner du bon temps ; en chemin
mille embarras ne le font point sécher d'impatience, ni
rester en place au moment qu'il voudrait voler. Enfin,
si nul ne nous sert jamais si bien que nous-mêmes, fût-on
plus puissant qu'Alexandre et plus riche que Crésus,
on ne doit recevoir des autres que les services qu'on ne
peut tirer de soi.

Je ne voudrais point avoir un palais pour demeure ;
car dans ce palais je n'habiterais qu'une chambre ; toute
pièce commune n'est à personne, et la chambre de chacun
de mes gens me serait aussi étrangère que celle de mon
voisin. Les Orientaux, bien que très voluptueux, sont
tous logés et meublés simplement. Ils regardent la vie
comme un voyage, et leur maison comme un cabaret.
Cette raison prend peu sur nous autres riches, qui nous
arrangeons pour vivre toujours : mais j'en aurais une
différente qui produirait le même effet. Il me semblerait
que m'établir avec tant d'appareil dans un lieu serait
me bannir de tous les autres, et m'emprisonner pour
ainsi dire dans mon palais. C'est un assez beau palais que
le monde ; tout n'est-il pas au riche quand il veut jouir ?
Ubi bene, ibi patria ; c'est là sa devise ; ses lares sont les
lieux où l'argent peut tout, son pays est partout où peut
passer son coffre-fort, comme Philippe tenait à lui toute
place forte où pouvait entrer un mulet chargé d'argent.
Pourquoi donc s'aller circonscrire par des murs et par
des portes pour n'en sortir jamais ? Une épidémie, une
guerre, une révolte me chasse-t-elle d'un lieu, je vais
dans un autre, et j'y trouve mon hôtel arrivé avant moi.
Pourquoi prendre le soin de m'en faire un moi-même,
tandis qu'on en bâtit pour moi par tout l'univers ? Pourquoi, si pressé de vivre, m'apprêter de si loin des jouis-

sances que je puis trouver dès aujourd'hui ? L'on ne saurait se faire un sort agréable en se mettant sans cesse en contradiction avec soi. C'est ainsi qu'Empédocle reprochait aux Agrigentins d'entasser les plaisirs comme s'ils n'avaient qu'un jour à vivre et de bâtir comme s'ils ne devaient jamais mourir.

D'ailleurs, que me sert un logement si vaste, ayant si peu de quoi le peupler, et moins de quoi le remplir ? Mes meubles seraient simples comme mes goûts; je n'aurais ni galerie ni bibliothèque, surtout si j'aimais la lecture et que je me connusse en tableaux. Je saurais alors que de telles collections ne sont jamais complètes, et que le défaut de ce qui leur manque donne plus de chagrin que de n'avoir rien. En ceci l'abondance fait la misère : il n'y a pas un faiseur de collections qui ne l'ait éprouvé. Quand on s'y connaît, on n'en doit point faire; on n'a guère un cabinet à montrer aux autres quand on sait s'en servir pour soi.

Le jeu n'est point un amusement d'homme riche, il est la ressource d'un désœuvré; et mes plaisirs me donneraient trop d'affaires pour me laisser bien du temps à si mal remplir. Je ne joue point du tout, étant solitaire et pauvre, si ce n'est quelquefois aux échecs, et cela de trop. Si j'étais riche, je jouerais moins encore, et seulement un très petit jeu, pour ne voir point de mécontent, ni l'être. L'intérêt du jeu, manquant de motif dans l'opulence, ne peut jamais se changer en fureur que dans un esprit mal fait. Les profits qu'un homme riche peut faire au jeu lui sont toujours moins sensibles que les pertes; et comme la forme des jeux modérés, qui en use le bénéfice à la longue, fait qu'en général ils vont plus en pertes qu'en gains, on ne peut, en raisonnant bien, s'affectionner beaucoup à un amusement où les risques de toute espèce sont contre soi. Celui qui nourrit sa vanité des préférences de la fortune les peut chercher dans des objets beaucoup plus piquants, et ces préférences ne se marquent pas moins dans le plus petit jeu que dans le plus grand. Le goût du jeu, fruit de l'avarice et de l'ennui, ne prend que dans un esprit et dans un cœur vides; et il me semble que j'aurais assez de sentiment et de connaissances pour me passer d'un tel supplément. On voit rarement les penseurs se plaire beaucoup au jeu, qui suspend cette habitude, ou la tourne sur d'arides combinaisons; aussi l'un des biens, et peut-être le seul qu'ait produit le goût des sciences, est d'amortir un peu cette passion sordide; on aimera mieux s'exercer à prouver l'utilité du jeu que de s'y livrer. Moi, je le combattrais parmi les joueurs, et j'aurais plus de plaisir à me moquer d'eux en les voyant perdre, qu'à leur gagner leur argent.

Je serais le même dans ma vie privée et dans le commerce du monde. Je voudrais que ma fortune mît partout de l'aisance, et ne fît jamais sentir d'inégalité. Le clinquant de la parure est incommode à mille égards. Pour garder parmi les hommes toute la liberté possible, je voudrais être mis de manière que dans tous les rangs je parusse à ma place, et qu'on ne me distinguât dans aucun; que, sans affectation, sans changement sur ma personne, je fusse peuple à la guinguette et bonne compagnie au Palais-Royal. Par là plus maître de ma conduite, je mettrais toujours à ma portée les plaisirs de tous les états. Il y a, dit-on, des femmes qui ferment leur porte aux manchettes brodées, et ne reçoivent personne qu'en dentelle; j'irais donc passer ma journée ailleurs; mais si ces femmes étaient jeunes et jolies, je pourrais quelquefois prendre de la dentelle pour y passer la nuit tout au plus.

Le seul lien de mes sociétés serait l'attachement mutuel, la conformité des goûts, la convenance des caractères; je m'y livrerais comme homme et non comme riche; je ne souffrirais jamais que leur charme fût empoisonné par l'intérêt. Si mon opulence m'avait laissé quelque humanité, j'étendrais au loin mes services et mes bienfaits; mais je voudrais avoir autour de moi une société et non une cour, des amis et non des protégés; je ne serais point le patron de mes convives, je serais leur hôte. L'indépendance et l'égalité laisseraient à mes liaisons toute la candeur de la bienveillance; et où le devoir ni l'intérêt n'entreraient pour rien, le plaisir et l'amitié feraient seuls la loi.

On n'achète ni son ami ni sa maîtresse. Il est aisé d'avoir des femmes avec de l'argent; mais c'est le moyen de n'être jamais l'amant d'aucune. Loin que l'amour soit à vendre, l'argent le tue infailliblement. Quiconque paye, fût-il le plus aimable des hommes, par cela seul qu'il paye, ne peut être longtemps aimé. Bientôt il payera pour un autre, ou plutôt cet autre sera payé de son argent; et, dans ce double lien, formé par l'intérêt, par la débauche, sans amour, sans honneur, sans vrai plaisir, la femme avide, infidèle et misérable, traitée par le vil qui reçoit comme elle traite le sot qui donne, reste ainsi

quitte envers tous les deux. Il serait doux d'être libéral
envers ce qu'on aime, si cela ne faisait un marché. Je ne
connais qu'un moyen de satisfaire ce penchant avec sa
maîtresse sans empoisonner l'amour : c'est de lui tout
donner et d'être ensuite nourri par elle. Reste à savoir
où est la femme avec qui ce procédé ne fût pas extravagant.

Celui qui disait : Je possède Laïs sans qu'elle me possède, disait un mot sans esprit. La possession qui n'est
pas réciproque n'est rien : c'est tout au plus la possession
du sexe, mais non pas de l'individu. Or, où le moral de
l'amour n'est pas, pourquoi faire une si grande affaire
du reste ? Rien n'est si facile à trouver. Un muletier est
là-dessus plus près du bonheur qu'un millionnaire.

Oh ! si l'on pouvait développer assez les inconséquences
du vice, combien, lorsqu'il obtient ce qu'il a voulu, on
le trouverait loin de son compte ! Pourquoi cette barbare
avidité de corrompre l'innocence, de se faire une victime d'un jeune objet qu'on eût dû protéger, et que de ce
premier pas on traîne inévitablement dans un gouffre de
misère dont il ne sortira qu'à la mort ? Brutalité, vanité,
sottise, erreur, et rien davantage. Ce plaisir même n'est
pas de la nature ; il est de l'opinion, et de l'opinion la
plus vile, puisqu'elle tient au mépris de soi. Celui qui
se sent le dernier des hommes craint la comparaison de
tout autre, et veut passer le premier pour être moins
odieux. Voyez si les plus avides de ce ragoût imaginaire
sont jamais de jeunes gens aimables, dignes de plaire,
et qui seraient plus excusables d'être difficiles. Non :
avec de la figure, du mérite et des sentiments, on craint
peu l'expérience de sa maîtresse ; dans une juste confiance,
on lui dit : Tu connais les plaisirs, n'importe ; mon cœur
t'en promet que tu n'as jamais connus.

Mais un vieux satyre usé de débauche, sans agrément,
sans ménagement, sans égard, sans aucune espèce d'honnêteté, incapable, indigne de plaire à toute femme qui se
connaît en gens aimables, croit suppléer à tout cela chez
une jeune innocente, en gagnant de vitesse sur l'expérience, et lui donnant la première émotion des sens. Son
dernier espoir est de plaire à la faveur de la nouveauté ;
c'est incontestablement là le motif secret de cette fantaisie ; mais il se trompe, l'horreur qu'il fait n'est pas moins
de la nature que n'en sont les désirs qu'il voudrait exciter.
Il se trompe aussi dans sa folle attente : cette même nature
a soin de revendiquer ses droits : toute fille qui se vend

s'est déjà donnée; et s'étant donnée à son choix, elle a fait la comparaison qu'il craint. Il achète donc un plaisir imaginaire, et n'en est pas moins abhorré.

Pour moi, j'aurais beau changer étant riche, il est un point où je ne changerai jamais. S'il ne me reste ni mœurs ni vertu, il me restera du moins quelque goût, quelque sens, quelque délicatesse; et cela me garantira d'user ma fortune en dupe à courir après des chimères, d'épuiser ma bourse et ma vie à me faire trahir et moquer par des enfants. Si j'étais jeune, je chercherais les plaisirs de la jeunesse; et, les voulant dans toute leur volupté, je ne les chercherais pas en homme riche. Si je restais tel que je suis, ce serait autre chose; je me bornerais prudemment aux plaisirs de mon âge; je prendrais les goûts dont je peux jouir, et j'étoufferais ceux qui ne me feraient plus que mon supplice. Je n'irais point offrir ma barbe grise aux dédains railleurs des jeunes filles; je ne supporterais point de voir mes dégoûtantes caresses leur faire soulever le cœur, de leur préparer à mes dépens les récits les plus ridicules, de les imaginer décrivant les vilains plaisirs du vieux singe, de manière à se venger de les avoir endurés. Que si des habitudes mal combattues avaient tourné mes anciens désirs en besoins, j'y satisferais peut-être, mais avec honte, mais en rougissant de moi. J'ôterais la passion du besoin, je m'assortirais le mieux qu'il me serait possible, et m'en tiendrais là : je ne me ferais plus une occupation de ma faiblesse, et je voudrais surtout n'en avoir qu'un seul témoin. La vie humaine a d'autres plaisirs, quand ceux-là lui manquent; en courant vainement après ceux qui fuient, on s'ôte encore ceux qui nous sont laissés. Changeons de goûts avec les années, ne déplaçons pas plus les âges que les saisons : il faut être soi dans tous les temps, et ne point lutter contre la nature : ces vains efforts usent la vie et nous empêchent d'en user.

Le peuple ne s'ennuie guère, sa vie est active; si ses amusements ne sont pas variés, ils sont rares; beaucoup de jours de fatigue lui font goûter avec délices quelques jours de fêtes. Une alternative de longs travaux et de courts loisirs tient lieu d'assaisonnement aux plaisirs de son état. Pour les riches, leur grand fléau, c'est l'ennui; au sein de tant d'amusements rassemblés à grands frais, au milieu de tant de gens concourant à leur plaire, l'ennui les consume et les tue, ils passent leur vie à le fuir et à en être atteints : ils sont accablés de son poids insupportable : les femmes surtout, qui ne savent plus ni s'occuper ni s'amuser, en sont dévorées sous le nom de vapeurs ; il se transforme pour elles en un mal horrible, qui leur ôte quelquefois la raison, et enfin la vie. Pour moi, je ne connais point de sort plus affreux que celui d'une jolie femme de Paris, après celui du petit agréable qui s'attache à elle, qui, changé de même en femme oisive, s'éloigne ainsi doublement de son état, et à qui la vanité d'être homme à bonnes fortunes fait supporter la langueur des plus tristes jours qu'ait jamais passés créature humaine.

Les bienséances, les modes, les usages qui dérivent du luxe et du bon air, renferment le cours de la vie dans la plus maussade uniformité. Le plaisir qu'on veut avoir aux yeux des autres est perdu pour tout le monde : on ne l'a ni pour eux ni pour soi *. Le ridicule, que l'opinion redoute sur toute chose, est toujours à côté d'elle pour la tyranniser et pour la punir. On n'est jamais ridicule que par des formes déterminées : celui qui sait varier ses situations et ses plaisirs efface aujourd'hui l'impression d'hier : il est comme nul dans l'esprit des hommes ; mais il jouit, car il est tout entier à chaque heure et à chaque chose. Ma seule forme constante serait celle-là ; dans chaque situation je ne m'occuperais d'aucune autre, et je prendrais chaque jour en lui-même, comme indépendant de la veille et du lendemain. Comme je serais peuple avec le peuple, je serais campagnard aux champs ; et quand je parlerais d'agriculture, le paysan ne se moquerait pas de moi. Je n'irais pas me bâtir une ville en campagne, et mettre au fond d'une province les Tuileries devant mon appartement. Sur le penchant de quelque agréable colline bien ombragée, j'aurais une petite maison rustique, une maison blanche avec des contrevents verts ; et quoique une couverture de chaume soit en toute saison la meilleure, je préférerais magnifiquement, non la triste ardoise, mais la tuile, parce qu'elle a l'air plus propre et plus gai que le chaume, qu'on ne couvre pas autrement les maisons dans mon pays, et que cela me rappellerait un peu l'heureux temps de ma jeunesse. J'aurais pour cour une basse-cour,

---

* Deux femmes du monde, pour avoir l'air de s'amuser beaucoup, se font une loi de ne jamais se coucher qu'à cinq heures du matin. Dans la rigueur de l'hiver, leurs gens passent la nuit dans la rue à les attendre, fort embarrassés à s'y garantir d'être gelés. On entre un soir, ou pour mieux dire, un matin, dans l'appartement où ces deux personnes si amusées laissaient couler les heures sans les compter : on les trouve exactement seules, dormant chacune dans son fauteuil.

et pour écurie une étable avec des vaches, pour avoir du laitage que j'aime beaucoup. J'aurais un potager pour jardin, et pour parc un joli verger semblable à celui dont il sera parlé ci-après. Les fruits, à la discrétion des promeneurs, ne seraient ni comptés ni cueillis par mon jardinier ; et mon avare magnificence n'étalerait point aux yeux des espaliers superbes auxquels on osât toucher. Or, cette petite prodigalité serait peu coûteuse, parce que j'aurais choisi mon asile dans quelque province éloignée où l'on voit peu d'argent et beaucoup de denrées, et où règnent l'abondance et la pauvreté.

Là, je rassemblerais une société, plus choisie que nombreuse, d'amis aimant le plaisir et s'y connaissant, de femmes qui pussent sortir de leur fauteuil et se prêter aux jeux champêtres, prendre quelquefois, au lieu de la navette et des cartes, la ligne, les gluaux, le râteau des faneuses, et le panier des vendangeurs. Là, tous les airs de la ville seraient oubliés, et, devenus villageois au village, nous nous trouverions livrés à des foules d'amusements divers qui ne nous donneraient chaque soir que l'embarras du choix pour le lendemain. L'exercice et la vie active nous feraient un nouvel estomac et de nouveaux goûts. Tous nos repas seraient des festins, où l'abondance plairait plus que la délicatesse. La gaieté, les travaux rustiques, les folâtres jeux, sont les premiers cuisiniers du monde, et les ragoûts fins sont bien ridicules à des gens en haleine depuis le lever du soleil. Le service n'aurait pas plus d'ordre que d'élégance ; la salle à manger serait partout, dans le jardin, dans un bateau, sous un arbre ; quelquefois au loin, près d'une source vive, sur l'herbe verdoyante et fraîche, sous des touffes d'aunes et de coudriers ; une longue procession de gais convives porterait en chantant l'apprêt du festin ; on aurait le gazon pour table et pour chaise ; les bords de la fontaine serviraient de buffet, et le dessert pendrait aux arbres. Les mets seraient servis sans ordre, l'appétit dispenserait des façons ; chacun, se préférant ouvertement à tout autre, trouverait bon que tout autre se préférât de même à lui : de cette familiarité cordiale et modérée naîtrait, sans grossièreté, sans fausseté, sans contrainte, un conflit badin plus charmant cent fois que la politesse, et plus fait pour lier les cœurs. Point d'importun laquais épiant nos discours, critiquant tout bas nos maintiens, comptant nos morceaux d'un œil avide, s'amusant à nous faire attendre à boire, et murmurant d'un trop long dîner. Nous serions nos valets pour être nos maîtres, chacun serait servi par tous; le temps passerait sans le compter; le repas serait le repos, et durerait autant que l'ardeur du jour. S'il passait près de nous quelque paysan retournant au travail, ses outils sur l'épaule, je lui réjouirais le cœur par quelques bons propos, par quelques coups de bon vin qui lui feraient porter plus gaiement sa misère; et moi j'aurais aussi le plaisir de me sentir émouvoir un peu les entrailles, et de me dire en secret : Je suis encore homme.

Si quelque fête champêtre rassemblait les habitants du lieu, j'y serais des premiers avec ma troupe; si quelques mariages, plus bénis du ciel que ceux des villes, se faisaient à mon voisinage, on saurait que j'aime la joie, et j'y serais invité. Je porterais à ces bonnes gens quelques dons simples comme eux, qui contribueraient à la fête; et j'y trouverais en échange des biens d'un prix inestimable, des biens si peu connus de mes égaux, la franchise et le vrai plaisir. Je souperais gaiement au bout de leur longue table; j'y ferais chorus au refrain d'une vieille chanson rustique, et je danserais dans leur grange de meilleur cœur qu'au bal de l'Opéra.

Jusqu'ici tout est à merveille, me dira-t-on; mais la chasse ? est-ce être en campagne que de n'y pas chasser ? J'entends : je ne voulais qu'une métairie, et j'avais tort. Je me suppose riche, il me faut donc des plaisirs exclusifs, des plaisirs destructifs : voici de tout autres affaires. Il me faut des terres, des bois, des gardes, des redevances, des honneurs seigneuriaux, surtout de l'encens et de l'eau bénite.

Fort bien. Mais cette terre aura des voisins jaloux de leurs droits et désireux d'usurper ceux des autres; nos gardes se chamailleront, et peut-être les maîtres : voilà des altercations, des querelles, des haines, des procès tout au moins : cela n'est déjà pas fort agréable. Mes vassaux ne verront point avec plaisir labourer leurs blés par mes lièvres, et leurs fèves par mes sangliers; chacun, n'osant tuer l'ennemi qui détruit son travail, voudra du moins le chasser de son champ; après avoir passé le jour à cultiver leurs terres, il faudra qu'ils passent la nuit à les garder, ils auront des mâtins, des tambours, des cornets, des sonnettes : avec tout ce tintamarre ils troubleront mon sommeil. Je songerai malgré moi à la misère de ces pauvres gens, et ne pourrai m'empêcher de me la reprocher. Si j'avais l'honneur d'être prince, tout cela ne me toucherait guère; mais moi, nouveau parvenu, nouveau riche, j'aurais le cœur encore un peu roturier.

Ce n'est pas tout; l'abondance du gibier tentera les chasseurs; j'aurai bientôt des braconniers à punir; il me faudra des prisons, des geôliers, des archers, des galères : tout cela me paraît assez cruel. Les femmes de ces malheureux viendront assiéger ma porte et m'importuner de leurs cris, ou bien il faudra qu'on les chasse, qu'on les maltraite. Les pauvres gens qui n'auront point braconné, et dont mon gibier aura fourragé la récolte, viendront se plaindre de leur côté : les uns seront punis pour avoir tué le gibier, les autres ruinés pour l'avoir épargné : quelle triste alternative! Je ne verrai de tous côtés qu'objets de misère, je n'entendrai que gémissements : cela doit troubler beaucoup, ce me semble, le plaisir de massacrer à son aise des foules de perdrix et de lièvres presque sous ses pieds.

Voulez-vous dégager les plaisirs de leurs peines, ôtez-en l'exclusion : plus vous les laisserez communs aux hommes, plus vous les goûterez toujours purs. Je ne ferai donc point tout ce que je viens de dire; mais, sans changer de goûts, je suivrai celui que je me suppose à moindres frais. J'établirai mon séjour champêtre dans un pays où la chasse soit libre à tout le monde, et où j'en puisse avoir l'amusement sans embarras. Le gibier sera plus rare; mais il y aura plus d'adresse à le chercher et de plaisir à l'atteindre. Je me souviendrai des battements de cœur qu'éprouvait mon père au vol de la première perdrix, et des transports de joie avec lesquels il trouvait le lièvre qu'il avait cherché tout le jour. Oui, je soutiens que, seul avec son chien, chargé de son fusil, de son carnier, de son fourniment, de sa petite proie, il revenait le soir, rendu de fatigue et déchiré des ronces, plus content de sa journée que tous vos chasseurs de ruelle, qui, sur un bon cheval, suivis de vingt fusils chargés, ne font qu'en changer, tirer, et tuer autour d'eux, sans art, sans gloire, et presque sans exercice. Le plaisir n'est donc pas moindre, et l'inconvénient est ôté quand on n'a ni terre à garder, ni braconnier à punir, ni misérable à tourmenter : voilà donc une solide raison de préférence. Quoi qu'on fasse, on ne tourmente point sans fin les hommes qu'on n'en reçoive aussi quelque malaise; et les longues malédictions du peuple rendent tôt ou tard le gibier amer.

Encore un coup, les plaisirs exclusifs sont la mort du plaisir. Les vrais amusements sont ceux qu'on partage

avec le peuple; ceux qu'on veut avoir à soi seul, on ne les
a plus. Si les murs que j'élève autour de mon parc m'en
font une triste clôture, je n'ai fait à grands frais que
m'ôter le plaisir de la promenade : me voilà forcé de l'aller
chercher au loin. Le démon de la propriété infecte tout
ce qu'il touche. Un riche veut être partout le maître et
ne se trouve bien qu'où il ne l'est pas : il est forcé de se
fuir toujours. Pour moi, je ferai là-dessus dans ma richesse
ce que j'ai fait dans ma pauvreté. Plus riche maintenant
du bien des autres que je ne serai jamais du mien, je m'empare de tout ce qui me convient dans mon voisinage : il n'y
a pas de conquérant plus déterminé que moi; j'usurpe sur
les princes mêmes; je m'accommode sans distinction de
tous les terrains ouverts qui me plaisent; je leur donne
des noms; je fais de l'un mon parc, de l'autre ma terrasse,
et m'en voilà le maître; dès lors, je m'y promène impunément; j'y reviens souvent pour maintenir ma possession;
j'use autant que je veux le sol à force d'y marcher; et
l'on ne me persuadera jamais que le titulaire du fonds que
je m'approprie tire plus d'usage de l'argent qu'il lui produit que j'en tire de son terrain. Que si l'on vient à me
vexer par des fossés, par des haies, peu m'importe; je
prends mon parc sur mes épaules, et je vais le poser ailleurs; les emplacements ne manquent pas aux environs,
et j'aurai longtemps à piller mes voisins avant de manquer d'asile.

Voilà quelque essai du vrai goût dans le choix des loisirs agréables : voilà dans quel esprit on jouit; tout le
reste n'est qu'illusion, chimère, sotte vanité. Quiconque
s'écartera de ces règles, quelque riche qu'il puisse être,
mangera son or en fumier, et ne connaîtra jamais le prix
de la vie.

On m'objectera sans doute que de tels amusements sont
à la portée de tous les hommes, et qu'on n'a pas besoin
d'être riche pour les goûter. C'est précisément à quoi j'en
voulais venir. On a du plaisir quand on en veut avoir :
c'est l'opinion seule qui rend tout difficile, qui chasse le
bonheur devant nous; et il est cent fois plus aisé d'être
heureux que de le paraître. L'homme de goût et vraiment
voluptueux n'a que faire de richesse; il lui suffit d'être
libre et maître de lui. Quiconque jouit de la santé et ne
manque pas du nécessaire, s'il arrache de son cœur les
biens de l'opinion, est assez riche; c'est l'*aurea mediocritas*
d'Horace. Gens à coffres-forts, cherchez donc quelque
autre emploi de votre opulence, car pour le plaisir elle n'est

bonne à rien. Émile ne saura pas tout cela mieux que moi ; mais, ayant le cœur plus pur et plus sain, il le sentira mieux encore, et toutes ses observations dans le monde ne feront que le lui confirmer.

En passant ainsi le temps, nous cherchons toujours Sophie, et nous ne la trouvons point. Il importait qu'elle ne se trouvât pas si vite, et nous l'avons cherchée où j'étais bien sûr qu'elle n'était pas *.

Enfin le moment presse ; il est temps de la chercher tout de bon, de peur qu'il ne s'en fasse une qu'il prenne pour elle, et qu'il ne connaisse trop tard son erreur. Adieu donc, Paris, ville célèbre, ville de bruit, de fumée et de boue, où les femmes ne croient plus à l'honneur ni les hommes à la vertu. Adieu, Paris : nous cherchons l'amour, le bonheur, l'innocence ; nous ne serons jamais assez loin de toi.

---

* *Mulierem fortem quis inveniet ? Procul et de ultimis finibus pretium ejus.*

LIVRE CINQUIÈME

Nous voici parvenus au dernier acte de la jeunesse, mais nous ne sommes pas encore au dénouement.

Il n'est pas bon que l'homme soit seul, Emile est homme; nous lui avons promis une compagne, il faut la lui donner. Cette compagne est Sophie. En quels lieux est son asile ? où la trouverons-nous ? Pour la trouver, il la faut connaître. Sachons premièrement ce qu'elle est, nous jugerons mieux des lieux qu'elle habite; et quand nous l'aurons trouvée, encore tout ne sera-t-il pas fait. *Puisque notre jeune gentilhomme*, dit Locke, *est prêt à se marier, il est temps de le laisser auprès de sa maîtresse*. Et là-dessus il finit son ouvrage. Pour moi, qui n'ai pas l'honneur d'élever un gentilhomme, je me garderai d'imiter Locke en cela.

SOPHIE OU LA FEMME

Sophie doit être femme comme Emile est homme, c'est-à-dire avoir tout ce qui convient à la constitution de son espèce et de son sexe pour remplir sa place dans l'ordre physique et moral. Commençons donc par examiner les conformités et les différences de son sexe et du nôtre.

En tout ce qui ne tient pas au sexe, la femme est homme : elle a les mêmes organes, les mêmes besoins, les mêmes facultés; la machine est construite de la même manière, les pièces en sont les mêmes, le jeu de l'une est celui de l'autre, la figure est semblable; et, sous quelque rapport qu'on les considère, ils ne diffèrent entre eux que du plus au moins.

En tout ce qui tient au sexe, la femme et l'homme ont

partout des rapports et partout des différences : la difficulté de les comparer vient de celle de déterminer dans
la constitution de l'un et de l'autre ce qui est du sexe et
ce qui n'en est pas. Par l'anatomie comparée, et même
à la seule inspection, l'on trouve entre eux des différences
générales qui paraissent ne point tenir au sexe ; elles y
tiennent pourtant, mais par des liaisons que nous sommes
hors d'état d'apercevoir : nous ne savons jusqu'où ces
liaisons peuvent s'étendre ; la seule chose que nous savons
avec certitude est que tout ce qu'ils ont de commun est
de l'espèce, et que tout ce qu'ils ont de différent est du
sexe. Sous ce double point de vue, nous trouvons entre
eux tant de rapports et tant d'oppositions, que c'est peut-
être une des merveilles de la nature d'avoir pu faire deux
êtres si semblables en les constituant si différemment.

Ces rapports et ces différences doivent influer sur le
moral ; cette conséquence est sensible, conforme à
l'expérience, et montre la vanité des disputes sur la préférence ou l'égalité des sexes : comme si chacun des deux,
allant aux fins de la nature selon sa destination particulière, n'était pas plus parfait en cela que s'il ressemblait davantage à l'autre ! En ce qu'ils ont de commun
ils sont égaux ; en ce qu'ils ont de différent ils ne sont
pas comparables. Une femme parfaite et un homme parfait ne doivent pas plus se ressembler d'esprit que de
visage, et la perfection n'est pas susceptible de plus et
de moins.

Dans l'union des sexes chacun concourt également à
l'objet commun, mais non pas de la même manière. De
cette diversité naît la première différence assignable
entre les rapports moraux de l'un et de l'autre. L'un
doit être actif et fort, l'autre passif et faible : il faut nécessairement que l'un veuille et puisse, il suffit que l'autre
résiste peu.

Ce principe établi, il s'ensuit que la femme est faite
spécialement pour plaire à l'homme. Si l'homme doit
lui plaire à son tour, c'est d'une nécessité moins directe :
son mérite est dans sa puissance ; il plaît par cela seul
qu'il est fort. Ce n'est pas ici la loi de l'amour, j'en
conviens ; mais c'est celle de la nature, antérieure à
l'amour même.

Si la femme est faite pour plaire et pour être subju-
guée, elle doit se rendre agréable à l'homme au lieu de
le provoquer ; sa violence à elle est dans ses charmes ;
c'est par eux qu'elle doit le contraindre à trouver sa

force et à en user. L'art le plus sûr d'animer cette force est de la rendre nécessaire par la résistance. Alors l'amour-propre se joint au désir, et l'un triomphe de la victoire que l'autre lui fait remporter. De là naissent l'attaque et la défense, l'audace d'un sexe et la timidité de l'autre, enfin la modestie et la honte dont la nature arma le faible pour asservir le fort.

Qui est-ce qui peut penser qu'elle ait prescrit indifféremment les mêmes avances aux uns et aux autres, et que le premier à former des désirs doive être aussi le premier à les témoigner ? Quelle étrange dépravation de jugement ! L'entreprise ayant des conséquences si différentes pour les deux sexes, est-il naturel qu'ils aient la même audace à s'y livrer ? Comment ne voit-on pas qu'avec une si grande inégalité dans la mise commune, si la réserve n'imposait à l'un la modération que la nature impose à l'autre, il en résulterait bientôt la ruine de tous deux, et que le genre humain périrait par les moyens établis pour le conserver ? Avec la facilité qu'ont les femmes d'émouvoir les sens des hommes, et d'aller réveiller au fond de leurs cœurs les restes d'un tempérament presque éteint, s'il était quelque malheureux climat sur la terre où la philosophie eût introduit cet usage, surtout dans les pays chauds, où il naît plus de femmes que d'hommes, tyrannisés par elles, ils seraient enfin leurs victimes, et se verraient tous traîner à la mort sans qu'ils pussent jamais s'en défendre.

Si les femelles des animaux n'ont pas la même honte, que s'ensuit-il ? Ont-elles, comme les femmes, les désirs illimités auxquels cette honte sert de frein ? Le désir ne vient pour elles qu'avec le besoin ; le besoin satisfait, le désir cesse ; elles ne repoussent plus le mâle par feinte*, mais tout de bon : elles font tout le contraire de ce que faisait la fille d'Auguste ; elles ne reçoivent plus de passagers quand le navire a sa cargaison. Même quand elles sont libres, leurs temps de bonne volonté sont courts et bientôt passés ; l'instinct les pousse et l'instinct les arrête. Où sera le supplément de cet instinct négatif dans les femmes, quand vous leur aurez ôté la pudeur ?

---

* J'ai déjà remarqué que les refus de simagrée et d'agacerie sont communs à presque toutes les femelles, même parmi les animaux, et même quand elles sont plus disposées à se rendre ; il faut n'avoir jamais observé leur manège pour disconvenir de cela.

Attendre qu'elles ne se soucient plus des hommes, c'est attendre qu'ils ne soient plus bons à rien.

L'Etre suprême a voulu faire en tout honneur à l'espèce humaine : en donnant à l'homme des penchants sans mesure, il lui donne en même temps la loi qui les règle, afin qu'il soit libre et se commande à lui-même; en le livrant à des passions immodérées, il joint à ces passions la raison pour les gouverner; en livrant la femme à des désirs illimités, il joint à ces désirs la pudeur pour les contenir. Pour surcroît, il ajoute encore une récompense actuelle au bon usage de ses facultés, savoir le goût qu'on prend aux choses honnêtes lorsqu'on en fait la règle de ses actions. Tout cela vaut bien, ce me semble, l'instinct des bêtes.

Soit donc que la femelle de l'homme partage ou non ses désirs et veuille ou non les satisfaire, elle le repousse et se défend toujours, mais non pas toujours avec la même force, ni par conséquent avec le même succès. Pour que l'attaquant soit victorieux, il faut que l'attaqué le permette ou l'ordonne; car que de moyens adroits n'a-t-il pas pour forcer l'agresseur d'user de force! Le plus libre et le plus doux de tous les actes n'admet point de violence réelle, la nature et la raison s'y opposent : la nature, en ce qu'elle a pourvu le plus faible d'autant de force qu'il en faut pour résister quand il lui plaît; la raison, en ce qu'une violence réelle est non seulement le plus brutal de tous les actes, mais le plus contraire à sa fin, soit parce que l'homme déclare ainsi la guerre à sa compagne, et l'autorise à défendre sa personne et sa liberté aux dépens même de la vie de l'agresseur, soit parce que la femme seule est juge de l'état où elle se trouve, et qu'un enfant n'aurait point de père si tout homme en pouvait usurper les droits.

Voici donc une troisième conséquence de la constitution des sexes, c'est que le plus fort soit le maître en apparence, et dépende en effet du plus faible; et cela non par un frivole usage de galanterie, ni par une orgueilleuse générosité de protecteur, mais par une invariable loi de la nature, qui, donnant à la femme plus de facilité d'exciter les désirs qu'à l'homme de les satisfaire, fait dépendre celui-ci, malgré qu'il en ait, du bon plaisir de l'autre, et le contraint de chercher à son tour à lui plaire pour obtenir qu'elle consente à le laisser être le plus fort. Alors ce qu'il y a de plus doux pour l'homme dans sa victoire est de douter si c'est la faiblesse qui cède à la force, ou si c'est la volonté qui se rend ; et la ruse ordinaire de la femme est de laisser toujours ce doute entre elle et lui. L'esprit des femmes répond en ceci parfaitement à leur constitution : loin de rougir de leur faiblesse, elles en font gloire : leurs tendres muscles sont sans résistance : elles affectent de ne pouvoir soulever les plus légers fardeaux ; elles auraient honte d'être fortes. Pourquoi cela ? Ce n'est pas seulement pour paraître délicates, c'est par une précaution plus adroite ; elles se ménagent de loin des excuses et le droit d'être faibles au besoin.

Le progrès des lumières acquises par nos vices a beaucoup changé sur ce point les anciennes opinions parmi nous, et l'on ne parle plus guère de violences depuis qu'elles sont si peu nécessaires et que les hommes n'y croient plus* ; au lieu qu'elles sont très communes dans les hautes antiquités grecques et juives, parce que ces mêmes opinions sont dans la simplicité de la nature, et que la seule expérience du libertinage a pu les déraciner. Si l'on cite de nos jours moins d'actes de violence, ce n'est sûrement pas que les hommes soient plus tempérants, mais c'est qu'ils ont moins de crédulité, et que telle plainte, qui jadis eût persuadé des peuples simples, ne ferait de nos jours qu'attirer les ris des moqueurs ; on gagne davantage à se taire. Il y a dans le *Deutéronome* une loi par laquelle une fille abusée était punie avec le séducteur, si le délit avait été commis dans la ville ; mais s'il avait été commis à la campagne ou dans des lieux écartés, l'homme seul était puni ; *Car*, dit la loi, *la fille a crié et n'a point été entendue*. Cette bénigne interprétation apprenait aux filles à ne pas se laisser surprendre en des lieux fréquentés.

L'effet de ces diversités d'opinions sur les mœurs est sensible. La galanterie moderne en est l'ouvrage. Les hommes, trouvant que leurs plaisirs dépendaient plus de la volonté du beau sexe qu'ils n'avaient cru, ont captivé cette volonté par des complaisances dont il les a bien dédommagés.

Voyez comment le physique nous amène insensiblement au moral, et comment de la grossière union des sexes naissent peu à peu les plus douces lois de l'amour.

---

* Il peut y avoir une telle disproportion d'âge et de force qu'une violence réelle ait lieu : mais traitant ici de l'état relatif des sexes selon l'ordre de la nature, je les prends tous deux dans le rapport commun qui constitue cet état.

L'empire des femmes n'est point à elles parce que les
hommes l'ont voulu, mais parce que ainsi le veut la
nature : il était à elles avant qu'elles parussent l'avoir.
Ce même Hercule, qui crut faire violence aux cinquante filles de Thespius, fut pourtant contraint de filer
près d'Omphale ; et le fort Samson n'était pas si fort que
Dalila. Cet empire est aux femmes, et ne peut leur être
ôté, même quand elles en abusent : si jamais elles pouvaient le perdre, il y a longtemps qu'elles l'auraient
perdu.

Il n'y a nulle parité entre les deux sexes quant à la
conséquence du sexe. Le mâle n'est mâle qu'en certains
instants, la femelle est femelle toute sa vie, ou du moins
toute sa jeunesse ; tout la rappelle sans cesse à son sexe,
et, pour en bien remplir les fonctions, il lui faut une
constitution qui s'y rapporte. Il lui faut du ménagement
durant sa grossesse ; il lui faut du repos dans ses couches ;
il lui faut une vie molle et sédentaire pour allaiter ses
enfants ; il lui faut, pour les élever, de la patience et de
la douceur, un zèle, une affection que rien ne rebute ;
elle sert de liaison entre eux et leur père, elle seule les
lui fait aimer et lui donne la confiance de les appeler
siens. Que de tendresse et de soin ne lui faut-il point
pour maintenir dans l'union toute la famille ! Et enfin
tout cela ne doit pas être des vertus, mais des goûts, sans
quoi l'espèce humaine serait bientôt éteinte.

La rigidité des devoirs relatifs des deux sexes n'est ni
ne peut être la même. Quand la femme se plaint là-
dessus de l'injuste inégalité qu'y met l'homme, elle a
tort ; cette inégalité n'est point une institution humaine,
ou du moins elle n'est point l'ouvrage du préjugé, mais
de la raison : c'est à celui des deux que la nature a chargé
du dépôt des enfants d'en répondre à l'autre. Sans doute
il n'est permis à personne de violer sa foi, et tout mari
infidèle qui prive sa femme du seul prix des austères
devoirs de son sexe est un homme injuste et barbare ;
mais la femme infidèle fait plus, elle dissout la famille
et brise tous les liens de la nature ; en donnant à l'homme
des enfants qui ne sont pas à lui, elle trahit les uns et les
autres, elle joint la perfidie à l'infidélité. J'ai peine à voir
quel désordre et quel crime ne tient pas à celui-là. S'il
est un état affreux au monde, c'est celui d'un malheureux
père qui, sans confiance en sa femme, n'ose se livrer
aux plus doux sentiments de son cœur, qui doute, en
embrassant son enfant, s'il n'embrasse point l'enfant

d'un autre, le gage de son déshonneur, le ravisseur du bien de ses propres enfants. Qu'est-ce alors que la famille, si ce n'est une société d'ennemis secrets qu'une femme coupable arme l'un contre l'autre, en les forçant de feindre de s'entr'aimer ?

Il n'importe donc pas seulement que la femme soit fidèle, mais qu'elle soit jugée telle par son mari, par ses proches, par tout le monde; il importe qu'elle soit modeste, attentive, réservée, et qu'elle porte aux yeux d'autrui, comme en sa propre conscience, le témoignage de sa vertu. Enfin s'il importe qu'un père aime ses enfants, il importe qu'il estime leur mère. Telles sont les raisons qui mettent l'apparence même au nombre des devoirs des femmes, et leur rendent l'honneur et la réputation non moins indispensables que la chasteté. De ces principes dérive, avec la différence morale des sexes, un motif nouveau de devoir et de convenance, qui prescrit spécialement aux femmes l'attention la plus scrupuleuse sur leur conduite, sur leurs manières, sur leur maintien. Soutenir vaguement que les deux sexes sont égaux, et que leurs devoirs sont les mêmes, c'est se perdre en déclamations vaines, c'est ne rien dire tant qu'on ne répondra pas à cela.

N'est-ce pas une manière de raisonner bien solide, de donner des exceptions pour réponse à des lois générales aussi bien fondées ? Les femmes, dites-vous, ne font pas toujours des enfants ! Non, mais leur destination propre est d'en faire. Quoi ! parce qu'il y a dans l'univers une centaine de grandes villes où les femmes, vivant dans la licence, font peu d'enfants, vous prétendez que l'état des femmes est d'en faire peu ! Et que deviendraient vos villes, si les campagnes éloignées, où les femmes vivent plus simplement et plus chastement, ne réparaient la stérilité des dames ? Dans combien de provinces les femmes qui n'ont fait que quatre ou cinq enfants passent pour peu fécondes* ? Enfin, que telle ou telle femme fasse peu d'enfants, qu'importe ? L'état de la femme est-il moins d'être mère ? et n'est-ce pas par des lois

---

* Sans cela l'espèce dépérirait nécessairement : pour qu'elle se conserve, il faut, tout compensé, que chaque femme fasse à peu près quatre enfants : car des enfants qui naissent il en meurt près de la moitié avant qu'ils puissent en avoir d'autres, et il en faut deux restants pour représenter le père et la mère. Voyez si les villes vous fourniront cette population-là.

générales que la nature et les mœurs doivent pourvoir
à cet état ?

Quand il y aurait entre les grossesses d'aussi longs
intervalles qu'on le suppose, une femme changera-t-elle
ainsi brusquement et alternativement de manière de
vivre sans péril et sans risque ? Sera-t-elle aujourd'hui
nourrice et demain guerrière ? Changera-t-elle de tempérament et de goûts comme un caméléon de couleurs ?
Passera-t-elle tout à coup de l'ombre de la clôture et des
soins domestiques aux injures de l'air, aux travaux,
aux fatigues, aux périls de la guerre ? Sera-t-elle tantôt
craintive * et tantôt brave, tantôt délicate et tantôt
robuste ? Si les jeunes gens élevés dans Paris ont peine
à supporter le métier des armes, des femmes qui n'ont
jamais affronté le soleil, et qui savent à peine marcher,
le supporteront-elles après cinquante ans de mollesse ?
Prendront-elles ce dur métier à l'âge où les hommes le
quittent ?

Il y a des pays où les femmes accouchent presque sans
peine et nourrissent leurs enfants presque sans soin ; j'en
conviens : mais dans ces mêmes pays les hommes vont
demi-nus en tout temps, terrassent les bêtes féroces,
portent un canot comme un havresac, font des chasses
de sept ou huit cents lieues, dorment à l'air à plate terre,
supportent des fatigues incroyables, et passent plusieurs
jours sans manger. Quand les femmes deviennent
robustes, les hommes le deviennent encore plus ; quand
les hommes s'amollissent, les femmes s'amollissent
davantage ; quand les deux termes changent également,
la différence reste la même.

Platon, dans sa *République*, donne aux femmes les
mêmes exercices qu'aux hommes ; je le crois bien. Ayant
ôté de son gouvernement les familles particulières, et ne
sachant plus que faire des femmes, il se vit forcé de les
faire hommes. Ce beau génie avait tout combiné, tout
prévu : il allait au-devant d'une objection que personne
peut-être n'eût songé à lui faire ; mais il a mal résolu celle
qu'on lui fait. Je ne parle point de cette prétendue communauté de femmes, dont le reproche tant répété prouve
que ceux qui le lui font ne l'ont jamais lu ; je parle de cette
promiscuité civile qui confond partout les deux sexes
dans les mêmes emplois, dans les mêmes travaux, et ne

---

* La timidité des femmes est encore un instinct de la nature contre
le double risque qu'elles courent durant leur grossesse.

peut manquer d'engendrer les plus intolérables abus; je parle de cette subversion des plus doux sentiments de la nature, immolés à un sentiment artificiel qui ne peut subsister que par eux : comme s'il ne fallait pas une prise naturelle pour former des liens de convention! comme si l'amour qu'on a pour ses proches n'était pas le principe de celui qu'on doit à l'État! comme si ce n'était pas par la petite patrie, qui est la famille, que le cœur s'attache à la grande! comme si ce n'était pas le bon fils, le bon mari, le bon père, qui font le bon citoyen!

Dès qu'une fois il est démontré que l'homme et la femme ne sont ni ne doivent être constitués de même, de caractère ni de tempérament, il s'ensuit qu'ils ne doivent pas avoir la même éducation. En suivant les directions de la nature, ils doivent agir de concert, mais ils ne doivent pas faire les mêmes choses; la fin des travaux est commune, mais les travaux sont différents, et par conséquent les goûts qui les dirigent. Après avoir tâché de former l'homme naturel, pour ne pas laisser imparfait notre ouvrage, voyons comment doit se former aussi la femme qui convient à cet homme.

Voulez-vous toujours être bien guidé, suivez toujours les indications de la nature. Tout ce qui caractérise le sexe doit être respecté comme établi par elle. Vous dites sans cesse : les femmes ont tel et tel défaut que nous n'avons pas. Votre orgueil vous trompe; ce seraient des défauts pour vous, ce sont des qualités pour elles; tout irait moins bien si elles ne les avaient pas. Empêchez ces prétendus défauts de dégénérer, mais gardez-vous de les détruire.

Les femmes, de leur côté, ne cessent de crier que nous les élevons pour être vaines et coquettes, que nous les amusons sans cesse à des puérilités pour rester plus facilement les maîtres; elles s'en prennent à nous des défauts que nous leur reprochons. Quelle folie! Et depuis quand sont-ce les hommes qui se mêlent de l'éducation des filles ? Qui est-ce qui empêche les mères de les élever comme il leur plaît ? Elles n'ont point de collèges : grand malheur! Eh! plût à Dieu qu'il n'y en eût point pour les garçons! ils seraient plus sensément et plus honnêtement élevés. Force-t-on vos filles à perdre leur temps en niaiseries ? Leur fait-on malgré elles passer la moitié de leur vie à leur toilette, à votre exemple ? Vous empêche-t-on de les instruire et faire instruire à votre gré ? Est-ce notre faute si elles nous plaisent quand elles sont belles, si leurs minauderies nous séduisent, si l'art qu'elles apprennent de vous nous attire et nous flatte, si nous aimons à les voir mises avec goût, si nous leur laissons affiler à loisir les armes dont elles nous subjuguent ? Eh ! prenez le parti de les élever comme des hommes ; ils y consentiront de bon cœur. Plus elles voudront leur ressembler, moins elles les gouverneront, et c'est alors qu'ils seront vraiment les maîtres.

Toutes les facultés communes aux deux sexes ne leur sont pas également partagées ; mais prises en tout, elles se compensent. La femme vaut mieux comme femme et moins comme homme ; partout où elle fait valoir ses droits, elle a l'avantage ; partout où elle veut usurper les nôtres, elle reste au-dessous de nous. On ne peut répondre à cette vérité générale que par des exceptions ; constante manière d'argumenter des galants partisans du beau sexe.

Cultiver dans les femmes les qualités de l'homme, et négliger celles qui leur sont propres, c'est donc visiblement travailler à leur préjudice. Les rusées le voient trop bien pour en être les dupes ; en tâchant d'usurper nos avantages, elles n'abandonnent pas les leurs ; mais il arrive de là que, ne pouvant bien ménager les uns et les autres parce qu'ils sont incompatibles, elles restent au-dessous de leur portée sans se mettre à la nôtre, et perdent la moitié de leur prix. Croyez-moi, mère judicieuse, ne faites point de votre fille un honnête homme, comme pour donner un démenti à la nature ; faites-en une honnête femme, et soyez sûre qu'elle en vaudra mieux pour elle et pour nous.

S'ensuit-il qu'elle doive être élevée dans l'ignorance de toute chose, et bornée aux seules fonctions du ménage ? L'homme fera-t-il sa servante de sa compagne ? Se privera-t-il auprès d'elle du plus grand charme de la société ? Pour mieux l'asservir l'empêchera-t-il de rien sentir, de rien connaître ? En fera-t-il un véritable automate ? Non, sans doute ; ainsi ne l'a pas dit la nature, qui donne aux femmes un esprit si agréable et si délié ; au contraire, elle veut qu'elles pensent, qu'elles jugent, qu'elles aiment, qu'elles connaissent, qu'elles cultivent leur esprit comme leur figure ; ce sont les armes qu'elle leur donne pour suppléer à la force qui leur manque et pour diriger la nôtre. Elles doivent apprendre beaucoup de choses, mais seulement celles qu'il leur convient de savoir.

Soit que je considère la destination particulière du

sexe, soit que j'observe ses penchants, soit que je compte ses devoirs, tout concourt également à m'indiquer la forme d'éducation qui lui convient. La femme et l'homme sont faits l'un pour l'autre, mais leur mutuelle dépendance n'est pas égale : les hommes dépendent des femmes par leurs désirs; les femmes dépendent des hommes et par leurs désirs et par leurs besoins; nous subsisterions plutôt sans elles qu'elles sans nous. Pour qu'elles aient le nécessaire, pour qu'elles soient dans leur état, il faut que nous le leur donnions, que nous voulions le leur donner, que nous les en estimions dignes; elles dépendent de nos sentiments, du prix que nous mettons à leur mérite, du cas que nous faisons de leurs charmes et de leurs vertus. Par la loi même de la nature, les femmes, tant pour elles que pour leurs enfants, sont à la merci des jugements des hommes : il ne suffit pas qu'elles soient estimables, il faut qu'elles soient estimées; il ne leur suffit pas d'être belles, il faut qu'elles plaisent; il ne leur suffit pas d'être sages, il faut qu'elles soient reconnues pour telles; leur honneur n'est pas seulement dans leur conduite, mais dans leur réputation, et il n'est pas possible que celle qui consent à passer pour infâme puisse jamais être honnête. L'homme, en bien faisant, ne dépend que de lui-même, et peut braver le jugement public; mais la femme, en bien faisant, n'a fait que la moitié de sa tâche, et ce que l'on pense d'elle ne lui importe pas moins que ce qu'elle est en effet. Il suit de là que le système de son éducation doit être à cet égard contraire à celui de la nôtre : l'opinion est le tombeau de la vertu parmi les hommes, et son trône parmi les femmes.

De la bonne constitution des mères dépend d'abord celle des enfants; du soin des femmes dépend la première éducation des hommes; des femmes dépendent encore leurs mœurs, leurs passions, leurs goûts, leurs plaisirs, leur bonheur même. Ainsi toute l'éducation des femmes doit être relative aux hommes. Leur plaire, leur être utiles, se faire aimer et honorer d'eux, les élever jeunes, les soigner grands, les conseiller, les consoler, leur rendre la vie agréable et douce : voilà les devoirs des femmes dans tous les temps, et ce qu'on doit leur apprendre dès leur enfance. Tant qu'on ne remontera pas à ce principe, on s'écartera du but, et tous les préceptes qu'on leur donnera ne serviront de rien pour leur bonheur ni pour le nôtre.

Mais, quoique toute femme veuille plaire aux hommes

et doive le vouloir, il y a bien de la différence entre vouloir plaire à l'homme de mérite, à l'homme vraiment aimable, et vouloir plaire à ces petits agréables qui déshonorent leur sexe et celui qu'ils imitent. Ni la nature ni la raison ne peuvent porter la femme à aimer dans les hommes ce qui lui ressemble, et ce n'est pas non plus en prenant leurs manières qu'elle doit chercher à s'en faire aimer.

Lors donc que, quittant le ton modeste et posé de leur sexe, elles prennent les airs de ces étourdis, loin de suivre leur vocation, elles y renoncent; elles s'ôtent à elles-mêmes les droits qu'elles pensent usurper. Si nous étions autrement, disent-elles, nous ne plairions point aux hommes. Elles mentent. Il faut être folle pour aimer les fous; le désir d'attirer ces gens-là montre le goût de celle qui s'y livre. S'il n'y avait point d'hommes frivoles, elle se presserait d'en faire; et leurs frivolités sont bien plus son ouvrage que les siennes ne sont le leur. La femme qui aime les vrais hommes, et qui veut leur plaire, prend des moyens assortis à son dessein. La femme est coquette par état; mais sa coquetterie change de forme et d'objet selon ses vues; réglons ces vues sur celles de la nature, la femme aura l'éducation qui lui convient.

Les petites filles, presque en naissant, aiment la parure : non contentes d'être jolies, elles veulent qu'on les trouve telles : on voit dans leurs petits airs que ce soin les occupe déjà; et à peine sont-elles en état d'entendre ce qu'on leur dit, qu'on les gouverne en leur parlant de ce qu'on pensera d'elles. Il s'en faut bien que le même motif très indiscrètement proposé aux petits garçons n'ait sur eux le même empire. Pourvu qu'ils soient indépendants et qu'ils aient du plaisir, ils se soucient fort peu de ce qu'on pourra penser d'eux. Ce n'est qu'à force de temps et de peine qu'on les assujettit à la même loi.

De quelque part que vienne aux filles cette première leçon, elle est très bonne. Puisque le corps naît pour ainsi dire avant l'âme, la première culture doit être celle du corps : cet ordre est commun aux deux sexes. Mais l'objet de cette culture est différent; dans l'un cet objet est le développement des forces, dans l'autre il est celui des agréments : non que ces qualités doivent être exclusives dans chaque sexe, l'ordre seulement est renversé; il faut assez de force aux femmes pour faire tout ce qu'elles font avec grâce; il faut assez d'adresse aux hommes pour faire tout ce qu'ils font avec facilité.

Par l'extrême mollesse des femmes commence celle des hommes. Les femmes ne doivent pas être robustes comme eux, mais pour eux, pour que les hommes qui naîtront d'elles le soient aussi. En ceci, les couvents, où les pensionnaires ont une nourriture grossière, mais beaucoup d'ébats, de courses, de jeux en plein air et dans des jardins, sont à préférer à la maison paternelle, où une fille, délicatement nourrie, toujours flattée ou tancée, toujours assise sous les yeux de sa mère dans une chambre bien close, n'ose se lever, ni marcher, ni parler, ni souffler, et n'a pas un moment de liberté pour jouer, sauter, courir, crier, se livrer à la pétulance naturelle à son âge : toujours ou relâchement dangereux ou sévérité mal entendue; jamais rien selon la raison. Voilà comment on ruine le corps et le cœur de la jeunesse.

Les filles de Sparte s'exerçaient, comme les garçons, aux jeux militaires, non pour aller à la guerre, mais pour porter un jour des enfants capables d'en soutenir les fatigues. Ce n'est pas là ce que j'approuve : il n'est pas nécessaire pour donner des soldats à l'Etat que les mères aient porté le mousquet et fait l'exercice à la prussienne; mais je trouve qu'en général l'éducation grecque était très bien entendue en cette partie. Les jeunes filles paraissaient souvent en public, non pas mêlées avec les garçons, mais rassemblées entre elles. Il n'y avait presque pas une fête, pas un sacrifice, pas une cérémonie, où l'on ne vît des bandes de filles des premiers citoyens couronnées de fleurs, chantant des hymnes, formant des chœurs de danses, portant des corbeilles, des vases, des offrandes, et présentant aux sens dépravés des Grecs un spectacle charmant et propre à balancer le mauvais effet de leur indécente gymnastique. Quelque impression que fît cet usage sur les cœurs des hommes, toujours était-il excellent pour donner au sexe une bonne constitution dans la jeunesse par des exercices agréables, modérés, salutaires, et pour aiguiser et former son goût par le désir continuel de plaire, sans jamais exposer ses mœurs.

Sitôt que ces jeunes personnes étaient mariées, on ne les voyait plus en public; renfermées dans leurs maisons, elles bornaient tous leurs soins à leur ménage et à leur famille. Telle est la manière de vivre que la nature et la raison prescrivent au sexe. Aussi de ces mères-là naissaient les hommes les plus sains, les plus robustes, les mieux faits de la terre; et malgré le mauvais renom de quelques îles, il est constant que de tous les peuples du

monde, sans en excepter même les Romains, on n'en cite
aucun où les femmes aient été à la fois plus sages et plus
aimables, et aient mieux réuni les mœurs à la beauté, que
l'ancienne Grèce.

On sait que l'aisance des vêtements qui ne gênaient
point le corps contribuait beaucoup à lui laisser dans les
deux sexes ces belles proportions qu'on voit dans leurs
statues, et qui servent encore de modèle à l'art quand la
nature défigurée a cessé de lui en fournir parmi nous.
De toutes ces entraves gothiques, de ces multitudes de
ligatures qui tiennent de toutes parts nos membres en
presse, ils n'en avaient pas une seule. Leurs femmes igno-
raient l'usage de ces corps de baleine par lesquels les
nôtres contrefont leur taille plutôt qu'elles ne la marquent.
Je ne puis concevoir que cet abus, poussé en Angleterre à
un point inconcevable, n'y fasse pas à la fin dégénérer
l'espèce, et je soutiens même que l'objet d'agrément qu'on
se propose en cela est de mauvais goût. Il n'est point
agréable de voir une femme coupée en deux comme une
guêpe; cela choque la vue et fait souffrir l'imagination. La
finesse de la taille a, comme tout le reste, ses proportions,
sa mesure, passé laquelle elle est certainement un défaut :
ce défaut serait même frappant à l'œil sur le nu : pourquoi serait-il une beauté sous le vêtement !

Je n'ose presser les raisons sur lesquelles les femmes
s'obstinent à s'encuirasser ainsi : un sein qui tombe, un
ventre qui grossit, etc., cela déplaît fort, j'en conviens,
dans une personne de vingt ans, mais cela ne choque plus
à trente; et comme il faut en dépit de nous être en tout
temps ce qu'il plaît à la nature, et que l'œil de l'homme
ne s'y trompe point, ces défauts sont moins déplaisants
à tout âge que la sotte affectation d'une petite fille de
quarante ans.

Tout ce qui gêne et contraint la nature est de mauvais
goût; cela est vrai des parures du corps comme des ornements de l'esprit. La vie, la santé, la raison, le bien-être
doivent aller avant tout; la grâce ne va point sans l'aisance; la délicatesse n'est pas la langueur, et il ne faut pas
être malsaine pour plaire. On excite la pitié quand on
souffre; mais le plaisir et le désir cherchent la fraîcheur de
la santé.

Les enfants des deux sexes ont beaucoup d'amusements
communs, et cela doit être; n'en ont-ils pas de même
étant grands ? Ils ont aussi des goût propres qui les distinguent. Les garçons cherchent le mouvement et le bruit :

des tambours, des sabots, de petits carrosses ; les filles aiment mieux ce qui donne dans la vue et sert à l'ornement : des miroirs, des bijoux, des chiffons, surtout des poupées : la poupée est l'amusement spécial de ce sexe ; voilà très évidemment son goût déterminé sur sa destination. Le physique de l'art de plaire est dans la parure : c'est tout ce que des enfants peuvent cultiver de cet art.

Voyez une petite fille passer la journée autour de sa poupée, lui changer sans cesse d'ajustement, l'habiller, la déshabiller cent et cent fois, chercher continuellement de nouvelles combinaisons d'ornements bien ou mal assortis, il n'importe ; les doigts manquent d'adresse, le goût n'est pas formé, mais déjà le penchant se montre ; dans cette éternelle occupation le temps coule sans qu'elle y songe ; les heures passent, elle n'en sait rien ; elle oublie les repas mêmes, elle a plus faim de parure que d'aliment. Mais, direz-vous, elle pare sa poupée et non sa personne. Sans doute ; elle voit sa poupée et ne se voit pas, elle ne peut rien faire pour elle-même, elle n'est pas formée, elle n'a ni talent ni force, elle n'est rien encore, elle est toute dans sa poupée, elle y met toute sa coquetterie. Elle ne l'y laissera pas toujours, elle attend le moment d'être sa poupée elle-même.

Voilà donc un premier goût bien décidé : vous n'avez qu'à le suivre et le régler. Il est sûr que la petite voudrait de tout son cœur savoir orner sa poupée, faire ses nœuds de manche, son fichu, son falbala, sa dentelle ; en tout cela on la fait dépendre si durement du bon plaisir d'autrui, qu'il lui serait bien plus commode de tout devoir à son industrie. Ainsi vient la raison des premières leçons qu'on lui donne : ce ne sont pas des tâches qu'on lui prescrit, ce sont des bontés qu'on a pour elle. Et en effet, presque toutes les petites filles apprennent avec répugnance à lire et à écrire ; mais, quant à tenir l'aiguille, c'est ce qu'elles apprennent toujours volontiers. Elles s'imaginent d'avance être grandes, et songent avec plaisir que ces talents pourront un jour leur servir à se parer.

Cette première route ouverte est facile à suivre : la couture, la broderie, la dentelle viennent d'elles-mêmes. La tapisserie n'est plus si fort à leur gré : les meubles sont trop loin d'elles, ils ne tiennent point à la personne, ils tiennent à d'autres opinions. La tapisserie est l'amusement des femmes ; de jeunes filles n'y prendront jamais un fort grand plaisir.

Ces progrès volontaires s'étendront aisément jusqu'au

dessin, car cet art n'est pas indifférent à celui de se mettre avec goût : mais je ne voudrais point qu'on les appliquât au paysage, encore moins à la figure. Des feuillages, des fruits, des fleurs, des draperies, tout ce qui peut servir à donner un contour élégant aux ajustements, et à faire soi-même un patron de broderie quand on n'en trouve pas à son gré, cela leur suffit. En général, s'il importe aux hommes de borner leurs études à des connaissances d'usage, cela importe encore plus aux femmes, parce que la vie de celles-ci, bien que moins laborieuse, étant ou devant être plus assidue à leurs soins, et plus entrecoupée de soins divers, ne leur permet de se livrer par choix à aucun talent au préjudice de leurs devoirs.

Quoi qu'en disent les plaisants, le bon sens est également des deux sexes. Les filles en général sont plus dociles que les garçons, et l'on doit même user sur elles de plus d'autorité, comme je le dirai tout à l'heure; mais il ne s'ensuit pas que l'on doive exiger d'elles rien dont elles ne puissent voir l'utilité; l'art des mères est de la leur montrer dans tout ce qu'elles leur prescrivent, et cela est d'autant plus aisé, que l'intelligence dans les filles est plus précoce que dans les garçons. Cette règle bannit de leur sexe, ainsi que du nôtre, non seulement toutes les études oisives qui n'aboutissent à rien de bon et ne rendent pas même plus agréables aux autres ceux qui les ont faites, mais même toutes celles dont l'utilité n'est pas de l'âge, et où l'enfant ne peut la prévoir dans un âge plus avancé. Si je ne veux pas qu'on presse un garçon d'apprendre à lire, à plus forte raison je ne veux pas qu'on y force de jeunes filles avant de leur faire bien sentir à quoi sert la lecture; et, dans la manière dont on leur montre ordinairement cette utilité, on suit bien plus sa propre idée que la leur. Après tout, où est la nécessité qu'une fille sache lire et écrire de si bonne heure ? Aura-t-elle si tôt un ménage à gouverner ? Il y en a bien peu qui ne fassent plus d'abus que d'usage de cette fatale science; et toutes sont un peu trop curieuses pour ne pas l'apprendre sans qu'on les y force, quand elles en auront le loisir et l'occasion. Peut-être devraient-elles apprendre à chiffrer avant tout; car rien n'offre une utilité plus sensible en tout temps, ne demande un plus long usage, et ne laisse tant de prise à l'erreur que les comptes. Si la petite n'avait les cerises de son goûter que par une opération d'arithmétique, je vous réponds qu'elle saurait bientôt calculer.

Je connais une jeune personne qui apprit à écrire plus

tôt qu'à lire, et qui commença d'écrire avec l'aiguille avant que d'écrire avec la plume. De toute l'écriture elle ne voulut d'abord faire que des *O*. Elle faisait incessamment des *O* grands et petits, des *O* de toutes les tailles, des *O* les uns dans les autres, et toujours tracés à rebours. Malheureusement un jour qu'elle était occupée à cet utile exercice, elle se vit dans un miroir; et, trouvant que cette attitude contrainte lui donnait mauvaise grâce, comme une autre Minerve, elle jeta la plume, et ne voulut plus faire des *O*. Son frère n'aimait pas plus à écrire qu'elle; mais ce qui le fâchait était la gêne, et non pas l'air qu'elle lui donnait. On prit un autre tour pour la ramener à l'écriture; la petite fille était délicate et vaine, elle n'entendait point que son linge servît à ses sœurs; on le marquait, on ne voulut plus le marquer; il fallut le marquer elle-même : on conçoit le reste du progrès.

Justifiez toujours les soins que vous imposez aux jeunes filles, mais imposez-leur-en toujours. L'oisiveté et l'indocilité sont les deux défauts les plus dangereux pour elles, et dont on guérit le moins quand on les a contractés. Les filles doivent être vigilantes et laborieuses; ce n'est pas tout : elles doivent être gênées de bonne heure. Ce malheur, si c'en est un pour elles, est inséparable de leur sexe; et jamais elles ne s'en délivrent que pour en souffrir de bien plus cruels. Elles seront toute leur vie asservies à la gêne la plus continuelle et la plus sévère, qui est celle des bienséances. Il faut les exercer d'abord à la contrainte, afin qu'elle ne leur coûte jamais rien; à dompter toutes leurs fantaisies, pour les soumettre aux volontés d'autrui. Si elles voulaient toujours travailler, on devrait quelquefois les forcer à ne rien faire. La dissipation, la frivolité, l'inconstance, sont les défauts qui naissent aisément de leurs premiers goûts corrompus et toujours suivis. Pour prévenir cet abus, apprenez-leur surtout à se vaincre. Dans nos insensés établissements, la vie de l'honnête femme est un combat perpétuel contre elle-même; il est juste que ce sexe partage la peine des maux qu'il nous a causés.

Empêchez que les filles ne s'ennuient dans leurs occupations et ne se passionnent dans leurs amusements, comme il arrive toujours dans les éducations vulgaires, où l'on met, comme dit Fénelon, tout l'ennui d'un côté et tout le plaisir de l'autre. Le premier de ces deux inconvénients n'aura lieu, si on suit les règles précédentes, que quand les personnes qui seront avec elles leur déplairont. Une petite fille qui aimera sa mère ou sa mie travaillera tout le jour à ses côtés sans ennui; le babil seul la dédommagera de toute sa gêne. Mais, si celle qui la gouverne lui est insupportable, elle prendra dans le même dégoût tout ce qu'elle fera sous ses yeux. Il est très difficile que celles qui ne se plaisent pas avec leurs mères plus qu'avec personne au monde puissent un jour tourner à bien; mais, pour juger de leurs vrais sentiments, il faut les étudier, et non pas se fier à ce qu'elles disent; car elles sont flatteuses, dissimulées, et savent de bonne heure se déguiser. On ne doit pas non plus leur prescrire d'aimer leur mère; l'affection ne vient point par devoir, et ce n'est pas ici que sert la contrainte. L'attachement, les soins, la seule habitude, feront aimer la mère de la fille, si elle ne fait rien pour s'attirer sa haine. La gêne même où elle la tient, bien dirigée, loin d'affaiblir cet attachement, ne fera que l'augmenter, parce que la dépendance étant un état naturel aux femmes, les filles se sentent faites pour obéir.

Par la même raison qu'elles ont ou doivent avoir peu de liberté, elles portent à l'excès celle qu'on leur laisse; extrêmes en tout, elles se livrent à leurs jeux avec plus d'emportement encore que les garçons : c'est le second des inconvénients dont je viens de parler. Cet emportement doit être modéré; car il est la cause de plusieurs vices particuliers aux femmes, comme, entre autres, le caprice de l'engouement, par lequel une femme se transporte aujourd'hui pour tel objet qu'elle ne regardera pas demain. L'inconstance des goûts leur est aussi funeste que leur excès, et l'un et l'autre leur vient de la même source. Ne leur ôtez pas la gaieté, les ris, le bruit, les folâtres jeux; mais empêchez qu'elles ne se rassasient de l'un pour courir à l'autre; ne souffrez pas qu'un seul instant dans leur vie elles ne connaissent plus de frein. Accoutumez-les à se voir interrompre au milieu de leurs jeux, et ramener à d'autres soins sans murmurer. La seule habitude suffit encore en ceci, parce qu'elle ne fait que seconder la nature.

Il résulte de cette contrainte habituelle une docilité dont les femmes ont besoin toute leur vie, puisqu'elles ne cessent jamais d'être assujetties ou à un homme, ou aux jugements des hommes, et qu'il ne leur est jamais permis de se mettre au-dessus de ces jugements. La première et la plus importante qualité d'une femme est la douceur : faite pour obéir à un être aussi imparfait que l'homme, souvent si plein de vices, et toujours si plein de

défauts, elle doit apprendre de bonne heure à souffrir
même l'injustice et à supporter les torts d'un mari sans se
plaindre; ce n'est pas pour lui, c'est pour elle qu'elle doit
être douce. L'aigreur et l'opiniâtreté des femmes ne font
jamais qu'augmenter leurs maux et les mauvais procédés
des maris; ils sentent que ce n'est pas avec ces armes-là
qu'elles doivent les vaincre. Le ciel ne les fit point insi-
nuantes et persuasives pour devenir acariâtres; il ne les
fit point faibles pour être impérieuses; il ne leur donna
point une voix si douce pour dire des injures; il ne leur
fit point des traits si délicats pour les défigurer par la
colère. Quand elles se fâchent, elles s'oublient : elles ont
souvent raison de se plaindre, mais elles ont toujours tort
de gronder. Chacun doit garder le ton de son sexe; un
mari trop doux peut rendre une femme impertinente;
mais, à moins qu'un homme ne soit un monstre, la douceur d'une femme le ramène, et triomphe de lui tôt
ou tard.

Que les filles soient toujours soumises, mais que les
mères ne soient pas toujours inexorables. Pour rendre
docile une jeune personne, il ne faut pas la rendre malheureuse; pour la rendre modeste, il ne faut pas l'abrutir; au contraire, je ne serais pas fâché qu'on lui laissât
mettre quelquefois un peu d'adresse, non pas à éluder la
punition dans sa désobéissance, mais à se faire exempter
d'obéir. Il n'est pas question de lui rendre sa dépendance
pénible, il suffit de la lui faire sentir. La ruse est un talent
naturel au sexe; et, persuadé que tous les penchants naturels sont bons et droits par eux-mêmes, je suis d'avis
qu'on cultive celui-là comme les autres : il ne s'agit que
d'en prévenir l'abus.

Je m'en rapporte sur la vérité de cette remarque à tout
observateur de bonne foi. Je ne veux point qu'on examine là-dessus les femmes mêmes : nos gênantes institutions peuvent les forcer d'aiguiser leur esprit. Je veux
qu'on examine les filles, les petites filles, qui ne font pour
ainsi dire que de naître : qu'on les compare avec les petits
garçons de même âge; et, si ceux-ci ne paraissent lourds,
étourdis, bêtes, auprès d'elles, j'aurai tort incontestablement. Qu'on me permette un seul exemple pris dans toute
la naïveté puérile.

Il est très commun de défendre aux enfants de rien
demander à table; car on ne croit jamais mieux réussir
dans leur éducation qu'en la surchargeant de préceptes
inutiles, comme si un morceau de ceci ou de cela n'était

pas bientôt accordé ou refusé *, sans faire mourir sans cesse un pauvre enfant d'une convoitise aiguisée par l'espérance. Tout le monde sait l'adresse d'un jeune garçon soumis à cette loi, lequel, ayant été oublié à table, s'avisa de demander du sel, etc. Je ne dirai pas qu'on pouvait le chicaner pour avoir demandé directement du sel et indirectement de la viande; l'omission était si cruelle, que, quand il eût enfreint ouvertement la loi et dit sans détour qu'il avait faim, je ne puis croire qu'on l'en eût puni. Mais voici comment s'y prit, en ma présence, une petite fille de six ans dans un cas beaucoup plus difficile; car, outre qu'il lui était rigoureusement défendu de demander jamais rien ni directement ni indirectement, la désobéissance n'eût pas été graciable, puisqu'elle avait mangé de tous les plats, hormis un seul, dont on avait oublié de lui donner, et qu'elle convoitait beaucoup.

Or, pour obtenir qu'on réparât cet oubli sans qu'on pût l'accuser de désobéissance, elle fit en avançant son doigt la revue de tous les plats, disant tout haut, à mesure qu'elle les montrait : *J'ai mangé de ça, j'ai mangé de ça* ; mais elle affecta si visiblement de passer sans rien dire celui dont elle n'avait point mangé, que quelqu'un s'en apercevant lui dit : Et de cela, en avez-vous mangé ? *Oh ! non*, reprit doucement la petite gourmande en baissant les yeux. Je n'ajouterai rien; comparez : ce tour-ci est une ruse de fille, l'autre est une ruse de garçon.

Ce qui est est bien, et aucune loi générale n'est mauvaise. Cette adresse particulière donnée au sexe est un dédommagement très équitable de la force qu'il a de moins; sans quoi la femme ne serait pas la compagne de l'homme, elle serait son esclave : c'est par cette supériorité de talent qu'elle se maintient son égale, et qu'elle le gouverne en lui obéissant. La femme a tout contre elle, nos défauts, sa timidité, sa faiblesse; elle n'a pour elle que son art et sa beauté. N'est-il pas juste qu'elle cultive l'un et l'autre ? Mais la beauté n'est pas générale; elle périt par mille accidents, elle passe avec les années; l'habitude en détruit l'effet. L'esprit seul est la véritable ressource du sexe : non ce sot esprit auquel on donne tant de prix dans le monde, et qui ne sert à rien pour rendre la vie heureuse, mais l'esprit de son état, l'art de tirer parti du

---

* Un enfant se rend importun quand il trouve son compte à l'être; mais il ne demandera jamais deux fois la même chose, si la première réponse est toujours irrévocable.

nôtre, et de se prévaloir de nos propres avantages. On ne sait pas combien cette adresse des femmes nous est utile à nous-mêmes, combien elle ajoute de charme à la société des deux sexes, combien elle sert à réprimer la pétulance des enfants, combien elle contient de maris brutaux, combien elle maintient de bons ménages, que la discorde troublerait sans cela. Les femmes artificieuses et méchantes en abusent, je le sais bien ; mais de quoi le vice n'abuse-t-il pas ? Ne détruisons point les instruments du bonheur parce que les méchants s'en servent quelquefois à nuire.

On peut briller par la parure, mais on ne plaît que par la personne. Nos ajustements ne sont point nous ; souvent ils déparent à force d'être recherchés, et souvent ceux qui font le plus remarquer celle qui les porte sont ceux qu'on remarque le moins. L'éducation des jeunes filles est en ce point tout à fait à contresens. On leur promet des ornements pour récompense, on leur fait aimer les atours recherchés : *Qu'elle est belle !* leur dit-on quand elles sont fort parées. Et tout au contraire on devrait leur faire entendre que tant d'ajustement n'est fait que pour cacher des défauts, et que le vrai triomphe de la beauté est de briller par elle-même. L'amour des modes est de mauvais goût, parce que les visages ne changent pas avec elles, et que la figure restant la même, ce qui lui sied une fois lui sied toujours.

Quand je verrais la jeune fille se pavaner dans ses atours, je paraîtrais inquiet de sa figure ainsi déguisée et de ce qu'on en pourra penser ; je dirais : Tous ces ornements la parent trop, c'est dommage : croyez-vous qu'elle en pût supporter de plus simples ? est-elle assez belle pour se passer de ceci ou de cela ? Peut-être sera-t-elle alors la première à prier qu'on lui ôte cet ornement, et qu'on juge : c'est le cas de l'applaudir, s'il y a lieu. Je ne la louerais jamais tant que quand elle serait le plus simplement mise. Quand elle ne regardera la parure que comme un supplément aux grâces de la personne et comme un aveu tacite qu'elle a besoin de secours pour plaire, elle ne sera point fière de son ajustement, elle en sera humble ; et si, plus parée que de coutume, elle s'entend dire : *Qu'elle est belle !* elle en rougira de dépit.

Au reste, il y a des figures qui ont besoin de parure, mais il n'y en a point qui exigent de riches atours. Les parures ruineuses sont la vanité du rang et non de la personne, elles tiennent uniquement au préjugé. La véritable coquetterie est quelquefois recherchée, mais elle n'est jamais fastueuse; et Junon se mettait plus superbement que Vénus. *Ne pouvant la faire belle, tu la fais riche*, disait Apelle à un mauvais peintre qui peignait Hélène fort chargée d'atours. J'ai aussi remarqué que les plus pompeuses parures annonçaient le plus souvent de laides femmes; on ne saurait avoir une vanité plus maladroite. Donnez à une jeune fille qui ait du goût, et qui méprise la mode, des rubans, de la gaze, de la mousseline et des fleurs; sans diamants, sans pompons, sans dentelles *, elle va se faire un ajustement qui la rendra cent fois plus charmante que n'eussent fait tous les brillants chiffons de la Duchapt.

Comme ce qui est bien est toujours bien, et qu'il faut être toujours le mieux qu'il est possible, les femmes qui se connaissent en ajustements choisissent les bons, s'y tiennent; et, n'en changeant pas tous les jours, elles en sont moins occupées que celles qui ne savent à quoi se fixer. Le vrai soin de la parure demande peu de toilette. Les jeunes demoiselles ont rarement des toilettes d'apparei; le travail, les leçons, remplissent leur journée; cependant, en général, elles sont mises, au rouge près, avec autant de soin que les dames, et souvent de meilleur goût. L'abus de la toilette n'est pas ce qu'on pense, il vient bien plus d'ennui que de vanité. Une femme qui passe six heures à sa toilette n'ignore point qu'elle n'en sort pas mieux mise que celle qui n'y passe qu'une demi-heure; mais c'est autant de pris sur l'assommante longueur du temps, et il vaut mieux s'amuser de soi que de s'ennuyer de tout. Sans la toilette, que ferait-on de la vie depuis midi jusqu'à neuf heures? En rassemblant des femmes autour de soi, on s'amuse à les impatienter, c'est déjà quelque chose; on évite les tête-à-tête avec un mari qu'on ne voit qu'à cette heure-là, c'est beaucoup plus; et puis viennent les marchandes, les brocanteurs, les petits messieurs, les petits auteurs, les vers, les chansons, les brochures : sans la toilette on ne réunirait jamais si bien tout cela. Le seul profit réel qui tienne à la chose est le prétexte de s'étaler un peu plus que quand on est vêtue; mais ce profit n'est peut-être pas si grand qu'on pense, et les femmes à toilette n'y gagnent pas tant qu'elles diraient

---

* Les femmes qui ont la peau assez blanche pour se passer de dentelle donneraient bien du dépit aux autres, si elles n'en portaient pas. Ce sont presque toujours de laides personnes qui amènent les modes, auxquelles les belles ont la bêtise de s'assujettir.

bien. Donnez sans scrupule une éducation de femme aux femmes, faites qu'elles aiment les soins de leur sexe, qu'elles aient de la modestie, qu'elles sachent veiller à leur ménage et s'occuper dans leur maison; la grande toilette tombera d'elle-même, et elles n'en seront mises que de meilleur goût.

La première chose que remarquent en grandissant les jeunes personnes, c'est que tous ces agréments étrangers ne leur suffisent pas, si elles n'en ont qui soient à elles. On ne peut jamais se donner la beauté, et l'on n'est pas si tôt en état d'acquérir la coquetterie; mais on peut déjà chercher à donner un tour agréable à ses gestes, un accent flatteur à sa voix, à composer son maintien, à marcher avec légèreté, à prendre des attitudes gracieuses, et à choisir partout ses avantages. La voix s'étend, s'affermit, et prend du timbre; les bras se développent, la démarche s'assure, et l'on s'aperçoit que, de quelque manière qu'on soit mise, il y a un art de se faire regarder. Dès lors il ne s'agit plus seulement d'aiguille et d'industrie; de nouveaux talents se présentent, et font déjà sentir leur utilité.

Je sais que les sévères instituteurs veulent qu'on n'apprenne aux jeunes filles ni chant, ni danse, ni aucun des arts agréables. Cela me paraît plaisant; et à qui veulent-ils donc qu'on les apprenne? Aux garçons? A qui des hommes ou des femmes appartient-il d'avoir ces talents par préférence? A personne, répondront-ils; les chansons profanes sont autant de crimes; la danse est une invention du démon, une jeune fille ne doit avoir d'amusement que son travail et la prière. Voilà d'étranges amusements pour un enfant de dix ans! Pour moi, j'ai grand-peur que toutes ces petites saintes qu'on force de passer leur enfance à prier Dieu ne passent leur jeunesse à tout autre chose, et ne réparent de leur mieux, étant mariées, le temps qu'elles pensent avoir perdu filles. J'estime qu'il faut avoir égard à ce qui convient à l'âge aussi bien qu'au sexe; qu'une jeune fille ne doit pas vivre comme sa grand-mère; qu'elle doit être vive, enjouée, folâtre, chanter, danser autant qu'il lui plaît, et goûter tous les innocents plaisirs de son âge; le temps ne viendra que trop tôt d'être posée et de prendre un maintien plus sérieux.

Mais la nécessité de ce changement même est-elle bien réelle? n'est-elle point peut-être encore un fruit de nos préjugés? En n'asservissant les honnêtes femmes qu'à de tristes devoirs, on a banni du mariage tout ce qui pouvait le rendre agréable aux hommes. Faut-il s'étonner si la

taciturnité qu'ils voient régner chez eux les en chasse, ou
s'ils sont peu tentés d'embrasser un état si déplaisant ?
A force d'outrer tous les devoirs, le christianisme les rend
impraticables et vains ; à force d'interdire aux femmes le
chant, la danse, et tous les amusements du monde, il les
rend maussades, grondeuses, insupportables dans leurs
maisons. Il n'y a point de religion où le mariage soit
soumis à des devoirs si sévères, et point où un engagement
si saint soit si méprisé. On a tant fait pour empêcher les
femmes d'être aimables, qu'on a rendu les maris indifférents. Cela ne devrait pas être ; j'entends fort bien :
mais moi je dis que cela devait être, puisque enfin les
chrétiens sont hommes. Pour moi, je voudrais qu'une
jeune Anglaise cultivât avec autant de soin les talents
agréables pour plaire au mari qu'elle aura, qu'une jeune
Albanaise les cultive pour le harem d'Ispahan. Les
maris, dira-t-on, ne se soucient point trop de tous ces
talents. Vraiment je le crois, quand ces talents, loin d'être
employés à leur plaire, ne servent que d'amorce pour
attirer chez eux de jeunes impudents qui les déshonorent.
Mais pensez-vous qu'une femme aimable et sage, ornée
de pareils talents, et qui les consacrerait à l'amusement
de son mari, n'ajouterait pas au bonheur de sa vie, et ne
l'empêcherait pas, sortant de son cabinet la tête épuisée,
d'aller chercher des récréations hors de chez lui ? Personne n'a-t-il vu d'heureuses familles ainsi réunies, où
chacun sait fournir du sien aux amusements communs ?
Qu'il dise si la confiance et la familiarité qui s'y joint,
si l'innocence et la douceur des plaisirs qu'on y goûte,
ne rachètent pas bien ce que les plaisirs publics ont de
plus bruyant ?

On a trop réduit en arts les talents agréables ; on les a
trop généralisés ; on a tout fait maxime et précepte, et l'on
a rendu fort ennuyeux aux jeunes personnes ce qui ne doit
être pour elles qu'amusement et folâtres jeux. Je n'imagine rien de plus ridicule que de voir un vieux maître à
danser ou à chanter aborder d'un air refrogné de jeunes
personnes qui ne cherchent qu'à rire, et prendre pour
leur enseigner sa frivole science un ton plus pédantesque
et plus magistral que s'il s'agissait de leur catéchisme.
Est-ce, par exemple, que l'art de chanter tient à la
musique écrite ? ne saurait-on rendre sa voix flexible et
juste, apprendre à chanter avec goût, même à s'accompagner, sans connaître une seule note ? Le même genre
de chant va-t-il à toutes les voix ? la même méthode

va-t-elle à tous les esprits ? On ne me fera jamais croire que les mêmes attitudes, les mêmes pas, les mêmes mouvements, les mêmes gestes, les mêmes danses conviennent à une petite brune vive et piquante, et à une grande belle blonde aux yeux languissants. Quand donc je vois un maître donner exactement à toutes deux les mêmes leçons, je dis : Cet homme suit sa routine, mais il n'entend rien à son art.

On demande s'il faut aux filles des maîtres ou des maîtresses. Je ne sais : je voudrais bien qu'elles n'eussent besoin ni des uns ni des autres, qu'elles apprissent librement ce qu'elles ont tant de penchant à vouloir apprendre, et qu'on ne vît pas sans cesse errer dans nos villes tant de baladins chamarrés. J'ai quelque peine à croire que le commerce de ces gens-là ne soit pas plus nuisible à de jeunes filles que leurs leçons ne leur sont utiles, et que leur jargon, leur ton, leurs airs, ne donnent pas à leurs écolières le premier goût des frivolités, pour eux si importantes, dont elles ne tarderont guère, à leur exemple, de faire leur unique occupation.

Dans les arts qui n'ont que l'agrément pour objet, tout peut servir de maître aux jeunes personnes : leur père, leur mère, leur frère, leur sœur, leurs amies, leurs gouvernantes, leur miroir, et surtout leur propre goût. On ne doit point offrir de leur donner leçon, il faut que ce soient elles qui la demandent; on ne doit point faire une tâche d'une récompense; et c'est surtout dans ces sortes d'études que le premier succès est de vouloir réussir. Au reste, s'il faut absolument des leçons en règle, je ne déciderai point du sexe de ceux qui les doivent donner. Je ne sais s'il faut qu'un maître à danser prenne une jeune écolière par sa main délicate et blanche, qu'il lui fasse accourcir la jupe, lever les yeux, déployer les bras, avancer un sein palpitant; mais je sais bien que pour rien au monde je ne voudrais être ce maître-là.

Par l'industrie et les talents le goût se forme; par le goût l'esprit s'ouvre insensiblement aux idées du beau dans tous les genres, et enfin aux notions morales qui s'y rapportent. C'est peut-être une des raisons pourquoi le sentiment de la décence et de l'honnêteté s'insinue plus tôt chez les filles que chez les garçons; car, pour croire que ce sentiment précoce soit l'ouvrage des gouvernantes, il faudrait être fort mal instruit de la tournure de l'esprit humain. Le talent de parler tient le premier rang dans l'art de plaire; c'est par lui seul qu'on peut ajouter de nouveaux charmes à ceux auxquels l'habitude accoutume les sens. C'est l'esprit qui non seulement vivifie le corps, mais qui le renouvelle en quelque sorte, c'est par la succession des sentiments et des idées qu'il anime et varie la physionomie; et c'est par les discours qu'il inspire que l'attention, tenue en haleine, soutient longtemps le même intérêt sur le même objet. C'est, je crois, par toutes ces raisons que les mêmes jeunes filles acquièrent si vite un petit babil agréable, qu'elles mettent de l'accent dans leurs propos, même avant que de les sentir, et que les hommes s'amusent si tôt à les écouter, même avant qu'elles puissent les entendre; ils épient le premier moment de cette intelligence pour pénétrer ainsi celui du sentiment.

Les femmes ont la langue flexible; elles parlent plus tôt, plus aisément et plus agréablement que les hommes. On les accuse aussi de parler davantage: cela doit être, et je changerais volontiers ce reproche en éloge; la bouche et les yeux ont chez elles la même activité, et par la même raison. L'homme dit ce qu'il sait, la femme dit ce qui plaît; l'un pour parler a besoin de connaissance, et l'autre de goût; l'un doit avoir pour objet principal les choses utiles, l'autre les agréables. Leurs discours ne doivent avoir de formes communes que celles de la vérité.

On ne doit donc pas contenir le babil des filles, comme celui de garçons, par cette interrogation dure: *A quoi cela est-il bon?* mais par cette autre, à laquelle il n'est pas plus aisé de répondre: *Quel effet cela fera-t-il?* Dans ce premier âge, où, ne pouvant discerner encore le bien et le mal, elles ne sont les juges de personne, elles doivent s'imposer pour loi de ne jamais rien dire que d'agréable à ceux à qui elles parlent; et ce qui rend la pratique de cette règle plus difficile est qu'elle reste toujours subordonnée à la première, qui est de ne jamais mentir.

J'y vois bien d'autres difficultés encore, mais elles sont d'un âge plus avancé. Quant à présent, il n'en peut coûter aux jeunes filles pour être vraies que de l'être sans grossièreté; et comme naturellement cette grossièreté leur répugne, l'éducation leur apprend aisément à l'éviter. Je remarque en général, dans le commerce du monde, que la politesse des hommes est plus officieuse, et celle des femmes plus caressante. Cette différence n'est point d'institution, elle est naturelle. L'homme paraît chercher davantage à vous servir, et la femme à vous agréer. Il suit de là que, quoi qu'il en soit du caractère des femmes, leur politesse est moins fausse que la nôtre; elle ne fait qu'étendre leur premier instinct; mais quand un homme feint de préférer mon intérêt au sien propre, de quelque démonstration qu'il colore ce mensonge, je suis très sûr qu'il en fait un. Il n'en coûte donc guère aux femmes d'être polies, ni par conséquent aux filles d'apprendre à le devenir. La première leçon vient de la nature, l'art ne fait plus que la suivre, et déterminer suivant nos usages sous quelle forme elle doit se montrer. A l'égard de leur politesse entre elles, c'est tout autre chose; elles y mettent un air si contraint et des attentions si froides, qu'en se gênant mutuellement elles n'ont pas grand soin de cacher leur gêne, et semblent sincères dans leur mensonge en ne cherchant guère à le déguiser. Cependant les jeunes personnes se font quelquefois tout de bon des amitiés plus franches. A leur âge la gaieté tient lieu de bon naturel; et contentes d'elles, elles le sont de tout le monde. Il est constant aussi qu'elles se baisent de meilleur cœur et se caressent avec plus de grâce devant les hommes, fières d'aiguiser impunément leur convoitise par l'image des faveurs qu'elles savent leur faire envier.

Si l'on ne doit pas permettre aux jeunes garçons des questions indiscrètes, à plus forte raison doit-on les interdire à de jeunes filles dont la curiosité satisfaite ou mal éludée est bien d'une autre conséquence, vu leur pénétration à pressentir les mystères qu'on leur cache et leur adresse à les découvrir. Mais sans souffrir leurs interrogations, je voudrais qu'on les interrogeât beaucoup elles-mêmes, qu'on eût soin de les faire causer, qu'on les agaçât pour les exercer à parler aisément, pour les rendre vives à la riposte, pour leur délier l'esprit et la langue, tandis qu'on le peut sans danger. Ces conversations, toujours tournées en gaieté, mais ménagées avec art et bien dirigées, feraient un amusement charmant pour cet âge, et pourraient porter dans les cœurs innocents de ces jeunes personnes les premières et peut-être les plus utiles leçons de morale qu'elles prendront de leur vie, en leur apprenant, sous l'attrait du plaisir et de la vanité, à quelles qualités les hommes accordent véritablement leur estime, et en quoi consiste la gloire et le bonheur d'une honnête femme.

On comprend bien que si les enfants mâles sont hors d'état de se former aucune véritable idée de religion, à plus forte raison la même idée est-elle au-dessus de la conception des filles : c'est pour cela même que je voudrais en parler à celles-ci de meilleure heure; car s'il fal-

lait attendre qu'elles fussent en état de discuter métho-
diquement ces questions profondes, on courrait risque
de ne leur en parler jamais. La raison des femmes est une
raison pratique qui leur fait trouver très habilement les
moyens d'arriver à une fin connue, mais qui ne leur fait
pas trouver cette fin. La relation sociale des sexes est
admirable. De cette société résulte une personne morale
dont la femme est l'œil et l'homme le bras, mais avec une
telle dépendance l'une de l'autre, que c'est de l'homme
que la femme apprend ce qu'il faut voir, et de la femme
que l'homme apprend ce qu'il faut faire. Si la femme pouvait remonter aussi bien que l'homme aux principes, et
que l'homme eût aussi bien qu'elle l'esprit des détails,
toujours indépendants l'un de l'autre, ils vivraient dans
une discorde éternelle, et leur société ne pourrait subsister. Mais dans l'harmonie qui règne entre eux, tout
tend à la fin commune; on ne sait lequel met le plus du
sien; chacun suit l'impulsion de l'autre; chacun obéit, et
tous deux sont les maîtres.

Par cela même que la conduite de la femme est asservie
à l'opinion publique, sa croyance est asservie à l'autorité.
Toute fille doit avoir la religion de sa mère, et toute
femme celle de son mari. Quand cette religion serait
fausse, la docilité qui soumet la mère et la famille à
l'ordre de la nature efface auprès de Dieu le péché de
l'erreur. Hors d'état d'être juges elles-mêmes, elles
doivent recevoir la décision des pères et des maris
comme celle de l'Eglise.

Ne pouvant tirer d'elles seules la règle de leur foi, les
femmes ne peuvent lui donner pour bornes celles de
l'évidence et de la raison; mais, se laissant entraîner par
mille impulsions étrangères, elles sont toujours en deçà
ou au delà du vrai. Toujours extrêmes, elles sont toutes
libertines ou dévotes; on n'en voit point savoir réunir
la sagesse à la piété. La source du mal n'est pas seulement dans le caractère outré de leur sexe, mais aussi
dans l'autorité mal réglée du nôtre : le libertinage des
mœurs la fait mépriser, l'effroi du repentir la rend tyrannique, et voilà comment on en fait toujours trop ou trop
peu.

Puisque l'autorité doit régler la religion des femmes,
il ne s'agit pas tant de leur expliquer les raisons qu'on a
de croire, que de leur exposer nettement ce qu'on croit :
car la foi qu'on donne à des idées obscures est la première
source du fanatisme, et celle qu'on exige pour des choses

absurdes mène à la folie ou à l'incrédulité. Je ne sais à quoi nos catéchismes portent le plus, d'être impie ou fanatique; mais je sais bien qu'ils font nécessairement l'un ou l'autre.

Premièrement, pour enseigner la religion à de jeunes filles, n'en faites jamais pour elles un objet de tristesse et de gêne, jamais une tâche ni un devoir; par conséquent ne leur faites jamais rien apprendre par cœur qui s'y rapporte, pas même les prières. Contentez-vous de faire régulièrement les vôtres devant elles, sans les forcer pourtant d'y assister. Faites-les courtes, selon l'instruction de Jésus-Christ. Faites-les toujours avec le recueillement et le respect convenables; songez qu'en demandant à l'Etre suprême de l'attention pour nous écouter, cela vaut bien qu'on en mette à ce qu'on va lui dire.

Il importe moins que de jeunes filles sachent si tôt leur religion, qu'il n'importe qu'elles la sachent bien, et surtout qu'elles l'aiment. Quand vous la leur rendez onéreuse, quand vous leur peignez toujours Dieu fâché contre elles, quand vous leur imposez en son nom mille devoirs pénibles qu'elles ne vous voient jamais remplir, que peuvent-elles penser, sinon que savoir son catéchisme et prier Dieu sont les devoirs des petites filles, et désirer d'être grandes pour s'exempter comme vous de tout cet assujettissement ? L'exemple! l'exemple! sans cela jamais on ne réussit à rien auprès des enfants.

Quand vous leur expliquez des articles de foi, que ce soit en forme d'instruction directe, et non par demandes et par réponses. Elles ne doivent jamais répondre que ce qu'elles pensent, et non ce qu'on leur a dicté. Toutes les réponses du catéchisme sont à contresens, c'est l'écolier qui instruit le maître; elles sont même des mensonges dans la bouche des enfants, puisqu'ils expliquent ce qu'ils n'entendent point, et qu'ils affirment ce qu'ils sont hors d'état de croire. Parmi les hommes les plus intelligents, qu'on me montre ceux qui ne mentent pas en disant leur catéchisme.

La première question que je vois dans le nôtre est celle-ci : *Qui vous a créée et mise au monde ?* A quoi la petite fille, croyant bien que c'est sa mère, dit pourtant sans hésiter que c'est Dieu. La seule chose qu'elle voit là, c'est qu'à une demande qu'elle n'entend guère elle fait une réponse qu'elle n'entend point du tout.

Je voudrais qu'un homme qui connaîtrait bien la marche de l'esprit des enfants voulût faire pour eux un catéchisme. Ce serait peut-être le livre le plus utile qu'on eût jamais écrit, et ce ne serait pas, à mon avis, celui qui ferait le moins d'honneur à son auteur. Ce qu'il y a de bien sûr, c'est que, si ce livre était bon, il ne ressemblerait guère aux nôtres.

Un tel catéchisme ne sera bon que quand, sur les seules demandes, l'enfant fera de lui-même les réponses sans les apprendre; bien entendu qu'il sera quelquefois dans le cas d'interroger à son tour. Pour faire entendre ce que je veux dire, il faudrait une espèce de modèle, et je sens bien ce qui me manque pour le tracer. J'essayerai du moins d'en donner quelque légère idée.

Je m'imagine donc que, pour venir à la première question de notre catéchisme, il faudrait que celui-là commençât à peu près ainsi :

LA BONNE

Vous souvenez-vous du temps que votre mère était fille ?

LA PETITE

Non, ma bonne.

LA BONNE

Pourquoi non, vous qui avez si bonne mémoire ?

LA PETITE

C'est que je n'étais pas au monde.

LA BONNE

Vous n'avez donc pas toujours vécu ?

LA PETITE

Non.

LA BONNE

Vivrez-vous toujours ?

LA PETITE

Oui.

LA BONNE

Etes-vous jeune ou vieille ?

LA PETITE

Je suis jeune.

LA BONNE

Et votre grand-maman, est-elle jeune ou vieille ?

LA PETITE

Elle est vieille.

LA BONNE

A-t-elle été jeune ?

LA PETITE

Oui.

LA BONNE

Pourquoi ne l'est-elle plus ?

LA PETITE

C'est qu'elle a vieilli.

LA BONNE

Vieillirez-vous comme elle ?

LA PETITE

Je ne sais *.

LA BONNE

Où sont vos robes de l'année passée ?

LA PETITE

On les a défaites.

LA BONNE

Et pourquoi les a-t-on défaites ?

LA PETITE

Parce qu'elles m'étaient trop petites.

LA BONNE

Et pourquoi vous étaient-elles trop petites ?

LA PETITE

Parce que j'ai grandi.

LA BONNE

Grandirez-vous encore ?

LA PETITE

Oh ! oui.

LA BONNE

Et que deviennent les grandes filles ?

* Si partout où j'ai mis *je ne sais*, la petite répond autrement, il faut se méfier de sa réponse et la lui faire expliquer avec soin.

LA PETITE

Elles deviennent femmes.

LA BONNE

Et que deviennent les femmes ?

LA PETITE

Elles deviennent mères.

LA BONNE

Et les mères, que deviennent-elles ?

LA PETITE

Elles deviennent vieilles.

LA BONNE

Vous deviendrez donc vieille ?

LA PETITE

Quand je serai mère.

LA BONNE

Et que deviennent les vieilles gens ?

LA PETITE

Je ne sais.

LA BONNE

Qu'est devenu votre grand-papa ?

LA PETITE

Il est mort *.

LA BONNE

Et pourquoi est-il mort ?

LA PETITE

Parce qu'il était vieux.

* La petite dira cela parce qu'elle l'a entendu dire ; mais il faut vérifier si elle a quelque juste idée de la mort, car cette idée n'est pas si simple ni si à la portée des enfants que l'on pense. On peut voir, dans le petit poème d'*Abel*, un exemple de la manière dont on doit la leur donner. Ce charmant ouvrage respire une simplicité délicieuse dont on ne peut trop se nourrir pour converser avec les enfants.

LA BONNE

Que deviennent donc les vieilles gens ?

LA PETITE

Ils meurent.

LA BONNE

Et, vous, quand vous serez vieille, que...

LA PETITE, *l'interrompant.*

Oh! ma bonne, je ne veux pas mourir.

LA BONNE

Mon enfant, personne ne veut mourir, et tout le monde meurt.

LA PETITE

Comment! est-ce que maman mourra aussi ?

LA BONNE

Comme tout le monde. Les femmes vieillissent ainsi que les hommes, et la vieillesse mène à la mort.

LA PETITE

Que faut-il faire pour vieillir bien tard ?

LA BONNE

Vivre sagement tandis qu'on est jeune!

LA PETITE

Ma bonne, je serai toujours sage.

LA BONNE

Tant mieux pour vous. Mais, enfin, croyez-vous de vivre toujours ?

LA PETITE

Quand je serai bien vieille, bien vieille...

LA BONNE

Eh bien ?

LA PETITE

Enfin, quand on est si vieille, vous dites qu'il faut bien mourir.

LA BONNE

Vous mourrez donc une fois ?

LA PETITE

Hélas! oui.

LA BONNE

Qui est-ce qui vivait avant vous ?

LA PETITE

Mon père et ma mère.

LA BONNE

Qui est-ce qui vivait avant eux ?

LA PETITE

Leur père et leur mère.

LA BONNE

Qui est-ce qui vivra après vous ?

LA PETITE

Mes enfants.

LA BONNE

Qui est-ce qui vivra après eux ?

LA PETITE

Leurs enfants, etc.

En suivant cette route, on trouve à la race humaine, par des inductions sensibles, un commencement et une fin, comme à toutes choses, c'est-à-dire un père et une mère qui n'ont eu ni père ni mère, et des enfants qui n'auront point d'enfants *.

Ce n'est qu'après une longue suite de questions pareilles que la première demande du catéchisme est suffisamment préparée. Mais de là jusqu'à la deuxième réponse, qui est pour ainsi dire la définition de l'essence divine, quel saut immense! Quand cet intervalle sera-t-il rempli ? Dieu est un esprit! Et qu'est-ce qu'un esprit ? Irai-je embarquer celui d'un enfant dans cette obscure métaphysique dont les hommes ont tant de peine à se tirer ? Ce n'est pas à une petite fille à résoudre ces questions, c'est tout au plus à elle à les faire. Alors je lui répondrais simplement : Vous me demandez ce que c'est que Dieu;

---

* L'idée de l'éternité ne saurait s'appliquer aux générations humaines avec le consentement de l'esprit. Toute succession numérique réduite en acte est incompatible avec cette idée.

cela n'est pas facile à dire : on ne peut entendre, ni voir, ni toucher Dieu; on ne le connaît que par ses œuvres. Pour juger ce qu'il est, attendez de savoir ce qu'il a fait.

Si nos dogmes sont tous de la même vérité, tous ne sont pas pour cela de la même importance. Il est fort indifférent à la gloire de Dieu qu'elle nous soit connue en toutes choses; mais il importe à la société humaine et à chacun de ses membres que tout homme connaisse et remplisse les devoirs que lui impose la loi de Dieu envers son prochain et envers soi-même. Voilà ce que nous devons incessamment nous enseigner les uns aux autres, et voilà surtout de quoi les pères et les mères sont tenus d'instruire leurs enfants. Qu'une vierge soit la mère de son créateur, qu'elle ait enfanté Dieu, ou seulement un homme auquel Dieu s'est joint; que la substance du père et du fils soit la même, ou ne soit que semblable; que l'esprit procède de l'un des deux qui sont le même, ou de tous deux conjointement, je ne vois pas que la décision de ces questions, en apparence essentielles, importe plus à l'espèce humaine que de savoir quel jour de la lune on doit célébrer la pâque, s'il faut dire le chapelet, jeûner, faire maigre, parler latin ou français à l'église, orner les murs d'images, dire ou entendre la messe, et n'avoir point de femme en propre. Que chacun pense là-dessus comme il lui plaira : j'ignore en quoi cela peut intéresser les autres; quant à moi, cela ne m'intéresse point du tout. Mais ce qui m'intéresse, moi et tous mes semblables, c'est que chacun sache qu'il existe un arbitre du sort des humains, duquel nous sommes tous les enfants, qui nous prescrit à tous d'être justes, de nous aimer les uns les autres, d'être bienfaisants et miséricordieux, de tenir nos engagements envers tout le monde, même envers nos ennemis et les siens; que l'apparent bonheur de cette vie n'est rien; qu'il en est une autre après elle, dans laquelle cet Etre suprême sera le rémunérateur des bons et le juge des méchants. Ces dogmes et les dogmes semblables sont ceux qu'il importe d'enseigner à la jeunesse, et de persuader à tous les citoyens. Quiconque les combat mérite châtiment, sans doute; il est le perturbateur de l'ordre et l'ennemi de la société. Quiconque les passe, et veut nous asservir à ses opinions particulières, vient au même point par une route opposée; pour établir l'ordre à sa manière, il trouble la paix; dans son téméraire orgueil, il se rend l'interprète de la Divi-

nité, il exige en son nom les hommages et les respects des
hommes, il se fait Dieu tant qu'il peut à sa place : on
devrait le punir comme sacrilège, quand on ne le puni-
rait pas comme intolérant.

Négligez donc tous ces dogmes mystérieux qui ne sont
pour nous que des mots sans idées, toutes ces doctrines
bizarres dont la vaine étude tient lieu de vertus à ceux
qui s'y livrent, et sert plutôt à les rendre fous que bons.
Maintenez toujours vos enfants dans le cercle étroit des
dogmes qui tiennent à la morale. Persuadez-leur bien
qu'il n'y a rien pour nous d'utile à savoir que ce qui nous
apprend à bien faire. Ne faites point de vos filles des théo-
logiennes et des raisonneuses ; ne leur apprenez des choses
du ciel que ce qui sert à la sagesse humaine ; accoutumez-les à se sentir toujours sous les yeux de Dieu, à
l'avoir pour témoin de leurs actions, de leurs pensées,
de leur vertu, de leurs plaisirs, à faire le bien sans ostentation, parce qu'il l'aime ; à souffrir le mal sans murmure,
parce qu'il les en dédommagera ; à être enfin tous les
jours de leur vie ce qu'elles seront bien aises d'avoir été
lorsqu'elles comparaîtront devant lui. Voilà la véritable
religion, voilà la seule qui n'est susceptible ni d'abus,
ni d'impiété, ni de fanatisme. Qu'on en prêche tant
qu'on voudra de plus sublimes ; pour moi, je n'en reconnais point d'autre que celle-là.

Au reste, il est bon d'observer que, jusqu'à l'âge où la
raison s'éclaire et où le sentiment naissant fait parler la
conscience, ce qui est bien ou mal pour les jeunes personnes est ce que les gens qui les entourent ont décidé
tel. Ce qu'on leur commande est bien, ce qu'on leur
défend est mal, elles n'en doivent pas savoir davantage :
par où l'on voit de quelle importance est, encore plus pour
elles que pour les garçons, le choix des personnes qui
doivent les approcher et avoir quelque autorité sur elles.
Enfin le moment vient où elles commencent à juger des
choses par elles-mêmes, et alors il est temps de changer
le plan de leur éducation.

J'en ai trop dit jusqu'ici peut-être. A quoi réduirons-
nous les femmes, si nous ne leur donnons pour loi que
les préjugés publics ? N'abaissons pas à ce point le sexe
qui nous gouverne, et qui nous honore quand nous ne
l'avons pas avili. Il existe pour toute l'espèce humaine
une règle antérieure à l'opinion. C'est à l'inflexible
direction de cette règle que se doivent rapporter toutes les
autres : elle juge le préjugé même : et ce n'est qu'autant

que l'estime des hommes s'accorde avec elle, que cette estime doit faire autorité pour nous.

Cette règle est le sentiment intérieur. Je ne répéterai point ce qui en a été dit ci-devant; il me suffit de remarquer que si ces deux règles ne concourent à l'éducation des femmes, elle sera toujours défectueuse. Le sentiment sans l'opinion ne leur donnera point cette délicatesse d'âme qui pare les bonnes mœurs de l'honneur du monde; et l'opinion sans le sentiment n'en fera jamais que des femmes fausses et déshonnêtes, qui mettent l'apparence à la place de la vertu.

Il leur importe donc de cultiver une faculté qui serve d'arbitre entre les deux guides, qui ne laisse point égarer la conscience, et qui redresse les erreurs du préjugé. Cette faculté est la raison. Mais à ce mot que de questions s'élèvent! Les femmes sont-elles capables d'un solide raisonnement? importe-t-il qu'elles le cultivent? le cultiveront-elles avec succès? Cette culture est-elle utile aux fonctions qui leur sont imposées? Est-elle compatible avec la simplicité qui leur convient?

Les diverses manières d'envisager et de résoudre ces questions font que, donnant dans les excès contraires, les uns bornent la femme à coudre et filer dans son ménage avec ses servantes, et n'en font ainsi que la première servante du maître; les autres, non contents d'assurer ses droits, lui font encore usurper les nôtres; car la laisser au-dessus de nous dans les qualités propres à son sexe, et la rendre notre égale dans tout le reste, qu'est-ce autre chose que transporter à la femme la primauté que la nature donne au mari?

La raison qui mène l'homme à la connaissance de ses devoirs n'est pas fort composée; la raison qui mène la femme à la connaissance des siens est plus simple encore. L'obéissance et la fidélité qu'elle doit à son mari, la tendresse et les soins qu'elle doit à ses enfants, sont des conséquences si naturelles et si sensibles de sa condition, qu'elle ne peut, sans mauvaise foi, refuser son consentement au sentiment intérieur qui la guide, ni méconnaître le devoir dans le penchant qui n'est point encore altéré.

Je ne blâmerais pas sans distinction qu'une femme fût bornée aux seuls travaux de son sexe, et qu'on la laissât dans une profonde ignorance sur tout le reste; mais il faudrait pour cela des mœurs publiques très simples, très saines ou une manière de vivre très retirée.

Dans de grandes villes, et parmi des hommes corrompus, cette femme serait trop facile à séduire; souvent sa vertu ne tiendrait qu'aux occasions. Dans ce siècle philosophe, il lui en faut une à l'épreuve; il faut qu'elle sache d'avance et ce qu'on lui peut dire et ce qu'elle en doit penser.

D'ailleurs, soumise au jugement des hommes, elle doit mériter leur estime; elle doit surtout obtenir celle de son époux; elle ne doit pas seulement lui faire aimer sa personne, mais lui faire approuver sa conduite; elle doit justifier devant le public le choix qu'il a fait, et faire honorer le mari de l'honneur qu'on rend à la femme. Or, comment s'y prendra-t-elle pour tout cela, si elle ignore nos institutions, si elle ne sait rien de nos usages, de nos bienséances, si elle ne connaît ni la source des jugements humains, ni les passions qui les déterminent? Dès là qu'elle dépend à la fois de sa propre conscience et des opinions des autres, il faut qu'elle apprenne à comparer ces deux règles, à les concilier, et à ne préférer la première que quand elles sont en opposition. Elle devient le juge de ses juges, elle décide quand elle doit s'y soumettre et quand elle doit les récuser. Avant de rejeter ou d'admettre leurs préjugés, elle les pèse; elle apprend à remonter à leur source, à les prévenir, à se les rendre favorables; elle a soin de ne jamais s'attirer le blâme quand son devoir lui permet de l'éviter. Rien de tout cela ne peut bien se faire sans cultiver son esprit et sa raison.

Je reviens toujours au principe, et il me fournit la solution de toutes mes difficultés. J'étudie ce qui est, j'en recherche la cause, et je trouve enfin que ce qui est est bien. J'entre dans des maisons ouvertes dont le maître et la maîtresse font conjointement les honneurs. Tous deux ont eu la même éducation, tous deux sont d'une égale politesse, tous deux également pourvus de goût et d'esprit, tous deux animés du même désir de bien recevoir leur monde, et de renvoyer chacun content d'eux. Le mari n'omet aucun soin pour être attentif à tout : il va, vient, fait la ronde et se donne mille peines; il voudrait être tout attention. La femme reste à sa place; un petit cercle se rassemble autour d'elle, et semble lui cacher le reste de l'assemblée; cependant il ne s'y passe rien qu'elle n'aperçoive, il n'en sort personne à qui elle n'ait parlé; elle n'a rien omis de ce qui pouvait intéresser tout le monde; elle n'a rien dit à chacun qui ne lui fût agréable; et sans rien troubler à l'ordre, le moindre de la compagnie n'est pas plus oublié que le premier. On est servi, l'on se met à table : l'homme, instruit des gens qui se conviennent, les placera selon ce qu'il sait; la femme, sans rien savoir, ne s'y trompera pas; elle aura déjà lu dans les yeux, dans le maintien, toutes les convenances, et chacun se trouvera placé comme il veut l'être. Je ne dis point qu'au service personne n'est oublié. Le maître de la maison, en faisant la ronde, aura pu n'oublier personne; mais la femme devine ce qu'on regarde avec plaisir et vous en offre; en parlant à son voisin elle a l'œil au bout de la table; elle discerne celui qui ne mange point parce qu'il n'a pas faim, et celui qui n'ose se servir ou demander parce qu'il est maladroit ou timide. En sortant de table, chacun croit qu'elle n'a songé qu'à lui; tous ne pensent pas qu'elle ait eu le temps de manger un seul morceau; mais la vérité est qu'elle a mangé plus que personne.

Quand tout le monde est parti, l'on parle de ce qui s'est passé. L'homme rapporte ce qu'on lui a dit, ce qu'ont dit et fait ceux avec lesquels il s'est entretenu. Si ce n'est pas toujours là-dessus que la femme est plus exacte, en revanche elle a vu ce qui s'est dit tout bas à l'autre bout de la salle; elle sait ce qu'un tel a pensé, à quoi tenait tel propos ou tel geste; il s'est fait à peine un mouvement expressif dont elle n'ait l'interprétation toute prête, et presque toujours conforme à la vérité.

Le même tour d'esprit qui fait exceller une femme du monde dans l'art de tenir maison, fait exceller une coquette dans l'art d'amuser plusieurs soupirants. Le manège de la coquetterie exige un discernement encore plus fin que celui de la politesse : car, pourvu qu'une femme polie le soit envers tout le monde, elle a toujours assez bien fait; mais la coquette perdrait bientôt son empire par cette uniformité maladroite; à force de vouloir obliger tous ses amants, elle les rebuterait tous. Dans la société, les manières qu'on prend avec tous les hommes ne laissent pas de plaire à chacun; pourvu qu'on soit bien traité, l'on n'y regarde pas de si près sur les préférences; mais en amour, une faveur qui n'est pas exclusive est une injure. Un homme sensible aimerait cent fois mieux être seul maltraité que caressé avec tous les autres, et ce qui lui peut arriver de pis est de n'être point distingué. Il faut donc qu'une femme qui veut conserver plusieurs amants persuade à chacun d'eux qu'elle le préfère, et qu'elle le lui persuade sous les yeux de tous les autres, à qui elle en persuade autant sous les siens.

Voulez-vous voir un personnage embarrassé, placez un homme entre deux femmes avec chacune desquelles il aura des liaisons secrètes, puis observez quelle sotte figure il y fera. Placez en même cas une femme entre deux hommes, et sûrement l'exemple ne sera pas plus rare; vous serez émerveillé de l'adresse avec laquelle elle donnera le change à tous deux, et fera que chacun se rira de l'autre. Or, si cette femme leur témoignait la même confiance et prenait avec eux la même familiarité, comment seraient-ils un instant ses dupes? En les traitant également, ne montrerait-elle pas qu'ils ont les mêmes droits sur elle? Oh! qu'elle s'y prend bien mieux que cela! Loin de les traiter de la même manière, elle affecte de mettre entre eux de l'inégalité; elle fait si bien que celui qu'elle flatte croit que c'est par tendresse, et que celui qu'elle maltraite croit que c'est par dépit. Ainsi chacun, content de son partage, la voit toujours s'occuper de lui, tandis qu'elle ne s'occupe en effet que d'elle seule.

Dans le désir général de plaire, la coquetterie suggère de semblables moyens : les caprices ne feraient que rebuter, s'ils n'étaient sagement ménagés; et c'est en les dispensant avec art qu'elle en fait les plus fortes chaînes de ses esclaves.

> *Usa ogn'arte la donna, onde sia colte*
> *Nella sua rete alcun novello amante;*
> *Nè con tutti, nè sempre un stesso volto*
> *Serba; ma cangia a tempo atto e sembiante.*

A quoi tient tout cet art, si ce n'est à des observations fines et continuelles qui lui font voir à chaque instant ce qui se passe dans les cœurs des hommes, et qui la disposent à porter à chaque mouvement secret qu'elle aperçoit la force qu'il faut pour le suspendre ou l'accélérer? Or, cet art s'apprend-il? Non; il naît avec les femmes; elles l'ont toutes, et jamais les hommes ne l'ont eu au même degré. Tel est un des caractères distinctifs du sexe. La présence d'esprit, la pénétration, les observations fines sont la science des femmes; l'habileté de s'en prévaloir est leur talent.

Voilà ce qui est, et l'on a vu pourquoi cela doit être.

Les femmes sont fausses, nous dit-on. Elles le deviennent. Le don qui leur est propre est l'adresse et non pas la fausseté : dans les vrais penchants de leur sexe, même en mentant, elles ne sont point fausses. Pourquoi consultez-vous leur bouche, quand ce n'est pas elle qui doit parler ? Consultez leurs yeux, leur teint, leur respiration, leur air craintif, leur molle résistance : voilà le langage que la nature leur donne pour vous répondre. La bouche dit toujours non, et doit le dire ; mais l'accent qu'elle y joint n'est pas toujours le même, et cet accent ne sait point mentir. La femme n'a t-elle pas les mêmes besoins que l'homme, sans avoir le même droit de les témoigner ? Son sort serait trop cruel, si, même dans les désirs légitimes, elle n'avait un langage équivalent à celui qu'elle n'ose tenir. Faut-il que sa pudeur la rende malheureuse ? Ne lui faut-il pas un art de communiquer ses penchants sans les découvrir ? De quelle adresse n'a-t-elle pas besoin pour faire qu'on lui dérobe ce qu'elle brûle d'accorder ! Combien ne lui importe-t-il point d'apprendre à toucher le cœur de l'homme, sans paraître songer à lui ! Quel discours charmant n'est-ce pas que la pomme de Galatée et sa fuite maladroite ! Que faudra-t-il qu'elle ajoute à cela ? Ira-t-elle dire au berger qui la suit entre les saules qu'elle n'y fuit qu'à dessein de l'attirer ? Elle mentirait, pour ainsi dire ; car alors elle ne l'attirerait plus. Plus une femme a de réserve, plus elle doit avoir d'art, même avec son mari. Oui, je soutiens qu'en tenant la coquetterie dans ses limites, on la rend modeste et vraie, on en fait une loi d'honnêteté.

La vertu est une, disait très bien un de mes adversaires ; on ne la décompose pas pour admettre une partie et rejeter l'autre. Quand on l'aime, on l'aime dans toute son intégrité ; et l'on refuse son cœur quand on peut, et toujours sa bouche aux sentiments qu'on ne doit point avoir. La vérité morale n'est pas ce qui est, mais ce qui est bien ; ce qui est mal ne devrait point être, et ne doit point être avoué, surtout quand cet aveu lui donne un effet qu'il n'aurait pas eu sans cela. Si j'étais tenté de voler, et qu'en le disant je tentasse un autre d'être mon complice, lui déclarer ma tentation ne serait-ce pas y succomber ? Pourquoi dites-vous que la pudeur rend les femmes fausses ? Celles qui la perdent le plus sont-elles au reste plus vraies que les autres ? Tant s'en faut ; elles sont plus fausses mille fois. On n'arrive à ce point de dépravation qu'à force de vices, qu'on garde tous, et qui

ne règnent qu'à la faveur de l'intrigue et du mensonge*.
Au contraire, celles qui ont encore de la honte, qui ne
s'enorgueillissent point de leurs fautes, qui savent cacher
leurs désirs à ceux mêmes qui les inspirent, celles dont
ils en arrachent les aveux avec le plus de peine, sont
d'ailleurs les plus vraies, les plus sincères, les plus constantes dans tous leurs engagements, et celles sur la foi
desquelles on peut généralement le plus compter.

Je ne sache que la seule mademoiselle de l'Enclos
qu'on ait pu citer pour exception connue à ces remarques.
Aussi mademoiselle de l'Enclos a-t-elle passé pour un
prodige. Dans le mépris des vertus de son sexe, elle
avait, dit-on, conservé celles du nôtre : on vante sa franchise, sa droiture, la sûreté de son commerce, sa fidélité
dans l'amitié; enfin, pour achever le tableau de sa gloire,
on dit qu'elle s'était faite homme. A la bonne heure.
Mais, avec toute sa haute réputation, je n'aurais pas plus
voulu de cet homme-là pour mon ami que pour ma
maîtresse.

Tout ceci n'est pas si hors de propos qu'il paraît être.
Je vois où tendent les maximes de la philosophie moderne
en tournant en dérision la pudeur du sexe et sa fausseté
prétendue; et je vois que l'effet le plus assuré de cette
philosophie sera d'ôter aux femmes de notre siècle le
peu d'honneur qui leur est resté.

Sur ces considérations, je crois qu'on peut déterminer en général quelle espèce de culture convient à
l'esprit des femmes, et sur quels objets on doit tourner
leurs réflexions dès leur jeunesse.

Je l'ai déjà dit, les devoirs de leur sexe sont plus aisés
à voir qu'à remplir. La première chose qu'elles doivent
apprendre est à les aimer par la considération de leurs
avantages; c'est le seul moyen de les leur rendre faciles.
Chaque état et chaque âge a ses devoirs. On connaît
bientôt les siens pourvu qu'on les aime. Honorez votre

* Je sais que les femmes qui ont ouvertement pris leur parti sur un
certain point prétendent bien se faire valoir de cette franchise, et
jurent qu'à cela près il n'y a rien d'estimable qu'on ne trouve en elles;
mais je sais bien aussi qu'elles n'ont jamais persuadé cela qu'à elles-
mêmes. Le plus grand frein de leur sexe ôté, que reste-t-il qui les retienne ? et
de quel honneur feront-elles cas après avoir renoncé à celui qui leur
est propre ? Ayant mis une fois leurs passions à l'aise, elles n'ont
plus aucun intérêt d'y résister : « *Nec femina, amissa pudicitia, alia
abnuerit.* » Jamais auteur connut-il mieux le cœur humain dans les
deux sexes que celui qui a dit cela ?

état de femme, et dans quelque rang que le ciel vous place, vous serez toujours une femme de bien. L'essentiel est d'être ce que nous fit la nature; on n'est toujours que trop ce que les hommes veulent que l'on soit.

La recherche des vérités abstraites et spéculatives, des principes, des axiomes dans les sciences, tout ce qui tend à généraliser les idées n'est point du ressort des femmes, leurs études doivent se rapporter toutes à la pratique; c'est à elles à faire l'application des principes que l'homme a trouvés, et c'est à elles de faire les observations qui mènent l'homme à l'établissement des principes. Toutes les réflexions des femmes en ce qui ne tient pas immédiatement à leurs devoirs, doivent tendre à l'étude des hommes ou aux connaissances agréables qui n'ont que le goût pour objet; car, quant aux ouvrages de génie, ils passent leur portée; elles n'ont pas non plus assez de justesse et d'attention pour réussir aux sciences exactes, et, quant aux connaissances physiques, c'est à celui des deux qui est le plus agissant, le plus allant, qui voit le plus d'objets; c'est à celui qui a le plus de force et qui l'exerce davantage, à juger des rapports des êtres sensibles et des lois de la nature. La femme, qui est faible et qui ne voit rien au dehors, apprécie et juge les mobiles qu'elle peut mettre en œuvre pour suppléer à sa faiblesse, et ces mobiles sont les passions de l'homme. Sa mécanique à elle est plus forte que la nôtre, tous ses leviers vont ébranler le cœur humain. Tout ce que son sexe ne peut faire par lui-même, et qui lui est nécessaire ou agréable, il faut qu'elle ait l'art de nous le faire vouloir; il faut donc qu'elle étudie à fond l'esprit de l'homme, non par abstraction l'esprit de l'homme en général, mais l'esprit des hommes qui l'entourent, l'esprit des hommes auxquels elle est assujettie, soit par la loi, soit par l'opinion. Il faut qu'elle apprenne à pénétrer leurs sentiments par leurs discours, par leurs actions, par leurs regards, par leurs gestes. Il faut que, par ses discours, par ses actions, par ses regards, par ses gestes, elle sache leur donner les sentiments qu'il lui plaît, sans même paraître y songer. Ils philosopheront mieux qu'elle sur le cœur humain; mais elle lira mieux qu'eux dans le cœur des hommes. C'est aux femmes à trouver pour ainsi dire la morale expérimentale, à nous à la réduire en système. La femme a plus d'esprit, et l'homme plus de génie; la femme observe, et l'homme raisonne : de ce concours résultent la lumière la plus claire et la science la plus complète que puisse acquérir de lui-même l'esprit humain, la plus sûre connaissance, en un mot, de soi et des autres qui soit à la portée de notre espèce. Et voilà comment l'art peut tendre incessamment à perfectionner l'instrument donné par la nature.

Le monde est le livre des femmes : quand elles y lisent mal, c'est leur faute; ou quelque passion les aveugle. Cependant la véritable mère de famille, loin d'être une femme du monde, n'est guère moins recluse dans sa maison que la religieuse dans son cloître. Il faudrait donc faire, pour les jeunes personnes qu'on marie, comme on fait ou comme on doit faire pour celles qu'on met dans des couvents : leur montrer les plaisirs qu'elles quittent avant de les y laisser renoncer, de peur que la fausse image de ces plaisirs qui leur sont inconnus ne vienne un jour égarer leurs cœurs et troubler le bonheur de leur retraite. En France les filles vivent dans des couvents, et les femmes courent le monde. Chez les anciens, c'était tout le contraire; les filles avaient, comme je l'ai dit, beaucoup de jeux et de fêtes publiques; les femmes vivaient retirées. Cet usage était plus raisonnable et maintenait mieux les mœurs. Une sorte de coquetterie est permise aux filles à marier; s'amuser est leur grande affaire. Les femmes ont d'autres soins chez elles, et n'ont plus de maris à chercher; mais elles ne trouveraient pas leur compte à cette réforme, et malheureusement elles donnent le ton. Mères, faites du moins vos compagnes de vos filles. Donnez-leur un sens droit et une âme honnête, puis ne leur cachez rien de ce qu'un œil chaste peut regarder. Le bal, les festins, les jeux, même le théâtre, tout ce qui, mal vu, fait le charme d'une imprudente jeunesse, peut être offert sans risque à des yeux sains. Mieux elles verront ces bruyants plaisirs, plus tôt elles en seront dégoûtées.

J'entends la clameur qui s'élève contre moi. Quelle fille résiste à ce dangereux exemple ? A peine ont-elles vu le monde que la tête leur tourne à toutes; pas une d'elles ne veut le quitter. Cela peut être : mais, avant de leur offrir ce tableau trompeur, les avez-vous bien préparées à le voir sans émotion ? Leur avez-vous bien annoncé les objets qu'il représente ? Les leur avez-vous bien peints tels qu'ils sont ? Les avez-vous bien armées contre les illusions de la vanité ? Avez-vous porté dans leur jeune cœur le goût des vrais plaisirs qu'on ne trouve point dans ce tumulte ? Quelles précautions, quelles mesures avez-vous prises pour les préserver du faux goût qui les égare ? Loin de rien opposer dans leur esprit à l'empire des préjugés publics, vous les avez nourris ; vous leur avez fait aimer d'avance tous les frivoles amusements qu'elles trouvent. Vous les leur faites aimer encore en s'y livrant. De jeunes personnes entrant dans le monde n'ont d'autre gouvernante que leur mère, souvent plus folle qu'elles, et qui ne peut leur montrer les objets autrement qu'elle ne les voit. Son exemple, plus fort que la raison même, les justifie à leurs propres yeux, et l'autorité de la mère est pour la fille une excuse sans réplique. Quand je veux qu'une mère introduise sa fille dans le monde, c'est en supposant qu'elle le lui fera voir tel qu'il est.

Le mal commence plus tôt encore. Les couvents sont de véritables écoles de coquetterie, non de cette coquetterie honnête dont j'ai parlé, mais de celle qui produit tous les travers des femmes et fait les plus extravagantes petites maîtresses. En sortant de là pour entrer tout d'un coup dans des sociétés bruyantes, de jeunes femmes s'y sentent d'abord à leur place. Elles ont été élevées pour y vivre ; faut-il s'étonner qu'elles s'y trouvent bien ? Je n'avancerai point ce que je vais dire sans crainte de prendre un préjugé pour une observation ; mais il me semble qu'en général, dans les pays protestants, il y a plus d'attachement de famille, de plus dignes épouses et de plus tendres mères que dans les pays catholiques ; et, si cela est, on ne peut douter que cette différence ne soit due en partie à l'éducation des couvents.

Pour aimer la vie paisible et domestique il faut la connaître ; il faut en avoir senti les douceurs dès l'enfance. Ce n'est que dans la maison paternelle qu'on prend du goût pour sa propre maison, et toute femme que sa mère n'a point élevée n'aimera point élever ses enfants. Malheureusement il n'y a plus d'éducation privée dans les grandes villes. La société y est si générale et si mêlée, qu'il ne reste plus d'asile pour la retraite, et qu'on est en public jusque chez soi. A force de vivre avec tout le monde, on n'a plus de famille ; à peine connaît-on ses parents : on les voit en étrangers ; et la simplicité des mœurs domestiques s'éteint avec la douce familiarité qui en faisait le charme. C'est ainsi qu'on suce avec le lait le goût des plaisirs du siècle et des maximes qu'on y voit régner.

On oppose aux filles une gêne apparente pour trouver

des dupes qui les épousent sur leur maintien. Mais étudiez un moment ces jeunes personnes; sous un air contraint elles déguisent mal la convoitise qui les dévore, et déjà on lit dans leurs yeux l'ardent désir d'imiter leurs mères. Ce qu'elles convoitent n'est pas un mari, mais la licence du mariage. Qu'a-t-on besoin d'un mari, avec tant de ressources pour s'en passer ? Mais on a besoin d'un mari pour couvrir ces ressources *. La modestie est sur leur visage, et le libertinage est au fond de leur cœur : cette feinte modestie elle-même en est un signe; elles ne l'affectent que pour pouvoir s'en débarrasser plus tôt. Femmes de Paris et de Londres, pardonnez-le moi, je vous supplie. Nul séjour n'exclut les miracles; mais pour moi je n'en connais point; et si une seule d'entre vous a l'âme vraiment honnête, je n'entends rien à vos institutions.

Toutes ces éducations diverses livrent également de jeunes personnes au goût des plaisirs du monde, et aux passions qui naissent bientôt de ce goût. Dans les grandes villes la dépravation commence avec la vie, et dans les petites elle commence avec la raison. De jeunes provinciales, instruites à mépriser l'heureuse simplicité de leurs mœurs, s'empressent à venir à Paris partager la corruption des nôtres; les vices, ornés du beau nom de talents, sont l'unique objet de leur voyage; et, honteuses en arrivant de se trouver si loin de la noble licence des femmes du pays, elles ne tardent pas à mériter d'être aussi de la capitale Où commence le mal, à votre avis ? dans les lieux où on le projette, ou dans ceux où on l'accomplit ?

Je ne veux pas que de la province une mère sensée amène sa fille à Paris pour lui montrer ces tableaux si pernicieux pour d'autres; mais je dis que quand cela serait, ou cette fille est mal élevée, ou ces tableaux seront peu dangereux pour elle. Avec du goût, du sens et l'amour des choses honnêtes, on ne les trouve pas si attrayants qu'ils le sont pour ceux qui s'en laissent charmer. On remarque à Paris les jeunes écervelées qui viennent se hâter de prendre le ton du pays, et se mettre à la mode six mois durant pour se faire siffler le reste de leur vie;

---

* La voie de l'homme dans sa jeunesse était une des quatre choses que le sage ne pouvait comprendre; la cinquième était l'impudence de la femme adultère. « *Quæ comedit, et tergens os suum dicit : Non sum operata malum.* » *Proverbes*, XXX, 20.

mais qui est-ce qui remarque celles qui, rebutées de tout ce fracas, s'en retournent dans leur province, contentes de leur sort, après l'avoir comparé à celui qu'envient les autres ? Combien j'ai vu de jeunes femmes, amenées dans la capitale par des maris, complaisants et maîtres de s'y fixer, les en détourner elles-mêmes, repartir plus volontiers qu'elles n'étaient venues, et dire avec attendrissement la veille de leur départ : Ah! retournons dans notre chaumière, on y vit plus heureux que dans les palais d'ici! On ne sait pas combien il reste encore de bonnes gens qui n'ont point fléchi le genou devant l'idole, et qui méprisent son culte insensé. Il n'y a de bruyantes que les folles; les femmes sages ne font point de sensation.

Que si, malgré la corruption générale, malgré les préjugés universels, malgré la mauvaise éducation des filles, plusieurs gardent encore un jugement à l'épreuve, que sera-ce quand ce jugement aura été nourri par des instructions convenables, ou, pour mieux dire, qu'on ne l'aura point altéré par des instructions vicieuses ? car tout consiste toujours à conserver ou rétablir les sentiments naturels. Il ne s'agit point pour cela d'ennuyer de jeunes filles de vos longs prônes, ni de leur débiter vos sèches moralités. Les moralités pour les deux sexes sont la mort de toute bonne éducation. De tristes leçons ne sont bonnes qu'à faire prendre en haine et ceux qui les donnent et tout ce qu'ils disent. Il ne s'agit point, en parlant à de jeunes personnes, de leur faire peur de leurs devoirs, ni d'aggraver le joug qui leur est imposé par la nature. En leur exposant ces devoirs, soyez précise et facile; ne leur laissez pas croire qu'on est chagrine quand on les remplit; point d'air fâché, point de morgue. Tout ce qui doit passer au cœur doit en sortir; leur catéchisme de morale doit être aussi court et aussi clair que leur catéchisme de religion, mais il ne doit pas être aussi grave. Montrez-leur dans les mêmes devoirs la source de leurs plaisirs et le fondement de leurs droits. Est-il si pénible d'aimer pour être aimée, de se rendre aimable pour être heureuse, de se rendre estimable pour être obéie, de s'honorer pour se faire honorer ? Que ces droits sont beaux! qu'ils sont respectables! qu'ils sont chers au cœur de l'homme quand la femme sait les faire valoir! Il ne faut point attendre les ans ni la vieillesse pour en jouir. Son empire commence avec ses vertus; à peine ses attraits se développent, qu'elle règne déjà par la douceur de son caractère et rend sa modestie imposante. Quel homme insensible et barbare n'adoucit pas sa fierté et ne prend pas des manières plus attentives près d'une fille de seize ans, aimable et sage, qui parle peu, qui écoute, qui met de la décence dans son maintien et de l'honnêteté dans ses propos, à qui sa beauté ne fait oublier ni son sexe ni sa jeunesse, qui sait intéresser par sa timidité même, et s'attirer le respect qu'elle porte à tout le monde ?

Ces témoignages, bien qu'extérieurs, ne sont point frivoles; ils ne sont point fondés seulement sur l'attrait des sens; ils partent de ce sentiment intime que nous avons tous, que les femmes sont les juges naturels du mérite des hommes. Qui est-ce qui veut être méprisé des femmes ? personne au monde, non pas même celui qui ne veut plus les aimer. Et moi, qui leur dis des vérités si dures, croyez-vous que leurs jugements me soient indifférents ? Non; leurs suffrages me sont plus chers que les vôtres, lecteurs, souvent plus femmes qu'elles. En méprisant leurs mœurs, je veux encore honorer leur justice : peu m'importe qu'elles me haïssent, si je les force à m'estimer.

Que de grandes choses on ferait avec ce ressort, si l'on savait le mettre en œuvre ? Malheur au siècle où les femmes perdent leur ascendant et où leurs jugements ne font plus rien aux hommes! c'est le dernier degré de la dépravation. Tous les peuples qui ont eu des mœurs ont respecté les femmes. Voyez Sparte, voyez les Germains, voyez Rome, Rome le siège de la gloire et de la vertu, si jamais elles en eurent un sur la terre. C'est là que les femmes honoraient les exploits des grands généraux, qu'elles pleuraient publiquement les pères de la patrie, que leurs vœux ou leurs deuils étaient consacrés comme le plus solennel jugement de la république. Toutes les grandes révolutions y vinrent des femmes : par une femme Rome acquit la liberté, par une femme les plébéiens obtinrent le consulat, par une femme finit la tyrannie des décemvirs, par les femmes Rome assiégée fut sauvée des mains d'un proscrit. Galants Français, qu'eussiez-vous dit en voyant passer cette procession si ridicule à vos yeux moqueurs ? Vous l'eussiez accompagnée de vos huées. Que nous voyons d'un œil différent les mêmes objets! et peut-être avons-nous tous raison. Formez ce cortège de belles dames françaises, je n'en connais point de plus indécent : mais composez-le de

Romaines, vous aurez tous les yeux des Volsques et le cœur de Coriolan.

Je dirai davantage, et je soutiens que la vertu n'est pas moins favorable à l'amour qu'aux autres droits de la nature, et que l'autorité des maîtresses n'y gagne pas moins que celle des femmes et des mères. Il n'y a point de véritable amour sans enthousiasme, et point d'enthousiasme sans un objet de perfection réel ou chimérique, mais toujours existant dans l'imagination. De quoi s'enflammeront des amants pour qui cette perfection n'est plus rien, et qui ne voient dans ce qu'ils aiment que l'objet du plaisir des sens ? Non, ce n'est pas ainsi que l'âme s'échauffe et se livre à ces transports sublimes qui font le délire des amants et le charme de leur passion. Tout n'est qu'illusion dans l'amour, je l'avoue; mais ce qui est réel, ce sont les sentiments dont il nous anime pour le vrai beau qu'il nous fait aimer. Ce beau n'est point dans l'objet qu'on aime, il est l'ouvrage de nos erreurs. Eh! qu'importe ? En sacrifie-t-on moins tous ses sentiments bas à ce modèle imaginaire ? En pénètre-t-on moins son cœur des vertus qu'on prête à ce qu'il chérit ? S'en détache-t-on moins de la bassesse du moi humain ? Où est le véritable amant qui n'est pas prêt à immoler sa vie à sa maîtresse ? et où est la passion sensuelle et grossière dans un homme qui veut mourir ? Nous nous moquons des paladins ? c'est qu'ils connaissaient l'amour, et que nous ne connaissons plus que la débauche. Quand ces maximes romanesques commencèrent à devenir ridicules, ce changement fut moins l'ouvrage de la raison que celui des mauvaises mœurs.

Dans quelque siècle que ce soit, les relations naturelles ne changent point, la convenance ou disconvenance qui en résulte reste la même, les préjugés sous le vain nom de raison n'en changent que l'apparence. Il sera toujours grand et beau de régner sur soi, fût-ce pour obéir à des opinions fantastiques; et les vrais motifs d'honneur parleront toujours au cœur de toute femme de jugement qui saura chercher dans son état le bonheur de la vie. La chasteté doit être surtout une vertu délicieuse pour une belle femme qui a quelque élévation dans l'âme. Tandis qu'elle voit toute la terre à ses pieds, elle triomphe de tout et d'elle-même : elle s'élève dans son propre cœur un trône auquel tout vient rendre hommage; les sentiments, tendres ou jaloux, mais toujours respectueux des deux sexes, l'estime universelle et la sienne propre, lui payent sans cesse en tribut de gloire les combats de quelques instants. Les privations sont passagères, mais le prix en est permanent. Quelle jouissance pour une âme noble, que l'orgueil de la vertu jointe à la beauté! Réalisez une héroïne de roman, elle goûtera des voluptés plus exquises que les Laïs et les Cléopâtre; et quand sa beauté ne sera plus, sa gloire et ses plaisirs resteront encore; elle seule saura jouir du passé.

Plus les devoirs sont grands et pénibles, plus les raisons sur lesquelles on les fonde doivent être sensibles et fortes. Il y a un certain langage dévot dont, sur les sujets les plus graves, on rebat les oreilles des jeunes personnes sans produire la persuasion. De ce langage trop disproportionné à leurs idées, et du peu de cas qu'elles en font en secret, naît la facilité de céder à leurs penchants, faute de raisons d'y résister tirées des choses mêmes. Une fille élevée sagement et pieusement a sans doute de fortes armes contre les tentations; mais celle dont on nourrit uniquement le cœur ou plutôt les oreilles du jargon de la dévotion devient infailliblement la proie du premier séducteur adroit qui l'entreprend. Jamais une jeune et belle personne ne méprisera son corps, jamais elle ne s'affligera de bonne foi des grands péchés que sa beauté fait commettre; jamais elle ne pleurera sincèrement et devant Dieu d'être un objet de convoitise, jamais elle ne pourra croire en elle-même que le plus doux sentiment du cœur soit une invention de Satan. Donnez-lui d'autres raisons en dedans et pour elle-même, car celles-là ne pénétreront pas. Ce sera pis encore si l'on met, comme on n'y manque guère, de la contradiction dans ses idées, et qu'après l'avoir humiliée en avilissant son corps et ses charmes comme la souillure du péché, on lui fasse ensuite respecter comme le temple de Jésus-Christ ce même corps qu'on lui a rendu si méprisable. Les idées trop sublimes et trop basses sont également insuffisantes et ne peuvent s'associer : il faut une raison à la portée du sexe et de l'âge. La considération du devoir n'a de force qu'autant qu'on y joint des motifs qui nous portent à le remplir.

> *Quæ quia non liceat non facit, illa facit.*

On ne se douterait pas que c'est Ovide qui porte un jugement si sévère.

Voulez-vous donc inspirer l'amour des bonnes mœurs aux jeunes personnes; sans leur dire incessamment :

Soyez sages, donnez-leur un grand intérêt à l'être; faites-leur sentir tout le prix de la sagesse, et vous la leur ferez aimer. Il ne suffit pas de prendre cet intérêt au loin dans l'avenir, montrez-le-leur dans le moment même, dans les relations de leur âge, dans le caractère de leurs amants. Dépeignez-leur l'homme de bien, l'homme de mérite; apprenez-leur à le reconnaître, à l'aimer, et à l'aimer pour elles; prouvez-leur qu'amies, femmes ou maîtresses, cet homme seul peut les rendre heureuses. Amenez la vertu par la raison; faites-leur sentir que l'empire de leur sexe et tous ses avantages ne tiennent pas seulement à sa bonne conduite, à ses mœurs, mais encore à celles des hommes; qu'elles ont peu de prise sur des âmes viles et basses, et qu'on ne sait servir sa maîtresse que comme on sait servir la vertu. Soyez sûr qu'alors, en leur dépeignant les mœurs de nos jours, vous leur en inspirerez un dégoût sincère; en leur montrant des gens à la mode, vous les leur ferez mépriser; vous ne leur donnerez qu'éloignement pour leurs maximes, aversion pour leurs sentiments, dédain pour leurs vaines galanteries; vous leur ferez naître une ambition plus noble, celle de régner sur des âmes grandes et fortes, celle des femmes de Sparte, qui était de commander à des hommes. Une femme hardie, effrontée, intrigante, qui ne sait attirer ses amants que par la coquetterie, ni les conserver que par les faveurs, les fait obéir comme des valets dans les choses serviles et communes : dans les choses importantes et graves elle est sans autorité sur eux. Mais la femme à la fois honnête, aimable et sage, celle qui force les siens à la respecter, celle qui a de la réserve et de la modestie, celle en un mot qui soutient l'amour par l'estime, les envoie d'un signe au bout du monde, au combat, à la gloire, à la mort, où il lui plaît *. Cet empire est

***

* Brantôme dit que, du temps de François Ier, une jeune personne ayant un amant babillard lui imposa un silence absolu et illimité, qu'il garda si fidèlement deux ans entiers, qu'on le crut devenu muet par maladie. Un jour, en pleine assemblée, sa maîtresse, qui, dans ces temps où l'amour se faisait avec mystère, n'était point connue pour telle, se vanta de le guérir sur-le-champ, et le fit avec ce seul mot : *Parlez.* N'y a-t-il pas quelque chose de grand et d'héroïque dans cet amour-là ? Qu'eût fait de plus la philosophie de Pythagore avec tout son faste ? N'imaginerait-on pas une divinité donnant à un mortel, d'un seul mot, l'organe de la parole ? Quelle femme aujourd'hui pourrait compter sur un pareil silence un seul jour, dût-elle le payer de tout le prix qu'elle y peut mettre ?

beau, ce me semble, et vaut bien la peine d'être acheté.

Voilà dans quel esprit Sophie a été élevée, avec plus de soin que de peine, et plutôt en suivant son goût qu'en le gênant. Disons maintenant un mot de sa personne, selon le portrait que j'en ai fait à Emile, et selon qu'il imagine lui-même l'épouse qui peut le rendre heureux.

Je ne redirai jamais trop que je laisse à part les prodiges. Emile n'en est pas un, Sophie n'en est pas un non plus. Emile est homme, et Sophie est femme; voilà toute leur gloire. Dans la confusion des sexes qui règne entre nous, c'est presque un prodige d'être du sien.

Sophie est bien née, elle est d'un bon naturel; elle a le cœur très sensible, et cette extrême sensibilité lui donne quelquefois une activité d'imagination difficile à modérer. Elle a l'esprit moins juste que pénétrant, l'humeur facile et pourtant inégale, la figure commune, mais agréable, une physionomie qui promet une âme et qui ne ment pas; on peut l'aborder avec indifférence, mais non pas la quitter sans émotion. D'autres ont de bonnes qualités qui lui manquent; d'autres ont à plus grande mesure celles qu'elle a; mais nulle n'a des qualités mieux assorties pour faire un heureux caractère. Elle sait tirer parti de ses défauts mêmes; et si elle était plus parfaite, elle plairait beaucoup moins.

Sophie n'est pas belle; mais auprès d'elle les hommes oublient les belles femmes, et les belles femmes sont mécontentes d'elles-mêmes. A peine est-elle jolie au premier aspect; mais plus on la voit et plus elle s'embellit; elle gagne où tant d'autres perdent; et ce qu'elle gagne, elle ne le perd plus. On peut avoir de plus beaux yeux, une plus belle bouche, une figure plus imposante; mais on ne saurait avoir une taille mieux prise, un plus beau teint, une main plus blanche, un pied plus mignon, un regard plus doux, une physionomie plus touchante. Sans éblouir elle intéresse; elle charme, et l'on ne saurait dire pourquoi.

Sophie aime la parure et s'y connaît; sa mère n'a point d'autre femme de chambre qu'elle; elle a beaucoup de goût pour se mettre avec avantage; mais elle hait les riches habillements; on voit toujours dans le sien la simplicité jointe à l'élégance; elle n'aime point ce qui brille, mais ce qui sied. Elle ignore quelles sont les couleurs à la mode, mais elle sait à merveille celles qui lui sont favorables. Il n'y a pas une jeune personne qui paraisse mise avec moins de recherche et dont l'ajustement soit plus recherché; pas une pièce du sien n'est prise au hasard, et l'art ne paraît dans aucune. Sa parure est très modeste en apparence, très coquette en effet; elle n'étale point ses charmes; elle les couvre, mais en les couvrant elle sait les faire imaginer. En la voyant on dit : Voilà une fille modeste et sage; mais tant qu'on reste auprès d'elle, les yeux et le cœur errent sur toute sa personne sans qu'on puisse les en détacher, et l'on dirait que tout cet ajustement si simple n'est mis à sa place que pour en être ôté pièce à pièce par l'imagination.

Sophie a des talents naturels; elle les sent, et ne les a pas négligés : mais n'ayant pas été à portée de mettre beaucoup d'art à leur culture, elle s'est contentée d'exercer sa jolie voix à chanter juste et avec goût, ses petits pieds à marcher légèrement, facilement, avec grâce, à faire la révérence en toutes sortes de situations sans gêne et sans maladresse. Du reste, elle n'a eu de maître à chanter que son père, de maîtresse à danser que sa mère; et un organiste du voisinage lui a donné sur le clavecin quelques leçons d'accompagnement qu'elle a depuis cultivé seule. D'abord elle ne songeait qu'à faire paraître sa main avec avantage sur ces touches noires, ensuite elle trouva que le son aigre et sec du clavecin rendait plus doux le son de la voix; peu à peu elle devint sensible à l'harmonie; enfin, en grandissant, elle a commencé de sentir les charmes de l'expression, et d'aimer la musique pour elle-même. Mais c'est un goût plutôt qu'un talent; elle ne sait point déchiffrer un air sur la note.

Ce que Sophie sait le mieux, et qu'on lui a fait apprendre avec le plus de soin, ce sont les travaux de son sexe, même ceux dont on ne s'avise point, comme de tailler et coudre ses robes. Il n'y a pas un ouvrage à l'aiguille qu'elle ne sache faire, et qu'elle ne fasse avec plaisir; mais le travail qu'elle préfère à tout autre est la dentelle, parce qu'il n'y en a pas un qui donne une attitude plus agréable, et où les doigts s'exercent avec plus de grâce et de légèreté. Elle s'est appliquée aussi à tous les détails du ménage. Elle entend la cuisine et l'office; elle sait le prix des denrées; elle en connaît les qualités; elle sait fort bien tenir les comptes; elle sert de maître d'hôtel à sa mère. Faite pour être un jour mère de famille elle-même, en gouvernant la maison paternelle, elle apprend à gouverner la sienne; elle peut suppléer aux fonctions des domestiques, et le fait toujours volontiers.

On ne sait jamais bien commander que ce qu'on sait exécuter soi-même : c'est la raison de sa mère pour l'occuper ainsi. Pour Sophie, elle ne va pas si loin ; son premier devoir est celui de fille, et c'est maintenant le seul qu'elle songe à remplir. Son unique vue est de servir sa mère, et de la soulager d'une partie de ses soins. Il est pourtant vrai qu'elle ne les remplit pas tous avec un plaisir égal. Par exemple, quoiqu'elle soit gourmande, elle n'aime pas la cuisine ; le détail en a quelque chose qui la dégoûte ; elle n'y trouve jamais assez de propreté. Elle est là-dessus d'une délicatesse extrême, et cette délicatesse poussée à l'excès est devenue un de ses défauts : elle laisserait plutôt aller tout le dîner par le feu, que de tacher sa manchette. Elle n'a jamais voulu de l'inspection du jardin par la même raison. La terre lui paraît malpropre ; sitôt qu'elle voit du fumier, elle croit en sentir l'odeur.

Elle doit ce défaut aux leçons de sa mère. Selon elle, entre les devoirs de la femme, un des premiers est la propreté ; devoir spécial, indispensable, imposé par la nature. Il n'y a pas au monde un objet plus dégoûtant qu'une femme malpropre, et le mari qui s'en dégoûte n'a jamais tort. Elle a tant prêché ce devoir à sa fille dès son enfance, elle en a tant exigé de propreté sur sa personne, tant pour ses hardes, pour son appartement, pour son travail, pour sa toilette, que toutes ces attentions, tournées en habitude, prennent une assez grande partie de son temps et président encore à l'autre : en sorte que bien faire ce qu'elle fait n'est que le second de ses soins ; le premier est toujours de le faire proprement.

Cependant tout cela n'a point dégénéré en vaine affectation ni en mollesse ; les raffinements du luxe n'y sont pour rien. Jamais il n'entra dans son appartement que de l'eau simple ; elle ne connaît d'autre parfum que celui des fleurs, et jamais son mari n'en respirera de plus doux que son haleine. Enfin l'attention qu'elle donne à l'extérieur ne lui fait pas oublier qu'elle doit sa vie et son temps à des soins plus nobles ; elle ignore ou dédaigne cette excessive propreté du corps qui souille l'âme ; Sophie est bien plus que propre, elle est pure.

J'ai dit que Sophie était gourmande. Elle l'était naturellement ; mais elle est devenue sobre par habitude, et maintenant elle l'est par vertu. Il n'en est pas des filles comme des garçons, qu'on peut jusqu'à certain point gouverner par la gourmandise. Ce penchant n'est point

sans conséquence pour le sexe; il est trop dangereux de
le lui laisser. La petite Sophie, dans son enfance, entrant
seule dans le cabinet de sa mère, n'en revenait pas toujours à vide, et n'était pas d'une fidélité à toute épreuve
sur les dragées et sur les bonbons. Sa mère la surprit,
la reprit, la punit, la fit jeûner. Elle vint enfin à bout de
lui persuader que les bonbons gâtaient les dents, et que
de trop manger grossissait la taille. Ainsi Sophie se cor-
rigea : en grandissant elle a pris d'autres goûts qui l'ont
détournée de cette sensualité basse. Dans les femmes
comme dans les hommes, sitôt que le cœur s'anime, la
gourmandise n'est plus un vice dominant. Sophie a
conservé le goût propre de son sexe; elle aime le laitage
et les sucreries; elle aime la pâtisserie et les entremets,
mais fort peu la viande; elle n'a jamais goûté ni vin ni
liqueurs fortes : au surplus, elle mange de tout très modérément; son sexe, moins laborieux que le nôtre, a moins
besoin de réparation. En toute chose, elle aime ce qui est
bon et le sait goûter; elle sait aussi s'accommoder de ce
qui ne l'est pas, sans que cette privation lui coûte.

Sophie a l'esprit agréable sans être brillant, et solide
sans être profond; un esprit dont on ne dit rien, parce
qu'on ne lui en trouve jamais ni plus ni moins qu'à soi.
Elle a toujours celui qui plaît aux gens qui lui parlent,
quoiqu'il ne soit pas fort orné, selon l'idée que nous
avons de la culture de l'esprit des femmes; car le sien
ne s'est point formé par la lecture, mais seulement par
les conversations de son père et de sa mère, par ses
propres réflexions, et par les observations qu'elle a faites
dans le peu de monde qu'elle a vu. Sophie a naturellement
de la gaieté, elle était même folâtre dans son enfance;
mais peu à peu sa mère a pris soin de réprimer ses airs
évaporés, de peur que bientôt un changement trop subit
n'instruisît du moment qui l'avait rendu nécessaire.
Elle est donc devenue modeste et réservée même avant
le temps de l'être; et maintenant que ce temps est venu,
il lui est plus aisé de garder le ton qu'elle a pris, qu'il
ne lui serait de le prendre sans indiquer la raison de ce
changement. C'est une chose plaisante de la voir se
livrer quelquefois par un reste d'habitude à des vivacités
de l'enfance, puis tout d'un coup rentrer en elle-même, se
taire, baisser les yeux et rougir : il faut bien que le terme
intermédiaire entre les deux âges participe un peu de
chacun des deux.

Sophie est d'une sensibilité trop grande pour conserver

une parfaite égalité d'humeur, mais elle a trop de douceur pour que cette sensibilité soit fort importune aux
autres; c'est à elle seule qu'elle fait du mal. Qu'on dise
un seul mot qui la blesse, elle ne boude pas, mais son
cœur se gonfle; elle tâche de s'échapper pour aller pleurer. Qu'au milieu de ses pleurs son père ou sa mère la
rappelle, et dise un seul mot, elle vient à l'instant jouer
et rire en s'essuyant adroitement les yeux et tâchant
d'étouffer ses sanglots.

Elle n'est pas non plus tout à fait exempte de caprice :
son humeur un peu trop poussée dégénère en mutinerie,
et alors elle est sujette à s'oublier. Mais laissez-lui le
temps de revenir à elle, et sa manière d'effacer son tort
lui en fera presque un mérite. Si on la punit, elle est
docile et soumise, et l'on voit que sa honte ne vient pas
tant du châtiment que de la faute. Si on ne lui dit rien,
jamais elle ne manque de la réparer d'elle-même, mais
si franchement et de si bonne grâce, qu'il n'est pas possible d'en garder la rancune. Elle baiserait la terre devant
le dernier domestique, sans que cet abaissement lui fît
la moindre peine; et sitôt qu'elle est pardonnée, sa joie
et ses caresses montrent de quel poids son bon cœur est
soulagé. En un mot, elle souffre avec patience les torts
des autres, et répare avec plaisir les siens. Tel est l'aimable naturel de son sexe avant que nous l'ayons gâté.
La femme est faite pour céder à l'homme et pour supporter même son injustice. Vous ne réduirez jamais les jeunes
garçons au même point; le sentiment intérieur s'élève et
se révolte en eux contre l'injustice; la nature ne les fit
pas pour la tolérer.

> *Gravem*
> *Pelidæ stomachum cedere nescii.*

Sophie a de la religion, mais une religion raisonnable
et simple, peu de dogmes et moins de pratiques de dévotion; ou plutôt ne connaissant de pratique essentielle que
la morale, elle dévoue sa vie entière à servir Dieu en
faisant le bien. Dans toutes les instructions que ses parents
lui ont données sur ce sujet, ils l'ont accoutumée à une
soumission respectueuse, en lui disant toujours : « Ma
fille, ces connaissances ne sont pas de votre âge; votre
mari vous en instruira quand il sera temps. » Du reste,
au lieu de longs discours de piété, ils se contentent de la
lui prêcher par leur exemple, et cet exemple est gravé
dans son cœur.

Sophie aime la vertu; cet amour est devenu sa passion dominante. Elle l'aime, parce qu'il n'y a rien de si beau que la vertu; elle l'aime, parce que la vertu fait la gloire de la femme, et qu'une femme vertueuse lui paraît presque égale aux anges; elle l'aime comme la seule route du vrai bonheur, et parce qu'elle ne voit que misère, abandon, malheur, opprobre, ignominie, dans la vie d'une femme déshonnête; elle l'aime enfin comme chère à son respectable père, à sa tendre et digne mère : non contents d'être heureux de leur propre vertu, ils veulent l'être aussi de la sienne, et son premier bonheur à elle-même est l'espoir de faire le leur. Tous ces sentiments lui inspirent un enthousiasme qui lui élève l'âme et tient tous ses petits penchants asservis à une passion si noble. Sophie sera chaste et honnête jusqu'à son dernier soupir; elle l'a juré dans le fond de son âme, et elle l'a juré dans un temps où elle sentait déjà tout ce qu'un tel serment coûte à tenir; elle l'a juré quand elle en aurait dû révoquer l'engagement, si ses sens étaient faits pour régner sur elle.

Sophie n'a pas le bonheur d'être une aimable Française, froide par tempérament et coquette par vanité, voulant plutôt briller que plaire, cherchant l'amusement et non le plaisir. Le seul besoin d'aimer la dévore, il vient la distraire et troubler son cœur dans les fêtes; elle a perdu son ancienne gaieté; les folâtres jeux ne sont plus faits pour elle; loin de craindre l'ennui de la solitude, elle la cherche; elle y pense à celui qui doit la lui rendre douce : tous les indifférents l'importunent; il ne lui faut pas une cour, mais un amant; elle aime mieux plaire à un seul honnête homme, et lui plaire toujours, que d'élever en sa faveur le cri de la mode, qui dure un jour, et le lendemain se change en huée.

Les femmes ont le jugement plus tôt formé que les hommes : étant sur la défensive presque dès leur enfance, et chargées d'un dépôt difficile à garder, le bien et le mal leur sont nécessairement plus tôt connus. Sophie, précoce en tout, parce que son tempérament la porte à l'être, a aussi le jugement plus tôt formé que d'autres filles de son âge. Il n'y a rien à cela de fort extraordinaire; la maturité n'est pas partout la même en même temps.

Sophie est instruite des devoirs et des droits de son sexe et du nôtre. Elle connaît les défauts des hommes et les vices des femmes; elle connaît aussi les qualités, les vertus contraires, et les a toutes empreintes au fond de son cœur. On ne peut pas avoir une plus haute idée de l'honnête femme que celle qu'elle en a conçue, et cette idée ne l'épouvante point; mais elle pense avec plus de complaisance à l'honnête homme, à l'homme de mérite; elle sent qu'elle est faite pour cet homme-là, qu'elle en est digne, qu'elle peut lui rendre le bonheur qu'elle recevra de lui; elle sent qu'elle saura bien le reconnaître; il ne s'agit que de le trouver.

Les femmes sont les juges naturels du mérite des hommes, comme ils le sont du mérite des femmes : cela est de leur droit réciproque; et ni les uns ni les autres ne l'ignorent. Sophie connaît ce droit et en use, mais avec la modestie qui convient à sa jeunesse, à son inexpérience, à son état; elle ne juge que des choses qui sont à sa portée, et elle n'en juge que quand cela sert à développer quelque maxime utile. Elle ne parle des absents qu'avec la plus grande circonspection, surtout si ce sont des femmes. Elle pense que ce qui les rend médisantes et satiriques est de parler de leur sexe : tant qu'elles se bornent à parler du nôtre elles ne sont qu'équitables. Sophie s'y borne donc. Quant aux femmes, elle n'en parle jamais que pour en dire le bien qu'elle sait : c'est un honneur qu'elle croit devoir à son sexe; et pour celles dont elle ne sait aucun bien à dire, elle n'en dit rien du tout, et cela s'entend.

Sophie a peu d'usage du monde; mais elle est obligeante, attentive, et met de la grâce à tout ce qu'elle fait. Un heureux naturel la sert mieux que beaucoup d'art. Elle a une certaine politesse à elle qui ne tient point aux formules, qui n'est point asservie aux modes, qui ne change point avec elles, qui ne fait rien par usage, mais qui vient d'un vrai désir de plaire, et qui plaît. Elle ne sait point les compliments triviaux, et n'en invente point de plus recherchés; elle ne dit pas qu'elle est très obligée, qu'on lui fait beaucoup d'honneur, qu'on ne prenne pas la peine, etc. Elle s'avise encore moins de tourner des phrases. Pour une attention, pour une politesse établie, elle répond par une révérence, ou par un simple *Je vous remercie ;* mais ce mot, dit de sa bouche, en vaut bien un autre. Pour un vrai service, elle laisse parler son cœur, et ce n'est pas un compliment qu'il trouve. Elle n'a jamais souffert que l'usage français l'asservît au joug des simagrées, comme d'étendre sa main, en passant d'une chambre à l'autre, sur un bras sexagénaire qu'elle aurait grande envie de soutenir. Quand un galant musqué lui offre cet impertinent service, elle laisse l'officieux bras sur l'escalier, et s'élance en deux sauts dans la chambre en disant qu'elle n'est pas boiteuse. En effet, quoiqu'elle ne soit pas grande, elle n'a jamais voulu de talons hauts; elle a les pieds assez petits pour s'en passer.

Non seulement elle se tient dans le silence et dans le respect avec les femmes, mais même avec les hommes mariés, ou beaucoup plus âgés qu'elle; elle n'acceptera jamais de place au-dessus d'eux que par obéissance, et reprendra la sienne au-dessous sitôt qu'elle le pourra; car elle sait que les droits de l'âge vont avant ceux du sexe, comme ayant pour eux le préjugé de la sagesse, qui doit être honorée avant tout.

Avec les jeunes gens de son âge, c'est autre chose; elle a besoin d'un ton différent pour leur en imposer, et elle sait le prendre sans quitter l'air modeste qui lui convient. S'ils sont modestes et réservés eux-mêmes, elle gardera volontiers avec eux l'aimable familiarité de la jeunesse; leurs entretiens pleins d'innocence seront badins, mais décents; s'ils deviennent sérieux, elle veut qu'ils soient utiles; s'ils dégénèrent en fadeurs, elle les fera bientôt cesser, car elle méprise surtout le petit jargon de la galanterie, comme très offensant pour son sexe. Elle sait bien que l'homme qu'elle cherche n'a pas ce jargon-là, et jamais elle ne souffre volontiers d'un autre ce qui ne convient pas à celui dont elle a le caractère empreint au fond du cœur. La haute opinion qu'elle a des droits de son sexe, la fierté d'âme que lui donne la pureté de ses sentiments, cette énergie de la vertu qu'elle sent en elle-même et qui la rend respectable à ses propres yeux, lui font écouter avec indignation les propos doucereux dont on prétend l'amuser. Elle ne les reçoit point avec une colère apparente, mais avec un ironique applaudissement qui déconcerte, ou d'un ton froid auquel on ne s'attend point. Qu'un beau Phébus lui débite ses gentillesses, la loue avec esprit sur le sien, sur sa beauté, sur ses grâces, sur le prix du bonheur de lui plaire, elle est fille à l'interrompre, en lui disant poliment : « Monsieur, j'ai grand-peur de savoir ces choses-là mieux que vous; si nous n'avons rien de plus curieux à nous dire, je crois que nous pouvons finir ici l'entretien. » Accompagner ces mots d'une grande révérence, et puis se trouver à vingt pas de lui n'est pour elle que l'affaire d'un instant. Demandez à vos agréables s'il est aisé d'étaler longtemps son caquet avec un esprit aussi rebours que celui-là.

Ce n'est pas pourtant qu'elle n'aime fort à être louée, pourvu que ce soit tout de bon, et qu'elle puisse croire qu'on pense en effet le bien qu'on lui dit d'elle. Pour paraître touché de son mérite, il faut commencer par en montrer. Un hommage fondé sur l'estime peut flatter son cœur altier, mais tout galant persiflage est toujours rebuté; Sophie n'est pas faite pour exercer les petits talents d'un baladin.

Avec une si grande maturité de jugement, et formée à tous égards comme une fille de vingt ans, Sophie, à quinze, ne sera point traitée en enfant par ses parents. À peine apercevront-ils en elle la première inquiétude de la jeunesse, qu'avant le progrès ils se hâteront d'y pourvoir; ils lui tiendront des discours tendres et sensés. Les discours tendres et sensés sont de son âge et de son caractère. Si ce caractère est tel que je l'imagine, pourquoi son père ne lui parlerait-il pas à peu près ainsi :

« Sophie, vous voilà grande fille, et ce n'est pas pour l'être toujours qu'on le devient. Nous voulons que vous soyez heureuse : c'est pour nous que nous le voulons, parce que notre bonheur dépend du vôtre. Le bonheur d'une honnête fille est de faire celui d'un honnête homme : il faut donc penser à vous marier; il y faut penser de bonne heure, car du mariage dépend le sort de la vie, et l'on n'a jamais trop de temps pour y penser.

« Rien n'est plus difficile que le choix d'un bon mari, si ce n'est peut-être celui d'une bonne femme. Sophie, vous serez cette femme rare, vous serez la gloire de notre vie et le bonheur de nos vieux jours; mais, de quelque mérite que vous soyez pourvue, la terre ne manque pas d'hommes qui en ont encore plus que vous. Il n'y en a pas un qui ne dût s'honorer de vous obtenir, il y en a beaucoup qui vous honoreraient davantage. Dans ce nombre, il s'agit d'en trouver un qui vous convienne, de le connaître, et de vous faire connaître de lui.

« Le plus grand bonheur du mariage dépend de tant de convenances, que c'est une folie de les vouloir toutes rassembler. Il faut d'abord s'assurer des plus importantes : quand les autres s'y trouvent, on s'en prévaut; quand elles manquent, on s'en passe. Le bonheur parfait n'est pas sur la terre, mais le plus grand des malheurs, et celui qu'on peut toujours éviter, est d'être malheureux par sa faute.

« Il y a des convenances naturelles, il y en a d'institution, il y en a qui ne tiennent qu'à l'opinion seule. Les parents sont juges des deux dernières espèces, les enfants seuls le sont de la première. Dans les mariages qui se font par l'autorité des pères, on se règle uniquement sur les convenances d'institution et d'opinion : ce ne sont pas les personnes qu'on marie, ce sont les conditions et les biens; mais tout cela peut changer; les personnes seules restent toujours, elles se portent partout avec elles; en dépit de la fortune, ce n'est que par les rapports personnels qu'un mariage peut être heureux ou malheureux.

« Votre mère était de condition, j'étais riche; voilà les seules considérations qui portèrent nos parents à nous unir. J'ai perdu mes biens, elle a perdu son nom : oubliée de sa famille, que lui sert aujourd'hui d'être née demoiselle? Dans nos désastres, l'union de nos cœurs nous a consolés de tout; la conformité de nos goûts nous a fait choisir cette retraite; nous y vivons heureux dans la pauvreté, nous nous tenons lieu de tout l'un à l'autre. Sophie est notre trésor commun; nous bénissons le ciel de nous avoir donné celui-là et de nous avoir ôté tout le reste. Voyez, mon enfant, où nous a conduits la Providence : les convenances qui nous firent marier sont évanouies; nous ne sommes heureux que par celles que l'on compta pour rien.

« C'est aux époux à s'assortir. Le penchant mutuel doit être leur premier lien; leurs yeux, leurs cœurs doivent être leurs premiers guides; car, comme leur premier devoir, étant unis, est de s'aimer, et qu'aimer ou n'aimer pas ne dépend point de nous-mêmes, ce devoir en emporte nécessairement un autre, qui est de commencer par s'aimer avant de s'unir. C'est là le droit de la nature, que rien ne peut abroger : ceux qui l'ont gênée par tant de lois civiles ont eu plus d'égard à l'ordre apparent qu'au bonheur du mariage et aux mœurs des citoyens. Vous voyez, ma Sophie, que nous ne vous prêchons pas une morale difficile. Elle ne tend qu'à vous rendre maîtresse de vous-même, et à nous en rapporter à vous sur le choix de votre époux.

« Après vous avoir dit nos raisons pour vous laisser une entière liberté, il est juste de vous parler aussi des vôtres pour en user avec sagesse. Ma fille, vous êtes bonne et raisonnable, vous avez de la droiture et de la piété, vous avez les talents qui conviennent à d'honnêtes femmes, et vous n'êtes pas dépourvue d'agréments; mais vous êtes pauvre; vous avez les biens les plus estimables, et vous manquez de ceux qu'on estime le plus. N'aspirez donc qu'à ce que vous pourrez obtenir, et réglez votre ambition, non sur vos jugements ni sur les nôtres, mais sur l'opinion des hommes. S'il n'était question que d'une égalité de mérite, j'ignore à quoi je devrais borner vos espérances; mais ne les élevez point au-dessus de votre fortune, et n'oubliez pas qu'elle est au plus bas rang. Bien qu'un homme digne de vous ne compte pas cette inégalité pour un obstacle, vous devez faire alors ce qu'il ne fera pas : Sophie doit imiter sa mère, et n'entrer que dans une famille qui s'honore d'elle. Vous n'avez point vu notre opulence, vous êtes née durant notre pauvreté; vous nous la rendez douce et vous la partagez sans peine. Croyez-moi, Sophie, ne cherchez point des biens dont nous bénissons le ciel de nous avoir délivrés; nous n'avons goûté le bonheur qu'après avoir perdu la richesse.

« Vous êtes trop aimable pour ne plaire à personne, et votre misère n'est pas telle qu'un honnête homme se trouve embarrassé de vous. Vous serez recherchée, et vous pourrez l'être de gens qui ne nous vaudront pas. S'ils se montraient à vous tels qu'ils sont, vous les estimeriez ce qu'ils valent; tout leur faste ne vous en imposerait pas longtemps; mais, quoique vous ayez le jugement bon et que vous vous connaissiez en mérite, vous manquez d'expérience et vous ignorez jusqu'où les hommes peuvent se contrefaire. Un fourbe adroit peut étudier vos goûts pour vous séduire, et feindre auprès de vous des vertus qu'il n'aura point. Il vous perdrait, Sophie, avant que vous vous en fussiez aperçue, et vous ne connaîtriez votre erreur que pour la pleurer. Le plus dangereux de tous les pièges, et le seul que la raison ne peut éviter, est celui des sens; si jamais vous avez le malheur d'y tomber, vous ne verrez plus qu'illusions et chimères; vos yeux se fascineront, votre jugement se troublera, votre volonté sera corrompue, votre erreur même vous sera chère; et quand vous seriez en état de la connaître, vous n'en voudriez pas revenir. Ma fille, c'est à la raison de Sophie que je vous livre; je ne vous livre point au penchant de son cœur. Tant que vous serez de sang-froid, restez votre propre juge; mais sitôt que vous aimerez, rendez à votre mère le soin de vous.

« Je vous propose un accord qui vous marque notre estime et rétablisse entre nous l'ordre naturel. Les parents choisissent l'époux de leur fille, et ne la consultent que pour la forme : tel est l'usage. Nous ferons entre nous tout le contraire : vous choisirez, et nous serons consultés. Usez de votre droit, Sophie; usez-en librement et sagement. L'époux qui vous convient doit être de votre choix et non pas du nôtre. Mais c'est à nous de juger si vous ne vous trompez pas sur les convenances, et si, sans le savoir, vous ne faites point autre chose que ce que vous voulez. La naissance, les biens, le rang, l'opinion, n'entreront pour rien dans nos raisons. Prenez un honnête homme dont la personne vous plaise et dont le caractère vous convienne : quel qu'il soit d'ailleurs, nous l'acceptons pour notre gendre. Son bien sera toujours assez grand, s'il a des bras, des mœurs, et qu'il aime sa famille. Son rang sera toujours assez illustre, s'il l'ennoblit par la vertu. Quand toute la terre nous blâmerait, qu'importe ? Nous ne cherchons pas l'approbation publique, il nous suffit de votre bonheur. »

Lecteurs, j'ignore quel effet ferait un pareil discours sur les filles élevées à votre manière. Quant à Sophie, elle pourra n'y pas répondre par des paroles; la honte et l'attendrissement ne la laisseraient pas aisément s'exprimer; mais je suis bien sûr qu'il restera gravé dans son cœur le reste de sa vie, et que si l'on peut compter sur quelque résolution humaine, c'est sur celle qu'il lui fera faire d'être digne de l'estime de ses parents.

Mettons la chose au pis, et donnons-lui un tempérament ardent qui lui rende pénible une longue attente; je dis que son jugement, ses connaissances, son goût, sa délicatesse, et surtout les sentiments dont son cœur a été nourri dans son enfance, opposeront à l'impétuosité de ses sens un contre-poids qui lui suffira pour les vaincre, ou du moins pour leur résister longtemps. Elle mourrait plutôt martyre de son état que d'affliger ses parents, d'épouser un homme sans mérite, et de s'exposer au malheur d'un mariage mal assorti. La liberté même qu'elle a reçue ne fait que lui donner une nouvelle élévation d'âme, et la rendre plus difficile sur le choix de son maître. Avec le tempérament d'une Italienne et la sensibilité d'une Anglaise, elle a, pour contenir son cœur et ses sens, la fierté d'une Espagnole, qui, même en cherchant un amant, ne trouve pas aisément celui qu'elle estime digne d'elle.

Il n'appartient pas à tout le monde de sentir quel ressort l'amour des choses honnêtes peut donner à l'âme, et quelle force on peut trouver en soi quand on veut être sincèrement vertueux. Il y a des gens à qui tout ce qui est grand paraît chimérique, et qui, dans leur basse et vile raison, ne connaîtront jamais ce que peut sur les passions humaines la folie même de la vertu. Il ne faut parler à ces gens-là que par des exemples : tant pis pour eux s'ils s'obstinent à les nier. Si je leur disais que Sophie n'est point un être imaginaire, que son nom seul est de mon invention, que son éducation, ses mœurs, son caractère, sa figure même ont réellement existé, et que sa mémoire coûte encore des larmes à toute une honnête famille, sans doute ils n'en croiraient rien; mais enfin, que risquerai-je d'achever sans détour l'histoire d'une fille si semblable à Sophie, que cette histoire pourrait être la sienne sans qu'on dût en être surpris ? Qu'on la croie véritable ou non, peu importe; j'aurai, si l'on veut, raconté des fictions, mais j'aurai toujours expliqué ma méthode, et j'irai toujours à mes fins.

La jeune personne, avec le tempérament dont je viens de charger Sophie, avait d'ailleurs avec elle toutes les conformités qui pouvaient lui en faire mériter le nom, et je le lui laisse. Après l'entretien que j'ai rapporté, son père et sa mère, jugeant que les partis ne viendraient pas s'offrir dans le hameau qu'ils habitaient, l'envoyèrent passer un hiver à la ville, chez une tante qu'on instruisit en secret du sujet de ce voyage ; car la fière Sophie portait au fond de son cœur le noble orgueil de savoir triompher d'elle ; et, quelque besoin qu'elle eût d'un mari, elle fût morte fille plutôt que de se résoudre à l'aller chercher.

Pour répondre aux vues de ses parents, sa tante la présenta dans les maisons, la mena dans les sociétés, dans les fêtes, lui fit voir le monde, ou plutôt l'y fit voir, car Sophie se souciait peu de tout ce fracas. On remarqua pourtant qu'elle ne fuyait pas les jeunes gens d'une figure agréable qui paraissaient décents et modestes. Elle avait dans sa réserve même un certain art de les attirer, qui ressemblait assez à de la coquetterie ; mais après s'être entretenue avec eux deux ou trois fois, elle s'en rebutait. Bientôt, à cet air d'autorité qui semblait accepter les hommages, elle substituait un maintien plus humble et une politesse plus repoussante. Toujours attentive sur elle-même, elle ne leur laissait plus l'occasion de lui rendre le moindre service : c'était dire qu'elle ne voulait pas être leur maîtresse.

Jamais les cœurs sensibles n'aimèrent les plaisirs bruyants, vain et stérile bonheur des gens qui ne sentent rien, et qui croient qu'étourdir sa vie c'est en jouir. Sophie, ne trouvant point ce qu'elle cherchait, et désespérant de le trouver ainsi, s'ennuya de la ville. Elle aimait tendrement ses parents, rien ne la dédommageait d'eux, rien n'était propre à les lui faire oublier ; elle retourna les joindre longtemps avant le terme fixé pour son retour.

A peine eut-elle repris ses fonctions dans la maison paternelle, qu'on vit qu'en gardant la même conduite elle avait changé d'humeur. Elle avait des distractions, de l'impatience, elle était triste et rêveuse, elle se cachait pour pleurer. On crut d'abord qu'elle aimait et qu'elle en avait honte : on lui en parla, elle s'en défendit. Elle protesta n'avoir vu personne qui pût toucher son cœur, et Sophie ne mentait point.

Cependant, sa langueur augmentait sans cesse, et sa santé commençait à s'altérer. Sa mère, inquiète de ce

changement, résolut enfin d'en savoir la cause. Elle la
prit en particulier, et mit en œuvre auprès d'elle ce langage insinuant et ces caresses invincibles que la seule
tendresse maternelle sait employer. Ma fille, toi que j'ai
portée dans mes entrailles et que je porte incessamment
dans mon cœur, verse les secrets du tien dans le sein de
ta mère. Quels sont donc ces secrets qu'une mère ne
peut savoir ? Qui est-ce qui plaint tes peines, qui est-ce
qui les partage, qui est-ce qui veut les soulager, si ce n'est
ton père et moi ? Ah ! mon enfant, veux-tu que je meure
de ta douleur sans la connaître ?

Loin de cacher ses chagrins à sa mère, la jeune fille
ne demandait pas mieux que de l'avoir pour consolatrice
et pour confidente ; mais la honte l'empêchait de parler,
et sa modestie ne trouvait point de langage pour décrire
un état si peu digne d'elle que l'émotion qui troublait
ses sens malgré qu'elle en eût. Enfin, sa honte même servant d'indice à sa mère, elle lui arracha ces humiliants
aveux. Loin de l'affliger par d'injustes réprimandes, elle
la consola, la plaignit, pleura sur elle ; elle était trop sage
pour lui faire un crime d'un mal que sa vertu seule rendait si cruel. Mais pourquoi supporter sans nécessité
un mal dont le remède était si facile et si légitime ? Que
n'usait-elle de la liberté qu'on lui avait donnée ? Que
n'acceptait-elle un mari ? que ne le choisissait-elle ? Ne
savait-elle pas que son sort dépendait d'elle seule, et que,
quel que fût son choix, il serait confirmé, puisqu'elle
n'en pouvait faire un qui ne fût honnête ? On l'avait
envoyée à la ville, elle n'y avait point voulu rester ; plusieurs partis s'étaient présentés, elle les avait tous rebutés.
Qu'attendait-elle donc ? que voulait-elle ? Quelle inexplicable contradiction !

La réponse était simple. S'il ne s'agissait que d'un
secours pour la jeunesse, le choix serait bientôt fait ; mais
un maître pour toute la vie n'est pas si facile à choisir ;
et, puisqu'on ne peut séparer ces deux choix, il faut bien
attendre, et souvent perdre sa jeunesse, avant de trouver
l'homme avec qui l'on veut passer ses jours. Tel était
le cas de Sophie : elle avait besoin d'un amant, mais
cet amant devait être son mari ; et, pour le cœur qu'il
fallait au sien, l'un était presque aussi difficile à trouver
que l'autre. Tous ces jeunes gens si brillants n'avaient
avec elle que la convenance de l'âge, les autres leur manquaient toujours ; leur esprit superficiel, leur vanité, leur
jargon, leurs mœurs sans règle, leurs frivoles imitations,

la dégoûtaient d'eux. Elle cherchait un homme et ne trouvait que des singes; elle cherchait une âme et n'en trouvait point.

Que je suis malheureuse! disait-elle à sa mère; j'ai besoin d'aimer, et je ne vois rien qui me plaise. Mon cœur repousse tous ceux qu'attirent mes sens. Je n'en vois pas un qui n'excite mes désirs, et pas un qui ne les réprime; un goût sans estime ne peut durer. Ah! ce n'est pas là l'homme qu'il faut à votre Sophie! son charmant modèle est empreint trop avant dans son âme. Elle ne peut aimer que lui, elle ne peut rendre heureux que lui, elle ne peut être heureuse qu'avec lui seul. Elle aime mieux se consumer et combattre sans cesse, elle aime mieux mourir malheureuse et libre, que désespérée auprès d'un homme qu'elle n'aimerait pas et qu'elle rendrait malheureux lui-même; il vaut mieux n'être plus, que de n'être que pour souffrir.

Frappée de ces singularités, sa mère les trouva trop bizarres pour n'y pas soupçonner quelque mystère. Sophie n'était ni précieuse, ni ridicule. Comment cette délicatesse outrée avait-elle pu lui convenir, à elle à qui l'on n'avait rien tant appris dès son enfance, qu'à s'accommoder des gens avec qui elle avait à vivre, et à faire de nécessité vertu? Ce modèle de l'homme aimable duquel elle était si enchantée, et qui revenait si souvent dans tous ses entretiens, fit conjecturer à sa mère que ce caprice avait quelque autre fondement qu'elle ignorait encore et que Sophie n'avait pas tout dit. L'infortunée, surchargée de sa peine secrète, ne cherchait qu'à s'épancher. Sa mère la presse, elle hésite, elle se rend enfin, et sortant sans rien dire, elle entre un moment après, un livre à la main : Plaignez votre malheureuse fille, sa tristesse est sans remède, ses pleurs ne peuvent tarir. Vous en voulez savoir la cause : eh bien! la voilà, dit-elle en jetant le livre sur la table. La mère prend le livre et l'ouvre : c'étaient les *Aventures de Télémaque*. Elle ne comprend rien d'abord à cette énigme; à force de questions et de réponses obscures, elle voit enfin, avec une surprise facile à concevoir, que sa fille est la rivale d'Eucharis.

Sophie aimait Télémaque, et l'aimait avec une passion dont rien ne put la guérir. Sitôt que son père et sa mère connurent sa manie, ils en rirent, et crurent la ramener par la raison. Ils se trompèrent : la raison n'était pas toute de leur côté; Sophie avait aussi la sienne et savait la faire valoir. Combien de fois elle les réduisit au silence en se servant contre eux de leurs propres raisonnements, en leur montrant qu'ils avaient fait tout le mal eux-mêmes, qu'ils ne l'avaient point formée pour un homme de son siècle; qu'il faudrait nécessairement qu'elle adoptât les manières de penser de son mari, ou qu'elle lui donnât les siennes; qu'ils lui avaient rendu le premier moyen impossible par la manière dont ils l'avaient élevée, et que l'autre était précisément ce qu'elle cherchait. Donnez-moi, disait-elle, un homme imbu de mes maximes, ou que j'y puisse amener, et je l'épouse; mais jusque-là pourquoi me grondez-vous? Plaignez-moi. Je suis malheureuse et non pas folle. Le cœur dépend-il de la volonté? Mon père ne l'a-t-il pas dit lui-même? Est-ce ma faute si j'aime ce qui n'est pas? Je ne suis point visionnaire; je ne veux point un prince, je ne cherche point Télémaque, je sais qu'il n'est qu'une fiction : je cherche quelqu'un qui lui ressemble. Et pourquoi ce quelqu'un ne peut-il exister, puisque j'existe, moi qui me sens un cœur si semblable au sien? Non, ne déshonorons pas ainsi l'humanité; ne pensons pas qu'un homme aimable et vertueux ne soit qu'une chimère. Il existe, il vit, il me cherche peut-être; il cherche une âme qui le sache aimer. Mais quel est-il? où est-il? Je l'ignore : il n'est aucun de ceux que j'ai vus; sans doute il n'est aucun de ceux que je verrai. O ma mère! pourquoi m'avez-vous rendu la vertu trop aimable? Si je ne puis aimer qu'elle, le tort en est moins à moi qu'à vous.

Amènerai-je ce triste récit jusqu'à sa catastrophe? Dirai-je les longs débats qui la précédèrent? Représenterai-je une mère impatientée changeant en rigueur ses premières caresses? Montrerai-je un père irrité oubliant ses premiers engagements, et traitant comme une folle la plus vertueuse des filles? Peindrai-je enfin l'infortunée, encore plus attachée à sa chimère par la persécution qu'elle lui fait souffrir, marchant à pas lents vers la mort, et descendant dans la tombe au moment qu'on croit l'entraîner à l'autel? Non, j'écarte ces objets funestes. Je n'ai pas besoin d'aller si loin pour montrer par un exemple assez frappant, ce me semble, que, malgré les préjugés qui naissent des mœurs du siècle, l'enthousiasme de l'honnête et du beau n'est pas plus étranger aux femmes qu'aux hommes, et qu'il n'y a rien que, sous la direction de la nature, on ne puisse obtenir d'elles comme de nous.

On m'arrête ici pour me demander si c'est la nature qui nous prescrit de prendre tant de peine pour réprimer des désirs immodérés. Je réponds que non, mais qu'aussi ce n'est point la nature qui nous donne tant de désirs immodérés. Or, tout ce qui n'est pas elle est contre elle : j'ai prouvé cela mille fois.

Rendons à notre Emile sa Sophie : ressuscitons cette aimable fille pour lui donner une imagination moins vive et un destin plus heureux. Je voulais peindre une femme ordinaire ; et à force de lui élever l'âme j'ai troublé sa raison ; je me suis égaré moi-même. Revenons sur nos pas. Sophie n'a qu'un bon naturel dans une âme commune : tout ce qu'elle a de plus que les autres femmes est l'effet de son éducation.

Je me suis proposé dans ce livre de dire tout ce qui se pouvait faire, laissant à chacun le choix de ce qui est à sa portée dans ce que je puis avoir dit de bien. J'avais pensé dès le commencement à former de loin la compagne d'Emile, et à les élever l'un pour l'autre et l'un avec l'autre. Mais, en y réfléchissant, j'ai trouvé que tous ces arrangements trop prématurés étaient mal entendus, et qu'il était absurde de destiner deux enfants à s'unir avant de pouvoir connaître si cette union était dans l'ordre de la nature, et s'ils auraient entre eux les rapports convenables pour la former. Il ne faut pas confondre ce qui est naturel à l'état sauvage, et ce qui est naturel à l'état civil. Dans le premier état, toutes les femmes conviennent à tous les hommes, parce que les uns et les autres n'ont encore que la forme primitive et commune ; dans le second, chaque caractère étant développé par les institutions sociales, et chaque esprit ayant reçu sa forme propre et déterminée, non de l'éducation seule, mais du concours bien ou mal ordonné du naturel et de l'éducation, on ne peut plus les assortir qu'en les présentant l'un à l'autre pour voir s'ils se conviennent à tous égards, ou pour préférer au moins le choix qui donne le plus de ces convenances.

Le mal est qu'en développant les caractères l'état social distingue les rangs, et que l'un de ces deux ordres n'étant point semblable à l'autre, plus on distingue les conditions, plus on confond les caractères. De là les mariages mal assortis et tous les désordres qui en dérivent ; d'où l'on voit, par une conséquence évidente, que, plus on s'éloigne de l'égalité, plus les sentiments naturels s'altèrent; plus l'intervalle des grands aux petits s'accroît, plus le lien conjugal se relâche; plus il y a de riches et de pauvres, moins il y a de pères et de maris. Le maître ni l'esclave n'ont plus de famille, chacun des deux ne voit que son état.

Voulez-vous prévenir les abus et faire d'heureux mariages, étouffez les préjugés, oubliez les institutions humaines, et consultez la nature. N'unissez pas des gens qui ne se conviennent que dans une condition donnée, et qui ne se conviendront plus, cette condition venant à changer, mais des gens qui se conviendront dans quelque situation qu'ils se trouvent, dans quelque pays qu'ils habitent, dans quelque rang qu'ils puissent tomber. Je ne dis pas que les rapports conventionnels soient indifférents dans le mariage, mais je dis que l'influence des rapports naturels l'emporte tellement sur la leur, que c'est elle seule qui décide du sort de la vie, et qu'il y a telle convenance de goûts, d'humeurs, de sentiments, de caractères, qui devrait engager un père sage, fût-il prince, fût-il monarque, à donner sans balancer à son fils la fille avec laquelle il aurait toutes ces convenances, fût-elle née dans une famille déshonnête, fût-elle la fille du bourreau. Oui, je soutiens que, tous les malheurs imaginables dussent-ils tomber sur deux époux bien unis, ils jouiront d'un plus vrai bonheur à pleurer ensemble, qu'ils n'en auraient dans toutes les fortunes de la terre, empoisonnées par la désunion des cœurs.

Au lieu donc de destiner dès l'enfance une épouse à mon Emile, j'ai attendu de connaître celle qui lui convient. Ce n'est point moi qui fais cette destination, c'est la nature; mon affaire est de trouver le choix qu'elle a fait. Mon affaire, je dis la mienne et non celle du père; car en me confiant son fils, il me cède sa place, il substitue mon droit au sien; c'est moi qui suis le vrai père d'Emile, c'est moi qui l'ai fait homme. J'aurais refusé de l'élever si je n'avais pas été le maître de le marier à son choix, c'est-à-dire au mien. Il n'y a que le plaisir de faire un heureux qui puisse payer ce qu'il en coûte pour mettre un homme en état de le devenir.

Mais ne croyez pas non plus que j'aie attendu, pour trouver l'épouse d'Emile, que je le misse en devoir de la chercher. Cette feinte recherche n'est qu'un prétexte pour lui faire connaître les femmes, afin qu'il sente le prix de celle qui lui convient. Dès longtemps Sophie est trouvée; peut-être Emile l'a-t-il déjà vue; mais il ne la reconnaîtra que quand il en sera temps.

Quoique l'égalité des conditions ne soit pas nécessaire au mariage, quand cette égalité se joint aux autres convenances, elle leur donne un nouveau prix; elle n'entre en balance avec aucune, mais la fait pencher quand tout est égal

Un homme, à moins qu'il ne soit monarque, ne peut pas chercher une femme dans tous les états; car les préjugés qu'il n'aura pas, il les trouvera dans les autres; et telle fille lui conviendrait peut-être, qu'il ne l'obtiendrait pas pour cela. Il y a donc des maximes de prudence qui doivent borner les recherches d'un père judicieux. Il ne doit point vouloir donner à son élève un établissement au-dessus de son rang, car cela ne dépend pas de lui. Quand il le pourrait, il ne devrait pas le vouloir encore; car qu'importe le rang au jeune homme, du moins au mien? Et cependant, en montant, il s'expose à mille maux réels qu'il sentira toute sa vie. Je dis même qu'il ne doit pas vouloir compenser des biens de différentes natures, comme la noblesse et l'argent, parce que chacun des deux ajoute moins de prix à l'autre qu'il n'en reçoit d'altération; que de plus on ne s'accorde jamais sur l'estimation commune; qu'enfin la préférence que chacun donne à sa mise prépare la discorde entre deux familles, et souvent entre deux époux.

Il est encore fort différent pour l'ordre du mariage que l'homme s'allie au-dessus ou au-dessous de lui. Le premier cas est tout à fait contraire à la raison; le second y est plus conforme. Comme la famille ne tient à la société que par son chef, c'est l'état de ce chef qui règle celui de la famille entière. Quand il s'allie dans un rang plus bas, il ne descend point, il élève son épouse; au contraire, en prenant une femme au-dessus de lui, il l'abaisse sans s'élever. Ainsi, dans le premier cas, il y a du bien sans mal, et dans le second, du mal sans bien. De plus, il est dans l'ordre de la nature que la femme obéisse à l'homme. Quand donc il la prend dans un rang inférieur, l'ordre naturel et l'ordre civil s'accordent, et tout va bien. C'est le contraire quand, s'alliant au-dessus de lui, l'homme se met dans l'alternative de blesser son droit ou sa reconnaissance, et d'être ingrat ou méprisé. Alors la femme, prétendant à l'autorité, se rend le tyran de son chef; et le maître, devenu l'esclave, se trouve la plus ridicule et la plus misérable des créatures. Tels sont ces malheureux favoris que les rois de l'Asie honorent et tourmentent de leur alliance, et qui, dit-on, pour coucher avec leurs femmes, n'osent entrer dans le lit que par le pied.

Je m'attends que beaucoup de lecteurs, se souvenant que je donne à la femme un talent naturel pour gouverner l'homme, m'accuseront ici de contradiction : ils se tromperont pourtant. Il y a bien de la différence entre s'arroger le droit de commander, et gouverner celui qui commande. L'empire de la femme est un empire de douceur, d'adresse et de complaisance ; ses ordres sont des caresses, ses menaces sont des pleurs. Elle doit régner dans la maison comme un ministre dans l'Etat, en se faisant commander ce qu'elle veut faire. En ce sens il est constant que les meilleurs ménages sont ceux où la femme a le plus d'autorité : mais quand elle méconnaît la voix du chef, qu'elle veut usurper ses droits et commander elle-même, il ne résulte jamais de ce désordre que misère, scandale et déshonneur.

Reste le choix entre ses égales et ses inférieures ; et je crois qu'il y a encore quelque restriction à faire pour ces dernières ; car il est difficile de trouver dans la lie du peuple une épouse capable de faire le bonheur d'un honnête homme : non qu'on soit plus vicieux dans les derniers rangs que dans les premiers, mais parce qu'on y a peu d'idée de ce qui est beau et honnête, et que l'injustice des autres états fait voir à celui-ci la justice dans ses vices mêmes.

Naturellement l'homme ne pense guère. Penser est un art qu'il apprend comme tous les autres, et même plus difficilement. Je ne connais pour les deux sexes que deux classes réellement distinguées : l'une des gens qui pensent, l'autre des gens qui ne pensent point ; et cette différence vient presque uniquement de l'éducation. Un homme de la première de ces deux classes ne doit point s'allier dans l'autre ; car le plus grand charme de la société manque à la sienne lorsque, ayant une femme, il est réduit à penser seul. Les gens qui passent exactement la vie entière à travailler pour vivre n'ont d'autre idée que celle de leur travail ou de leur intérêt, et tout leur esprit semble être au bout de leurs bras. Cette ignorance ne nuit ni à la probité ni aux mœurs ; souvent même elle y sert ; souvent on compose avec ses devoirs à force d'y réfléchir, et l'on finit par mettre un jargon à la place des choses. La conscience est le plus éclairé des philosophes :

on n'a pas besoin de savoir les *Offices* de Cicéron pour
être homme de bien ; et la femme du monde la plus
honnête sait peut-être le moins ce que c'est qu'honnêteté. Mais il n'en est pas moins vrai qu'un esprit cultivé
rend seul le commerce agréable ; et c'est une triste chose
pour un père de famille qui se plaît dans sa maison, d'être
forcé de s'y renfermer en lui-même, et de ne pouvoir
s'y faire entendre à personne.

D'ailleurs, comment une femme qui n'a nulle habitude
de réfléchir élèvera-t-elle ses enfants ? Comment discer-
nera-t-elle ce qui leur convient ? Comment les dispo-
sera-t-elle aux vertus qu'elle ne connaît pas, au mérite
dont elle n'a nulle idée ? Elle ne saura que les flatter ou
les menacer, les rendre insolents ou craintifs ; elle en fera
des singes maniérés ou d'étourdis polissons, jamais de
bons esprits ni des enfants aimables.

Il ne convient donc pas à un homme qui a de l'éducation de prendre une femme qui n'en ait point, ni par
conséquent dans un rang où l'on ne saurait en avoir. Mais
j'aimerais encore cent fois mieux une fille simple et
grossièrement élevée, qu'une fille savante et bel esprit,
qui viendrait établir dans ma maison un tribunal de
littérature dont elle se ferait la présidente. Une femme
bel esprit est le fléau de son mari, de ses enfants, de ses
amis, de ses valets, de tout le monde. De la sublime élévation de son beau génie, elle dédaigne tous ses devoirs
de femme, et commence toujours par se faire homme à la
manière de mademoiselle de l'Enclos. Au dehors, elle
est toujours ridicule et très justement critiquée, parce
qu'on ne peut manquer de l'être aussitôt qu'on sort de
son état et qu'on n'est point fait pour celui qu'on veut
prendre. Toutes ces femmes à grands talents n'en impo-
sent jamais qu'aux sots. On sait toujours quel est l'artiste
ou l'ami qui tient la plume ou le pinceau quand elles
travaillent ; on sait quel est le discret homme de lettres
qui leur dicte en secret leurs oracles. Toute cette char-
latanerie est indigne d'une honnête femme. Quand elle
aurait de vrais talents, sa prétention les avilirait. Sa
dignité est d'être ignorée ; sa gloire est dans l'estime de
son mari : ses plaisirs sont dans le bonheur de sa famille.
Lecteurs, je m'en rapporte à vous-mêmes, soyez de
bonne foi : lequel vous donne meilleure opinion d'une
femme en entrant dans sa chambre, lequel vous la fait
aborder avec plus de respect, de la voir occupée des travaux de son sexe, des soins de son ménage, environnée des

hardes de ses enfants, ou de la trouver écrivant des vers sur sa toilette, entourée de brochures de toutes les sortes et de petits billets peints de toutes les couleurs ? Toute fille lettrée restera fille toute sa vie quand il n'y aura que des hommes sensés sur la terre.

Quæris cur nolim te ducere, Galla ? diserta es.

Après ces considérations vient celle de la figure ; c'est la première qui frappe et la dernière qu'on doit faire, mais encore ne la faut-il pas compter pour rien. La grande beauté me paraît plutôt à fuir qu'à rechercher dans le mariage. La beauté s'use promptement par la possession ; au bout de six semaines, elle n'est plus rien pour le possesseur, mais ses dangers durent autant qu'elle. A moins qu'une belle femme ne soit un ange, son mari est le plus malheureux des hommes ; et quand elle serait un ange, comment empêchera-t-il qu'il ne soit sans cesse entouré d'ennemis ? Si l'extrême laideur n'était pas dégoûtante, je la préférerais à l'extrême beauté ; car en peu de temps l'une et l'autre étant nulle pour le mari, la beauté devient un inconvénient et la laideur un avantage. Mais la laideur qui produit le dégoût est le plus grand des malheurs ; ce sentiment, loin de s'effacer, augmente sans cesse et se tourne en haine. C'est un enfer qu'un pareil mariage ; il vaudrait mieux être morts qu'unis ainsi.

Désirez en tout la médiocrité, sans en excepter la beauté même. Une figure agréable et prévenante, qui n'inspire pas l'amour, mais la bienveillance, est ce qu'on doit préférer ; elle est sans préjudice pour le mari, et l'avantage en tourne au profit commun : les grâces ne s'usent pas comme la beauté ; elles ont de la vie, elles se renouvellent sans cesse, et au bout de trente ans de mariage, une honnête femme avec des grâces plaît à son mari comme le premier jour.

Telles sont les réflexions qui m'ont déterminé dans le choix de Sophie. Elève de la nature ainsi qu'Emile, elle est faite pour lui plus qu'aucune autre ; elle sera la femme de l'homme. Elle est son égale par la naissance et par le mérite, son inférieure par la fortune. Elle n'enchante pas au premier coup d'œil, mais elle plaît chaque jour davantage. Son plus grand charme n'agit que par degrés ; il ne se déploie que dans l'intimité du commerce ; et son mari le sentira plus que personne au monde. Son éducation n'est ni brillante ni négligée ; elle a du goût sans étude, des talents sans art, du jugement sans connaissances. Son esprit ne sait pas, mais il est cultivé pour apprendre; c'est une terre bien préparée qui n'attend que le grain pour rapporter. Elle n'a jamais lu de livre que Barrême et Télémaque, qui lui tomba par hasard dans les mains; mais une fille capable de se passionner pour Télémaque a-t-elle un cœur sans sentiment et un esprit sans délicatesse? O l'aimable ignorance! Heureux celui qu'on destine à l'instruire! Elle ne sera point le professeur de son mari, mais son disciple; loin de vouloir l'assujettir à ses goûts, elle prendra les siens. Elle vaudra mieux pour lui que si elle était savante; il aura le plaisir de lui tout enseigner. Il est temps enfin qu'ils se voient; travaillons à les rapprocher.

Nous partons de Paris tristes et rêveurs. Ce lieu de babil n'est pas notre centre. Emile tourne un œil de dédain vers cette grande ville, et dit avec dépit: Que de jours perdus en vaines recherches! Ah! ce n'est pas là qu'est l'épouse de mon cœur. Mon ami, vous le saviez bien, mais mon temps ne vous coûte guère, et mes maux vous font peu souffrir. Je le regarde fixement, et je lui dis sans m'émouvoir: Emile, croyez-vous ce que vous dites? A l'instant, il me saute au cou tout confus, et me serre dans ses bras sans répondre. C'est toujours sa réponse quand il a tort.

Nous voici par les champs en vrais chevaliers errants; non pas comme ceux cherchant les aventures, nous les fuyons au contraire en quittant Paris; mais imitant assez leur allure errante, inégale, tantôt piquant des deux, et tantôt marchant à petits pas. A force de suivre ma pratique, on en aura pris enfin l'esprit; et je n'imagine aucun lecteur encore assez prévenu par les usages pour nous supposer tous deux endormis dans une bonne chaise de poste bien fermée, marchant sans rien voir, sans rien observer, rendant nul pour nous l'intervalle du départ à l'arrivée, et, dans la vitesse de notre marche, perdant le temps pour le ménager.

Les hommes disent que la vie est courte, et je vois qu'ils s'efforcent de la rendre telle. Ne sachant pas l'employer, ils se plaignent de la rapidité du temps, et je vois qu'il coule trop lentement à leur gré. Toujours pleins de l'objet auquel ils tendent, ils voient à regret l'intervalle qui les en sépare: l'un voudrait être à demain, l'autre au mois prochain, l'autre à dix ans de là; nul ne veut vivre aujourd'hui; nul n'est content de l'heure présente, tous la trouvent trop lente à passer. Quand ils se plaignent que le temps coule trop vite, ils mentent; ils payeraient volontiers le pouvoir de l'accélérer; ils emploieraient volontiers leur fortune à consumer leur vie entière; et il n'y en a peut-être pas un qui n'eût réduit ses ans à très peu d'heures s'il eût été le maître d'en ôter au gré de son ennui celles qui lui étaient à charge, et au gré de son impatience celles qui le séparaient du moment désiré. Tel passe la moitié de sa vie à se rendre de Paris à Versailles, de Versailles à Paris, de la ville à la campagne, de la campagne à la ville, et d'un quartier à l'autre, qui serait fort embarrassé de ses heures s'il n'avait le secret de les perdre ainsi, et qui s'éloigne exprès de ses affaires pour s'occuper à les aller chercher : il croit gagner le temps qu'il y met de plus, et dont autrement il ne saurait que faire; ou bien, au contraire, il court pour courir, et vient en poste sans autre objet que de retourner de même. Mortels, ne cesserez-vous jamais de calomnier la nature? Pourquoi vous plaindre que la vie est courte puisqu'elle ne l'est pas encore assez à votre gré? S'il est un seul d'entre vous qui sache mettre assez de tempérance à ses désirs pour ne jamais souhaiter que le temps s'écoule, celui-là ne l'estimera point trop courte; vivre et jouir seront pour lui la même chose; et, dût-il mourir jeune, il ne mourra que rassasié de jours.

Quand je n'aurais que cet avantage dans ma méthode, par cela seul il la faudrait préférer à toute autre. Je n'ai point élevé mon Emile pour désirer ni pour attendre, mais pour jouir; et quand il porte ses désirs au delà du présent, ce n'est point avec une ardeur assez impétueuse pour être importuné de la lenteur du temps. Il ne jouira pas seulement du plaisir de désirer, mais de celui d'aller à l'objet qu'il désire; et ses passions sont tellement modérées qu'il est toujours plus où il est qu'où il sera.

Nous ne voyageons donc point en courriers, mais en voyageurs. Nous ne songeons pas seulement aux deux termes, mais à l'intervalle qui les sépare. Le voyage même est un plaisir pour nous. Nous ne le faisons point tristement assis et comme emprisonnés dans une petite cage bien fermée. Nous ne voyageons point dans la mollesse et dans le repos des femmes. Nous ne nous ôtons ni le grand air, ni la vue des objets qui nous environnent, ni la commodité de les contempler à notre gré quand il nous plaît. Emile n'entra jamais dans une chaise de poste, et ne court guère en poste s'il n'est pressé. Mais de quoi

jamais Emile peut-il être pressé ? D'une seule chose, de
jouir de la vie. Ajouterai-je et de faire du bien quand il
le peut ? Non, car cela même est jouir de la vie.

Je ne conçois qu'une manière de voyager plus agréable
que d'aller à cheval; c'est d'aller à pied. On part à son
moment, on s'arrête à sa volonté, on fait tant et si peu
d'exercice qu'on veut. On observe tout le pays; on se
détourne à droite, à gauche; on examine tout ce qui nous
flatte; on s'arrête à tous les points de vue. Aperçois-je
une rivière, je la côtoie; un bois touffu, je vais sous son
ombre; une grotte, je la visite; une carrière, j'examine les
minéraux. Partout où je me plais, j'y reste. A l'instant
que je m'ennuie, je m'en vais. Je ne dépends ni des chevaux ni du postillon. Je n'ai pas besoin de choisir des
chemins tout faits, des routes commodes; je passe partout
où un homme peut passer; je vois tout ce qu'un homme
peut voir; et, ne dépendant que de moi-même, je jouis
de toute la liberté dont un homme peut jouir. Si le mauvais temps m'arrête et que l'ennui me gagne, alors je
prends des chevaux. Si je suis las... Mais Emile ne se
lasse guère; il est robuste; et pourquoi se lasserait-il ?
Il n'est point pressé. S'il s'arrête, comment peut-il
s'ennuyer ? Il porte partout de quoi s'amuser. Il entre
chez un maître, il travaille; il exerce ses bras pour reposer ses pieds.

Voyager à pied, c'est voyager comme Thalès, Platon
et Pythagore. J'ai peine à comprendre comment un philosophe peut se résoudre à voyager autrement, et s'arracher à l'examen des richesses qu'il foule aux pieds et que
la terre prodigue à sa vue. Qui est-ce qui, aimant un peu
l'agriculture, ne veut pas connaître les productions particulières au climat des lieux qu'il traverse, et la manière
de les cultiver ? Qui est-ce qui, ayant un peu de goût pour
l'histoire naturelle, peut se résoudre à passer un terrain
sans l'examiner, un rocher sans l'écorner, des montagnes
sans herboriser, des cailloux sans chercher des fossiles ?
Vos philosophes de ruelles étudient l'histoire naturelle
dans des cabinets; ils ont des colifichets; ils savent des
noms, et n'ont aucune idée de la nature. Mais le cabinet
d'Emile est plus riche que ceux des rois; ce cabinet est la
terre entière. Chaque chose y est à sa place : le naturaliste qui en prend soin a rangé le tout dans un fort bel
ordre : Daubenton ne ferait pas mieux.

Combien de plaisirs différents on rassemble par cette
agréable manière de voyager! sans compter la santé qui

s'affermit, l'humeur qui s'égaye. J'ai toujours vu ceux qui voyageaient dans de bonnes voitures bien douces, rêveurs, tristes, grondants ou souffrants ; et les piétons toujours gais, légers et contents de tout. Combien le cœur rit quand on approche du gîte ! Combien un repas grossier paraît savoureux ! Avec quel plaisir on se repose à table ! Quel bon sommeil on fait dans un mauvais lit ! Quand on ne veut qu'arriver, on peut courir en chaise de poste ; mais quand on veut voyager, il faut aller à pied.

Si, avant que nous ayons fait cinquante lieues de la manière que j'imagine, Sophie n'est pas oubliée, il faut que je ne sois guère adroit, ou qu'Emile soit bien peu curieux ; car, avec tant de connaissances élémentaires, il est difficile qu'il ne soit pas tenté d'en acquérir davantage. On n'est curieux qu'à proportion qu'on est instruit ; il sait précisément assez pour vouloir apprendre.

Cependant, un objet en attire un autre, et nous avançons toujours. J'ai mis à notre première course un terme éloigné : le prétexte en est facile ; en sortant de Paris, il faut aller chercher une femme au loin.

Quelque jour, après nous être égarés plus qu'à l'ordinaire dans des vallons, dans des montagnes où l'on n'aperçoit aucun chemin, nous ne savons plus retrouver le nôtre. Peu nous importe, tous chemins sont bons, pourvu qu'on arrive : mais encore faut-il arriver quelque part quand on a faim. Heureusement nous trouvons un paysan qui nous mène dans sa chaumière ; nous mangeons de grand appétit son maigre dîner. En nous voyant si fatigués, si affamés, il nous dit : Si le bon Dieu vous eût conduits de l'autre côté de la colline, vous eussiez été mieux reçus... vous auriez trouvé une maison de paix... des gens si charitables... de si bonnes gens !... Ils n'ont pas meilleur cœur que moi, mais ils sont plus riches, quoiqu'on dise qu'ils l'étaient bien plus autrefois... Ils ne pâtissent pas, Dieu merci ; et tout le pays se sent de ce qui leur reste.

A ce mot de bonnes gens, le cœur du bon Emile s'épanouit. Mon ami, dit-il en me regardant, allons à cette maison dont les maîtres sont bénis dans le voisinage : je serais bien aise de les voir ; peut-être seront-ils bien aises de nous voir aussi. Je suis sûr qu'ils nous recevront bien : s'ils sont des nôtres, nous serons des leurs.

La maison bien indiquée, on part, on erre dans les bois, une grande pluie nous surprend en chemin ; elle

nous retarde sans nous arrêter. Enfin l'on se retrouve, et
le soir nous arrivons à la maison désignée. Dans le hameau
qui l'entoure, cette seule maison, quoique simple, a
quelque apparence. Nous nous présentons, nous demandons l'hospitalité. L'on nous fait parler au maître ; il
nous questionne, mais poliment : sans dire le sujet de
notre voyage, nous disons celui de notre détour. Il a
gardé de son ancienne opulence la facilité de connaître
l'état des gens dans leurs manières ; quiconque a vécu
dans le grand monde se trompe rarement là-dessus : sur
ce passeport nous sommes admis.

On nous montre un appartement fort petit, mais
propre et commode ; on y fait du feu, nous y trouvons du
linge, des nippes, tout ce qu'il nous faut. Quoi ! dit Emile
tout surpris, on dirait que nous étions attendus ! O que
le paysan avait bien raison ! quelle attention ! quelle
bonté ! quelle prévoyance ! et pour des inconnus ! Je crois
être au temps d'Homère. Soyez sensible à tout cela, lui
dis-je, mais ne vous en étonnez pas ; partout où les
étrangers sont rares, ils sont bienvenus : rien ne rend
plus hospitalier que de n'avoir pas souvent besoin de
l'être : c'est l'affluence des hôtes qui détruit l'hospitalité.
Du temps d'Homère on ne voyageait guère, et les voyageurs étaient bien reçus partout. Nous sommes peut-être
les seuls passagers qu'on ait vus ici de toute l'année.
N'importe, reprend-il, cela même est un éloge de savoir
se passer d'hôtes, et de les recevoir toujours bien.

Séchés et rajustés, nous allons rejoindre le maître de
la maison ; il nous présente à sa femme ; elle nous reçoit,
non pas seulement avec politesse, mais avec bonté. L'honneur de ses coups d'œil est pour Emile. Une mère, dans
le cas où elle est, voit rarement sans inquiétude, ou du
moins sans curiosité, entrer chez elle un homme de cet
âge.

On fait hâter le souper pour l'amour de nous. En
entrant dans la salle à manger, nous voyons cinq couverts :
nous nous plaçons, il en reste un vide. Une jeune personne
entre, fait une grande révérence, et s'assied modestement
sans parler. Emile, occupé de sa faim ou de ses réponses,
la salue, parle, et mange. Le principal objet de son voyage
est aussi loin de sa pensée qu'il se croit lui-même encore
loin du terme. L'entretien roule sur l'égarement des voyageurs. Monsieur, lui dit le maître de la maison, vous me
paraissez un jeune homme aimable et sage ; et cela me
fait songer que vous êtes arrivés ici, votre gouverneur et

vous, las et mouillés, comme Télémaque et Mentor dans l'île de Calypso. Il est vrai, répond Émile, que nous trouvons ici l'hospitalité de Calypso. Son Mentor ajoute : Et les charmes d'Eucharis. Mais Emile connaît l'*Odyssée* et n'a point lu *Télémaque ;* il ne sait ce que c'est qu'Eucharis. Pour la jeune personne, je la vois rougir jusqu'aux yeux, les baisser sur son assiette, et n'oser souffler. La mère, qui remarque son embarras, fait signe au père, et celui-ci change de conversation. En parlant de sa solitude, il s'engage insensiblement dans le récit des événements qui l'y ont confiné ; les malheurs de sa vie, la constance de son épouse, les consolations qu'ils ont trouvées dans leur union, la vie douce et paisible qu'ils mènent dans leur retraite, et toujours sans dire un mot de la jeune personne ; tout cela forme un récit agréable et touchant qu'on ne peut entendre sans intérêt. Emile, ému, attendri, cesse de manger pour écouter. Enfin, à l'endroit où le plus honnête des hommes s'étend avec plus de plaisir sur l'attachement de la plus digne des femmes, le jeune voyageur, hors de lui, serre une main du mari, qu'il a saisie, et de l'autre prend aussi la main de la femme, sur laquelle il se penche avec transport en l'arrosant de pleurs. La naïve vivacité du jeune homme touche tout le monde ; mais la fille, plus sensible que personne à cette marque de son bon cœur, croit voir Télémaque affecté des malheurs de Philoctète. Elle porte à la dérobée les yeux sur lui pour mieux examiner sa figure ; elle n'y trouve rien qui démente la comparaison. Son air aisé a de la liberté sans arrogance ; ses manières sont vives sans étourderie ; sa sensibilité rend son regard plus doux, sa physionomie plus touchante : la jeune personne le voyant pleurer est près de mêler ses larmes aux siennes. Dans un si beau prétexte, une honte secrète la retient : elle se reproche déjà les pleurs prêts à s'échapper de ses yeux, comme s'il était mal d'en verser pour sa famille.

La mère, qui dès le commencement du souper n'a cessé de veiller sur elle, voit sa contrainte, et l'en délivre en l'envoyant faire une commission. Une minute après, la jeune fille rentre, mais si mal remise, que son désordre est visible à tous les yeux. La mère lui dit avec douceur : Sophie, remettez-vous ; ne cesserez-vous point de pleurer les malheurs de vos parents. Vous qui les en consolez, n'y soyez pas plus sensible qu'eux-mêmes.

A ce nom de Sophie, vous eussiez vu tressaillir Emile. Frappé d'un nom si cher, il se réveille en sursaut,

et jette un regard avide sur celle qui l'ose porter. Sophie,
ô Sophie! est-ce vous que mon cœur cherche? est-ce
vous que mon cœur aime? Il l'observe, il la contemple
avec une sorte de crainte et de défiance. Il ne voit pas
exactement la figure qu'il s'était peinte; il ne sait si celle
qu'il voit vaut mieux ou moins. Il étudie chaque trait,
il épie chaque mouvement, chaque geste; il trouve à tout
mille interprétations confuses; il donnerait la moitié de
sa vie pour qu'elle voulût dire un seul mot. Il me regarde,
inquiet et troublé; ses yeux me font à la fois cent questions, cent reproches. Il semble me dire à chaque regard :
Guidez-moi tandis qu'il est temps; si mon cœur se livre
et se trompe, je n'en reviendrai de mes jours.

Emile est l'homme du monde qui sait le moins se
déguiser. Comment se déguiserait-il dans le plus grand
trouble de sa vie, entre quatre spectateurs qui l'examinent, et dont le plus distrait en apparence est en effet
le plus attentif? Son désordre n'échappe point aux yeux
pénétrants de Sophie; les siens l'instruisent de reste
qu'elle en est l'objet : elle voit que cette inquiétude n'est
pas de l'amour encore; mais qu'importe? il s'occupe
d'elle, et cela suffit : elle sera bien malheureuse s'il s'en
occupe impunément.

Les mères ont des yeux comme leurs filles, et l'expérience de plus. La mère de Sophie sourit du succès de
nos projets. Elle lit dans les cœurs des deux jeunes gens;
elle voit qu'il est temps de fixer celui du nouveau Télémaque; elle fait parler sa fille. Sa fille, avec sa douceur
naturelle, répond d'un ton timide qui ne fait que mieux
son effet. Au premier son de cette voix, Emile est rendu;
c'est Sophie, il n'en doute plus. Ce ne la serait pas, qu'il
serait trop tard pour s'en dédire.

C'est alors que les charmes de cette fille enchanteresse
vont par torrents à son cœur, et qu'il commence d'avaler
à longs traits le poison dont elle l'enivre. Il ne parle plus,
il ne répond plus; il ne voit que Sophie; il n'entend que
Sophie : si elle dit un mot, il ouvre la bouche; si elle
baisse les yeux, il les baisse; s'il la voit soupirer, il soupire : c'est l'âme de Sophie qui paraît l'animer. Que la
sienne a changé dans peu d'instants! Ce n'est plus le
tour de Sophie de trembler, c'est celui d'Emile. Adieu la
liberté, la naïveté, la franchise. Confus, embarrassé,
craintif, il n'ose plus regarder autour de lui, de peur de
voir qu'on le regarde. Honteux de se laisser pénétrer,
il voudrait se rendre invisible à tout le monde pour se

rassasier de la contempler sans être observé. Sophie, au contraire, se rassure de la crainte d'Emile; elle voit son triomphe, elle en jouit.

No'l mostra già, ben che in suo cor ne rida.

Elle n'a pas changé de contenance; mais, malgré cet air modeste et ces yeux baissés, son tendre cœur palpite de joie, et lui dit que Télémaque est trouvé.

Si j'entre ici dans l'histoire trop naïve et trop simple peut-être de leurs innocentes amours, on regardera ces détails comme un jeu frivole, et l'on aura tort. On ne considère pas assez l'influence que doit avoir la première liaison d'un homme avec une femme dans le cours de la vie de l'un et de l'autre. On ne voit pas qu'une première impression, aussi vive que celle de l'amour ou du penchant qui tient sa place, a de longs effets dont on n'aperçoit point la chaîne dans le progrès des ans, mais qui ne cessent d'agir jusqu'à la mort. On nous donne, dans les traités d'éducation, de grands verbiages inutiles et pédantesques sur les chimériques devoirs des enfants; et l'on ne nous dit pas un mot de la partie la plus importante et la plus difficile de toute l'éducation, savoir la crise qui sert de passage de l'enfance à l'état d'homme. Si j'ai pu rendre ces essais utiles par quelque endroit, ce sera surtout pour m'y être étendu fort au long sur cette partie essentielle, omise par tous les autres, et pour ne m'être point laissé rebuter dans cette entreprise par de fausses délicatesses, ni effrayer par des difficultés de langue. Si j'ai dit ce qu'il faut faire, j'ai dit ce que j'ai dû dire : il m'importe fort peu d'avoir écrit un roman. C'est un assez beau roman que celui de la nature humaine. S'il ne se trouve que dans cet écrit, est-ce ma faute ? Ce devrait être l'histoire de mon espèce ? Vous qui la dépravez, c'est vous qui faites un roman de mon livre.

Une autre considération, qui renforce la première, est qu'il ne s'agit pas ici d'un jeune homme livré dès l'enfance à la crainte, à la convoitise, à l'envie, à l'orgueil, et à toutes les passions qui servent d'instruments aux éducations communes; qu'il s'agit d'un jeune homme dont c'est ici, non seulement le premier amour, mais la première passion de toute espèce; que de cette passion, l'unique peut-être qu'il sentira vivement dans toute sa vie, dépend la dernière forme que doit prendre son caractère. Ses manières de penser, ses sentiments, ses goûts, fixés par une passion durable, vont acquérir une consistance qui ne leur permettra plus de s'altérer.

On conçoit qu'entre Emile et moi la nuit qui suit une pareille soirée ne se passe pas toute à dormir. Quoi donc! la seule conformité d'un nom doit-elle avoir tant de pouvoir sur un homme sage ? N'y a-t-il qu'une Sophie au monde ? Se ressemblent-elles toutes d'âme comme de nom ? Toutes celles qu'il verra sont-elles la sienne ? Est-il fou de se passionner ainsi pour une inconnue à laquelle il n'a jamais parlé ? Attendez, jeune homme, examinez, observez. Vous ne savez pas même encore chez qui vous êtes; et, à vous entendre, on vous croirait déjà dans votre maison.

Ce n'est pas le temps des leçons, et celles-ci ne sont pas faites pour être écoutées. Elles ne font que donner au jeune homme un nouvel intérêt pour Sophie par le désir de justifier son penchant. Ce rapport des noms, cette rencontre qu'il croit fortuite, ma réserve même, ne font qu'irriter sa vivacité : déjà Sophie lui paraît trop estimable pour qu'il ne soit pas sûr de me la faire aimer.

Le matin, je me doute bien que, dans son mauvais habit de voyage, Emile tâchera de se mettre avec plus de soin. Il n'y manque pas; mais je ris de son empressement à s'accommoder du linge de la maison. Je pénètre sa pensée; je lis avec plaisir qu'il cherche, en se préparant des restitutions, des échanges, à s'établir une espèce de correspondance qui le mette en droit d'y renvoyer et d'y revenir.

Je m'étais attendu de trouver Sophie un peu plus ajustée aussi de son côté : je me suis trompé. Cette vulgaire coquetterie est bonne pour ceux à qui l'on ne veut que plaire. Celle du véritable amour est plus raffinée; elle a bien d'autres prétentions. Sophie est mise encore plus simplement que la veille, et même plus négligemment, quoique avec une propreté toujours scrupuleuse. Je ne vois de la coquetterie dans cette négligence que parce que j'y vois de l'affectation. Sophie sait bien qu'une parure plus recherchée est une déclaration; mais elle ne sait pas qu'une parure plus négligée en est une autre; elle montre qu'on ne se contente pas de plaire par l'ajustement, qu'on veut plaire aussi par la personne. Eh! qu'importe à l'amant comment on soit mise, pourvu qu'il voie qu'on s'occupe de lui ? Déjà sûre de son empire, Sophie ne se borne pas à frapper par ses charmes les yeux d'Emile, si son cœur ne va les chercher; il ne lui suffit plus qu'il les voie, elle veut qu'il les suppose. N'en a-t-il pas assez vu pour être obligé de deviner le reste ?

Il est à croire que, durant nos entretiens de cette nuit, Sophie et sa mère n'ont pas non plus resté muettes ; il y a eu des aveux arrachés, des instructions données. Le lendemain on se rassemble bien préparés. Il n'y a pas douze heures que nos jeunes gens se sont vus ; ils ne se sont pas dit encore un seul mot, et déjà l'on voit qu'ils s'entendent. Leur abord n'est pas familier ; il est embarrassé, timide ; ils ne se parlent point ; leurs yeux baissés semblent s'éviter, et cela même est un signe d'intelligence ; ils s'évitent, mais de concert ; ils sentent déjà le besoin du mystère avant de s'être rien dit. En partant nous demandons la permission de venir nous-mêmes rapporter ce que nous emportons. La bouche d'Emile demande cette permission au père, à la mère, tandis que ses yeux inquiets, tournés sur la fille, la lui demandent beaucoup plus instamment. Sophie ne dit rien, ne fait aucun signe, ne paraît rien voir, rien entendre ; mais elle rougit ; et cette rougeur est une réponse encore plus claire que celle de ses parents.

On nous permet de revenir sans nous inviter à rester. Cette conduite est convenable ; on donne le couvert à des passants embarrassés de leur gîte, mais il n'est pas décent qu'un amant couche dans la maison de sa maîtresse.

A peine sommes-nous hors de cette maison chérie, qu'Emile songe à nous établir aux environs : la chaumière la plus voisine lui semble déjà trop éloignée ; il voudrait coucher dans les fossés du château. Jeune étourdi ! lui dis-je d'un ton de pitié, quoi ! déjà la passion vous aveugle ! Vous ne voyez déjà plus ni les bienséances ni la raison ! Malheureux ! vous croyez aimer, et vous voulez déshonorer votre maîtresse ! Que dira-t-on d'elle quand on saura qu'un jeune homme qui sort de sa maison couche aux environs ? Vous l'aimez, dites-vous ! Est-ce donc à vous de la perdre de réputation ? Est-ce là le prix de l'hospitalité que ses parents vous ont accordée ! Ferez-vous l'opprobre de celle dont vous attendez votre bonheur ? Eh ! qu'importent, répond-il avec vivacité, les vains discours des hommes et leurs injustes soupçons ? Ne m'avez-vous pas appris vous-même à n'en faire aucun cas ? Qui sait mieux que moi combien j'honore Sophie, combien je la veux respecter ? Mon attachement ne fera point sa honte, il fera sa gloire, il sera digne d'elle.

Quand mon cœur et mes soins lui rendront partout l'hommage qu'elle mérite, en quoi puis-je l'outrager ? Cher Émile, reprends-je en l'embrassant, vous raisonnez pour vous : apprenez à raisonner pour elle. Ne comparez point l'honneur d'un sexe à celui de l'autre : ils ont des principes tout différents. Ces principes sont également solides et raisonnables, parce qu'ils dérivent également de la nature, et que la même vertu qui vous fait mépriser pour vous les discours des hommes vous oblige à les respecter pour votre maîtresse. Votre honneur est en vous seul, et le sien dépend d'autrui. Le négliger serait blesser le vôtre même, et vous ne vous rendez point ce que vous vous devez, si vous êtes cause qu'on ne lui rende pas ce qui lui est dû.

Alors, lui expliquant les raisons de ces différences, je lui fais sentir quelle injustice il y aurait à vouloir les compter pour rien. Qui est-ce qui lui a dit qu'il sera l'époux de Sophie, elle dont il ignore les sentiments, elle dont le cœur ou les parents ont peut-être des engagements antérieurs, elle qu'il ne connaît point, et qui n'a peut-être avec lui pas une des convenances qui peuvent rendre un mariage heureux ? Ignore-t-il que tout scandale est pour une fille une tache indélébile, que n'efface pas même son mariage avec celui qui l'a causé ? Eh! quel est l'homme sensible qui veut perdre celle qu'il aime ? Quel est l'honnête homme qui veut faire pleurer à jamais à une infortunée le malheur de lui avoir plu ?

Le jeune homme, effrayé des conséquences que je lui fais envisager, et toujours extrême dans ses idées, croit déjà n'être jamais assez loin du séjour de Sophie : il double le pas pour fuir plus promptement ; il regarde autour de nous si nous ne sommes point écoutés ; il sacrifierait mille fois son bonheur à l'honneur de celle qu'il aime ; il aimerait mieux ne la revoir de sa vie que de lui causer un seul déplaisir. C'est le premier fruit des soins que j'ai pris dès sa jeunesse de lui former un cœur qui sache aimer.

Il s'agit donc de trouver un asile éloigné, mais à portée. Nous cherchons, nous nous informons : nous apprenons qu'à deux grandes lieues est une ville ; nous allons chercher à nous y loger, plutôt que dans les villages plus proches, où notre séjour deviendrait suspect. C'est là qu'arrive enfin le nouvel amant, plein d'amour, d'espoir, de joie et surtout de bons sentiments ; et voilà comment, dirigeant peu à peu sa passion naissante vers ce qui est

bon et honnête, je dispose insensiblement tous ses penchants à prendre le même pli.

J'approche du terme de ma carrière; je l'aperçois déjà
de loin. Toutes les grandes difficultés sont vaincues, tous
les grands obstacles sont surmontés; il ne me reste plus
rien de pénible à faire que de ne pas gâter mon ouvrage
en me hâtant de le consommer. Dans l'incertitude de la
vie humaine, évitons surtout la fausse prudence d'immoler le présent à l'avenir; c'est souvent immoler ce qui
est à ce qui ne sera point. Rendons l'homme heureux
dans tous les âges, de peur qu'après bien des soins il ne
meure avant de l'avoir été. Or, s'il est un temps pour
jouir de la vie, c'est assurément la fin de l'adolescence, où
les facultés du corps et de l'âme ont acquis leur plus
grande vigueur, et où l'homme, au milieu de sa course,
voit de plus loin les deux termes qui lui en font sentir
la brièveté. Si l'imprudente jeunesse se trompe, ce n'est
pas en ce qu'elle veut jouir, c'est en ce qu'elle cherche la
jouissance où elle n'est point, et qu'en s'apprêtant un
avenir misérable, elle ne sait pas même user du moment
présent.

Considérez mon Emile, à vingt ans passés, bien formé,
bien constitué d'esprit et de corps, fort, sain, dispos,
adroit, robuste, plein de sens, de raison, de bonté, d'humanité, ayant des mœurs, du goût, aimant le beau, faisant le bien, libre de l'empire des passions cruelles,
exempt du joug de l'opinion, mais soumis à la loi de la
sagesse, et docile à la voix de l'amitié; possédant tous
les talents utiles et plusieurs talents agréables, se souciant
peu des richesses, portant sa ressource au bout de ses
bras, et n'ayant pas peur de manquer de pain, quoi qu'il
arrive. Le voilà maintenant enivré d'une passion naissante, son cœur s'ouvre aux premiers feux de l'amour :
ses douces illusions lui font un nouvel univers de délices
et de jouissance; il aime un objet aimable, et plus aimable
encore par son caractère que par sa personne; il espère, il
attend un retour qu'il sent lui être dû.

C'est du rapport des cœurs, c'est du concours des
sentiments honnêtes, que s'est formé leur premier penchant : ce penchant doit être durable. Il se livre avec
confiance, avec raison même, au plus charmant délire,
sans crainte, sans regret, sans remords, sans autre inquiétude que celle dont le sentiment du bonheur est inséparable. Que peut-il manquer au sien ? Voyez, cherchez,
imaginez ce qu'il lui faut encore, et qu'on puisse accor-

der avec ce qu'il a. Il réunit tous les biens qu'on peut
obtenir à la fois; on n'y en peut ajouter aucun qu'aux
dépens d'un autre; il est heureux autant qu'un homme
peut l'être. Irai-je en ce moment abréger un destin si
doux ? Irai-je troubler une volupté si pure ? Ah! tout
le prix de la vie est dans la félicité qu'il goûte. Que pourrais-je lui rendre qui valût ce que je lui aurais ôté ? Même
en mettant le comble à son bonheur, j'en détruirais le
plus grand charme. Ce bonheur suprême est cent fois
plus doux à espérer qu'à obtenir; on en jouit mieux
quand on l'attend que quand on le goûte. O bon Emile,
aime et sois aimé! jouis longtemps avant que de posséder;
jouis à la fois de l'amour et de l'innocence; fais ton
paradis sur la terre en attendant l'autre : je n'abrégerai
point cet heureux temps de ta vie; j'en filerai pour toi
l'enchantement; je le prolongerai le plus qu'il sera possible. Hélas! il faut qu'il finisse et qu'il finisse en peu
de temps; mais je ferai du moins qu'il dure toujours dans
ta mémoire, et que tu ne te repentes jamais de l'avoir
goûté.

Emile n'oublie pas que nous avons des restitutions à
faire. Sitôt qu'elles sont prêtes, nous prenons des chevaux, nous allons grand train; pour cette fois, en partant il voudrait être arrivé. Quand le cœur s'ouvre aux
passions, il s'ouvre à l'ennui de la vie. Si je n'ai pas
perdu mon temps, la sienne entière ne se passera pas
ainsi.

Malheureusement la route est fort coupée et le pays
difficile. Nous nous égarons; il s'en aperçoit le premier,
et, sans s'impatienter, sans se plaindre, il met toute son
attention à retrouver son chemin; il erre longtemps avant
de se reconnaître, et toujours avec le même sang-froid.
Ceci n'est rien pour vous, mais c'est beaucoup pour moi
qui connais son naturel emporté : je vois le fruit des soins
que j'ai mis dès son enfance à l'endurcir aux coups de la
nécessité.

Nous arrivons enfin. La réception qu'on nous fait est
bien plus simple et plus obligeante que la première fois;
nous sommes déjà d'anciennes connaissances. Emile et
Sophie se saluent avec un peu d'embarras, et ne se parlent
toujours point : que se diraient-ils en notre présence ?
L'entretien qu'il leur faut n'a pas besoin de témoins.
L'on se promène dans le jardin : ce jardin a pour parterre un potager très bien entendu; pour parc, un verger
couvert de grands et beaux arbres fruitiers de toute espèce,

coupé en divers sens de jolis ruisseaux, et de plates-
bandes pleines de fleurs. Le beau lieu! s'écrie Emile
plein de son Homère et toujours dans l'enthousiasme;
je crois voir le jardin d'Alcinoüs. La fille voudrait savoir
ce que c'est qu'Alcinoüs, et la mère le demande. Alcinoüs,
leur dis-je, était un roi de Corcyre, dont le jardin, décrit
par Homère, est critiqué par les gens de goût comme
trop simple et trop peu paré *. Cet Alcinoüs avait une
fille aimable, qui, la veille qu'un étranger reçut l'hospitalité chez son père, songea qu'elle aurait bientôt un mari.
Sophie, interdite, rougit, baisse les yeux, se mord la
langue; on ne peut imaginer une pareille confusion. Le
père, qui se plaît à l'augmenter, prend la parole, et dit
que la jeune princesse allait elle-même laver le linge à la
rivière. Croyez-vous, poursuit-il, qu'elle eût dédaigné de
toucher aux serviettes sales, en disant qu'elles sentaient
le graillon ? Sophie, sur qui le coup porte, oubliant sa
timidité naturelle, s'excuse avec vivacité. Son papa sait
bien que tout le menu linge n'eût point eu d'autre blan-
chisseuse qu'elle, si on l'avait laissée faire **, et qu'elle
en eût fait davantage avec plaisir, si on le lui eût ordonné.
Durant ces mots, elle me regarde à la dérobée avec une
inquiétude dont je ne puis m'empêcher de rire en lisant

---

* « En sortant du palais on trouve un vaste jardin de quatre arpents,
enceint et clos tout à l'entour, planté de grands arbres fleuris, produisant des poires, des pommes de grenade, et d'autres des plus belles
espèces, des figuiers au doux fruit, et des oliviers verdoyants. Jamais
durant l'année entière ces beaux arbres ne restent sans fruits : l'hiver
et l'été, la douce haleine du vent d'ouest fait à la fois nouer les uns et
mûrir les autres. On voit la poire et la pomme vieillir et sécher sur
leur arbre, la figue sur le figuier, et la grappe sur la souche. La vigne
inépuisable ne cesse d'y porter de nouveaux raisins; on fait cuire et
confire les uns au soleil sur une aire, tandis qu'on en vendange d'autres,
laissant sur la plante ceux qui sont encore en fleur, en verjus, ou qui
commencent à noircir. A l'un des bouts, deux carrés, bien cultivés,
et couverts de fleurs toute l'année, sont ornés de deux fontaines,
dont l'une est distribuée dans tout le jardin, et l'autre, après avoir
traversé le palais, est conduite à un bâtiment élevé dans la ville pour
abreuver les citoyens. »
Telle est la description du jardin royal d'Alcinoüs, au septième
livre de l'*Odyssée;* jardin dans lequel, à la honte de ce vieux rêveur
d'Homère et des princes de son temps, on ne voit ni treillages, ni
statues, ni cascades, ni boulingrins.
** J'avoue que je sais quelque gré à la mère de Sophie de ne lui
avoir pas laissé gâter dans le savon des mains aussi douces que les
siennes, et qu'Emile doit baiser si souvent.

dans son cœur ingénu les alarmes qui la font parler. Son père a la cruauté de relever cette étourderie en lui demandant d'un ton railleur à quel propos elle parle ici pour elle, et ce qu'elle a de commun avec la fille d'Alcinoüs. Honteuse et tremblante, elle n'ose plus souffler, ni regarder personne. Fille charmante! Il n'est plus temps de feindre : vous voilà déclarée en dépit de vous.

Bientôt cette petite scène est oubliée ou paraît l'être; très heureusement pour Sophie, Emile est le seul qui n'y a rien compris. La promenade se continue, et nos jeunes gens, qui d'abord étaient à nos côtés, ont peine à se régler sur la lenteur de notre marche; insensiblement ils nous précèdent, ils s'approchent, ils s'accostent à la fin; et nous les voyons assez loin devant nous. Sophie semble attentive et posée; Emile parle et gesticule avec feu : il ne paraît pas que l'entretien les ennuie. Au bout d'une grande heure on retourne, on les rappelle, ils reviennent, mais lentement à leur tour, et l'on voit qu'ils mettent le temps à profit. Enfin, tout à coup, leur entretien cesse avant qu'on soit à portée de les entendre, et ils doublent le pas pour nous rejoindre. Emile nous aborde avec un air ouvert et caressant; ses yeux pétillent de joie; il les tourne pourtant avec un peu d'inquiétude vers la mère de Sophie pour voir la réception qu'elle lui fera. Sophie n'a pas, à beaucoup près, un maintien si dégagé; en approchant, elle semble toute confuse de se voir tête à tête avec un jeune homme, elle qui s'y est si souvent trouvée avec d'autres sans être embarrassée, et sans qu'on l'ait jamais trouvé mauvais. Elle se hâte d'accourir à sa mère, un peu essoufflée, en disant quelques mots qui ne signifient pas grand-chose, comme pour avoir l'air d'être là depuis longtemps.

A la sérénité qui se peint sur le visage de ces aimables enfants, on voit que cet entretien a soulagé leurs jeunes cœurs d'un grand poids. Ils ne sont pas moins réservés l'un avec l'autre, mais leur réserve est moins embarrassée; elle ne vient plus que du respect d'Emile, de la modestie de Sophie, et de l'honnêteté de tous deux. Emile ose lui adresser quelques mots, quelquefois elle ose répondre, mais jamais elle n'ouvre la bouche pour cela sans jeter les yeux sur ceux de sa mère. Le changement qui paraît le plus sensible en elle est envers moi. Elle me témoigne une considération plus empressée, elle me regarde avec intérêt, elle me parle affectueusement, elle est attentive à ce qui peut me plaire; je vois qu'elle m'honore de son estime, et qu'il ne lui est pas indifférent d'obtenir la mienne. Je comprends qu'Emile lui a parlé de moi; on dirait qu'ils ont déjà comploté de me gagner : il n'en est rien pourtant, et Sophie elle-même ne se gagne pas si vite. Il aura peut-être plus besoin de ma faveur auprès d'elle, que de la sienne auprès de moi. Couple charmant!... En songeant que le cœur sensible de mon jeune ami m'a fait entrer pour beaucoup dans son premier entretien avec sa maîtresse, je jouis du prix de ma peine; son amitié m'a tout payé.

Les visites se réitèrent. Les conversations entre nos jeunes gens deviennent plus fréquentes. Emile, enivré d'amour, croit déjà toucher à son bonheur. Cependant, il n'obtient point d'aveu formel de Sophie : elle l'écoute et ne lui dit rien. Emile connaît toute sa modestie; tant de retenue l'étonne peu; il sent qu'il n'est pas mal auprès d'elle; il sait que ce sont les pères qui marient les enfants; il suppose que Sophie attend un ordre de ses parents, il lui demande la permission de la solliciter; elle ne s'y oppose pas. Il m'en parle; j'en parle en son nom, même en sa présence. Quelle surprise pour lui d'apprendre que Sophie dépend d'elle seule, et que pour le rendre heureux elle n'a qu'à le vouloir! Il commence à ne plus rien comprendre à sa conduite. Sa confiance diminue. Il s'alarme, il se voit moins avancé qu'il ne pensait l'être, et c'est alors que l'amour le plus tendre emploie son langage le plus touchant pour la fléchir.

Emile n'est pas fait pour deviner ce qui lui nuit : si on ne le lui dit, il ne le saura de ses jours, et Sophie est trop fière pour le lui dire. Les difficultés qui l'arrêtent feraient l'empressement d'une autre. Elle n'a pas oublié les leçons de ses parents. Elle est pauvre, Emile est riche, elle le sait. Combien il a besoin de se faire estimer d'elle! Quel mérite ne lui faut-il point pour effacer cette inégalité! Mais comment songerait-il à ces obstacles ? Emile sait-il s'il est riche ? Daigne-t-il même s'en informer ? Grâce au ciel, il n'a nul besoin de l'être, il sait être bienfaisant sans cela. Il tire le bien qu'il fait de son cœur, et non de sa bourse. Il donne aux malheureux son temps, ses soins, ses affections, sa personne; et, dans l'estimation de ses bienfaits, à peine ose-t-il compter pour quelque chose l'argent qu'il répand sur les indigents.

Ne sachant à quoi s'en prendre de sa disgrâce, il l'attribue à sa propre faute : car qui oserait accuser de caprice l'objet de ses adorations ? L'humiliation de l'amour-propre augmente les regrets de l'amour éconduit. Il n'approche plus de Sophie avec cette aimable confiance d'un cœur qui se sent digne du sien; il est craintif et tremblant devant elle. Il n'espère plus la toucher par la tendresse, il cherche à la fléchir par la pitié. Quelquefois sa patience se lasse, le dépit est prêt à lui succéder. Sophie semble pressentir ses emportements, et le regarde. Ce seul regard le désarme et l'intimide : il est plus soumis qu'auparavant.

Troublé de cette résistance obstinée et de ce silence invincible, il épanche son cœur dans celui de son ami. Il y dépose les douleurs de ce cœur navré de tristesse; il implore son assistance et ses conseils. Quel impénétrable mystère! Elle s'intéresse à mon sort, je n'en puis douter : loin de m'éviter, elle se plaît avec moi; quand j'arrive, elle marque de la joie, et du regret quand je pars; elle reçoit mes soins avec bonté; mes services paraissent lui plaire; elle daigne me donner des avis, quelquefois même des ordres. Cependant, elle rejette mes sollicitations, mes prières. Quand j'ose parler d'union, elle m'impose impérieusement silence; et, si j'ajoute un mot, elle me quitte à l'instant. Par quelle étrange raison veut-elle bien que je sois à elle sans vouloir entendre parler d'être à moi ? Vous qu'elle honore, vous qu'elle aime et qu'elle n'osera faire taire, parlez, faites-la parler; servez votre ami, couronnez votre ouvrage; ne rendez pas vos soins funestes à votre élève : ah! ce qu'il tient de vous fera sa misère, si vous n'achevez son bonheur.

Je parle à Sophie, et j'en arrache avec peu de peine un secret que je savais avant qu'elle me l'eût dit. J'obtiens plus difficilement la permission d'en instruire Emile : je l'obtiens enfin, et j'en use. Cette explication le jette dans un étonnement dont il ne peut revenir. Il n'entend rien à cette délicatesse; il n'imagine pas ce que des écus de plus ou de moins font au caractère et au mérite. Quand je lui fais entendre ce qu'ils font aux préjugés, il se met à rire, et, transporté de joie, il veut partir à l'instant, aller tout déchirer, tout jeter, renoncer à tout, pour avoir l'honneur d'être aussi pauvre que Sophie, et revenir digne d'être son époux.

Hé quoi! dis-je en l'arrêtant, et riant à mon tour de son impétuosité, cette jeune tête ne mûrira-t-elle point ? et, après avoir philosophé toute votre vie, n'apprendrez-vous jamais à raisonner ? Comment ne voyez-vous pas qu'en suivant votre insensé projet, vous allez empirer votre situation et rendre Sophie plus intraitable ? C'est un petit avantage d'avoir quelques biens de plus qu'elle, c'en serait un très grand de les lui avoir tous sacrifiés; et si sa fierté ne peut se résoudre à vous avoir la première obligation, comment se résoudrait-elle à vous avoir l'autre ? Si elle ne peut souffrir qu'un mari puisse lui reprocher de l'avoir enrichie, souffrira-t-elle qu'il puisse lui reprocher de s'être appauvri pour elle ? Eh malheureux! tremblez qu'elle ne vous soupçonne d'avoir eu ce projet. Devenez au contraire économe et soigneux pour l'amour d'elle, de peur qu'elle ne vous accuse de vouloir la gagner par adresse, et de lui sacrifier volontairement ce que vous perdez par négligence.

Croyez-vous au fond que de grands biens lui fassent peur, et que ses oppositions viennent précisément des richesses ? Non, cher Emile; elles ont une cause plus solide et plus grave dans l'effet que produisent ces richesses dans l'âme du possesseur. Elle sait que les biens de la fortune sont toujours préférés à tout par ceux qui les ont. Tous les riches comptent l'or avant le mérite. Dans la mise commune de l'argent et des services, ils trouvent toujours que ceux-ci n'acquittent jamais l'autre, et pensent qu'on leur en doit de reste quand on a passé sa vie à les servir en mangeant leur pain. Qu'avez-vous donc à faire, ô Emile! pour la rassurer sur ses craintes ? Faites-vous bien connaître à elle; ce n'est pas l'affaire d'un jour. Montrez-lui dans les trésors de votre âme noble de quoi racheter ceux dont vous avez le malheur d'être partagé. A force de constance et de temps, surmontez sa résistance; à force de sentiments grands et généreux, forcez-la d'oublier vos richesses. Aimez-la, servez-la, servez ses respectables parents. Prouvez-lui que ces soins ne sont pas l'effet d'une passion folle et passagère, mais des principes ineffaçables gravés au fond de votre cœur. Honorez dignement le mérite outragé par la fortune : c'est le seul moyen de le réconcilier avec le mérite qu'elle a favorisé.

On conçoit quels transports de joie ce discours donne au jeune homme, combien il lui rend de confiance et d'espoir, combien son honnête cœur se félicite d'avoir à faire, pour plaire à Sophie, tout ce qu'il ferait de lui-même quand Sophie n'existerait pas, ou qu'il ne serait pas amoureux d'elle. Pour peu qu'on ait compris son caractère, qui est-ce qui n'imaginera pas sa conduite en cette occasion ?

Me voilà donc le confident de mes deux bonnes gens et le médiateur de leurs amours! Bel emploi pour un gouverneur! Si beau que je ne fis de ma vie rien qui m'élevât tant à mes propres yeux, et qui me rendît si content de moi-même. Au reste, cet emploi ne laisse pas d'avoir ses agréments : je ne suis pas mal venu dans la maison; l'on s'y fie à moi du soin d'y tenir les deux amants dans l'ordre : Emile, toujours tremblant de déplaire, ne fut jamais si docile. La petite personne m'accable d'amitiés dont je ne suis pas la dupe, et dont je ne prends pour moi que ce qui m'en revient. C'est ainsi qu'elle se dédommage indirectement du respect dans lequel elle tient Emile. Elle lui fait en moi mille tendres caresses, qu'elle aimerait mieux mourir que de lui faire à lui-même; et lui qui sait que je ne veux pas nuire à ses intérêts, est charmé de ma bonne intelligence avec elle. Il se console quand elle refuse son bras à la promenade et que c'est pour lui préférer le mien. Il s'éloigne sans murmure en me serrant la main, et me disant tout bas de la voix et de l'œil : Ami, parlez pour moi. Il nous suit des yeux avec intérêt; il tâche de lire nos sentiments sur nos visages, et d'interpréter nos discours par nos gestes; il sait que rien de ce qui se dit entre nous ne lui est indifférent. Bonne Sophie, combien votre cœur sincère est à son aise, quand, sans être entendue de Télémaque, vous pouvez vous entretenir avec son Mentor! Avec quelle aimable franchise vous lui laissez lire dans ce tendre cœur tout ce qui s'y passe! Avec quel plaisir vous lui montrez toute votre estime pour son élève! Avec quelle ingénuité touchante vous lui laissez pénétrer des sentiments plus doux! Avec quelle feinte colère vous renvoyez l'importun quand l'impatience le force à vous interrompre! Avec quel charmant dépit vous lui reprochez son indiscrétion quand il vient vous empêcher de dire du bien de lui, d'en entendre, et de tirer toujours de mes réponses quelque nouvelle raison de l'aimer!

Ainsi parvenu à se faire souffrir comme amant déclaré, Emile en fait valoir tous les droits; il parle, il presse, il sollicite, il importune. Qu'on lui parle durement, qu'on le maltraite, peu lui importe, pourvu qu'il se fasse écouter. Enfin il obtient, non sans peine, que Sophie de son côté veuille bien prendre ouvertement sur lui l'autorité d'une maîtresse, qu'elle lui prescrive ce qu'il doit faire, qu'elle commande au lieu de prier, qu'elle accepte au lieu de remercier, qu'elle règle le nombre et le temps des visites, qu'elle lui défende de venir jusqu'à tel jour et de rester passé telle heure. Tout cela ne se fait point par jeu, mais très sérieusement, et si elle accepta ces droits avec peine, elle en use avec une rigueur qui réduit souvent le pauvre Emile au regret de les lui avoir donnés. Mais, quoi qu'elle ordonne, il ne réplique point ; et souvent, en partant pour obéir, il me regarde avec des yeux pleins de joie qui me disent : Vous voyez qu'elle a pris possession de moi. Cependant, l'orgueilleuse l'observe en dessous, et sourit en secret de la fierté de son esclave.

Albane et Raphaël, prêtez-moi le pinceau de la volupté ! Divin Milton, apprends à ma plume grossière à décrire les plaisirs de l'amour et de l'innocence ! Mais non, cachez vos arts mensongers devant la sainte vérité de la nature. Ayez seulement des cœurs sensibles, des âmes honnêtes ; puis laissez errer votre imagination sans contrainte sur les transports de deux jeunes amants qui, sous les yeux de leurs parents et de leurs guides, se livrent sans trouble à la douce illusion qui les flatte, et, dans l'ivresse des désirs, s'avançant lentement vers le terme, entrelacent de fleurs et de guirlandes l'heureux lien qui doit les unir jusqu'au tombeau. Tant d'images charmantes m'enivrent moi-même ; je les rassemble sans ordre et sans suite ; le délire qu'elles me causent m'empêche de les lier. Oh ! qui est-ce qui a un cœur, et qui ne saura pas faire en lui-même le tableau délicieux des situations diverses du père, de la mère, de la fille, du gouverneur, de l'élève, et du concours des uns et des autres à l'union du plus charmant couple dont l'amour et la vertu puissent faire le bonheur ?

C'est à présent que, devenu véritablement empressé de plaire, Emile commence à sentir le prix des talents agréables qu'il s'est donnés. Sophie aime à chanter, il chante avec elle ; il fait plus, il lui apprend la musique. Elle est vive et légère, elle aime à sauter, il danse avec elle ; il change ses sauts en pas, il la perfectionne. Ces leçons sont charmantes, la gaieté folâtre les anime, elle adoucit le timide respect de l'amour : il est permis à un amant de donner ces leçons avec volupté ; il est permis d'être le maître de sa maîtresse.

On a un vieux clavecin tout dérangé ; Emile l'accommode et l'accorde ; il est facteur, il est luthier aussi bien que menuisier ; il eut toujours pour maxime d'apprendre à se passer du secours d'autrui dans tout ce qu'il pouvait faire lui-même. La maison est dans une situation

pittoresque, il en tire différentes vues auxquelles Sophie
a quelquefois mis la main, et dont elle orne le cabinet de
son père. Les cadres n'en sont point dorés et n'ont pas
besoin de l'être. En voyant dessiner Emile, en l'imitant,
elle se perfectionne à son exemple; elle cultive tous les
talents, et son charme les embellit tous. Son père et sa
mère se rappellent leur ancienne opulence en revoyant
briller autour d'eux les beaux-arts, qui seuls la leur rendaient chère; l'amour a paré toute leur maison; lui seul
y fait régner sans frais et sans peine les mêmes plaisirs
qu'ils n'y rassemblaient autrefois qu'à force d'argent et
d'ennui.

Comme l'idolâtre enrichit des trésors qu'il estime
l'objet de son culte, et pare sur l'autel le dieu qu'il
adore, l'amant a beau voir sa maîtresse parfaite, il lui
veut sans cesse ajouter de nouveaux ornements. Elle n'en
a pas besoin pour lui plaire; mais il a besoin, lui, de la
parer : c'est un nouvel hommage qu'il croit lui rendre,
c'est un nouvel intérêt qu'il donne au plaisir de la contempler. Il lui semble que rien de beau n'est à sa place quand
il n'orne pas la suprême beauté. C'est un spectacle à la
fois touchant et risible, de voir Emile empressé d'apprendre à Sophie tout ce qu'il sait, sans consulter si ce
qu'il lui veut apprendre est de son goût ou lui convient.
Il lui parle de tout, il lui explique tout avec un empressement puéril; il croit qu'il n'a qu'à dire et qu'à l'instant
elle l'entendra; il se figure d'avance le plaisir qu'il aura
de raisonner, de philosopher avec elle; il regarde comme
inutile tout l'acquis qu'il ne peut point étaler à ses yeux;
il rougit presque de savoir quelque chose qu'elle ne sait
pas.

Le voilà donc lui donnant une leçon de philosophie,
de physique, de mathématiques, d'histoire, de tout en un
mot. Sophie se prête avec plaisir à son zèle, et tâche d'en
profiter. Quand il peut obtenir de donner ses leçons à
genoux devant elle, qu'Emile est content! Il croit voir
les cieux ouverts. Cependant, cette situation, plus gênante
pour l'écolière que pour le maître, n'est pas la plus favorable à l'instruction. L'on ne sait pas trop alors que faire
de ses yeux pour éviter ceux qui les poursuivent, et quand
ils se rencontrent la leçon n'en va pas mieux.

L'art de penser n'est pas étranger aux femmes, mais
elles ne doivent faire qu'effleurer les sciences de raisonnement. Sophie conçoit tout et ne retient pas grand-
chose. Ses plus grands progrès sont dans la morale et les

choses du goût; pour la physique, elle n'en retient que quelque idée des lois générales et du système du monde. Quelquefois, dans leurs promenades, en contemplant les merveilles de la nature, leurs cœurs innocents et purs osent s'élever jusqu'à son auteur : ils ne craignent pas sa présence, ils s'épanchent conjointement devant lui.

Quoi! deux amants dans la fleur de l'âge emploient leur tête-à-tête à parler de religion! Ils passent leur temps à dire leur catéchisme! Que sert d'avilir ce qui est sublime ? Oui, sans doute, ils le disent dans l'illusion qui les charme : ils se voient parfaits, ils s'aiment, ils s'entretiennent avec enthousiasme de ce qui donne un prix à la vertu. Les sacrifices qu'ils lui font la leur rendent chère. Dans des transports qu'il faut vaincre, ils versent quelquefois ensemble des larmes plus pures que la rosée du ciel, et ces douces larmes font l'enchantement de leur vie : ils sont dans le plus charmant délire qu'aient jamais éprouvé des âmes humaines. Les privations mêmes ajoutent à leur bonheur et les honorent à leurs propres yeux de leurs sacrifices. Hommes sensuels, corps sans âme, ils connaîtront un jour vos plaisirs, et regretteront toute leur vie l'heureux temps où ils se les sont refusés!

Malgré cette bonne intelligence, il ne laisse pas d'y avoir quelquefois des dissensions, même des querelles; la maîtresse n'est pas sans caprice, ni l'amant sans emportement; mais ces petits orages passent rapidement et ne font que raffermir l'union; l'expérience même apprend à Emile à ne les plus tant craindre; les raccommodements lui sont toujours plus avantageux que les brouilleries ne lui sont nuisibles. Le fruit de la première lui en a fait espérer autant des autres; il s'est trompé : mais enfin, s'il n'en rapporte pas toujours un profit aussi sensible, il y gagne toujours de voir confirmé par Sophie l'intérêt sincère qu'elle prend à son cœur. On veut savoir quel est donc ce profit. J'y consens d'autant plus volontiers que cet exemple me donnera lieu d'exposer une maxime très utile et d'en combattre une très funeste.

Emile aime, il n'est donc pas téméraire; et l'on conçoit encore mieux que l'impérieuse Sophie n'est pas fille à lui passer des familiarités. Comme la sagesse a son terme en toute chose, on la taxerait bien plutôt de trop de dureté que de trop d'indulgence; et son père lui-même craint quelquefois que son extrême fierté ne dégénère en hauteur. Dans les tête-à-tête les plus secrets, Emile n'oserait solliciter la moindre faveur, pas même y paraître aspirer;

et quand elle veut bien passer son bras sous le sien à la promenade, grâce qu'elle ne laisse pas changer en droit, à peine ose-t-il quelquefois, en soupirant, presser ce bras contre sa poitrine. Cependant, après une longue contrainte, il se hasarde à baiser furtivement sa robe ; et plusieurs fois il est assez heureux pour qu'elle veuille bien ne pas s'en apercevoir. Un jour qu'il veut prendre un peu plus ouvertement la même liberté, elle s'avise de le trouver très mauvais. Il s'obstine, elle s'irrite, le dépit lui dicte quelques mots piquants ; Emile ne les endure pas sans réplique : le reste du jour se passe en bouderie, et l'on se sépare très mécontents.

Sophie est mal à son aise. Sa mère est sa confidente ; comment lui cacherait-elle son chagrin ? C'est sa première brouillerie ; et une brouillerie d'une heure est une si grande affaire ! Elle se repent de sa faute : sa mère lui permet de la réparer, son père le lui ordonne.

Le lendemain, Emile, inquiet, revient plus tôt qu'à l'ordinaire. Sophie est à la toilette de sa mère, le père est aussi dans la même chambre : Emile entre avec respect, mais d'un air triste. A peine le père et la mère l'ont-ils salué, que Sophie se retourne, et, lui présentant la main, lui demande, d'un ton caressant, comment il se porte. Il est clair que cette jolie main ne s'avance ainsi que pour être baisée : il la reçoit et ne la baise pas. Sophie, un peu honteuse, la retire d'aussi bonne grâce qu'il lui est possible. Emile, qui n'est pas fait aux manières des femmes, et qui ne sait à quoi le caprice est bon, ne l'oublie pas aisément et ne s'apaise pas si vite. Le père de Sophie, la voyant embarrassée, achève de la déconcerter par des railleries. La pauvre fille, confuse, humiliée, ne sait plus ce qu'elle fait, et donnerait tout au monde pour oser pleurer. Plus elle se contraint, plus son cœur se gonfle ; une larme s'échappe enfin malgré qu'elle en ait. Emile voit cette larme, se précipite à ses genoux, lui prend la main, la baise plusieurs fois avec saisissement. Ma foi, vous être trop bon, dit le père en éclatant de rire ; j'aurais moins d'indulgence pour toutes ces folles, et je punirais la bouche qui m'aurait offensé. Emile, enhardi par ce discours, tourne un œil suppliant vers la mère, et, croyant voir un signe de consentement, s'approche en tremblant du visage de Sophie, qui détourne la tête, et, pour sauver la bouche, expose une joue de roses. L'indiscret ne s'en contente pas ; on résiste faiblement. Quel baiser, s'il n'était pas pris sous les yeux d'une mère !

Sévère Sophie, prenez garde à vous; on vous demandera souvent votre robe à baiser, à condition que vous la refuserez quelquefois.

Après cette exemplaire punition, le père sort pour quelque affaire; la mère envoie Sophie sous quelque prétexte, puis elle adresse la parole à Emile et lui dit d'un ton sérieux :

« Monsieur, je crois qu'un jeune homme aussi bien né, aussi bien élevé que vous, qui a des sentiments et des mœurs, ne voudrait pas payer du déshonneur d'une famille l'amitié qu'elle lui témoigne. Je ne suis ni farouche ni prude; je sais ce qu'il faut passer à la jeunesse folâtre; et ce que j'ai souffert sous mes yeux vous le prouve assez. Consultez votre ami sur vos devoirs; il vous dira quelle différence il y a entre les jeux que la présence d'un père et d'une mère autorise et les libertés qu'on prend loin d'eux en abusant de leur confiance, et tournant en pièges les mêmes faveurs qui, sous leurs yeux, ne sont qu'innocentes. Il vous dira, Monsieur, que ma fille n'a eu d'autre tort avec vous que celui de ne pas voir, dès la première fois, ce qu'elle ne devait jamais souffrir; il vous dira que tout ce qu'on prend pour faveur en devient une, et qu'il est indigne d'un homme d'honneur d'abuser de la simplicité d'une jeune fille pour usurper en secret les mêmes libertés qu'elle peut souffrir devant tout le monde. Car on sait ce que la bienséance peut tolérer en public; mais on ignore où s'arrête, dans l'ombre du mystère, celui qui se fait seul juge de ses fantaisies. »

Après cette juste réprimande, bien plus adressée à moi qu'à mon élève, cette sage mère nous quitte, et me laisse dans l'admiration de sa rare prudence, qui compte pour peu qu'on baise devant elle la bouche de sa fille, et qui s'effraye qu'on ose baiser sa robe en particulier. En réfléchissant à la folie de nos maximes, qui sacrifient toujours à la décence la véritable honnêteté, je comprends pourquoi le langage est d'autant plus chaste que les cœurs sont plus corrompus, et pourquoi les procédés sont d'autant plus exacts que ceux qui les ont sont plus malhonnêtes.

En pénétrant, à cette occasion, le cœur d'Emile des devoirs que j'aurais dû plus tôt lui dicter, il me vient une réflexion nouvelle, qui fait peut-être le plus d'honneur à Sophie, et que je me garde pourtant bien de communiquer à son amant; c'est qu'il est clair que cette prétendue fierté qu'on lui reproche n'est qu'une précaution très sage pour se garantir d'elle-même. Ayant le malheur de se sentir un tempérament combustible, elle redoute la première étincelle et l'éloigne de tout son pouvoir. Ce n'est pas par fierté qu'elle est sévère, c'est par humilité. Elle prend sur Emile l'empire qu'elle craint de n'avoir pas sur Sophie ; elle se sert de l'un pour combattre l'autre. Si elle était plus confiante, elle serait bien moins fière. Otez ce seul point, quelle fille au monde est plus facile et plus douce ? qui est-ce qui supporte plus patiemment une offense ? qui est-ce qui craint plus d'en faire à autrui ? qui est-ce qui a moins de prétentions en tout genre, hors la vertu ? Encore n'est-ce pas de sa vertu qu'elle est fière, elle ne l'est que pour la conserver ; et quand elle peut se livrer sans risque au penchant de son cœur, elle caresse jusqu'à son amant. Mais sa discrète mère ne fait pas tous ces détails à son père même : les hommes ne doivent pas tout savoir.

Loin même qu'elle semble s'enorgueillir de sa conquête, Sophie en est devenue encore plus affable et moins exigeante avec tout le monde, hors peut-être le seul qui produit ce changement. Le sentiment de l'indépendance n'enfle plus son noble cœur. Elle triomphe avec modestie d'une victoire qui lui coûte sa liberté. Elle a le maintien moins libre et le parler plus timide depuis qu'elle n'entend plus le mot d'amant sans rougir ; mais le contentement perce à travers son embarras, et cette honte elle-même n'est pas un sentiment fâcheux. C'est surtout avec les jeunes survenants que la différence de sa conduite est le plus sensible. Depuis qu'elle ne les craint plus, l'extrême réserve qu'elle avait avec eux s'est beaucoup relâchée. Décidée dans son choix, elle se montre sans scrupule gracieuse aux indifférents ; moins difficile sur leur mérite depuis qu'elle n'y prend plus d'intérêt, elle les trouve toujours assez aimables pour des gens qui ne lui seront jamais rien.

Si le véritable amour pouvait user de coquetterie, j'en croirais même voir quelques traces dans la manière dont Sophie se comporte avec eux en présence de son amant. On dirait que non contente de l'ardente passion dont elle l'embrase par un mélange exquis de réserve et de caresse, elle n'est pas fâchée encore d'irriter cette même passion par un peu d'inquiétude ; on dirait qu'égayant à dessein ses jeunes hôtes, elle destine au tourment d'Emile les grâces d'un enjouement qu'elle n'ose avoir avec lui : mais Sophie est trop attentive, trop bonne, trop judicieuse, pour le tourmenter en effet. Pour tempérer ce dangereux stimulant, l'amour et l'honnêteté lui tiennent lieu de prudence : elle sait l'alarmer et le rassurer précisément quand il faut; et si quelquefois elle l'inquiète, elle ne l'attriste jamais. Pardonnons le souci qu'elle donne à ce qu'elle aime à la peur qu'elle a qu'il ne soit jamais assez enlacé.

Mais quel effet ce petit manège fera-t-il sur Emile ? sera-t-il jaloux ? ne le sera-t-il pas ? C'est ce qu'il faut examiner : car de telles digressions entrent aussi dans l'objet de mon livre et m'éloignent peu de mon sujet.

J'ai fait voir précédemment comment, dans les choses qui ne tiennent qu'à l'opinion, cette passion s'introduit dans le cœur de l'homme. Mais en amour c'est autre chose; la jalousie paraît alors tenir de si près à la nature, qu'on a bien de la peine à croire qu'elle n'en vienne pas; et l'exemple même des animaux, dont plusieurs sont jaloux jusqu'à la fureur, semble établir le sentiment opposé sans réplique. Est-ce l'opinion des hommes qui apprend aux coqs à se mettre en pièces, et aux taureaux à se battre jusqu'à la mort ?

L'aversion contre tout ce qui trouble et combat nos plaisirs est un mouvement naturel, cela est incontestable. Jusqu'à certain point le désir de posséder exclusivement ce qui nous plaît est encore dans le même cas. Mais quand ce désir, devenu passion, se transforme en fureur ou en une fantaisie ombrageuse et chagrine appelée jalousie, alors c'est autre chose; cette passion peut être naturelle, ou ne l'être pas; il faut distinguer.

L'exemple tiré des animaux a été ci-devant examiné dans le *Discours sur l'Inégalité;* et maintenant que j'y réfléchis de nouveau, cet examen me paraît assez solide pour oser y renvoyer les lecteurs. J'ajouterai seulement aux distinctions que j'ai faites dans cet écrit que la jalousie qui vient de la nature tient beaucoup à la puissance du sexe, et que, quand cette puissance est ou paraît être illimitée, cette jalousie est à son comble; car le mâle alors, mesurant ses droits sur ses besoins, ne peut jamais voir un autre mâle que comme un importun concurrent. Dans ces mêmes espèces, les femelles, obéissant toujours au premier venu, n'appartiennent aux mâles que par le droit de conquête, et causent entre eux des combats éternels.

Au contraire, dans les espèces où un s'unit avec une, où l'accouplement produit une sorte de lien moral, une sorte de mariage, la femelle, appartenant par son choix au mâle qu'elle s'est donné, se refuse communément à tout autre; et le mâle, ayant pour garant de sa fidélité cette affection de préférence, s'inquiète aussi moins de la vue des autres mâles, et vit plus paisiblement avec eux. Dans ces espèces, le mâle partage le soin des petits; et par une de ces lois de la nature qu'on n'observe point sans attendrissement, il semble que la femelle rende au père l'attachement qu'il a pour ses enfants.

Or, à considérer l'espèce humaine dans sa simplicité primitive, il est aisé de voir, par la puissance bornée du mâle et par la tempérance de ses désirs, qu'il est destiné par la nature à se contenter d'une seule femelle; ce qui se confirme par l'égalité numérique des individus des deux sexes, au moins dans nos climats; égalité qui n'a pas lieu, à beaucoup près, dans les espèces où la plus grande force des mâles réunit plusieurs femelles à un seul. Et bien que l'homme ne couve pas comme le pigeon, et que n'ayant pas non plus des mamelles pour allaiter, il soit à cet égard dans la classe des quadrupèdes, les enfants sont si longtemps rampants et faibles, que la mère et eux se passeraient difficilement de l'attachement du père, et des soins qui en sont l'effet.

Toutes les observations concourent donc à prouver que la fureur jalouse des mâles, dans quelques espèces d'animaux, ne conclut point du tout pour l'homme; et l'exception même des climats méridionaux, où la polygamie est établie, ne fait que mieux confirmer le principe, puisque c'est de la pluralité des femmes que vient la tyrannique précaution des maris, et que le sentiment de sa propre faiblesse porte l'homme à recourir à la contrainte pour éluder les lois de la nature.

Parmi nous, où ces mêmes lois, en cela moins éludées, le sont dans un sens contraire et plus odieux, la jalousie a son motif dans les passions sociales plus que dans l'instinct primitif. Dans la plupart des liaisons de galanterie, l'amant hait bien plus ses rivaux qu'il n'aime sa maîtresse; s'il craint de n'être pas seul écouté, c'est l'effet de cet amour-propre dont j'ai montré l'origine, et la vanité pâtit en lui bien plus que l'amour. D'ailleurs nos maladroites institutions ont rendu les femmes si dissimulées *, et ont si fort allumé leurs appétits, qu'on peut à peine compter sur leur attachement le mieux prouvé, et qu'elles

---

* L'espèce de dissimulation que j'entends ici est opposée à celle qui leur convient et qu'elles tiennent de la nature; l'une consiste à déguiser les sentiments qu'elles ont, et l'autre à feindre ceux qu'elles

ne peuvent plus marquer de préférences qui rassurent
sur la crainte des concurrents.

Pour l'amour véritable, c'est autre chose. J'ai fait voir,
dans l'écrit déjà cité, que ce sentiment n'est pas aussi
naturel que l'on pense; et il y a bien de la différence entre
la douce habitude qui affectionne l'homme à sa compagne,
et cette ardeur effrénée qui l'enivre des chimériques
attraits d'un objet qu'il ne voit plus tel qu'il est. Cette
passion, qui ne respire qu'exclusions et préférences, ne
diffère en ceci de la vanité, qu'en ce que la vanité, exigeant tout et n'accordant rien, est toujours inique; au
lieu que l'amour, donnant autant qu'il exige, est par lui-
même un sentiment rempli d'équité. D'ailleurs plus il
est exigeant, plus il est crédule : la même illusion qui le
cause le rend facile à persuader. Si l'amour est inquiet,
l'estime est confiante; et jamais l'amour sans estime
n'exista dans un cœur honnête, parce que nul n'aime dans
ce qu'il aime que les qualités dont il fait cas.

Tout ceci bien éclairci, l'on peut dire à coup sûr de
quelle sorte de jalousie Emile sera capable; car, puisqu'à
peine cette passion a-t-elle un germe dans le cœur humain,
sa forme est déterminée uniquement par l'éducation.
Emile amoureux et jaloux ne sera point colère, ombra-
geux, méfiant, mais délicat, sensible et craintif; il sera
plus alarmé qu'irrité; il s'attachera bien plus à gagner
sa maîtresse qu'à menacer son rival; il l'écartera, s'il peut,
comme un obstacle, sans le haïr comme un ennemi; s'il
le hait, ce ne sera pas pour l'audace de lui disputer un
cœur auquel il prétend, mais pour le danger réel qu'il lui
fait courir de le perdre; son injuste orgueil ne s'offensera
point sottement qu'on ose entrer en concurrence avec
lui; comprenant que le droit de préférence est uniquement fondé sur le mérite, et que l'honneur est dans le
succès, il redoublera de soins pour se rendre aimable, et
probablement il réussira. La généreuse Sophie, en irritant son amour par quelques alarmes, saura bien les
régler, l'en dédommager; et les concurrents, qui n'étaient
soufferts que pour le mettre à l'épreuve, ne tarderont pas
d'être écartés.

Mais où me sens-je insensiblement entraîné? O
Emile, qu'es-tu devenu? Puis-je reconnaître en toi mon

n'ont pas. Toutes les femmes du monde passent leur vie à faire tro-
phée de leur prétendue sensibilité, et n'aiment jamais rien qu'elles-
mêmes.

élève ? Combien je te vois déchu! Où est ce jeune homme formé si durement, qui bravait les rigueurs des saisons, qui livrait son corps aux plus rudes travaux et son âme aux seules lois de la sagesse; inaccessible aux préjugés, aux passions; qui n'aimait que la vérité, qui ne cédait qu'à la raison, et ne tenait à rien de ce qui n'était pas lui ? Maintenant, amolli dans une vie oisive, il se laisse gouverner par des femmes; leurs amusements sont ses occupations, leurs volontés sont ses lois; une jeune fille est l'arbitre de sa destinée; il rampe et fléchit devant elle; le grave Emile est le jouet d'un enfant!

Tel est le changement des scènes de la vie : chaque âge a ses ressorts qui le font mouvoir; mais l'homme est toujours le même. A dix ans, il est mené par des gâteaux, à vingt par une maîtresse, à trente par les plaisirs, à quarante par l'ambition, à cinquante par l'avarice : quand ne court-il qu'après la sagesse ? Heureux celui qu'on y conduit malgré lui! Qu'importe de quel guide on se serve, pourvu qu'il le mène au but ? Les héros, les sages eux-mêmes, ont payé ce tribut à la faiblesse humaine; et tel dont les doigts ont cassé des fuseaux n'en fut pas pour cela moins grand homme.

Voulez-vous étendre sur la vie entière l'effet d'une heureuse éducation, prolongez durant la jeunesse les bonnes habitudes de l'enfance; et, quand votre élève est ce qu'il doit être, faites qu'il soit le même dans tous les temps. Voilà la dernière perfection qu'il vous reste à donner à votre ouvrage. C'est pour cela surtout qu'il importe de laisser un gouverneur aux jeunes hommes; car d'ailleurs il est peu à craindre qu'ils ne sachent pas faire l'amour sans lui. Ce qui trompe les instituteurs, et surtout les pères, c'est qu'ils croient qu'une manière de vivre en exclut une autre, et qu'aussitôt qu'on est grand on doit renoncer à tout ce qu'on faisait étant petit. Si cela était, à quoi servirait de soigner l'enfance, puisque le bon ou le mauvais usage qu'on en ferait s'évanouirait avec elle, et qu'en prenant des manières de vivre absolument différentes, on prendrait nécessairement d'autres façons de penser.

Comme il n'y a que de grandes maladies qui fassent solution de continuité dans la mémoire, il n'y a guère que de grandes passions qui la fassent dans les mœurs. Bien que nos goûts et nos inclinations changent, ce changement, quelquefois assez brusque, est adouci par les habitudes. Dans la succession de nos penchants, comme dans une bonne dégradation de couleurs, l'habile artiste doit rendre les passages imperceptibles, confondre et mêler les teintes, et, pour qu'aucune ne tranche, en étendre plusieurs sur tout son travail. Cette règle est confirmée par l'expérience ; les gens immodérés changent tous les jours d'affections, de goûts, de sentiments, et n'ont pour toute constance que l'habitude du changement ; mais l'homme réglé revient toujours à ses anciennes pratiques, et ne perd pas même dans sa vieillesse le goût des plaisirs qu'il aimait enfant.

Si vous faites qu'en passant dans un nouvel âge les jeunes gens ne prennent point en mépris celui qui l'a précédé, qu'en contractant de nouvelles habitudes ils n'abandonnent point les anciennes, et qu'ils aiment toujours à faire ce qui est bien, sans égard au temps où ils ont commencé, alors seulement vous aurez sauvé votre ouvrage, et vous serez sûrs d'eux jusqu'à la fin de leurs jours ; car la révolution la plus à craindre est celle de l'âge sur lequel vous veillez maintenant. Comme on le regrette toujours, on perd difficilement dans la suite les goûts qu'on y a conservés ; au lieu que, quand ils sont interrompus, on ne les reprend de la vie.

La plupart des habitudes que vous croyez faire contracter aux enfants et aux jeunes gens ne sont point de véritables habitudes, parce qu'ils ne les ont prises que par force, et que, les suivant malgré eux, ils n'attendent que l'occasion de s'en délivrer. On ne prend point le goût d'être en prison à force d'y demeurer ; l'habitude alors, loin de diminuer l'aversion, l'augmente. Il n'en est pas ainsi d'Emile, qui, n'ayant rien fait dans son enfance que volontairement et avec plaisir, ne fait, en continuant d'agir de même étant homme, qu'ajouter l'empire de l'habitude aux douceurs de la liberté. La vie active, le travail des bras, l'exercice, le mouvement, lui sont tellement devenus nécessaires, qu'il n'y pourrait renoncer sans souffrir. Le réduire tout à coup à une vie molle et sédentaire serait l'emprisonner, l'enchaîner, le tenir dans un état violent et contraint ; je ne doute pas que son humeur et sa santé n'en fussent également altérées. A peine peut-il respirer à son aise dans une chambre bien fermée ; il lui faut le grand air, le mouvement, la fatigue. Aux genoux même de Sophie, il ne peut s'empêcher de regarder quelquefois la campagne du coin de l'œil, et de désirer de la parcourir avec elle. Il reste pourtant quand il faut rester ; mais il est inquiet, agité ; il semble se débattre ;

il reste parce qu'il est dans les fers. Voilà donc, allez-vous dire, des besoins auxquels je l'ai soumis, des assujettissements que je lui ai donnés : et tout cela est vrai ; je l'ai assujetti à l'état d'homme.

Emile aime Sophie ; mais quels sont les premiers charmes qui l'ont attaché ? La sensibilité, la vertu, l'amour des choses honnêtes. En aimant cet amour dans sa maîtresse, l'aurait-il perdu pour lui-même ? A quel prix à son tour Sophie s'est-elle mise ? A celui de tous les sentiments qui sont naturels au cœur d'un amant : l'estime des vrais biens, la frugalité, la simplicité, le généreux désintéressement, le mépris du faste et des richesses. Emile avait ces vertus avant que l'amour les lui eût imposées. En quoi donc Emile est-il véritablement changé ? Il a de nouvelles raisons d'être lui-même ; c'est le seul point où il soit différent de ce qu'il était.

Je n'imagine pas qu'en lisant ce livre avec quelque attention, personne puisse croire que toutes les circonstances de la situation où il se trouve se soient ainsi rassemblées autour de lui par hasard. Est-ce par hasard que, les villes fournissant tant de filles aimables, celle qui lui plaît ne se trouve qu'au fond d'une retraite éloignée ? Est-ce par hasard qu'il la rencontre ? Est-ce par hasard qu'ils se conviennent ? Est-ce par hasard qu'ils ne peuvent loger dans le même lieu ? Est-ce par hasard qu'il ne trouve un asile que si loin d'elle ? Est-ce par hasard qu'il la voit si rarement, et qu'il est forcé d'acheter par tant de fatigues le plaisir de la voir quelquefois ? Il s'effémine, dites-vous. Il s'endurcit, au contraire ; il faut qu'il soit aussi robuste que je l'ai fait pour résister aux fatigues que Sophie lui fait supporter.

Il loge à deux grandes lieues d'elle. Cette distance est le soufflet de la forge ; c'est par elle que je trempe les traits de l'amour. S'ils logeaient porte à porte, ou qu'il pût l'aller voir mollement assis dans un bon carrosse, il l'aimerait à son aise, il l'aimerait en Parisien. Léandre eût-il voulu mourir pour Héro, si la mer ne l'eût séparé d'elle ? Lecteur, épargnez-moi des paroles ; si vous êtes fait pour m'entendre, vous suivrez assez mes règles dans mes détails.

Les premières fois que nous sommes allés voir Sophie, nous avons pris des chevaux pour aller plus vite. Nous trouvons cet expédient commode, et à la cinquième fois nous continuons de prendre des chevaux. Nous étions attendus ; à plus d'une demi-lieue de la maison, nous apercevons du monde sur le chemin. Emile observe, le cœur lui bat ; il approche, il reconnaît Sophie, il se précipite à bas de son cheval, il part, il vole, il est aux pieds de l'aimable famille. Emile aime les beaux chevaux ; le sien est vif, il se sent libre, il s'échappe à travers champs : je le suis, je l'atteins avec peine, je le ramène. Malheureusement Sophie a peur des chevaux, je n'ose approcher d'elle. Emile ne voit rien ; mais Sophie l'avertit à l'oreille de la peine qu'il a laissé prendre à son ami. Emile accourt tout honteux, prend les chevaux, reste en arrière : il est juste que chacun ait son tour. Il part le premier pour se débarrasser de nos montures. En laissant ainsi Sophie derrière lui, il ne trouve plus le cheval une voiture aussi commode. Il revient essoufflé, et nous rencontre à moitié chemin.

Au voyage suivant Emile ne veut plus de chevaux. Pourquoi ? lui dis-je ; nous n'avons qu'à prendre un laquais pour en avoir soin. Ah ! dit-il, surchargerons-nous ainsi la respectable famille ? Vous voyez bien qu'elle veut tout nourrir, hommes et chevaux. Il est vrai, reprends-je, qu'ils ont la noble hospitalité de l'indigence. Les riches, avares dans leur faste, ne logent que leurs amis ; mais les pauvres logent aussi les chevaux de leurs amis. Allons à pied, dit-il ; n'en avez-vous pas le courage, vous qui partagez de si bon cœur les fatigants plaisirs de votre enfant ? Très volontiers, reprends-je à l'instant : aussi bien l'amour, à ce qu'il me semble, ne veut pas être fait avec tant de bruit.

En approchant, nous trouvons la mère et la fille plus loin encore que la première fois. Nous sommes venus comme un trait. Emile est tout en nage : une main chérie daigne lui passer un mouchoir sur les joues. Il y aurait bien des chevaux au monde, avant que nous fussions désormais tentés de nous en servir.

Cependant, il est assez cruel de ne pouvoir jamais passer la soirée ensemble. L'été s'avance, les jours commencent à diminuer. Quoi que nous puissions dire, on ne nous permet jamais de nous en retourner de nuit ; et, quand nous ne venons pas dès le matin, il faut presque repartir aussitôt qu'on est arrivé. A force de nous plaindre et de s'inquiéter de nous, la mère pense enfin qu'à la vérité l'on ne peut nous loger décemment dans la maison, mais qu'on peut nous trouver un gîte au village pour y coucher quelquefois. A ces mots Emile frappe des mains, tressaillit de joie ; et Sophie, sans y songer, baise un peu plus souvent sa mère le jour qu'elle a trouvé cet expédient.

Peu à peu la douceur de l'amitié, la familiarité de l'innocence s'établissent et s'affermissent entre nous. Les jours
prescrits par Sophie ou par sa mère, je viens ordinairement avec mon ami, quelquefois aussi je le laisse aller
seul. La confiance élève l'âme, et l'on ne doit plus traiter
un homme en enfant; et qu'aurais-je avancé jusque-là,
si mon élève ne méritait pas mon estime ? Il m'arrive aussi
d'aller sans lui; alors il est triste et ne murmure point :
que serviraient ses murmures ? Et puis il sait bien que je
ne vais pas nuire à ses intérêts. Au reste, que nous allions
ensemble ou séparément, on conçoit qu'aucun temps
ne nous arrête, tout fiers d'arriver dans un état à pouvoir être plaints. Malheureusement, Sophie nous interdit cet honneur, et défend qu'on vienne par le mauvais
temps. C'est la seule fois que je la trouve rebelle aux
règles que je lui dicte en secret.

Un jour qu'il est allé seul, et que je ne l'attends que le
lendemain, je le vois arriver le soir même, et je lui dis
en l'embrassant : Quoi! cher Emile, tu reviens à ton ami!
Mais, au lieu de répondre à mes caresses, il me dit avec
un peu d'humeur : Ne croyez pas que je revienne sitôt
de mon gré, je viens malgré moi. Elle a voulu que je
vinsse; je viens pour elle et non pas pour vous. Touché
de cette naïveté, je l'embrasse derechef, en lui disant :
Ame franche, ami sincère, ne me dérobe pas ce qui m'appartient. Si tu viens pour elle, c'est pour moi que tu le
dis : ton retour est son ouvrage, mais ta franchise est le
mien. Garde à jamais cette noble candeur des belles
âmes. On peut laisser penser aux indifférents ce qu'ils
veulent; mais c'est un crime de souffrir qu'un ami nous
fasse un mérite de ce que nous n'avons pas fait pour lui.

Je me garde bien d'avilir à ses yeux le prix de cet aveu,
en y trouvant plus d'amour que de générosité, et en lui
disant qu'il veut moins s'ôter le mérite de ce retour que le
donner à Sophie. Mais voici comment il me dévoile le
fond de son cœur sans y songer : s'il est venu à son aise,
à petits pas, et rêvant à ses amours, Emile n'est que
l'amant de Sophie; s'il arrive à grands pas, échauffé,
quoique un peu grondeur, Emile est l'ami de son Mentor.

On voit par ces arrangements que mon jeune homme
est bien éloigné de passer sa vie auprès de Sophie et de la
voir autant qu'il voudrait. Un voyage ou deux par semaine
bornent les permissions qu'il reçoit; et ses visites, souvent d'une seule demi-journée, s'étendent rarement au
lendemain. Il emploie bien plus de temps à espérer de la

voir, ou à se féliciter de l'avoir vue, qu'à la voir en effet.
Dans celui même qu'il donne à ses voyages, il en passe
moins auprès d'elle qu'à s'en approcher ou s'en éloigner.
Ses plaisirs vrais, purs, délicieux, mais moins réels qu'imaginaires, irritent son amour sans efféminer son cœur.

Les jours qu'il ne la voit point, il n'est pas oisif et
sédentaire. Ces jours-là c'est Émile encore : il n'est point
du tout transformé. Le plus souvent, il court les campagnes des environs, il suit son histoire naturelle ; il
observe, il examine les terres, leurs productions, leur
culture ; il compare les travaux qu'il voit à ceux qu'il
connaît ; il cherche les raisons des différences : quand il
juge d'autres méthodes préférables à celles du lieu, il les
donne aux cultivateurs ; s'il propose une meilleure forme
de charrue, il en fait faire sur ses dessins : s'il trouve une
carrière de marne, il leur en apprend l'usage inconnu
dans le pays ; souvent il met lui-même la main à l'œuvre ;
ils sont tout étonnés de lui voir manier leurs outils plus
aisément qu'ils ne font eux-mêmes, tracer des sillons
plus profonds et plus droits que les leurs, semer avec
plus d'égalité, diriger des ados avec plus d'intelligence.
Ils ne se moquent pas de lui comme d'un beau diseur
d'agriculture : ils voient qu'il la sait en effet. En un mot,
il étend son zèle et ses soins à tout ce qui est d'utilité
première et générale ; même il ne s'y borne pas : il visite
les maisons des paysans, s'informe de leur état, de leurs
familles, du nombre de leurs enfants, de la quantité de
leurs terres, de la nature du produit, de leurs débouchés,
de leurs facultés, de leurs charges, de leurs dettes, etc.
Il donne peu d'argent, sachant que, pour l'ordinaire, il
est mal employé, mais il en dirige l'emploi lui-même, et le
leur rend utile malgré qu'ils en aient. Il leur fournit des
ouvriers, et souvent leur paye leurs propres journées pour
les travaux dont ils ont besoin. A l'un il fait relever ou
couvrir sa chaumière à demi-tombée ; à l'autre il fait
défricher sa terre abandonnée faute de moyens ; à l'autre
il fournit une vache, un cheval, du bétail de toute espèce
à la place de celui qu'il a perdu ; deux voisins sont près
d'entrer en procès, il les gagne, il les accommode ; un
paysan tombe malade, il le fait soigner, il le soigne lui-
même * ; un autre est vexé par un voisin puissant, il le

* Soigner un paysan malade, ce n'est pas le purger, lui donner des
drogues, lui envoyer un chirurgien. Ce n'est pas de tout cela qu'ont
besoin ces pauvres gens dans leurs maladies ; c'est de nourriture meil-

protège et le recommande; de pauvres jeunes gens se
recherchent, il aide à les marier; une bonne femme a
perdu son enfant chéri, il va la voir, il la console, il ne
sort point aussitôt qu'il est entré; il ne dédaigne point
les indigents, il n'est point pressé de quitter les malheureux, il prend souvent son repas chez les paysans qu'il
assiste, il l'accepte aussi chez ceux qui n'ont pas besoin
de lui; en devenant le bienfaiteur des uns et l'ami des
autres, il ne cesse point d'être leur égal. Enfin, il fait
toujours de sa personne autant de bien que de son argent.

Quelquefois, il dirige ses tournées du côté de l'heureux séjour: il pourrait espérer d'apercevoir Sophie à la
dérobée, de la voir à la promenade sans en être vu; mais
Emile est toujours sans détour dans sa conduite, il ne
sait et ne veut rien éluder. Il a cette aimbale délicatesse qui
flatte et nourrit l'amour-propre du bon témoignage de
soi. Il garde à la rigueur son ban, et n'approche jamais
assez pour tenir du hasard ce qu'il ne veut devoir qu'à
Sophie. En revanche, il erre avec plaisir dans les environs, recherchant les traces des pas de sa maîtresse,
s'attendrissant sur les peines qu'elle a prises et sur les
courses qu'elle a bien voulu faire par complaisance pour
lui. La veille des jours qu'il doit la voir, il ira dans quelque
ferme voisine ordonner une collation pour le lendemain.
La promenade se dirige de ce côté sans qu'il y paraisse;
on entre comme par hasard; on trouve des fruits, des
gâteux, de la crème. La friande Sophie n'est pas insensible à ces attentions, et fait volontiers honneur à notre
prévoyance; car j'ai toujours ma part au compliment,
n'en eussé-je eu aucune au soin qui l'attire: c'est un détour de petite fille pour être moins embarrassée en remer-
ciant. Le père et moi mangeons des gâteaux et buvons
du vin: mais Emile est de l'écot des femmes, toujours
au guet pour voler quelque assiette de crème où la cuil-
lère de Sophie ait trempé.

A propos de gâteaux, je parle à Emile de ses anciennes
courses. On veut savoir ce que c'est que ces courses; je
l'explique, on en rit; on lui demande s'il sait courir encore.
Mieux que jamais, répond-il; je serais bien fâché de

leure et plus abondante. Jeûnez, vous autres, quand vous avez la
fièvre; mais quand vos paysans l'ont, donnez-leur de la viande et du
vin; presque toutes leurs maladies viennent de misère et d'épuisement: leur meilleure tisane est dans votre cave, leur seul apothicaire
doit être votre boucher.

l'avoir oublié. Quelqu'un de la compagnie aurait grande envie de le voir, et n'ose le dire ; quelque autre se charge de la proposition ; il accepte : on fait rassembler deux ou trois jeunes gens des environs ; on décerne un prix, et, pour mieux imiter les anciens jeux, on met un gâteau sur le but. Chacun se tient prêt, le papa donne le signal en frappant des mains. L'agile Emile fend l'air, et se trouve au bout de la carrière qu'à peine mes trois lourdauds sont partis. Emile reçoit le prix des mains de Sophie, et, non moins généreux qu'Enée, fait des présents à tous les vaincus.

Au milieu de l'éclat du triomphe, Sophie ose défier le vainqueur, et se vante de courir aussi bien que lui. Il ne refuse point d'entrer en lice avec elle ; et, tandis qu'elle s'apprête à l'entrée de la carrière, qu'elle retrousse sa robe des deux côtés, et que, plus curieuse d'étaler une jambe fine aux yeux d'Emile que de le vaincre à ce combat, elle regarde si ses jupes sont assez courtes, il dit un mot à l'oreille de la mère ; elle sourit et fait un signe d'approbation. Il vient alors se placer à côté de sa concurrente ; et le signal n'est pas plus tôt donné, qu'on la voit partir comme un oiseau.

Les femmes ne sont pas faites pour courir ; quand elles fuient, c'est pour être atteintes. La course n'est pas la seule chose qu'elles fassent maladroitement, mais c'est la seule qu'elles fassent de mauvaise grâce : leurs coudes en arrière et collés contre leur corps leur donnent une attitude risible, et les hauts talons sur lesquels elles sont juchées les font paraître autant de sauterelles qui voudraient courir sans sauter.

Emile, n'imaginant point que Sophie coure mieux qu'une autre femme, ne daigne pas sortir de sa place, et la voit partir avec un sourire moqueur. Mais Sophie est légère et porte des talons bas ; elle n'a pas besoin d'artifice pour paraître avoir le pied petit ; elle prend les devants d'une telle rapidité, que, pour atteindre cette nouvelle Atalante, il n'a que le temps qu'il lui faut quand il l'aperçoit si loin devant lui. Il part donc à son tour, semblable à l'aigle qui fond sur sa proie ; il la poursuit, la talonne, l'atteint enfin tout essoufflée, passe doucement son bras gauche autour d'elle, l'enlève comme une plume, et, pressant sur son cœur cette douce charge, il achève ainsi la course, lui fait toucher le but la première, puis, criant *Victoire à Sophie !* met devant elle un genou en terre, et se reconnaît le vaincu.

A ses occupations diverses se joint celle du métier que nous avons appris. Au moins un jour par semaine, et tous ceux où le mauvais temps ne nous permet pas de tenir la campagne, nous allons, Emile et moi, travailler chez un maître. Nous n'y travaillons pas pour la forme, en gens au-dessus de cet état, mais tout de bon et en vrais ouvriers. Le père de Sophie nous venant voir nous trouve tout de bon à l'ouvrage, et ne manque pas de rapporter avec admiration à sa femme et à sa fille ce qu'il a vu. Allez voir, dit-il, ce jeune homme à l'atelier, et vous verrez s'il méprise la condition du pauvre! On peut imaginer si Sophie entend ce discours avec plaisir! On en reparle, on voudrait le surprendre à l'ouvrage. On me questionne sans faire semblant de rien; et, après s'être assurées d'un de nos jours, la mère et la fille prennent une calèche, et viennent à la ville le même jour.

En entrant dans l'atelier, Sophie aperçoit à l'autre bout un jeune homme en veste, les cheveux négligemment rattachés, et si occupé de ce qu'il fait qu'il ne la voit point : elle s'arrête et fait signe à sa mère. Emile, un ciseau d'une main et le maillet de l'autre, achève une mortaise ; puis il scie une planche et en met une pièce sous le valet pour la polir. Ce spectacle ne fait point rire Sophie ; il la touche, il est respectable. Femme, honore ton chef ; c'est lui qui travaille pour toi, qui te gagne ton pain, qui te nourrit : voilà l'homme.

Tandis qu'elles sont attentives à l'observer, je les aperçois, je tire Emile par la manche ; il se retourne, les voit, jette ses outils, et s'élance avec un cri de joie. Après s'être livré à ses premiers transports, il les fait asseoir et reprend son travail. Mais Sophie ne peut rester assise ; elle se lève avec vivacité, parcourt l'atelier, examine les outils, touche le poli des planches, ramasse des copeaux par terre, regarde à nos mains, et puis dit qu'elle aime ce métier, parce qu'il est propre. La folâtre essaye même d'imiter Emile. De sa blanche et débile main, elle pousse un rabot sur la planche ; le rabot glisse et ne mord point. Je crois voir l'Amour dans les airs rire et battre des ailes ; je crois l'entendre pousser des cris d'allégresse, et dire : *Hercule est vengé.*

Cependant, la mère questionne le maître. Monsieur, combien payez-vous ces garçons-là ? Madame, je leur donne à chacun vingt sous par jour, et je les nourris ; mais si ce jeune homme voulait, il gagnerait bien davantage, car c'est le meilleur ouvrier du pays. Vingt sous par jour,

et vous les nourrissez! dit la mère en nous regardant avec
attendrissement. Madame, il en est ainsi, reprend le
maître. A ces mots, elle court à Emile, l'embrasse, le
presse contre son sein en versant sur lui des larmes, et
sans pouvoir dire autre chose que de répéter plusieurs
fois : Mon fils! ô mon fils!

Après avoir passé quelque temps à causer avec nous,
mais sans nous détourner : Allons-nous-en, dit la mère
à sa fille; il se fait tard, il ne faut pas nous faire attendre.
Puis, s'approchant d'Emile, elle lui donne un petit coup
sur la joue en lui disant : Eh bien! bon ouvrier, ne voulez-
vous pas venir avec nous ? Il lui répond d'un ton fort
triste : Je suis engagé, demandez au maître. On demande
au maître s'il veut bien se passer de nous. Il répond qu'il
ne peut. J'ai, dit-il, de l'ouvrage qui presse et qu'il faut
rendre après-demain. Comptant sur ces messieurs, j'ai
refusé des ouvriers qui se sont présentés; si ceux-ci me
manquent, je ne sais plus où en prendre d'autres, et je ne
pourrai rendre l'ouvrage au jour promis. La mère ne
réplique rien; elle attend qu'Emile parle. Emile baisse la
tête et se tait. Monsieur, lui dit-elle un peu surprise de ce
silence, n'avez-vous rien à dire à cela ? Emile regarde tendrement la fille et ne répond que ces mots : Vous voyez
bien qu'il faut que je reste. Là-dessus les dames partent
et nous laissent. Emile les a' compagne jusqu'à la porte,
les suit des yeux autant qu'il peut, soupire, et revient se
mettre au travail sans parler.

En chemin, la mère, piquée, parle à sa fille de la bizar-
rerie de ce procédé! Quoi! dit-elle, était-il si difficile de
contenter le maître sans être obligé de rester ? Et ce jeune
homme si prodigue, qui verse l'argent sans nécessité,
n'en sait-il plus trouver dans les occasions convenables ?
O maman! répond Sophie, à Dieu ne plaise qu'Emile donne
tant de force à l'argent, qu'il s'en serve pour rompre un
engagement personnel, pour violer impunément sa parole,
et faire violer celle d'autrui! Je sais qu'il dédommagerait
aisément l'ouvrier du léger préjudice que lui causerait
son absence; mais cependant il asservirait son âme aux
richesses, il s'accoutumerait à les mettre à la place de ses
devoirs, et à croire qu'on est dispensé de tout, pourvu
qu'on paye. Emile a d'autres manières de penser, et
j'espère n'être pas cause qu'il en change. Croyez-vous
qu'il ne lui en ait rien coûté de rester ? Maman, ne vous
y trompez pas, c'est pour moi qu'il reste; je l'ai bien vu
dans ses yeux.

Ce n'est pas que Sophie soit indulgente sur les vrais soins de l'amour; au contraire, elle est impérieuse, exigeante; elle aimerait mieux n'être point aimée que de l'être modérément. Elle a le noble orgueil du mérite qui se sent, qui s'estime et qui veut être honoré comme il s'honore. Elle dédaignerait un cœur qui ne sentirait pas tout le prix du sien, qui ne l'aimerait pas pour ses vertus autant et plus que pour ses charmes; un cœur qui ne lui préférerait pas son propre devoir, et qui ne la préférerait pas à toute autre chose. Elle n'a point voulu d'amant qui ne connût de loi que la sienne; elle veut régner sur un homme qu'elle n'ait point défiguré. C'est ainsi qu'ayant avili les compagnons d'Ulysse, Circé les dédaigne, et se donne à lui seul, qu'elle n'a pu changer.

Mais ce droit inviolable et sacré mis à part, jalouse à l'excès de tous les siens, Sophie épie avec quel scrupule Emile les respecte, avec quel zèle il accomplit ses volontés, avec quelle adresse il les devine, avec quelle vigilance il arrive au moment prescrit; elle ne veut ni qu'il retarde ni qu'il anticipe; elle veut qu'il soit exact. Anticiper, c'est se préférer à elle; retarder, c'est la négliger. Négliger Sophie! cela n'arriverait pas deux fois. L'injuste soupçon d'une a failli tout perdre; mais Sophie est équitable et sait bien réparer ses torts.

Un soir nous sommes attendus; Emile a reçu l'ordre. On vient au-devant de nous; nous n'arrivons point. Que sont-ils devenus? Quel malheur leur est arrivé? Personne de leur part? La soirée s'écoule à nous attendre. La pauvre Sophie nous croit morts; elle se désole, elle se tourmente; elle passe la nuit à pleurer. Dès le soir on a expédié un messager pour s'informer de nous et rapporter de nos nouvelles le lendemain matin. Le messager revient accompagné d'un autre de notre part, qui fait nos excuses de bouche et dit que nous nous portons bien. Un moment après, nous paraissons nous-mêmes. Alors la scène change; Sophie essuie ses pleurs, ou, si elle en verse, ils sont de rage. Son cœur altier n'a pas gagné à se rassurer sur notre vie : Emile vit, et s'est fait attendre inutilement.

A notre arrivée, elle veut s'enfermer. On veut qu'elle reste; il faut rester : mais, prenant à l'instant son parti, elle affecte un air tranquille et content qui en imposerait à d'autres. Le père vient au-devant de nous et nous dit : Vous avez tenu vos amis en peine; il y a ici des gens qui ne vous le pardonneront pas aisément. Qui donc, mon papa ? dit Sophie avec une manière de sourire le plus gracieux qu'elle puisse affecter. Que vous importe, répond le père, pourvu que ce ne soit pas vous ? Sophie ne réplique point, et baisse les yeux sur son ouvrage. La mère nous reçoit d'un air froid et composé. Emile embarrassé n'ose aborder Sophie. Elle lui parle la première, lui demande comment il se porte, l'invite à s'asseoir, et se contrefait si bien que le pauvre jeune homme, qui n'entend rien encore au langage des passions violentes, est la dupe de ce sang-froid, et presque sur le point d'en être piqué lui-même.

Pour le désabuser je vais prendre la main de Sophie, j'y veux porter mes lèvres comme je fais quelquefois : elle la retire brusquement, avec un mot de *Monsieur* si singulièrement prononcé, que ce mouvement involontaire la décèle à l'instant aux yeux d'Emile.

Sophie elle-même, voyant qu'elle s'est trahie, se contraint moins. Son sang-froid apparent se change en un mépris ironique. Elle répond à tout ce qu'on lui dit par des monosyllabes prononcés d'une voix lente et mal assurée, comme craignant d'y laisser trop percer l'accent de l'indignation. Emile, demi-mort d'effroi, la regarde avec douleur, et tâche de l'engager à jeter les yeux sur les siens pour y mieux lire ses vrais sentiments. Sophie, plus irritée de sa confiance, lui lance un regard qui lui ôte l'envie d'en solliciter un second. Emile, interdit et tremblant, n'ose plus, très heureusement pour lui, ni lui parler ni la regarder, car, n'eût-il pas été coupable, s'il eût pu supporter sa colère, elle ne lui eût jamais pardonné.

Voyant alors que c'est mon tour, et qu'il est temps de s'expliquer, je reviens à Sophie. Je reprends sa main, qu'elle ne retire plus, car elle est prête à se trouver mal. Je lui dis avec douceur : Chère Sophie, nous sommes malheureux ; mais vous êtes raisonnable et juste, vous ne nous jugerez pas sans nous entendre : écoutez-nous. Elle ne répond rien, et je parle ainsi :

« Nous sommes partis hier à quatre heures ; il nous était prescrit d'arriver à sept, et nous prenons toujours plus de temps qu'il ne nous est nécessaire afin de nous reposer en approchant d'ici. Nous avions déjà fait les trois quarts du chemin, quand des lamentations douloureuses nous frappent l'oreille ; elles partaient d'une gorge de la colline à quelque distance de nous. Nous accourons aux cris : nous trouvons un malheureux paysan qui, revenant de la ville un peu pris de vin sur son cheval,

en était tombé si lourdement qu'il s'était cassé la jambe.
Nous crions, nous appelons du secours; personne ne
répond; nous essayons de remettre le blessé sur son cheval, nous n'en pouvons venir à bout : au moindre mouvement le malheureux souffre des douleurs horribles. Nous
prenons le parti d'attacher le cheval dans le bois à l'écart;
puis, faisant un brancard de nos bras, nous y posons le
blessé, et le portons le plus doucement qu'il est possible,
en suivant ses indications sur la route qu'il fallait tenir
pour aller chez lui. Le trajet était long; il fallut nous reposer plusieurs fois. Nous arrivons enfin, rendus de fatigue;
nous trouvons avec une surprise amère que nous connais-
sions déjà la maison, et que ce misérable que nous rappor-
tions avec tant de peine était le même qui nous avait si
cordialement reçus le jour de notre première arrivée ici.
Dans le trouble où nous étions tous, nous ne nous étions
point reconnus jusqu'à ce moment.

« Il n'avait que deux petits enfants. Prête à lui en donner
un troisième, sa femme fut si saisie en le voyant arriver,
qu'elle sentit des douleurs aiguës et accoucha peu d'heures
après. Que faire en cet état dans une chaumière écartée
où l'on ne pouvait espérer aucun secours ? Emile prit le
parti d'aller prendre le cheval que nous avions laissé dans
le bois, de le monter, de courir à toute bride chercher un
chirurgien à la ville. Il donna le cheval au chirurgien;
et, n'ayant pu trouver assez tôt une garde, il revint à
pied avec un domestique, après vous avoir expédié un
exprès, tandis qu'embarrassé, comme vous pouvez croire,
entre un homme ayant une jambe cassée et une femme en
travail, je préparais dans la maison tout ce que je pouvais
prévoir être nécessaire pour le secours de tous les deux.

« Je ne vous ferai point le détail du reste; ce n'est pas
de cela qu'il est question. Il était deux heures après minuit
avant que nous ayons eu ni l'un ni l'autre un moment de
relâche. Enfin nous sommes revenus avant le jour dans
notre asile ici proche, où nous avons attendu l'heure de
votre réveil pour vous rendre compte de notre accident. »

Je me tais sans rien ajouter. Mais, avant que personne
parle, Emile s'approche de sa maîtresse, élève la voix et
lui dit avec plus de fermeté que je ne m'y serais attendu :
Sophie, vous êtes l'arbitre de mon sort, vous le savez bien.
Vous pouvez me faire mourir de douleur; mais n'espérez pas me faire oublier les droits de l'humanité : ils me
sont plus sacrés que les vôtres, je n'y renoncerai jamais
pour vous.

Sophie, à ces mots, au lieu de répondre, se lève, lui
passe un bras autour du cou, lui donne un baiser sur la
joue; puis, lui tendant la main avec une grâce inimitable,

elle lui dit : Emile, prends cette main : elle est à toi. Sois, quand tu voudras, mon époux et mon maître ; je tâcherai de mériter cet honneur.

A peine l'a-t-elle embrassé, que le père, enchanté, frappe des mains, en criant *bis, bis*, et Sophie, sans se faire presser, lui donne aussitôt deux baisers sur l'autre joue ; mais, presque au même instant, effrayée de tout ce qu'elle vient de faire, elle se sauve dans les bras de sa mère et cache dans ce sein maternel son visage enflammé de honte.

Je ne décrirai point la commune joie ; tout le monde la doit sentir. Après le dîner, Sophie demande s'il y aurait trop loin pour aller voir ces pauvres malades. Sophie le désire et c'est une bonne œuvre. On y va : on les trouve dans deux lits séparés ; Emile en avait fait apporter un : on trouve autour d'eux du monde pour les soulager : Emile y avait pourvu. Mais au surplus tous deux sont si mal en ordre, qu'ils souffrent autant du malaise que de leur état. Sophie se fait donner un tablier de la bonne femme, et va le ranger dans son lit ; elle en fait ensuite autant à l'homme ; sa main douce et légère sait aller chercher tout ce qui les blesse. et faire poser plus mollement leurs membres endoloris. Ils se sentent déjà soulagés à son approche ; on dirait qu'elle devine tout ce qui fait leur mal. Cette fille si délicate ne se rebute ni de la malpropreté ni de la mauvaise odeur, et sait faire disparaître l'une et l'autre sans mettre personne en œuvre, et sans que les malades soient tourmentés. Elle qu'on voit toujours si modeste et quelquefois si dédaigneuse, elle qui, pour tout au monde, n'aurait pas touché du bout du doigt le lit d'un homme, retourne et change le blessé sans aucun scrupule, et le met dans situation plus commode pour y pouvoir rester longtemps. Le zèle de la charité vaut bien la modestie ; ce qu'elle fait, elle le fait si légèrement et avec tant d'adresse, qu'il se sent soulagé sans presque s'être aperçu qu'on l'ait touché. La femme et le mari bénissent de concert l'aimable fille qui les sert, qui les plaint, qui les console. C'est un ange du ciel que Dieu leur envoie, elle en a la figure et la bonne grâce, elle en a la douceur et la bonté. Emile attendri la contemple en silence. Homme, aime ta compagne. Dieu te la donne pour te consoler dans tes peines, pour te soulager dans tes maux : voilà la femme.

On fait baptiser le nouveau-né. Les deux amants le présentent, brûlant au fond de leurs cœurs d'en donner

bientôt autant à faire à d'autres. Ils aspirent au moment
désiré; ils croient y toucher : tous les scrupules de Sophie
sont levés, mais les miens viennent. Ils n'en sont pas
encore où ils pensent : il faut que chacun ait son tour.

Un matin qu'ils ne se sont vus depuis deux jours,
j'entre dans la chambre d'Emile une lettre à la main, et
je lui dis en le regardant fixement : Que feriez-vous si
l'on vous apprenait que Sophie est morte ? Il fait un
grand cri, se lève en frappant des mains, et, sans dire un
seul mot, me regarde d'un œil égaré. Répondez donc,
poursuis-je avec la même tranquillité. Alors, irrité de
mon sang-froid, il s'approche, les yeux enflammés de
colère; et, s'arrêtant dans une attitude presque menaçante : Ce que je ferais ?... je n'en sais rien; mais ce que
je sais, c'est que je ne reverrais de ma vie celui qui me
l'aurait appris. Rassurez-vous, répondis-je en souriant :
elle vit, elle se porte bien, elle pense à vous, et nous
sommes attendus ce soir. Mais allons faire un tour de
promenade, et nous causerons.

La passion dont il est préoccupé ne lui permet plus
de se livrer, comme auparavant, à des entretiens purement raisonnés : il faut l'intéresser par cette passion
même à se rendre attentif à mes leçons. C'est ce que j'ai
fait par ce terrible préambule; je suis bien sûr maintenant
qu'il m'écoutera.

« Il faut être heureux, cher Emile : c'est la fin de tout
être sensible; c'est le premier désir que nous imprima la
nature, et le seul qui ne nous quitte jamais. Mais où est
le bonheur ? qui le sait ? Chacun le cherche, et nul ne le
trouve. On use la vie à le poursuivre et l'on meurt sans
l'avoir atteint. Mon jeune ami, quand à ta naissance je
te pris dans mes bras, et qu'attestant l'Etre suprême de
l'engagement que j'osai contracter, je vouai mes jours au
bonheur des tiens, savais-je moi-même à quoi je m'enga-
geais ? Non : je savais seulement qu'en te rendant heureux
j'étais sûr de l'être. En faisant pour toi cette utile recherche,
je la rendais commune à tous deux.

« Tant que nous ignorons ce que nous devons faire, la
sagesse consiste à rester dans l'inaction. C'est de toutes
les maximes celle dont l'homme a le plus grand besoin,
et celle qu'il sait le moins suivre. Chercher le bonheur
sans savoir où il est, c'est s'exposer à le fuir, c'est courir
autant de risques contraires qu'il y a de routes pour s'égarer. Mais il n'appartient pas à tout le monde de savoir
ne point agir. Dans l'inquiétude où nous tient l'ardeur
du bien-être, nous aimons mieux nous tromper à le pour-

suivre, que de ne rien faire pour le chercher : et, sortis une fois de la place où nous pouvons le connaître, nous n'y savons plus revenir.

« Avec la même ignorance j'essayai d'éviter la même faute. En prenant soin de toi, je résolus de ne pas faire un pas inutile et de t'empêcher d'en faire. Je me tins dans la route de la nature, en attendant qu'elle me montrât celle du bonheur. Il s'est trouvé qu'elle était la même, et qu'en n'y pensant pas je l'avais suivie.

« Sois mon témoin, sois mon juge ; je ne te récuserai jamais. Tes premiers ans n'ont pas été sacrifiés à ceux qui les doivent suivre ; tu as joui de tous les biens que la nature t'avait donnés. Des maux auxquels elle t'assujettit, et dont j'ai pu te garantir, tu n'as senti que ceux qui pouvaient t'endurcir aux autres. Tu n'en as jamais souffert aucun que pour en éviter un plus grand. Tu n'as connu ni la haine, ni l'esclavage. Libre et content, tu es resté juste et bon ; car la peine et le vice sont inséparables, et jamais l'homme ne devient méchant que lorsqu'il est malheureux. Puisse le souvenir de ton enfance se prolonger jusqu'à tes vieux jours ! Je ne crains pas que jamais ton bon cœur se la rappelle sans donner quelques bénédictions à la main qui la gouverna.

« Quand tu es entré dans l'âge de raison, je t'ai garanti de l'opinion des hommes ; quand ton cœur est devenu sensible, je t'ai préservé de l'empire des passions. Si j'avais pu prolonger ce calme intérieur jusqu'à la fin de ta vie, j'aurais mis mon ouvrage en sûreté, et tu serais toujours heureux autant qu'un homme peut l'être ; mais, cher Émile, j'ai eu beau tremper ton âme dans le Styx, je n'ai pu la rendre partout invulnérable ; il s'élève un nouvel ennemi que tu n'as pas encore appris à vaincre, et dont je n'ai pu te sauver. Cet ennemi, c'est toi-même. La nature et la fortune t'avaient laissé libre. Tu pouvais endurer la misère ; tu pouvais supporter les douleurs du corps, celles de l'âme t'étaient inconnues ; tu ne tenais à rien qu'à la condition humaine, et maintenant tu tiens à tous les attachements que tu t'es donnés ; en apprenant à désirer, tu t'es rendu l'esclave de tes désirs. Sans que rien change en toi, sans que rien t'offense, sans que rien touche à ton être, que de douleurs peuvent attaquer ton âme ! que de maux tu peux sentir sans être malade ! que de morts tu peux souffrir sans mourir ! Un mensonge, une erreur, un doute peut te mettre au désespoir.

« Tu voyais au théâtre les héros, livrés à des douleurs extrêmes, faire retentir la scène de leurs cris insensés, s'affliger comme des femmes, pleurer comme des enfants, et mériter ainsi les applaudissements publics. Souviens-toi du scandale que te causaient ces lamentations, ces cris, ces plaintes, dans des hommes dont on ne devait attendre que des actes de constance et de fermeté. Quoi ! disais-tu tout indigné, ce sont là les exemples qu'on nous donne à suivre, les modèles qu'on nous offre à imiter ! A-t-on peur que l'homme ne soit pas assez petit, assez malheureux, assez faible, si l'on ne vient encore encenser sa faiblesse sous la fausse image de la vertu ? Mon jeune ami, sois plus indulgent désormais pour la scène : te voilà devenu l'un de ses héros.

« Tu sais souffrir et mourir : tu sais endurer la loi de la nécessité dans les maux physiques ; mais tu n'as point encore imposé de lois aux appétits de ton cœur ; et c'est de nos affections, bien plus que de nos besoins, que naît le trouble de notre vie. Nos désirs sont étendus, notre force est presque nulle. L'homme tient par ses vœux à mille choses, et par lui-même il ne tient à rien, pas même à sa propre vie ; plus il augmente ses attachements, plus il multiplie ses peines. Tout ne fait que passer sur la terre : tout ce que nous aimons nous échappera tôt ou tard, et nous y tenons comme s'il devait durer éternellement. Quel effroi sur le seul soupçon de la mort de Sophie ! As-tu donc compté qu'elle vivrait toujours ? Ne meurt-il personne à son âge ? Elle doit mourir, mon enfant, et peut-être avant toi. Qui sait si elle est vivante à présent même ? La nature ne t'avait asservi qu'à une seule mort, tu t'asservis à une seconde ; te voilà dans le cas de mourir deux fois.

« Ainsi soumis à tes passions déréglées, que tu vas rester à plaindre ! Toujours des privations, toujours des pertes, toujours des alarmes ; tu ne jouiras pas même de ce qui te sera laissé. La crainte de tout perdre t'empêchera de rien posséder ; pour n'avoir voulu suivre que tes passions, jamais tu ne les pourras satisfaire. Tu chercheras toujours le repos, il fuira toujours devant toi, tu seras misérable, et tu deviendras méchant. Et comment pourrais-tu ne pas l'être, n'ayant de loi que tes désirs effrénés ! Si tu ne peux supporter des privations involontaires, comment t'en imposeras-tu volontairement ? comment sauras-tu sacrifier le penchant au devoir et résister à ton cœur pour écouter ta raison ? Toi qui ne veux déjà plus voir celui qui t'apprendra la mort de ta maîtresse, comment verrais-tu celui qui voudrait te l'ôter vivante, celui qui t'oserait dire : Elle est morte pour toi, la vertu te sépare d'elle ? S'il faut vivre avec elle quoi qu'il arrive, que Sophie soit mariée ou non, que tu sois libre ou ne le sois pas, qu'elle t'aime ou te haïsse, qu'on te l'accorde ou qu'on te la refuse, n'importe, tu la veux, il la faut posséder à quelque prix que ce soit. Apprends-moi donc à quel crime s'arrête celui qui n'a de lois que les vœux de son cœur, et ne sait résister à rien de ce qu'il désire.

« Mon enfant, il n'y a point de bonheur sans courage, ni de vertu sans combat. Le mot de *vertu* vient de *force* ;

la force est la base de toute vertu. La vertu n'appartient qu'à un être faible par sa nature, et fort par sa volonté; c'est en cela seul que consiste le mérite de l'homme juste; et quoique nous appelions Dieu bon, nous ne l'appelons pas vertueux, parce qu'il n'a pas besoin d'efforts pour bien faire. Pour t'expliquer ce mot si profané, j'ai attendu que tu fusses en état de m'entendre. Tant que la vertu ne coûte rien à pratiquer, on a peu besoin de la connaître. Ce besoin vient quand les passions s'éveillent : il est déjà venu pour toi.

« En t'élevant dans toute la simplicité de la nature, au lieu de te prêcher de pénibles devoirs, je t'ai garanti des vices qui rendent ces devoirs pénibles; je t'ai moins rendu le mensonge odieux qu'inutile; je t'ai moins appris à rendre à chacun ce qui lui appartient, qu'à ne te soucier que de ce qui est à toi; je t'ai fait plutôt bon que vertueux. Mais celui qui n'est que bon ne demeure tel qu'autant qu'il a du plaisir à l'être : la bonté se brise et périt sous le choc des passions humaines; l'homme qui n'est que bon n'est bon que pour lui.

« Qu'est-ce donc que l'homme vertueux ? C'est celui qui sait vaincre ses affections; car alors il suit sa raison, sa conscience; il fait son devoir; il se tient dans l'ordre, et rien ne l'en peut écarter. Jusqu'ici tu n'étais libre qu'en apparence; tu n'avais que la liberté précaire d'un esclave à qui l'on n'a rien commandé. Maintenant sois libre en effet; apprends à devenir ton propre maître; commande à ton cœur, ô Emile, et tu seras vertueux.

« Voilà donc un autre apprentissage à faire, et cet apprentissage est plus pénible que le premier : car la nature nous délivre des maux qu'elle nous impose ou nous apprend à les supporter; mais elle ne nous dit rien pour ceux qui nous viennent de nous; elle nous abandonne à nous-mêmes; elle nous laisse, victimes de nos passions, succomber à nos vaines douleurs, et nous glorifier encore des pleurs dont nous aurions dû rougir.

« C'est ici la première passion. C'est la seule peut-être qui soit digne de toi. Si tu la sais régir en homme, elle sera la dernière; tu subjugueras toutes les autres, et tu n'obéiras qu'à celle de la vertu.

« Cette passion n'est pas criminelle, je le sais bien; elle est aussi pure que les âmes qui la ressentent. L'honnêteté la forma, l'innocence l'a nourrie. Heureux amants! les charmes de la vertu ne font qu'ajouter pour vous à ceux de l'amour; et le doux lien qui vous attend n'est pas moins le prix de votre sagesse que celui de votre attachement. Mais dis-moi, homme sincère, cette passion si pure t'en a-t-elle moins subjugué ? t'en es-tu moins rendu l'esclave ? et si demain elle cessait d'être innocente, l'étoufferais-tu dès demain ? C'est à présent le moment d'essayer tes forces; il n'est plus temps quand il les faut employer. Ces dangereux essais doivent se faire loin du péril. On ne s'exerce point au combat devant l'ennemi, on s'y prépare avant la guerre; on s'y présente déjà tout préparé.

« C'est une erreur de distinguer les passions en permises et défendues, pour se livrer aux premières et se refuser aux autres. Toutes sont bonnes quand on en reste le maître; toutes sont mauvaises quand on s'y laisse assujettir. Ce qui nous est défendu par la nature, c'est d'étendre nos attachements plus loin que nos forces : ce qui nous est défendu par la raison, c'est de vouloir ce que nous ne pouvons obtenir; ce qui nous est défendu par la conscience n'est pas d'être tentés, mais de nous laisser vaincre aux tentations. Il ne dépend pas de nous d'avoir ou de n'avoir pas des passions, mais il dépend de nous de régner sur elles. Tous sentiments que nous dominons sont légitimes; tous ceux qui nous dominent sont criminels. Un homme n'est pas coupable d'aimer la femme d'autrui, s'il tient cette passion malheureuse asservie à la loi du devoir; il est coupable d'aimer sa propre femme au point d'immoler tout à son amour.

« N'attends pas de moi de longs préceptes de morale; je n'en ai qu'un seul à te donner, et celui-là comprend tous les autres. Sois homme; retire ton cœur dans les bornes de ta condition. Étudie et connais ces bornes; quelque étroites qu'elles soient, on n'est point malheureux tant qu'on s'y renferme; on ne l'est que quand on veut les passer; on l'est quand dans ses désirs insensés, on met au rang des possibles ce qui ne l'est pas; on l'est quand on oublie son état d'homme pour s'en forger d'imaginaires, desquels on retombe toujours dans le sien. Les seuls biens dont la privation coûte sont ceux auxquels on croit avoir droit. L'évidente impossibilité de les obtenir en détache; les souhaits sans espoir ne tourmentent point. Un gueux n'est point tourmenté du désir d'être roi; un roi ne veut être dieu que quand il croit n'être plus homme.

« Les illusions de l'orgueil sont la source de nos plus grands maux; mais la contemplation de la misère humaine rend le sage toujours modéré. Il se tient à sa place, il ne s'agite point pour en sortir; il n'use point inutilement ses forces pour jouir de ce qu'il ne peut conserver; et, les employant toutes à bien posséder ce qu'il a, il est en effet plus puissant et plus riche de tout ce qu'il désire de moins que nous. Être mortel et périssable, irai-je me former des nœuds éternels sur cette terre, où tout change, où tout passe, et dont je disparaîtrai demain ? O Emile, ô mon fils! en te perdant, que me resterait-il de moi ? Et pourtant il faut que j'apprenne à te perdre : car qui sait quand tu me seras ôté ?

« Veux-tu donc vivre heureux et sage, n'attache ton cœur qu'à la beauté qui ne périt point : que ta condition borne tes désirs, que tes devoirs aillent avant tes penchants : étends la loi de la nécessité aux choses morales; apprends à perdre ce qui peut t'être enlevé; apprends à tout quitter quand la vertu l'ordonne, à te mettre au-dessus des événements, à détacher ton cœur sans qu'ils le déchirent, à être courageux dans l'adversité, afin de n'être jamais misérable, à être ferme dans ton devoir, afin de n'être jamais criminel. Alors tu seras heureux malgré la fortune, et sage malgré les passions. Alors tu trouveras dans la possession même des biens fragiles une volupté que rien ne pourra troubler; tu les posséderas sans qu'ils te possèdent, et tu sentiras que l'homme, à qui tout échappe, ne jouit que de ce qu'il sait perdre. Tu n'auras point, il est vrai, l'illusion des plaisirs imaginaires; tu n'auras point aussi les douleurs qui en sont le fruit. Tu gagneras beaucoup à cet échange; car ces douleurs sont fréquentes et réelles, et ces plaisirs sont rares et vains. Vainqueur de tant d'opinions trompeuses, tu le seras encore de celle qui donne un si grand prix à la vie. Tu passeras la tienne sans trouble et la termineras sans effroi; tu t'en détacheras, comme de toutes choses. Que d'autres, saisis d'horreur, pensent en la quittant cesser d'être; instruit de son néant, tu croiras commencer. La mort est la fin de la vie du méchant, et le commencement de celle du juste. »

Emile m'écoute avec une attention mêlée d'inquiétude. Il craint à ce préambule quelque conclusion sinistre. Il pressent qu'en lui montrant la nécessité d'exercer la force de l'âme, je veux le soumettre à ce dur exercice; et, comme un blessé qui frémit en voyant approcher le chirurgien, il croit déjà sentir sur sa plaie la main douloureuse, mais salutaire, qui l'empêche de tomber en corruption.

Incertain, troublé, pressé de savoir où j'en veux venir, au lieu de répondre, il m'interroge, mais avec crainte. Que faut-il faire ? me dit-il presque en tremblant et sans oser lever les yeux. Ce qu'il faut faire, réponds-je d'un ton ferme, il faut quitter Sophie. Que dites-vous ? s'écrie-t-il avec emportement : quitter Sophie! la quitter, la tromper, être un traître, un fourbe, un parjure!... Quoi! reprends-je en l'interrompant, c'est de moi qu'Emile craint d'apprendre à mériter de pareils noms ? Non, continue-t-il avec la même impétuosité, ni de vous ni d'un autre; je saurai, malgré vous, conserver votre ouvrage; je saurai ne les pas mériter.

Je me suis attendu à cette première furie; je la laisse

passer sans m'émouvoir. Si je n'avais pas la modération
que je lui prêche, j'aurais bonne grâce à la lui prêcher!
Émile me connaît trop pour me croire capable d'exiger
de lui rien qui soit mal, et il sait bien qu'il ferait mal de
quitter Sophie, dans le sens qu'il donne à ce mot. Il
attend donc enfin que je m'explique. Alors je reprends
mon discours.

« Croyez-vous, cher Emile, qu'un homme, en quelque
situation qu'il se trouve, puisse être plus heureux que
vous l'êtes depuis trois mois ? Si vous le croyez, détrom-
pez-vous. Avant de goûter les plaisirs de la vie, vous en
avez épuisé le bonheur. Il n'y a rien au delà de ce que
vous avez senti. La félicité des sens est passagère; l'état
habituel du cœur y perd toujours. Vous avez plus joui
par l'espérance que vous ne jouirez jamais en réalité.
L'imagination qui pare ce qu'on désire l'abandonne dans
la possession. Hors le seul être existant par lui-même, il
n'y a rien de beau que ce qui n'est pas. Si cet état eût
pu durer toujours, vous auriez trouvé le bonheur suprême.
Mais tout ce qui tient à l'homme se sent de sa caducité;
tout est fini, tout est passager dans la vie humaine : et
quand l'état qui nous rend heureux durerait sans cesse,
l'habitude d'en jouir nous en ôterait le goût. Si rien ne
change au dehors, le cœur change; le bonheur nous quitte,
ou nous le quittons.

« Le temps que vous ne mesuriez pas s'écoulait durant
votre délire. L'été finit, l'hiver s'approche. Quand nous
pourrions continuer nos courses dans une saison si rude,
on ne le souffrirait jamais. Il faut bien, malgré nous,
changer de manière de vivre; celle-ci ne peut plus durer.
Je vois dans vos yeux impatients que cette difficulté ne
vous embarrasse guère : l'aveu de Sophie et vos propres
désirs vous suggèrent un moyen facile d'éviter la neige
et de n'avoir plus de voyage à faire pour l'aller voir.
L'expédient est commode sans doute : mais le printemps
venu, la neige fond et le mariage reste; il y faut penser
pour toutes les saisons.

« Vous voulez épouser Sophie, et il n'y a pas cinq
mois que vous la connaissez! Vous voulez l'épouser, non
parce qu'elle vous convient, mais parce qu'elle vous plaît;
comme si l'amour ne se trompait jamais sur les convenances, et que ceux qui commencent par s'aimer ne
finissent jamais par se haïr! Elle est vertueuse, je le sais;
mais en est-ce assez ? suffit-il d'être honnêtes gens pour
se convenir ? ce n'est pas sa vertu que je mets en doute,
c'est son caractère. Celui d'une femme se montre-t-il en
un jour ? Savez-vous en combien de situations il faut l'avoir
vue pour connaître à fond son humeur ? Quatre mois

d'attachement vous répondent-ils de toute la vie ? Peut-
être deux mois d'absence vous feront-ils oublier d'elle ;
peut-être un autre n'attend-il que votre éloignement pour
vous effacer de son cœur ; peut-être, à votre retour, la
trouverez-vous aussi indifférente que vous l'avez trouvée
sensible jusqu'à présent. Les sentiments ne dépendent pas
des principes ; elle peut rester fort honnête et cesser de
vous aimer. Elle sera constante et fidèle, je penche à le
croire ; mais qui vous répond d'elle et qui lui répond de
vous, tant que vous ne vous êtes point mis à l'épreuve ?
Attendrez-vous, pour cette épreuve, qu'elle vous devienne
inutile ? Attendrez-vous, pour vous connaître, que vous
ne puissiez plus vous séparer ;

« Sophie n'a pas dix huit ans ; à peine en passez-vous
vingt-deux ; cet âge est celui de l'amour, mais non celui
du mariage. Quel père et quelle mère de famille ! Eh !
pour savoir élever des enfants, attendez au moins de cesser
de l'être. Savez-vous à combien de jeunes personnes les
fatigues de la grossesse supportées avant l'âge ont affaibli
la constitution, ruiné la santé, abrégé la vie ? Savez-vous
combien d'enfants sont restés languissants et faibles, faute
d'avoir été nourris dans un corps assez formé ? Quand la
mère et l'enfant croissent à la fois, et que la substance
nécessaire à l'accroissement de chacun des deux se partage, ni l'un ni l'autre n'a ce que lui destinait la nature :
comment se peut-il que tous deux n'en souffrent pas :
Ou je connais fort mal Emile, ou il aimera mieux avoir
plus tard une femme et des enfants robustes, que de contenter son impatience aux dépens de leur vie et de leur santé.

« Parlons de vous. En aspirant à l'état d'époux et de
père, en avez-vous bien médité les devoirs ? En devenant
chef de famille, vous allez devenir membre de l'Etat. Et
qu'est-ce qu'être membre de l'Etat ? le savez-vous ? Vous
avez étudié vos devoirs d'homme, mais ceux de citoyen,
les connaissez-vous ? savez-vous ce que c'est que gouvernement, lois, patrie ? Savez-vous à quel prix il vous est
permis de vivre, et pour qui vous devez mourir ? Vous
croyez avoir tout appris, et vous ne savez rien encore.
Avant de prendre une place dans l'ordre civil, apprenez
à le connaître et à savoir quel rang vous y convient.

« Emile, il faut quitter Sophie : je ne dis pas l'abandonner ; si vous en étiez capable, elle serait trop heureuse
de ne vous avoir point épousé : il la faut quitter pour
revenir digne d'elle. Ne soyez pas assez vain pour croire
déjà la mériter. O combien il vous reste à faire ! Venez
remplir cette noble tâche ; venez apprendre à supporter
l'absence ; venez gagner le prix de la fidélité, afin qu'à
votre retour vous puissiez vous honorer de quelque chose
auprès d'elle, et demander sa main, non comme une
grâce, mais comme une récompense. »

Non encore exercé à lutter contre lui-même, non encore
accoutumé à désirer une chose et à en vouloir une autre,
le jeune homme ne se rend pas; il résiste, il dispute.
Pourquoi se refuserait-il au bonheur qui l'attend ? Ne
serait-ce pas dédaigner la main qui lui est offerte que de
tarder à l'accepter ? Qu'est-il besoin de s'éloigner d'elle
pour s'instruire de ce qu'il doit savoir ? Et quand cela
serait nécessaire, pourquoi ne lui laisserait-il pas, dans
des nœuds indissolubles, le gage assuré de son retour ?
Qu'il soit son époux, et il est prêt à me suivre; qu'ils soient
unis, et il la quitte sans crainte... Vous unir pour vous
quitter, cher Émile, quelle contradiction! Il est beau
qu'un amant puisse vivre sans sa maîtresse; mais un mari
ne doit jamais quitter sa femme sans nécessité. Pour
guérir vos scrupules, je vois que vos délais doivent être
involontaires : il faut que vous puissiez dire à Sophie que
vous la quittez malgré vous. Eh bien! soyez content, et,
puisque vous n'obéissez pas à la raison, reconnaissez un
autre maître. Vous n'avez pas oublié l'engagement que
vous avez pris avec moi. Émile, il faut quitter Sophie;
je le veux.

A ce mot il baisse la tête, se tait, rêve un moment, et
puis, me regardant avec assurance, il me dit : Quand
partons-nous ? Dans huit jours, lui dis-je; il faut préparer Sophie à ce départ. Les femmes sont plus faibles,
on leur doit des ménagements; et cette absence n'étant
pas un devoir pour elle comme pour vous, il lui est permis de la supporter avec moins de courage.

Je ne suis que trop tenté de prolonger jusqu'à la séparation de mes jeunes gens le journal de leurs amours; mais
j'abuse depuis longtemps de l'indulgence des lecteurs;
abrégeons pour finir une fois. Émile osera-t-il porter aux
pieds de sa maîtresse la même assurance qu'il vient de
montrer à son ami ? Pour moi, je le crois; c'est de la vérité
même de son amour qu'il doit tirer cette assurance. Il
serait plus confus devant elle s'il lui en coûtait moins de la
quitter; il la quitterait en coupable, et ce rôle est toujours embarrassant pour un cœur honnête : mais plus le
sacrifice lui coûte, plus il s'en honore aux yeux de celle
qui le lui rend pénible. Il n'a pas peur qu'elle prenne le
change sur le motif qui le détermine. Il semble lui dire à
chaque regard : O Sophie! lis dans mon cœur, et sois
fidèle; tu n'as pas un amant sans vertu.

La fière Sophie, de son côté, tâche de supporter avec
dignité le coup imprévu qui la frappe. Elle s'efforce d'y

paraître insensible; mais, comme elle n'a pas, ainsi
qu'Emile, l'honneur du combat et de la victoire, sa
fermeté se soutient moins. Elle pleure, elle gémit en dépit
d'elle, et la frayeur d'être oubliée aigrit la douleur de la
séparation. Ce n'est pas devant son amant qu'elle pleure,
ce n'est pas à lui qu'elle montre ses frayeurs; elle étouf-
ferait plutôt que de laisser échapper un soupir en sa présence : c'est moi qui reçois ses plaintes, qui vois ses
larmes, qu'elle affecte de prendre pour confident. Les
femmes sont adroites et savent se déguiser : plus elle
murmure en secret contre ma tyrannie, plus elle est
attentive à me flatter; elle sent que son sort est dans mes
mains.

Je la console, je la rassure, je lui réponds de son amant,
ou plutôt de son époux : qu'elle lui garde la même fidélité qu'il aura pour elle, et dans deux ans il le sera, je le
jure. Elle m'estime assez pour croire que je ne veux pas la
tromper. Je suis garant de chacun des deux envers l'autre.
Leurs cœurs, leur vertu, ma probité, la confiance de leurs
parents, tout les rassure. Mais que sert la raison contre
la faiblesse ? Ils se séparent comme s'ils ne devaient plus
se voir.

C'est alors que Sophie se rappelle les regrets d'Eucharis
et se croit réellement à sa place. Ne laissons point
durant l'absence réveiller ces fantasques amours. Sophie,
lui dis-je un jour, faites avec Emile un échange de livres.
Donnez-lui votre *Télémaque*, afin qu'il apprenne à lui
ressembler; et qu'il vous donne le *Spectateur*, dont vous
aimez la lecture. Etudiez-y les devoirs des honnêtes
femmes, et songez que dans deux ans ces devoirs seront
les vôtres. Cet échange plaît à tous deux, et leur donne de
la confiance. Enfin vient le triste jour, il faut se séparer.

Le digne père de Sophie, avec lequel j'ai tout concerté,
m'embrasse en recevant mes adieux; puis, me prenant
à part, il me dit ces mots d'un ton grave et d'un accent
un peu appuyé : « J'ai tout fait pour vous complaire; je
savais que je traitais avec un homme d'honneur. Il ne me
reste qu'un mot à vous dire : Souvenez-vous que votre
élève a signé son contrat de mariage sur la bouche de ma
fille. »

Quelle différence dans la contenance des deux amants !
Emile, impétueux, ardent, agité, hors de lui, pousse des
cris, verse des torrents de pleurs sur les mains du père,
de la mère, de la fille, embrasse en sanglotant tous les
gens de la maison, et répète mille fois les mêmes choses

avec un désordre qui ferait rire en toute autre occasion.
Sophie, morne, pâle, l'œil éteint, le regard sombre, reste
en repos, ne dit rien, ne pleure point, ne voit personne,
pas même Émile. Il a beau lui prendre les mains, la presser dans ses bras; elle reste immobile, insensible à ses
pleurs, à ses caresses, à tout ce qu'il fait; il est déjà parti
pour elle. Combien cet objet est plus touchant que la
plainte importune et les regrets bruyants de son amant!
Il le voit, il le sent, il en est navré : je l'entraîne avec peine;
si je le laisse encore un moment, il ne voudra plus partir.
Je suis charmé qu'il emporte avec lui cette triste image.
Si jamais il est tenté d'oublier ce qu'il doit à Sophie, en
la lui rappelant telle qu'il la vit au moment de son départ,
il faudra qu'il ait le cœur bien aliéné si je ne le ramène
pas à elle.

DES VOYAGES

On demande s'il est bon que les jeunes gens voyagent,
et l'on dispute beaucoup là-dessus. Si l'on proposait
autrement la question, et qu'on demandât s'il est bon
que les hommes aient voyagé, peut-être ne disputerait-on
pas tant.

L'abus des livres tue la science. Croyant savoir ce qu'on
a lu, on se croit dispensé de l'apprendre. Trop de lecture ne sert qu'à faire de présomptueux ignorants. De
tous les siècles de littérature, il n'y en a point où l'on lût
tant que dans celui-ci, et point où l'on fût moins savant;
de tous les pays de l'Europe, il n'y en a point où l'on
imprime tant d'histoires, de relations de voyages qu'en
France, et point où l'on connaisse moins le génie et les
mœurs des autres nations! Tant de livres nous font négliger le livre du monde; ou, si nous y lisons encore, chacun
s'en tient à son feuillet. Quand le mot *Peut-on être Per-
san ?* me serait inconnu, je devinerais, à l'entendre dire,
qu'il vient du pays où les préjugés nationaux sont le plus
en règne, et du sexe qui les propage le plus.

Un Parisien croit connaître les hommes, et ne connaît
que les Français; dans sa ville, toujours pleine d'étrangers,
il regarde chaque étranger comme un phénomène extraordinaire qui n'a rien d'égal dans le reste de l'univers.
Il faut avoir vu de près les bourgeois de cette grande
ville, il faut avoir vécu chez eux, pour croire qu'avec
tant d'esprit on puisse être aussi stupide. Ce qu'il y a de

bizarre est que chacun d'eux a lu dix fois peut-être la description du pays dont un habitant va si fort l'émerveiller.

C'est trop d'avoir à percer à la fois les préjugés des auteurs et les nôtres pour arriver à la vérité. J'ai passé ma vie à lire des relations de voyages, et je n'en ai jamais trouvé deux qui m'aient donné la même idée du même peuple. En comparant le peu que je pouvais observer avec ce que j'avais lu, j'ai fini par laisser là les voyageurs, et regretter le temps que j'avais donné pour m'instruire à leur lecture, bien convaincu qu'en fait d'observations de toute espèce il ne faut pas lire, il faut voir. Cela serait vrai dans cette occasion, quand tous les voyageurs seraient sincères, qu'ils ne diraient que ce qu'ils ont vu ou ce qu'ils croient, et qu'ils ne déguiseraient la vérité que par les fausses couleurs qu'elle prend à leurs yeux. Que doit-ce être quand il la faut démêler encore à travers leurs mensonges et leur mauvaise foi!

Laissons donc la ressource des livres qu'on vous vante à ceux qui sont faits pour s'en contenter. Elle est bonne, ainsi que l'art de Raymond Lulle, pour apprendre à babiller de ce qu'on ne sait point. Elle est bonne pour dresser des Platons de quinze ans à philosopher dans des cercles, et à instruire une compagnie des usages de l'Egypte et des Indes, sur la foi de Paul Lucas ou de Tavernier.

Je tiens pour maxime incontestable que quiconque n'a vu qu'un peuple, au lieu de connaître les hommes, ne connaît que les gens avec lesquels il a vécu. Voici donc encore une autre manière de poser la même question des voyages : Suffit-il qu'un homme bien élevé ne connaisse que ses compatriotes, ou s'il lui importe de connaître les hommes en général ? Il ne reste plus ici ni dispute ni doute. Voyez combien la solution d'une question difficile dépend quelquefois de la manière de la poser.

Mais, pour étudier les hommes, faut-il parcourir la terre entière ? Faut-il aller au Japon observer les Européens ? Pour connaître l'espèce, faut-il connaître tous les individus ? Non; il y a des hommes qui se ressemblent si fort, que ce n'est pas la peine de les étudier séparément. Qui a vu dix Français les a vus tous. Quoiqu'on n'en puisse pas dire autant des Anglais et de quelques autres peuples, il est pourtant certain que chaque nation a son caractère propre et spécifique, qui se tire par induction, non de l'observation d'un seul de ses membres, mais de plusieurs. Celui qui a comparé dix peuples connaît les

hommes, comme celui qui a vu dix Français connaît les
Français.

Il ne suffit pas pour s'instruire de courir les pays; il
faut savoir voyager. Pour observer il faut avoir des yeux,
et les tourner vers l'objet qu'on veut connaître. Il y a
beaucoup de gens que les voyages instruisent encore
moins que les livres, parce qu'ils ignorent l'art de penser,
que, dans la lecture, leur esprit est au moins guidé par
l'auteur, et que, dans leurs voyages, ils ne savent rien
voir d'eux-mêmes. D'autres ne s'instruisent point, parce
qu'ils ne veulent pas s'instruire. Leur objet est si différent que celui-là ne les frappe guère; c'est grand hasard
si l'on voit exactement ce que l'on ne se soucie point de
regarder. De tous les peuples du monde, le Français est
celui qui voyage le plus; mais, plein de ses usages, il confond tout ce qui n'y ressemble pas. Il y a des Français
dans tous les coins du monde. Il n'y a point de pays où
l'on trouve plus de gens qui aient voyagé qu'on n'en
trouve en France. Avec cela pourtant, de tous les peuples
de l'Europe, celui qui en voit le plus les connaît le moins.

L'Anglais voyage aussi, mais d'une autre manière; il
faut que ces deux peuples soient contraires en tout. La
noblesse anglaise voyage, la noblesse française ne voyage
point; le peuple français voyage, le peuple anglais ne
voyage point. Cette différence me paraît honorable au
dernier. Les Français ont presque toujours quelque vue
d'intérêt dans leur voyage; mais les Anglais ne vont point
chercher fortune chez les autres nations, si ce n'est par
le commerce et les mains pleines; quand ils voyagent,
c'est pour y verser leur argent, non pour vivre d'industrie; ils sont trop fiers pour aller ramper hors de chez eux.
Cela fait aussi qu'ils s'instruisent mieux chez l'étranger
que ne font les Français, qui ont un tout autre objet en
tête. Les Anglais ont pourtant aussi leurs préjugés
nationaux, ils en ont même plus que personne; mais ces
préjugés tiennent moins à l'ignorance qu'à la passion.
L'Anglais a les préjugés de l'orgueil, et le Français ceux
de la vanité.

Comme les peuples les moins cultivés sont généralement les plus sages, ceux qui voyagent le moins voyagent
le mieux; parce qu'étant moins avancés que nous dans
nos recherches frivoles, et moins occupés des objets de
notre vaine curiosité, ils donnent toute leur attention à
ce qui est véritablement utile. Je ne connais guère que
les Espagnols qui voyagent de cette manière. Tandis

qu'un Français court chez les artistes d'un pays, qu'un Anglais en fait dessiner quelque antique, et qu'un Allemand porte son *album* chez tous les savants, l'Espagnol étudie en silence le gouvernement, les mœurs, la police, et il est le seul des quatre qui, de retour chez lui, rapporte de ce qu'il a vu quelque remarque utile à son pays.

Les anciens voyageaient peu, lisaient peu, faisaient peu de livres; et pourtant on voit, dans ceux qui nous restent d'eux, qu'ils observaient mieux les uns les autres que nous n'observons nos contemporains. Sans remonter aux écrits d'Homère, le seul poète qui nous transporte dans les pays qu'il décrit, on ne peut refuser à Hérodote l'honneur d'avoir peint les mœurs dans son histoire, quoiqu'elle soit plus en narrations qu'en réflexions, mieux que ne font tous nos historiens en chargeant leurs livres de portraits et de caractères. Tacite a mieux décrit les Germains de son temps qu'aucun écrivain n'a décrit les Allemands d'aujourd'hui. Incontestablement ceux qui sont versés dans l'histoire ancienne connaissent mieux les Grecs, les Carthaginois, les Romains, les Gaulois, les Perses, qu'aucun peuple de nos jours ne connaît ses voisins.

Il faut avouer aussi que les caractères originaux des peuples, s'effaçant de jour en jour, deviennent en même raison plus difficiles à saisir. A mesure que les races se mêlent, et que les peuples se confondent, on voit peu à peu disparaître ces différences nationales qui frappaient jadis au premier coup d'œil. Autrefois chaque nation restait plus enfermée en elle-même; il y avait moins de communications, moins de voyages, moins d'intérêts communs ou contraires, moins de liaisons politiques et civiles de peuple à peuple, point tant de ces tracasseries royales appelées négociations, point d'ambassadeurs ordinaires ou résidant continuellement; les grandes navigations étaient rares; il y avait peu de commerce éloigné; et le peu qu'il y en avait était fait ou par le prince même, qui s'y servait d'étrangers, ou par des gens méprisés, qui ne donnaient le ton à personne et ne rapprochaient point les nations. Il y a cent fois plus de liaisons maintenant entre l'Europe et l'Asie qu'il n'y en avait jadis entre la Gaule et l'Espagne : l'Europe seule était plus éparse que la terre entière ne l'est aujourd'hui.

Ajoutez à cela que les anciens peuples, se regardant la plupart comme autochtones ou originaires de leur propre pays, l'occupaient depuis assez longtemps pour avoir perdu la mémoire des siècles reculés où leurs ancêtres s'y étaient établis, et pour avoir laissé le temps au climat de faire sur eux des impressions durables : au lieu que, parmi nous, après les invasions des Romains, les récentes émigrations des barbares ont tout mêlé, tout confondu. Les Français d'aujourd'hui ne sont plus ces grands corps blonds et blancs d'autrefois; les Grecs ne sont plus ces beaux hommes faits pour servir de modèles à l'art; la figure des Romains eux-mêmes a changé de caractère, ainsi que leur naturel; les Persans, originaires de Tartarie, perdent chaque jour de leur laideur primitive par le mélange du sang circassien; les Européens ne sont plus Gaulois, Germains, Ibériens, Allobroges; ils ne sont tous que des Scythes diversement dégénérés quant à la figure, et encore plus quant aux mœurs.

Voilà pourquoi les antiques distinctions des races, les qualités de l'air et du terroir marquaient plus fortement de peuple à peuple les tempéraments, les figures, les mœurs, les caractères, que tout cela ne peut se marquer de nos jours, où l'inconstance européenne ne laisse à nulle cause naturelle le temps de faire ses impressions, et où les forêts abattues, les marais desséchés, la terre plus uniformément, quoique plus mal cultivée, ne laisse plus, même au physique, la même différence de terre à terre et de pays à pays.

Peut-être, avec de semblables réflexions, se presserait-on moins de tourner en ridicule Hérodote, Ctésias, Pline, pour avoir représenté les habitants de divers pays avec des traits originaux et des différences marquées que nous ne leur voyons plus. Il faudrait retrouver les mêmes hommes pour reconnaître en eux les mêmes figures; il faudrait que rien ne les eût changés pour qu'ils fussent restés les mêmes. Si nous pouvions considérer à la fois tous les hommes qui ont été, peut-on douter que nous ne les trouvassions plus variés de siècle à siècle, qu'on ne les trouve aujourd'hui de nation à nation ?

En même temps que les observations deviennent plus difficiles, elles se font plus négligemment et plus mal; c'est une autre raison du peu de succès de nos recherches dans l'histoire naturelle du genre humain. L'instruction qu'on retire des voyages se rapporte à l'objet qui les fait entreprendre. Quand cet objet est un système de philosophie, le voyageur ne voit jamais que ce qu'il veut voir; quand cet objet est l'intérêt, il absorbe toute l'attention de ceux qui s'y livrent. Le commerce et les arts, qui mêlent et confondent les peuples, les empêchent aussi de s'étudier. Quand ils savent le profit qu'ils peuvent faire l'un avec l'autre, qu'ont-ils de plus à savoir ?

Il est utile à l'homme de connaître tous les lieux où l'on peut vivre, afin de choisir ensuite ceux où l'on peut vivre le plus commodément. Si chacun se suffisait à lui-même, il ne lui importerait de connaître que l'étendue du pays qui peut le nourrir. Le sauvage, qui n'a besoin de personne et ne convoite rien au monde, ne connaît et ne cherche à connaître d'autres pays que le sien. S'il est forcé de s'étendre pour subsister, il fuit les lieux habités par les hommes; il n'en veut qu'aux bêtes, et n'a besoin que d'elles pour se nourrir. Mais pour nous, à qui la vie civile est nécessaire, et qui ne pouvons plus nous passer de manger des hommes, l'intérêt de chacun de nous est de fréquenter les pays où l'on en trouve le plus à dévorer. Voilà pourquoi tout afflue à Rome, à Paris, à Londres. C'est toujours dans les capitales que le sang humain se vend à meilleur marché. Ainsi l'on ne connaît que les grands peuples, et les grands peuples se ressemblent tous.

Nous avons, dit-on, des savants qui voyagent pour s'instruire; c'est une erreur; les savants voyagent par intérêt comme les autres. Les Platon, les Pythagore ne se trouvent plus, ou, s'il y en a, c'est bien loin de nous. Nos savants ne voyagent que par ordre de la cour; on les dépêche, on les défraye, on les paye pour voir tel ou tel objet, qui très sûrement n'est pas un objet moral. Ils doivent tout leur temps à cet objet unique; ils sont trop honnêtes gens pour voler leur argent. Si, dans quelque pays que ce puisse être, des curieux voyagent à leurs dépens, ce n'est jamais pour étudier les hommes, c'est pour les instruire. Ce n'est pas de science qu'ils ont besoin, mais d'ostentation. Comment apprendraient-ils dans leurs voyages à secouer le joug de l'opinion ? ils ne les font que pour elle.

Il y a bien de la différence entre voyager pour voir du pays ou pour voir des peuples. Le premier objet est toujours celui des curieux, l'autre n'est pour eux qu'accessoire. Ce doit être tout le contraire pour celui qui veut philosopher. L'enfant observe les choses en attendant qu'il puisse observer les hommes. L'homme doit commencer par observer ses semblables, et puis il observe les choses s'il en a le temps.

C'est donc mal raisonner que de conclure que les

voyages sont inutiles, de ce que nous voyageons mal. Mais, l'utilité des voyages reconnue, s'ensuivra-t-il qu'ils conviennent à tout le monde ? Tant s'en faut ; ils ne conviennent au contraire qu'à très peu de gens ; ils ne conviennent qu'aux hommes assez fermes sur eux-mêmes pour écouter les leçons de l'erreur sans se laisser séduire, et pour voir l'exemple du vice sans se laisser entraîner. Les voyages poussent le naturel vers sa pente, et achèvent de rendre l'homme bon ou mauvais. Quiconque revient de courir le monde est à son retour ce qu'il sera toute sa vie : il en revient plus de méchants que de bons, parce qu'il en part plus d'enclins au mal qu'au bien. Les jeunes gens mal élevés et mal conduits contractent dans leurs voyages tous les vices des peuples qu'ils fréquentent, et pas une des vertus dont ces vices sont mêlés ; mais ceux qui sont heureusement nés, ceux dont on a bien cultivé le bon naturel et qui voyagent dans le vrai dessein de s'instruire, reviennent tous meilleurs et plus sages qu'ils n'étaient partis. Ainsi voyagera mon Emile : ainsi avait voyagé ce jeune homme, digne d'un meilleur siècle, dont l'Europe étonnée admira le mérite, qui mourut pour son pays à la fleur de ses ans, mais qui méritait de vivre, et dont la tombe, ornée de ses seules vertus, attendait pour être honorée qu'une main étrangère y semât des fleurs.

Tout ce qui se fait par raison doit avoir ses règles. Les voyages, pris comme une partie de l'éducation, doivent avoir les leurs. Voyager pour voyager, c'est errer, être vagabond ; voyager pour s'instruire est encore un objet trop vague : l'instruction qui n'a pas un but déterminé n'est rien. Je voudrais donner au jeune homme un intérêt sensible à s'instruire, et cet intérêt bien choisi fixerait encore la nature de l'instruction. C'est toujours la suite de la méthode que j'ai tâché de pratiquer.

Or, après s'être considéré par ses rapports physiques avec les autres êtres, par ses rapports moraux avec les autres hommes, il lui reste à se considérer par ses rapports civils avec ses concitoyens. Il faut pour cela qu'il commence par étudier la nature du gouvernement en général, les diverses formes de gouvernement, et enfin le gouvernement particulier sous lequel il est né, pour savoir s'il lui convient d'y vivre ; car, par un droit que rien ne peut abroger, chaque homme, en devenant majeur et maître de lui-même, devient maître aussi de renoncer au contrat par lequel il tient à la communauté, en quittant le pays dans lequel elle est établie. Ce n'est que par le séjour qu'il y fait après l'âge de raison qu'il est censé confirmer tacitement l'engagement qu'ont pris ses ancêtres. Il acquiert le droit de renoncer à sa patrie comme à la succession de son père ; encore le lieu de la naissance étant un don de la nature, cède-t-on du sien en y renonnant. Par le droit rigoureux, chaque homme reste libre à ses risques en quelque lieu qu'il naisse, à moins qu'il ne se soumette volontairement aux lois pour acquérir le droit d'en être protégé.

Je lui dirais donc par exemple : Jusqu'ici vous avez vécu sous ma direction, vous étiez hors d'état de vous gouverner vous-même. Mais vous approchez de l'âge où les lois, vous laissant la disposition de votre bien, vous rendent maître de votre personne. Vous allez vous trouver seul dans la société, dépendant de tout, même de votre patrimoine. Vous avez en vue un établissement ; cette vue est louable, elle est un des devoirs de l'homme ; mais, avant de vous marier, il faut savoir quel homme vous voulez être, à quoi vous voulez passer votre vie, quelles mesures vous voulez prendre pour assurer du pain à vous et à votre famille ; car, bien qu'il ne faille pas faire d'un tel soin sa principale affaire, il y faut pourtant songer une fois. Voulez-vous vous engager dans la dépendance des hommes que vous méprisez ? Voulez-vous établir votre fortune et fixer votre état par des relations civiles qui vous mettront sans cesse à la discrétion d'autrui, et vous forceront, pour échapper aux fripons, de devenir fripon vous-même ?

Là-dessus je lui décrirai tous les moyens possibles de faire valoir son bien, soit dans le commerce, soit dans les charges, soit dans la finance ; et je lui montrerai qu'il n'y en a pas un qui ne lui laisse des risques à courir, qui ne le mette dans un état précaire et dépendant, et ne le force de régler ses mœurs, ses sentiments, sa conduite, sur l'exemple et les préjugés d'autrui.

Il y a, lui dirai-je, un autre moyen d'employer son temps et sa personne, c'est de se mettre au service, c'est-à-dire de se louer à très bon compte pour aller tuer des gens qui ne nous ont point fait de mal. Ce métier est en grande estime parmi les hommes, et ils font un cas extraordinaire de ceux qui ne sont bons qu'à cela. Au surplus, loin de vous dispenser des autres ressources, il ne vous rend que plus nécessaires ; car il entre aussi dans l'honneur de cet état de ruiner ceux qui s'y dévouent. Il est vrai qu'ils ne s'y ruinent pas tous ; la mode vient même insensiblement de s'y enrichir comme dans les autres ; mais je doute qu'en vous expliquant comment s'y prennent pour cela ceux qui réussissent, je vous rende curieux de les imiter.

Vous saurez encore que, dans ce métier même, il ne s'agit plus de courage ni de valeur, si ce n'est peut-être auprès des femmes ; qu'au contraire le plus rampant, le plus bas, le plus servile, est toujours le plus honoré : que si vous vous avisez de vouloir faire tout de bon votre métier, vous serez méprisé, haï, chassé peut-être, tout au moins accablé de passe-droits et supplanté par tous vos camarades, pour avoir fait votre service à la tranchée, tandis qu'ils faisaient le leur à la toilette.

On se doute bien que tous ces emplois ne seront pas fort du goût d'Emile. Eh quoi ! me dira-t-il, ai-je oublié les jeux de mon enfance ? ai-je perdu mes bras ? ma force est-elle épuisée ? ne sais-je plus travailler ? Que m'importe tous vos beaux emplois et toutes les sottes opinions des hommes ? Je ne connais point d'autre gloire que d'être bienfaisant et juste ; je ne connais point d'autre bonheur que de vivre indépendant avec ce qu'on aime, en gagnant tous les jours de l'appétit et de la santé par son travail. Tous ces embarras dont vous me parlez ne me touchent guère. Je ne veux pour tout bien qu'une petite métairie dans quelque coin du monde. Je mettrai toute mon avarice à la faire valoir, et je vivrai sans inquiétude. Sophie et mon champ, et je serai riche.

Oui, mon ami, c'est assez pour le bonheur du sage d'une femme et d'un champ qui soient à lui ; mais ces trésors, bien que modestes, ne sont pas si communs que vous pensez. Le plus rare est trouvé par vous ; parlons de l'autre.

Un champ qui soit à vous, cher Emile ! et dans quel lieu le choisirez-vous ? En quel coin de la terre pourrez-vous dire : Je suis ici mon maître et celui du terrain qui m'appartient ? On sait en quels lieux il est aisé de se faire riche, mais qui sait où l'on peut se passer de l'être ? Qui sait où l'on peut vivre indépendant et libre sans avoir besoin de faire du mal à personne et sans crainte d'en recevoir ? Croyez-vous que le pays où il est toujours permis d'être honnête homme soit si facile à trouver ? S'il est quelque moyen légitime et sûr de subsister sans intrigue, sans affaire, sans dépendance, c'est, j'en conviens, de vivre du travail de ses mains, en cultivant sa propre terre : mais où est l'Etat où l'on peut se dire : La terre que je foule est à moi ? Avant de choisir cette heureuse terre, assurez-vous bien d'y trouver la paix que vous cherchez ; gardez qu'un gouvernement violent, qu'une religion persécutante, que des mœurs perverses ne vous y viennent troubler. Mettez-vous à l'abri des impôts sans mesure qui dévoreraient le fruit de vos peines, des procès sans fin qui consumeraient votre fonds. Faites en sorte qu'en vivant justement vous n'ayez point à faire votre cour à des intendants, à leurs substituts, à des juges, à des prêtres, à de puissants voisins, à des fripons de toute espèce, toujours prêts à vous tourmenter si vous les négligez. Mettez-vous surtout à l'abri des vexations des grands et des riches ; songez que partout leurs terres peuvent confiner à la vigne de Naboth. Si votre malheur veut qu'un homme en place achète ou bâtisse une maison près de votre chaumière, répondez-vous qu'il ne trouvera pas le moyen, sous quelque prétexte, d'envahir votre héritage pour s'arrondir, ou que vous ne verrez pas, dès demain peut-être, absorber toutes vos ressources dans un large grand chemin ? Que si vous vous conservez du crédit pour parer à tous ces inconvénients, autant vaut conserver aussi vos richesses, car elles ne vous coûteront pas plus à garder. La richesse et le crédit s'étayent mutuellement ; l'un se soutient toujours mal sans l'autre.

J'ai plus d'expérience que vous, cher Emile ; je vois mieux la difficulté de votre projet. Il est beau pourtant, il est honnête, il vous rendrait heureux en effet : efforçons-nous de l'exécuter. J'ai une proposition à vous faire : consacrons les deux ans que nous avons pris jusqu'à votre retour à choisir un asile en Europe où vous puissiez vivre heureux avec votre famille, à l'abri de tous les dangers dont je viens de vous parler. Si nous réussissons, vous aurez trouvé le vrai bonheur vainement cherché par tant d'autres, et vous n'aurez pas regret à votre temps. Si nous ne réussissons pas, vous serez guéri d'une chimère ; vous vous consolerez d'un malheur inévitable, et vous vous soumettrez à la loi de la nécessité.

Je ne sais si tous mes lecteurs apercevront jusqu'où va nous mener cette recherche ainsi proposée ; mais je sais bien que si, au retour de ses voyages, commencés et continués dans cette vue, Emile n'en revient pas versé dans toutes les matières de gouvernement, de mœurs publiques, et de maximes d'Etat de toute espèce, il faut que lui ou moi soyons bien dépourvus, l'un d'intelligence, et l'autre de jugement.

Le droit politique est encore à naître, et il est à présumer qu'il ne naîtra jamais. Grotius, le maître de tous nos savants en cette partie, n'est qu'un enfant, et, qui pis est, un enfant de mauvaise foi. Quand j'entends élever Grotius jusqu'aux nues et couvrir Hobbes d'exécration, je vois combien d'hommes sensés lisent ou comprennent ces deux auteurs. La vérité est que leurs principes sont exactement semblables ; ils ne diffèrent que par les expressions. Ils diffèrent aussi par la méthode. Hobbes s'appuie sur des sophismes, et Grotius sur des poètes ; tout le reste leur est commun.

Le seul moderne en état de créer cette grande et inutile science eût été l'illustre Montesquieu. Mais il n'eut garde de traiter des principes du droit politique ; il se contenta de traiter du droit positif des gouvernements établis ; et rien au monde n'est plus différent que ces deux études.

Celui pourtant qui veut juger sainement des gouvernements tels qu'ils existent est obligé de les réunir toutes deux : il faut savoir ce qui doit être pour bien juger de ce qui est. La plus grande difficulté pour éclaircir ces importantes matières est d'intéresser un particulier à les discuter, de répondre à ces deux questions : Que m'importe ? et : Qu'y puis-je faire ? Nous avons mis notre Émile en état de répondre à toutes deux.

La deuxième difficulté vient des préjugés de l'enfance, des maximes dans lesquelles on a été nourri, surtout de la partialité des auteurs, qui, parlant toujours de la vérité dont ils ne se soucient guère, ne songent qu'à leur intérêt dont ils ne parlent point. Or le peuple ne donne ni chaires, ni pensions, ni places d'académies : qu'on juge comment ses droits doivent être établis par ces gens-là ! J'ai fait en sorte que cette difficulté fût encore nulle pour Émile. A peine sait-il ce que c'est que gouvernement ; la seule chose qui lui importe est de trouver le meilleur. Son projet n'est point de faire des livres ; et si jamais il en fait, ce ne sera point pour faire sa cour aux puissances, mais pour établir les droits de l'humanité.

Il reste une troisième difficulté, plus spécieuse que solide, et que je ne veux ni résoudre ni proposer : il me suffit qu'elle n'effraye point mon zèle ; bien sûr qu'en des recherches de cette espèce, de grands talents sont moins nécessaires qu'un sincère amour de la justice et un vrai respect pour la vérité. Si donc les matières de gouvernement peuvent être équitablement traitées, en voici, selon moi, le cas ou jamais.

Avant d'observer, il faut se faire des règles pour ses observations : il faut se faire une échelle pour y rapporter les mesures qu'on prend. Nos principes de droit politique sont cette échelle. Nos mesures sont les lois politiques de chaque pays.

Nos éléments seront clairs, simples, pris immédiatement dans la nature des choses. Ils se formeront des questions discutées entre nous, et que nous ne convertirons en principes que quand elles seront suffisamment résolues.

Par exemple, remontant d'abord à l'état de nature, nous examinerons si les hommes naissent esclaves ou libres, associés ou indépendants; s'ils se réunissent volontairement ou par force; si jamais la force qui les réunit peut former un droit permanent, par lequel cette force antérieure oblige, même quand elle est surmontée par une autre, en sorte que, depuis la force du roi Nembrod, qui, dit-on, lui soumit les premiers peuples, toutes les autres forces qui ont détruit celle-là soient devenues iniques et usurpatoires, et qu'il n'y ait plus de légitimes rois que les descendants de Nembrod ou ses ayants cause; ou bien si cette première force venant à cesser, la force qui lui succède oblige à son tour, et détruit l'obligation de l'autre, en sorte qu'on ne soit obligé d'obéir qu'autant qu'on y est forcé, et qu'on en soit dispensé sitôt qu'on peut faire résistance : droit qui, ce semble, n'ajouterait pas grand-chose à la force, et ne serait guère qu'un jeu de mots.

Nous examinerons si l'on ne peut pas dire que toute maladie vient de Dieu, et s'il s'ensuit pour cela que ce soit un crime d'appeler le médecin.

Nous examinerons encore si l'on est obligé en conscience de donner sa bourse à un bandit qui nous la demande sur le grand chemin, quand même on pourrait la lui cacher; car enfin le pistolet qu'il tient est aussi une puissance.

Si ce mot de puissance en cette occasion veut dire autre chose qu'une puissance légitime, et par conséquent soumise aux lois dont elle tient son être.

Supposé qu'on rejette ce droit de force, et qu'on admette celui de la nature ou l'autorité paternelle comme principe des sociétés, nous rechercherons la mesure de cette autorité, comment elle est fondée dans la nature, si elle a d'autre raison que l'utilité de l'enfant, sa faiblesse et l'amour naturel que le père a pour lui; si donc, la faiblesse de l'enfant venant à cesser, et sa raison à mûrir, il ne devient pas seul juge naturel de ce qui convient à sa conservation, par conséquent son propre maître, et indépendant de tout autre homme, même de son père; car il est encore plus sûr que le fils s'aime lui-même, qu'il n'est sûr que le père aime le fils.

Si, le père mort, les enfants sont tenus d'obéir à leur aîné ou à quelque autre qui n'aura pas pour eux l'attachement naturel d'un père; et si de race en race, il y aura toujours un chef unique, auquel toute la famille soit tenue d'obéir. Auquel cas on chercherait comment l'autorité pourrait jamais être partagée, et de quel droit il y aurait sur la terre entière plus d'un chef qui gouvernât le genre humain.

Supposé que les peuples se fussent formés par choix, nous distinguerons alors le droit du fait; et nous demanderons si, s'étant ainsi soumis à leurs frères, oncles ou parents, non qu'ils y fussent obligés, mais parce qu'ils l'ont bien voulu, cette sorte de société ne rentre pas toujours dans l'association libre et volontaire.

Passant ensuite au droit d'esclavage, nous examinerons si un homme peut légitimement s'aliéner à un autre, sans restriction, sans réserve, sans aucune espèce de condition; c'est-à-dire s'il peut renoncer à sa personne, à sa vie, à sa raison, à *son moi*, à toute moralité dans ses actions, et cesser en un mot d'exister avant sa mort, malgré la nature qui le charge immédiatement de sa propre conservation, et malgré sa conscience et sa raison qui lui prescrivent ce qu'il doit faire et ce dont il doit s'abstenir.

Que s'il y a quelque réserve, quelque restriction dans l'acte d'esclavage, nous discuterons si cet acte ne devient pas alors un vrai contrat, dans lequel chacun des deux contractants, n'ayant point en cette qualité de supérieur commun*, restent leurs propres juges quant aux conditions du contrat, par conséquent libres chacun dans cette partie, et maîtres de le rompre sitôt qu'ils s'estiment lésés.

Que si donc un esclave ne peut s'aliéner sans réserve à son maître, comment un peuple peut-il s'aliéner sans réserve à son chef? et si l'esclave reste juge de l'observation du contrat par son maître, comment le peuple ne restera-t-il pas juge de l'observation du contrat par son chef?

* S'il en avaient un, ce supérieur commun ne serait autre que le souverain; et alors le droit d'esclavage, fondé sur le droit de souveraineté, n'en serait pas le principe.

Forcés de revenir ainsi sur nos pas, et considérant le sens de ce mot collectif de peuple, nous chercherons si, pour l'établir, il ne faut pas un contrat, au moins tacite, antérieur à celui que nous supposons.

Puisque avant de s'élire un roi le peuple est un peuple, qu'est-ce qui l'a fait tel sinon le contrat social ? Le contrat social est donc la base de toute société civile, et c'est dans la nature de cet acte qu'il faut chercher celle de la société qu'il forme.

Nous rechercherons quelle est la teneur de ce contrat, et si l'on ne peut pas à peu près l'énoncer par cette formule : « Chacun de nous met en commun ses biens, sa personne, sa vie, et toute sa puissance, sous la suprême direction de la volonté générale, et nous recevons en corps chaque membre comme partie indivisible du tout. »

Ceci supposé, pour définir les termes dont nous avons besoin, nous remarquerons qu'au lieu de la personne particulière de chaque contractant, cet acte d'association produit un corps moral et collectif, composé d'autant de membres que l'assemblée a de voix. Cette personne publique prend en général le nom de *corps politique*, lequel est appelé par ses membres *Etat* quand il est passif, *souverain* quand il est actif, *puissance* en le comparant à ses semblables. A l'égard des membres eux-mêmes, ils prennent le nom de *peuple* collectivement, et s'appellent en particulier *citoyens*, comme membres de la *cité* ou participants à l'autorité souveraine, et *sujets*, comme soumis à la même autorité.

Nous remarquons que cet acte d'association renferme un engagement réciproque du public et des particuliers, et que chaque individu, contractant pour ainsi dire avec lui-même, se trouve engagé sous un double rapport, savoir comme membre du souverain envers les particuliers, et comme membre de l'Etat envers le souverain.

Nous remarquerons encore que nul n'étant tenu aux engagements qu'on n'a pris qu'avec soi, la délibération publique qui peut obliger tous les sujets envers le souverain, à cause des deux différents rapports sous lesquels chacun d'eux est envisagé, ne peut obliger l'Etat envers lui-même. Par où l'on voit qu'il n'y a ni ne peut y avoir d'autre loi fondamentale proprement dite que le seul pacte social. Ce qui ne signifie pas que le corps politique ne puisse, à certains égards, s'engager envers autrui ; car, par rapport à l'étranger, il devient un être simple, un individu.

Les deux parties contractantes, savoir chaque particulier et le public, n'ayant aucun supérieur commun qui puisse juger leurs différends, nous examinerons si chacun des deux reste le maître de rompre le contrat quand il lui plaît, c'est-à-dire d'y renoncer pour sa part sitôt qu'il se croit lésé.

Pour éclaircir cette question, nous observons que, selon le pacte social, le souverain ne pouvant agir que par des volontés communes et générales, ses actes ne doivent de même avoir que des objets généraux et communs; d'où il suit qu'un particulier ne saurait être lésé directement par le souverain qu'ils ne le soient tous, ce qui ne se peut, puisque ce serait vouloir se faire du mal à soi-même. Ainsi le contrat social n'a jamais besoin d'autre garant que la force publique, parce que la lésion ne peut jamais venir que des particuliers; et alors ils ne sont pas pour cela libres de leur engagement, mais punis de l'avoir violé.

Pour bien décider toutes les questions semblables, nous aurons soin de nous rappeler toujours que le pacte social est d'une nature particulière, et propre à lui seul, en ce que le peuple ne contracte qu'avec lui-même, c'est-à-dire le peuple en corps comme souverain, avec les particuliers comme sujets : condition qui fait tout l'ar-tifice et le jeu de la machine politique, et qui seule rend légitimes, raisonnables et sans danger des engagements qui sans cela seraient absurdes, tyranniques et sujets aux plus énormes abus.

Les particuliers ne s'étant soumis qu'au souverain, et l'autorité souveraine n'étant autre chose que la volonté générale, nous verrons comment chaque homme, obéis-sant au souverain, n'obéit qu'à lui-même, et comment on est plus libre dans le pacte social que dans l'état de nature.

Après avoir fait la comparaison de la liberté naturelle avec la liberté civile quant aux personnes, nous ferons, quant aux biens, celle du droit de propriété avec le droit de souveraineté, du domaine particulier avec le domaine éminent. Si c'est sur le droit de propriété qu'est fondée l'autorité souveraine, ce droit est celui qu'elle doit le plus respecter; il est inviolable et sacré pour elle tant qu'il demeure un droit particulier et individuel; sitôt qu'il est considéré comme commun à tous les citoyens, il est sou-mis à la volonté générale, et cette volonté peut l'anéantir. Ainsi le souverain n'a nul droit de toucher au bien d'un particulier, ni de plusieurs; mais il peut légitimement s'emparer du bien de tous, comme cela se fit à Sparte au temps de Lycurgue, au lieu que l'abolition des dettes par Solon fut un acte illégitime.

Puisque rien n'oblige les sujets que la volonté générale, nous rechercherons comment se manifeste cette volonté, à quels signes on est sûr de la reconnaître, ce que c'est qu'une loi, et quels sont les vrais caractères de la loi. Ce sujet est tout neuf : la définition de la loi est encore à faire.

A l'instant que le peuple considère en particulier un ou plusieurs de ses membres, le peuple se divise. Il se forme entre le tout et sa partie une relation qui en fait deux êtres séparés, dont la partie est l'un, et le tout, moins cette partie, est l'autre. Mais le tout moins une partie n'est pas le tout ; tant que ce rapport subsiste, il n'y a donc plus de tout, mais deux parties inégales.

Au contraire, quand tout le peuple statue sur tout le peuple, il ne considère que lui-même ; et s'il se forme un rapport, c'est de l'objet entier sous un point de vue à l'objet entier sous un autre point de vue, sans aucune division du tout. Alors l'objet sur lequel on statue est général, et la volonté qui statue est aussi générale. Nous examinerons s'il y a quelque autre espèce d'acte qui puisse porter le nom de loi.

Si le souverain ne peut parler que par des lois, et si la loi ne peut jamais avoir qu'un objet général et relatif également à tous les membres de l'Etat, il s'ensuit que le souverain n'a jamais le pouvoir de rien statuer sur un objet particulier ; et, comme il importe cependant à la conservation de l'Etat qu'il soit aussi décidé des choses particulières, nous rechercherons comment cela peut se faire.

Les actes du souverain ne peuvent être que des actes de volonté générale, des lois ; il faut ensuite des actes déterminants, des actes de force ou de gouvernement, pour l'exécution de ces mêmes lois ; et ceux-ci, au contraire, ne peuvent avoir que des objets particuliers. Ainsi l'acte par lequel le souverain statue qu'on élira un chef est une loi, et l'acte par lequel on élit ce chef en exécution de la loi n'est qu'un acte de gouvernement.

Voici donc un troisième rapport sous lequel le peuple assemblé peut être considéré, savoir comme magistrat ou exécuteur de la loi qu'il a portée comme souverain *.

---

* Ces questions et propositions sont la plupart extraites du *Traité du Contrat social*, extrait lui-même d'un plus grand ouvrage, entrepris sans consulter mes forces, et abandonné depuis longtemps. Le petit traité que j'en ai détaché, et dont c'est ici le sommaire, sera publié à part.

Nous examinerons s'il est possible que le peuple se dépouille de son droit de souveraineté pour en revêtir un homme ou plusieurs; car l'acte d'élection n'étant pas une loi, et dans cet acte le peuple n'étant pas souverain lui-même, on ne voit point comment alors il peut transférer un droit qu'il n'a pas.

L'essence de la souveraineté consistant dans la volonté générale, on ne voit point non plus comment on peut s'assurer qu'une volonté particulière sera toujours d'accord avec cette volonté générale. On doit bien plutôt présumer qu'elle y sera souvent contraire; car l'intérêt privé tend toujours aux préférences, et l'intérêt public à l'égalité; et, quand cet accord serait possible, il suffirait qu'il ne fût pas nécessaire et indestructible pour que le droit souverain n'en pût résulter.

Nous rechercherons si, sans violer le pacte social, les chefs du peuple, sous quelque nom qu'ils soient élus, peuvent jamais être autre chose que les officiers du peuple, auxquels il ordonne de faire exécuter les lois; si ces chefs ne lui doivent pas compte de leur administration, et ne sont pas soumis eux-mêmes aux lois qu'ils sont chargés de faire observer.

Si le peuple ne peut aliéner son droit suprême, peut-il le confier pour un temps? s'il ne peut se donner un maître, peut-il se donner des représentants? cette question est importante et mérite discussion.

Si le peuple ne peut avoir ni souverain ni représentants, nous examinerons comment il peut porter ses lois lui-même; s'il doit avoir beaucoup de lois; s'il doit les changer souvent; s'il est aisé qu'un grand peuple soit son propre législateur;

Si le peuple romain n'était pas un grand peuple;

S'il est bon qu'il y ait de grands peuples.

Il suit des considérations précédentes qu'il y a dans l'Etat un corps intermédiaire entre les sujets et le souverain; et ce corps intermédiaire, formé d'un ou de plusieurs membres, est chargé de l'administration publique, de l'exécution des lois, et du maintien de la liberté civile et politique.

Les membres de ce corps s'appellent *magistrats* ou *rois*, c'est-à-dire gouverneurs. Le corps entier, considéré par les hommes qui le composent, s'appelle *prince*, et, considéré par son action, s'appelle *gouvernement*.

Si nous considérons l'action du corps entier agissant sur lui-même, c'est-à-dire le rapport du tout au tout, ou du souverain à l'Etat, nous pouvons comparer ce rapport à celui des extrêmes d'une proportion continue, dont le gouvernement donne le moyen terme. Le magistrat reçoit du souverain les ordres qu'il donne au peuple; et, tout compensé, son produit ou sa puissance est au même degré que le produit ou la puissance des citoyens, qui sont sujets d'un côté et souverains de l'autre. On ne saurait altérer aucun des trois termes sans rompre à l'instant la proportion. Si le souverain veut gouverner, ou si le prince veut donner des lois, ou si le sujet refuse d'obéir, le désordre succède à la règle, et l'Etat dissous tombe dans le despotisme ou dans l'anarchie.

Supposons que l'Etat soit composé de dix mille citoyens. Le souverain ne peut être considéré que collectivement et en corps; mais chaque particulier a, comme sujet, une existence individuelle et indépendante. Ainsi le souverain est au sujet comme dix mille à un; c'est-à-dire que chaque membre de l'Etat n'a pour sa part que la dix-millième partie de l'autorité souveraine, quoiqu'il lui soit soumis tout entier. Que le peuple soit composé de cent mille hommes, l'état des sujets ne change pas et chacun porte toujours tout l'empire des lois, tandis que son suffrage, réduit à un cent-millième, a dix fois moins d'influence dans leur rédaction. Ainsi, le sujet restant toujours un, le rapport du souverain augmente en raison du nombre des citoyens. D'où il suit que plus l'Etat s'agrandit, plus la liberté diminue.

Or, moins les volontés particulières se rapportent à la volonté générale, c'est-à-dire les mœurs aux lois, plus la force réprimante doit augmenter. D'un autre côté, la grandeur de l'Etat donnant aux dépositaires de l'autorité publique plus de tentations et de moyens d'en abuser, plus le gouvernement a de force pour contenir le peuple, plus le souverain doit en avoir à son tour pour contenir le gouvernement.

Il suit de ce double rapport que la proportion continue entre le souverain, le prince et le peuple n'est point une idée arbitraire, mais une conséquence de la nature de l'Etat. Il suit encore que l'un des extrêmes, savoir le peuple, étant fixe, toutes les fois que la raison doublée augmente ou diminue, la raison simple augmente ou diminue à son tour; ce qui ne peut se faire sans que le moyen terme change autant de fois. D'où nous pouvons tirer cette conséquence, qu'il n'y a pas une constitution de gouvernement unique et absolue, mais qu'il doit y avoir autant de gouvernements différents en nature qu'il y a d'Etats différents en grandeur.

Si plus le peuple est nombreux, moins les mœurs se rapportent aux lois, nous examinerons si, par une analogie assez évidente, on ne peut pas dire aussi que plus les magistrats sont nombreux, plus le gouvernement est faible.

Pour éclaircir cette maxime, nous distinguerons dans la personne de chaque magistrat trois volontés essentiellement différentes : premièrement, la volonté propre de l'individu, qui ne tend qu'à son avantage particulier; secondement, la volonté commune des magistrats, qui se rapporte uniquement au profit du prince; volonté qu'on peut appeler volonté de corps, laquelle est générale par rapport au gouvernement, et particulière par rapport à l'Etat dont le gouvernement fait partie; en troisième lieu, la volonté du peuple ou la volonté souveraine, laquelle est générale, tant par rapport à l'Etat considéré comme le tout, que par rapport au gouvernement considéré comme partie du tout. Dans une législation parfaite, la volonté particulière et individuelle doit être presque nulle; la volonté de corps propre au gouvernement très subordonnée; et par conséquent la volonté générale et souveraine est la règle de toutes les autres. Au contraire, selon l'ordre naturel, ces différentes volontés deviennent plus actives à mesure qu'elles se concentrent; la volonté générale est toujours la plus faible, la volonté de corps a le second rang, et la volonté particulière est préférée à tout; en sorte que chacun est premièrement soi-même, et puis magistrat, et puis citoyen : gradation directement opposée à celle qu'exige l'ordre social.

Cela posé, nous supposerons le gouvernement entre les mains d'un seul homme. Voilà la volonté particulière et la volonté de corps parfaitement réunies, et par conséquent celle-ci au plus haut degré d'intensité qu'elle puisse avoir. Or, comme c'est de ce degré que dépend l'usage de la force, et que la force absolue du gouvernement, étant toujours celle du peuple, ne varie point, il s'ensuit que le plus actif des gouvernements est celui d'un seul.

Au contraire, unissons le gouvernement à l'autorité suprême, faisons le prince du souverain, et des citoyens autant de magistrats : alors la volonté de corps, parfaitement confondue avec la volonté générale, n'aura pas plus d'activité qu'elle, et laissera la volonté particulière dans toute sa force. Ainsi le gouvernement, toujours avec la même force absolue, sera dans son *minimum* d'activité.

Ces règles sont incontestables, et d'autres considérations servent à les confirmer. On voit, par exemple, que les magistrats sont plus actifs dans leur corps que le citoyen n'est dans le sien, et que par conséquent la volonté particulière y a beaucoup plus d'influence. Car chaque magistrat est presque toujours chargé de quelque fonction particulière du gouvernement ; au lieu que chaque citoyen pris à part n'a aucune fonction de la souveraineté. D'ailleurs, plus l'Etat s'étend, plus sa force réelle augmente, quoiqu'elle n'augmente pas en raison de son étendue ; mais, l'Etat restant le même, les magistrats ont beau se multiplier, le gouvernement n'en acquiert pas une plus grande force réelle, parce qu'il est dépositaire de celle de l'Etat, que nous supposons toujours égale. Ainsi, par cette pluralité, l'activité du gouvernement diminue sans que sa force puisse augmenter.

Après avoir trouvé que le gouvernement se relâche à mesure que les magistrats se multiplient, et que, plus le peuple est nombreux, plus la force réprimante du gouvernement doit augmenter, nous conclurons que le rapport des magistrats au gouvernement doit être inverse de celui des sujets au souverain ; c'est-à-dire que plus l'Etat s'agrandit, plus le gouvernement doit se resserrer, tellement que le nombre des chefs diminue en raison de l'augmentation du peuple.

Pour fixer ensuite cette diversité de formes sous des dénominations plus précises, nous remarquerons en premier lieu que le souverain peut commettre le dépôt du gouvernement à tout le peuple ou à la plus grande partie du peuple, en sorte qu'il y ait plus de citoyens magistrats que de citoyens simples particuliers. On donne le nom de *démocratie* à cette forme de gouvernement.

Ou bien il peut resserrer le gouvernement entre les mains d'un nombre moindre, en sorte qu'il y ait plus de simples citoyens que de magistrats ; et cette forme porte le nom d'*aristocratie*.

Enfin il peut concentrer tout le gouvernement entre les mains d'un magistrat unique. Cette troisième forme est la plus commune, et s'appelle *monarchie* ou gouvernement royal.

Nous remarquerons que toutes ces formes, ou du moins les deux premières, sont susceptibles de plus et de moins, et ont même une assez grande latitude. Car la démocratie peut embrasser tout le peuple ou se resserrer jusqu'à la moitié. L'aristocratie, à son tour, peut de la moitié du peuple se resserrer indéterminément jusqu'aux plus petits nombres. La royauté même admet quelquefois un partage, soit entre le père et le fils, soit entre deux frères, soit autrement. Il y avait toujours deux rois à Sparte, et l'on a vu dans l'empire romain jusqu'à huit empereurs à la fois, sans qu'on pût dire que l'empire fût divisé. Il y a un point où chaque forme de gouvernement se confond avec la suivante ; et, sous trois dénominations spécifiques, le gouvernement est réellement capable d'autant de formes que l'Etat a de citoyens.

Il y a plus : chacun de ces gouvernements pouvant à certains égards se subdiviser en diverses parties, l'une administrée d'une manière et l'autre d'une autre, il peut résulter de ces trois formes combinées une multitude de formes mixtes, dont chacune est multipliable par toutes les formes simples.

On a de tout temps beaucoup disputé la meilleure forme de gouvernement, sans considérer que chacune est la meilleure en certains cas, et la pire en d'autres. Pour nous, si, dans les différents Etats, le nombre des magistrats * doit être inverse de celui des citoyens, nous conclurons qu'en général le gouvernement démocratique convient aux petits Etats, l'aristocratique aux médiocres, et le monarchique aux grands.

C'est par le fil de ces recherches que nous parviendrons à savoir quels sont les devoirs et les droits des citoyens, et si l'on peut séparer les uns des autres ; ce que c'est que la patrie, en quoi précisément elle consiste, et à quoi chacun peut connaître s'il a une patrie ou s'il n'en a point.

Après avoir ainsi considéré chaque espèce de société civile en elle-même, nous les comparerons pour en observer les divers rapports : les unes grandes, les autres petites ; les unes fortes, les autres faibles ; s'attaquant, s'offensant, s'entre-détruisant ; et, dans cette action et réaction continuelle, faisant plus de misérables et coûtant la vie à plus d'hommes que s'ils avaient tous gardé leur première liberté. Nous examinerons si l'on n'en a pas fait trop ou trop peu dans l'institution sociale ; si les individus

---

* On se souviendra que je n'entends parler ici que de magistrats suprêmes ou chefs de la nation, les autres n'étant que leurs substituts en telle ou telle partie.

soumis aux lois et aux hommes, tandis que les sociétés gardent entre elles l'indépendance de la nature, ne restent pas exposés aux maux des deux Etats, sans en avoir les avantages, et s'il ne vaudrait pas mieux qu'il n'y eût point de société civile au monde que d'y en avoir plusieurs. N'est-ce pas cet Etat mixte qui participe à tous les deux et n'assure ni l'un ni l'autre, *per quem neutrum licet, nec tanquam in bello paratum esse, nec tanquam in pace securum ?* N'est-ce pas cette association partielle et imparfaite qui produit la tyrannie et la guerre ? et la tyrannie et la guerre ne sont-elles pas les plus grands fléaux de l'humanité ?

Nous examinerons enfin l'espèce de remèdes qu'on a cherchés à ces inconvénients par les ligues et confédérations, qui, laissant chaque Etat son maître au dedans, l'arment au dehors contre tout agresseur injuste. Nous rechercherons comment on peut établir une bonne association fédérative, ce qui peut la rendre durable, et jusqu'à quel point on peut étendre le droit de la confédération sans nuire à celui de la souveraineté.

L'abbé de Saint-Pierre avait proposé une association de tous les Etats de l'Europe pour maintenir entre eux une paix perpétuelle. Cette association était-elle praticable ? et, supposant qu'elle eût été établie, était-il à présumer qu'elle eût duré ? * Ces recherches nous mènent directement à toutes les questions de droit public qui peuvent achever d'éclaircir celles du droit politique.

Enfin nous poserons les vrais principes du droit de la guerre, et nous examinerons pourquoi Grotius et les autres n'en ont donné que de faux.

Je ne serais pas étonné qu'au milieu de tous nos raisonnements, mon jeune homme, qui a du bon sens, me dît en m'interrompant : On dirait que nous bâtissons notre édifice avec du bois, et non pas avec des hommes, tant nous alignons exactement chaque pièce à la règle ! Il est vrai, mon ami ; mais songez que le droit ne se plie point aux passions des hommes, et qu'il s'agissait entre nous d'établir les vrais principes du droit politique. A présent que nos fondements sont posés, venez examiner ce que les hommes ont bâti dessus, et vous verrez de belles choses !

---

* Depuis que j'écrivais ceci, les raisons *pour* ont été exposées dans l'extrait de ce projet ; les raisons *contre*, du moins celles qui m'ont paru solides, se trouveront dans le recueil de mes écrits, à la suite de ce même extrait.

Alors je lui fais lire *Télémaque* et poursuivre sa route; nous cherchons l'heureuse Salente, et le bon Idoménée rendu sage à force de malheurs. Chemin faisant, nous trouvons beaucoup de Protésilas, et point de Philoclès. Adraste, roi de Dauniens, n'est pas non plus introuvable. Mais laissons les lecteurs imaginer nos voyages, ou les faire à notre place un *Télémaque* à la main; et ne leur suggérons point des applications affligeantes que l'auteur même écarte ou fait malgré lui.

Au reste, Emile n'étant pas roi, ni moi dieu, nous ne nous tourmentons point de ne pouvoir imiter Télémaque et Mentor dans le bien qu'ils faisaient aux hommes : personne ne sait mieux que nous se tenir à sa place, et ne désire moins d'en sortir. Nous savons que la même tâche est donnée à tous; que quiconque aime le bien de tout son cœur, et le fait de tout son pouvoir, l'a remplie. Nous savons que Télémaque et Mentor sont des chimères. Emile ne voyage pas en homme oisif, et fait plus de bien que s'il était prince. Si nous étions rois, nous ne serions plus bienfaisants. Si nous étions rois et bienfaisants, nous ferions sans le savoir mille maux réels pour un bien apparent que nous croirions faire. Si nous étions rois et sages, le premier bien que nous voudrions faire à nous-mêmes et aux autres serait d'abdiquer la royauté et de redevenir ce que nous sommes.

J'ai dit ce qui rend les voyages infructueux à tout le monde. Ce qui les rend encore plus infructueux à la jeunesse, c'est la manière dont on les lui fait faire. Les gouverneurs, plus curieux de leur amusement que de son instruction, la mènent de ville en ville, de palais en palais, de cercle en cercle; ou, s'ils sont savants et gens de lettres, ils lui font passer son temps à courir des bibliothèques, à visiter des antiquaires, à fouiller de vieux monuments, à transcrire de vieilles inscriptions. Dans chaque pays, ils s'occupent d'un autre siècle; c'est comme s'ils s'occupaient d'un autre pays; en sorte qu'après avoir à grands frais parcouru l'Europe, livrés aux frivolités ou à l'ennui, ils reviennent sans avoir rien vu de ce qui peut les intéresser, ni rien appris de ce qui peut leur être utile.

Toutes les capitales se ressemblent, tous les peuples s'y mêlent, toutes les mœurs s'y confondent; ce n'est pas là qu'il faut aller étudier les nations. Paris et Londres ne sont à mes yeux que la même ville. Leurs habitants ont quelques préjugés différents, mais ils n'en ont pas moins les uns que les autres, et toutes leurs maximes pratiques sont les mêmes. On sait quelles espèces d'hommes doivent se rassembler dans les cours. On sait quelles mœurs l'entassement du peuple et l'inégalité des fortunes doit partout produire. Sitôt qu'on me parle d'une ville composée de deux cent mille âmes, je sais d'avance comment on y vit. Ce que je saurais de plus sur les lieux ne vaut pas la peine d'aller l'apprendre.

C'est dans les provinces reculées, où il y a moins de mouvement, de commerce, où les étrangers voyagent moins, dont les habitants se déplacent moins, changent moins de fortune et d'état, qu'il faut aller étudier le génie et les mœurs d'une nation. Voyez en passant la capitale, mais allez observer au loin le pays. Les Français ne sont pas à Paris, ils sont en Touraine; les Anglais sont plus Anglais en Mercie qu'à Londres et les Espagnols plus Espagnols en Galice qu'à Madrid. C'est à ces grandes distances qu'un peuple se caractérise et se montre tel qu'il est sans mélange; c'est là que les bons et les mauvais effets du gouvernement se font mieux sentir, comme au bout d'un plus grand rayon la mesure des arcs est plus exacte.

Les rapports nécessaires des mœurs au gouvernement ont été si bien exposés dans le livre de l'*Esprit des Lois*, qu'on ne peut mieux faire que de recourir à cet ouvrage pour étudier ces rapports. Mais, en général, il y a deux règles faciles et simples pour juger de la bonté relative des gouvernements. L'une est la population. Dans tout pays qui se dépeuple, l'Etat tend à sa ruine; et le pays qui peuple le plus, fût-il le plus pauvre, est infailliblement le mieux gouverné *.

Mais il faut pour cela que cette population soit un effet naturel du gouvernement et des mœurs; car, si elle se faisait par des colonies, ou par d'autres voies accidentelles et passagères, alors elles prouveraient le mal par le remède. Quand Auguste porta des lois contre le célibat, ces lois montraient déjà le déclin de l'empire romain. Il faut que la bonté du gouvernement porte les citoyens à se marier, et non pas que la loi les y contraigne; il ne faut pas examiner ce qui se fait par force, car la loi qui combat la constitution s'élude et devient vaine, mais ce qui se fait par l'influence des mœurs et par la pente naturelle du gouvernement; car ces moyens ont seuls un effet

_____

* Je ne sache qu'une seule exception à cette règle, c'est la Chine.

constant. C'était la politique du bon abbé de Saint-Pierre de chercher toujours un petit remède à chaque mal particulier, au lieu de remonter à leur source commune, et de voir qu'on ne les pouvait guérir que tous à la fois. Il ne s'agit pas de traiter séparément chaque ulcère qui vient sur le corps d'un malade, mais d'épurer la masse du sang qui les produit tous. On dit qu'il y a des prix en Angleterre pour l'agriculture; je n'en veux pas davantage : cela me prouve qu'elle n'y brillera pas longtemps.

La seconde marque de la bonté relative du gouvernement et des lois se tire aussi de la population, mais d'une autre manière, c'est-à-dire de sa distribution, et non pas de sa quantité. Deux Etats égaux en grandeur et en nombre d'hommes peuvent être fort inégaux en force; et le plus puissant des deux est toujours celui dont les habitants sont le plus également répandus sur le territoire; celui qui n'a pas de si grandes villes, et qui par conséquent brille le moins, battra toujours l'autre. Ce sont les grandes villes qui épuisent un Etat et font sa faiblesse : la richesse qu'elles produisent est une richesse apparente et illusoire; c'est beaucoup d'argent et peu d'effet. On dit que la ville de Paris vaut une province au roi de France; mais je crois qu'elle lui en coûte plusieurs; que c'est à plus d'un égard que Paris est nourri par les provinces, et que la plupart de leurs revenus se versent dans cette ville et y restent, sans jamais retourner au peuple ni au roi. Il est inconcevable que, dans ce siècle de calculateurs, il n'y en ait pas un qui sache voir que la France serait beaucoup plus puissante si Paris était anéanti. Non seulement le peuple mal distribué n'est pas avantageux à l'Etat, mais il est plus ruineux que la dépopulation même, en ce que la dépopulation ne donne qu'un produit nul, et que la consommation mal entendue donne un produit négatif. Quand j'entends un Français et un Anglais, tout fiers de la grandeur de leurs capitales, disputer entre eux lequel de Paris ou de Londres contient le plus d'habitants, c'est pour moi comme s'ils disputaient ensemble lequel des deux peuples a l'honneur d'être le plus mal gouverné.

Etudiez un peuple hors de ses villes, ce n'est qu'ainsi que vous le connaîtrez. Ce n'est rien de voir la forme apparente d'un gouvernement, fardée par l'appareil de l'administration et par le jargon des administrateurs, si l'on n'en étudie aussi la nature par les effets qu'il pro-

duit sur le peuple et dans tous les degrés de l'administration. La différence de la forme au fond se trouvant
partagée entre tous ces degrés, ce n'est qu'en les embrassant tous qu'on connaît cette différence. Dans tel pays,
c'est par les manœuvres des subdélégués qu'on commence
à sentir l'esprit du ministère; dans tel autre, il faut voir
élire les membres du parlement pour juger s'il est vrai que
la nation soit libre; dans quelque pays que ce soit, il est
impossible que qui n'a vu que les villes connaisse le gouvernement, attendu que l'esprit n'en est jamais le même
pour la ville et pour la campagne. Or, c'est la campagne
qui fait le pays, et c'est le peuple de la campagne qui
fait la nation.

Cette étude des divers peuples dans leurs provinces
reculées, et dans la simplicité de leur génie originel,
donne une observation générale bien favorable à mon
épigraphe, et bien consolante pour le cœur humain;
c'est que toutes les nations, ainsi observées, paraissent
en valoir beaucoup mieux; plus elles se rapprochent de la
nature, plus la bonté domine dans leur caractère; ce n'est
qu'en se renfermant dans les villes, ce n'est qu'en s'al-
térant à force de culture, qu'elles se dépravent, et
qu'elles changent en vices agréables et pernicieux
quelques défauts plus grossiers que malfaisants.

De cette observation résulte un nouvel avantage dans
la manière de voyager que je propose, en ce que les jeunes
gens, séjournant peu dans les grandes villes où règne une
horrible corruption, sont moins exposés à la contracter,
et conservent parmi des hommes plus simples, et dans
des sociétés moins nombreuses, un jugement plus sûr,
un goût plus sain, des mœurs plus honnêtes. Mais, au
reste, cette contagion n'est guère à craindre pour mon
Emile; il a tout ce qu'il faut pour s'en garantir. Parmi
toutes les précautions que j'ai prises pour cela, je
compte pour beaucoup l'attachement qu'il a dans le
cœur.

On ne sait plus ce que peut le véritable amour sur les
inclinations des jeunes gens, parce que, ne le connaissant
pas mieux qu'eux, ceux qui les gouvernent les en détournent. Il faut pourtant qu'un jeune homme aime ou qu'il
soit débauché. Il est aisé d'en imposer par les apparences.
On me citera mille jeunes gens qui, dit-on, vivent fort
chastement sans amour; mais qu'on me cite un homme
fait, un véritable homme qui dise avoir ainsi passé sa
jeunesse, et qui soit de bonne foi. Dans toutes les vertus,

dans tous les devoirs, on ne cherche que l'apparence ; moi, je cherche la réalité, et je suis trompé s'il y a, pour y parvenir, d'autres moyens que ceux que je donne.

L'idée de rendre Emile amoureux avant de le faire voyager n'est pas de mon invention. Voici le trait qui me l'a suggérée.

J'étais à Venise en visite chez le gouverneur d'un jeune Anglais. C'était en hiver, nous étions autour du feu. Le gouverneur reçoit ses lettres de la poste. Il les lit, et puis en relit une tout haut à son élève. Elle était en anglais : je n'y compris rien ; mais, durant la lecture, je vis le jeune homme déchirer de très belles manchettes de point qu'il portait, et les jeter au feu l'une après l'autre, le plus doucement qu'il put, afin qu'on ne s'en aperçût pas. Surpris de ce caprice, je le regarde au visage, et je crois y voir de l'émotion ; mais les signes extérieurs des passions, quoique assez semblables chez tous les hommes, ont des différences nationales sur lesquelles il est facile de se tromper. Les peuples ont divers langages sur le visage, aussi bien que dans la bouche. J'attends la fin de la lecture, et puis montrant au gouverneur les poignets nus de son élève, qu'il cachait pourtant de son mieux, je lui dis : Peut-on savoir ce que cela signifie ?

Le gouverneur, voyant ce qui s'était passé, se mit à rire, embrassa son élève d'un air de satisfaction ; et, après avoir obtenu son consentement, il me donna l'explication que je souhaitais.

Les manchettes, me dit-il, que M. John vient de déchirer sont un présent qu'une dame de cette ville lui a fait il n'y a pas longtemps. Or vous saurez que M. John est promis dans son pays à une jeune demoiselle pour laquelle il a beaucoup d'amour, et qui en mérite encore davantage. Cette lettre est de la mère de sa maîtresse, et je vais vous en traduire l'endroit qui a causé le dégât dont vous avez été le témoin.

« Lucy ne quitte point les manchettes de lord John. Miss Betty Roldham vint hier passer l'après-midi avec elle, et voulut à toute force travailler à son ouvrage. Sachant que Lucy s'était levée aujourd'hui plus tôt qu'à l'ordinaire, j'ai voulu voir ce qu'elle faisait, et je l'ai trouvée occupée à défaire tout ce qu'avait fait hier miss Betty. Elle ne veut pas qu'il y ait dans son présent un seul point d'une autre main que la sienne. »

M. John sortit un moment après pour prendre d'autres

manchettes, et je dis à son gouverneur : Vous avez un élève d'un excellent naturel ; mais parlez-moi vrai, la lettre de la mère de miss Lucy n'est-elle point arrangée ? N'est-ce point un expédient de votre façon contre la dame aux manchettes ? Non, me dit-il, la chose est réelle ; je n'ai pas mis tant d'art à mes soins ; j'y ai mis de la simplicité, du zèle, et Dieu a béni mon travail.

Le trait de ce jeune homme n'est point sorti de ma mémoire : il n'était pas propre à ne rien produire dans la tête d'un rêveur comme moi.

Il est temps de finir. Ramenons lord John à miss Lucy, c'est-à-dire Emile à Sophie. Il lui rapporte, avec un cœur non moins tendre qu'avant son départ, un esprit plus éclairé, et il rapporte dans son pays l'avantage d'avoir connu les gouvernements par tous leurs vices, et les peuples par toutes leurs vertus. J'ai même pris soin qu'il se liât dans chaque nation avec quelque homme de mérite par un traité d'hospitalité à la manière des anciens, et je ne serai pas fâché qu'il cultive ces connaissances par un commerce de lettres. Outre qu'il peut être utile et qu'il est toujours agréable d'avoir des correspondances dans les pays éloignés, c'est une excellente précaution contre l'empire des préjugés nationaux, qui, nous attaquant toute la vie, ont tôt ou tard quelque prise sur nous. Rien n'est plus propre à leur ôter cette prise que le commerce désintéressé de gens sensés qu'on estime, lesquels, n'ayant point ces préjugés et les combattant par les leurs, nous donnent les moyens d'opposer sans cesse les uns aux autres, et de nous garantir ainsi de tous. Ce n'est point la même chose de commercer avec les étrangers chez nous ou chez eux. Dans le premier cas, ils ont toujours pour le pays où ils vivent un ménagement qui leur fait déguiser ce qu'ils en pensent, ou qui leur en fait penser favorablement tandis qu'ils y sont ; de retour chez eux, ils en rabattent, et ne sont que justes. Je serais bien aise que l'étranger que je consulte eût vu mon pays, mais je ne lui en demanderai son avis que dans le sien.

Après avoir presque employé deux ans à parcourir quelques-uns des grands Etats de l'Europe et beaucoup plus des petits ; après en avoir appris les deux ou trois principales langues ; après y avoir vu ce qu'il y a de vraiment curieux, soit en histoire naturelle, soit en gouvernement, soit en arts, soit en hommes, Emile, dévoré d'impatience, m'avertit que notre terme approche. Alors je lui dis : Eh bien! mon ami, vous vous souvenez du principal objet de nos voyages; vous avez vu, vous avez observé : quel est enfin le résultat de vos observations? A quoi vous fixez-vous? Ou je me suis trompé dans ma méthode, ou il doit me répondre à peu près ainsi :

« A quoi je me fixe? à rester tel que vous m'avez fait être, et à n'ajouter volontairement aucune autre chaîne à celle dont me chargent la nature et les lois. Plus j'examine l'ouvrage des hommes dans leurs institutions, plus je vois qu'à force de vouloir être indépendants, ils se font esclaves, et qu'ils usent leur liberté même en vains efforts pour l'assurer. Pour ne pas céder au torrent des choses, ils se font mille attachements; puis, sitôt qu'ils veulent faire un pas, ils ne peuvent, et sont étonnés de tenir à tout. Il me semble que pour se rendre libre on n'a rien à faire; il suffit de ne pas vouloir cesser de l'être. C'est vous, ô mon maître, qui m'avez fait libre en m'apprenant à céder à la nécessité. Qu'elle vienne quand il lui plaît, je m'y laisse entraîner sans contrainte; et comme je ne veux pas la combattre, je ne m'attache à rien pour me retenir. J'ai cherché dans mes voyages si je trouverais quelque coin de terre où je pusse être absolument mien; mais en quel lieu parmi les hommes ne dépend-on plus de leurs passions? Tout bien examiné, j'ai trouvé que mon souhait même était contradictoire; car, dussé-je ne tenir à nulle autre chose, je tiendrais au moins à la terre où je me serais fixé; ma vie serait attachée à cette terre comme celle des dryades l'était à leurs arbres; j'ai trouvé qu'empire et liberté étant deux mots incompatibles, je ne pouvais être maître d'une chaumière qu'en cessant de l'être de moi.

Hoc erat in votis : modus agri non ita magnus.

« Je me souviens que mes biens furent la cause de nos recherches. Vous prouviez très solidement que je ne pouvais garder à la fois ma richesse et ma liberté; mais quand vous vouliez que je fusse à la fois libre et sans besoins, vous vouliez deux choses incompatibles, car je ne saurais me tirer de la dépendance des hommes qu'en rentrant sous celle de la nature. Que ferai-je donc avec la fortune que mes parents m'ont laissée? Je commencerai par n'en point dépendre; je relâcherai tous les liens qui m'y attachent. Si on me la laisse, elle me restera; si on me l'ôte, on ne m'entraînera point avec elle. Je ne me tourmenterai point pour la retenir, mais je resterai ferme à ma place. Riche ou pauvre, je serai libre. Je ne le serai point seulement en tel pays, en telle contrée; je le serai par toute la terre. Pour moi toutes les chaînes de l'opinion sont brisées; je ne connais que celle de la nécessité. J'appris à les porter

dès ma naissance, et je les porterai jusqu'à la mort, car
je suis homme; et pourquoi ne saurais-je pas les porter
étant libre, puisque étant esclave il les faudrait bien porter
encore, et celle de l'esclavage pour surcroît ?

« Que m'importe ma condition sur la terre ? que m'importe où que je sois ? Partout où il y a des hommes, je suis
chez mes frères; partout où il n'y en a pas, je suis chez moi.
Tant que je pourrai rester indépendant et riche, j'ai du
bien pour vivre, et je vivrai. Quand mon bien m'assujet-
tira, je l'abandonnerai sans peine; j'ai des bras pour travailler, et je vivrai. Quand mes bras me manqueront, je
vivrai si l'on me nourrit, je mourrai si l'on m'abandonne;
je mourrai bien aussi quoiqu'on ne m'abandonne pas;
car la mort n'est pas une peine de la pauvreté, mais une
loi de la nature. Dans quelque temps que la mort vienne,
je la défie, elle ne me surprendra jamais faisant des pré-
paratifs pour vivre; elle ne m'empêchera jamais d'avoir
vécu.

« Voilà, mon père, à quoi je me fixe. Si j'étais sans passions, je serais, dans mon état d'homme, indépendant
comme Dieu même, puisque, ne voulant que ce qui est,
je n'aurais jamais à lutter contre la destinée. Au moins
je n'ai qu'une chaîne, c'est la seule que je porterai jamais,
et je puis m'en glorifier. Venez donc, donnez-moi Sophie,
et je suis libre. »

« — Cher Emile, je suis bien aise d'entendre sortir de
ta bouche des discours d'homme, et d'en voir les sentiments dans ton cœur. Ce désintéressement outré ne me
déplaît pas à ton âge. Il diminuera quand tu auras des
enfants, et tu seras alors précisément ce que doit être un
bon père de famille et un homme sage. Avant tes voyages
je savais quel en serait l'effet; je savais qu'en regardant
de près nos institutions, tu serais bien éloigné d'y prendre
la confiance qu'elles ne méritent pas. C'est en vain qu'on
aspire à la liberté sous la sauvegarde des lois. Des lois!
où est-ce qu'il y en a, et où est-ce qu'elles sont respec-
tées ? Partout tu n'as vu régner sous ce nom que l'intérêt
particulier et les passions des hommes. Mais les lois
éternelles de la nature et de l'ordre existent. Elles tiennent
lieu de loi positive au sage; elles sont écrites au fond de
son cœur par la conscience et par la raison; c'est à celles-
là qu'il doit s'asservir pour être libre; et il n'y a d'esclave
que celui qui fait mal, car il le fait toujours malgré lui.
La liberté n'est dans aucune forme de gouvernement, elle
est dans le cœur de l'homme libre; il la porte partout
avec lui. L'homme vil porte partout la servitude. L'un
serait esclave à Genève, et l'autre libre à Paris.

« Si je te parlais des devoirs du citoyen, tu me demanderais peut-être où est la patrie, et tu croirais m'avoir
confondu. Tu te tromperais pourtant, cher Emile; car qui
n'a pas une patrie a du moins un pays. Il y a toujours

un gouvernement et des simulacres de lois sous lesquels il a vécu tranquille. Que le contrat social n'ait point été observé, qu'importe, si l'intérêt particulier l'a protégé comme aurait fait la volonté générale, si la violence publique l'a garanti des violences particulières, si le mal qu'il a vu faire lui a fait aimer ce qui était bien, et si nos institutions mêmes lui ont fait connaître et haïr leurs propres iniquités ? O Emile ! où est l'homme de bien qui ne doit rien à son pays ? Quel qu'il soit, il lui doit ce qu'il y a de plus précieux pour l'homme, la moralité de ses actions et l'amour de la vertu. Né dans le fond d'un bois, il eût vécu plus heureux et plus libre ; mais n'ayant rien à combattre pour suivre ses penchants, il eût été bon sans mérite, il n'eût point été vertueux, et maintenant il sait l'être malgré ses passions. La seule apparence de l'ordre le porte à le connaître, à l'aimer. Le bien public, qui ne sert que de prétexte aux autres, est pour lui seul un motif réel. Il apprend à se combattre, à se vaincre, à sacrifier son intérêt à l'intérêt commun. Il n'est pas vrai qu'il ne tire aucun profit des lois ; elles lui donnent le courage d'être juste, même parmi les méchants. Il n'est pas vrai qu'elles ne l'ont pas rendu libre, elles lui ont appris à régner sur lui.

« Ne dis donc pas : que m'importe où je sois ? Il t'importe d'être où tu peux remplir tous tes devoirs ; et l'un de ces devoirs est l'attachement pour le lieu de ta naissance. Tes compatriotes te protégèrent enfant, tu dois les aimer étant homme. Tu dois vivre au milieu d'eux, ou du moins en lieu d'où tu puisses leur être utile autant que tu peux l'être, et où ils sachent où te prendre si jamais ils ont besoin de toi. Il y a telle circonstance où un homme peut être plus utile à ses comcitoyens hors de sa patrie que s'il vivait sans son sein. Alors il doit n'écouter que son zèle et supporter son exil sans murmure ; cet exil même est un de ses devoirs. Mais toi, bon Emile, à qui rien n'impose ces douloureux sacrifices, toi qui n'as pas pris le triste emploi de dire la vérité aux hommes, va vivre au milieu d'eux, cultive leur amitié dans un doux commerce, sois leur bienfaiteur, leur modèle : ton exemple leur servira plus que tous nos livres, et le bien qu'ils te verront faire les touchera plus que tous nos vains discours.

« Je ne t'exhorte pas pour cela d'aller vivre dans les grandes villes ; au contraire, un des exemples que les bons doivent donner aux autres est celui de la vie patriarcale et champêtre, la première vie de l'homme, la plus paisible, la plus naturelle et la plus douce à qui n'a pas le cœur corrompu. Heureux, mon jeune ami, le pays où l'on n'a pas besoin d'aller chercher la paix dans un désert ! Mais où est ce pays ? Un homme bienfaisant satisfait mal son penchant au milieu des villes, où il ne trouve presque à

exercer son zèle que pour des intrigants ou pour des
fripons. L'accueil qu'on y fait aux fainéants qui viennent
y chercher fortune ne fait qu'achever de dévaster le pays,
qu'au contraire il faudrait repeupler aux dépens des villes.
Tous les hommes qui se retirent de la grande société
sont utiles précisément parce qu'ils s'en retirent, puisque
tous ses vices lui viennent d'être trop nombreuse. Ils
sont encore utiles lorsqu'ils peuvent ramener dans les
lieux déserts de la vie la culture et l'amour de leur premier
état. Je m'attendris en songeant combien, de leur simple
retraite, Emile et Sophie peuvent répandre de bienfaits
autour d'eux, combien ils peuvent vivifier la campagne et
ranimer le zèle éteint de l'infortuné villageois. Je crois
voir le peuple se multiplier, les champs se fertiliser, la
terre prendre une nouvelle parure, la multitude et l'abondance transformer les travaux en fêtes, les cris de joie et
les bénédictions s'élever du milieu des jeux rustiques
autour du couple aimable qui les a ranimés. On traite
l'âge d'or de chimère, et c'en sera toujours une pour quiconque a le cœur et le goût gâtés. Il n'est pas même
vrai qu'on le regrette, puisque ces regrets sont toujours
vains. Que faudrait-il donc pour le faire renaître ? une
seule chose, mais impossible, ce serait de l'aimer.

« Il semble déjà renaître autour de l'habitation de
Sophie ; vous ne ferez qu'achever ensemble ce que ses
dignes parents ont commencé. Mais, cher Emile, qu'une
vie si douce ne te dégoûte pas des devoirs pénibles, si
jamais ils te sont imposés : souviens-toi que les Romains
passaient de la charrue au consulat. Si le prince ou l'Etat
t'appelle au service de la patrie, quitte tout pour aller
remplir, dans le poste qu'on t'assigne, l'honorable fonction de citoyen. Si cette fonction t'est onéreuse, il est un
moyen honnête et sûr de t'en affranchir, c'est de la remplir
avec assez d'intégrité pour qu'elle ne te soit pas longtemps laissée. Au reste, crains peu l'embarras d'une pareille
charge ; tant qu'il y aura des hommes de ce siècle, ce
n'est pas toi qu'on viendra chercher pour servir l'Etat. »

Que ne m'est-il permis de peindre le retour d'Emile
auprès de Sophie et la fin de leurs amours, ou plutôt
le commencement de l'amour conjugal qui les unit !
amour fondé sur l'estime qui dure autant que la vie, sur
les vertus qui ne s'effacent point avec la beauté, sur les
convenances des caractères qui rendent le commerce
aimable et prolongent dans la vieillesse le charme de la
première union. Mais tous ces détails pourraient plaire
sans être utiles ; et jusqu'ici je me suis permis de détails
agréables que ceux dont j'ai cru voir l'utilité. Quitterais-
je cette règle à la fin de ma tâche ? Non ; je sens aussi bien

que ma plume est lassée. Trop faible pour des travaux de si longue haleine, j'abandonnerais celui-ci s'il était moins avancé ; pour ne pas le laisser imparfait, il est temps que j'achève.

Enfin je vois naître le plus charmant des jours d'Emile, et le plus heureux des miens ; je vois couronner mes soins, et je commence d'en goûter le fruit. Le digne couple s'unit d'une chaîne indissoluble ; leur bouche prononce et leur cœur confirme des serments qui ne seront point vains : ils sont époux. En revenant du temple, ils se laissent conduire ; ils ne savent où ils sont, où ils vont, ce qu'on fait autour d'eux. Ils n'entendent point, ils ne répondent que des mots confus, leurs yeux troublés ne voient plus rien. O délire ! ô faiblesse humaine ! le sentiment du bonheur écrase l'homme, il n'est pas assez fort pour le supporter.

Il y a bien peu de gens qui sachent, un jour de mariage, prendre un ton convenable avec les nouveaux époux. La morne décence des uns et le propos léger des autres me semblent également déplacés. J'aimerais mieux qu'on laissât ces jeunes cœurs se replier sur eux-mêmes, et se livrer à une agitation qui n'est pas sans charme, que de les en distraire si cruellement pour les attrister par une fausse bienséance, ou pour les embarrasser par de mauvaises plaisanteries, qui, dussent-elles leur plaire en tout autre temps, leur sont très sûrement importunes un pareil jour.

Je vois mes deux jeunes gens, dans la douce langueur qui les trouble, n'écouter aucun des discours qu'on leur tient. Moi, qui veux qu'on jouisse de tous les jours de la vie, leur en laisserai-je perdre un si précieux ? Non, je veux qu'ils le goûtent, qu'ils le savourent, qu'il ait pour eux ses voluptés. Je les arrache à la foule indiscrète qui les accable, et, les menant promener à l'écart, je les rappelle à eux-mêmes en leur parlant d'eux. Ce n'est pas seulement à leurs oreilles que je veux parler, c'est à leurs cœurs ; et je n'ignore pas quel est le sujet unique dont ils peuvent s'occuper ce jour-là.

« Mes enfants, leur dis-je en les prenant tous deux par la main, il y a trois ans que j'ai vu naître cette flamme vive et pure qui fait votre bonheur aujourd'hui. Elle n'a fait qu'augmenter sans cesse ; je vois dans vos yeux qu'elle est à son dernier degré de véhémence ; elle ne peut plus que s'affaiblir. » Lecteurs, ne voyez-vous pas les transports, les emportements, les serments d'Emile,

l'air dédaigneux dont Sophie dégage sa main de la mienne,
et les tendres protestations que leurs yeux se font mutuellement de s'adorer jusqu'au dernier soupir ? Je les laisse
faire, et puis je reprends.

« J'ai souvent pensé que si l'on pouvait prolonger le
bonheur de l'amour dans le mariage, on aurait le paradis
sur la terre. Cela ne s'est jamais vu jusqu'ici. Mais si la
chose n'est pas tout à fait impossible, vous êtes bien
dignes l'un et l'autre de donner un exemple que vous
n'aurez reçu de personne, et que peu d'époux sauront
imiter. Voulez-vous, mes enfants, que je vous dise un
moyen que j'imagine pour cela, et que je crois être le
seul possible ? »

Ils se regardent en souriant et se moquent de ma
simplicité. Émile me remercie nettement de ma recette,
en me disant qu'il croit que Sophie en a une meilleure,
et que, quant à lui, celle-là lui suffit. Sophie approuve, et
paraît tout aussi confiante. Cependant, à travers son air
de raillerie, je crois démêler un peu de curiosité. J'examine
Émile ; ses yeux ardents dévorent les charmes de
son épouse ; c'est la seule chose dont il soit curieux, et
tous mes propos ne l'embarrassent guère. Je souris à mon
tour en disant en moi-même : Je saurai bientôt te rendre
attentif.

La différence presque imperceptible de ces mouvements secrets en marque une bien caractéristique dans
les deux sexes, et bien contraire aux préjugés reçus ; c'est
que généralement les hommes sont moins constants que
les femmes, et se rebutent plus tôt qu'elles de l'amour
heureux. La femme pressent de loin l'inconstance de
l'homme, et s'en inquiète * ; c'est ce qui la rend aussi
plus jalouse. Quand il commence à s'attiédir, forcée à
lui rendre pour le garder tous les soins qu'il prit autrefois pour lui plaire, elle pleure, elle s'humilie à son tour,
et rarement avec le même succès. L'attachement et les
soins gagnent les cœurs, mais ils ne les recouvrent guère.

---

* En France, les femmes se détachent les premières ; et cela doit
être, parce qu'ayant peu de tempérament, et ne voulant que des hommages, quand un mari n'en rend plus, on se soucie peu de sa personne.
Dans les autres pays, au contraire, c'est le mari qui se détache le
premier ; cela doit être encore parce que les femmes, fidèles, mais
indiscrètes, en les important de leurs désirs, les dégoûtent d'elles.
Ces vérités générales peuvent souffrir beaucoup d'exceptions ; *mais* je
crois maintenant que ce sont des vérités générales.

Je reviens à ma recette contre le refroidissement de l'amour dans le mariage.

« Elle est simple et facile, reprends-je; c'est de continuer d'être amants quand on est époux. — En effet, dit Emile en riant du secret, elle ne nous sera pas pénible.

« — Plus pénible à vous qui parlez que vous ne pensez peut-être. Laissez-moi, je vous prie, le temps de m'expliquer.

« Les nœuds qu'on veut trop serrer rompent. Voilà ce qui arrive à celui du mariage quand on veut lui donner plus de force qu'il n'en doit avoir. La fidélité qu'il impose aux deux époux est le plus saint de tous les droits; mais le pouvoir qu'il donne à chacun des deux sur l'autre est de trop. La contrainte et l'amour vont mal ensemble, et le plaisir ne se commande pas. Ne rougissez point, ô Sophie! et ne songez pas à fuir. A Dieu ne plaise que je veuille offenser votre modestie! mais il s'agit du destin de vos jours. Pour un si grand objet, souffrez, entre un époux et un père, des discours que vous ne supporteriez pas ailleurs.

« Ce n'est pas tant la possession que l'assujettissement qui rassasie, et l'on garde pour une fille entretenue un bien plus long attachement que pour une femme. Comment a-t-on pu faire un devoir des plus tendres caresses, et un droit des plus doux témoignages de l'amour ? C'est le désir mutuel qui fait le droit, la nature n'en connaît point d'autre. La loi peut restreindre ce droit, mais elle ne saurait l'étendre. La volupté est si douce par elle-même! doit-elle recevoir de la triste gêne la force qu'elle n'aura pu tirer de ses propres attraits ? Non, mes enfants, dans le mariage les cœurs sont liés, mais les corps ne sont point asservis. Vous vous devez la fidélité, non la complaisance. Chacun des deux ne peut être qu'à l'autre, mais nul des deux ne doit être à l'autre qu'autant qu'il lui plaît.

« S'il est donc vrai, cher Emile, que vous vouliez être l'amant de votre femme, qu'elle soit toujours votre maîtresse et la sienne; soyez amant heureux, mais respectueux; obtenez tout de l'amour sans rien exiger du devoir, et que les moindres faveurs ne soient jamais pour vous des droits, mais des grâces. Je sais que la pudeur fuit les aveux formels et demande d'être vaincue; mais avec de la délicatesse et du véritable amour, l'amant se trompet-il sur la volonté secrète ? Ignore-t-il quand le cœur et les yeux accordent ce que la bouche feint de refuser ?

Que chacun des deux, toujours maître de sa personne et de ses caresses, ait droit de ne les dispenser à l'autre qu'à sa propre volonté. Souvenez-vous toujours que, même dans le mariage, le plaisir n'est légitime que quand le désir est partagé. Ne craignez pas, mes enfants, que cette loi vous tienne éloignés; au contraire, elle vous rendra tous deux plus attentifs à vous plaire, et préviendra la satiété. Bornés uniquement l'un à l'autre, la nature et l'amour vous rapprocheront assez. »

A ces propos et d'autres semblables, Emile se fâche, se récrie; Sophie, honteuse, tient son éventail sur ses yeux, et ne dit rien. Le plus mécontent des deux, peut-être, n'est pas celui qui se plaint le plus. J'insiste impitoyablement : je fais rougir Emile de son peu de délicatesse; je me rends caution pour Sophie qu'elle accepte pour sa part le traité. Je la provoque à parler; on se doute bien qu'elle n'ose me démentir. Emile, inquiet, consulte les yeux de sa jeune épouse; il les voit, à travers leur embarras, pleins d'un trouble voluptueux qui le rassure contre le risque de la confiance. Il se jette à ses pieds, baise avec transport la main qu'elle lui tend, et jure que, hors la fidélité promise, il renonce à tout autre droit sur elle. Sois, lui dit-il, chère épouse, l'arbitre de mes plaisirs comme tu l'es de mes jours et de ma destinée. Dût ta cruauté me coûter la vie, je te rends mes droits les plus chers. Je ne veux rien devoir à ta complaisance, je veux tout tenir de ton cœur.

Bon Emile, rassure-toi : Sophie est trop généreuse elle-même pout te laisser mourir victime de ta générosité.

Le soir, prêt à les quitter, je leur dis du ton le plus grave qu'il m'est possible : Souvenez-vous tous deux que vous êtes libres, et qu'il n'est pas ici question des devoirs d'époux; croyez-moi, point de fausse déférence. Emile, veux-tu venir ? Sophie le permet. Emile, en fureur, voudra me battre. Et vous, Sophie, qu'en dites-vous ? faut-il que je l'emmène ? La menteuse, en rougissant, dira que oui. Charmant et doux mensonge, qui vaut mieux que la vérité!

Le lendemain... L'image de la félicité ne flatte plus les hommes : la corruption du vice n'a pas moins dépravé leur goût que leurs cœurs. Ils ne savent plus sentir ce qui est touchant ni voir ce qui est aimable. Vous qui, pour peindre la volupté, n'imaginez jamais que d'heureux amants nageant dans le sein des délices, que vos tableaux sont encore imparfaits! vous n'en avez que la moitié la plus grossière; les plus doux attraits de la volupté n'y sont point. O qui de vous n'a jamais vu deux jeunes époux, unis sous d'heureux auspices, sortant du lit nuptial, et portant à la fois dans leurs regards languissants et chastes l'ivresse des doux plaisirs qu'ils viennent de goûter, l'aimable sécurité de l'innocence, et la certitude alors si charmante de couler ensemble le reste de leurs jours? Voici l'objet le plus ravissant qui puisse être offert au cœur de l'homme; voilà le vrai tableau de la volupté: vous l'avez vu cent fois sans le reconnaître; vos cœurs endurcis ne sont plus faits pour l'aimer. Sophie, heureuse et paisible, passe le jour dans les bras de sa tendre mère; c'est un repos bien doux à prendre après avoir passé la nuit dans ceux d'un époux.

Le surlendemain, j'aperçois déjà quelque changement de scène. Emile veut paraître un peu mécontent; mais, à travers cette affectation, je remarque un empressement si tendre, et même tant de soumission, que je n'en augure rien de bien fâcheux. Pour Sophie, elle est plus gaie que la veille, je vois briller dans ses yeux un air satisfait; elle est charmante avec Emile; elle lui fait presque des agaceries dont il n'est plus dépité.

Ces changements sont peu sensibles; mais ils ne m'échappent pas: je m'en inquiète, j'interroge Emile en particulier; j'apprends qu'à son grand regret, et malgré toutes ses instances, il a fallu faire lit à part la nuit précédente. L'impérieuse s'est hâtée d'user de son droit. On a un éclaircissement: Emile se plaint amèrement, Sophie plaisante; mais enfin, le voyant prêt à se fâcher tout de bon, elle lui jette un regard plein de douceur et d'amour, et, me serrant la main, ne prononce que ce seul mot, mais d'un ton qui va chercher l'âme: *L'ingrat!* Emile est si bête qu'il n'entend rien à cela. Moi, je l'entends; j'écarte Emile, et je prends à son tour Sophie en particulier.

Je vois, lui dis-je, la raison de ce caprice. On ne saurait avoir plus de délicatesse ni l'employer plus mal à propos. Chère Sophie, rassurez-vous; c'est un homme que je vous ai donné, ne craignez pas de le prendre pour tel: vous avez eu les prémices de sa jeunesse; il ne l'a prodiguée à personne, il la conservera longtemps pour vous.

« Il faut, ma chère enfant, que je vous explique mes vues dans la conversation que nous eûmes tous trois avanthier. Vous n'y avez peut-être aperçu qu'un art de ménager vos plaisirs pour les rendre durables. O Sophie! elle eut un autre objet plus digne de mes soins. En devenant votre époux, Emile est devenu votre chef; c'est à vous d'obéir, ainsi l'a voulu la nature. Quand la femme ressemble à Sophie, il est pourtant bon que l'homme soit conduit par elle; c'est encore la loi de la nature; et c'est pour vous rendre autant d'autorité sur son cœur que son sexe lui en donne sur votre personne, que je vous ai faite l'arbitre de ses plaisirs. Il vous en coûtera des privations pénibles; mais vous régnerez sur lui si vous savez régner sur vous; et ce qui s'est déjà passé me montre que cet art si difficile n'est pas au-dessus de votre courage. Vous régnerez longtemps par l'amour, si vous rendez vos faveurs rares et précieuses, si vous savez les faire valoir. Voulez-vous voir votre mari sans cesse à vos pieds, tenez-le toujours à quelque distance de votre personne. Mais, dans votre sévérité, mettez de la modestie, et non du caprice; qu'il vous voie réservée, et non pas fantasque; gardez qu'en ménageant son amour vous ne le fassiez douter du vôtre. Faites-vous chérir par vos faveurs et respecter par vos refus; qu'il honore la chasteté de sa femme sans avoir à se plaindre de sa froideur.

« C'est ainsi, mon enfant, qu'il vous donnera sa confiance, qu'il écoutera vos avis, qu'il vous consultera dans ses affaires, et ne résoudra rien sans en délibérer avec vous. C'est ainsi que vous pouvez le rappeler à la sagesse quand il s'égare, le ramener par une douce persuasion, vous rendre aimable pour vous rendre utile, employer la coquetterie aux intérêts de la vertu, et l'amour au profit de la raison.

« Ne croyez pas avec tout cela que cet art même puisse vous servir toujours. Quelque précaution qu'on puisse prendre, la jouissance use les plaisirs, et l'amour avant tous les autres. Mais, quand l'amour a duré longtemps, une douce habitude en remplit le vide, et l'attrait de la confiance succède aux transports de la passion. Les enfants forment entre ceux qui leur ont donné l'être une liaison non moins douce et souvent plus forte que l'amour même. Quand vous cesserez d'être la maîtresse d'Emile, vous serez sa femme et son amie; vous serez la mère de ses enfants. Alors, au lieu de votre première réserve, établissez entre vous la plus grande intimité; plus de lit à part, plus de refus, plus de caprice. Devenez tellement sa moitié, qu'il ne puisse plus se passer de vous, et que, sitôt qu'il vous quitte, il se sente loin de lui-même. Vous qui fîtes si bien régner les charmes de la vie domestique dans la maison paternelle, faites-les régner ainsi dans la vôtre. Tout homme qui se plaît dans sa maison aime sa femme. Souvenez-vous que si votre époux vit heureux chez lui, vous serez une femme heureuse.

« Quant à présent, ne soyez pas si sévère à votre

amant; il a mérité plus de complaisance; il s'offenserait de vos alarmes; ne ménagez plus si fort sa santé aux dépens de son bonheur, et jouissez du vôtre. Il ne faut point attendre le dégoût ni rebuter le désir; il ne faut point refuser pour refuser, mais pour faire valoir ce qu'on accorde. »

Ensuite, les réunissant, je dis devant elle à son jeune époux : Il faut bien supporter le joug qu'on s'est imposé. Méritez qu'il vous soit rendu léger. Surtout sacrifiez aux grâces, et n'imaginez pas vous rendre plus aimable en boudant. La paix n'est pas difficile à faire, et chacun se doute aisément des conditions. Le traité se signe par un baiser. Après quoi je dis à mon élève : Cher Emile, un homme a besoin toute sa vie de conseil et de guide. J'ai fait de mon mieux pour remplir jusqu'à présent ce devoir envers vous; ici finit ma longue tâche et commence celle d'un autre. J'abdique aujourd'hui l'autorité que vous m'avez confiée, et voici désormais votre gouverneur.

Peu à peu le premier délire se calme, et leur laisse goûter en paix les charmes de leur nouvel état. Heureux amants! dignes époux! pour honorer leurs vertus, pour peindre leur félicité, il faudrait faire l'histoire de leur vie. Combien de fois, contemplant en eux mon ouvrage, je me sens saisi d'un ravissement qui fait palpiter mon cœur! Combien de fois je joins leurs mains dans les miennes en bénissant la Providence et poussant d'ardents soupirs! Que de baisers j'applique sur ces deux mains qui se serrent! de combien de larmes de joie ils me les sentent arroser! Ils s'attendrissent à leur tour en partageant mes transports. Leurs respectables parents jouissent encore une fois de leur jeunesse dans celle de leurs enfants; ils recommencent pour ainsi dire de vivre en eux, ou plutôt ils connaissent pour la première fois le prix de la vie : ils maudissent leurs anciennes richesses qui les empêchèrent au même âge de goûter un sort si charmant. S'il y a du bonheur sur la terre, c'est dans l'asile où nous vivons qu'il faut le chercher.

Au bout de quelques mois, Emile entre un matin dans ma chambre, et me dit en m'embrassant : Mon maître, félicitez votre enfant; il espère avoir bientôt l'honneur d'être père. Oh! quels soins vont être imposés à notre zèle, et que nous allons avoir besoin de vous! A Dieu ne plaise que je vous laisse encore élever le fils après avoir élevé le père. A Dieu ne plaise qu'un devoir

si saint et si doux soit jamais rempli par un autre que moi,
dussé-je aussi bien choisir pour lui qu'on a choisi pour
moi-même! Mais restez le maître des jeunes maîtres.
Conseillez-nous, gouvernez-nous, nous serons dociles :
tant que je vivrai, j'aurai besoin de vous. J'en ai plus
besoin que jamais, maintenant que mes fonctions
d'homme commencent. Vous avez rempli les vôtres;
guidez-moi pour vous imiter; et reposez-vous, il en est
temps.

TABLE DES MATIÈRES

ÉMILE OU L'ÉDUCATION

DERNIÈRES PARUTIONS

GF - CORPUS

GF-DOSSIER

GF Flammarion

01/01/84133-I-2001 – Impr. MAURY Eurolivres, 45300 Manchecourt.
N° d'édition FG011731. – 4ᵉ trimestre 1966. – Printed in France.